Angela Stent

Rivalen des Jahrhunderts

Angela Stent

Rivalen des Jahrhunderts

Deutschland und Rußland im neuen Europa

Propyläen

Für Ronnie, Danny, Alex und Rebecca
und in liebevoller Erinnerung an Gabi

Originaltitel: Russia and Germany Reborn

Aus dem Amerikanischen von Kurt Baudisch

Propyläen Verlag

Satz: Dörlemann Satz, Lemförde
Druck und Verarbeitung: Bercker Graphischer Betrieb GmbH, Kevelaer
ISBN 3 549 05922 1
Printed in Germany 2000

Inhalt

Vorwort zur deutschen Ausgabe

Die deutsche Veröffentlichung dieses Buches fällt mit zwei Hauptereignissen an der Wende zum neuen Jahrhundert zusammen: dem Beginn der Berliner Republik in Deutschland und dem Beginn der Nach-Jelzin-Ära in Rußland. Noch vor einem Jahrzehnt wäre beides unvorstellbar gewesen. Die Mauer war bereits gefallen, aber Berlin blieb politisch, wirtschaftlich und psychologisch weiterhin geteilt. Sowohl in Deutschland als auch im Ausland wurden Besorgnisse laut: Welche Folgen kann es haben, wenn Deutschland durch die Vereinigung von neuem zu Macht und Geltung kommt? Die Kosten hatte man noch nicht kalkuliert. Die UdSSR wurde von einem kränkelnden kommunistischen System regiert. Gorbatschow hoffte noch, den Kommunismus reformieren zu können, statt ihn begraben zu müssen. Und Jelzin begann gerade seinen Aufstieg zur Macht in der russischen Republik. Wir müssen uns daran erinnern, daß das, was wir heute als eine selbstverständliche und unausweichliche Entwicklung ansehen, vor einem Jahrzehnt keineswegs selbstverständlich und unausweichlich schien.

Wie konnte all das geschehen? Wie vollzog sich dieser epochale Wandel, bei dem sich sowohl Deutschland und Europa als auch die kommunistische Welt veränderten? Wie wurden die Entscheidungen in Bonn, Ostberlin, Moskau und Washington getroffen? Dieses Buch stellt die Vereinigung Deutschlands aus der Perspektive des sowjetisch-deutschen Verhältnisses dar. Aber die Geschichte endet nicht mit der Vollendung der deutschen Einheit. Das Buch behandelt die russisch-deutschen Beziehungen nach der Vereinigung und stellt sie in den größeren europäischen Rahmen. Und es wird ein Blick in die Zukunft geworfen, um mögliche Szenarien für das 21. Jahrhundert aufzuzeigen. Seit der Vereinigung hatte Deutschland mit den Herausforderungen zu tun, die sich aus der Notwendigkeit ergaben, auch die innere Einheit herzustellen, während Rußland ganz davon in Anspruch genommen war, einen immer schwieriger und turbulenter werdenden Umbruch zu vollziehen. Das Verhältnis der beiden Länder zueinander ist aus historischen und geographischen Gründen, vor allem aber im Hinblick auf die Zukunft von zentraler Bedeutung.

Mit dem Beginn der Berliner Republik ist Deutschland dabei, sich von vielen außenpolitischen Beschränkungen der Ära des Kalten Krieges zu befreien. Die Vereinigung hat es Deutschland ermöglicht, sich zum zweiten Mal nach dem Ende Hitlers neu zu definieren. Das geeinte Land hat seinen Platz in der Familie der Nationen gefunden. Während der zehn Jahre nach dem Fall der Berliner Mauer hat die Bundesrepublik im Einvernehmen mit ihren Verbündeten nach und nach die Pflichten einer bedeutenden europäischen Macht übernommen. Ihre Soldaten und Flugzeuge waren an der Lösung der schwierigsten Konflikte der Zeit nach dem Kalten Krieg – in Jugoslawien – beteiligt. Deutschland hat sich gut auf seine neue Rolle eingestellt. Seit die Koalition aus SPD und Bündnis 90/Die Grünen, die eine neue Generation repräsentiert, an die Macht gekommen ist, fällt es den Deutschen weniger schwer, über nationale Interessen und Patriotismus zu reden, als dies unter der Regierung Kohl der Fall war. Das vereinigte Deutschland weist den Weg zu einem einigeren Europa.

Rußlands Entwicklung seit der Vereinigung Deutschlands war ungleich schwieriger. Es wird noch Jahrzehnte dauern, die Hinterlassenschaft von siebzig Jahren Kommunismus und einer jahrhundertealten Autokratie zu überwinden, ehe eine voll entwickelte demokratische, marktwirtschaftlich orientierte Gesellschaft entsteht. Obwohl Rußland sich noch immer für eine europäische Großmacht hält, ist seine Fähigkeit, eine konstruktive Rolle in Europa zu spielen, aufgrund seiner verminderten Ressourcen und seiner institutionellen Schwächen stark eingeschränkt. Rußland wird seine innen- und außenpolitische Neuorientierung letztlich selbst vollziehen müssen. Deutschland aber kann entscheidend dazu beitragen, daß Rußland den Weg in eine produktivere Zukunft beschreitet. Die Hinterlassenschaften des Zweiten Weltkriegs und des Kalten Krieges gewährleisten, daß sich Deutschland weiterhin in Rußland engagiert. Die Vereinigung gab den Hauptanstoß zum Fall des Sowjetimperiums, und Deutschland wird auch in Zukunft eine Rolle beim Aufbau einer neuen politischen Ordnung in Rußland spielen.

Das neue Jahrtausend beginnt mit vielen Unklarheiten, was die Zukunft Rußlands betrifft. Die Ära Jelzin gehört nun der Vergangenheit an. Der neue russische Ministerpräsident, Wladimir Putin, verbrachte seine prägenden KGB-Jahre in der DDR. Er kennt Deutschland, spricht deutsch und soll besonders deutschfreundlich sein. Welchen Einfluß wird dieser Umstand auf die russisch-deutschen Beziehungen in der zweiten postkommunistischen Dekade haben? Doch Fragen zur Ära Putin gehen über das Verhältnis Berlin-Moskau hinaus. Sie berühren das Wesen des russischen Staates. Wird sich Rußland demokratisch entwickeln oder einen eher autoritären Weg beschreiten? Wie wird seine Entwicklung die europäische Sicherheit beeinflussen? Die Russen werden vielleicht nicht mehr die Uhr in Richtung Kommunismus zurückstellen wollen, aber der Fahrplan für ihre künftige Entwicklung ist keineswegs festgelegt. Daher steht Deutschland vor einer doppelten Aufgabe und Herausforderung: die Entwicklung Rußlands zu einem stärkeren, effektiveren Staat zu fördern, der eine konstruktive Rolle in Europa spielen kann, aber auch sicherzustellen, daß ein schwaches Rußland oder ein Rußland, das einen Kurs in die falsche Richtung einschlägt, nicht die Stabilität gefährdet, die Europa seit dem Ende des Kalten Krieges so schwer erkämpft hat – eine Stabilität, die gerade für Deutschlands Zukunft so entscheidend ist.

Vorwort

Zwischen Oktober 1989 und Dezember 1991 kollabierten die beiden kommunistischen Staaten, die den Kalten Krieg geprägt und symbolisiert hatten: die Sowjetunion und die Deutsche Demokratische Republik. Nach vierzigjähriger Ost-West-Konfrontation und nach mehreren Berlinkrisen hörte Ostdeutschland mit einem Paukenschlag zu existieren auf, während die Sowjetunion sang- und klanglos das Zeitliche segnete. Die DDR wurde von der Bundesrepublik Deutschland absorbiert, die plötzlich eine neue Rolle in Europa zugewiesen bekam, auf die sie nicht vorbereitet war. Die Russen hingegen verloren sowohl ihr inneres als auch ihr äußeres Reich, als die Sowjetunion in fünfzehn unabhängige Staaten zerfiel, von denen die Russische Föderation bei weitem der größte war. Das Verschwinden der DDR und der Sowjetunion, die Wiedergeburt Rußlands und die Vereinigung Deutschlands hatten einen tiefgreifenden Einfluß auf die europäische Sicherheit und die gesamte Struktur der internationalen Beziehungen. Das vereinigte Deutschland ist eine aufstrebende Macht, die prädestiniert ist, auf dem europäischen Kontinent die Führung zu übernehmen, sobald ihr Einigungsprozeß abgeschlossen ist.

Auch Rußland wird im nächsten Jahrhundert die europäischen Entwicklungen mitgestalten. Ein Hauptfaktor wird dabei auf absehbare Zeit seine Schwäche sein, die eine Gefährdung der europäischen Stabilität mit sich bringen kann. Durch die potentiell tödliche Kombination aus politischer Instabilität, nuklearer Schlagkraft und der Schwierigkeit, den Verlust seines Imperiums zu verkraften, wird es eine Quelle ständiger Sorge für seine Nachbarn sein. Was immer geschieht, Deutschland wird aufgrund seiner geographischen Lage und seiner Geschichte eine wichtige Rolle für die Zukunft Rußlands spielen, ob dieses nun den demokratischen Weg fortsetzt oder sich auf ein autoritäres Herrschaftssystem zubewegt. Umgekehrt werden die Entwicklungen in Rußland Deutschlands Sicherheit beeinflussen, vor allem wenn Rußland seinen bisherigen Kurs nicht beibehält. Beide Staaten werden das Schicksal des postkommunistischen Europa wesentlich mitbestimmen.

Das Wechselverhältnis zwischen Rußland und Deutschland, das zu den entscheidenden internationalen Beziehungen des 20. Jahrhunderts gehört, wird die Architektur Europas und seine künftige Sicherheit im 21. Jahrhundert weiterhin beeinflussen. Dieses Verhältnis müssen wir besser verstehen, wenn wir über die Welt des anbrechenden Jahrtausends nachdenken. Deutschland hat sowohl beim Aufstieg als auch beim Niedergang der Sowjetmacht eine große Rolle gespielt. Der Rapallovertrag von 1922 war Geburtshelfer des jungen Sowjetstaates als europäischer Macht und ermöglichte ihm den Eintritt in die Welt der internationalen Diplomatie. Die Vereinigung Deutschlands im Jahre 1990 bildete den Schlußakt beim Untergang des Sowjetimperiums; sie läutete in Osteuropa und schließlich auch in der Sowjetunion das Ende der Sowjetmacht ein. Während der gesamten Sowjetära spielte daher Deutschland insofern eine maßgebliche Rolle, als es sowohl das Erstarken der Sowjetmacht erleichterte als auch schließlich deren Zusammenbruch beschleunigte. Für das vereinigte Deutschland bleibt Rußland von großer Bedeutung, teils wegen der Verträge, die im Zusammenhang mit der Vereinigung geschlossen wurden, teils aber auch, weil die Beziehungen zu Rußland für die Neubestimmung der nationalen Interessen Deutschlands weiterhin eine zentrale Rolle spielen werden. Umgekehrt wird Rußland auch künftig Deutschland als seinen wichtigsten europäischen Partner ansehen. Diese bilateralen Interessen haben das Ende des Kommunismus und die Vereinigung Deutschlands überdauert. Die Bedingungen, unter denen diese Interessen definiert und verfolgt werden, haben sich jedoch sehr verändert.

Das vorliegende Buch stellt die dramatischen und unerwarteten Ereignisse, die mit der Vereinigung Deutschlands und der Beendigung des Kalten Krieges einhergingen, in ihren größeren historischen Kontext. Es geht der Frage nach, weshalb und wie sich diese tiefgreifenden und unvorhersehbaren Veränderungen vollzogen haben. Es gibt einen chronologischen Überblick über jene fünfundzwanzig Jahre deutsch-sowjetischer und deutsch-russischer Beziehungen, welche das Antlitz Europas veränderten, und analysiert die Wiedergeburt zweier Staaten – Deutschland und Rußland –, die weiterhin mit historischen Vermächtnissen zu kämpfen haben, von denen ihr Verhältnis unvermeidlich beeinflußt bleibt. Das Buch zeigt auf, welchen zentralen Platz Deutschland vor seiner Vereinigung in der sowjetischen Außenpolitik einnahm und welche ebenso zentrale Bedeutung die UdSSR für Ost- und Westdeutschland besaß. Es erhellt den Entscheidungsprozeß in der Sowjetunion in den dramatischen Jahren der Vereinigung – 1989 bis 1991 – sowie die Rolle, die Deutschland und die Vereinigten Staaten in diesem Prozeß spielten. Es geht der Frage nach, wie es dazu kam, daß Moskau schließlich dem zustimmte, was stets als sein schlimmster Alptraum der Nachkriegsjahre bezeichnet worden war – ein vereinigtes Deutschland in der NATO. Es analysiert die Entwicklung der russisch-deutschen Beziehungen nach der Vereinigung Deutschlands im Kontext multilateraler Debatten über die europäische Sicherheitsarchitektur und erörtert Perspektiven eines künftigen europäischen Sicherheitssystems, in dem Rußland eine aktive und konstruktive Rolle spielen könnte. Im Hinblick auf das anbrechende Jahrhundert stellt es für das Verständnis der russisch-deutschen Beziehungen verschiedene Szenarien vor, denen einerseits die gängigen Verhaltensmuster des abgelaufenen Jahrhunderts zugrunde liegen, andererseits aber auch Entwicklungen, über die wir heute nur Vermutungen anstellen können.

Das Buch behandelt drei Hauptthemen. Zum ersten die zentrale Bedeutung, die dem Dreiecksverhältnis Sowjetunion–Ostdeutschland–Westdeutschland im Kalten Krieg zukam. Konrad Adenauer äußerte einmal, sein Alptraum sei Potsdam gewesen, und er meinte damit ein amerikanisch-sowjetisches Kondominium, das Deutschland teilen und schwach halten würde. Die größte Sorge der UdSSR nach dem Krieg war jedoch ein wiedererstarktes Deutschland, das erneut ostwärts blicken und marschieren könnte. Um dies zu verhindern, schuf der Kreml die DDR – einen Staat, der nie eine Legitimation durch das Volk besaß und dessen erfolgreichstes Unternehmen Spionage war, die sich nicht nur gegen Westdeutschland richtete, sondern auch gegen die eigene Bevölkerung. 1970 etwa gelangte die sowjetische Führung zu dem Schluß – der sich als gewaltiger Irrtum erweisen sollte –, daß die DDR stabil genug sei, um gegenüber Westdeutschland eine Politik der Annäherung zu betreiben. Dies hatte negative Auswirkungen auf die sowjetisch-ostdeutschen Beziehungen, denn die Entspannungspolitik gegenüber Westdeutschland destabilisierte die DDR. Die Sowjetunion betrieb inzwischen ihre eigene Entspannungspolitik gegenüber der Bundesrepublik, aber die Dinge entwickelten sich nicht so, wie Moskau es sich erhofft hatte. Entgegen den Erwartungen des Kreml gefährdete das Tauwetter zwischen der Sowjetunion und Westdeutschland nicht nur die Stabilität Ostdeutschlands, sondern auch Osteuropas. Nachdem die UdSSR beschlossen hatte, keine Gewalt mehr zum Erhalt ihres osteuropäischen Imperiums anzuwenden, zerfiel der Ostblock rasch. Selbst danach noch beeinflussen die komplizierten Beziehungen vergangener Zeiten die Erwartungen des neuen Rußland, des neuen Deutschland und der zwischen ihnen liegenden Länder.

Das Buch behandelt als zweites Thema den deutschen Vereinigungsprozeß und zeigt, wie während dieser Zeit die Entscheidungsprozesse im Kreml verliefen. 1989 glaubten weder die führenden Persönlichkeiten beider deutscher Staaten noch die der UdSSR, daß die Vereinigung Deutschlands erstrebenswert oder möglich sei. Aber binnen neun Monaten erlitt die Sowjetunion ihre schwerste Niederlage der Nachkriegszeit: Die DDR verschwand, und das vereinigte Deutschland wurde vollberechtigtes Mitglied der NATO. Die Sowjetunion hat diese Entwicklung weder gewollt noch mit ihr gerechnet. Gorbatschow und seine Berater irrten, als sie glaubten, in Ostdeutschland wäre eine Art von Reformkommunismus oder linker Sozialdemokratie möglich. Dem gleichen Irrtum erlagen sie hinsichtlich der Sowjetunion. Aber in der Zeit, die zwischen der Absetzung Erich Honeckers im Oktober 1989 und der Zustimmung zur vollen Zugehörigkeit Deutschlands zur NATO im Juli 1990 lag, mußte die sowjetische Führung ständig auf Ereignisse reagieren, auf die sie wenig Einfluß hatte und die sie durch den Verzicht auf Gewaltanwendung unabsichtlich mit herbeigeführt hatte. Geht man davon aus, welche zentrale Rolle die Existenz der DDR in der sowjetischen Außenpolitik der Nachkriegszeit spielte, so überraschen im Rückblick die ungeschickte Verhandlungsstrategie und die mangelnde Voraussicht beziehungsweise das Fehlen klarer Interessenbestimmungen oder Zielsetzungen auf sowjetischer Seite.

Selbst als nach dem Fall der Berliner Mauer die gesamte Struktur der sowjetischen Außen- und Sicherheitspolitik in die Brüche ging, hatte die UdSSR keine Strategie, um mit den rasch wechselnden Ereignissen fertig zu werden, sondern verfolgte größtenteils eine Politik der Reaktion auf diese Ereignisse. Am Ende beschloß die sowjetische Führung, das Beste aus einer Situation zu machen, die ihren Interessen widersprach. Sie feilschte um beträchtliche wirtschaftliche Zugeständnisse Bonns als Gegenleistung für die Bereitschaft, die neuen politischen Koordinaten Deutschlands zu akzeptieren – ein Arrangement, das ein langfristiges deutsches Engagement in Rußland gewährleisten sollte und Deutschland die Möglichkeit bot, nach dem Kollaps des Kommunismus eine erstrangige Rolle in den postsowjetischen Staaten Ostmitteleuropas zu spielen. So waren Gorbatschow und sein Außenminister Eduard Schewardnadse, die beim Zusammenbruch der

UdSSR an den Hebeln der Macht saßen, auch an der Wiedergeburt Deutschlands als Großmacht beteiligt. Widerstrebend hoben sie zwei neue Staaten aus der Taufe: Rußland und das vereinigte Deutschland.

Das dritte Thema sind die Auswirkungen der Vereinigung Deutschlands und des Zerfalls des Sowjetreichs auf die postkommunistische europäische Sicherheit. Das Erbe der Sowjetperiode ist im deutsch-russischen Verhältnis noch präsent, und die traditionellen Wechselbeziehungen haben den Zusammenbruch des Systems, das sie schuf, überlebt; die Deutschen haben sich jedoch rascher auf die neue Realität eingestellt als die Russen. Mit dem Ende des Warschauer Pakts und dem Entstehen postkommunistischer, demokratisch regierter Staaten in Ostmitteleuropa ist im Zentrum des Kontinents ein politisches und sicherheitsrelevantes Vakuum entstanden. Deutschland ist bestrebt, es durch Erweiterung der Europäischen Union und der NATO in einem multilateralen Zusammenhang auszufüllen, während Moskau sich argwöhnisch gegenüber jeder Expansion westlicher Strukturen verhält, die Rußland ausschließen. Daher besteht die Kernfrage darin, wie der Druck, der einerseits von den Ländern Ostmitteleuropas und andererseits von den am weitesten westlich gelegenen ehemaligen Sowjetrepubliken ausgeht, so ausgeglichen werden kann, daß die europäische Sicherheit gefördert statt geschwächt wird.

Die Neuorientierung der europäischen Sicherheit wird direkt von der Entwicklung der deutsch-russischen Beziehungen beeinflußt. Diese sind jedoch sowohl in Deutschland als auch in Rußland aufs engste mit der Suche nach einer neuen nationalen Identität verbunden, ein Prozeß, der zu Hoffnungen Anlaß gibt, aber auch große Risiken in sich birgt. Die Wiederentdeckung und Verzerrung ethnischer und nationaler Identitäten haben im postkommunistischen Europa bereits zu verheerenden Kriegen auf dem Balkan und in Teilen der früheren Sowjetunion geführt. Auch Rußlands Rückbesinnung auf seine historisch gewachsene Identität könnte eine größere Instabilität an den Grenzen Deutschlands und eine Verschärfung nationalistischer Tendenzen in Deutschland zur Folge haben.

Für Rußland und Deutschland ist die Neubestimmung der Identität mit der Suche nach brauchbaren Vorbildern in der Vergangenheit verbunden. Keines der beiden Länder besitzt natürliche Grenzen, und beide expandierten in der Vergangenheit auf Kosten der Freiheit und Souveränität ihrer Nachbarn, um die eigene Sicherheit und Macht zu erhöhen. Die Deutschen sind in bezug auf die Bewältigung ihrer Geschichte des 20. Jahrhunderts viel weiter als die Russen. In dem heterogenen Gebilde, das Rußland heute darstellt, kann es Jahrzehnte dauern, das Erbe des Stalinismus kritisch zu verarbeiten und zu überwinden und eine der imperialen entgegengesetzte demokratische, nichtexpansionistische nationale Identität zu entwickeln. Eine wesentliche Voraussetzung für die Herausbildung eines konstruktiveren russisch-deutschen Verhältnisses im 21. Jahrhundert ist die Fähigkeit der nächsten Generation in Rußland und Deutschland, die Geschichte zu integrieren und zu transzendieren und ein bilaterales Verhältnis zu entwickeln, dessen psycho-politische Grundlage nicht mehr von den Erfahrungen des Zweiten Weltkrieges und des Kalten Krieges bestimmt ist. Europas Zukunft wird weitgehend davon abhängen, ob dieser Prozeß von Erfolg gekrönt sein wird.

Das vorliegende Buch basiert zum Teil auf Interviews, die mit Regierungsbeamten, Politikern, Wissenschaftlern und Vertretern des privaten Sektors in der früheren Sowjetunion, in Deutschland, Großbritannien und den Vereinigten Staaten geführt wurden. Zu den befragten Persönlichkeiten gehören Michail Gorbatschow, mehrere Teilnehmer der Verhandlungen, die zur Vereinigung Deutschlands führten, einschließlich der Zwei-plus-Vier-Gespräche, sowie offizielle Vertreter, die an der Gestaltung der postsowjetischen deutsch-russischen Beziehungen und bei der NATO-Erweiterung mitwirken. Darüber hinaus wurden Dokumente aus dem Parteiarchiv der SED in Ostberlin sowie zahlreiche deutsche und russische

Quellen verwendet. Viele der Beteiligten – angefangen von Michail Gorbatschow, Helmut Kohl und Margaret Thatcher über die ehemaligen Außenminister Eduard Schewardnadse, Hans-Dietrich Genscher und James Baker bis hin zu verschiedenen Beratern Gorbatschows und weiteren Persönlichkeiten des öffentlichen Lebens in Deutschland und Amerika – haben Memoiren geschrieben. Jeder hat seine eigene – bisweilen gegensätzliche – Sicht der Dinge. Ich habe diese Erinnerungen berücksichtigt, wobei ich die jeweiligen Perspektiven evaluiert und zusammengefaßt habe. Da bisher nur einige Archive geöffnet wurden, werden wir über den Einigungsprozeß wohl erst dann mehr erfahren, wenn das Auswärtige Amt der Bundesrepublik Deutschland seine restlichen Archive öffnet und die Russen die Archive von Partei und Außenministerium systematischer zugänglich machen. Das Buch beschränkt sich jedoch nicht auf die Zeit der Vereinigung. In keiner Arbeit, die bisher über die deutsche Einheit veröffentlicht wurde, ist untersucht worden, wie sich die russisch-deutschen Beziehungen seither entwickelt haben oder welche Rolle sie in den weiterreichenden Fragen der europäischen Sicherheit spielen.

Wladimir Iljitsch Lenin hat einmal geschrieben:

> »Rußland und Deutschland sind zwei Küken in der Eierschale. Das eine von ihnen, das viel schwächer, aber beweglicher ist, hat die dünne Schale des Romanow-Regimes … durchstoßen … Das andere sitzt in einer stählernen Schale; es ist schwach, wenig beweglich und kann die Schale nicht in kurzer Zeit durchstoßen. So hat es sich ergeben, daß unsere beiden Staaten in der lebendigen Wirklichkeit zwei Formen der menschlichen Zivilisation der Gegenwart verkörpern: Der Kapitalismus in Deutschland besitzt die höchstentwikkelte Technik, die höchste Arbeitsproduktivität, Organisiertheit, Präzision und große Tüchtigkeit, von der wir lernen müssen … Vor allem aber muß man verstehen, daß es notwendig ist, von den Deutschen zu lernen.«[1]

Obwohl fast ein ganzes Jahrhundert vergangen ist, seit diese Sätze zu Papier gebracht wurden, glauben viele Russen auch heute noch, daß sie politisch wie wirtschaftlich von den Nachkriegserfahrungen Deutschlands lernen müssen, wenn Rußland erfolgreich vom Kommunismus zu einer lebensfähigen demokratischen, postimperialen, marktwirtschaftlich orientierten Gesellschaft übergehen soll. Zwischen Rußland und Deutschland, die auf vielen verschiedenen Ebenen eng miteinander verflochten sind, besteht von jeher ein intensives und widersprüchliches historisches Verhältnis, das sich seit der Vereinigung zwar verbessert hat, sich jedoch in einem Übergangsstadium zwischen Vergangenheit und Zukunft befindet. Die Generation, deren Bewußtsein vom Zweiten Weltkrieg nachhaltig beeinflußt war und als deren letzte Vertreter Gorbatschow, Jelzin und Kohl zu betrachten sind, tritt von der politischen Bühne ab. Welche Einstellung werden jüngere, von den Erfahrungen des Krieges unbelastete Russen und Deutsche zueinander haben? Von ihren Handlungen und Reaktionen wird es abhängen, wie Rußland und Deutschland künftig miteinander auskommen werden. Es bleibt abzuwarten, ob die Lehren des 20. Jahrhunderts Rußland und Deutschland helfen werden, im 21. Jahrhundert friedlich zu koexistieren.

Schicksalsgefährten: Die UdSSR und Deutschland 1917 bis 1970

»Die Geschichte geht im Zickzack. Es ist so gekommen, daß jetzt gerade der Deutsche nicht nur den bestialischen Imperialismus, sondern auch das Prinzip der Disziplin, der Organisation, des harmonischen Zusammenwirkens auf dem Boden der modernsten maschinellen Industrie, der strengsten Rechnungsführung und Kontrolle verkörpert. Und das ist gerade das, woran es uns mangelt.«

W. I. Lenin, Mai 1918[1]

»Die DDR? Was ist sie wert, die DDR? Sie ist ja nicht einmal ein richtiger Staat. Sie wird nur durch sowjetische Truppen am Leben erhalten, selbst wenn wir sie mit Deutsche Demokratische Republik betiteln.«

Lawrenti Berija, 1953[2]

Rußland und Deutschland vor der Revolution

Um die gegenwärtigen Beziehungen zwischen Rußland und Deutschland und den Schatten, den sie auf Mitteleuropa werfen, zu verstehen, muß zunächst das vielseitige, zwiespältige und unausweichliche historische Wechselverhältnis der beiden Nationen untersucht werden. Auf russischer Seite bildet die Komplexität dieser Beziehungen einen Teil der umfassenderen Ambivalenz in der Frage, ob Rußland zu Europa gehört und sein Schicksal im säkularen, von der Aufklärung geprägten, materialistischen Westen liegt, oder ob es ein einzigartiges eurasisches Land ist, dessen natürliche Verbündete im eher spirituell orientierten Osten zu suchen sind. Darin bestand der klassische Streit zwischen »Slawophilen« und »Westlern«, der sich im postsowjetischen Rußland fortsetzt und weiterhin die Beziehungen zum Westen beeinflußt. Auch die Deutschen haben zu der Frage, ob sie zu Ost- oder zu Westeuropa gehören, historisch gesehen eine zwar weniger stark ausgeprägte, aber doch ähnlich ambivalente Haltung eingenommen. Manche Deutsche verspürten traditionell eine Verwandtschaft mit jenen Elementen der slawischen Kultur, die die Werte der westlichen Aufklärung ablehnten, und betrachteten Deutschland als einen mittel- oder ost-, aber nicht als einen westeuropäischen Staat – eben als Teil Mitteleuropas. Da die Hauptstadt Deutschlands nun von Bonn nach Berlin verlegt worden ist, das lediglich siebzig Kilometer von Polen entfernt liegt, hat diese Debatte neue Nahrung gefunden und beeinflußt den heutigen deutschen Diskurs über den Platz, den Deutschland künftig in der Welt einnehmen soll, und über die von ihm bevorzugte Bindung an den Westen statt an den Osten.

Die Konturen des russisch-deutschen Verhältnisses im 20. Jahrhundert zeichneten sich schon lange vor der Revolution von 1917 ab und beeinflußten die Entwicklung der Beziehungen beider Länder während der gesamten Sowjetperiode. In vorrevolutionärer Zeit übte Deutschland einen größeren Einfluß auf Rußland aus als umgekehrt, sowohl wirtschaftlich als auch politisch.

Peter der Große holte erstmals Deutsche nach Rußland, damit sie halfen, die Wirtschaft zu entwickeln. Er stand jedoch wie viele seiner Nachfolger und auch ein Teil der heutigen Führung der Frage zwiespältig gegenüber, ob Rußland sich weiterhin mit dem Westen einlassen sollte, nachdem es Europas technische Unterstützung genossen hatte: »Wir brauchen Europa für einige Jahrzehnte«, sagte er, »dann müssen wir ihm aber den Hintern zukehren.«[3] Aber wann immer Rußland sich vom Westen abwandte, fiel es technisch zurück. In der Tat war Katharina die Große mehr als Peter von der Notwendigkeit überzeugt, Deutsche zu »importieren«, um Rußland zu modernisieren; sie gründete an der Wolga eine große Kolonie deutscher Einwanderer, um Rußlands Landwirtschaft zu entwickeln. Mit der Zukunft der Nachkommen dieser deutschen Einwanderer haben sich die russische und die deutsche Regierung noch in jüngster Zeit befaßt.

Es gab auch eine beachtliche Zahl deutscher Adliger, die im politischen Leben Rußlands eine Rolle spielten. Das Haus der Romanows war mit dem deutschen Adel versippt. Katharina die Große war selbst eine Deutsche, wie es später auch die letzte Zarin, Alexandra Fjodorowna, war. Nachdem sich Rußland im 18. Jahrhundert die baltischen Staaten einverleibt hatte, spielte der baltendeutsche Adel, gemessen am Anteil der baltischen Bevölkerung, eine unverhältnismäßig große Rolle in der Verwaltung des russischen Imperiums und im russischen Geistesleben. Etwa ein Drittel der hohen Regierungsbeamten waren zu einer Zeit, in der Deutsche etwa ein Prozent der Bevölkerung Rußlands ausmachten, deutscher Herkunft.[4] Der russische Minister, der das russisch-französische Bündnis von 1893 zustande brachte, Graf Wladimir von Lambsdorff, war ein Baltendeutscher, von dem ein Nachkomme später wichtige sowjetisch-westdeutsche Handelsverträge für Bonn aushandelte und ein anderer 1991 der erste deutsche Botschafter im postkommunistischen Lettland wurde.

Auch die deutsche Philosophie und deutsche politische Ideen beeinflußten die russische Intelligenz und übten auf die Rechte wie auf die Linke Anziehungskraft aus. Die idealistische Philosophie gelangte im 18. Jahrhundert nach Rußland und beeinflußte die Entstehung des Slawophilentums. Obwohl die Slawophilen die deutsche Philosophie bewunderten, mochten sie die Deutschen nicht unbedingt. Iwan Kirejewski, ein führender Kopf der Slawophilen, der bei Schelling und Hegel studiert hatte, schrieb 1830: »Auf dem ganzen Erdball gibt es keine schlimmere, seelenlosere, dümmere und lästigere Nation als die Deutschen.«[5] Ende des 19. Jahrhunderts gab es noch andere geistige Berührungspunkte zwischen Deutschen und Russen, besonders zwischen deutschen und russischen Antisemiten. Sowohl der deutsche Kaiser als auch der russische Zar betrachteten die Juden als Agenten des Kapitalismus wie des Sozialismus, und beide zeigten sich von den gefälschten *Protokollen der Weisen von Zion* beeindruckt.[6]

Nicht nur die russische Rechte ließ sich von deutschen Ideen beeinflussen. Die Ideologie der russischen Revolutionäre war von Marx und Engels geprägt, aber auch von russischem Populismus beeinflußt.[7] Man könnte einwenden, Lenin habe durch seine Russifizierung des Marxismus die Ideen von Marx beträchtlich entstellt; dennoch hatte deutsches revolutionäres Gedankengut einen wesentlichen Einfluß auf die russischen Revolutionäre. Außerdem übte die andere Hauptströmung des deutschen Marxismus im 19. Jahrhundert, die Sozialdemokratie, eine nachhaltige Wirkung auf die Bolschewiken aus, wenn sie auch im vorrevolutionären Rußland nie Wurzeln schlug. Lenin und seine Mitstreiter sahen in der deutschen Sozialdemokratie ihre Hauptrivalin im Ringen um die Loyalität der internationalen Arbeiterklasse und die Hauptgefahr für den Erfolg der Weltrevolution. Die selbstmörderische Politik Stalins, der zwischen 1928 und 1934 die deutschen Kommunisten ermunterte, sich im Kampf gegen die Sozialdemokraten mit den Nazis zu verbünden, war ein Produkt seiner pervertierten bolschewistischen Mentalität.

Deutschland beeinflußte nicht nur die russische Innenpolitik, sondern stellte auch eine bedeutende Herausforderung an die russische Diplomatie dar. Rußland war jahrhundertelang mit einer »deutschen Frage« konfrontiert, aber das Problem wurde erst nach der Bismarckschen Reichsgründung akut. Deutschland befand sich ohne genau definierte Grenzen im Zentrum Europas, in der »Mittellage«, und seine wachsende industrielle und militärische Stärke förderte expansionistische Ambitionen. Zwischen Rußland und Deutschland lag das östliche Mitteleuropa, und jede der beiden rastlosen Mächte hatte es auf die Länder, die sie voneinander trennten, abgesehen. Rußland sah Deutschland als Rivalen in Ostmitteleuropa und als Gefahr für das russische Kernland an, und darin fühlte es sich bestärkt, nachdem es zweimal im 20. Jahrhundert von Deutschland angegriffen worden war. Es verfolgte beharrlicher als Deutschland das Ziel, Ostmitteleuropa zu beherrschen, und war in dieser Hinsicht auch erfolgreicher – vor allem nach dem Zweiten Weltkrieg. Die Kontrolle über Ostmitteleuropa wurde nicht nur als Mittel angesehen, die sowjetische Macht zu steigern, sondern auch die UdSSR vor einem weiteren Angriff zu schützen. Deshalb betrachteten russische und sowjetische Führer das Problem der Sicherheit durch eine deutsche Brille: Je schwächer Deutschland war und je weiter seine Grenzen von Moskau entfernt lagen, um so besser war das für Rußlands Stabilität. Die Gestalt und das Schicksal Deutschlands waren für russische und sowjetische Führer eine Existenzfrage.

Im 19. Jahrhundert erlebten Rußland und das geeinte Deutschland ebenso Perioden der Kooperation wie des Konflikts. Während all dieser diplomatischen Manöver wurde Deutschland Rußlands wichtigster wirtschaftlicher Partner und blieb es ungeachtet der Wechselfälle der Diplomatie. Im Handel ergänzten sie sich gegenseitig, und das ist bis heute so geblieben. Rußland exportierte Rohstoffe und importierte deutsche Maschinen. Deutschland war für Rußland stets wichtiger als umgekehrt. Zwischen 1858 und 1862 machten die Importe aus Deutschland 28 Prozent aller russischen Importe aus, während der Anteil der Exporte nach Deutschland 16 Prozent betrug. Von 1868 bis 1872 waren es 44 bzw. 24 Prozent und 1913, auf dem Höhepunkt der Handelsbeziehungen, 47 bzw. 29 Prozent. 1923 waren es 25 bzw. 30 Prozent und 1932 47 bzw. 18 Prozent.[8] Deutschland war nicht nur Rußlands Hauptlieferant für Industrieerzeugnisse, sondern auch sein wichtigster Partner auf technologischem Gebiet, besonders als sich Rußland unter Sergej Witte ernsthaft zu modernisieren begann. Bis zur bolschewistischen Revolution gab es daher nur wenige Bereiche der russischen Innen- und Außenpolitik, auf die Deutschland nicht einen bedeutenden Einfluß ausübte, auch wenn ein großer Teil des russischen Adels die französische Sprache und Kultur der deutschen vorzog.

Nach dem Ausbruch des Ersten Weltkrieges war die deutsche Reichsregierung in den Augen der Bolschewiki sowohl ein Feind als auch eine Hilfe – schließlich ermöglichte sie Lenin die Rückkehr nach Rußland. Aus diesem Grund setzten die neuen russischen Führer ihre Hoffnungen auf Deutschland und rechneten fest damit, daß eine Revolution im Geburtsland von Karl Marx ihre Herrschaft auf lange Zeit sichern würde. Über das Ausbleiben dieser Revolution waren sie bitter enttäuscht.

Rußland und Deutschland vor dem Kalten Krieg

Aus dem Scheitern der deutschen Aufstände im Jahre 1919 ergab sich, daß das bolschewistische Rußland aus eigener Kraft, ohne internationale sozialistische Unterstützung, fortbestehen mußte. Dennoch fiel Deutschland in den zwanziger Jahren eine Schlüsselrolle dabei zu, der Sowjetunion in Europa einen Platz auf der diplomatischen Bühne zu verschaffen und ihre Militärmacht aufzubauen. Die UdSSR wiederum förderte Deutschlands Wiederaufrüstung. Die beiden Parias im internationalen System, die »Leidensgefährten«, wie Churchill sie nannte, die von den Verhandlungen über den Versailler Vertrag ausgeschlossen gewesen waren, begannen 1921 ihre geheime militärische Zusammenarbeit und setzten sie fort, bis Hitler an die Macht kam. Die Deutschen konnten dadurch die Rüstungsbeschränkungen umgehen, die ihnen durch den Versailler Vertrag auferlegt worden waren, und die Russen vermochten mit Hilfe eines technisch fortgeschrittenen Landes ihre Rüstungsindustrie und ihre Streitkräfte aufzubauen.[9] Der offizielle diplomatische Durchbruch wurde 1922 in Rapallo erzielt, als der sowjetische Volkskommissar für Auswärtige Angelegenheiten, Georgi Tschitscherin, den widerstrebenden deutschen Außenminister Walther Rathenau dazu brachte, einen separaten deutsch-sowjetischen Vertrag statt eines Abkommens mit den im nahen Locarno tagenden Westmächten zu unterzeichnen.

Der Vertrag von Rapallo selbst war ziemlich harmlos. Er sah lediglich die Wiederaufnahme voller diplomatischer Beziehungen, den Verzicht auf gegenseitige Ansprüche und die Gewährung des Meistbegünstigungsstatus vor; die geheime militärische Zusammenarbeit wurde vom Vertrag nicht berührt. Für die Westmächte war er jedoch der Gipfel der Perfidie: Der sowjetische Staat, der damit seinen ersten diplomatischen Triumph erzielte, traf ein Separatabkommen mit Deutschland, überredete dieses, seine westlichen und östlichen Nachbarn vor den Kopf zu stoßen und zum Nachteil für die europäische Sicherheit mit Rußland zusammenzuarbeiten. Rapallo wurde danach von sowjetischen Autoren als Modell für die künftige Zusammenarbeit gepriesen und vom Westen als Beispiel verwerflicher Geheimabkommen kritisiert. Noch als Bundeskanzler Kohl (unter Ausschluß der Verbündeten Deutschlands) mit Michail Gorbatschow über die Modalitäten verhandelte, die dem vereinigten Deutschland den Verbleib in der NATO ermöglichen sollten, wurde das Gespenst von Rapallo beschworen. Rapallo als Metapher hat also einen wichtigen Einfluß auf die Einstellung der Nachbarn Deutschlands und Rußlands ausgeübt. Auch für die sowjetischen *germanisty* (Deutschlandexperten) stellte Rapallo nach dem Krieg ein ideales Zukunftsmodell dar.[10] Es hat sich zu einem geschichtsmächtigen Gleichnis entwickelt, das sowohl Kritiker als auch Bewunderer benutzen, um Ängste aus einer vergangenen Zeit zu schüren, wenn Fragen der künftigen europäischen Sicherheit diskutiert werden.

Zur Zeit der Weimarer Republik waren die Wirtschaftsbeziehungen zwischen Deutschland und der UdSSR ein Hauptfaktor bei der Entwicklung des sowjetischen Industriepotentials. Deutschland war wegen des begrenzten Marktes für sowjetische Rohstoffausfuhren für die Sowjetunion ein viel bedeutenderer Handelspartner als umgekehrt: Importe aus

Deutschland waren in der Zeit des ersten Fünfjahrplanes, in der sie die Hälfte aller russischen Einfuhren ausmachten, besonders wichtig. Damals lernten die Sowjets den Import deutscher Industrieerzeugnisse schätzen, und die deutsche Unternehmerschaft entwickelte ein anhaltendes Interesse am sowjetischen Markt, das nach den frostigsten Tagen des Kalten Krieges sogleich wiedererwachte.[11]

Als Hitler im Januar 1933 an die Macht kam, erklärte Außenminister Wjatscheslaw Molotow, es gebe keinen Grund, die sowjetische Politik gegenüber Deutschland zu ändern. Die sowjetische Führung hatte Hitlers Werke gelesen und wußte, daß zu den wesentlichen Elementen der nationalsozialistischen Ideologie der Antisemitismus, der Antikommunismus, die Verachtung der Slawen und die Überzeugung gehörten, daß Rußland ein Teil des von Deutschland beanspruchten »Lebensraumes« sei.[12] Was sie damals jedoch nicht erkannte, war, wie sehr sich der Nationalsozialismus von anderen rechten Bewegungen unterschied. Vielleicht war sich Stalin auch nicht darüber im klaren, daß der deutsche Diktator an seine Ideologie mehr glaubte als der sowjetische. Als die Sowjets schließlich anfingen, die potentielle Gefahr zu erkennen, schlossen sie die deutschen Militärstützpunkte, strebten eine gemeinsame Sicherheitspolitik mit dem Westen an, änderten 1934 die von der Komintern verfolgte Linie der Gleichsetzung von Nationalsozialisten und Sozialdemokraten und drängten auf die Bildung von Volksfronten, denen Kommunisten, Sozialdemokraten und andere antifaschistische Kräfte angehörten. Zur Geschichte der Beziehungen zwischen Sowjets und Nationalsozialisten vor 1939 gehören sowohl die Bemühungen, die Ausdehnung der Macht Deutschlands einzudämmen, als auch die Erkenntnis, daß es gute Gründe gab, erneut ein Separatabkommen mit den Deutschen zu schließen, um sich aus einem europäischen Krieg herauszuhalten, für den die UdSSR schlecht gerüstet war. Außerdem beeinflußten innere Faktoren die sowjetische Politik. Von 1936 bis 1939 waren die Säuberungen in vollem Gange. Die gesamte alte Garde der Bolschewiken und die führenden Militärs wurden umgebracht, Millionen von Sowjetbürgern kamen in Lagern ums Leben, und Stalin war weiterhin bestrebt, jeden nur denkbaren Rivalen, der ihm die Macht hätte streitig machen können, aus dem Weg zu räumen.

Als die Kriegsgefahr wuchs und die Westmächte Hitlers Expansion nicht aufhalten konnten, verhandelte Stalin 1938 und 1939 sowohl mit den Briten und Franzosen als auch mit den Deutschen. Vor Gorbatschows Machtantritt lautete das traditionelle sowjetische Argument (und auch das einiger revisionistischer westlicher Historiker), Stalin habe ein Bündnis mit den Briten und Franzosen aufrichtig gewünscht, doch hätten ihre Hinhaltetaktik und ihr Antikommunismus ihn gezwungen, sich den Nationalsozialisten zuzuwenden und im August 1939 ein Abkommen mit ihnen zu schließen. Westliche Forscher waren größtenteils anderer Meinung: Sie behaupteten, ein Nichtangriffspakt mit Deutschland sei für Stalin eindeutig günstiger gewesen. Ein Bündnis mit Frankreich und Großbritannien hätte die UdSSR verpflichtet, an den Kampfhandlungen teilzunehmen, während ein Nichtangriffspakt mit Deutschland es ihr ermöglichte, sich aus dem Krieg herauszuhalten oder zumindest Zeit zu gewinnen, bevor sie in den Kampf eintreten würde. Außerdem konnten die Sowjets verlorene Gebiete von Polen – dem »Bastard von Versailles«, wie Molotow sich ausdrückte – zurückgewinnen und neue Gebiete erhalten.

Seit der Blütezeit von Glasnost unter Gorbatschow und der Öffnung vormals geheimer Archive haben sowjetische Historiker den Standpunkt der westlichen Hauptrichtung überzeugend bestätigt. Sie haben nachgewiesen, daß Stalin die deutsche Option einem Bündnis mit Großbritannien und Frankreich gegen die Nationalsozialisten eindeutig vorzog. 1937 begannen ernsthafte sowjetisch-deutsche Verhandlungen über die Verbesserung der bilateralen Handelsbeziehungen. Sie waren anfangs ein Ersatz für den politischen Dialog.[13] Als dann 1939 auch der politische Dialog in Gang kam, erreichte Stalin nicht nur, daß der Sowjetunion vorerst der Krieg erspart blieb; er konnte auch kraft der geheimen Protokolle, die Gorbatschow erst gegen Ende seiner Amtszeit sehr widerwillig zur Einsicht freigab, die baltischen Staaten sowie Teile Polens und Rumäniens seinem Reich einverleiben. Die Abschiebung deutscher Kommunisten, die in der UdSSR Zuflucht gesucht hatten und die nach ihrer Rückkehr von den Nazis umgebracht wurden, war aus Stalins Sicht ein hinnehmbarer Preis für diesen Gebietszuwachs und die Nichtteilnahme am Krieg.[14]

Stalins Weigerung, den Warnungen vor einem bevorstehenden deutschen Angriff Beachtung zu schenken – Warnungen, die er von amerikanischer und britischer Seite und auch von eigenen offiziellen Stellen erhalten hatte –, war der endgültige Beweis dafür, daß er nicht imstande war, Hitler und den Nationalsozialismus zu begreifen.[15] Trotzdem – und ungeachtet der im allgemeinen gut funktionierenden sowjetisch-deutschen Zusammenarbeit in der Zwischenkriegszeit – konnte Stalin auf ein großes Reservoir antideutscher und nationalistischer Gefühle der sowjetischen Bevölkerung zurückgreifen, sobald die Invasion begann. Es ist durchaus bemerkenswert, daß er nach über einem Jahrzehnt sozialer Umwälzungen, chronischen Hungers, wirtschaftlicher Erschütterungen und rücksichtsloser Säuberungen sein Volk aufzurütteln vermochte, um gegen die Deutschen zu kämpfen und sie zu besiegen. Als die Losung »Proletarier aller Länder, vereinigt euch!« im Titelkopf der Prawda durch die Parole »Tod dem deutschen Eindringling!« ersetzt wurde, war dies ein Zeichen dafür, daß die sowjetische Führung erkannt hatte, daß ihr die so tief in der traditionellen russischen politischen Kultur wurzelnde Furcht vor den Deutschen zu Hilfe kommen würde.

Während des »Großen Vaterländischen Krieges« lief der sowjetische Propagandaapparat auf Hochtouren, um das Feindbild von Deutschland zu verstärken, während die Nazipropaganda sich bemühte, die Russen zu dämonisieren. Mit 27 Millionen sowjetischen Bürgern, die im Krieg ihr Leben verloren, und weiteren Millionen, die während der deutschen Besatzung große Entbehrungen erlitten, sowie mit den deutschen Erinnerungen daran, wie brutal die siegreichen Sowjetsoldaten 1945 mit den Besiegten umgesprungen waren, hinterließ die Zeit von 1941 bis 1945 auf beiden Seiten tiefe Wunden. Das Bild des bösen Westdeutschen als Nachfolger der Nazis war bis zum Ende der Breschnew-Ära in den sowjetischen Medien und in der Volkskultur ständig präsent, während die Ostdeutschen offiziell als »gute« Deutsche galten, die nichts mit dem Faschismus zu tun hatten. Die Ostdeutschen wiederum stellten die Sowjets offiziell als Befreier und Wohltäter hin. Mit der Wirklichkeit hatte das wenig gemein.

Die UdSSR und die beiden deutschen Staaten

Nach der Teilung Deutschlands wurde das deutsche Problem für die UdSSR komplizierter. Von 1949 bis 1990 stand der Kreml vor der schwierigen Aufgabe, seine Politik gegenüber den beiden deutschen Staaten so zu gestalten, daß dadurch die sowjetische Sicherheit in beiden Teilen Europas gestärkt wurde. Die Bundesrepublik Deutschland war das wichtigste Land in Westeuropa, der Schlüssel für die sowjetische Strategie – die größte, aber auch lohnendste Herausforderung. Trotz periodischer sowjetischer Warnungen vor dem deutschen Revanchismus ging von der Bundesrepublik keine konkrete Gefahr für die UdSSR aus. Diese war unvergleichlich stärker, und an den Grenzen zu Westdeutschland standen sowjetische Truppen, nicht umgekehrt. Trotzdem gefährdete Westdeutschland aus zwei Gründen die sowjetische Sicherheit: Es war der Hauptverbündete der Vereinigten Staaten in der NATO und daher von zentraler Bedeutung für die Effizienz der westlichen Allianz, und es war das einzige westliche Land, das ein vitales Interesse an einem engen Verhältnis zu einem Staat des Ostblocks, zur Deutschen Demokratischen Republik, besaß. Sein erklärtes Ziel von 1949 bis 1989 war die Überwindung der deutschen Teilung, und daher stellte es eine potentielle Gefahr für die Einflußsphäre Moskaus in Europa dar.

Aber die Bundesrepublik übte zugleich eine gewisse Anziehungskraft auf Moskau aus. Hätte die sowjetische Doppelstrategie der Eindämmung des deutschen Einflusses in Osteuropa und des Loslösens der Bundesrepublik von den Vereinigten Staaten Erfolg gehabt und wäre die NATO ernsthaft geschwächt worden, so hätte sich die von Europa ausgehende potentielle militärische und politische Gefahr für das sowjetische Kernland wesentlich verringert. Kein anderes europäisches Land tangierte die sowjetische Sicherheit so unmittelbar wie die Bundesrepublik.

Der Kreml versuchte, das deutsche Problem im Interesse seiner Ziele im östlichen Mitteleuropa zu nutzen. Zunächst diente die westdeutsche Gefahr als Vorwand zur Legitimierung der Hegemonie Moskaus. Eigentlich war der Warschauer Pakt nicht nötig, wenn es kein Deutschland gab, das im Zaum gehalten werden mußte, und wenn kein westdeutscher »Revanchismus« existierte. Doch letzten Endes erwies sich das Hochspielen der deutschen Gefahr nach 1970 als nachteilig für die sowjetischen Interessen in Europa. Die Sowjets hatten von Deutschland ein Feindbild geschaffen und aufrechterhalten, das es schwierig machte, die Bundesrepublik als zuverlässigen Partner zu akzeptieren, ohne einen wichtigen Kontrollmechanismus im Inland und in Osteuropa zu verwässern.

Mitte der siebziger Jahre hatte der größte Teil Ostmitteleuropas einen günstigen Eindruck von Westdeutschland. Die Erfahrungen, die Osteuropa dreißig Jahre lang mit der sowjetischen Herrschaft gemacht hatte, und der Wunsch, eine Alternative zum Kommunismus Moskauer Stils zu finden, ließen die Erinnerungen an das Verhalten der Deutschen im Zweiten Weltkrieg verblassen und führten dazu, daß die Osteuropäer ihre Gemeinsamkeiten mit der europäischen – im Gegensatz zur eurasischen – Kultur betonten. Die Intelligenz dieser Länder entdeckte ihre Verbindungen zu Deutschlands Zivilisation und seinen liberalen Traditionen neu und stellte sie Rußlands Mangel an Erfahrungen mit der Aufklärung, der Reformation oder anderen modernen »zivilisierenden« Bewegungen gegenüber.[16] Hatte die Dämonisierung Deutschlands aufgrund des von den Nationalsozialisten angerichteten Unheils es der Sowjetunion anfangs erleichtert, Ostmitteleuropa unter ihre Kontrolle zu bringen, so war die Entdämonisierung Westdeutschlands nach 1970 ein Hauptfaktor bei dem allmählichen Verlust dieser Kontrolle.

Moskaus deutsches Problem vor der Entspannung

Die Bundesrepublik Deutschland

Um in Zukunft einen deutschen Angriff unmöglich zu machen, installierten die Sowjets nach 1945 von ihnen kontrollierte Regierungen in einem Ring von Pufferstaaten zwischen Deutschland und der UdSSR.[17] Hatte Moskau jedoch von Anfang an die Teilung Deutschlands im Sinn? Die meisten sowjetischen Autoren und Politiker leugneten, daß sie jemals ein geteiltes Deutschland gewünscht hätten, und schoben dem Westen die Verantwortung in die Schuhe. Der altgediente sowjetische Außenminister Andrej Gromyko schrieb in seinen Memoiren: »Alle Deutschen, wo immer sie leben, sollten sich daran erinnern, daß die Sowjetunion nie eine Zerstückelung Deutschlands gewollt hat. Es waren die USA und Großbritannien, die auf den Drei-Mächte-Konferenzen das Zerreißen Deutschlands vorschlugen.«[18] Stalin hatte zumindest eine ambivalente Haltung gegenüber der Zukunft Deutschlands. Neuerdings freigegebene Dokumente zeigen, daß er von Anfang an für ein einheitliches, neutrales, kommunistisches Deutschland war.[19] Aber als er dieses Ziel nicht erreichte, bestand er auf der Teilung. Es ist unwahrscheinlich, daß die Sowjets 1945 einer Lösung des deutschen Problems zugestimmt hätten, die ihnen die Kontrolle über einen Teil Deutschlands und den Zugang zu dessen noch verbliebenen wirtschaftlichen Ressourcen vorenthalten hätte.

Nach der Gründung der Bundesrepublik Deutschland und der Deutschen Demokratischen Republik im Jahre 1949 bestand das Hauptziel der Sowjets darin, die DDR unter ihrer Kontrolle zu halten und dort eine lebensfähige Regierung zu schaffen. Das Hauptproblem hinsichtlich Deutschlands war ein *ost*deutsches Problem. Es gab aber auch ein *west*deutsches Problem, da sich Moskau erfolglos bemühte, die Bundesrepublik daran zu hindern, Mitglied der NATO zu werden, und 1952 mit der Wiedervereinigung lockte, um einer militärischen Integration Westdeutschlands in den Westen zuvorzukommen.[20] Nachdem das sowjetische Angebot abgelehnt worden war, sagte Stalin zu seinen ostdeutschen Genossen: »Organisiert euren eigenen Staat. Die Demarkationslinie zwischen Ost- und Westdeutschland muß als Frontlinie angesehen werden, und nicht etwa als einfache Grenze; sie muß gefährlich sein.«[21]

Während der ersten zwanzig Jahre ihrer Existenz war die Bundesrepublik ein revisionistischer Staat. Sie weigerte sich, die Nachkriegsgrenzen Europas, einschließlich der Annexion ehemals deutscher Gebiete durch die UdSSR, Polen und die Tschechoslowakei, anzuerkennen. Und trotz des beachtlichen Umfangs ihrer Wirtschaftsbeziehungen zur DDR weigerte sie sich auch, diese völkerrechtlich anzuerkennen oder diplomatische Beziehungen zu Ländern zu unterhalten, welche die DDR anerkannten (die UdSSR bildete eine Ausnahme).[22] Dies war im wesentlichen das, was die Sowjets als »Revanchismus« bezeichneten. Einerseits war das Gespenst des Revanchismus nützlich, um die Notwendigkeit des Warschauer Pakts zu rechtfertigen, andererseits stellte es die ohnehin schwache innere Legitimität der DDR in Frage, indem es ihr die internationale Anerkennung versagte. Um die Stabilität der DDR zu erhöhen, war Moskau daher bestrebt, die Anerkennung der osteuropäischen Staaten durch die Bundesrepublik zu erreichen. Seit dem Ende der 1950er Jahre verfolgte die UdSSR neben ihren politischen Zielen in bezug auf Westdeutschland konsequent ein ökonomisches Ziel: aus ihren Wirtschaftsbeziehungen zu Bonn soviel Nutzen wie möglich zu ziehen und die bilateralen wirtschaftlichen Beziehungen von den politischen zu trennen. Moskau trachtete danach, den nach 1945 eingetretenen Stillstand in den Handelsbeziehungen zu überwinden und die profitablen Verbindungen der Zeit vor dem Zweiten Weltkrieg, als deutsche Fertigerzeugnisse und Technologie im Austausch für russische Rohstoffe geliefert wurden, wiederherzustellen.[23]

Trotzdem war die sowjetische Politik gegenüber der Bundesrepublik zwischen 1949 und 1969 zum größten Teil konfrontativ. Die Sowjets warfen den Westdeutschen vor, die Erben des Nazistaates und ein Satellit der imperialistischen USA zu sein. Aber auch die westdeutsche Politik gegenüber der Sowjetunion war weitgehend konfrontativ. Adenauer, der rheinländische Katholik, der Preußen und dessen traditionellen Beziehungen zum Osten mißtraute, war mehr an einer Westbindung interessiert als an einer Annäherung an den Osten. Sein Hauptziel bestand darin, die volle Zugehörigkeit der Bundesrepublik zum westlichen Bündnis zu erreichen.

Es gab eine merkwürdige Episode, die auf eine mögliche Änderung der sowjetischen Politik hindeutete, und zwar Chruschtschows Absicht, 1964 Westdeutschland zu besuchen.[24] Während der Berlinkrise von 1958 bis 1961 hatte die UdSSR versucht, aus Westberlin durch Schikanen und Drohungen ein von Bonn getrenntes selbständiges politisches Gebilde zu machen, doch 1964 änderte der Kreml seine Tonart. Chruschtschow ließ verlauten, er wolle die Bundesrepublik besuchen, und es wurde gemunkelt, daß sowjetisch-westdeutsche Verträge in Vorbereitung seien. Diese Gerüchte waren teilweise durch die offensichtliche Animosität zwischen Chruschtschow und Walter Ulbricht, dem altgedienten DDR-Führer, inspiriert.[25] Ulbricht, ein treuer Anhänger des stalinistischen Systems, seit er in den dreißiger und vierziger Jahren in den Korridoren des Komintern-Hotels Lux in Moskau konspiriert hatte, war entsetzt über den undisziplinierten Reformer im Kreml und über sein Interesse, mit Bonn zu sprechen, das nicht einmal Ostberlin anerkennen wollte. Wir werden nie wissen, welche Pläne Chruschtschow wirklich verfolgte, da er wenige Tage vor dem geplanten Besuchstermin entmachtet wurde. Innerhalb der außenpolitischen Elite gab es eine kritische Debatte darüber, ob neue Initiativen gegenüber Westdeutschland ergriffen werden sollten, aber die sowjetische Führung entschied, daß dies verfrüht sei.[26]

Bis 1969 wendete sich das Blatt. Angesichts der wachsenden Wirtschaftsprobleme im Lande und eingedenk der Vorteile, die eine Politik der Wiederannäherung an den Westen mit sich bringen würde, entschloß sich Breschnew, einen Kurs der Entspannung einzuschlagen. Er war erpicht darauf, mit den beiden führenden Politikern zu verhandeln, die den Schlüssel zu einer Ost-West-Verständigung besaßen: Richard Nixon und Willy Brandt. Diese beiden Männer kamen an die Macht, als die Sowjets gerade im Begriff waren, ihre Politik neu zu orientieren. Der eine hatte sich als Mitglied eines antikommunistischen Untersuchungsausschusses einen Namen gemacht, während er Kongreßabgeordneter war, der andere war ein langjähriger Sozialist und Gegner des Nationalsozialismus gewesen, und beide waren sie Außenseiter in ihrem Land. Vietnam und die sich vertiefende chinesisch-sowjetische Spaltung waren für Amerikaner wie Russen Anlaß für die Aufnahme von Verhandlungen. Für die Deutschen war es eine Frage der Beweglichkeit und der Rehabilitation. Die konfrontative Ostpolitik der CDU hatte nur wenig Nutzen erbracht. Es war an der Zeit, die deutsche Politik zu ändern.

Die Deutsche Demokratische Republik

Die DDR wurde von der Sowjetunion geschaffen und verdankte dieser bis zuletzt ihre Existenz. Als Moskau 1989 entschied, das SED-Regime nicht mehr zu stützen, brach es rasch zusammen. Trotzdem erfüllte die DDR drei wesentliche Funktionen für die Sowjets: als wichtigster Pufferstaat, der die Sicherheit der Sowjetunion gewährleistete; als lebenswichtige

Quelle wirtschaftlicher und technologischer Hilfe für die sowjetische Wirtschaft; und als einer der loyalsten Ableger des Sowjetsystems, der dem sowjetischen Modell ideologische und institutionelle Legitimation bot.

Der Kreml verfolgte gegenüber der DDR zwei Hauptziele, von denen das eine mit der sowjetischen Blockpolitik (der Politik gegenüber Osteuropa) und das andere mit seiner Westpolitik (der Politik gegenüber dem westlichen Bündnis) verbunden war. Die Kontrolle über die DDR war eine entscheidende Komponente der sowjetischen Blockpolitik, doch war die sowjetische Haltung gegenüber der DDR von Anfang an ambivalent. Obwohl die DDR als Hauptstütze des sowjetischen Sicherheitssystems in Europa angesehen wurde, war sich der Kreml von Anfang an darüber im klaren, daß sie ein künstlicher Staat war, dessen Überleben von Moskau abhing. Die Sowjets hatten dadurch beträchtlichen Einfluß auf die DDR-Führung, waren aber auch gezwungen, Ostberlin Zugeständnisse zu machen, die sie Prag oder Warschau nie gemacht hätten. Juli Kwizinski, dessen lange politische Laufbahn an der sowjetischen Botschaft in Ostberlin begonnen hatte, schrieb: »Moskau bemutterte [die DDR] wie ein kleines Kind. ... Die aufdringliche Bevormundung, die wir [ihr] gegenüber ... praktizierten, hatte zweifellos auch ihre Nachteile. Den wichtigsten sehe ich darin, daß die meisten Funktionäre in der DDR überzeugt waren, sie könnten sich in der Politik jeden Fehler leisten, ohne einen Verlust der Macht fürchten zu müssen. Moskau würde stets im entscheidenden Moment zu Hilfe eilen und alle Kräfte einsetzen, um die DDR zu halten, denn ohne sie wären alle sowjetischen Positionen in Europa verloren.«[27]

Aber die DDR eröffnete auch der sowjetischen Westpolitik neue Möglichkeiten. Moskau lockte mit engeren deutsch-deutschen Beziehungen, um einerseits die DDR zu manipulieren und andererseits die Bundesrepublik dazu zu verleiten, ein besonderes Verhältnis zur Sowjetunion zu entwickeln, das eine Distanz zwischen Bonn und den Vereinigten Staaten schaffen könnte. In diesem asymmetrischen Verhältnis hatte die UdSSR den beiden deutschen Staaten mehr anzubieten als diese der Sowjetunion,[28] doch die Gefahr dieser doppelbödigen Politik, die in den achtziger Jahren offensichtlich wurde, bestand darin, daß die sowjetische Förderung der deutsch-deutschen Beziehungen zu einer Annäherung der beiden deutschen Staaten führen konnte, die die DDR destabilisierte und die Kontrolle über sie verminderte.

Moskaus Möglichkeiten, im Rahmen dieser dreiseitigen Deutschlandpolitik Initiativen zu ergreifen, waren allerdings aufgrund seiner Sorgen um die mangelnde Legitimität der DDR begrenzt. In Anbetracht der inhärenten Instabilität der DDR waren die Sowjets bemüht, die innere Legitimität ihres Satellitenstaates zu stärken und eine sozialistische deutsche Identität zu begründen. Da eine Stärkung der internationalen Legitimität ihre innere Legitimität fördern würde, drängten sie auf eine internationale Anerkennung der DDR. Vor allem galt es, die Anerkennung durch die Bundesrepublik zu erreichen. Die internationale Anerkennung unterminierte jedoch in Wirklichkeit die innere Legitimität der DDR, weil diese im Zuge der Normalisierung der deutsch-deutschen Beziehungen anfälliger für westdeutsche Einflüsse wurde. Dies war ein allgemeines Phänomen im gesamten Ostblock: Auf dem Höhepunkt des Kalten Krieges waren die kommunistischen Staaten vom Westen praktisch isoliert, was den Sowjets die Kontrolle über diese Staaten erleichterte, wohingegen die Entspannung diese Kontrolle schwächte.

Sobald Stalin entschieden hatte, daß die Schaffung eines loyalen ostdeutschen Staates Vorrang vor Experimenten mit einem vereinigten Deutschland hatte, dessen künftige politische Orientierung ungewiß war, gewann die sowjetische Politik gegenüber der DDR an Konsistenz. 1953, nach Stalins Tod, wurde die deutsche Frage zu einem Angelpunkt des ausbrechenden Machtkampfes. Mitglieder der sowjetischen Führung beschuldigten die herrschende SED, mit ihrem Bestreben, den Sozialismus zu rasch aufzubauen, die Unruhen provoziert zu haben, die zum Aufstand vom 17. Juni 1953 führten. In einem

Gespräch mit der SED-Führung versicherten sie kurz vor dem Aufstand, sie würden die sowjetische Militärpräsenz in der DDR verstärken und Adenauers »bourgeoise Clique« – möglicherweise unter Ausnutzung der westdeutschen SPD – weiterhin bekämpfen.[29] Lawrenti Berija, Stalins letzter Geheimdienstchef, war sich allerdings mit seinen Genossen über die Notwendigkeit nicht einig, die DDR zu stärken, und soll vorgeschlagen haben, auf sie überhaupt zu verzichten.[30] Berija wurde bald darauf in einem Geheimprozeß zum Tode verurteilt und erschossen. Nach dem Aufstand blieb Moskau kaum etwas anderes übrig, als den linientreuen, doch unpopulären Walter Ulbricht an der Macht zu halten, um den Zerfall der DDR zu verhindern. Obwohl die UdSSR über die Vereinigung Deutschlands weiterhin mit den Westmächten diskutierte, hatte sich der Schwerpunkt verlagert: Bis zur Errichtung der Berliner Mauer im August 1961 blieb die sowjetische Politik darauf ausgerichtet, nicht Westdeutschland zu umwerben, sondern Ostdeutschland zu erhalten.

Die zunehmende Instabilität der DDR zwang Chruschtschow, drastischere Maßnahmen zu ergreifen, um die weitere Lebensfähigkeit Ostdeutschlands zu gewährleisten. Diesmal benutzte er Berlin, um Druck auszuüben. Mit ihrer offenen Grenze, über die eine ständig wachsende Zahl von Menschen sich problemlos von Ost nach West absetzen konnte, symbolisierte die Stadt auf dramatische Weise die mangelnde Legitimität der DDR. Moskaus Berlin-Ultimatum von 1958 – größtenteils Chruschtschows Initiative – forderte, daß Westberlin eine unabhängige, entmilitarisierte Stadt werden und seine Beziehungen zu Bonn abbrechen sollte. Dokumente aus den Archiven zeigen, daß Chruschtschow auf die Formulierung des Ultimatums persönlich Einfluß nahm und den Ostdeutschen genaue Anweisungen für die Durchsetzung dieser Forderungen erteilte.[31] Sein Vorstoß blieb jedoch erfolglos, und als 1960 die Zwangskollektivierung auf dem Lande fortgesetzt wurde, nahm die Flucht von DDR-Bürgern katastrophale Ausmaße an. Schließlich kamen täglich zweitausend ostdeutsche Flüchtlinge in Westberlin an. Weil das für die DDR zu einem wirtschaftlichen und politischen Desaster zu führen drohte, entschieden sich die Sowjets wie 1953 dafür, Ulbricht zu stützen, und ließen die Mauer bauen. Dies bedeutete einen Wendepunkt in den sowjetisch-deutschen Beziehungen: Die Mauer, die das Ulbricht-Regime und damit die DDR rettete, ermöglichte es den Sowjets, eine flexiblere Politik gegenüber beiden deutschen Staaten zu betreiben.

Bis 1970 hatte die UdSSR ihre Hauptziele in bezug auf die DDR erreicht. Sie hatte einen zuverlässigen, abhängigen Pufferstaat geschaffen, dessen Wirtschaft eine verläßliche Stütze für die UdSSR war, dessen Armee eine wichtige Rolle im Warschauer Pakt spielte und der sich ideologisch mit der UdSSR identifizierte. Die DDR war ein eifriger Befürworter der Invasion des Warschauer Pakts in die Tschechoslowakei im Jahre 1968, weil Alexander Dubčeks Regierung eine doppelte Gefahr darstellte: zum einen durch den Reformsozialismus im Innern, der Ulbrichts Machtstellung, wie dieser glaubte, ins Wanken bringen würde, zum anderen durch die Bereitschaft, mit »realistisch denkenden Kräften« in Westdeutschland Beziehungen zu unterhalten, wo doch Ulbricht darauf bestand, daß dies kein sozialistisches Land tun sollte, solange die Bundesrepublik nicht zur Anerkennung der DDR bereit war.[32]

Nach der Invasion in die Tschechoslowakei divergierten die Interessen der UdSSR und der DDR. Nachdem Moskau durch die Invasion klargestellt hatte, daß es den Verlauf politischer Reformen in Osteuropa steuern konnte, glaubte sich der Kreml nun in der Lage, weiterreichende Interessen zu verfolgen und zu seinen Bedingungen dem Westen Entgegenkommen zu zeigen. Eine solche Politik gefährdete letzten Endes Ulbrichts Position, da sie seiner Forderung nach voller internationaler Anerkennung der DDR durch alle Staaten, einschließlich der Bundesrepublik, nicht gerecht wurde.

Die Hinterlassenschaften der Vergangenheit

Die widersprüchliche Geschichte der russisch-deutschen und sowjetisch-deutschen Beziehungen hat drei Haupthinterlassenschaften, die weiterhin von großer Bedeutung sind. Die erste ist heute, im Atomzeitalter, genauso wichtig wie im 19. Jahrhundert. Es ist die Hinterlassenschaft der Geographie und der Ressourcen und deren Auswirkung auf die nationale Identität und die nationalen Interessen beider Länder. Das Fehlen natürlicher Grenzen und der komplementäre Charakter der Wirtschaft Rußlands und Deutschlands führten unweigerlich sowohl zur Zusammenarbeit als auch zur Konfrontation.

Der Kampf, den Deutschland zwischen seiner ersten und zweiten Vereinigung – von 1871 bis 1990 – führte, um seine nationale Identität zu entwickeln und international eine Rolle zu spielen, hatte große Auswirkungen auf seine Nachbarn in Europa. Der europäische Kontinent erlebte zwei verheerende Kriege im zu Ende gegangenen Jahrhundert, da Deutschland nach einer nationalen und internationalen Rolle strebte, die seiner vermeintlichen Macht entsprach. Tatsächlich konnte Deutschland erst dann als Status-quo-Staat mit einer demokratischen, europäischen Identität entstehen, als es seine Einheit erlangt hatte und die sowjetische Macht zusammengebrochen war.

Rußlands Suche nach einer tragfähigen nationalen Identität und internationalen Rolle im 21. Jahrhunderts kann durchaus als Gegenstück zu Deutschlands entsprechender Suche im 20. Jahrhundert angesehen werden. Seine ungeklärten Beziehungen zu seinen Nachbarn und seine unbeständige Innenpolitik können dazu führen, daß Europas Lage durch größere Unsicherheit gekennzeichnet sein wird, selbst wenn Rußland im Unterschied zum vormaligen Deutschland keine bösen Absichten verfolgt. 1906 schrieb ein englischer Beobachter Deutschlands etwas, das sich auch über das heutige Rußland sagen läßt: »Wir, die wir gegenüber allen Sentimentalitäten in internationalen Angelegenheiten mißtrauisch sind, haben immer anerkannt, daß die Ziele der deutschen Außenpolitik vom deutschen Standpunkt aus völlig gerechtfertigt sind. Das einzige, was gegen sie eingewendet werden kann, ist, daß sie an keinem Ort der Welt realisiert werden können, ohne die Sicherheit und Unabhängigkeit bestehender Staaten zu bedrohen oder deren gegenwärtige Ordnung zu zerstören. Das ist nicht die Schuld der deutschen Nation, es ist ihr Pech.«[33]

Rußlands Sicherheit läßt sich, ebenso wie die Deutschlands, gerade wegen seiner geographischen Lage und seiner Ressourcen nicht von der europäischen Sicherheit trennen. Rußland ist tatsächlich eine europäische Macht und wird zwangsläufig europäische Entwicklungen beeinflussen, wie es dies seit Jahrhunderten getan hat. Deutschland wird eine viel größere Rolle spielen als in der Zeit seiner begrenzten Souveränität während des Kalten Krieges, weil es jetzt freie Hand hat, seine Interessen im Osten in einer Weise wahrzunehmen, wie es nicht möglich war, als ganz Ostmitteleuropa kommunistisch war.

Die zweite Hinterlassenschaft ist die Zusammenarbeit zwischen Rußland und Deutschland. Diese Partnerschaft hatte sowohl auf Rußland als auch auf seine Nachbarn positive Auswirkungen, besonders auf wirtschaftlichem, wissenschaftlichem und kulturellem Gebiet. Die positiven Aspekte der historischen russisch-deutschen Beziehungen haben Deutsche und Russen in der postkommunistischen Periode ermutigt, auf eine viel intensivere wirtschaftliche, politische und technologische Zusammenarbeit als Hauptfaktor zu setzen, der einen erfolgreichen Übergang von der Vergangenheit zur Zukunft Rußlands gewährleisten soll.

Aber andere Aspekte der russisch-deutschen Zusammenarbeit hatten weniger positive Auswirkungen. Rapallo, die geheime militärische Kooperation in den zwanziger Jahren, der Hitler-Stalin-Pakt und die sowjetisch-ostdeutsche geheimdienstliche und militärische Zusammenarbeit bei der Unterdrückung der eigenen Bevölkerung und derjenigen anderer Länder zeigen, daß die russisch-deutsche Zusammenarbeit manchmal auf Zynismus und reiner Zweckmäßigkeit beruhte, auf gemeinsamen pragmatischen Interessen, die andere Differenzen überdeckten und der Sicherheit der eigenen Bevölkerung und der der Nachbarn zuwiderliefen. Wegen dieser historischen Hinterlassenschaft ist man in Europa und in den Vereinigten Staaten nach wie vor darüber besorgt, daß Deutschland und Rußland sich trotz der großen Unterschiede zwischen ihren Systemen versucht fühlen könnten, zur Durchsetzung ihrer Interessen und zum Schaden ihrer Nachbarn ihre Kräfte zu vereinen. Diese Befürchtungen mögen unbegründet sein, sie erinnern lediglich an die Macht historischer Analogien.

Die dritte Hinterlassenschaft ist die deutsch-russische Feindschaft, die in diesem Jahrhundert zu zwei Weltkriegen geführt und das geteilte Berlin zum spannungsgeladensten Außenposten des Kalten Krieges gemacht hat. Die sowjetisch-westdeutschen Beziehungen vor 1970 waren ebenfalls durch Konfrontation und Spannungen gekennzeichnet und weckten Befürchtungen bei der Bevölkerung beider Staaten hinsichtlich aggressiver Absichten der Gegenseite. Heute fürchtet Rußland jedoch eher, von den Deutschen im Stich gelassen als von ihnen angegriffen zu werden. Deutschland fürchtet gleichermaßen nicht Rußlands militärische Macht, sondern seine Schwäche. Von allen Hinterlassenschaften scheint also die des deutsch-russischen Antagonismus heute am unwichtigsten zu sein. Dennoch erinnert sie Europa daran, daß ein Konflikt zwischen Rußland und Deutschland sich sogar schlimmer auswirken könnte als eine zynische Zusammenarbeit.

In einem Zeitalter, in dem wir in jedem postkommunistischen Land die Wiedergeburt der Geschichte sowohl mit ihren negativen und gewaltsamen als auch mit ihren freundlicheren Seiten erleben, belasten die Geister der Vergangenheit unvermeidlich das deutsch-russische Verhältnis. Wird ein wirtschaftlich starkes, politisch geeintes Deutschland mit wirtschaftlichen Mitteln im 21. Jahrhundert das erreichen, was es im 20. Jahrhundert mit militärischen Mitteln nicht zu erreichen vermochte, nämlich die Herrschaft über Europa? Wird es die territorialen Fragen wieder aufwerfen, die der Zweite Weltkrieg entschieden hat? Wird infolge des Machtvakuums, das durch ein schwaches Mitteleuropa, ein zerrüttetes Rußland und ein sich zurückziehendes Amerika hervorgerufen wird, unausweichlich ein neuer »Drang nach dem Osten« entstehen? Wird Rußland trotz seiner Schwäche von neuem expansionistische Ambitionen hegen und danach trachten, sich die Staaten der früheren Sowjetunion von neuem einzuverleiben? Von den inneren Entwicklungen in Deutschland und Rußland sowie von der Entwicklung des postkommunistischen Mitteleuropa wird es zum großen Teil abhängen, welche Hinterlassenschaft im nächsten Jahrhundert vorherrschen wird.

Präludium zur Vereinigung Deutschlands: Moskau und Bonn in der Zeit der Entspannung

»Erich, ich sage dir offen, vergiß das nie: Die DDR kann ohne uns, ohne die SU, ihre Macht und Stärke nicht existieren. Ohne uns gibt es keine DDR ...«

Leonid Breschnew zu Erich Honecker, 1970[1]

»Aber ich bitte dich, Genossen Leonid Iljitsch Breschnew offen zu fragen, ob es zwei Millionen Tonnen Erdöl wert sind, die DDR zu destabilisieren und das Vertrauen unserer Menschen in die Partei- und Staatsführung zu erschüttern.«

Gespräch zwischen Erich Honecker und Konstantin Russakow, 1981[2]

Als sich die UdSSR zu Beginn der siebziger Jahre auf dem Höhepunkt ihrer Macht befand, hegte sie große Erwartungen. Sie hatte militärische Parität mit den USA erreicht, ihre Wirtschaft schien zu wachsen, sie besaß riesige Vorräte an Erdöl und Erdgas, und mit dem energischen Breschnew an der Spitze, der sich eindeutig als Führer im Kreml durchgesetzt hatte, schien es kaum Hindernisse zu geben, die sie nicht überwinden konnte. All das ermutigte den Kreml, Kurs auf eine sowjetisch-westdeutsche Entspannung zu nehmen, die Ostdeutschen daran zu erinnern, daß sie Moskaus Anweisungen zu befolgen hatten, und sich auf diverse Abenteuer in der Dritten Welt einzulassen, nachdem auch die Entspannung gegenüber den USA gute Fortschritte machte. Doch am Ende des Jahrzehnts war von der Entspannungspolitik nicht mehr viel übrig geblieben. Die Sowjetunion hatte sich übernommen, ihre Wirtschaft befand sich im Niedergang, die Bevölkerung in

Osteuropa war unruhig geworden, und eine alternde, gebrechliche Kremlführung zeigte sich immer halsstarriger. Inzwischen war es unmöglich geworden, das alte Verhältnis zu Osteuropa, insbesondere zur DDR, wiederherzustellen, wo die UdSSR eindeutig das Zepter geführt hatte. Das Breschnew-Regime vermochte seine Beziehungen zu den beiden deutschen Staaten letztlich nicht mehr so zu gestalten, daß es den sowjetischen Interessen entsprach. Vor allem das Auf und Ab in der Entspannungspolitik gegenüber der Bundesrepublik schuf die entscheidenden Bedingungen dafür, wie die Wiedervereinigung vonstatten ging.

Sowjetisch-westdeutsche Entspannung: Moskaus Erwartungen

Den Anstoß zur sowjetisch-westdeutschen Entspannung gab Willy Brandt, der erste westdeutsche Nachkriegskanzler, der bereit war, den Status quo in Europa anzuerkennen. Die Bundesrepublik Deutschland bot Verhandlungen an, akzeptierte sowjetische Bedingungen und ermöglichte damit die Normalisierung der Beziehungen.[3] Wichtig ist jedoch, daran zu erinnern, daß die Sowjets schon vor der Wahl Brandts im September 1969 Fühler nach Bonn ausgestreckt hatten.[4] Für die Änderung der sowjetischen Politik waren sowohl innere als auch internationale Gründe maßgebend. 1968 waren sowjetische Truppen in die Tschechoslowakei einmarschiert, da Moskau die langfristigen Folgen der unter dem Namen Prager Frühling bekannten dynamischen Liberalisierungsbewegung fürchtete. Diese drohte die gesamte sowjetische Herrschaft über Osteuropa in Frage zu stellen. Nachdem der Kreml mit der Breschnew-Doktrin sein traditionelles *droit de regard* wiederhergestellt hatte, glaubte er, daß er nun eine flexiblere Politik gegenüber dem Westen betreiben könne, ohne seine Vormachtstellung in Osteuropa zu gefährden. Außerdem spielte bei diesen Initiativen ein persönlicher Faktor eine Rolle. Sowjetische Teilnehmer an den Diskussionen, die schließlich zur Entspannung führten, behaupten, Breschnew sei, als er an die Macht gelangte, schwach gewesen; er sei als Übergangslösung angesehen worden und habe wenig von Außenpolitik verstanden. Dann sei er jedoch zu dem Schluß gelangt, daß eine selbstsichere, erfolgreiche Außenpolitik seine Chancen verbessern würde, an der Macht zu bleiben.[5] So wurde die Entspannung – auf Kosten innerer Reformen – Breschnews persönliches politisches Programm, die Basis für seinen Aufstieg zum Primus inter pares in der kollektiven Führung.

Was erwarteten die Sowjets von der Entspannungspolitik gegenüber der Bundesrepublik? Sie hofften, Westdeutschland würde endlich aufhören, eine revisionistische Macht zu sein, und den Status quo in Europa ratifizieren, wodurch die sowjetische Vorherrschaft in Osteuropa legitimiert worden wäre. Die Anerkennung der Nachkriegsgrenzen durch Westdeutschland hatte sowohl für die Sowjets als auch für die DDR einen hohen Stellenwert, denn sie konnte dazu beitragen, die DDR zu stabilisieren, und war zugleich Voraussetzung für deren internationale Anerkennung. Moskau hoffte auch, die Bundesrepublik würde ein langfristiges Interesse an engen bilateralen Beziehungen zur Sowjetunion entwickeln, denn immerhin hielt die UdSSR den Schlüssel zu den deutsch-deutschen Beziehungen in der Hand. Dies war der ultimative Hebel, den der Kreml besaß, um seine Ziele gegenüber der Bundesrepublik durchzusetzen. Das politische Interesse der Westdeutschen an der Entspannung würde, so hoffte der Kreml, deren Bereitschaft erhöhen, die wirtschaftliche Zusammenarbeit mit den Sowjets zu intensivieren, wodurch in der Bundesrepublik starke Anreize für eine langfristige kooperative Beziehung geschaffen würden. Auf diese Weise versuchte der Kreml, die westdeutsche Politik derjenigen der UdSSR anzunähern, ohne gleichzeitig die DDR zu destabilisieren; denn die von den Sowjets an die Entspannung geknüpften Erwartungen hingen zum Teil mit ihrer Blockpolitik zusammen.

Die sowjetische Politik gegenüber der Bundesrepublik war

jedoch auch Teil einer breiter angelegten Westpolitik Moskaus. Die Sowjets hofften, Bonn könne durch die Entwicklung eines unabhängigen Interesses an engeren Beziehungen zur UdSSR dazu gebracht werden, seine Beziehungen zu Washington und zum westlichen Bündnis zu lockern. Darüber hinaus hofften sie, durch Vervielfachung der Berührungspunkte auf die öffentliche Meinung der Bundesrepublik einwirken, »fortschrittliche« und »friedliebende« Elemente in der westdeutschen Gesellschaft ermutigen und so den vorwiegend aus dem Vietnamkrieg resultierenden öffentlichen Unmut gegen die Vereinigten Staaten verstärken zu können.

Der Kreml rechnete offenbar nicht damit, daß er alle diese Ziele gleichzeitig oder in vollem Umfang verwirklichen konnte. Trotzdem hofften diejenigen, die Breschnew unterstützten, daß die UdSSR zumindest die Anerkennung der Grenzen Osteuropas durch die Bundesrepublik und eine gewisse Verbesserung der politischen und wirtschaftlichen Beziehungen würde erreichen können. Allerdings war die Annäherung an Bonn mit einem bedeutsamen Risiko verbunden: Da die Bundesrepublik nun als Staat aufträte, der sich der Versöhnung von Ost und West verpflichtet fühlte und keine territorialen Ansprüche an Osteuropa stellte, konnte es für die Sowjets schwieriger werden, die Existenz des Warschauer Pakts zu rechtfertigen. Eine Politik der Entspannung gegenüber Bonn ließ sich nicht durchführen, ohne daß potentielle Einbußen hinsichtlich der sowjetischen Vorherrschaft in Osteuropa in Kauf genommen werden mußten.

Die Ära Brandt

Die Etappen der deutsch-sowjetischen Beziehungen in der Zeit von 1969 bis 1985 entsprachen im wesentlichen den drei Bonner Kanzlerschaften dieser Jahre: der von Willy Brandt, der von Helmut Schmidt und der von Helmut Kohl. Von 1969 bis 1982 gab es eine Kontinuität in Breschnews Politik, gefolgt von unklaren Signalen unter den todkranken Nachfolgern Andropow und Tschernenko. Erst nach der Machtübernahme durch Michail Gorbatschow traten Veränderungen ein. Es ist angebracht, bei der Analyse der Entspannung zwei Problemfelder getrennt zu behandeln – die sowjetisch-westdeutschen Beziehungen und den Einfluß der Deutschlandpolitik der Bundesrepublik auf die Beziehungen zwischen der DDR und der Sowjetunion. Beide hatten einen Einfluß darauf, wie die Wiedervereinigung erreicht wurde.

Brandts Ostpolitik

1967 hatte der Kreml zu verstehen gegeben, daß der Sozialdemokrat und ehemalige antifaschistische Emigrant Willy Brandt bei eventuellen Verhandlungen ein erwünschter Partner sei und daß seine Wahl helfen könnte, die Einwände jener Mitglieder der sowjetischen Führung zu entkräften, die gegen eine Annäherung an Bonn waren.[6] Als westdeutscher Außenminister hatte Brandt einige Initiativen ergriffen, die die Beziehungen zur Sowjetunion und zu Osteuropa verbessern sollten. Er und sein Berater Egon Bahr waren sich einig, daß die Ostpolitik der CDU-geführten Regierungen bankrott war. Die Weigerung, die Teilung Nachkriegseuropas anzuerkennen, und die Ächtung der DDR hatten die Bundesrepublik nicht im mindesten dem Ziel nähergebracht, die Ergebnisse von Jalta und Potsdam zu annullieren. Brandts Ostpolitik war eine Politik der Resignation; sie beruhte auf der Erkenntnis, daß die Bundesrepublik die Teilung Europas anzuerkennen hatte, wenn sie eine glaubwürdigere Rolle in der Welt spielen wollte. Er war jedoch niemals bereit, zu akzeptieren, daß eine Einigung mit den Sowjets den Status quo in Europa festschreiben würde. Statt dessen setzte er sich für Bahrs Formel »Wandel durch Annäherung« ein, die besagte, daß eine Anerkennung des geographischen Status quo die Voraussetzung dafür war, am Ende den politischen Status quo zu überwinden.[7] Bahr wurde sowohl damals als auch später von vielen Seiten vorgeworfen, er hege in dieser Hinsicht Illusionen, aber die Ereignisse von 1989 bestätigten manche seiner Vorhersagen. Was Brandt und Bahr jedoch im Auge hatten, war Liberalisierung durch Stabilisierung, während das, was dann in der DDR geschah, Befreiung durch Destabilisierung war.[8]

Der deutsch-sowjetische Vertrag über den Gewaltverzicht wurde am 12. August 1970 mit viel Pomp und Zeremoniell im Katharinensaal des Kreml unterzeichnet. Beide Seiten verpflichteten sich, keine Gewalt in den bilateralen Beziehungen anzuwenden und »die territoriale Integrität aller Staaten in Europa in ihren heutigen Grenzen uneingeschränkt anzuerkennen«; die Bundesrepublik bestand jedoch in einem Brief, der dem Vertrag beigefügt und von den Sowjets widerwillig akzeptiert worden war, darauf, daß der Vertrag nicht im Widerspruch zu Deutschlands Verpflichtung stehe, die Wiedervereinigung anzustreben.[9] Die Vertragsunterzeichnung war nur der Anfang eines harten und erbitterten Kampfes, der in Westdeutschland geführt werden mußte, um die Ratifizierung des Abkommens durchzusetzen. Während der Bundestagswahlen von 1972 beschuldigte der CDU-Vorsitzende Rainer Barzel Willy Brandt des Ausverkaufs deutscher Interessen, weil er auf ehemals deutsche Gebiete verzichtet habe, und Bahrs Verhandlungen bezeichnete er als einen »kriminellen Akt«. Privat gab Barzel jedoch zu, daß seine Partei, wäre sie 1970 an der Macht gewesen, einen ähnlichen Vertrag geschlossen hätte.[10] Während die verschiedenen Ostverträge mit der UdSSR, mit Polen, der Tschechoslowakei und der DDR ausgehandelt wurden, entwickelte sich zwischen Brandt und Breschnew ein enges Verhältnis. Breschnew soll sogar Verständnis für den westdeutschen Wunsch nach Wiedervereinigung geäußert haben.[11]

Brandt hatte früh erkannt, daß die wirtschaftlichen Probleme der Sowjetunion Breschnew gezwungen hatten, die Beziehungen zu seinen ehemaligen westlichen Antagonisten zu verbessern. Da die westdeutsche Industrie am Ausbau der Geschäftsbeziehungen zu einem traditionellen Handelspartner interessiert war, konnte er wirtschaftliche Anreize dazu nutzen, die Sowjets bei den Verhandlungen zur Kooperation zu bewegen.[12] 1970 unterzeichnete die Bundesrepublik das erste von mehreren Abkommen, die unter anderem die Lieferung von Erdgas als Gegenleistung für westdeutsche Röhren und Kredite vorsahen.

Unter Willy Brandt nahm die westdeutsche Öffentlichkeit allmählich eine positivere Haltung zu den Sowjets ein. Obwohl es unter konservativen Wählern eine starke Opposition gegen die Ostverträge gab, zeigte der Ausgang der Bundestagswahl von 1972, daß eine Mehrheit die Politik der Annäherung an die Sowjetunion und an Osteuropa befürwortete.[13] Die Verträge mit der UdSSR, mit Polen, der Tschechoslowakei und der DDR rehabilitierten Westdeutschland in den Augen der Weltöffentlichkeit, da sie zeigten, daß die Erben des Dritten Reiches ernsthaft an einer Aussöhnung interessiert waren. Obwohl Willy Brandts Kniefall vor dem Warschauer Ghettomonument einige ältere, konservative Deutsche (und auch polnische Kommunisten) verdroß, war es ein positives Symbol für die übrige Welt. Gegen Ende der Amtszeit Brandts glaubte die Mehrheit der Westdeutschen an die Notwendigkeit, die Entspannungspolitik gegenüber der Sowjetunion und Osteuropa fortzusetzen. Das war größtenteils darauf zurückzuführen, daß die Sowjets ihren ostdeutschen Verbündeten veranlaßt hatten, einen Annäherungskurs gegenüber der Bundesrepublik einzuschlagen.

Ulbrichts Abgang und die sowjetisch-ostdeutschen Beziehungen

Das Hauptmotiv für Brandts Ostpolitik war der Wunsch, die Beziehungen zu Ostdeutschland zu verbessern und »menschliche Erleichterungen« zu schaffen. (Brandt glaubte persönlich nicht, daß die deutsche Einheit in absehbarer Zeit kommen würde, doch wollte er die schlimmsten Auswirkungen der Teilung abmildern.) Der Vertrag über Gewaltverzicht diente diesem Zweck. Er beruhte auf der Erkenntnis, daß alle Wege nach Ostberlin über Moskau führten.

Der Kreml reagierte auf die westlichen Initiativen, indem er die Ostdeutschen veranlaßte, eine Normalisierung der Beziehungen zu Bonn ins Auge zu fassen. An diesem Punkt rangierte die sowjetische Westpolitik vor der Blockpolitik. Moskau war bereit, im Interesse des vordringlichen Ziels, der Entspannung zwischen der Sowjetunion und der Bundesrepublik, Probleme mit der DDR in Kauf zu nehmen. Aber die sowjetische Entscheidung, positiv auf westdeutsche Initiativen zu reagieren, beschwor eine zweijährige Krise in den Beziehungen zur DDR herauf und führte schließlich zu Ulbrichts Sturz, der übrigens in ähnlicher Weise erfolgte wie achtzehn Jahre später die Amtsenthebung Erich Honeckers, des Hauptantagonisten Ulbrichts.

Die Spannungen, die wegen der sich anbahnenden sowjetisch-westdeutschen Beziehungen zwischen der Sowjetunion und der DDR existierten, waren im März 1969 zum ersten Mal deutlich geworden. Auf einer Konferenz zum fünfzigjährigen Bestehen der Komintern widerlegten die Politbüromitglieder und Wächter der ideologischen Orthodoxie, Michail Suslow und Boris Ponomarjow, Stalins These von der Sozialdemokratie als Hauptfeind des Kommunismus. Dies war offensichtlich als Ölzweig für die westdeutsche SPD gedacht, die bereits einen Dialog mit den Sowjets führte. Ulbricht aber hielt sich an die Komintern, die 1928 die Sozialdemokratie als »Sozialfaschismus« bezeichnet hatte. Die Debatte war mehr als nur ein abstrakter Meinungsaustausch über den Charakter der Sozialdemokratie.[14] Der ostdeutsche Staats- und Parteichef war 1969, wie zwanzig Jahre später Erich Honecker, der Auffassung, Moskau würde ein Abkommen mit Bonn aushandeln, das Ostberlins Position unterminieren werde. Erst jetzt freigegebene Dokumente zeigen, daß Ulbricht nicht grundsätzlich gegen eine Annäherung an die Bundesrepublik war; doch wollte er über die deutsch-deutsche Entspannung zu seinen Bedingungen und nicht zu denen Moskaus verhandeln.[15] Er war ungehalten über die Aussicht einer sowjetisch-westdeutschen Entspannung, die keine De-jure-Anerkennung der DDR durch

Bonn und keine bedingungslose Akzeptanz der DDR-Grenzen beinhaltete. Dem sowjetischen Außenminister Gromyko gegenüber erklärte er, Westdeutschland sei durchaus imstande, die europäischen Nachkriegsgrenzen generell anzuerkennen, ohne die Grenze zwischen der DDR und der Bundesrepublik zu akzeptieren, und wies warnend darauf hin, daß das westdeutsche Konzept der innerdeutschen Beziehungen inhärent ungleich sei, weil es davon ausgehe, daß die Grenze zwischen beiden deutschen Staaten einzigartig sei und nicht zwei völkerrechtlich völlig souveräne Staaten voneinander trenne.[16]

Als klar wurde, daß sich der Kreml in seiner Politik nicht beirren ließ, versuchte Ulbricht sich mit Gegnern der Entspannungspolitik Breschnews im Kreml zu verbünden, vor allem mit dem Politbüromitglied und Chef der ukrainischen KP, Pjotr Schelest.[17] Er sperrte sich so lange wie möglich gegen die Verhandlungen über Berlin, aber vergebens.[18] Letztlich zog er nicht nur das Recht Moskaus, den Kurs der ostdeutschen Außenpolitik zu diktieren, sondern auch die Überlegenheit des sowjetischen Sozialismusmodells in Zweifel. Auf dem XXIV. Parteitag der KPdSU im März 1971 berief er sich auf seine persönliche Bekanntschaft mit Lenin und wies darauf hin, daß auch die sowjetischen Genossen »zu lernen und nochmals zu lernen haben«. Er erklärte seine Absicht, ein umfassendes Programm für »das entwickelte System des Sozialismus« zu verkünden, und warf der sowjetischen Führung den Fehdehandschuh hin, indem er behauptete, die DDR sei ein entwickeltes sozialistisches Land, das vielleicht noch fortschrittlicher sei als die UdSSR.[19] Hier war also – wie später auch 1989 – ein DDR-Führer, der dem Überlegenheitsanspruch der UdSSR trotzte und sich durch die Politik des Kreml gegenüber der Bundesrepublik, die er für zu konziliant hielt, bedroht fühlte. Seine Genossen aber, die seines diktatorischen Führungsstils zunehmend überdrüssig geworden waren, nutzten die Chance, ihn zu stürzen, indem sie behaupteten, sie seien getreuere Freunde der Sowjetunion als er.

Neue Dokumente aus dem SED-Archiv zeigen, daß Ulbrichts Amtsenthebung zum größten Teil ein Resultat interner ostdeutscher Machenschaften war, die aber vom Kreml wegen seiner Aufsässigkeit gegen die sowjetisch-westdeutschen Beziehungen unterstützt wurden. In der Tat hatte Erich Honecker Ende der achtziger Jahre eine umfangreiche Sammlung von Dokumenten über Ulbrichts Sturz vorbereitet, um seinen Genossen vor Augen zu führen, daß auch er einmal Architekt einer Palastrevolte gewesen war und deshalb zu gewieft sei, um ein erfolgreiches Komplott gegen ihn selbst zuzulassen. In einem Papier, das nach einer Tagung des Zentralkomitees der SED im Jahre 1970 in Umlauf gebracht wurde, klagte Honecker Ulbricht einer ganzen Litanei von Sünden an, die in erstaunlichem Maße der Kritik ähneln, die 1989 an Honecker geübt wurde: Ulbricht sei arrogant gegenüber der Sowjetunion und nicht bereit, sie als Vorbild der DDR anzusehen, er sei realitätsfern und sich der wirklichen Lage in der DDR nicht bewußt, er übergehe das Politbüro und verlasse sich zu sehr auf die Meinung seines persönlichen Beraters, außerdem sei er Exponent eines Wirtschaftskurses, der für das Wohlergehen der DDR von Nachteil sei.[20]

Anfangs war Breschnew nicht gerade darauf erpicht, die Revolte gegen Ulbricht zu unterstützen. Im Juli 1970 räumte er in einem Brief an Honecker ein, daß Ulbricht alt, kränklich und schwierig sei, warnte aber vor überstürzten Maßnahmen gegen den SED-Generalsekretär, weil sich das schädlich auf die Beziehungen zu anderen sozialistischen Ländern auswirken könne.[21] Einen Monat später warnte Breschnew in Ulbrichts und Honeckers Gegenwart ausdrücklich vor innerparteilichen Kämpfen in der SED und betonte, wie wichtig die Einheit der Partei sei;[22] die Ostdeutschen versprachen, seinen Rat zu beherzigen.

Im Januar 1971 waren jedoch die meisten Mitglieder des Politbüros zu dem Schluß gelangt, daß es an der Zeit sei, Ulbricht abzusetzen. Sie schrieben einen Brief an das sowjetische Politbüro, um Breschnew davon zu überzeugen, daß die Zeit der Ausweichmanöver vorüber sei und daß die Vereinbarung, die sie im August 1970 in Moskau getroffen hatten, nicht länger eingehalten werden könne. Sie warfen Ulbricht nicht nur vor, eine Wirtschaftspolitik zu betreiben, die im Widerspruch zu den Interessen der DDR stehe, sondern prangerten auch seine Opposition gegen die Politik des Kreml gegenüber der Bundesrepublik an und wiesen darauf hin, daß das gesamte Verhältnis der UdSSR zu Westdeutschland durch Ulbrichts Aktionen gefährdet werden könne. Unter Hinweis auf die ablehnende Haltung Ulbrichts zur sowjetischen Politik baten sie Breschnew, diesen zu veranlassen, aus Alters- und Gesundheitsgründen zurückzutreten.[23]

Inzwischen hatte auch Ulbrichts Widerstand gegen die Viermächteverhandlungen über die Normalisierung der Lage in Berlin den Kreml davon überzeugt, daß er den Hut nehmen müsse. In einer Rede vor Parteifunktionären im November 1970 in Leipzig hatte Ulbricht (im Gegensatz zur Auffassung Moskaus) erklärt, es gäbe keinen Unterschied zwischen der westdeutschen CDU/CSU und der SPD, Brandt und seine Genossen seien darauf aus, die DDR zu unterminieren, und der DDR müsse eine Rolle bei den Berlin-Verhandlungen zugebilligt werden.[24] Dies gefährdete den Erfolg von Breschnews Westpolitik, die darauf ausgerichtet war, mit der SPD zu verhandeln und beide deutsche Staaten von den Viermächteverhandlungen über Berlin auszuschließen. Im Mai 1971 trat Ulbricht zurück, und Erich Honecker übernahm das Zepter. Bald darauf kam es zum Abschluß des Viermächteabkommens über Berlin vom September 1971.[25]

Breschnews Haltung zum deutsch-deutschen Dialog war ambivalent. Im Sommer 1970 erklärte er, trotz der Verbesserungen der Beziehungen zur Bundesrepublik »kann und darf es zu keiner Annäherung zwischen der DDR und der BRD kommen … Die DDR … ist das Ergebnis des 2. Weltkrieges, unsere Errungenschaft, die mit dem Blut des Sowjetvolkes erzielt wurde … Ohne uns gibt es keine DDR.«[26] Er erkannte aber auch, daß Verhandlungen zwischen den beiden deutschen Staaten eine Voraussetzung für die diplomatische Anerkennung der DDR waren.

Der Grundlagenvertrag zwischen der Bundesrepublik Deutschland und der Deutschen Demokratischen Republik wurde nach intensiven Verhandlungen 1972 unterzeichnet.[27] Beide deutsche Staaten vereinbarten, einander anzuerkennen, wenn auch auf unterschiedliche Weise. Während die DDR die Bundesrepublik schlichtweg als einen separaten Staat anerkannte, behandelte Bonn die DDR gemäß Brandts Formel von den »zwei Staaten einer Nation« als separaten Staat innerhalb derselben Nation. In wirtschaftlicher Hinsicht erwies sich das Beharren der Bundesrepublik auf einem besonderen Verhältnis zur DDR als vorteilhaft. Der deutsch-deutsche Handel wurde als Binnenhandel angesehen, was die DDR de facto zu einem Mitglied der Europäischen Gemeinschaft machte. Kein anderes kommunistisches Land verfügte über so vorteilhafte Beziehungen, die das Ergebnis dieser merkwürdigen Anerkennungsformel waren. Da der Handel auf bilateraler Verrechnungsbasis erfolgte, brauchte die DDR zudem keinen einzigen Pfennig in harter Währung auszugeben. In politischer Hinsicht aber war das besondere deutsch-deutsche Verhältnis für die DDR eine Quelle ständiger Frustration, zumal die UdSSR ihre Forderungen nach voller Souveränität nur rhetorisch unterstützte.

Mangels vollwertiger diplomatischer Beziehungen zwischen der DDR und der Bundesrepublik führte die Anerkennungsformel, über die sich die Sowjets mit den Westdeutschen geeinigt hatten, jedoch zu einer beträchtlichen Ambivalenz in den deutsch-deutschen Beziehungen und schuf die Voraussetzungen für die Unterminierung des DDR-Regimes. Letztlich gab sich der Kreml mit der De-facto-Anerkennung der DDR im Unterschied zur De-jure-Anerkennung zufrieden. Für Moskau zählte, daß es überhaupt eine Form der Anerkennung gab. Daß Bonn die DDR nicht vorbehaltlos anerkannte, beeinflußte die sowjetischen Sicherheitsinteressen in Europa, wie Breschnew sie damals definierte, nicht wesentlich.

Hauptsächlich bestand der positive Effekt des Grundlagenvertrages für die Sowjets darin, daß die DDR endlich ein Mitglied der internationalen Gemeinschaft wurde. Vor 1972 hatten nur kommunistische Staaten und eine Handvoll radikaler Länder der Dritten Welt die DDR anerkannt. Nun erhielt sie internationale Legitimität und wurde 1973 gemeinsam mit Westdeutschland Mitglied der Vereinten Nationen. Außerdem war diese zunehmende internationale Anerkennung anfangs ein Ersatz für die schwache innere Legitimität. Aus der Sicht Moskaus war dies zu begrüßen. Aber genauso wichtig war die Erkenntnis Bonns, daß sich der Schlüssel für verbesserte deutsch-deutsche Beziehungen in Moskau befand und daß es nötig war, kooperative Beziehungen zum Kreml zu unterhalten, wenn die deutsch-deutsche Entspannung gedeihen sollte.

In der Haltung der Sowjetunion zum deutsch-deutschen Verhältnis spielte stets ein vorsichtiges Abwägen von Vor- und Nachteilen eine Rolle.[28] Die sowjetische Politik hatte zu gewährleisten, daß die deutsch-deutsche Annäherung keine Eigendynamik entwickelte, die sich von ihr nicht mehr kontrollieren ließ, und sie hatte darauf zu achten, daß engere Beziehungen zwischen den beiden deutschen Staaten den Sozialismus in Ostdeutschland nicht in Frage stellten. Ulbricht hatte Moskau davor gewarnt, daß ein verstärkter Einfluß der Bundesrepublik auf die ostdeutsche Gesellschaft deren Stabilität gefährden könne. Im Lichte der Ereignisse von 1989 lag er völlig richtig.

Die Ära Schmidt

Schmidts Ostpolitik

Helmut Schmidt hatte nicht das gleiche emotionale Engagement für die Ostpolitik wie sein Vorgänger. Da er aber fast doppelt so lange Bundeskanzler war wie Brandt, entwickelte er ein breiter gefächertes Verhältnis zur Sowjetunion als dieser. Während der Regierungszeit Schmidts hegten die Vereinigten Staaten immer weniger Illusionen über die Entspannung, bis sie sie nach dem Einmarsch der Sowjets in Afghanistan für tot erklärten. Die Bundesrepublik geriet unter Druck, die Beziehungen zu Moskau abkühlen zu lassen, dem sie sich jedoch bis zu einem gewissen Grad widersetzte, vor allem auf wirtschaftlichem Gebiet. Die daraus resultierenden transatlantischen Spannungen boten dem Kreml Möglichkeiten zur Spaltung des Bündnisses. Mehrere Faktoren bewirkten jedoch, daß er keine größeren Vorteile daraus ziehen konnte. Der wichtigste Faktor war, daß Schmidt konsequent dafür eintrat, die militärische Aufrüstung der Sowjetunion einzudämmen, und fest zum westlichen Bündnis stand, obwohl er sich der Carter-Administration immer mehr entfremdete.

Ein weiterer Grund dafür, daß die Sowjetunion keine Fortschritte bei der Verbesserung der Beziehungen zu Deutschland erzielte, war Breschnews zunehmendes Siechtum in den letzten Jahren seiner Amtszeit. Alle ehemaligen sowjetischen Spitzenpolitiker, die ihre Memoiren geschrieben haben, behaupten, daß er nach 1974 nur noch nominell des Steuer führte und lange Zeit zu krank war, um seine Aufgaben voll zu erfüllen. Während seines Besuchs in Bonn im Jahre 1978 gab es bereits Anzeichen, die auf seinen Kräfteverfall hindeuteten, und bei seinem letzten Staatsbesuch 1981 wurde er ständig von einem Ärzteteam begleitet und konnte sich nur wenige Stunden täglich konzentrieren. Breschnews lange Erkrankung wirft die Frage auf, wer zu Beginn der achtziger Jahre das Staatsschiff führte und außenpolitische Entscheidungen traf. Allem Anschein nach regierte das zunehmend gerontokratische Politbüro per Konsens. In dieser Zeit gab es natürlich wenig Raum für Initiativen.

Schmidt setzte die aktive Beziehung der Bundesrepublik zur Sowjetunion fort. Nachdem er von der politischen Bühne abgetreten war, äußerte er: »Seit vielen Jahrhunderten sind die Russen unsere Nachbarn gewesen; und weil sie es weiter bleiben werden, wollen wir Deutsche normale Beziehungen zu ihnen haben und mit ihnen in Frieden leben.«[29] In den siebziger Jahren gab es zwei große Probleme in den bilateralen Beziehungen – Emigration und Handel. Damals lebten in der UdSSR etwa 1,9 Millionen Rußlanddeutsche, die meisten von ihnen auf Kolchosen in Mittelasien. Wie die Juden zeichneten sie sich dadurch aus, daß sie eine der beiden großen sowjetischen Volksgruppen waren, die keine eigene Republik in der UdSSR besaßen, weshalb sie theoretisch zur Auswanderung berechtigt waren. In den siebziger und achtziger Jahren bot Bonn Moskau wirtschaftliche Anreize für die Förderung der Aussiedlung von Deutschen in die Bundesrepublik. Die Sowjets waren zur Zusammenarbeit bereit, weil die Rußlanddeutschen keinen so hohen Bildungsstand besaßen wie andere auswanderungswillige Volksgruppen. Anfangs wuchs die Zahl der deutschen Aussiedler in den siebziger Jahren ungefähr im gleichen Verhältnis wie die der Juden, denen die Auswanderung ebenfalls gestattet wurde. Nach 1977, als noch zehntausend emigrierten, ging die Zahl bis auf 460 im Jahre 1985 zurück; insgesamt wurde in den siebziger Jahren 60000 Deutschen die Ausreise in die Bundesrepublik gestattet, während 1600 in die DDR emigrierten.

Die Wirtschaftsbeziehungen waren im Gegensatz zur Emigration eine Erfolgsstory. 1978 unterzeichneten die UdSSR und die Bundesrepublik ein Kooperationsabkommen, das fünfundzwanzig Jahre gelten sollte und grandioser klang, als es in Wirklichkeit war, da es sich lediglich um einen Rahmenvertrag handelte, dessen konkrete Einzelheiten noch festgelegt werden mußten.[30] Trotzdem gediehen die Wirtschaftsbeziehungen in bestimmten Bereichen, vor allem das Geschäft mit Röhren, die für den Bau von Erdgasleitungen benötigt wurden. Nach dem sowjetischen Einmarsch in Afghanistan weigerten sich die Deutschen zusammen mit den übrigen Mitgliedern der Europäischen Gemeinschaft, dem Drängen der USA nach Verhängung von Sanktionen gegen die Sowjetunion zu folgen; sie widersetzten sich auch den exterritorialen Versuchen der USA, den Bau der Urengoi-Erdgas-Pipeline zu stoppen. Trotzdem beschwerte sich Moskau darüber, daß die Wirtschaftsbeziehungen durch deutsche Exportbeschränkungen behindert würden, die auf US-amerikanischen Druck hin erlassen worden seien.[31]

Neben diesen Bereichen direkter bilateraler Interessen übte die Sowjetunion durch ihre Präsenz in Berlin und aufgrund der Tatsache, daß die Entwicklung der deutsch-deutschen Beziehungen in beträchtlichem Maße von ihr abhing, auch indirekt einen wichtigen Einfluß auf die Bundesrepublik aus. Es gab weiterhin Meinungsverschiedenheiten in bezug auf die Interpretation des 1971 geschlossenen Viermächteabkommens über Berlin.[32] Trotzdem entschloß sich Moskau, Westberlin zu einer »Oase der Entspannung« in der Wüste der sich verschlechternden Beziehungen zwischen den Supermächten zu machen, um Bonn daran zu erinnern, wie sehr ungestörte Verbindungen nach Westberlin vom guten Willen der Sowjets abhingen.

Obwohl der Kreml Schmidts Ostpolitik günstig beurteilte, verhielt er sich gegenüber der Politik, die der Bundeskanzler hinsichtlich der Stationierung von Raketen verfolgte, zunehmend kritisch. Schmidt lenkte bei einem Vortrag, den er 1977 am Institute for Strategic Studies in London hielt, als erster die Aufmerksamkeit der Öffentlichkeit auf das Problem der gegen Ziele in Westeuropa gerichteten sowjetischen Mittelstreckenraketen vom Typ SS-20, als er erklärte, daß Maßnahmen gegen die zunehmende Aufrüstung der Sowjetunion ergriffen werden müßten.[33] Sein Vortrag war zum Teil eine Reaktion auf die weit verbreitete Befürchtung in Westeuropa, die sowjetisch-amerikanischen Abkommen über die Begrenzung strategischer Waffen (SALT) stellten ein Kondominium der Supermächte dar und würden europäische Sicherheitsinteressen vernachlässigen; er spiegelte aber auch das Unbehagen über die militärische Asymmetrie in Europa wider. Der NATO-Doppelbeschluß von 1979, der die Stationierung amerikanischer Pershing-Raketen und Marschflugkörper in Westeuropa vorsah, falls entsprechende Rüstungskontrollverhandlungen scheiterten, kam durch unmittelbaren Druck aus Bonn zustande. Schmidts Besorgnis über die militärische Macht der

Sowjetunion und deren politische Implikationen stellte einen schweren Rückschlag für die sowjetische Strategie in Westeuropa dar, deren Ziel es war, durch militärische Stärke sowohl Osteuropa unter Kontrolle zu halten als auch den Westen einzuschüchtern.

Als es mit der amerikanisch-sowjetischen Entspannung zu Ende ging, begannen Teile der westdeutschen Öffentlichkeit ihrer Besorgnis über die Möglichkeit eines atomaren Flächenbrandes in Europa Ausdruck zu verleihen. Diese Besorgnis verstärkte sich aufgrund der antisowjetischen Rhetorik der ersten Reagan-Administration. Teile der deutschen Bevölkerung, besonders die Jugend, nahmen eine kritische Haltung zu Amerika ein, und die Friedenspropaganda der UdSSR fand bei ihnen offene Ohren. Ende der siebziger Jahre hatte die Friedensbewegung, unterstützt von den evangelischen Kirchen und der neuen ökologischen Bewegung, den Grünen, starken Zulauf bekommen. Für diese Gruppen stellten die Vereinigten Staaten eine größere Gefahr für den Weltfrieden dar als die Sowjetunion. Sie brachten Verständnis dafür zum Ausdruck, daß sich die Sowjetunion nicht sicher fühlte, legten aber hinsichtlich des Charakters der militärischen Ziele der Sowjets, die sie im allgemeinen als gutartig und defensiv ansahen, eine ausgesprochene Ignoranz an den Tag.

Die Sowjets reagierten auf die bisweilen scharfe Rhetorik Bonns und Washingtons mit einer Verstärkung ihrer Friedenspropaganda und der wiederholten Versicherung, sie seien im Gegensatz zu den Vereinigten Staaten wirklich an Abrüstung interessiert. Der Kreml sah die Friedensbewegung als eine Investition in die Zukunft an: Die Führer der heutigen Jugend würden die politische Elite von morgen sein. In der Politik Moskaus wurden jedoch auch die widersprüchlichen Zwänge der West- und der Blockpolitik erkennbar. Die westdeutsche Friedensbewegung breitete sich mit Hilfe der evangelischen Kirche, die in beiden deutschen Staaten aktiv war, rasch auf die DDR aus, und ihre Mitglieder kritisierten sowohl die amerikanische als auch die sowjetische nukleare Rüstung. Die ostdeutsche Friedensbewegung bildete den Kern einer Dissidentenbewegung, die ein Jahrzehnt später half, das Ende der DDR herbeizuführen.

Schmidts Deutschlandpolitik und die sowjetisch-ostdeutschen Beziehungen

Für Brandt und Bahr bestand das langfristige Ziel der Ostverträge darin, die Teilung Deutschlands allmählich zu überwinden.[34] Schmidt nahm eine etwas nüchternere Haltung zur Wiedervereinigung ein. Er sprach von Jahrhunderten, nicht von Jahrzehnten. Zum Ende seiner Amtszeit war die Deutschlandpolitik jedoch viel wichtiger geworden, da sich die internationale Lage geändert hatte. Als sich die amerikanisch-sowjetischen Beziehungen nach dem sowjetischen Einmarsch in Afghanistan verschlechterten, bemühten sich zum Mißvergnügen der beiden Supermächte sowohl die Bundesrepublik als auch die DDR, die Politik der Annäherung fortzusetzen. Natürlich war es beruhigend für Moskau, daß die Bundesrepublik zu einer Zeit an der deutsch-deutschen Entspannung festhielt, da die Vereinigten Staaten die Entspannung für gescheitert ansahen. Vom Standpunkt ihrer Westpolitik war der UdSSR das Interesse Bonns an der Deutschlandpolitik willkommen. Vom Standpunkt der Blockpolitik aber hatte die Entschlossenheit der DDR, die Entspannung fortzusetzen, potentiell negative Auswirkungen auf die sowjetische Vorherrschaft in Osteuropa.

Unter Schmidt verstärkten sich die deutsch-deutschen Wirtschaftsbeziehungen, die nicht nur den Handel umfaßten, sondern auch beträchtliche Kredite, welche die Bundesrepublik der DDR einräumte, darunter ein zinsloser Swing-Kredit in Höhe von 800 Millionen DM und viele andere sichtbare und unsichtbare Geldströme, die sich auf zwei Milliarden D-Mark jährlich summierten.[35] Abgesehen von den offensichtlichen Vorteilen für die DDR profitierten die Sowjets auf dreierlei Weise von diesen Beziehungen. Erstens verringerte sich durch die Bereitschaft der Bundesrepublik, die DDR mit harten Devisen durch private Geldüberweisungen sowie mit Erdöl zu versorgen, deren Abhängigkeit von finanziellen und materiellen Ressourcen aus der Sowjetunion. Zweitens erhielt Moskau dank des deutsch-deutschen Handels entweder direkt oder in Gestalt ostdeutscher Industriegüter Zugang zu westdeutscher Technologie. Drittens profitierte die UdSSR politisch von den deutsch-deutschen Wirtschaftsbeziehungen. Waren und Geld aus der Bundesrepublik trugen dazu bei, daß der Lebensstandard in der DDR viel höher war als in jedem anderen Mitgliedsstaat des RGW. Dieser materielle Wohlstand schien die DDR zu stabilisieren. Der »Gulaschkommunismus« war bis zu einem gewissen Grad ein Ersatz für die fehlende politische Legitimation.[36]

Die politischen Auswirkungen der deutsch-deutschen Beziehungen waren weniger eindeutig. Die Probleme des Kreml mit Honecker begannen bald nach dessen Amtsübernahme. Der neue SED-Chef war entschlossen, das Verhältnis zur Bundesrepublik nach seinem Willen zu gestalten. Obwohl der Kreml Honecker 1971 unterstützt hatte, wurde klar, daß die DDR-Führung über die sowjetisch-westdeutsche Annäherung verstimmt war und in wachsendem Maße darauf eifersüchtig wurde, daß Breschnew in ihren Augen Bonn den Vorzug gab. Das Verhältnis zwischen Honecker und Breschnew verschlechterte sich im Laufe der 1970er Jahre.[37] Die Sowjets hatten ihre »eigenen Informationsquellen« im ostdeutschen Politbüro und waren irritiert, als ihnen berichtet wurde, Honecker kritisiere Breschnew und die Sowjetunion. In Moskau wuchs auch die Erkenntnis, daß wohl eher die ostdeutsche Führung selbst und nicht die Bundesrepublik den Sozialismus in der DDR unterminierte.[38]

Unter Helmut Schmidt nahmen die menschlichen Kontakte zwischen den beiden deutschen Staaten zu. Vor der Entspannung besuchten jährlich 2,5 Millionen Westdeutsche und Westberliner die DDR. 1979 kamen 8 Millionen (in ein Land mit 17 Millionen Einwohnern!), während 1,6 Millionen Ostdeutsche (hauptsächlich ältere Bürger) den Westen besuchten. Diese menschlichen Erleichterungen waren der Hauptgrund dafür, daß die Bundesrepublik einen deutsch-deutschen Entspannungskurs verfolgte; sie waren der politische Lohn für wirtschaftliche Großzügigkeit. Umgekehrt war die Duldung der menschlichen Kontakte der politische Preis, den die DDR für die unzweifelhaften wirtschaftlichen Vorteile dieses Verhältnisses zu zahlen hatte. In diesen Jahren verstärkte die ostdeutsche Regierung ihre Abgrenzungspolitik, die darauf abzielte, Kontakte von Bundesbürgern zu Ostdeutschen in sensiblen Positionen, besonders in der NVA, zu verhindern.

In den siebziger Jahren geriet die ostdeutsche Gesellschaft immer mehr unter den Einfluß Westdeutschlands. Mindestens 85 Prozent der Bevölkerung sahen jeden Abend das westdeutsche Fernsehen; sie emigrierten gleichsam in ihren Wohnzimmern. Sie konnten nicht nur amerikanische Seifenopern konsumieren, sondern auch sehen, wie die Westdeutschen lebten und in aller Offenheit ihre Regierung kritisierten. Die Ostdeutschen begannen den Kontrast zwischen der tatsächlichen Lebensqualität in Westdeutschland und deren Darstellung in den offiziellen DDR-Medien richtig einzuschätzen. Seit dem Bau der Berliner Mauer machte sich die Bevölkerung kaum noch Illusionen darüber, inwieweit ihre Regierung abweichende Meinungen tolerierte, und hatte sich mit einem etwas schizophrenen Leben in der DDR abgefunden, das fortwährend vom Westfernsehen beeinflußt war.

Als hartnäckiges Problem erwies sich die Unfähigkeit der ostdeutschen Führung, eine eigene, sozialistische deutsche Identität zu entwickeln. Die Bundesrepublik erwies sich als starker Magnet für die DDR-Bevölkerung. Auch die Westdeutschen waren Deutsche, und die von der SED propagierte Idee einer sozialistischen deutschen Identität schlug in der DDR nie Wurzeln. Paradoxerweise wurde jedoch nach der Wiedervereinigung deutlich, daß die Ostdeutschen – als Folge der politischen Sozialisierung und der jahrelangen Isolierung von der Außenwelt – tatsächlich eine eigene Identität besaßen, die sich von der westdeutschen unterschied und die sich nach 1989 in einer Auflehnung gegen das äußerte, was als herablassendes Verhalten von Westdeutschen gegenüber ihren provinziellen »Vettern vom Lande«, den »Ossis«, empfunden wurde.

Durch die Reaktion in beiden deutschen Staaten auf den sowjetischen Einmarsch in Afghanistan änderte sich die sowjetische Auffassung über die Vor- und Nachteile der Beziehungen zwischen Moskau, Ostberlin und Bonn.[39] Die Bundesrepublik erklärte zusammen mit anderen westlichen Staaten unisono, dieser Einmarsch sei eine Ost-Süd- und keine Ost-West-Angelegenheit. Sie tat das in der Hoffnung, den Dialog mit der Sowjetunion und mit Ostdeutschland fortsetzen zu können.[40] Und obwohl die DDR die sowjetische Invasion offiziell unterstützte, äußerte die ostdeutsche Führung in kleinstem Kreis ihre Unzufriedenheit darüber, daß es keine vorherige Konsultation gegeben hatte. (Dokumente aus russischen Archiven zeigen, daß sogar in der sowjetischen Hierarchie, geschweige denn in Osteuropa, kaum jemand über den Einmarsch konsultiert worden war.) Die DDR-Führung war entschlossen, ihre Beziehungen zur Bundesrepublik von den schädlichen Auswirkungen der sowjetischen Invasion abzuschirmen. Da beide deutschen Staaten bemüht waren, ihren Dialog fortzusetzen, klagte ein hoher sowjetischer Funktionär darüber, daß die Fortschritte in den deutsch-deutschen Beziehungen »zu viel, zu schnell« seien.[41]

Während Afghanistan und der NATO-Beschluß, nukleare Mittelstreckenwaffen in Europa zu stationieren, falls die Verhandlungen über Rüstungskontrolle scheiterten, die sowjetischen Sorgen erhöhten, verstärkten die polnischen Ereignisse von 1980/81 die Abhängigkeit der DDR von der Sowjetunion, da die SED Zweifel hegte, ob die ostdeutsche Gesellschaft dem »polnischen Bazillus« widerstehen konnte. Dies führte zu Einschränkungen in den deutsch-deutschen Beziehungen. Von August 1980 bis Dezember 1981 – von der Gründung der Gewerkschaft »Solidarność« bis zur Verhängung des Kriegsrechts – war Honecker ein Verfechter der sowjetischen Orthodoxie. Kurz nach Entstehung der »Solidarność« traf er einige Maßnahmen, die für die deutsch-deutschen Beziehungen einen Rückschlag bedeuteten. Er verdoppelte den Mindestbetrag, den Besucher aus dem Westen bei der Einreise in die DDR umtauschen mußten, und erklärte die Anerkennung einer eigenen DDR-Staatsbürgerschaft durch die Bundesrepublik zur Voraussetzung für die Normalisierung der deutsch-deutschen Beziehungen.[42] Bis zu einem gewissen Grad wurden dadurch die Besorgnisse Moskaus über die Entwicklung der deutsch-deutschen Beziehungen beschwichtigt.

Diese restriktiven Maßnahmen wurden jedoch durch politische Schritte der DDR teilweise wettgemacht, die auf die Fortsetzung des deutsch-deutschen Dialogs gerichtet waren. In der Tat beschwor Honecker 1981 das Gespenst der Wiedervereinigung. »Paßt auf«, warnte er die Westdeutschen, »der Sozialismus wird eines Tages auch an eure Tür klopfen – und dann wird die Frage der Vereinigung beider deutscher Staaten völlig neu gestellt werden.« Diese Bemerkung konnte sowohl eine Warnung an die Adresse Moskaus als auch ein Angebot an Bonn bedeuten. 1977 hatte Gromyko zu Valentin Falin gesagt: »Wir brauchen überhaupt kein einiges Deutschland, auch kein sozialistisches. Uns reicht das einige sozialistische China.«[43]

Die Ära Kohl

Im Oktober 1982 war die Koalitionsregierung aus SPD und FDP am Ende. Sie war erschöpft, zerstritten und ohne jede klare Orientierung. Helmut Kohl, ein katholischer Rheinländer aus Ludwigshafen, Sohn eines Steuerbeamten, ein »Enkel Adenauers«, wie er sich selbst gern bezeichnete, wurde Bundeskanzler. 1930 geboren und deshalb zu jung, um im Krieg gekämpft zu haben, trat er als junger Mann in die CDU ein und machte rasch Karriere. Als gewiefter Politiker, der sowohl im In- als auch im Ausland ständig unterschätzt wurde, hatte er zehn Jahre zuvor gegen die Ostverträge opponiert. Er gehörte aber in seiner eigenen Partei der politischen Mitte an und war schließlich bereit, das *fait accompli* der neuen Ostpolitik zu akzeptieren.

Die sowjetische Politik gegenüber der Regierung Kohl durchlief verschiedene Etappen, doch bestand ihre Haupttendenz bis zu Kohls Wiederwahl im Jahre 1987 in einer verhärteten Haltung gegenüber Bonn und einer Degradierung der Bundesrepublik in der Westeuropastrategie des Kreml. Es war verständlich, daß sich Moskau der CDU/CSU-Regierung gegenüber mißtrauisch verhielt, denn immerhin hatte sich die Partei ein Jahrzehnt zuvor der Ostpolitik der SPD heftig widersetzt.[44] Kohl stellte aber von Anfang an klar, daß er für Kontinuität in der westdeutschen Außenpolitik sei, während Außenminister Hans-Dietrich Genscher ein starker Befürworter der Ostpolitik war. Was die Sowjets ärgerte, war nicht Kohls Ostpolitik, sondern seine Westpolitik, seine Entschlossenheit, den NATO-Doppelbeschluß über die Stationierung von Pershing-Raketen und Marschflugkörpern durchzusetzen, als Gegengewicht zur Aufstellung der sowjetischen SS-20-Raketen.

Die sowjetischen Beziehungen zur Bundesrepublik wurden auch dadurch behindert, daß der Kreml mit zwei rasch aufeinanderfolgenden siechen Führern zeitweise paralysiert war. Juri Andropows Bemühen, die Stationierung der Raketen in Westdeutschland zu verhindern, war einer der wenigen aktiven – und letzten Endes ineffektiven – Schritte der sowjetischen Außenpolitik jener Jahre; ein weiterer bestand in einer Reihe an die USA gerichteter Vorschläge zur Rüstungskontrolle. Nachdem Andropow gestorben und Tschernenko an seine Stelle getreten war, stagnierte die sowjetische Außenpolitik in vielen Bereichen, einschließlich der Beziehungen zur Bundesrepublik.

Kohls Ostpolitik

Die Sowjets waren verständlicherweise argwöhnisch, als Kohl Kanzler wurde. Trotzdem betonten sie besonders nach der Bundestagswahl 1983 die Notwendigkeit, die guten Beziehungen zwischen beiden Staaten fortzusetzen. Es war unwahrscheinlich, daß die neue konservative Koalitionsregierung das im vergangenen Jahrzehnt entstandene komplizierte Vertragssystem der Entspannung aufkündigen und die profitablen Geschäftsbeziehungen zwischen beiden Ländern behindern würde.

Die Regierung Kohl wurde aus zweierlei Gründen als negative Kraft beurteilt: erstens, weil sie die Stationierung der amerikanischen Raketen und die Strategische Verteidigungsinitiative (SDI) der USA aktiv unterstützte, und zweitens, weil sie die revanchistischen Forderungen der Heimatvertriebenenverbände billigte, die sich weigerten, den Verlust der ehemaligen deutschen Ostgebiete zu akzeptieren. Bevor die Stationierung der Raketen im Dezember 1983 begann, konzentrierte sich die sowjetische Politik hauptsächlich darauf, die westdeutsche Bevölkerung zu mobilisieren, um die Aufstellung der Raketen doch noch zu verhindern. Der Kreml argumentierte, sie sei ein Verstoß gegen den Vertrag über Gewaltverzicht von 1970, denn Deutschland würde nun zur Abschußrampe für einen Angriff auf die Sowjetunion werden. Bisweilen erklärten die Sowjets, die Regierung Kohl habe selbst Initiativen in dieser Richtung ergriffen, dann wieder verwiesen sie auf amerikanischen Druck.[45]

Betrachtet man das damalige Sperrfeuer sowjetischer Propaganda gegen die Bundesrepublik, so fragt man sich, ob die Sowjets die Aufstellung der Raketen wirklich fürchteten oder ob die Kampagne bloße Rhetorik war, um die immer nervöser werdende westdeutsche Öffentlichkeit zu spalten. Wahrscheinlich spielten beide Faktoren eine Rolle. In den siebziger Jahren hatten die Sowjets SS-20-Raketen stationiert, die gegen Ziele in Westeuropa gerichtet waren und ernste Besorgnisse über das europäische Kräftegleichgewicht hervorriefen. Vom Standpunkt der nuklearen Gesamtstärke aus betrachtet, bestand zwischen der UdSSR und den Vereinigten Staaten annähernd ein Gleichgewicht. Obwohl die amerikanischen Pershings innerhalb von sechs Minuten von Westdeutschland aus sowjetisches Gebiet erreichen konnten, hatte die US-Regierung klargestellt, daß die Raketen nicht für ihre eigene Sicherheit wichtig seien, sondern für die Europas. In Wirklichkeit ging es darum, die Anfälligkeit Westeuropas gegenüber dem Einsatz sowjetischer Militärmacht als politisches Druckmittel zu minimieren. Manche westliche Experten betonten, die Sowjets würden die Marschflugkörper wegen ihrer großen Zielgenauigkeit tatsächlich fürchten. Aber wenn sie über die Stationierung der Pershing-Raketen wirklich so besorgt gewesen wären, hätten sie nachdrücklicher auf einem Rüstungskontrollabkommen bestanden. Georgi Arbatows Memoiren zufolge war die sowjetische Führung über die Stationierung von SS-20-Raketen geteilter Meinung gewesen, doch das Politbüro stimmte ihr zu, weil sie Teil der ständigen Modernisierung der sowjetischen Streitkräfte war.[46]

Die an die deutsche Öffentlichkeit gerichtete sowjetische Propaganda beschwor die Vergangenheit und betonte, Moskau sei aufgrund der Erfahrungen, die Rußland mit den Deutschen in zwei Weltkriegen gemacht habe, zu Recht um seine Sicherheit besorgt. Da Deutschland 1941 Rußland angegriffen habe, müsse es ganz besonders darauf achten, daß es die UdSSR nicht noch einmal bedrohe. Es wurde auch darauf hingewiesen, daß es sich bei den SS-20 um defensive Raketen handele, deren Zweck es sei, einem westlichen Aufmarsch entgegenzuwirken. Die von den Sowjets unterstützten westdeutschen Kommunisten stellten sich hinter den Krefelder Appell, der von vier Millionen Stationierungsgegnern unterschrieben wurde. Doch trotz all dieser sowjetischen Schachzüge wurden die Raketen aufgestellt.

Nachdem Moskau die Schlacht um die Pershing-Raketen verloren hatte, startete es eine neue Kampagne gegen die Regierung Kohl: Nun warf man der CDU/CSU vor, revanchistisch zu sein, und warnte vor einem Wiederaufleben rechter Kräfte in der Bundesrepublik. Während der Kreml bisher eine zwischen Partnerschaft und Konfrontation schwankende Haltung eingenommen hatte, ging er nun zum direkten Angriff über. Der Einfluß neonazistischer Elemente in Westdeutschland wurde weit übertrieben. Diese Gruppen gab es tatsächlich, ebenso verschiedene Heimatvertriebenenverbände, die Anspruch auf die 1945 verlorengegangenen deutschen Gebiete erhoben, damit sie in ihre Heimat zurückkehren konnten. Nach dem Abschluß des Moskauer Vertrages von 1970 hatte die sowjetische Revanchismus-Rhetorik nachgelassen. Die Regierung Kohl selbst lieferte in gewissem Grad Zündstoff für die neuerliche sowjetische Kampagne: Während die SPD es vermieden hatte, die Organisationen der Heimatvertriebenen zu unterstützen, nahmen Kohl und einige Mitglieder seines Kabinetts an deren Treffen teil. Traditionell unterstützten die Heimatvertriebenen die CDU/CSU und nicht die SPD; Kohls Verhalten war also innenpolitisch motiviert. Den Heimatvertriebenenverbänden gehörten einige wenige Extremisten an, die die Gebiete in der Tschechoslowakei, in Polen, in der UdSSR und in Ostdeutschland gewaltsam zurückholen wollten. Die Sowjets übertrieben den Einfluß dieser Radikalen und den Grad ihrer Unterstützung durch die Regierung.

Der Zeitpunkt der sowjetischen Attacke war bedeutsam: Die Kampagne gegen den Revanchismus begann 1984, ein Jahr bevor der vierzigste Jahrestag des Sieges über Hitlerdeutschland gefeiert wurde. Um die Opfer in Erinnerung zu rufen und zu rechtfertigen, die das Sowjetvolk gebracht hatte, wurde das deutsche Schreckgespenst wieder heraufbeschworen. Marschall Ogarkow, damals Chef des sowjetischen Generalstabs, stand an der Spitze der Kampagne und erklärte: »Revanchistische, neofaschistische Organisationen … werden wieder aktiv … mit der offensichtlichen Duldung und sogar direkten Teilnahme staatlicher Stellen.«[47] Einige Monate später spannte Lew Besymenski, ein bedeutender politischer Kommentator, den Bogen weiter und konstruierte eine Verbindung dieser Kreise zur westdeutschen Regierung und zu Washington.[48] In kleinem Kreis gaben sowjetische Funktionäre jedoch zu, daß die Gruppen der Heimatvertriebenen eigentlich isoliert waren und daß die Mehrheit der Bevölkerung nicht revanchistisch gesinnt war.[49]

Obwohl der Kreml seine Beziehungen zur Bundesrepublik abkühlen ließ, um Kohl für seine Unterstützung der amerikanischen Militärpolitik zu bestrafen, existierten einige kooperative Verbindungen zwischen beiden Staaten weiter. Kohl besuchte 1983 Moskau und war, abgesehen von kurzen Gesprächen bei Breschnews Begräbnis, der erste – und einzige – westliche Staatsmann, der mit Juri Andropow während dessen kurzer Amtszeit zusammenkam. Die Außenminister Genscher und Gromyko trafen sich mehrmals, ebenso Genscher und Konstantin Tschernenko, doch waren diese Begegnungen ziemlich unproduktiv. Darüber hinaus zeigte das sowjetische Verhalten in Berlin, daß der Kreml diese Insel der Entspannung erhalten wollte: Sogar auf dem Höhepunkt der Revanchismuskampagne blieb es ruhig um Berlin. Ein *Prawda*-Artikel, der Anfang 1986 erschien, räumte zwar ein, daß es Meinungsverschiedenheiten wegen der Interpretation des Berlin-Abkommens gebe, betonte jedoch, daß es wichtig sei, den verbesserten Status von Westberlin zu erhalten.[50]

Kohls Deutschlandpolitik und die Beziehungen der Sowjetunion zur DDR

Vor der Ära Kohl hatte die SPD eine aktivere Deutschlandpolitik betrieben als die CDU/CSU und einen stärkeren Akzent als diese auf das Ziel der Wiedervereinigung gelegt. Als sich in den siebziger Jahren die deutsch-deutschen Beziehungen verbesserten, übten Teile der CDU/CSU weiterhin Kritik an dem in ihren Augen illegalen Staat, dessen Namen die konservativen Tageszeitungen *Die Welt* und *BILD* nach wie vor in Anführungszeichen setzten. Als Kohl sein Amt antrat, sahen daher weder die Sowjetunion noch die DDR voraus, daß die Pflege der deutsch-deutschen Beziehungen ein so wichtiger Bestandteil der westdeutschen Politik bleiben würde. Tatsächlich aber betrieb die CDU/CSU nun eine energischere Deutschlandpolitik als die SPD. Bis zu einem gewissen Grad lag dies im sowjetischen Interesse, denn die Bundesrepublik setzte ihr Engagement für die Entspannung in einer Zeit fort, als die amerikanisch-sowjetischen Beziehungen sich immer mehr verschlechterten. Für die sowjetische Unterstützung der deutsch-deutschen Beziehungen gab es jedoch Grenzen. Diese waren erreicht, als klar wurde, daß Ostberlin an diesen Beziehungen stärker interessiert war, als dies von Moskau als »gesund« angesehen wurde, zumal Kohls Deutschlandpolitik in keiner Weise dazu geführt hatte, daß Bonn sich von Washington entfernte.

Die Regierung Kohl bemühte sich, die deutsch-deutschen Beziehungen weiterhin auf verschiedenen Ebenen zu pflegen. Am deutlichsten fand dies in einer Reihe neuer DDR-Kredite Ausdruck. Im Oktober 1981 kündigten die Sowjets eine erhebliche Kürzung ihrer Erdöllieferungen in die DDR an, wodurch Ostberlin gezwungen war, 640 Millionen Dollar aufzuwenden, um den Mangel auf westlichen Märkten wettzumachen. Als Honecker den Kreml inständig bat, seine Entscheidung zu überdenken, und warnend darauf hinwies, daß die wachsende Auslandsverschuldung die DDR destabilisieren könnte, antwortete Breschnew, er könne seinen Beschluß nicht revidieren, da die UdSSR aufgrund mehrerer schlechter Ernten gezwungen sei, mehr Erdöl gegen harte Devisen zu verkaufen, statt es für weiche Währung nach Osteuropa zu exportieren.[51] Honeckers Erkenntnis, daß er nicht mehr mit sowjetischer Wirtschaftshilfe rechnen konnte, selbst wenn er das Gespenst der politischen Instabilität heraufbeschwor, veranlaßte ihn, mit einem Mann zu verhandeln, der bisher ein überzeugter Antikommunist gewesen war und den man in den ostdeutschen Medien lange Zeit verunglimpft hatte – mit dem bayerischen Ministerpräsidenten Franz Josef Strauß. Als konservativer Rivale Kohls und ein Hauptkritiker der Ostpolitik beschaffte dieser der DDR den ersten von mehreren westdeutschen Krediten, die von bayerischen Banken gewährt wurden,[52] und zwar ein Darlehen von einer Milliarde DM, dem ein zweites in Höhe von 950 Millionen DM folgte. Bald nach dem ersten Kredit verzichtete die DDR-Regierung auf den Mindestumtausch für Kinder und ältere Bürger, der bei der Einreise in die DDR und nach Ostberlin vorzunehmen war, und gestattete 1984 40000 Menschen die Ausreise in den Westen. Dies war die größte Zahl von Ausreisewilligen, die nach dem Mauerbau die DDR verlassen durften. Es wurden auch mehrere Kultur- und Wissenschaftsabkommen unterzeichnet, die wegen der Frage der Einbeziehung Westberlins lange Zeit auf Eis gelegen hatten.

Außenminister Genscher nannte einen der Gründe für diese aktivere Deutschlandpolitik: »Die beiden Regierungen [Deutschlands] wollen nicht, daß die Meinungsverschiedenheiten in der Raketenfrage zu einer Verschlechterung der allgemeinen Situation zwischen Ost und West führen ... eine Rückkehr zum Kalten Krieg hätte besonders ernste Auswirkungen auf die beiden deutschen Staaten.«[53] Die Bundesrepublik war entschlossen, die Dynamik der deutsch-deutschen Annäherung trotz der Spannungen zwischen den beiden Supermächten aufrechtzuerhalten. Die forschere Deutschlandpolitik war zugleich die Kehrseite einer aktiveren westdeutschen Westpolitik. Man könnte sie sogar in Anlehnung an Bismarck als eine Art von Rückversicherungspolitik bezeichnen, welche die Fortsetzung des Dialogs mit der DDR gewährleisten sollte, selbst wenn sich die Beziehungen zur UdSSR wegen der Raketenstationierung verschlechterten.

Westdeutsche Kommentatoren brachten die Tatsache, daß den Beziehungen zur DDR wieder stärkere Beachtung geschenkt wurde, mit sich in der Bundesrepublik vollziehenden Veränderungen in Verbindung, vor allem mit der Infragestellung ihrer Nachkriegsidentität und einer neuen Suche nach den historischen Wurzeln deutscher Identität. Das neue deutsch-deutsche Verhältnis resultierte nach Meinung von Richard Löwenthal, einem der geistigen Architekten der Ostpolitik Brandts, »erstens aus der Wiederbelebung eines deutschen Nationalgefühls in der Zeit der Entspannung und zweitens aus dem immer stärker werdenden Gefühl, daß man sich einer gemeinsamen Gefahr gegenübersah, nachdem an die Stelle der Entspannung die Konfrontation zwischen den beiden Supermächten getreten war«.[54]

Kohls Deutschlandpolitik führte paradoxerweise dazu, daß die deutsche Frage – zumindest kurzfristig – weniger offen war als zuvor. Der verstärkte deutsch-deutsche Austausch auf allen Ebenen und die wiederholten Einladungen an Honecker, die Bundesrepublik zu besuchen, schienen die Legitimität und Stabilität der DDR zu erhöhen und deren Trennung von der Bundesrepublik zu verstärken. Dies kann nicht die ursprüngliche Absicht der Bundesregierung gewesen sein. Es schien aber keinen Ausweg aus dieser paradoxen Lage zu geben. Eine auf verstärkte Beziehungen zur DDR gerichtete westdeutsche Politik, die zum Teil betrieben wurde, um die Auswirkungen der Stationierung amerikanischer Raketen zu mildern, mußte in mancher Hinsicht das Ansehen der DDR erhöhen und die Wahrscheinlichkeit einer Wiedervereinigung vermindern.[55]

Die Ostdeutschen mußten politische Zugeständnisse machen, um in den Genuß der wirtschaftlichen Vorteile der deutsch-deutschen Beziehungen zu kommen. Ein unerwünschtes Nebenprodukt dieser Annäherung war der Einfluß der westdeutschen Friedensbewegung in der DDR, der durch die engen Verbindungen zwischen den evangelischen Kirchen in beiden Teilen Deutschlands gefördert wurde, die wiederum Teil der Gegenleistung für die wirtschaftliche Großzügigkeit waren. Die Beziehungen zwischen den Kirchen brachten der DDR dadurch, daß Sozialleistungen für ostdeutsche Christen – Krankenhäuser, Kindergärten, Altenheime – von westdeutscher Seite finanziert wurden, zwar finanziellen Nutzen, waren aber in anderer Hinsicht unwillkommen. Die kirchliche Friedensbewegung der DDR kritisierte sowohl die westliche als auch die sowjetische Politik, was die UdSSR besonders ärgerte.

Hätte die DDR-Regierung die Entwicklung der deutsch-deutschen Beziehungen in der Zeit der Raketenstationierung mit den Sowjets abgestimmt, so hätte der Kreml Kohls Deutschlandpolitik vielleicht eindeutig positiv bewertet. Ihm wurde jedoch allmählich bewußt, daß Kohls Politik nicht den sowjetischen Interessen dienlich war, wenn die DDR hartnäckig an der deutsch-deutschen Entspannung festhielt. Nur ein Jahrzehnt zuvor hatte Honecker bei seinem Bemühen, Ulbricht zu entmachten, vor allem deswegen sowjetische Unterstützung erhalten, weil er die sowjetische Annäherung an die Bundesrepublik und das Berlin-Abkommen gutgeheißen hatte. Was sich geändert hatte, war die sowjetische und nicht die ostdeutsche Politik. Obwohl die DDR ein treuer Verbündeter der Sowjetunion blieb, war sie nicht bereit, auf die wirtschaftlichen und politischen Vorteile der deutsch-deutschen Entspannung zu verzichten. Ihr mißfiel auch die Stationierung neuer sowjetischer Raketen vom Typ SS-21, SS-22 und SS-23.

Die kaum verhüllte sowjetische Polemik gegen den Charakter der Entspannung gipfelte darin, daß Honecker im September 1984 seinen geplanten Besuch in der Bundesrepublik – den ersten eines Staatsoberhaupts der DDR – absagte. Der SED-Chef, der aus dem Saarland stammte, wollte seinen Geburtsort besuchen, und das deutsch-deutsche Gipfeltreffen hätte sein Ansehen gestärkt. Den angeblichen Grund für die Absage bildeten die äußerst kritischen Bemerkungen einiger CDU-Politiker. Es ist jedoch klar, daß Honecker der nachhaltigen sowjetischen Forderung, nicht zu fahren, nachgeben mußte und daß die angeblich beleidigenden Bemerkungen nur als Vorwand dienten. Inzwischen freigegebene Dokumente zeigen, daß Tschernenkos Stab ein Veto gegen eine gemeinsame deutsch-deutsche Erklärung einlegte, die aus dem Besuch resultiert hätte. Tschernenko fragte den SED-Chef: »Haben Sie, Genosse Honecker, die Gewißheit, daß Ihr Besuch nicht für einen Aufschwung gesamtdeutscher Stimmungen genutzt wird sowie für weitere Erfindungen von Unterschieden zwischen der Sowjetunion und der DDR hinsichtlich der BRD und der Politik der Kohl-Regierung nach der Raketenstationierung?« Honecker bat bis zum letzten Augenblick inständig darum, die Bundesrepublik besuchen zu dürfen, aber nicht nur Tschernenko, sondern auch Gorbatschow kritisierte den Zustand der Beziehungen der DDR zur Sowjetunion, bis sich Honecker gezwungen sah, von seinem Besuch Abstand zu nehmen.[56] Als bald danach Gromyko mit Reagan zusammentraf und der amerikanisch-sowjetische Dialog wieder in Gang kam, wurde die Kontrolle der deutsch-deutschen Beziehungen wieder gelockert. Aber Moskau hatte ein Zeichen gesetzt. Mochte sich das deutsch-deutsche Verhältnis auch noch so vorteilhaft auf die Westpolitik auswirken, das sowjetische Hauptinteresse galt nun wieder der Blockpolitik, der Kontrolle über Osteuropa, und wenn sie durch den deutsch-deutschen Zusammenhalt gefährdet war, mußte dieser geopfert werden.

Die schwankenden sowjetischen Positionen zum deutsch-deutschen Dialog unter Kohl verdeutlichen Moskaus zwiespältige Haltung zu den Beziehungen beider deutscher Staaten. Anfangs war es für Moskau nützlich, daß Kohl den Dialog intensivierte. Die neuen Kredite gaben nicht nur der DDR-Wirtschaft in einer Zeit wachsender Verschuldung Auftrieb, sondern kamen indirekt auch der sowjetischen Wirtschaft zugute. Kohls Politik erhöhte das Ansehen der DDR und hat Moskau möglicherweise davon überzeugt, daß der deutsch-deutsche Hebel trotz der aktiven Unterstützung der US-amerikanischen Militärpolitik seitens des Bundeskanzlers helfen konnte, die Verbündeten zu entzweien. Als jedoch klar wurde, daß dieses Ziel nicht zu erreichen war, begannen die Sowjets den politischen Nutzen des deutsch-deutschen Dialogs neu zu veranlagen. Die unerwartet positive Resonanz, die Kohl trotz der Differenzen in der Raketenfrage in der DDR fand, führte dazu, daß Moskau dem Dialog seine Unterstützung entzog. Die deutsch-deutschen Beziehungen erwiesen sich jedoch schließlich als wirtschaftlich so vorteilhaft, daß Moskaus Bemühungen, den Dialog einzudämmen, Grenzen gesetzt waren. Als sich die Lage der sowjetischen Wirtschaft weiter verschlechterte, war Moskau zunehmend auf gute deutsch-deutsche Wirtschaftsbeziehungen angewiesen. Dies beschleunigte letztlich den Untergang des DDR-Regimes.

Die UdSSR, die Bundesrepublik und die DDR in der Mitte der achtziger Jahre

Hätte ein Sowjetführer Rückblick auf über fünfzehn Jahre sowjetisch-deutscher Entspannung gehalten, so hätte er sich bestimmt zufrieden gezeigt, weil viele Ziele Moskaus inzwischen erreicht waren. Bonn erkannte die Grenzen Osteuropas und der DDR an. Es trat für einen langfristigen Dialog mit der UdSSR und für dauerhafte Wirtschaftsbeziehungen ein. Die Periode der sowjetisch-westdeutschen Konfrontation nach dem Krieg war beendet, Bundesrepublik und UdSSR kehrten zu vertrauteren historischen Mustern der Zusammenarbeit zurück. Das Feindbild, das die Westdeutschen in der Nachkriegszeit von der UdSSR gehabt hatten, war durch die Bereitschaft des Kreml, den Vertrag über Gewaltverzicht und andere Abkommen zu unterzeichnen, abgeschwächt worden. Wichtige Teile der Bevölkerung – besonders die Jugend – nahmen zur amerikanischen Politik eine zunehmend kritische Haltung ein, und manche begannen offen neutralistische Positionen zu vertreten. Zwar stand die Regierung treu zum Atlantischen Bündnis, doch gab es so viel Unzufriedenheit innerhalb der Allianz und eine zunehmende Suche nach einem »dritten Weg« zur Überwindung der Teilung Deutschlands, daß durchaus Möglichkeiten für eine künftige Veränderung der deutsch-sowjetischen Beziehungen existierten.

War die Bundesrepublik mit den Früchten der deutsch-sowjetischen Entspannung ebenso zufrieden? Natürlich hing die Resonanz auf die Ostpolitik davon ab, zu welchem Teil des politischen Spektrums man gehörte. Es herrschte ein allgemeiner Konsens darüber, daß die Entspannung zu positiven Ergebnissen geführt hatte. Sie hatte die Lage in Europa stabilisiert und das Bewußtsein einer vom Osten drohenden Gefahr vermindert. Sie hatte zu engeren Beziehungen zu Osteuropa und insbesondere zur DDR geführt. Sie hatte wirtschaftlichen Nutzen gebracht und das internationale Ansehen der Bundesrepublik erhöht. In Berlin herrschten im Gegensatz zur Zeit vor der Entspannung Ruhe und relative Sicherheit – nach zwei Jahrzehnten voller Turbulenzen und Ungewißheit. Die Beziehungen zu Moskau waren kalkulierbarer geworden. Trotzdem hatte die Entspannung weder zu einer Verminderung der sowjetischen Militärpräsenz geführt – tatsächlich war die Militärmacht der Sowjetunion in den siebziger Jahren gewachsen – noch die politische Herausforderung durch den Osten beseitigt.

Moskaus deutsches Problem hatte sich nach 1969 verändert. Nicht mehr die Grenzen oder die Nichtanerkennung der nach dem Kriege entstandenen geographischen und politischen Realitäten durch Bonn bereiteten Sorgen. Ein deutsches Problem existierte jedoch weiter: Berlin war ein potentieller Herd von Konflikten mit den Westmächten. Es war ein wirkungsvolles Instrument für Moskau, aber Westberlin war zugleich einer der sichtbarsten Vorposten westlicher Werte, westlicher Kultur und westlicher Prosperität in Mitteleuropa, eine ständige Herausforderung der sowjetischen Vorherrschaft in Osteuropa. Außerdem spielte Berlin bei dem anderen deutschen Problem Moskaus eine Rolle, nämlich dem Verhältnis zur DDR, das sich nach der Entspannung verschlechterte.

Man könnte argumentieren, daß die Sowjets von den deutsch-deutschen Beziehungen in den siebziger Jahren profitierten. Indem diese der DDR-Wirtschaft Rückhalt gaben, wurde eine Verschlechterung der wirtschaftlichen Lage innerhalb des RGW verhindert. Politisch gewährleisteten sie, daß die Bundesrepublik die Notwendigkeit erkannte, bei den Beziehungen zur DDR Moskaus Interessen zu beachten. Doch die Unstimmigkeiten mit Honecker erinnerten daran, wie schwer es war, den deutsch-deutschen Dialog zu managen. Die Archive zeigen, daß das Verhältnis zwischen der Sowjetunion und der DDR in dem Maße gespannter wurde, wie die deutsch-deutschen Beziehungen ihre Eigendynamik entwickelten und Honecker mit wachsender Selbstsicherheit die Eigeninteressen seines Arbeiter-und-Bauern-Staates geltend machte. In diesem Sinn trug die Entspannung im Verhältnis zu Westeuropa – insbesondere zur Bundesrepublik – zur Unterminierung der sowjetischen Kontrolle über Osteuropa, besonders über die DDR, bei. Aber die Saat dieses Dilemmas wurde bereits kurz nach Stalins Tod ausgebracht. Ihren Gipfelpunkt hatte die Sowjetmacht in den Jahren von 1949 bis 1953 erreicht; es war die »ekelhafte, tierische und kurze« Periode (um Hobbes[57] zu zitieren) der höchsten Blüte des Stalinismus. Sobald Chruschtschow mit der Entstalinisierung begann, fing die Erosion der Sowjetmacht an. Als Breschnew 1970 beschloß, sowohl eine Westpolitik als auch eine Blockpolitik in Europa zu betreiben, setzte er ungewollt einen dynamischen Prozeß in Gang, der im Fall der Berliner Mauer gipfelte. Hätte es unter Breschnew bedeutende innenpolitische und wirtschaftliche Reformen und ähnliche Reformen in ganz Osteuropa gegeben, so hätte die Entspannung die sowjetische Herrschaft vielleicht nicht untergraben. Aber die Dynamik der Westpolitik und die innenpolitische Unbeweglichkeit erwiesen sich als verhängnisvolle Kombination.

Das sowjetisch-deutsche Verhältnis im Auf und Ab der Entspannung war von entscheidender Bedeutung für die Definition der außenpolitischen Interessen der Sowjetunion in beiden Teilen Europas und ein Hauptfaktor der sowjetisch-amerikanischen Beziehungen. Was als ein Prozeß begann, der dem Kreml Erfolge an zwei Fronten versprach – nämlich die Wiederaufnahme kooperativer Beziehungen zur Bundesrepublik und die internationale Anerkennung der DDR, die ihre Legitimität erhöhen würde –, geriet zu Beginn der achtziger Jahre aus dem Gleis. Die doppelte (sowjetisch-westdeutsche und deutsch-deutsche) Entspannung untergrub in vieler Hinsicht die Stabilität der DDR, die auf Stalinismus und Isolation basierte. Dies war vom Standpunkt des Kreml das Verhängnis der Entspannung. Es erwies sich letzten Endes als unmöglich, eine dreiseitige sowjetisch-deutsche Politik in einer weniger konfrontativen Ära in Einklang zu bringen.

Die Entspannung führte auch zu einer Neubewertung der nationalen Identität in beiden deutschen Staaten. Während sich in den siebziger Jahren die Ost-West-Spannungen verringerten, begannen sich manche Westdeutsche von ihren proamerikanischen Ansichten der Nachkriegszeit zu distanzieren und Fragen über ihre Bindungen an den Osten neu zu stellen. In ähnlicher Weise begannen die Ostdeutschen, als sie in den siebziger Jahren die westdeutsche Gesellschaft näher kennenlernten, ihre Haltung gegenüber dem Westen zu ändern. So hatte schon vor dem Niedergang des Kommunismus ein Prozeß des Überdenkens der nationalen Identität in der Bundesrepublik und in der DDR eingesetzt.

Die Ära der Entspannung ließ vier historische Haupttendenzen der sowjetisch-deutschen Beziehungen erkennen: eine Rückkehr zu den traditionellen, komplementären bilateralen Wirtschaftsbeziehungen, deren Unterbrechung in der Anfangszeit des Kalten Krieges eine Abweichung von der Norm gewesen war und die sich aus der Ergänzung der Ressourcen beider Länder ergaben; eine wohlwollende sowjetisch-westdeutsche Zusammenarbeit zur Minderung der Spannungen in Europa; eine enge, aber angespannte und weniger wohlwollende Zusammenarbeit zwischen der Sowjetunion und der DDR zur Aufrechterhaltung des orthodoxen kommunistischen Systems in den Staaten des Warschauer Vertrages; und schließlich einen sowjetisch-westdeutschen Antagonismus wegen der Raketenstationierung.

Als Gorbatschow sein Amt antrat, gab es wenig Grund für die Annahme, daß sich das deutsche Problem in seinem Kern ändern würde. Der Westen befürchtete weiterhin, daß Moskau seine »deutsche Karte« ausspielen und den Westdeutschen vorschlagen würde, ein viel engeres Verhältnis zur DDR herzustellen, das eine Distanzierung zwischen Bonn und Washington erforderlich machen würde. Die UdSSR wiederum war um die Stabilität ihres wichtigsten Verbündeten im Warschauer Pakt besorgt. Moskau war jedoch, was die innere Lage in der DDR betraf, überhaupt nicht auf dem laufenden. Im nachhinein kann man tatsächlich die Frage stellen, inwieweit die Teilung Deutschlands 1985 den sowjetischen Interessen noch dienlich war. Aber damals stellte man sich diese Frage nicht. Die Teilung Deutschlands wurde als Vorbedingung der sowjetischen Sicherheit angesehen.

Neue Denkansätze zur deutschen Frage: Gorbatschow und die beiden deutschen Staaten, 1985 bis 1988

»Die Deutsche Demokratische Republik war der sozialistische Staat, der am stärksten vom Willen Moskaus abhing. Die DDR galt als die ›Perle in der Krone des russischen Imperiums‹.«

Georgi Schachnasarow, Osteuropaberater Gorbatschows[1]

»Ich schloß die Wiedervereinigung der deutschen Nation im Prinzip nicht aus, hielt aber die Diskussion über diese Frage auf politischer Ebene für verfrüht und schädlich.«

Michail Gorbatschow bei seinen Gesprächen mit Richard von Weizsäcker, 1987[2]

Die Revolution Gorbatschows und die deutsche Einheit, die den Zusammenbruch des kommunistischen Systems in Europa beschleunigten, waren die wohl dramatischsten Entwicklungen in der zweiten Hälfte des 20. Jahrhunderts, von denen die Welt regelrecht überrumpelt wurde. In Anbetracht der natürlichen Neigung des Menschen, Logik und Klarheit in historische Wendepunkte zu bringen, läßt sich der Gedanke nur schwer akzeptieren, daß plötzliche Veränderungen als Folge eines allgemeinen Durcheinanders, unvorhergesehener Umstände und unterlassener Entscheidungen eintreten können. Eine genaue Untersuchung der Entwicklung der sowjetischen Politik vor und während der Jahre 1989/90 zeigt aber, daß die Vereinigung Deutschlands zwar ein Ergebnis, in Wirklichkeit aber eine unbeabsichtigte Folge der Politik Gorbatschows war und daß keinem seiner engsten Berater auch nur im Traum eingefallen wäre, daß die Vereinigung noch während ihres politischen Lebens eintreten würde, obwohl manche von ihnen vielleicht erkannt hatten, daß die Teilung Deutschlands auf Dauer unhaltbar war. Der Vereinigungsprozeß erinnerte zwar an frühere Beispiele deutsch-russischer Beziehungen, bedeutete aber zugleich einen entschiedenen Bruch mit der Vergangenheit. Die Frage, wie sich die sowjetische Sicht der deutschen Frage in den ersten Jahren unter Gorbatschow änderte, ist also entscheidend für das Verständnis, wie und warum sich die Vereinigung so rasch vollzog.

Gorbatschow wollte den sowjetischen Kommunismus reformieren, nicht zerstören. Er wollte eine stärkere, lebensfähigere Sowjetunion schaffen. Helmut Kohl wollte die Beziehungen zur DDR verbessern und die Reform ihres repressiven Systems fördern; trotz seines rhetorischen Eintretens für die Vereinigung sah er sie weder voraus, noch wünschten, so könnte man argumentieren, seine oder irgendeine andere etablierte westdeutsche Partei sie ernsthaft herbei. Und Erich Honecker war auf jeden Fall dagegen. Dennoch setzten Entwicklungen in der Sowjetunion nach 1985 eine Reihe von Prozessen in Gang, die zum Zerfall des nach dem Zweiten Weltkrieg entstandenen internationalen Systems und zur Entstehung neuer Staaten führten: eines nichtkommunistischen postimperialen Rußland, eines vereinten Deutschland und der neuen unabhängigen Staaten der ehemaligen Sowjetunion und des postkommunistischen Osteuropa. Es muß betont werden, daß keine dieser Entwicklungen unvermeidlich war; es hätte auch alles anders kommen können. Gorbatschow hätte vielleicht die Sowjetunion retten können, wenn er entschlossener Kurs auf Reformen genommen und früher die große Unzufriedenheit der nichtrussischen Nationalitäten erkannt hätte. Es wäre vielleicht nicht zur Vereinigung gekommen, wenn die Bevölkerung der DDR nicht auf die Straße gegangen wäre, um sich ihrer Führung zu widersetzen. Die DDR wäre 1989 vielleicht nicht »implodiert«, wenn Honecker früher abgetreten wäre und seine Nachfolger das repressive System reformiert hätten. Überdies hätte die Vereinigung vielleicht nie stattgefunden, wenn Gorbatschow während der kurzen Zeit, in der sich 1990 diese Chance bot, es nicht geschafft hätte, sich gegen seine Gegner durchzusetzen. Russen und Deutsche sind sich heute einig, daß diese Periode kurz war und Kohl es verstand, die Gelegenheit voll zu nutzen.

In den ersten drei Jahren der Amtszeit Gorbatschows gab es nur wenige Anzeichen für die bevorstehenden Umwälzungen. Die Außenpolitik der Sowjetunion war größtenteils eine Fortsetzung der früheren Politik. Das Neue Denken kam erst 1988 voll zum Tragen. Die sowjetische Europapolitik war bestrebt, die politischen und wirtschaftlichen Kontakte zu Westeuropa zu maximieren, während sie gleichzeitig versuchte, Osteuropa dadurch zu stabilisieren, daß sie es ermutigte, Reformen im Stil Gorbatschows durchzuführen. Dieser Balanceakt mußte am Ende scheitern, weil Gorbatschows innere Reformen und seine neue Entspannungspolitik gegenüber Westeuropa zum Niedergang des Kommunismus in Osteuropa beitrugen. Es ist jedoch wichtig, daran zu erinnern, daß Gorbatschow bis 1989 aufrichtig glaubte, der Sozialismus könne ebenso in Osteuropa wie in der Sowjetunion reformiert werden. Er machte sich daran, die Sowjetunion durch Liberalisierung und Reformen im Innern wie international zu stärken, doch war er sich über die weitreichenden Folgen seiner Politik nicht im klaren. In seiner unmittelbaren Umgebung begriffen nur wenige die Verwundbarkeit des Kommunismus in Osteuropa. Zu ihnen gehörten Außenminister Eduard Schewardnadse, der Osteuropaexperte Georgi Schachnasarow und der außenpolitische Berater Alexander Jakowlew.[3] Nach 1989 wurde Gorbatschows Politik gegenüber West- und Osteuropa weitgehend revidiert, weil sich das Umfeld so dramatisch verändert hatte. Das Tempo der Veränderungen erhöhte sich in einem Maße, wie es kein einziger Berater vorhergesehen hatte. Inzwischen aber reagierte die UdSSR größtenteils auf Ereignisse, auf die sie nur noch wenig Einfluß hatte.

Dieses Kapitel stellt die Bemühungen der Sowjetunion dar, das Neue Denken auf die deutsche Frage sowie auf ihre Beziehungen zu ihren Verbündeten und zum Westen anzuwenden. Es erörtert die Entfaltung des Neuen Denkens gegenüber Europa und untersucht, wie sich die sowjetische Politik gegenüber Ost- und Westdeutschland entwickelte. Dabei werden die wichtigsten bilateralen Fragen beider Staaten ebenso verglichen wie das Ausmaß, in dem sich die sowjetische Politik ihnen gegenüber während der ersten drei Gorbatschow-Jahre wandelte. Deutschland blieb ein Hauptthema sowjetischer Politik, nur die Definitionen sowjetischer Sicherheit änderten sich. Vor allem wurde es angesichts der wachsenden Unruhe innerhalb der Sowjetunion, die die ganze Kraft Gorbatschows und seiner engsten Mitarbeiter in Anspruch nahm, immer schwieriger, die europäischen Prioritäten zusammenhängend zu überdenken. Die Beschäftigung mit den internen Erfordernissen schuf in Osteuropa eine Atmosphäre der Lockerung und des Laisser-faire, die einen Umschwung begünstigte, während der Kreml in seiner bisherigen Wachsamkeit nachließ.

Das Neue Politische Denken

Die Bedeutung der Ideologie

Existierte eine konzeptionelle Basis für die Politik, die zur Vereinigung Deutschlands führte, oder war das Neue Politische Denken reine Rhetorik ohne wesentlichen Einfluß auf die Politik? Das Neue Denken bestand aus einer Reihe von Maximen, die von Gorbatschow und Schewardnadse nach 1986 verkündet wurden und mittels derer versucht werden sollte, das Programm der inneren Reformen auf den Bereich der Außenpolitik zu übertragen. Daraus entwickelte sich ein Korb von Ideen, die davon ausgingen, daß das dialektische internationale System des Kalten Krieges der Vergangenheit angehörte und von einer neuen, interdependenten Welt abgelöst worden sei. Während der gesamten Sowjetperiode stritten sich Gesellschaftswissenschaftler und führende Politiker des Westens über die

Bedeutung der Ideologie in der sowjetischen Außenpolitik. War die Sowjetunion eine Großmacht wie jede andere, die ihre nationalen Interessen vertrat? Oder war sie etwas grundlegend anderes, weil sie eine kommunistische Macht war? Verpflichtete ihre offizielle Ideologie sie zu einer völlig eigenen Weltsicht, die mit der des Westens unvereinbar war? George Kennan schrieb 1947 in seinem grundlegenden, mit »X« unterschriebenen Artikel: »Die Ideologie ... lehrte [die Russen], daß die äußere Welt feindlich sei und daß es ihre Pflicht wäre, die politischen Kräfte jenseits ihrer Grenzen zu besiegen. Die mächtige russische Geschichte und Tradition bestärkten sie in dieser Auffassung.«[4]

Im Westen hoben Konservative die Einzigartigkeit der sowjetischen Außenpolitik hervor, die auf der Tatsache beruhe, daß die kommunistische Ideologie ein bestimmender Faktor der Außenpolitik sei, und sahen jeden Versuch einer Verständigung mit dem Westen im wesentlichen als taktisches Manöver an. Diejenigen, die mehr in der Mitte oder links von der Mitte standen, waren der Ansicht, die sowjetische Außenpolitik sei mehr von Realpolitik als von Ideologie bestimmt, was bedeutete, daß der Westen dauerhafte Abkommen mit Moskau schließen könne. Während die meisten Beobachter übereinstimmend der Meinung waren, die Ideologie habe seit der Breschnew-Ära meist nur noch der nachträglichen Rechtfertigung interessengeleiteter Realpolitik gedient, blieb die Frage offen, bis zu welchem Grad die Weltsicht der sowjetischen Führung noch von der marxistisch-leninistischen Ideologie beeinflußt war, selbst wenn sie deren Handlungen nicht mehr bestimmte.

Diese Fragen wurden nach der »Periode der Stagnation«, wie die Sowjets die Breschnew-Ära bezeichneten, viel dringender, als Gorbatschow verkündete, er habe sich in der Außenpolitik in Ergänzung zu Perestroika und Glasnost dem Neuen Denken verschrieben. Viele unabhängige Beobachter begegneten den anfänglichen Erklärungen des Kreml mit Skepsis, wonach sich die sowjetische Außenpolitik radikal geändert habe und von nun an »entideologisiert« sein würde. Rückschauend läßt sich argumentieren, daß es, obwohl Gorbatschow die Veränderungen in der Ideologie als nachträgliche Rechtfertigung für eine pragmatisch betriebene, weniger konfrontative Außenpolitik verkündete, einen nachweisbaren Zusammenhang zwischen der Annahme des Neuen Denkens und den nachfolgenden Veränderungen in der sowjetischen Außenpolitik gab.

Als nach dem Zusammenbruch der Sowjetunion zahlreiche Dokumente über die sowjetische Außenpolitik zugänglich wurden, hatte es tatsächlich den Anschein, als ob die Ideologie unter Breschnew eine wichtigere Rolle gespielt hätte, als bisher angenommen worden war. In Dokumenten des Politbüros zu bedeutenden außenpolitischen Problemen – beispielsweise zum Einmarsch in Afghanistan – wurde auf eine ideologische Rechtfertigung der jeweiligen Aktionen durchaus Wert gelegt. Bedenkt man, daß diese Dokumente nicht für die Öffentlichkeit bestimmt waren, so läßt die Tatsache, daß es als nötig erachtet wurde, unter Genossen die Dinge ideologisch zu begründen, darauf schließen, daß die Ideologie zumindest als gemeinsame Sprache und dialektisches Mittel zur Interpretation der Außenwelt unter Breschnew von erheblicher Bedeutung war. Die Sowjetunion war in der Tat nicht mit anderen »traditionellen« Großmächten zu vergleichen.[5]

Das Neue Denken bedeutete daher insofern einen Bruch mit der Vergangenheit, als es viele Prämissen der Außenpolitik Breschnews kritisierte und die Ideologie und den internationalen Klassenkampf als bestimmende Faktoren der Außenpolitik explizit zurückwies. Es ist zu bezweifeln, ob Gorbatschow ohne diesen grundlegenden Wandel die Laisser-faire-Haltung gegenüber seinen sozialistischen Verbündeten hätte einnehmen können, wie er dies nach 1985 tat. Die begriffliche Revolution ging der des Verhaltens voraus, und das Neue Denken beinhaltete sowohl taktische als auch strategische Veränderungen.[6] Gorbatschow rechtfertigte seine Politik jedoch weiterhin mit der Erklärung, sie würde eine bessere sozialistische Welt schaffen, und nicht, indem er die Prämissen des Sozialismus verwarf. Viele seiner Berater betonen in ihren Memoiren und

Artikeln, wie ernst sie das Neue Denken nahmen, weil es auf die frühere, auf Klassenkonflikten beruhende Analyse der internationalen Beziehungen verzichtete und eine viel größere Flexibilität zuließ. Aber der Verzicht auf die alten und das Fehlen neuer Spielregeln bedeuteten, daß die Improvisation in der sowjetischen Außenpolitik zur Norm wurde, was die Entwicklungen erleichterte, die zur Vereinigung Deutschlands führten.

Als Gorbatschow im März 1985 Generalsekretär der KPdSU wurde, ließ sich kaum voraussehen, wie revolutionär seine Innen- und Außenpolitik sein würde. Als ehemaliger Jurastudent aus Stawropol war er in den Reihen der Partei als Funktionär aufgestiegen, der für ideologische Fragen zuständig war, und ein Protégé des früheren KGB-Chefs Juri Andropow. Er war ein Apparatschik, aber ein Mann mit Ideen und nicht ein Technokrat wie Breschnew. Er begann Zweifel am sowjetischen System zu hegen, als seine Genossen in der Gebietsparteiorganisation die Geheimrede Chruschtschows auf dem XX. Parteitag kritisierten, in der dieser Stalin verurteilt hatte. Zu Gorbatschows Bestürzung waren seine Genossen mit dem Angriff auf den »Personenkult« nicht einverstanden. Das nächste desillusionierende Ereignis war der sowjetische Einmarsch in der Tschechoslowakei. »Wie konnten wir unsere slawischen Freunde, die nicht russenfeindlich waren, überfallen und den ›Sozialismus mit menschlichem Antlitz‹ vernichten?« fragte er. Trotz dieser Zweifel setzte er seinen Aufstieg im System fort.[7]

Als ZK-Sekretär mit dem Arbeitsbereich Landwirtschaft hatte Gorbatschow Anfang der achtziger Jahre mehrere Mißernten überstanden, woraus man schließen kann, daß er ein beträchtliches Maß an politischem Scharfsinn besessen haben muß. Da man nicht an die Spitze der KPdSU gelangte, wenn man die Partei kritisierte, nahm man an, daß sich seine Politik, obwohl er erst Mitte Fünfzig war und einer neuen Generation angehörte, nicht grundlegend von der seiner Vorgänger unterscheiden würde. Aber nach erstaunlich kurzer Zeit, im Gegensatz zur Stagnation der letzten zwanzig Jahre, verkündete er mit zwei neuen Schlüsselbegriffen – *Glasnost*, das heißt größere Offenheit im politischen Leben, und *Perestroika*, das heißt Umgestaltung des politischen und wirtschaftlichen Systems – seine Absicht, weitreichende Änderungen im Sowjetsystem herbeizuführen.

Gorbatschows Neues Denken in der Außenpolitik war eine direkte Reaktion auf innenpolitische Erfordernisse. Unter seiner Führung wurde die Außenpolitik viel offenkundiger von inneren Anforderungen bestimmt als zu jeder anderen Zeit seit Stalins Tod im Jahre 1953. Bei seiner Machtübernahme war Gorbatschow gezwungen, die unwillkommene Wahrheit einzugestehen, daß die Sowjetunion 1985 ihren Status als Supermacht nur einem einzigen Faktor verdankte – ihrer militärischen Macht. Aber sogar diese wurde zunehmend durch ihre wachsende technologische Rückständigkeit und ihr Unvermögen bedroht, im Gegensatz zum Westen und zu den Randstaaten des Pazifik zur Dritten Industriellen Revolution überzugehen. Der wirtschaftliche Erfolg Japans, eines übervölkerten Inselstaates, der praktisch keine einheimischen Bodenschätze besaß, war ein besonders beschämendes Beispiel für die Sowjets. Gorbatschow und seine Mitstreiter erklärten, die Sowjetunion werde aufhören, eine Supermacht zu sein, wenn aus ihr bis zum 21. Jahrhundert nicht ein technologisch fortgeschrittenes Land werde. Da der neue Sowjetführer nicht in den Kreml eingezogen war, um beim Zerfall der Sowjetunion den Vorsitz zu führen, bestand die dringendste Aufgabe darin, die Wirtschaft technologisch umzugestalten. Dies erforderte eine innere Öffnung der Gesellschaft, aber auch einen Transfer von Ressourcen vom militärischen zum zivilen Sektor und einen größeren wirtschaftlichen Austausch mit dem Westen. Eine weniger konfrontative und weniger militarisierte Außenpolitik war eine Voraussetzung für die Erreichung dieser Ziele.

Das Wesen des Neuen Denkens war, wie Gorbatschow erklärte, sehr einfach: »Der nukleare Krieg kann kein Mittel sein, politische, wirtschaftliche, ideologische oder sonstige Ziele zu erreichen … Clausewitz' Diktum vom Krieg als der Fortsetzung der Politik, zu seiner Zeit ein Klassiker, ist heute hoffnungslos veraltet.«[8] Außerdem verzichteten Gorbatschow und Schewardnadse in den Jahren bis 1988 explizit auf den internationalen Klassenkampf. Die marxistisch-leninistische These, wonach das internationale politische System ein Kampf auf Leben und Tod zwischen Imperialismus und Sozialismus sei, gehöre der Vergangenheit an. Internationale Probleme könnten, so argumentierten sie, nicht mehr mit militärischen Mitteln gelöst, die Definitionen der Sicherheit müßten erweitert werden. Sicherheit müsse beidseitig bestehen, und die internationale Politik dürfe nicht länger ein Nullsummenspiel sein. Ein Staat könne seine Sicherheit nicht steigern, indem er die Unsicherheit eines anderen Staates vergrößere. Die Welt sei interdependent geworden, und Nationen könnten sich nicht länger voneinander isolieren.[9] Schewardnadse betonte auch die Notwendigkeit, das sowjetische Außenministerium, das durch jahrzehntelange Bürokratie und den Mangel an Innovation und echter Debatte verknöchert war, gründlich zu erneuern. Glasnost und Perestroika müßten auch für sein Ministerium gelten.[10]

»Europa, unser gemeinsames Haus«

Gorbatschow betonte, das Neue Denken sei für die Beziehungen zu Europa besonders wichtig. Die Hauptlosung war eine Formulierung, die er von Breschnew übernommen hatte: »Europa, unser gemeinsames Haus *(nasch obschtschi dom)*«.[11] Die Sowjetunion, so erklärte er, sei eine europäische Macht mit geschichtlichen und kulturellen Wurzeln in beiden Hälften des Kontinents. (Gorbatschow sprach auch von »unserem gemeinsamen asiatischen Haus«, entwickelte dieses Konzept aber nicht so umfassend wie das vom europäischen Haus.) Wenn Europa ein gemeinsames Haus war, so konnte es eine Vielzahl von Verbindungen zwischen der östlichen und westlichen Hälfte des Hauses geben, was bedeutete, daß die Spaltung Europas zumindest gemildert, wenn nicht gar überwunden werden konnte. Das Bild vom gemeinsamen Haus gab eine beeindruckende Fülle von sprachlichen Einfällen her, die die sowjetischen Schriften über Europa belebten. Es gab unendlich viele metaphorische Möglichkeiten: das Haus für sich genommen, die Wohnungen, die Verbindungen dazwischen, die Korridore und die verschiedenen Aussichten. In den ersten drei Jahren beschäftigten sich die Anhänger dieses Bildes mit einigen Grundfragen: Was sollte den östlichen und den westlichen Teil des Hauses miteinander verbinden? Wie sollte der komplizierteste Teil des Hauses – die geteilte deutsche Wohnung – gebaut werden? Würden die Vereinigten Staaten ein Zimmer als Dauerbewohner in einer der westlichen Wohnungen mieten, oder sollten sie nur ein zeitweiliger Mieter sein?

Die meisten Kommentatoren schlugen zwar vor, mehr Durchgangszimmer zu bauen, um die östlichen und die westlichen Wohnungen miteinander zu verbinden, betonten aber, daß sie vorläufig noch getrennt bleiben würden. Der erfahrene politische Kolumnist Juri Schukow schrieb zum Beispiel: »Es war von der Geschichte gewollt, daß Europa jahrhundertelang geteilt blieb, obwohl seine Völker immer vieles gemeinsam hatten. Realisten ist klar, daß Grenzen, die aus einem Krieg, vor allem einem Weltkrieg resultieren, nur durch einen neuen Krieg geändert werden können, der im Atomzeitalter glatter Selbstmord für die Menschen wäre.«[12] Zwei Angehörige des Außenministeriums prophezeiten: »Das Sicherheitssystem in Europa wird offensichtlich noch lange auf der Existenz zweier Militärblöcke basieren. Größere Sicherheit wird nicht dadurch erreicht werden, daß sie aufgelöst, sondern daß ihre gegenseitigen Beziehungen geregelt werden.«[13] Ein Autor ging noch weiter und äußerte, der eigentliche Sinn des gemeinsamen europäischen Hauses bestehe darin, daß Westeuropa den Osten wirtschaftlich stabilisiere.[14]

Vor 1989 gab es nur wenige Hinweise auf die Architektur der deutschen Wohnungen. In einem Kommentar zu diesem Thema traf der erfahrene Deutschlandexperte und Berater des Zentralkomitees, Nikolai Portugalow, eine geradezu hellseherische Voraussage: »Man kann sich gut vorstellen, daß die Besitzer zweier souveräner und unabhängiger deutscher Wohnungen, von denen jeder seinen eigenen Lebensstil pflegt, enge Beziehungen zueinander unterhalten, zumal wenn beide die gleiche Sprache sprechen, die Verständigung um so leichter ist. Und dann würde schließlich eine Zeit kommen, in der die verhaßte ausländische militärische Präsenz in den Wohnungen im mittleren Teil des Hauses beseitigt würde.«[15]

Die Frage, in der während der ersten drei Jahre der Amtszeit Gorbatschows beträchtliche Bewegung herrschte, war Amerikas Platz im gemeinsamen Haus. Anfangs erklärten sowjetische Kommentatoren, die Vereinigten Staaten sollten kein Dauermieter sein. Bis 1987 hatten jedoch die meisten sowjetischen Politiker akzeptiert, daß die USA eine europäische Macht bleiben würden. Im Mai 1987 sagte Gorbatschow: »Das historische Verhältnis zwischen Westeuropa und den Vereinigten Staaten oder, sagen wir, zwischen der Sowjetunion und den europäischen sozialistischen Ländern ist eine politische Realität. Sie darf nicht ignoriert werden, wenn man eine realistische Politik betreibt. Eine andere Haltung würde das bestehende Gleichgewicht in Europa zerstören.«[16] Rückblickend war die Bereitschaft, anzuerkennen, daß die Vereinigten Staaten eine legitime Rolle in Westeuropa spielten, wohl von dem Wunsch beseelt, zu bekräftigen, daß die Sowjetunion eine legitime Stellung in Osteuropa einnahm, zumal die osteuropäischen Länder diese Grundlage der sowjetischen Nachkriegspolitik immer stärker in Frage stellten.

Als Gorbatschow an die Macht kam, war er sich darüber im klaren, daß die Lage in Osteuropa ernst war. Seiner Einschätzung nach bestand das Problem aber in der mangelnden wirtschaftlichen Leistungsfähigkeit und nicht in einer Krise des Systems. Anfangs signalisierte er deshalb seinen osteuropäischen Verbündeten, daß sie der Sowjetunion nacheifern und Reformen einleiten sollten, um den Sozialismus neu zu beleben. In den Augen der meisten Osteuropäer hatte der Sozialismus seine einstige Anziehungskraft als System, das einen gewissen wirtschaftlichen Wohlstand und soziale Gerechtigkeit hervorbrachte, verloren. Viele Osteuropäer begrüßten zwar Gorbatschows innenpolitische Reformen und betrachteten ihn als Alternative zu ihren autoritären Führern, doch die meisten waren nicht für eine Reform des Sozialismus – sie wollten ihn loswerden. Osteuropa wurde aber noch immer als unverzichtbar für die Sicherheit der UdSSR angesehen, und zwar in jeder Hinsicht. Es war undenkbar, daß die Sowjetunion ohne ihre brüderlichen Verbündeten, mit denen sie politisch, wirtschaftlich, militärisch und ideologisch so eng verbunden war, weiterbestehen und gedeihen konnte.

Gorbatschows anfängliche Äußerungen über Osteuropa hätten von Breschnew stammen können. Die Beziehungen zu den sozialistischen Bruderstaaten »basieren«, wie er sagte, »auf der vollen Gleichheit und der gegenseitigen brüderlichen Hilfe souveräner Staaten«, die am »Prinzip des sozialistischen Internationalismus« festhalten.[17] In späteren Erklärungen hoher Funktionäre hieß es, daß die »Imperialisten« den Begriff des proletarischen Internationalismus verunglimpften und daß sich die Beziehungen zwischen den Bruderstaaten nicht ändern würden. Der Warschauer Pakt wurde im April 1985 ohne Modifizierung seiner Organisation oder Zielrichtung für weitere zwanzig Jahre bestätigt.

Mit der Zeit ließen sich jedoch gemäßigtere Stimmen vernehmen.[18] Auf dem XXVII. Parteitag – dem ersten seit Breschnews Tod – enthielt Gorbatschows Referat über die Außenpolitik die Saat der Veränderung. »Eine radikale Reform ist notwendig«, erklärte er und zählte die Sünden der sowjetischen Führer von Stalin bis Breschnew auf, die den Sozialismus mit Bürokratie und Personenkult erstickt hätten.[19] Seine Äußerungen implizierten, daß das, was in der Sowjetunion schief gelaufen war, auch in Osteuropa zu bemängeln sei. Aber obgleich Gorbatschow den Sozialismus in der UdSSR kritisierte, war er noch nicht bereit, auf das Prinzip der sowjetischen Hegemonie in Osteuropa zu verzichten. »Wir haben die Stellung ... des Weltsozialismus in der internationalen Arena bedeutend gestärkt«, erklärte er und fügte hinzu: »Wir glauben, daß die Vielfalt unserer Bewegung nicht gleichbedeutend mit Uneinigkeit ist.«

Der XXVII. Parteitag ähnelte in mancher Hinsicht dem XX. Parteitag, auf dem Chruschtschow die Welt mit seiner vernichtenden Kritik an Stalin schockiert und sich einem neuen Kurs in der Sowjetunion verschrieben hatte. Genauso wie jener glaubte Gorbatschow, daß sich das sowjetische System ändern müsse, und erkannte auch die Notwendigkeit einer Reform in Osteuropa. Aber wie Chruschtschow bedachte er nicht, wie sich der Wandel in der Sowjetunion auf Osteuropa auswirken würde. Eine der Schwächen Gorbatschows bestand in der Tat darin, daß er es versäumte, den Osteuropäern klare Hinweise zu geben, wie weit sie in bezug auf ihr Gesellschaftssystem von der Sowjetunion abweichen konnten. Wenn Stalin und Breschnew schwere Fehler begangen hatten, wie konnte man dann die Kritik auf die Innenpolitik oder die Politik gegenüber dem Westen beschränken? Mußte deren Politik gegenüber Osteuropa nicht ebenfalls kritisiert werden? Sowohl Chruschtschow als auch Gorbatschow waren bestrebt, ihre inneren Reformen von den Beziehungen zu ihren Satelliten zu trennen. Unter Chruschtschow mußten sowjetische Truppen die Aufstände in Ostdeutschland und Ungarn niederwerfen, weil der Kreml es unterlassen hatte, die Auswirkungen der radikalen Veränderungen im eigenen Land auf Osteuropa abzuschätzen. Gorbatschow traf jedoch letztlich den politischen Entschluß, keine Gewalt anzuwenden, was ganz andere Folgen nach sich zog. Als die Osteuropäer vernahmen, daß Gorbatschow die Notwendigkeit von Reformen betonte und mit Breschnews Politik abrechnete, zogen sie daraus unvermeidlich den Schluß, daß sich diese Bemerkungen auch auf ihre Beziehungen zu Moskau erstreckten.

Gorbatschows Politik gegenüber Osteuropa war in seinen Anfangsjahren widersprüchlich. Orthodoxe Auffassungen verbanden sich mit verlockenden Hinweisen darauf, daß sich die Dinge ändern würden. Einen dieser Hinweise gab Alexander Jakowlew, der Anfang 1989 sagte, es sei denkbar, daß manch eine osteuropäische Wohnung im gemeinsamen europäischen Haus mit »finnischen Möbeln« ausgestattet sein könnte, was mehr Unabhängigkeit von Moskau bedeutete.[20] Dieser Mangel an Phantasie, was die osteuropäischen Wohnungen betraf, reflektierte ein grundlegendes Problem des Neuen Denkens. Während Gorbatschow die Notwendigkeit von Glasnost und Perestroika in Osteuropa hervorhob, war seine Politik gegenüber seinen Verbündeten im Warschauer Pakt von Anfang an reaktiv, das heißt, er agierte nicht vorausschauend, sondern reagierte nur auf die Ereignisse. In Osteuropa stand viel mehr auf dem Spiel als in Westeuropa, doch der Handlungsspielraum war begrenzter: Die Probleme sowohl innerhalb Osteuropas als auch zwischen Osteuropa und der Sowjetunion waren komplizierter und ließen sich nicht durch Rüstungskontrollabkommen oder Gipfeltreffen lösen. Das Sowjetimperium hatte seine Legitimation verloren, aber Gorbatschow und seine Berater waren in den ersten Jahren nicht bereit, diese Realität zu erkennen.[21] So beschränkte sich Gorbatschow darauf, Breschnews Politik in dieser Region zu kritisieren, wobei er zu verstehen gab, daß die osteuropäischen Staaten Glasnost und Perestroika nachvollziehen und ihre wirtschaftlichen und politischen Probleme jeweils auf ihre Weise lösen sollten. Diese Politik wurde 1989 von seinem Pressesprecher Gennadi Gerassimow in Anlehnung an das Lied »I Did It My Way« hämisch als »Sinatra-Doktrin« bezeichnet. Die »Sinatra-Doktrin« wurde dann jedoch tatsächlich zur Gorbatschow-Doktrin, als der Sowjetführer seine brüderlichen Partner drängte, Reformen im Sowjetstil einzuleiten. Die Osteuropäer sollten es in der Tat »their way« tun, nach sowjetischem Vorbild.[22]

Das andere Thema des Neuen Denkens in bezug auf Osteuropa war der allmähliche Verzicht auf die Breschnew-Doktrin. Nach und nach ließen Gorbatschow und seine Berater durchblicken, daß die Sowjetunion keine militärische Gewalt mehr anwenden wolle, um ihren Partnern »Stabilität« aufzuzwingen. Anläßlich eines Besuchs in Jugoslawien entschuldigte sich Gorbatschow für frühere sowjetische Fehler und bekräftigte, daß jeder sozialistische Staat das Recht habe, seine Zukunft ohne Einmischung anderer selbst zu entscheiden: »Niemand hat ein Monopol auf die Wahrheit.« Eine ähnliche Bemerkung machte er 1987 bei einem Besuch in Prag. Als Gerassimow nach dem Unterschied zwischen Dubček und Gorbatschow gefragt wurde, antwortete er: »Neunzehn Jahre.«

Bis 1988 bestand Gorbatschows Team, das ihn in Osteuropafragen beriet, vor allem aus Mitarbeitern der vom langjährigen Botschafter in den USA, Anatoli Dobrynin, geleiteten Internationalen Abteilung des Zentralkomitees und der von Alexander Jakowlew geleiteten Abteilung für Information und Propaganda, dessen Stellvertreter, Nikolai Schischlin, ein Osteuropaexperte war. Für die Beziehungen zu den sozialistischen Ländern zuständig war ZK-Sekretär Wadim Medwedew, dem die umfangreiche Abteilung für die Zusammenarbeit mit den kommunistischen und Arbeiterparteien dieser Länder unterstand. Diese Spitzenfunktionäre gehörten dem Reformflügel der KPdSU an. Im April 1988 schaffte Gorbatschow, eine veränderte Haltung gegenüber Osteuropa vorwegnehmend, diese ZK-Abteilung, die stets die sowjetische Politik in Osteuropa koordiniert hatte, ab und schuf eine dem Politbüro angeschlossene Kommission für internationale Politik unter Alexander Jakowlew, dessen Aufgabe es war, die Politik gegenüber Osteuropa und der übrigen Welt zu koordinieren. Im September 1988 wurde die Internationale Abteilung verkleinert und erhielt einen neuen Chef, Valentin Falin. Er war ein Deutschlandexperte, der 1989/90 eine größtenteils obstruktive Rolle spielte. Sein erster Stellvertreter, Rafael P. Fjodorow, ebenfalls ein Hardliner in bezug auf die deutsche Frage, war für Osteuropa zuständig. Bezeichnend für seine Ansichten war ein Gespräch, bei dem er im September 1989 nicht nur erklärte, es gebe »zu viele Juden in der ungarischen kommunistischen Führung«, sondern auch vor den von Deutschland ausgehenden Gefahren warnte und eine amerikanisch-sowjetische Zusammenarbeit zur Bekämpfung des gemeinsamen deutschen Feindes vorschlug.[23]

Als sich die Diskussion über die Osteuropapolitik intensivierte, wurde immer klarer, daß die von Gorbatschow und seinen Mitstreitern propagierte »Freiheit der Wahl« für alle Staaten gelten mußte. Er selbst hatte geschrieben: »Jede Nation hat einen Anspruch darauf, den Weg ihrer Entwicklung selbst zu wählen und über ihr Schicksal, ihr Territorium und ihre menschlichen und natürlichen Ressourcen selbst zu bestimmen.«[24] Rückblickend betonte Gorbatschow, es sei sein Engagement für die »Freiheit der Wahl« gewesen, das letztlich seine Entscheidungen in bezug auf Osteuropa und die DDR beeinflußte.[25] Außerdem zogen die Osteuropäer ihre eigenen Folgerungen hinsichtlich der weitreichenden Implikationen der Militärpolitik Gorbatschows. Ende 1988 hatte dieser den INF-Vertrag unterzeichnet, der Reduzierung der konventionellen Streitkräfte in Europa zugestimmt und den einseitigen Abzug von 50 000 sowjetischen Soldaten (von insgesamt 565 000) und 5000 Panzern aus Ostdeutschland angekündigt. Wenn also die UdSSR und Westeuropa tatsächlich ihre militärische Kooperation ausbauen würden und die Sowjetunion den defensiven Charakter ihrer Doktrin und ihrer Haltung betonte, dann wurde es immer unwahrscheinlicher, daß der Kreml ähnlich wie vor dem Einmarsch 1968 in die Tschechoslowakei seine militärische Stärke heimlich erhöhen konnte, ohne die neue Entspannungspolitik gegenüber dem Westen ernsthaft zu gefährden.

Während dieser ersten drei Jahre der Ära Gorbatschow dauerte die doppelte Debatte über die inneren Reformen der osteuropäischen Länder und die sowjetischen Beziehungen zu ihnen an. Liberaler gesinnte sowjetische Kommentatoren räumten mit der Zeit ein, daß sich die Beziehungen zwischen dem Kreml und seinen Verbündeten radikal ändern müßten. Gorbatschow war vorsichtiger. Bei seinem Besuch 1987 in Prag und bei anderen Gelegenheiten deutete er an, daß die Sowjetunion nicht das Recht habe, sich in die inneren Angelegenheiten ihrer Verbündeten einzumischen. Es blieb bei diesen nebulösen Aussagen über Osteuropa, klare Richtlinien für das gegenseitige Verhältnis gab es kaum. Diese Mehrdeutigkeit war ein bewußter Bestandteil der Strategie Chruschtschows und Breschnews gewesen. Gorbatschow und den meisten seiner Berater fiel es schwer, sich ein auf mehr Gleichheit beruhendes Verhältnis zu den Verbündeten vorzustellen, bei dem dennoch die sowjetische Hegemonie erhalten geblieben wäre. Viele waren zwar bereit, Reformen und Veränderungen innerhalb der sozialistischen Staatengemeinschaft anzuerkennen, doch auf die Hegemonie wollte niemand verzichten. Außerdem widersetzten sich viele Angehörige der alten Garde, die unter Breschnew in Osteuropa an die Macht gekommen waren, immer stärker Gorbatschows Drängen auf Reformen, und ihre Entschlossenheit wuchs, sich vom sowjetischen Führer zu distanzieren, um weiterhin an der Macht zu bleiben. Der störrischste und verbohrteste von allen war Erich Honecker in Ostdeutschland.

Gorbatschow und die DDR 1985 bis 1988

»Es war eine Intimfeindschaft«, schreibt Günter Schabowski, der letzte SED-Parteichef von Ostberlin, über das Verhältnis Honecker–Gorbatschow.[26] Schließlich glaubte Honecker als getreuer Kommunist alter Schule, der in Moskau ausgebildet worden war, daß der Kreml den Schlüssel zur letzten sozialistischen Wahrheit besaß. Er sagte einmal, er sei unter Menschen aufgewachsen, »denen das Verhältnis zur Sowjetunion der Maßstab dafür war, ob man Kommunist ist«; dieses Verhältnis sei ein »heiliges Prinzip« gewesen.[27] Aber seine Hochachtung vor dem Mutterland des Sozialismus sank wegen seines Unbehagens über den neuen Führer immer mehr. Das Verhältnis zwischen der Sowjetunion und der DDR war bereits gespannt, als Gorbatschow ans Ruder kam, und verschlechterte sich rasch, als dieser seinen Reformkurs einschlug. Anfangs sah Gorbatschow die DDR als Bollwerk der sowjetischen Sicherheit in Osteuropa an, bewunderte ihre wirtschaftlichen Leistungen und glaubte, nach den Spannungen der vorangegangenen

Jahre die Beziehungen zur Honecker-Regierung verbessern zu können. Doch nach der Bundestagswahl 1987 und der neuen sowjetisch-westdeutschen Annäherung spitzten sich die Gegensätze zur DDR zu. Das lag zum größten Teil daran, daß sich Honecker immer stärker der Durchführung von Gorbatschows Reformen im eigenen Land widersetzte. Während die westdeutsche Gefahr abnahm, wuchs die potentielle Gefährdung der Sowjetunion durch die DDR.

Es gab drei Hauptprobleme im Verhältnis Sowjetunion–DDR: die Außenpolitik, die Wirtschaftsreform (Perestroika) und die innere politische Reform (Glasnost). Die DDR unterstützte weitgehend die sowjetische Außenpolitik, fühlte sich aber immer stärker durch Moskaus Drängen auf innere Reformen bedroht.

Außenpolitik

Als Gorbatschow an die Macht kam und die Prinzipien des Neuen Denkens in der Außenpolitik formulierte, war die DDR-Führung hocherfreut. Nachdem sich die Sowjetunion fünf Jahre lang dem deutsch-deutschen Dialog und Honeckers Drängen auf eine Fortsetzung der Entspannung in Europa widersetzt hatte, kritisierte Gorbatschow nun die Politik der Ära Breschnew und schlug umfassende Rüstungskontrollmaßnahmen vor. Honecker fühlte sich bestätigt. Laut Schabowski betrachtete er sich als »BRD-Experten Nr. 1 im Warschauer Pakt« und erwartete, daß sich Gorbatschow seine Ratschläge zu diesem Thema anhörte.[28] Beide waren sich zum ersten Mal 1966 begegnet, als Gorbatschow als Parteifunktionär aus der russischen Provinz die DDR besuchte, um die ostdeutschen Wirtschaftsreformen zu studieren. Der junge Sowjetpolitiker war beeindruckt von dem, was die DDR nach den Verwüstungen des Krieges erreicht hatte.[29] Ihre erste wirklich bedeutsame Begegnung fand im Mai 1985 statt, und das gemeinsame Kommuniqué besagte, beide Führer hätten sich »gegen alle Konzepte gewandt, die von der Ungelöstheit der deutschen Frage ausgehen«.[30]

Gorbatschow unterstrich die neuerliche Bedeutung der DDR, indem er im April 1986 am XI. (und letzten) Parteitag der SED in Ostberlin teilnahm; es war das erste Mal nach fünfzehn Jahren, daß ein sowjetischer Generalsekretär einem Parteitag der SED beiwohnte.[31] Die beiden Staatschefs erklärten ihre »völlige Übereinstimmung in allen Grundfragen« und kritisierten die Bundesrepublik wegen ihrer »revanchistischen« Politik in der deutschen Frage. Sie stimmten darin überein, daß der Dialog mit Bonn aufgrund der Notwendigkeit, den Frieden in Europa zu erhalten, fortgesetzt werden müsse. Als aber Honecker die Frage seines Besuchs in der Bundesrepublik aufwarf, fragte Gorbatschow unter Hinweis auf die von den Pershing-Raketen ausgehende Gefahr: »Was soll ich meinem Volk sagen, Erich, wenn du in dieser Situation die Bundesrepublik besuchst?« Honecker konterte: »Und was sagen wir unserem Volk, das in tiefer Sorge um den Frieden ist und deshalb will, daß ich diese Reise unternehme?«[32] Sein Ärger darüber, daß er sich seinem Herrn fügen mußte, der zudem jünger war als er, blieb seinen SED-Genossen, die sich seine häufigen Tiraden gegen Gorbatschow in Sitzungen des Politbüros anhören mußten, keineswegs verborgen.[33] Gorbatschow, der in der Zeit von 1986 bis 1989 sechsmal mit Honecker zusammentraf, verglich sein Verhältnis zum DDR-Führer mit dem seines Vorgängers: »Breschnew und Erich Honecker, der 1971 die Führung der SED übernommen hatte, hegten über Jahre große Sympathien füreinander, sie mochten sich einfach ... Recht bald gingen Erich und ich zum ›Du‹ über. Trotzdem kam ein wirklich offenes und vertrauensvolles Verhältnis zwischen uns nie zustande.«[34]

Honecker stattete der Bundesrepublik seinen verspäteten Besuch offenbar ohne Gorbatschows Segen ab. Der sowjetische Generalsekretär wollte vor dem DDR-Chef zum Staatsbesuch nach Bonn reisen, aber Honecker kam ihm zuvor. Dessen Reise nach Bonn im Jahre 1987 – in vieler Hinsicht der Gipfelpunkt seiner Laufbahn und seiner langjährigen Bemühungen um internationale Anerkennung und Gleichbehandlung durch die Bundesrepublik – entbehrte nicht einer gewissen Ironie. Als Honecker im Kanzleramt ankam und der Musikzug der Bundeswehr die beiden Nationalhymnen anstimmte, stand der schmächtige DDR-Chef, ohne eine Miene zu verziehen, steif in Habtachtstellung neben dem robusten, selbstsicheren Kohl, eine lebende Metapher für den Unterschied zwischen den beiden deutschen Staaten. Als Honecker seinen Geburtsort im Saarland besuchte, warf dies ein Schlaglicht darauf, in welch vielfältiger Weise die Deutschen in beiden Staaten durch verwandtschaftliche Beziehungen und ein gemeinsames Nationalgefühl verbunden waren.[35] Dieser Höhepunkt seines Lebens als Politiker sollte sein letzter Triumph sein, da er ihn weder zur Stärkung seiner Position im eigenen Land noch in Moskau zu nutzen verstand. Außerdem hatte Honecker bereits erkannt, daß die Bedeutung der DDR als Bollwerk für die sowjetische Sicherheit in dem Maße sank, wie die Beziehungen zwischen den beiden deutschen Staaten enger wurden. Die Bundesrepublik hingegen, die es achtunddreißig Jahre lang peinlichst vermieden hatte, die DDR als separaten Staat anzuerkennen, stand kurz davor, gerade das zu tun – drei Jahre vor dem Untergang dieses Staates. Obwohl Bonn Honeckers Reise vorsichtigerweise nur als »Arbeitsbesuch« und nicht als »Staatsbesuch« deklariert hatte, waren die beiden Staaten so nahe daran wie nie zuvor, auf einer normalen zwischenstaatlichen Basis miteinander zu verkehren. Honecker benutzte später genau dieses Argument, als die Westdeutschen versuchten, ihn wegen Landesverrats zu verurteilen.

Der Besuch zeitigte keine überraschenden Ergebnisse, doch verbrachten die Westdeutschen eine Zeitlang damit, Honeckers verlockende Bemerkung zu analysieren: »Der Tag [wird] kommen, an dem Grenzen uns nicht mehr trennen, sondern vereinen, so wie uns die Grenze zwischen der Deutschen Demokratischen Republik und der Volksrepublik Polen vereint.«[36] In der Bundesrepublik interpretierte man dies so, daß die beiden deutschen Staaten nur dann ein befriedigendes Verhältnis entwickeln könnten, wenn die Bundesrepublik bereit wäre, der DDR die volle internationale Anerkennung zu gewähren. Ein altgedienter sowjetischer Kommentator erklärte, dieser Besuch habe »die Existenz der beiden deutschen Staaten bestätigt. Erich Honecker wurde ein Empfang zuteil, der seinem Status als Chef eines souveränen Staates entsprach.«[37]

Das Gebiet, auf dem vielleicht die größte Übereinstimmung zwischen Ostberlin und Moskau herrschte, war die Rüstungsbegrenzung. Immerhin war sich Honecker bewußt, daß sich in der Bevölkerung der DDR Widerstand gegen die Stationierung sowjetischer SS-24-Raketen als Antwort auf die Stationierung nuklearer Mittelstreckenwaffen in Westdeutschland regte. Von Anfang an wurden deshalb Gorbatschows Vorschläge zur Reduzierung und letztlich Abschaffung aller Langstreckenraketen, seine Zustimmung im Rahmen des INF-Vertrages von 1987, alle nuklearen Mittelstreckenwaffen zu zerstören, und seine Vorschläge zur Begrenzung der konventionellen Rüstung nachdrücklich begrüßt. Das gleiche traf auf seine Kritik an der Strategischen Verteidigungsinitiative (SDI) der USA und der eventuellen Teilnahme der Bundesrepublik daran zu. Die DDR sah genauso wie die UdSSR die Rüstungskontrollabkommen als Mittel nicht nur zur Beruhigung der nervös gewordenen Bevölkerung an, sondern auch zur Förderung der Ost-West-Kooperation besonders in den Bereichen Handel und Technologie, wodurch die Stellung der DDR auf technologischem Gebiet verbessert werden konnte. Jede Senkung der Verteidigungsausgaben würde dem zivilen Sektor der DDR-Wirtschaft in ihrem Bestreben, sich dem wirtschaftlichen Niveau der Bundesrepublik anzunähern, zugute kommen.

Bei der Durchsicht des Parteiarchivs der SED bestätigt sich, daß die DDR mit den internationalen Aspekten der Politik Gorbatschows vor 1989 generell zufrieden war. Es zeigt jedoch auch, welche abfälligen Bemerkungen führende Vertreter der DDR in der Annahme machten, internationale Politik besser zu verstehen als der sowjetische Emporkömmling.[38] Außerdem herrschte wegen der Tendenz der UdSSR, den grundlegenden Gegensatz zwischen Kommunismus und Kapitalismus herunterzuspielen, eine fortwährende nervöse Spannung. So sagte Honecker 1987 bei seinem Besuch in Bonn seinen Gastgebern, die beiden Systeme würden wie »Feuer und Wasser« immer unvereinbar bleiben. Die DDR-Führung lehnte die Grundthese des Neuen Denkens ab, »allgemeinmenschliche Werte« hätten den Klassenkampf ersetzt.[39] Doch Gorbatschows Taten auf außenpolitischem Gebiet dienten im Gegensatz zu seinen Worten den Interessen der DDR und schienen Positionen zu bestätigen, die Honecker seit Jahren vertreten hatte.

Eine Analyse der Korrespondenz, die Honecker und Gorbatschow zwischen 1985 und 1989 führten, zeigt indes, daß sich der DDR-Führer schon im Oktober 1986 über Gorbatschows These vom gemeinsamen europäischen Haus und über die Verbesserung der sowjetischen Beziehungen zur Bundesrepublik zunehmend Sorgen machte. Schließlich war die DDR ein Kind des Kalten Krieges, und ihre besondere Bedeutung an der Grenze zwischen Sozialismus und Kapitalismus konnte durch eine neuerliche Annäherung beider Systeme nur abnehmen. Außerdem konnte eine neue sowjetisch-westdeutsche Entspannung den Sonderstatus in Frage stellen, den die DDR in den achtziger Jahren als Bollwerk gegen westdeutsche Raketen erworben hatte. Deshalb fühlte sich Honecker durch die Aussicht auf verbesserte sowjetisch-westdeutsche Beziehungen bedroht, obwohl er selbst engere innerdeutsche Beziehungen wünschte.

Perestroika

Die Honecker-Regierung verschloß sich sowjetischen Anregungen zur Umgestaltung der DDR-Wirtschaft immer mehr. Hatte die DDR nicht den höchsten Lebensstandard im kommunistischen Block? Produzierte sie nicht Maschinen und Anlagen von viel höherer Qualität als die Sowjetunion? Wenn das so war, warum sollte sie die Wirtschaft umgestalten? In den Diskussionen über Wirtschaftsfragen kam das Überlegenheitsgefühl der DDR-Führung gegenüber ihren rückständigeren sowjetischen Lehrmeistern am deutlichsten zum Ausdruck. Honecker überreichte Gorbatschow einmal selbstgefällig einen Mikrochip, den die DDR produzierte und über den die Sowjetunion nicht verfügte. Auf Gorbatschows Bemerkung, die DDR könnte von »sozialökonomischer Beschleunigung« profitieren, reagierte Honecker mit kaum verhüllter Verachtung: »Der junge Mann macht ein Jahr Politik. Der hat es gerade nötig, die Klappe aufzureißen.« Oder mit den Worten des Politbüro-Ideologen Kurt Hager, der auf die Frage, ob man dem Beispiel der Sowjets folgen solle, antwortete: »Würden Sie, nebenbei gesagt, wenn Ihr Nachbar seine Wohnung neu tapeziert, sich verpflichtet fühlen, Ihre Wohnung ebenfalls neu zu tapezieren?«[40] Gorbatschow erzählte mit einem ironischen Lächeln: »Honecker sagte mir, die DDR habe die Perestroika schon vor siebzehn Jahren eingeführt.«[41]

Die DDR-Wirtschaft wurde in der Ära Gorbatschow als stabil und lebensfähig, wenn auch nicht frei von Problemen angesehen.[42] Ostdeutschland hatte durch seine besonderen Wirtschaftsbeziehungen zur Bundesrepublik finanzielle Vorteile und Zugang zu Waren wie kein anderer RGW-Staat. Es besaß jedoch auch einige der restriktivsten Gesetze über ausländische Beteiligungen an seiner Wirtschaft. Als nach dem Zusammenbruch der DDR das niedrige Niveau der Produktionsnormen, die mangelhafte Arbeitsmoral (die Redensart »Nur Deutsche schaffen es, den Kommunismus zum Funktionieren zu bringen«, stimmte nicht), riesige Umweltschäden und andere Probleme zutage traten, die den sozialistischen Volkswirtschaften gemeinsam waren, fragten viele, warum der Westen das oberflächliche Bild einer einigermaßen gut funktionierenden DDR-Wirtschaft so bereitwillig akzeptiert hatte. Damals glaubten jedoch die meisten Außenstehenden den DDR-Statistiken. Es war die DDR-Bevölkerung selbst, die erkannte, daß die Zahlen falsch waren.

Da sich der Kreml des wirtschaftlichen Niedergangs der UdSSR bewußt war und deshalb die Revolution Gorbatschows vorantrieb, spielte die DDR eine immer größere Rolle in der sowjetischen Wirtschaftsplanung. Gorbatschow wählte die DDR als das entscheidende Land aus, von dem letztlich Erfolg oder Mißerfolg der sowjetischen Reformbestrebungen abhängen sollte. In dieser Hinsicht war er von einem fast naiven Glauben an die wirtschaftliche Potenz der DDR erfüllt. Außerdem waren die Sowjets der Ansicht, Honecker solle ähnliche Wirtschaftsreformen wie die UdSSR einleiten, um die ostdeutsche Produktivität zu steigern und damit den Nutzen aus den Beziehungen zwischen der UdSSR und der DDR zu maximieren. Das im Rahmen des Fünfjahrplans 1986–1990 geschlossene Handelsabkommen sah eine »in der Welt beispiellose« Steigerung des bilateralen Handels vor.[43] Aber Gorbatschows Bemühungen, die wirtschaftliche Integration mit der DDR besonders auf technologischer Ebene zu verstärken (er glaubte, die DDR könne Mikrochips produzieren, die den bei der SDI-Forschung verwendeten ebenbürtig wären), wurden nicht begeistert aufgenommen.[44] Vom Standpunkt der DDR gefährdete eine engere wirtschaftliche Integration mit der UdSSR ihre eigene Fähigkeit, technologische Fortschritte zu erzielen. Sie sah ihre künftigen Handelspartner im Westen und in den Anrainerstaaten des Pazifik und nicht in den Ländern, die wirtschaftlich weniger entwickelt waren als sie selbst.

Die sowjetisch-ostdeutschen Wirtschaftsbeziehungen hatten jedoch nicht ausschließlich bilateralen Charakter, auch der innerdeutsche Handel beeinflußte sie. 1987 kritisierte der sowjetische Botschafter in Ostberlin, Wjatscheslaw Kotschemassow, die DDR, weil sie Informationen über ihren Außenhandel, besonders mit der Bundesrepublik, vorenthielt, und gab zu, daß die UdSSR und die DDR Rivalen im Handel mit Westdeutschland waren.[45] Sowohl für die Sowjetunion als auch für die DDR wurde es immer schwieriger, ihr beiderseitiges Verhältnis gegen den Einfluß der Bundesrepublik abzuschirmen. Je mehr Bonn sich politisch wie wirtschaftlich einmischte, desto mißtrauischer verhielten sich Moskau und Ostberlin zueinander.

Gorbatschows innenpolitische Reformen erschwerten es der DDR, eine eigene nationale Identität zu entwickeln, und beschleunigten ihren Untergang. Die Angst davor, daß Glasnost schließlich das SED-Regime unterminieren würde, trieb Honecker dazu, sich quer zu stellen und immer weiter von der Realität zu entfernen. Die DDR unterschied sich immerhin von allen anderen Mitgliedern der sozialistischen Staatengemeinschaft dadurch, daß ihr eine wichtige Voraussetzung für einen lebensfähigen Nationalstaat fehlte: eine nationale Identität. Alle Versuche, sich »abzugrenzen« oder eine sozialistische nationale Identität zu entwickeln, waren fehlgeschlagen. Die meisten Ostdeutschen identifizierten sich mit ihren westlichen Brüdern und Schwestern und hatten wenig, was spezifisch ostdeutsch war und ihnen ein Gefühl der inneren Zusammengehörigkeit gab. Gorbatschows Berater Georgi Schachnasarow kritisierte die DDR, weil sie darauf beharrte, daß die beiden Deutschland nicht nur zwei Staaten, sondern auch zwei Nationen seien. Dieser Gedanke erschiene jedem zweiten Ostdeutschen, der Verwandte in Westdeutschland habe, lächerlich. »Es ist durchaus wahrscheinlich«, schrieb Schachnasarow, »daß sich in der DDR, wenn sie dreihundert Jahre besteht, eine eigene Nation herausbildet. Einstweilen ist das aber nicht der Fall.«[46]

Da eine lebensfähige nationale Identität nicht existierte, glaubte die SED-Führung, um 1985 eine der repressivsten im ganzen Ostblock, jede innenpolitische Liberalisierung könne ihre Macht gefährden und zum Zerfall des »ersten sozialistischen deutschen Staates« führen. Honecker war wie die meisten seiner osteuropäischen Genossen in der Ära Breschnew an die Macht gekommen und hielt noch an den Überzeugungen fest, die seinerzeit das sowjetisch-ostdeutsche Verhältnis geprägt hatten. Anders als Gorbatschow glaubte er nicht, daß in der Gesellschaft oder Wirtschaft der DDR irgend etwas grundsätzlich im argen läge, und war daher entschlossen, sich allen sowjetischen Forderungen nach Reformen zu widersetzen. Wenn Gorbatschow wirklich an die »Freiheit der Wahl« seiner Verbündeten glaubte, warum sollte die DDR dann nicht so bleiben, wie sie fünfzehn Jahre lang gewesen war?

Honeckers anfängliche Reaktion auf Glasnost bestand darin, daß er im wesentlichen genauso argumentierte wie seinerzeit Ulbricht, der sich den Sowjets widersetzte, als diese in den Jahren 1969–1971 auf eine Entspannung des deutsch-deutschen Verhältnisses drängten. Honecker betonte, die DDR habe lange einen eigenen speziellen Beitrag zum Sozialismus geleistet, ihre Wirtschaft sei erfolgreicher als die der Sowjetunion und sie sei in Anbetracht ihrer strategischen Lage an der Grenze zwischen Sozialismus und Kapitalismus sowie der ständig von Westdeutschland ausgehenden Gefahr berechtigt, eine restriktivere Medien- und Informationspolitik zu betreiben.[47] »Für uns ist es wichtig«, schrieb Honecker an Gorbatschow, »an einer und nicht an zwei Fronten kämpfen zu müssen.«[48]

Bei diesen Bemühungen, in einer Zeit der Veränderungen eine eigene nationale Identität zu schaffen und zu erhalten, warf die Vergangenheit einen immer bedrohlicheren Schatten auf das unter Beschuß geratene Honecker-Regime. Der bedrohlichste Aspekt der Glasnost war der Versuch, die »weißen Flecken« der Geschichte zu beseitigen und sich offener mit der stalinistischen Vergangenheit in allen ihren Manifestationen auseinanderzusetzen. Gorbatschow rechnete damit, daß die Enthüllung der tatsächlichen Schrecken der stalinistischen Vergangenheit seine Machtposition im Lande stärken würde. Honecker wußte, daß das genaue Gegenteil auf sein Regime zutraf: Das Infragestellen der orthodoxen Interpretationen der Geschichte, der Mythen, auf denen die DDR aufgebaut worden war, würde ihre Legitimität noch stärker in Zweifel ziehen. Die immer offener geführten Debatten über die Geschichte übten eine große Wirkung auf die sowjetische Gesellschaft aus, doch Honecker und seine Genossen glaubten, solche Debatten würden die DDR ernsthaft destabilisieren. Anfangs wurden Gorbatschows Reden zensiert; »anstößige« Passagen wurden in ostdeutschen Zeitungen nicht veröffentlicht. Da aber die meisten Ostdeutschen das westdeutsche Fernsehen sahen, wußten sie alles über Perestroika und Glasnost, so daß die Zensur zwecklos war. Indem Gorbatschow die alte kommunistische Orthodoxie in Frage stellte, wurde er für junge, andersdenkende Ostdeutsche ein Held, der die Hoffnung auf einen weniger repressiven, ehrlicheren Sozialismus verkörperte. Der Gesandte an der sowjetischen Botschaft in Ostberlin, Igor Maximytschew, erkannte als erster, daß die Lage in der DDR immer unhaltbarer wurde, als junge Ostdeutsche im Juni 1987 in eine Straße nahe der Berliner Mauer strömten, um sich ein Rockkonzert anzuhören, das auf der westlichen Seite stattfand. »Gorbi, Gorbi!« riefen sie, als die Volkspolizisten damit begannen, sie zu verhaften.[49]

Der ungeheuerlichste Vorfall, der den Riß in den Beziehungen zwischen der Sowjetunion und der DDR augenfällig machte, ereignete sich 1988, als Honecker den Vertrieb des *Sputnik*, eines deutschsprachigen Magazins, das Auszüge aus sowjetischen Artikeln brachte und in 130000 Exemplaren verbreitet wurde, einstellen ließ, ohne die Mitglieder des Politbüros zu konsultieren. Der Artikel, der Anstoß erregte, befaßte sich mit dem Ursprung des Hitler-Stalin-Pakts. Es hieß dort, zwischen Hitler und Stalin habe es vor Ausbruch des Zweiten Weltkrieges geheime Absprachen gegeben und die Sowjets seien keineswegs durch britische und französische Winkelzüge gezwungen gewesen, den Pakt abzuschließen. Diese Enthüllungen trafen in das Herz der DDR- (und Sowjet-)Orthodoxie. Sie waren für die DDR bedrohlicher als für die Sowjetunion, da sie deren antifaschistischen Ruf und das günstigere Bild, das sie im Vergleich zur UdSSR von Stalin bewahrt hatte, in Zweifel zogen. Honecker erklärte, der *Sputnik* leiste keinen Beitrag mehr zur Festigung der deutsch-sowjetischen Freundschaft und liefere statt dessen »ein entstelltes Bild der Geschichte«. Auf einer anschließenden Tagung des Zentralkomitees warf Honecker der Sowjetunion vor, einen historischen Revisionismus »wild gewordener bourgeoiser Typen« zu dulden. Seine

Frau, die halsstarrige Volksbildungsministerin, hatte zuvor erklärt, daß man diejenigen, die mit dem Banner der Freiheit flirteten, in die Schranken weisen würde. Viele Parteigenossen waren vom *Sputnik*-Verbot tief betroffen. Dieser Vorfall forderte diejenigen in der Parteihierarchie, die bis dahin ihre Bedenken gegen Honecker für sich behalten hatten, zum offenen Widerstand heraus. Politbüromitglied Günter Schabowski schrieb: »Honecker konnte und wollte nicht verstehen, daß Gorbatschow auch als ein Instrument der Geschichte notwendige Prozesse in Gang gesetzt hatte, die um die DDR keinen Bogen machen würden.«[50]

Die Verzweiflung der SED über die sowjetische Führung kam in einer »Einschätzung der Rede M. Gorbatschows auf der XIX. Parteikonferenz der KPdSU [Juli 1988]« zum Ausdruck. In ihrer widersprüchlichen Bewertung konzentrierte sich die Parteiführung auf all das, was den Sozialismus stärkte und den Imperialismus kritisierte. Doch am Schluß des ausführlichen Berichts schrieb der Verfasser: »Allerdings entsprechen heute viele historische Veröffentlichungen in der Sowjetunion nicht den Erfordernissen der Partei und der politischen Verantwortung, da sie einseitig auf Fehler orientiert sind. Man muß aber auch berücksichtigen, daß die KPdSU in der Vergangenheit einen großen Rückstand bei der Erforschung ihrer Geschichte zugelassen hat.«[51] In Anbetracht der zunehmenden sowjetischen Verärgerung über Ostberlin ist es bemerkenswert, daß Gorbatschow nicht versuchte, Honecker spätestens 1988 von seinem Posten entfernen und durch einen der Perestroika gewogenen Parteiführer ersetzen zu lassen. Eingeweihte behaupten, Gorbatschow sei unentschlossen gewesen, räumen aber ein, daß es nur wenige reformfreudige Kandidaten gab, die in Frage gekommen wären.[52]

Gorbatschow und die Bundesrepublik 1985 bis 1988

Gorbatschows offizielle Ansichten über die Bundesrepublik Deutschland in der Zeit von 1985 bis 1988 spiegelten die konventionellen kommunistischen Weisheiten wider: Die Bundesrepublik war durch ihre Zustimmung zur Stationierung amerikanischer nuklearer Mittelstreckenraketen zu einer erhöhten Bedrohung für die sowjetische Sicherheit geworden; die enge Zusammenarbeit zwischen Kohl und Reagan bewies, daß die »revanchistischen« Kräfte in Bonn noch mächtig waren; trotz dieser politischen Probleme war die Bundesrepublik aber noch immer ein erwünschter Handelspartner. 1985 hatten die sowjetisch-westdeutschen Beziehungen ihren tiefsten Stand seit der Ära Adenauer erreicht, was die Deutschen allerdings mehr als die Sowjets beunruhigte. Gorbatschows eigene Erfahrungen in bezug auf die Bundesrepublik waren sehr begrenzt. Als Parteichef der Region Stawropol hatte er 1975 die Bundesrepublik im Zusammenhang mit den Feiern zum 30. Jahrestag der Beendigung des Zweiten Weltkrieges besucht. Später bezeichnete er die Reise als »interessant, wenn auch schwierig«. Er war betroffen, wie zurückgeblieben die Sowjetunion im Vergleich zu den Ländern Westeuropas war. Später erinnerte er sich, Deutsche darauf hingewiesen zu haben, daß nicht die Sowjetunion an der Teilung Deutschlands nach dem Krieg schuld war.[53] Diese Spaltung sei nun aber eine Tatsache des internationalen Lebens, an der es nichts zu rütteln gebe.

Gorbatschows deutschlandpolitische Berater, die *germanisty*, gehörten der alten Denkschule an, die von ihren Kritikern »Berliner Mauer« genannt wurde. Schachnasarow erinnert sich, daß es viel schwieriger war, mit den *germanisty* zusammenzuarbeiten als mit den Deutschen. »Sie waren eine besondere Sorte von Menschen, die sich in der Regel durch hohe Professionalität und durch äußerstes Mißtrauen gegenüber dem Objekt ihrer Untersuchungen – den Deutschen und Deutschland – auszeichneten. Die Grundlage ihrer Weltanschauung, die sich im Zweiten Weltkrieg herausgebildet hatte, war seitdem unverändert geblieben ... sie konnten von ihren im Kampf gegen den Faschismus erworbenen Erfahrungen nicht lassen.«[54] Zwei der wichtigsten *germanisty*, Valentin Falin und Juli Kwizinski, hatten in der Bundesrepublik als Diplomaten gedient. Falin, ehemals Botschafter in Bonn und Leiter der Presseagentur *Nowosti*, wurde 1988 Leiter der Internationalen Abteilung des Zentralkomitees. Kwizinski wurde 1986 als Botschafter in Bonn akkreditiert. Obwohl beide die Bundesrepublik gut kannten und von den westdeutschen Medien stark beachtet wurden, deutet wenig darauf hin, daß sie bereit waren, innovativ über die Zukunft Deutschlands nachzudenken. Auch Nikolai Portugalow, der für das Zentralkomitee arbeitete, war kein »neuer Denker« in bezug auf Deutschland. Lange nach der Vereinigung behauptete er, die *germanisty* hätten stets ein geeintes, neutrales Deutschland befürwortet.[55] Der vierte Berater, Daniil Melnikow, der die sowjetische Propaganda gegen den Nationalsozialismus geleitet hatte, spielte wegen seines Alters und seines Gesundheitszustandes eine geringere Rolle. Als Gorbatschow sein Amt antrat, war die Dritte Europa-Abteilung des Außenministeriums für die Politik gegenüber Westdeutschland zuständig und hatte als Wächter der orthodoxen sowjetischen Haltung zu Berlin und zur deutschen Frage innerhalb des Ministeriums eine privilegierte Stellung inne. Schewardnadse machte auf seiner Suche nach neuen Wegen zur Überwindung der Ost-West-Spannungen mit der Zeit einen Bogen um die *germanisty*, was intern zu heftigen Auseinandersetzungen führte.

Bonn reagierte zunächst vorsichtig auf Gorbatschow. Da sich die UdSSR nach der Wahl Kohls und nach der Stationierung der nuklearen Mittelstreckenraketen im Jahre 1983 von der Bundesregierung zunehmend distanziert hatte, waren die Erwartungen der Bonner Regierungskoalition gering. Kohl und Genscher waren wegen der wachsenden Furcht vor einem Ost-West-Konflikt in der eigenen Bevölkerung über das gespannte sowjetisch-westdeutsche Verhältnis besorgt. Sie bemühten sich um eine Klimaverbesserung, damit die engeren

Beziehungen zu Ostberlin ihre Dynamik bewahrten. Der vielleicht erstaunlichste Konvertit war der Vorsitzende der CSU, Franz Josef Strauß, ein unversöhnlicher Antikommunist und ein Schreckgespenst für die Sowjets. Seine Wandlung hatte 1983 begonnen, als er der DDR zu Krediten verhalf. Danach unterhielt er enge Kontakte zu Alexander Schalck-Golodkowski, dem wohlhabenden und berüchtigten Mittelsmann der DDR, der viele geheime deutsch-deutsche Geschäfte arrangierte. Im Dezember 1987, zehn Monate vor seinem Tod, steuerte Strauß seinen Privatjet nach Moskau, traf sich mit Gorbatschow und anderen Sowjetführern und erklärte nach seiner Rückkehr, es bestünde keine Veranlassung mehr, eine »offensive, aggressive Absicht der Sowjetunion« zu befürchten. Gorbatschow äußerte später sein Bedauern darüber, daß die Sowjetunion nicht früher auf die Signale des bayerischen Ministerpräsidenten reagiert habe, und nannte Strauß einen »ungewöhnlich faszinierenden Mann«.[56]

Genscher bemühte sich frühzeitig um enge Kontakte zu Gorbatschow. Im Juli 1986, bei seinem Besuch in Moskau, war er überrascht, daß der Kremlchef innersowjetische Erfordernisse als Triebfeder seiner Außenpolitik bezeichnete.[57] Im Februar 1987, während die meisten westlichen Beobachter noch skeptisch blieben, hielt Genscher eine große Rede auf dem Weltwirtschaftsforum in Davos. Er drängte die Welt, »Gorbatschow beim Wort zu nehmen« und auf sowjetische Initiativen zu reagieren. Im gleichen Jahr schenkte er dem tschechoslowakischen Parteichef Gustav Husák, der kein Perestroika-Fan war, ein Abzeichen mit der Aufschrift »I like Gorby«. Genosse Husák war darüber nicht erfreut. Genscher war zuvor von Konservativen innerhalb und außerhalb der Reagan-Administration kritisiert worden, weil er zu konziliant gegenüber der Sowjetunion sei, aber diese neue Form des »Genscherismus« kündigte eine allgemeine westliche Erwärmung für Gorbatschow an. Allmählich nahm die deutsche Öffentlichkeit eine positivere Haltung zur Sowjetunion ein, im Unterschied zu den viel skeptischeren Franzosen.

1986 schrieb Portugalow über seine Gespräche mit führenden Westdeutschen: »Warum, so fragen sie, ›ignoriert‹ die Sowjetunion, die jetzt eine aktivere Europapolitik betreibt, angeblich weiterhin die Bundesrepublik, obwohl Bonn ... noch vor einiger Zeit im Ruf stand, Moskaus privilegierter Partner zu sein?« Die Antwort war einfach: »Die Pershing-II-Raketen in der Bundesrepublik ... stellen für die Sowjetunion eine von deutschem Boden ausgehende unmittelbare Gefahr für ihre Sicherheit dar.«[58] Bis zur Unterzeichnung des INF-Vertrages war das ein Hauptgrund für das sowjetische Zögern, die Beziehungen zur Bundesrepublik zu verbessern. Obwohl die Vereinigten Staaten und nicht die Bundesrepublik der sowjetische Hauptgesprächspartner über Rüstungskontrolle waren, bestrafte Moskau Westdeutschland weiterhin für seine Zustimmung zu den amerikanischen Raketen.

Im ersten Jahr seiner Amtszeit vertrat Gorbatschow zum größten Teil die Linie Andropows in bezug auf die nuklearen Mittelstreckenwaffen und bot an, die Zahl der sowjetischen Mittelstreckenraketen in Europa bis auf das Niveau der Gesamtzahl analoger französischer und britischer Waffen zu reduzieren, wenn die Vereinigten Staaten alle ihre europäischen Raketen abzögen und ihr SDI-Programm stoppten. Auf der Genfer Gipfelkonferenz von 1985 gerieten Gorbatschow und Reagan wegen der Strategischen Verteidigungsinitiative so heftig aneinander, daß bei den nuklearen Mittelstreckenwaffen kaum Fortschritte erzielt wurden. 1986 verzichtete Gorbatschow in Reykjavik auf die lange gestellte Forderung, die französischen und britischen Raketen mitzuzählen, und er und Reagan einigten sich, Amerikas »Nulloption« prinzipiell zu akzeptieren, das heißt, alle nuklearen Mittelstreckenraketen in Europa zu eliminieren. Doch SDI erwies sich einmal mehr als Stolperstein, und die Gipfelteilnehmer kehrten mit leeren Händen nach Hause zurück.

1987 gab Gorbatschow nach und nach seine bisherigen Positionen auf – Koppelung von INF und SDI, Ablehnung der amerikanischen Forderung nach Vor-Ort-Inspektionen und Beibehaltung von einhundert sowjetischen SS-20-Gefechtsköpfen in Asien – und hatte bis zum Jahresende die amerikanische Agenda im wesentlichen akzeptiert. Im Februar 1987 erklärte er öffentlich, er unterstütze die Nulloption, das heißt die Vernichtung aller sowjetischen und amerikanischen Mittelstreckenraketen. Im April bot er den Abzug sowjetischer Raketen kürzerer Reichweite an, die in Europa aufgestellt worden waren, und im Juli forderte er, auch die Gefechtsköpfe von 72 westdeutschen Pershing-IA-Raketen (Gefechtsköpfe kurzer Reichweite, die unter US-Kontrolle standen und Jahre zuvor stationiert worden waren) in das Abkommen aufzunehmen. Diese Forderung richtete sich hauptsächlich gegen die Deutschen und verursachte sowohl im Kabinett Kohl als auch zwischen Bonn und Washington Probleme. Die meisten westlichen Beobachter hatten angenommen, Gorbatschow würde versuchen, einen Keil zwischen Washington und Bonn zu treiben, indem er einen Deal – die an einen Verzicht auf SDI gekoppelte Eliminierung der nuklearen Mittelstreckenwaffen – vorschlug, den die Westdeutschen annehmen würden, die Vereinigten Staaten aber ablehnen könnten. Statt dessen bot er einen Deal an, der für die Amerikaner schmackhafter war als für die Deutschen.

1987 entstand ein Szenarium, das für die Bundesregierung zum Alptraum werden konnte. Es sah den Abzug nuklearer Mittelstreckenwaffen vor, kombiniert (auf Drängen Washingtons) mit der Modernisierung der Lance-Raketen, einer Waffe mit einer Reichweite von weniger als 500 Kilometern, deren Zukunft jetzt zum Lackmustest der deutsch-amerikanischen Beziehungen wurde. Vom Standpunkt der Bundesregierung galt: »Je kürzer die Reichweite, desto toter die Deutschen.« Nun sollten taktische Waffen stationiert werden, die bei einem nuklearen Schlagabtausch in und um Deutschland herum explodieren würden, ohne daß die Vereinigten Staaten betroffen wären. Dies beschwor das Gespenst einer nuklearen Vereinzelung und Abkoppelung von den Vereinigten Staaten herauf. Der INF-Streit führte deshalb nicht nur zu einer Kontroverse zwischen der deutschen Friedensbewegung und der Reagan-Administration, sondern auch zwischen dieser und der Regierung Kohl/Genscher.[59] Im August 1987 sicherte Kohl nach schwierigen Verhandlungen zu, Westdeutschland werde nach Verwirklichung des INF-Vertrages seine Pershing-IA-Raketen vernichten, und die Vereinigten Staaten erklärten sich bereit, die Modernisierung der Lance-Raketen auf einen späteren Zeitpunkt zu verschieben.

Nach dem INF-Vertrag, der im Dezember 1987 unter Dach und Fach war, schien es, als habe die Sowjetunion sowohl gegenüber den USA als auch gegenüber der Bundesrepublik viel gewonnen. Die sowjetische Politik hatte sich im Laufe von nur vier Jahren völlig geändert. Vom wirtschaftlichen Standpunkt aus betrachtet, bedeutete der INF-Vertrag zwar nicht, daß bedeutende Mittel vom militärischen zum zivilen Sektor der Wirtschaft umgeleitet wurden. Politisch aber war er ein brillantes Beispiel für Gorbatschows öffentliche Diplomatie; damit wurde seine Popularität in Westeuropa erhöht, sein Image als aufrichtiger Befürworter von Frieden und Abrüstung gefestigt und seine Kampagne für die Befreiung Europas von Kernwaffen gestärkt. Er hatte den Schaden der Breschnew-Zeit weitgehend wettgemacht und das Image der Sowjetunion, das unerbittlich mit endlosem Aufrüsten verknüpft war, ins Gegenteil verkehrt.

Wirtschaftsbeziehungen

Als Gorbatschow an die Macht gelangte, war die Bundesrepublik der wichtigste kapitalistische Handelspartner der UdSSR. Der neue Sowjetführer nahm an, er könne die von seinen Vorgängern verfolgte Politik der Entkoppelung von Politik und Wirtschaft sowie der Förderung des Handels mit Westdeutschland (bei weiterer Gewährung von Krediten) ungeachtet der politischen Beziehungen fortsetzen. Gorbatschows Agenda sah im wirtschaftlichen Bereich eine intensivere Ost-West-Kooperation vor als die seiner Vorgänger. Da Deutschland traditionell der Hauptlieferant fortgeschrittener Technologie gewesen war, trachtete Gorbatschow danach, die Wirtschaftsbeziehungen zur Bundesrepublik zu intensivieren und zu erweitern. Das war jedoch problematisch, solange Moskau Bonn auf politischem Gebiet weiterhin aus dem Weg ging.

Gorbatschow begann die außenpolitischen Aspekte der Perestroika umzusetzen, indem er die sowjetischen Produkte per Gesetz international wettbewerbsfähiger zu machen suchte. Zum ersten Mal seit 1917 erhielt der Außenhandel den rechtlichen Status einer wichtigen Komponente der Gesamtwirtschaft. Das Außenhandelsgesetz vom September 1986 räumte sowjetischen Unternehmen weitere Rechte für die Kooperation mit anderen RGW-Staaten und für Joint ventures mit dem Westen ein. Das Ministerium für Außenhandel verlor sein altes Leitungsmonopol, und die Entscheidungsprozesse über Export und Import wurden dezentralisiert.[60] Das Staatsmonopol über ausländische Devisen bestand jedoch weiter, und Preisgestaltung und Konvertibilität warfen viele Fragen in bezug auf die Effektivität dieser Reformen auf, gerade auch als die UdSSR beantragte, dem GATT und dem Internationalen Währungsfonds beizutreten.

Die Legalisierung von Joint ventures mit westlichen Firmen war eine weitere wichtige Initiative Gorbatschows, um sowohl Konsumgüter als auch Technologie zu produzieren. Anfangs mußte der sowjetische Anteil an einem Joint venture mindestens 51 Prozent betragen, doch ab 1990 durften ausländische Firmen ihren Anteil auf bis zu 100 Prozent erhöhen. Aber die Joint ventures gerieten von Anfang an in Schwierigkeiten. Die Sowjets zogen es vor, diese Gemeinschaftsunternehmen für die Produktion von Waren zu nutzen, die in den Westen exportiert wurden, um harte Devisen einzunehmen, während die europäischen Firmen mehr daran interessiert waren, für den sowjetischen Markt zu produzieren. Da sowjetische Außenhandelsorganisationen sechzig Jahre lang nicht selbständig hatten verhandeln dürfen, gab es Unklarheiten darüber, mit welchen Vollmachten sie ausgestattet waren, und dies erschwerte alle Joint-venture-Projekte. Otto Wolff von Amerongen, Vorsitzender des Ost-Ausschusses der Deutschen Wirtschaft (der wichtigsten Lobbygruppe des westdeutschen Ost-West-Handels), stand Joint ventures vorsichtig positiv gegenüber, wies aber darauf hin, daß die erfolgreichsten unter ihnen kleine Unternehmen waren. Im allgemeinen kamen größere Joint ventures, die mehr industriellen Charakter hatten, über die Unterzeichnung von Absichtserklärungen gar nicht hinaus.[61]

Gorbatschow traf weitere Maßnahmen zur Verstärkung des Handels mit der Bundesrepublik. Entgegen der drei Jahrzehnte lang betriebenen sowjetischen Politik lobte er nun die Europäische Gemeinschaft und verlieh den festgefahrenen EG-RGW-Verhandlungen neue Impulse. Die Debatte unter sowjetischen Experten spiegelte diese Abkehr von der traditionellen Auffassung wider, wonach die EG schwach, zum Scheitern verurteilt, von Widersprüchen durchsetzt und von den Vereinigten Staaten dominiert sei.[62] Es gab pragmatische Gründe für diesen Wandel: Gorbatschow erkannte, daß die Schaffung eines einheitlichen europäischen Binnenmarktes zu einer stärkeren, vitaleren Gemeinschaft von 250 Millionen Menschen führen würde, von der die Sowjetunion ausgeschlossen wäre, wenn sie keine Beziehungen zur EG anknüpfte. Im September 1985 wurden die Verhandlungen zwischen EG und RGW, die unter Breschnew abgebrochen worden waren, wiederaufgenommen, und 1988 wurde ein Rahmenabkommen unterzeichnet. 1989 brachte die UdSSR ihr eigenes bilaterales Abkommen mit der EG zum Abschluß.

Gorbatschows Versuche, den Handel mit der Bundesrepublik und anderen Staaten wiederzubeleben, und seine Bemühungen, die internationalen Wirtschaftsbeziehungen umzugestalten, stießen nicht nur auf Widerstände im eigenen Land, sie wurden auch durch die internationale wirtschaftliche Lage erschwert. Die Sowjetunion hatte auf internationaler Ebene im wesentlichen nur ein Produkt zu bieten: Sie erzielte 80 Prozent ihrer Deviseneinnahmen mit Energieexporten nach Westeuropa, allein 60 Prozent mit Erdöllieferungen. Neun Monate nach Gorbatschows Machtübernahme begannen die Erdölpreise zu fallen, und zwar von 28 auf unter 10 US-Dollar pro Barrel im Jahre 1986; sie stiegen danach wieder, blieben aber unbeständig. Außerdem hatte kurz nach diesem Preissturz der Dollar im Vergleich zu anderen westlichen Währungen an Wert verloren. Die Sowjets verkauften ihr Erdöl und Erdgas zu Preisen, die sich am Dollarkurs ausrichteten, während sie Maschinen hauptsächlich von der Bundesrepublik, von Frankreich und Japan kauften. Da der Wert der Währungen dieser Länder im Vergleich zum Dollar stieg, waren sie vom sinkenden Wert des Dollars doppelt in Mitleidenschaft gezogen. Manchen Schätzungen zufolge gingen Moskau aufgrund sinkender Preise im Zeitraum von 1985 bis 1989 bis zu 60 Milliarden US-Dollar an Einnahmen aus Erdölexporten verloren.[63] Es mußte folglich mehr Erdöl exportiert werden, um die Maschinenimporte zu bezahlen. Daher war Gorbatschows Plan, in großem Umfang deutsche Technologie einzuführen, um die wirtschaftliche Leistungsfähigkeit der Sowjetunion zu verbessern, durch den Devisenmangel gefährdet. Kredite waren die Antwort, aber in Anbetracht der abgekühlten politischen Beziehungen blieben sie in den ersten Regierungsjahren Gorbatschows aus.

Bis 1988 wurde deutlich, daß Gorbatschows Wirtschaftsreformen weder die innere Effizienz der UdSSR noch deren internationale Wirtschaftsposition verbessert hatten.[64] Obwohl seine Berater weiterhin behaupteten, die Perestroika erhöhe die Chancen für einen erweiterten Ost-West-Handel, hatten die Sowjets, abgesehen vom Energiesektor, in Wirklichkeit wenig, was der Westen kaufen wollte, und die innenpolitische Situation war so unklar, daß westliche Partner Bedenken hatten zu investieren.[65] Otto Wolff von Amerongen zufolge hatte Bonn ursprünglich angenommen, der Handel mit der UdSSR werde nach dem Fünfjahres-Modernisierungsplan von 1986 bedeutend zunehmen. Aber genau das Gegenteil trat ein, sehr zum Leidwesen von Jakowlew, Schewardnadse und anderen.[66]

Mehrere Faktoren trugen zur Verbesserung der westdeutsch-sowjetischen Beziehungen nach 1988 bei, aber der wirtschaftliche Impetus war deutlich einer der wichtigsten. Wenn die UdSSR nicht den erwünschten Nutzen durch Wirtschaftsreformen erzielen konnte, so mußte sie den Deutschen andere Vorteile bieten. In der Vergangenheit hatte die Bundesrepublik positiv auf politische Anreize der Sowjets reagiert, die die deutsche Großzügigkeit erhöhen sollten.

Nachdem Gorbatschow den INF-Vertrag unterzeichnet und Bonn versöhnliche Signale gegeben hatte, zahlte sich diese Strategie aus. Im Februar 1988 reiste der baden-württembergische Ministerpräsident Lothar Späth mit einer hochrangigen Delegation von Hightech-Industriellen nach Moskau, um über den Ausbau der Geschäftsbeziehungen zu verhandeln. Da Späth das Bundesland mit dem höchsten technologischen Niveau vertrat, war sein Besuch von symbolträchtiger Bedeutung. Dieser vorgebliche Wirtschaftsgipfel hatte jedoch eine konkrete politische Agenda: Späth übermittelte eine Botschaft des Bundeskanzlers, die besagte, er wolle dringend mit Gorbatschow zusammenkommen. Diesmal lenkte der Sowjetführer ein, da er nun fest mit einer Verbesserung der Wirtschaftsbeziehungen rechnen konnte.[67] Als Kohl schließlich im Oktober 1988 Moskau besuchte, standen Fragen der wirtschaftlichen und wissenschaftlichen Zusammenarbeit weit oben auf seiner Agenda, darunter Pläne zur Weiterbildung von Führungskräften der sowjetischen Wirtschaft. Leonid Abalkin, einer der Wirtschaftsberater Gorbatschows, antwortete auf die Frage, was für den Erfolg der Perestroika am wichtigsten wäre: »Das wichtigste … kam beim Moskauer Besuch von Bundeskanzler Kohl, als er versprach, jährlich tausend junge sowjetische Industriekader in den Methoden des westlichen Managements ausbilden zu lassen … Deutschland wird davon profitieren, aber wir noch viel mehr.«[68]

Politische Beziehungen

Trotz der Rhetorik vom Neuen Denken und dem gemeinsamen europäischen Haus verbesserten sich die sowjetisch-bundesdeutschen Beziehungen nach Gorbatschows Amtsantritt nur sehr langsam. Als Juli Kwizinski im März 1986 vor seiner Abreise als neuer Botschafter in Bonn mit dem Politbüro zusammenkam, brachte Gorbatschow die sowjetische Politik gegenüber der Bundesrepublik auf den Punkt: Zurückhaltung im politischen Dialog bei Fortführung der Wirtschaftsbeziehungen. Falin, der auch an der Sitzung teilnahm, prophezeite, die CDU würde die nächste Bundestagswahl verlieren, schlug aber vor, die UdSSR solle die CDU unterstützen, um dadurch ihre Chancen auf einen Wahlsieg zu verringern. Die Mitglieder des Politbüros waren sich einig, daß sich die bilateralen Beziehungen irgendwann verbessern mußten, aber Gorbatschow stellte klar, daß in absehbarer Zeit von einem Gipfel keine Rede sein könne. Kein Wunder, daß Kwizinski die Sitzung verließ, ohne recht zu wissen, wie die neue Politik aussah und welche konkreten Schritte zu ihrer Verwirklichung unternommen werden sollten.[69]

Die Bundesregierung war von Anfang an daran interessiert, die Beziehungen zu Moskau zu verbessern, merkte aber bald, daß der Kreml bremste. Im Juli 1986 hatte es den Anschein, als ob Gorbatschow Bonn gegenüber nachgiebiger würde. Genscher besuchte Moskau und brachte eine Botschaft des Bundeskanzlers mit, in der dieser den Wunsch nach Erweiterung der bilateralen Beziehungen zum Ausdruck brachte. Genscher argumentierte, die Bundesrepublik dürfe beim Bau des gemeinsamen europäischen Hauses nicht ausgeschlossen werden; in der Tat werde der Charakter des Hauses in bedeutendem Maße vom deutsch-sowjetischen Verhältnis abhängen. Gorbatschow behauptete zwar, die UdSSR habe kein Interesse daran, die Bundesrepublik den USA zu entfremden, doch wiederholte er seine Kritik an der Sicherheitspolitik der Bundesrepublik.[70]

Der gerade in Gang gekommene Prozeß endete jedoch abrupt im Oktober 1986, als Bundeskanzler Kohl in einem Interview mit der Zeitschrift *Newsweek* sagte: »Ich betrachte [Gorbatschow] nicht als Liberalen. Er ist ein moderner kommunistischer Führer, der sich auf Public Relations versteht. Goebbels, einer der Verantwortlichen für die Verbrechen der Hitlerzeit, war auch ein Experte in Public Relations.«[71] Die Sowjets stürzten sich auf diese unglückliche Bemerkung (es war natürlich geschmacklos, Gorbatschow und Goebbels in einem Atemzug zu nennen) und sagten sofort einen geplanten Besuch von Bundesforschungsminister Heinz Riesenhuber in Moskau ab.[72] Kohl veröffentlichte eine Erklärung, in der er behauptete, man habe seine Äußerung falsch wiedergegeben, und entschuldigte sich, aber es war zu spät. Ohne das Goebbels-Zitat zu erwähnen, rüffelte die *Prawda* Kohl wegen einer Reihe von internationalen Sünden, einschließlich einer Visite in den Vereinigten Staaten.[73] Während der nächsten sechs Monate herrschte wieder Eiszeit in den sowjetisch-westdeutschen Beziehungen. Der Kreml hofierte jedoch weiterhin die SPD in der Hoffnung, sie würde die Bundestagswahl gewinnen. Der ehemalige Bundeskanzler Willy Brandt hatte schon im Mai 1985 Moskau besucht, war mit Gorbatschow zusammengetroffen und hatte gemeinsam mit dem neuen Sowjetführer das SDI-Programm verurteilt. Die Kontakte mit der SPD, vor allem zu Fragen der Rüstungskontrolle, nahmen nun zu.

Dann wurde Kohl doch wiedergewählt. Er fühlte mehrmals in Moskau vor, aber vergebens. Nach einigen Monaten begriff der Kreml jedoch, daß er nichts zu gewinnen hatte, wenn er die Bundesrepublik ignorierte. Die Koalition aus CDU/CSU und FDP würde weitere vier Jahre an der Macht sein, und wenn Gorbatschow wirklich daran interessiert war, eine dynamische Politik gegenüber Westeuropa zu betreiben, so war die Bundesrepublik politisch wie wirtschaftlich der Schlüsselfaktor. Außerdem war es dadurch, daß die amerikanische Politik gegenüber der UdSSR nachgiebiger wurde und ein INF-Abkommen in Sicht kam, an der Zeit, auf Kohls Annäherungsversuche zu reagieren. Genscher, der aus der Bundestagswahl von 1987 gestärkt hervorgegangen war, hatte ebenfalls zu verstehen gegeben, daß er neue Initiativen gegenüber Moskau befürwortete.

Schließlich reiste Bundespräsident Richard von Weizsäcker im Juli 1987 nach Moskau, Leningrad und Nowosibirsk, wo er die Bedeutung der wissenschaftlichen und technologischen Zusammenarbeit betonte. Gorbatschow ermahnte ihn: »Wir möchten keine weiteren Übersetzungen aus dem Englischen ins Deutsche mehr hören. Wir wünschen seriöse Beziehungen zur Bundesrepublik und möchten wissen, wann der Zeitpunkt für solche Beziehungen kommen wird.« Was am stärksten von der Presse beachtet wurde, war jener Teil des Gesprächs, bei dem die Frage der deutschen Einheit aufgeworfen wurde. »Churchill und die Amerikaner waren für die Teilung Deutschlands verantwortlich«, erklärte Gorbatschow. »Was in hundert Jahren sein wird, wird die Geschichte entscheiden.«[74]

Als Bundeskanzler Kohl im Oktober 1987 Moskau besuchte, schien es, daß die verbesserten Beziehungen von Dauer sein würden. Der Gipfel – die erste Begegnung des Sowjetführers und des westdeutschen Bundeskanzlers seit 1985 und das erste Mal überhaupt, daß einer solchen Delegation der westdeutsche Verteidigungsminister angehörte – behandelte eine Vielzahl von Problemen: die Wirtschaftsbeziehungen, die deutsche Frage, Berlin, die Rußlanddeutschen, die Rüstungskontrolle und die Ost-West-Beziehungen. Obwohl es Meinungsverschiedenheiten in bezug auf die Zukunft eines geteilten Deutschland gab, herrschte bei dem Treffen ein herzlicher und optimistischer Ton. »Das Eis ist gebrochen«, erklärte Gorbatschow. Kohl erwiderte, durch seinen Besuch sei nicht eine neue Seite, sondern ein neues Kapitel in den deutsch-sowjetischen Beziehungen aufgeschlagen worden.[75] Ein 3-Milliarden-DM-Kredit, den ein von der Deutschen Bank angeführtes Konsortium aufgebracht hatte, trug zum erfolgreichen Ausgang des Gipfels bei. Kohl hatte außerdem fünfzig Unternehmer nach Moskau mitgebracht, die über verschiedene Joint ventures verhandelten. In ihrem Bericht über die Begegnung hob die *Prawda* Genschers Erklärung hervor, daß die Exportbeschränkungen der COCOM neu überdacht werden müßten. Diese hatten bei der sowjetischen Kritik an der Bundesrepublik eine ständige Rolle gespielt, aber nun war das Thema durch Genschers Ankündigung legitimiert.[76]

Eine Westberliner Tür?

In der Bundesrepublik hatte man anfangs gehofft, das Neue Denken würde zum Abbau der Spannungen um Westberlin führen, aber in dieser Frage war kein Kompromiß mit Moskau in Sicht. Die Rhetorik des Neuen Denkens war grandios und optimistisch. Die Realität, besonders in Berlin, war nüchterner. Von 1985 an wurde in sowjetischen Erklärungen die traditionelle Auffassung zu einer Frage bekräftigt, die durch das Viermächteabkommen von 1971 nicht gelöst worden war, nämlich daß Westberlin kein Bestandteil der Bundesrepublik sei und nie sein werde. Der Kreml warf dem Westen »provokative Handlungen« zur Änderung des Status quo von Westberlin vor. In Erinnerung an den 25. Jahrestag der Einführung der »normalen Grenzkontrolle« (das heißt der Errichtung der Mauer) schrieb die Moskauer *New Times*: »Diese Grenze liegt zwischen zwei Welten mit zwei entgegengesetzten Ideologien und Weltanschauungen, zwischen menschlichen Mentalitäten, Gewohnheiten und Lebensweisen.«[77] Als ein sowjetischer Diplomat 1987 andeutete, daß die Mauer vielleicht bald verschwinden werde, fing er sich eine strenge Rüge ein, und der Kreml wiederholte, Westberlin sei »eine besondere politische Einheit«, deren Status nicht geändert werden könne.[78]

Augenfälligster Beweis dafür, wie verknöchert die sowjetischen Auffassungen über Berlin waren, war die Tatsache, daß mehrere bedeutende sowjetisch-westdeutsche Abkommen über wissenschaftliche und technologische Zusammenarbeit, von denen die sowjetische Wirtschaft sehr profitiert hätte, auf Eis lagen, weil die Sowjets sich weigerten, Westberlin in die Verträge einzubeziehen. Da der Kreml sogar unter Breschnew Berlinklauseln zugestimmt hatte, war diese Sturheit, die innenpolitischen Interessen der Sowjets zuwiderlief, schon bemerkenswert. Sie läßt sich vielleicht mit dem allgemeinen Mangel an einer klaren Planung im Außenministerium sowie mit der Unfähigkeit erklären, die Auswirkungen sowjetischer Handlungen auf sowjetische Interessen konsequent zu berücksichtigen. Die RGW-EG-Verhandlungen stockten bis 1988 wegen der Weigerung Moskaus, Westberlins Bindungen an die Bundesrepublik wenigstens im Rahmen der EG anzuerkennen. Als Schewardnadse 1988 Bonn besuchte, lehnte er Verhandlungen zur Substantiierung eines 1986 geschlossenen wissenschaftlichen und technologischen Rahmenabkommens ab, weil in Westberlin ansässige Institutionen daran beteiligt gewesen wären. Auch die Verhandlungen über ein sowjetisch-deutsches Kulturabkommen wurden vertagt, weil Schewardnadse Westberliner Schauspieler und Sänger davon ausnehmen wollte.[79] Außerdem reagierten die Sowjets im Oktober 1988 auf Präsident Reagans Berlin-Initiative von 1987, aufgrund deren die Luftverbindungen zur geteilten Stadt erweitert und dort mehr internationale Ereignisse abgehalten werden sollten, mit der Erklärung, es bestehe »keinerlei praktische Notwendigkeit«, die Luftverbindungen zu erweitern.[80]

Kurz vor Kohls Besuch im Jahre 1988 machte Gorbatschow jedoch einige Konzessionen, um die Unterzeichnung bilateraler Abkommen sicherzustellen. So wurde insbesondere das Recht Westberlins anerkannt, an sowjetisch-westdeutschen Kulturveranstaltungen teilzunehmen. Während des Besuchs ging er noch weiter und sagte, die UdSSR habe nichts gegen die Teilnahme Westberlins an europäischen und internationalen Beziehungen, betonte aber erneut den »besonderen Status« der Halbstadt. Auf die Frage, ob das gemeinsame europäische Haus eine Tür in Westberlin haben würde, antwortete er: »Ohne eine solche Tür würde seine Architektur unvollständig sein.«[81] Zögernd akzeptierten die Sowjets den Vorschlag, Westberliner oder in Westberlin beheimatete Institutionen beim kulturellen und wissenschaftlichen Austausch in einer einheitlichen westdeutschen Liste statt in getrennten Listen aufzuführen. Trotzdem verscherzte sich Gorbatschow wegen seiner Unnachgiebigkeit in puncto Westberlin drei Jahre lang bedeutende wissenschaftliche und technologische Vorteile.

Die Auswanderung war ein weiterer Bereich, in dem mehrere Jahre lang nichts geschah, was der neuen Rhetorik entsprochen hätte. Es handelte sich um ein weiteres Überbleibsel der Breschnew-Ära, mit dessen Abschaffung man sich zu lange Zeit ließ. Im Prinzip unterstützte Gorbatschow die Liberalisierung der Auswanderung, aber es dauerte fast bis zum Ende der UdSSR, ehe entsprechende sowjetische Gesetze geändert wurden. Zu Beginn der Ära Gorbatschow drängte die westdeutsche Regierung den Kreml weiterhin, mehr Rußlanddeutschen die Ausreise zu gestatten. Zu diesem Zeitpunkt war Moskaus Haltung zur Auswanderung ein wichtiger Gradmesser seiner Bereitschaft, die Beziehungen zu Bonn zu verbessern. 1986 emigrierten weniger als 1000 Rußlanddeutsche; 1987 stieg die Zahl auf 14000 und 1988 auf 45000. Es gab einen deutlichen Zusammenhang zwischen dem Stand der sowjetisch-bundesdeutschen Beziehungen und der Zahl der Aussiedler. Gorbatschow erkannte, daß mehr Geld aus Bonn fließen würde, wenn den Rußlanddeutschen die Ausreise gestattet würde. Glasnost hatte in der Tat schon recht früh eine Auswirkung auf die Sowjetbürger deutscher Abstammung, da sie eine offene Diskussion über die Deportation der Wolgadeutschen unter Stalin, die Notwendigkeit ihrer vollständigen Rehabilitierung und ihre Rückkehr in das Gebiet der ehemaligen Wolgarepublik erleichterte. Bis zu einem gewissen Grad wurde durch die Enthüllung, wie herzlos die Sowjetregierung die Wolgadeutschen nach 1941 behandelt hatte, die Emigration gefördert; diese Debatte führte aber auch dazu, daß sich Gruppen von Rußlanddeutschen bildeten, die sich statt für Auswanderung für die Wiederherstellung ihrer Republik in der UdSSR einsetzten. Die Auswanderungsproblematik war wie in der Breschnew-Zeit sowohl mit der Innen- als auch mit der Außenpolitik verknüpft, was dazu beitrug, daß sich die sowjetische Haltung nicht sehr rasch änderte.

Obwohl die traditionelleren außenpolitischen Experten in Moskau Bedenken gegenüber einer Verbesserung der deutsch-deutschen Beziehungen hegten, die den sowjetischen Interessen möglicherweise zuwiderlief, wuchs die Erkenntnis, daß die Instabilität der DDR eher aus deren inneren Problemen und aus der Tatsache resultierte, daß sich die Bevölkerung ihrem Regime entfremdete, als aus irgendwelchen »Provokationen« der westdeutschen Regierung. Mit Ausnahme des Honecker-Besuchs *reagierten* die Sowjets eher auf Entwicklungen zwischen den beiden deutschen Staaten, als daß sie sie *bestimmten*. Moskau besaß zwar noch immer ein Vetorecht hinsichtlich der Beziehungen zwischen der Bundesrepublik und der DDR, aber immer weniger Einfluß und keine zusammenhängende Strategie.

Der Kreml beobachtete sehr aufmerksam den sich anbahnenden Dialog zwischen der SPD und der SED. Als Teil der zweiten Phase ihrer Ostpolitik begann die SPD als Oppositionspartei eine Reihe von Diskussionen mit Theoretikern der SED über gemeinsame Probleme zu führen. Das erste wichtige Ergebnis dieser Zusammenarbeit war das 1985 zwischen der SED und der SPD vereinbarte Rahmenabkommen über eine chemiewaffenfreie Zone in Europa. Diese Initiative – vom Kreml gepriesen (obwohl in sowjetischen Berichten selten erwähnt wurde, daß dies ein gemeinsames Papier und kein SED-Produkt war), von der CDU/CSU und anderen nichtsozialistischen Gruppierungen im Westen verurteilt – lief auf eine Anerkennung der Legitimität der SED durch die SPD hinaus.[82]

Es folgten heiklere Gespräche über gemeinsame »ideologische Probleme« wie zum Beispiel Fragen von Krieg und Frieden. Es war der erste derartige Dialog seit der Spaltung der deutschen Linken 1918/19. Schließlich resultierte aus den Gesprächen ein Papier, das die Grundwertekommission der SPD und die Akademie der Gesellschaftswissenschaften beim Zentralkomitee der SED gemeinsam verfaßt hatten, obwohl es während der Entstehung viel Uneinigkeit gegeben hatte.[83] Diskussionen über ideologische Grundfragen waren für die Sowjetunion und die DDR eine viel heiklere Angelegenheit als Gespräche über chemische Waffen, da sie den Charakter des Sozialismus und Kommunismus wie auch die leninistischen Grundprinzipien in Frage stellten. Schließlich hatte Lenin viele Male die II. Internationale und die europäischen sozialistischen Parteien wegen der Unterstützung des Ersten Weltkrieges und wegen ihres mangelnden revolutionären Bewußtseins angegriffen und verfügt, daß Sozialisten und Kommunisten ideologisch einander entgegengesetzt waren. Entsprechend dieser Tradition wurde in der sowjetischen Presse praktisch nichts über die Gespräche berichtet. Trotzdem bedeutete das Gemeinsame Papier, das alle Bereiche ausklammerte, über die keine Einigung erzielt worden war, einen Durchbruch sowohl in den kommunistisch-sozialistischen als auch in den deutsch-deutschen Beziehungen.[84] In ihm wurde der Standpunkt vertreten, daß Kapitalismus und Sozialismus einen gemeinsamen Weg zur Lösung der Probleme des Friedens und anderer Fragen finden könnten. Es wurde von Hardlinern in der SED und vom rechten Flügel der SPD abgelehnt, aber es befand sich in Übereinstimmung mit Gorbatschows Neuem Denken.

Ein anderes Ereignis, das ebenfalls einen wichtigen, wenngleich indirekten Einfluß auf die deutsch-deutschen Beziehungen hatte, war die Katastrophe von Tschernobyl. Sie war ein einschneidendes Ereignis in Gorbatschows Reformprozeß, da die zögernde sowjetische Führung zum ersten Mal gezwungen war, die Folgen eines nuklearen Störfalles zuzugeben, selbst wenn dieses Eingeständnis für die Opfer des Unglücks zu spät kam. Tschernobyl beeinflußte aber auch die Außenpolitik, da die Katastrophe Gorbatschow zwang, sich nicht nur offener gegenüber westlichen Regierungen zu verhalten, sondern auch die Bedeutung der internationalen ökologischen Bewegung mit anderen Augen zu betrachten.

Nach Tschernobyl, als die UdSSR nicht mehr behaupten konnte, ihre Kernkraftwerke seien viel sicherer als die des Westens, während sie in Wirklichkeit viel gefährlicher waren, verhielt sich der Kreml kooperativer gegenüber Umweltschützern und Kernkraftgegnern. Darüber hinaus unterstützten die westdeutschen Grünen nach Kräften die Bemühungen Gorbatschows, die Welt von Kernwaffen zu befreien.[85] Aber durch die Legitimierung der Grünen beseitigte der Kreml alle offiziellen Hindernisse für Kontakte zwischen der westdeutschen und ostdeutschen ökologischen Bewegung – eine Entwicklung, die von Erich Honecker mit Mißfallen registriert wurde. Immerhin war die ostdeutsche evangelische Kirche, die sich selbst stark an der Friedensbewegung beteiligte, zur wichtigsten Zuflucht für Dissidenten geworden, von denen viele ihre Opposition gegen die SED-Herrschaft dadurch zum Ausdruck brachten, daß sie gegen Kernkraftwerke agitierten. Gorbatschow änderte die sowjetische Politik gegenüber den neuen gesellschaftlichen Bewegungen, weil dies seine Popularität in der Bundesrepublik erhöhte und weil es nach Tschernobyl wichtig für ihn war, seine Glaubwürdigkeit im eigenen Land zu stärken. Aber was ihm zu Hause und im Westen vielleicht Nutzen brachte, trug dazu bei, das ostdeutsche Regime noch mehr in Frage zu stellen.

Die deutsche Frage

Anfang 1987 ließ die Bundesregierung aufgrund von geheimdienstlichen Informationen verlauten, Gorbatschow habe vier führende Deutschlandexperten – Falin, Portugalow und Daniil Melnikow vom Institut für Weltwirtschaft und Internationale Beziehungen sowie Georgi Arbatow, Leiter des USA-Kanada-Instituts – gebeten, eine Deutschlandstudie mit Blick auf eine »Lösung« der deutschen Frage auszuarbeiten. Gerüchtweise wurden zwei Lösungen erörtert: eine deutsch-deutsche Konföderation oder der Abzug der amerikanischen und sowjetischen Truppen aus beiden Teilen Deutschlands. Obwohl diese Studie nie das Licht der Öffentlichkeit erblickte, weckten die Gerüchte Hoffnungen in Deutschland. Darüber hinaus veröffentlichte Portugalow 1987 einen Artikel, in dem er im Widerspruch zu den Erklärungen Honeckers und der früheren Sowjetführer den Standpunkt vertrat, Ost- und Westdeutsche gehörten der gleichen Nation an.[86] Portugalow unterhielt, wie andere führende *germanisty* zu Beginn der Ära Gorbatschow, angeblich gute Beziehungen zum sowjetischen Geheimdienst. Daher spiegelte das, was er schrieb, die offiziellen Ansichten eines Teils der politischen Klasse wider.

Es gab zumindest einen Mann, der gewillt war, über die konventionellen Auffassungen hinauszugehen und eine radikalere Lösung der deutschen Frage zu befürworten: Wjatscheslaw I. Daschitschew, Militärhistoriker, Deutschlandexperte und stellvertretender Direktor des Instituts für das sozialistische Weltwirtschaftssystem der Akademie der Wissenschaften. Zwar war Daschitschew westlichen Gesellschaftswissenschaftlern, die sich mit deutsch-sowjetischen Problemen beschäftigten, gut bekannt, und er äußerte seine Ansichten mit bemerkenswerter Offenheit, doch den inneren Parteikreisen, von denen die Entscheidungen getroffen wurden, galt er als Außenseiter und Einzelgänger. Dennoch wurde er im April 1987 Leiter einer Beratergruppe für das Außenministerium, die sich mit Osteuropa befaßte. Da er bereits für seine kritischen Ansichten bekannt und in der Internationalen Abteilung des Zentralkomitees unbeliebt war, nahm er an, daß seine Ernennung auf Schewardnadses Intervention zurückzuführen war. Als erstes Projekt seiner Gruppe wählte er eine Diskussion über die deutsche Frage aus. In einem Seminar, das am 27. November 1987 stattfand, hielt er ein Referat unter dem Titel »Einige Aspekte des deutschen Problems«.

In seinem Vortrag gelangte er zu sensationellen Schlußfolgerungen. Er lobte die frühere sowjetische Deutschlandpolitik, vertrat aber den Standpunkt, daß die gegenwärtige Lage den sowjetischen Interessen zuwiderlief und daß neue Wege in bezug auf Deutschland beschritten werden sollten. In diesem Zusammenhang stellte er sechs mögliche Lösungen vor:

1. Beibehaltung des Status quo;
2. ein vereinigtes, neutrales Deutschland;
3. ein in das westliche Bündnis integriertes vereinigtes Deutschland;
4. Austritt Ost- und Westdeutschlands aus dem Warschauer Pakt und der NATO und das Fortbestehen Ost- und Westdeutschlands als zwei neutrale Staaten;
5. eine Konföderation beider deutscher Staaten;
6. Abschluß eines Friedensvertrages mit beiden deutschen Staaten und ihre weitere Zugehörigkeit zu beiden Bündnissystemen.

Daschitschew vertrat den Standpunkt, die Status-quo-Lösung entspreche auf Dauer nicht den sowjetischen Interessen. Die dritte Option, ein vereinigtes Deutschland in der NATO, lehnte er als nicht im Interesse von Ost und West liegend ab, da sie zu einem Deutschland führen würde, das »wirtschaftlich und militärisch dominiert«. Die zweite Option, ein vereinigtes, neutrales Deutschland, dagegen würde den nationalen Interessen der UdSSR am besten entsprechen. Am Schluß seines Referats erklärte er, die Sowjetunion müsse damit rechnen, daß durch innenpolitische Entwicklungen in der DDR und der Bundesrepublik »unerwartete Wendungen« eintreten könnten.[87]

Daschitschews Referat war provozierend, obwohl er kein vereinigtes kapitalistisches Deutschland in der NATO befürwortete. Er wurde im Seminar heftig kritisiert und des »Defätismus« bezichtigt. Ein Jahr später, im November 1988, äußerte er auf einer Tagung des Zentralkomitees, an der hohe Vertreter des Außenministeriums, des Verteidigungsministeriums, des KGB und einer Reihe von Forschungsinstituten teilnahmen, es sei unmöglich, ein gemeinsames europäisches Haus zu bauen, solange Europa geteilt sei. Er wurde von Falin angegriffen, der erklärte, der europäische Status quo sei unantastbar.[88] In der DDR wurde Daschitschew zur Persona non grata erklärt, ein Einreisevisum wurde ihm versagt. Das

Thema einer Veränderung des DDR-Status war so heikel, daß jegliche Andeutung sowohl vom sowjetischen Außenministerium als auch vom Zentralkomitee als Ketzerei angesehen wurde. Und doch war Deutschland zwei Jahre später vereinigt.

Das Neue Denken hatte in den ersten drei Regierungsjahren Gorbatschows bedeutende Veränderungen in der politischen Doktrin der Sowjetunion über die Beziehungen zum Westen und weniger bedeutende Veränderungen in der Doktrin über die Beziehungen zu Osteuropa herbeigeführt. Aber gibt es außer vagen Feststellungen wie »Die Geschichte wird über das Problem entscheiden« irgendeinen Beweis dafür, daß Gorbatschow, Schewardnadse oder einer ihrer engsten Berater begonnen hatte, die deutsche Frage systematisch neu zu überdenken? Bald nachdem Gorbatschow an die Macht gekommen war und vorsichtig anfing, Breschnews Außenpolitik zu kritisieren, begannen westliche Experten – besonders in der Bundesrepublik – jede Stellungnahme sowjetischer Regierungsvertreter zu Deutschland und der deutschen Frage sorgfältig zu prüfen. Sowjetische Erklärungen, die neue Nuancen in der Diskussion über Berlin, die deutsche Nation oder die Zukunft Deutschlands erkennen ließen, wurden genau unter die Lupe genommen, hin und wieder wurden Artikel darüber verfaßt. Blickt man jedoch zurück und läßt alles nochmals Revue passieren, kommt man zu dem Schluß, daß es vor 1989 in der Sowjetunion wenig neue Gedanken zur Zukunft Deutschlands gab. Trotz allem, was sowjetische Politiker im nachhinein gesagt haben, und unter Berücksichtigung des Umstands, daß es einen Unterschied zwischen öffentlichen und privaten Äußerungen gibt, ist es eine Tatsache, daß der Kreml vor der rapiden Verschlechterung der Lage in Ostdeutschland in keiner Weise ernsthaft über eine Revision des Status der DDR oder über die Beseitigung der Berliner Mauer nachgedacht hat. Gorbatschow konnte mit Bundespräsident von Weizsäcker über einen Zeitraum von »hundert Jahren« reden, aber kaum einer in der Sowjetführung dachte daran, den Status von Deutschland innerhalb von Jahrzehnten, geschweige denn Jahren, zu verändern.

Gorbatschows Worte machten jedoch in Deutschland großen Eindruck. Unter dem Einfluß seiner theoretischen Äußerungen wurde die Frage der deutschen Identität immer wichtiger, zumal in der DDR. Je mehr die UdSSR deutsch-deutsche Beziehungen förderte, um so weniger brauchbar erwies sich das Konzept von den zwei Nationen, und trotz der Bedenken, die der Kreml in bezug auf einige Aspekte dieser Beziehungen hegte, mußte er sie akzeptieren, da sie den übergreifenden sowjetischen Interessen in Europa entsprachen. Darüber hinaus hatte Gorbatschow ausdrücklich betont, daß die osteuropäischen Länder über ihr Schicksal selbst bestimmen sollten. Die augenscheinliche Verringerung der von der Sowjetunion drohenden Gefahr veranlaßte auch manche Westdeutsche, gewisse Aspekte ihrer Nachkriegsidentität in Frage zu stellen, auch wenn sie die Möglichkeit einer Wiedervereinigung nicht ernsthaft in Betracht zogen. Während die Franzosen über Elsaß-Lothringen gesagt hatten, nachdem das Gebiet 1871 an Deutschland verlorengegangen war: »Pensons-y toujours, n'en parlons jamais« (Denken wir immer daran, aber sprechen wir nie darüber), entsprach die westdeutsche Haltung zur Vereinigung genau dem Gegenteil: »Parlons-y toujours, n'en pensons jamais« (Sprechen wir immer darüber, aber denken wir nie daran).

Doch Anfang 1989 war der Kreml Gefangener seiner eigenen Rhetorik geworden: Während sie ständig wiederholten, wie erfolgreich die brüderliche Gemeinschaft der sozialistischen Staaten sei, wurde Gorbatschow und seinen Beratern zunehmend klar, daß die Situation in Osteuropa, besonders in der DDR, immer unhaltbarer wurde. Aber größere Änderungen der sowjetischen Politik ließen sich aufgrund des Widerstandes, auf den Gorbatschow bereits gestoßen war, nicht herbeiführen. Erst als die Ostdeutschen auf die Straße gingen, war der Kreml endlich gezwungen zu reagieren. Inzwischen war es, wie Gorbatschow erkannte, bereits »fünf Minuten vor zwölf«.[89]

»Wir sind ein Volk«: Deutschland vereinigt sich

Frage: »Werden Sie die Wiedervereinigung erleben?«
Bundeskanzler Helmut Kohl: »Nein, zu meinen Lebzeiten wahrscheinlich nicht.«

Interview mit Helmut Kohl, 1988[1]

»Sie [die Mauer] wird in 50 und auch in 100 Jahren noch bestehen bleiben ... Das ist schon erforderlich, um unsere Republik vor Räubern zu schützen, ganz zu schweigen vor denen, die gern bereit sind, Stabilität und Frieden in Europa zu stören.«

Erich Honecker, Januar 1989[2]

Von 1949 bis 1989 war die Spaltung Deutschlands, auf der die Teilung Europas gründete, das unantastbare Fundament der sowjetischen Sicherheit in Europa. Ein geeintes Deutschland in der NATO galt als der größte Alptraum der Sowjetunion. Enge Partnerschaft mit der DDR und Annäherung an die Bundesrepublik waren die offiziellen Ziele der sowjetischen Außenpolitik von Chruschtschow bis Gorbatschow. Doch binnen eines Jahres, von 1989 auf 1990, änderte sich die Lage in der Sowjetunion fundamental. War sie vorher die Führerin des Warschauer Pakts gewesen, dessen Drehpunkt die Deutsche Demokratische Republik war, so mußte sie nicht nur das Ende des Kommunismus hinnehmen, sondern auch das Verschwinden der DDR und die volle Mitgliedschaft des vereinigten Deutschland in der NATO. Ende der achtziger Jahre hatte Gorbatschow, wie zwei Beteiligte feststellten, weder eine Strategie noch eine Taktik für seine Deutschlandpolitik: »Ein System, das keinen inneren Halt hatte, konnte außenpolitisch auf die

Dauer nicht effektiv sein.«[3] Die Realität war indes viel komplizierter. Bedenkt man, welche zentrale, existentiell wichtige Rolle die deutsche Frage in der sowjetischen Außenpolitik spielte, so ist es doch erstaunlich, daß Moskau ein so rasches und gewaltloses Verschwinden der DDR bei nur bescheidener Gegenleistung des Westens zuließ.

Die Art und Weise, wie Deutschland so dramatisch und schnell nach vierzig Jahren der Teilung vereinigt wurde, sagt viel darüber aus, welche Wirkung Gorbatschows Revolution nicht nur auf die Umsetzung der sowjetischen Außenpolitik hatte, sondern auch auf den eigentlichen Entscheidungsprozeß. Gorbatschows Europapolitik schuf Bedingungen, die die Vereinigung Deutschlands erleichterten. Er akzeptierte, daß Osteuropa das Recht hatte, seine eigene Politik ohne sowjetische Einmischung zu verfolgen, betonte das Recht auf Selbstbestimmung, schloß die Anwendung von Gewalt als Mittel zur Lösung internationaler Konflikte aus und förderte die Diskussion in den kommunistischen Gesellschaften. Die Sowjetunion spielte nur eine begrenzte Rolle bei den Ereignissen, die zu Honeckers Amtsenthebung, zum Fall der Mauer und zum Aufruhr im ostdeutschen Partei- und Regierungsapparat führten. Sie ermöglichte die Ereignisse, war aber kein Hauptakteur. Sobald Gorbatschow der Vereinigung grundsätzlich zugestimmt hatte, spielte der Kreml bei den Verhandlungen über die äußeren Aspekte des Prozesses dann wieder eine wichtigere Rolle. Aber selbst dabei bestand der Haupteinfluß der UdSSR in ihrem Vetorecht. Die Agenda wurde von den Westmächten festgelegt, und Moskau reagierte, statt selbst politisch zu agieren.

Die Geschichte der Vereinigung Deutschlands ist größtenteils die Geschichte der Reaktion der Sowjetunion und der drei anderen Besatzungsmächte auf dramatische und rapide Veränderungen – hervorgerufen durch die deklaratorische und operative Politik Gorbatschows –, über die sie bald die Kontrolle verloren. Oft sah es so aus, als hätten Gorbatschow und seine Mitstreiter tatsächlich keine andere Wahl gehabt. Trotzdem blieb die Sowjetunion die ganze Zeit über eine militärische Supermacht. Sie hatte in großer Zahl Truppen und Waffen in Osteuropa stationiert, vor allem in der DDR war sie mit 500000 Soldaten einschließlich deren Familienangehörigen präsent. Sie hätte diese Truppen einsetzen können, um den Kollaps der DDR zu verhindern, aber sie tat es nicht, und auch das DDR-Regime unterließ es, um sowjetische Militärhilfe zu bitten. Überdies ist im nachhinein klar, daß eine besondere Konstellation von Umständen in der Zeit zwischen Oktober 1989 und Oktober 1990 es der Sowjetführung ermöglichte, Schritte zu unternehmen, die ein Jahr früher oder später undenkbar gewesen wären. Dazu gehörten Gorbatschows Position im eigenen Land, die während der entscheidenden Periode der Verhandlungen relativ stark war, der Untergang des Kommunismus in Polen, Ungarn und der Tschechoslowakei, die Verbesserung des sowjetischen Verhältnisses zum Westen und die mutige, gewaltfreie Revolution der ostdeutschen Bevölkerung.

Die Art und Weise, wie die Vereinigung ausgehandelt wurde, beeinflußt weiterhin die deutsch-russischen Beziehungen, und zwar sowohl was die Abkommen als auch was die Erwartungen und die gegenseitige Wahrnehmung betrifft. Der Vereinigungsprozeß wirkt über den Zusammenbruch der Sowjetunion hinaus. Über die Details der einschlägigen Verhandlungen haben viele, die dabei eine Rolle spielten, vortrefflich und ausführlich berichtet.[4] Dieses Kapitel wird daher sowohl die entscheidenden Aspekte des Zusammenbruchs der DDR und der Entwicklung in Richtung deutsche Einheit als auch die sowjetischen und deutschen Erwartungen und die Art und Weise der gegenseitigen Wahrnehmung während der Verhandlungen beleuchten, die noch heute die bilateralen Beziehungen beeinflußt. Im Mittelpunkt stehen folgende Fragen zur sowjetischen Einwilligung in die Vereinigung Deutschlands:

- Wie entwickelte sich die sowjetische Politik gegenüber der Bundesrepublik bis zu Gorbatschows Besuch in Bonn im Juni 1989? Bis zu welchem Grad erleichterte sie die Vereinigung Deutschlands?

- Wie entwickelte sich die sowjetische Politik gegenüber Osteuropa und der DDR bis zum Herbst 1989? Welche Rolle spielte die Sowjetunion beim Sturz Honeckers, und welche Erwartungen knüpfte sie an die Fähigkeit seines Nachfolgers, wirkliche Reformen durchzuführen?
- Wie und warum änderte die Sowjetunion ihre Haltung zur Vereinigung Deutschlands in der Zeit zwischen November 1989 und Februar 1990?

Trotz seiner Versuche, den Drang zur Vereinigung abzubremsen, waren dem Kreml angesichts der Entschlossenheit der ostdeutschen Bevölkerung und der Tatsache, daß die westliche Seite trotz ihrer inneren Uneinigkeit in der Lage war, einheitliche Positionen zur Förderung einer möglichst friedlichen Vereinigung Deutschlands zu entwickeln, praktisch die Hände gebunden. Außerdem wurde immer deutlicher, daß Gorbatschow wie seine Vorgänger keine klare gesamtdeutsche Politik entwickelt hatte. Die Dichotomie in der Deutschlandpolitik kam auch institutionell zum Ausdruck. Das Außenministerium war für die Beziehungen zur kapitalistischen Bundesrepublik verantwortlich, während das Zentralkomitee der KPdSU für die Beziehungen zum »Bruderstaat« DDR und zu seiner herrschenden Partei zuständig war. Hierin lag ein Hauptproblem der Gestaltung der sowjetischen Deutschlandpolitik. Unterhalb der Ebene von Gorbatschow und Schewardnadse gab es zwischen den Verantwortlichen, die sich mit Ost- und Westdeutschland befaßten, wenig Koordination. Die bürokratischen Konsequenzen der Nichtbeschäftigung mit Deutschland als Ganzem erhöhten Gorbatschows Unfähigkeit, die Initiative zu ergreifen, sobald die ostdeutsche Revolution begonnen hatte.

Moskau und Bonn vor Honeckers Sturz

In der ersten Hälfte des Jahres 1989 war der Kreml, was seine Politik gegenüber Westdeutschland betraf, vor allem mit der Planung von Gorbatschows Besuch in der Bundesrepublik beschäftigt, der das Engagement des sowjetischen Führers für engere Beziehungen zu ganz Westeuropa in hervorragender Weise zum Ausdruck bringen sollte. Vor Gorbatschows Visite in Bonn im Juni 1989 fuhr die UdSSR fort, ihre Beziehungen zu den Ländern Westeuropas zu verbessern. Im Februar hatte das Präsidium der Akademie der Wissenschaften eine Tagung über das gemeinsame europäische Haus abgehalten, an der auch Vertreter des Außenministeriums teilnahmen. Sie forderte eine zweite KSZE-Konferenz ähnlich der von Helsinki, um die Sicherheitsbeziehungen in Europa zu überprüfen. Eine Woche später veranstalteten das Außenministerium und das Zentralkomitee der KPdSU eine ähnliche Tagung, die engere gesamteuropäische Wirtschaftsbeziehungen und den Abzug ausländischer Truppen vom Territorium europäischer Staaten – auf beiden Seiten des Eisernen Vorhangs – forderte.[5] Offenbar war auf den verschiedenen Ebenen der sowjetischen Partei- und Staatshierarchie eine umfassende Debatte im Gange, deren Ziel es war, Gorbatschows Abrüstungsvorschläge in eine brauchbare neue Strategie zu integrieren.

Die Verhandlungen zwischen der Europäischen Gemeinschaft und dem RGW näherten sich im Sommer 1989 ihrem erfolgreichen Abschluß, nachdem das Berlin-Problem endlich befriedigend abgehandelt worden war. Währenddessen hatte die Perestroika wenig zur Verbesserung der wirtschaftlichen Leistungsfähigkeit der Sowjetunion beigetragen. Trotz Gorbatschows Eintreten für eine Wirtschaftsreform kam er nie über ein Herumdoktern an der Kommandowirtschaft hinaus, statt die grundlegenden Strukturprobleme des Systems anzupacken. Wie Breschnew glaubte er etwas naiv, daß westliche Technologie und engere Handelsbeziehungen mit dem Westen es der

UdSSR ermöglichen würden, ein technologisch fortgeschrittenes Land zu werden. Daher waren wirtschaftliche Motive nach wie vor die Haupttriebfeder einer konzilianteren Westpolitik.

Die westliche Allianz erkannte, daß sich die Ereignisse im östlichen Teil Europas mit einer bisher nie erträumten Geschwindigkeit entwickelten, und sie wollte diese Veränderungen fördern. Auf dem Brüsseler Gipfel, bei dem im Mai 1989 das vierzigjährige Bestehen der NATO gefeiert wurde, einigten sich Präsident Bush und seine Verbündeten über eine wesentliche Reduzierung der NATO-Streitkräfte, um sowjetischen Vorschlägen entgegenzukommen. Weiterhin beschlossen sie, die Debatte über die kontroverse Frage der Modernisierung nuklearer Kurzstreckenwaffen, einschließlich der Lance-Raketen, deren Modernisierung von den Deutschen nicht gewünscht wurde, zu vertagen. Als Ergebnis des Gipfels entwickelte sich zwischen dem neuen amerikanischen Außenminister, James Baker, und Genscher ein enges Verhältnis, das während der Verhandlungen über die äußeren Aspekte der Vereinigung sehr wichtig werden sollte. In der Tat sagte Baker schon vor dem Gipfel zu Bush, die Vereinigung Deutschlands werde bald wieder auf der Tagesordnung stehen.[6] Der NATO-Gipfel unterstützte auch Bonns Bemühungen, die Beziehungen zur Sowjetunion zu verbessern. Nach dem Gipfel besuchte Bush Deutschland und nannte die Bundesrepublik Amerikas *»partner in leadership«*, erkannte ihre »Schlüsselrolle« an und forderte ausdrücklich den Abriß der Berliner Mauer. Die Vereinigten Staaten signalisierten, daß sie auf Gorbatschows Initiativen positiv reagieren wollten und engere sowjetisch-deutsche Beziehungen guthießen.[7]

Gorbatschow stattete Bonn seinen ersten offiziellen Besuch ab, nachdem er zwei wichtige Erfahrungen gemacht hatte. Die erste war seine Visite in Peking im Mai 1989, die das Ende des chinesisch-sowjetischen kalten Krieges signalisierte. Von den regimekritischen Studenten auf dem Tiananmen-Platz wurde er als Held gefeiert, doch kurz nach seiner Abreise ließ die chinesische Regierung sie hinmorden. Dies erinnerte den größten Teil der Welt auf höchst beunruhigende Weise daran, daß kommunistische Regierungen noch immer auf die alte, gewaltsame Art mit ihren Gegnern umgehen konnten, und gab jenen osteuropäischen Führern (wie Honecker) neuen Auftrieb, die sich Gorbatschows Reformen widersetzten.

Die zweite Erfahrung betraf die erste Sitzung des neuen, ungebärdigen pluralistischen Kongresses der Volksdeputierten, die in den ersten freien Wahlen seit 1917 gewählt worden waren. Der Kongreß, der sich anfangs zum größten Teil wohlwollend zu Gorbatschow verhalten hatte, aber später zunehmend Kritik an seiner Politik übte, bestätigte ihn in dem neu geschaffenen Amt des Staatspräsidenten, nachdem er bereits im Oktober 1988, nach Gromykos »Pensionierung«, den Vorsitz des Präsidiums des Obersten Sowjets, seinerzeit gleichbedeutend mit dem Staatsoberhaupt, übernommen hatte. Gorbatschows Deutschlandreise mußte wegen des sich zuspitzenden Konflikts in Usbekistan verkürzt werden. Es war für ihn offensichtlich eine Erleichterung, ein Land zu besuchen, in dem er nach wachsender Kritik zu Hause regelrecht vergöttert wurde, aber innersowjetische Probleme, besonders die zunehmenden ethnischen Konflikte in den nichtrussischen Republiken, lenkten seine Aufmerksamkeit von außenpolitischen Fragen ab.

Gorbatschows Besuch in Bonn war nicht nur wegen der konkreten Ergebnisse, die erzielt wurden, ein Wendepunkt in den sowjetisch-westdeutschen Beziehungen. Er warf auch ein Schlaglicht auf den Gegensatz zwischen den auftauenden Beziehungen zwischen Moskau und Bonn und dem sich immer mehr abkühlenden Verhältnis Moskaus zu Ostberlin. Gorbatschow besuchte die Bundesrepublik vom 12. bis 15. Juni, auf dem Höhepunkt seiner internationalen Popularität, und sah mit eigenen Augen die Massen, die ihn bewunderten und bejubelten. Die »Gorbimanie« war geboren.[8] Als er in Bonn ankam – der letzten wichtigen westeuropäischen Hauptstadt, die er vier Jahre nach seinem Amtsantritt erstmals besuchte –, wurde er von der Presse, die ihn mit John F. Kennedy verglich, nur mit Superlativen bedacht.

Vor Gorbatschows Besuch zeigten deutsche und sowjetische Meinungsumfragen, wie sich nicht nur das Bild der Russen in Deutschland, sondern auch das Bild der Deutschen in Rußland geändert hatte. Gorbatschow wurde von den Westdeutschen viel höher bewertet als selbst der Bundeskanzler und alle anderen bedeutenden westlichen Führer. 95 Prozent der CDU/CSU-Wähler hielten ihn für weitsichtig, 94 Prozent meinten, er stecke voller Ideen, und 95 Prozent glaubten, er arbeite hart. Die entsprechenden Werte für Kohl betrugen 58, 46 und 81 Prozent. Gorbatschow war in Westdeutschland besser bekannt als der SPD-Spitzenpolitiker und damalige nordrhein-westfälische Ministerpräsident Johannes Rau. Noch 1981 hatten die Westdeutschen einen großen Unterschied zwischen Amerikanern und Russen gemacht – die Amerikaner galten als freundlich und zuverlässig, die Russen als das Gegenteil. In den Meinungsumfragen von 1989 existierte dieser Unterschied nicht mehr: Russen und Amerikaner wurden fast gleich bewertet.[9] Zur gleichen Zeit stellten die *Moscow News* bei einer Befragung von Moskauern einen beträchtlichen Mangel an Kenntnissen über die westdeutsche Politik und Gesellschaft fest (nur 63 Prozent wußten zum Beispiel, daß Kohl Bundeskanzler war). Eine überwältigende Mehrheit glaubte jedoch, daß sich die sowjetisch-westdeutschen Beziehungen seit Beginn der Perestroika verbessert hatten (78 Prozent), wobei eine leichte Mehrheit der Meinung war, daß eher die Sowjetunion als die Bundesrepublik für diese Entwicklung verantwortlich war. Obwohl 97 Prozent der Befragten nie Westdeutschland besucht hatten, sagten 85 Prozent der unter Dreißigjährigen, daß sie gern eine Zeitlang dort arbeiten würden.[10]

Während des Gorbatschow-Besuchs stellte das sowjetische Fernsehen die Bundesrepublik als ein wohlhabendes Land dar, in dem es sich zu arbeiten lohnte, und nicht wie zuvor als Brutstätte des Neonazismus. Den Fernsehzuschauern wurden junge Westdeutsche gezeigt, die in komfortablen Wohnungen wohnten und in Fabriken und Büros hart arbeiteten. Die Botschaft war eindeutig: Wenn ihr wie die Westdeutschen leben wollt, müßt ihr wie sie arbeiten. Gorbatschow selbst zeigte sich von den Arbeitern, denen er bei Hoesch in Dortmund begegnete, tief beeindruckt; er verzichtete auf seinen vorbereiteten Text und ließ sich auf eine lebendige, offene Diskussion mit ihnen ein.[11] Dies war ein himmelweiter Unterschied zu der traditionellen Berichterstattung in den sowjetischen Medien über den revanchistischen westdeutschen Staat, der seine Arbeiter unterdrückte und ein Heer von Arbeitslosen hatte.

Einen Schwerpunkt des Gorbatschow-Besuchs bildeten Wirtschaftsfragen, was den Eindruck verstärkte, daß er mit seinen Reformen nicht vorankam und glaubte, mehr westliche Unterstützung zu benötigen. Aber wie bereits in der Vergangenheit waren die sowjetischen Erwartungen an die Bereitschaft und Fähigkeit der Bundesrepublik, die mangelnde Effizienz der sowjetischen Wirtschaft ins Gegenteil zu verkehren, höchst unrealistisch. Von 1984 bis 1988 war ein stetiger Rückgang des sowjetisch-westdeutschen Handels zu verzeichnen gewesen, der jedoch seit dem Besuch Bundeskanzler Kohls wieder zugenommen hatte, wobei die westdeutschen Importe aus Rußland um 17 Prozent auf 1,25 Milliarden US-Dollar und die Exporte um 30 Prozent auf 1,75 Milliarden Dollar gestiegen waren. Aber dies war noch immer ein Anteil von nur zwei Prozent am gesamten westdeutschen Außenhandel.[12] Gorbatschow und seine Berater setzten weiterhin ihre Hoffnungen auf Joint ventures und erklärten, Deutschland betreibe diese nicht energisch genug. Doch in seiner Rede zur Begrüßung Gorbatschows beim Ostausschuß der Deutschen Wirtschaft warnte dessen Vorsitzender, Otto Wolff von Amerongen, den sowjetischen Gast: »Joint ventures sind die höchste und schwierigste Form der wirtschaftlichen Kooperation. Wir dürfen dieses Instrument nicht überschätzen.« Er wiederholte, daß der bilaterale Handel weiterhin die wichtigste Form der wirtschaftlichen Zusammenarbeit bilden werde.[13] Überdies mußte Gorbatschow zugeben, daß die UdSSR nur fünfzehn Prozent der von der Deutschen Bank im Juli 1988 bereitgestellten Kredite verwendet hatte, weil sein Land die Last der Zinszahlungen für den Schuldendienst nicht noch weiter vergrößern wollte.[14] Einen Abstecher nach Stuttgart nutzte Gorbatschow, um für eine weitere Förderung von Hightech-Projekten in der UdSSR zu werben und die restlichen auf amerikanische Initiative zurückgehenden Beschränkungen für den Technologietransfer zu kritisieren, die auch den deutschen Gastgebern mißfielen.

Während des Besuchs wurden insgesamt dreiundzwanzig Einzelabkommen unterzeichnet, darunter solche über die Zusammenarbeit im Bereich des Umweltschutzes sowie auf kulturellem und wissenschaftlich-technischem Gebiet, über die gegenseitige Benachrichtigung bei Unfällen in Kernkraftwerken, über einen Schüler- und Lehreraustausch usw. Ein Abkommen diente dem Schutz deutscher Investitionen in der Sowjetunion, ein weiteres galt der Umsetzung eines deutschen Programms für die Aus- und Weiterbildung von Fach- und Führungskräften der Wirtschaft, ein Projekt, das bei Kohls Besuch in Moskau diskutiert worden war. Auch wenn mehrere Abkommen wegen der weiterbestehenden Meinungsverschiedenheiten über Berlin nicht unterzeichnet werden konnten, waren die greifbaren Resultate des Gipfels beachtlich.[15] Bei den Verhandlungen ging es auch um eine konkrete deutsche Verpflichtung zur Unterstützung der Perestroika, doch die weitreichenden sowjetischen Erwartungen erfüllten sich nicht – eine Folge vergangener sowjetisch-westdeutscher wie auch eine Vorwegnahme zukünftiger russisch-deutscher Gipfeltreffen, bei denen die deutsche Geschäftswelt Zurückhaltung übte.

Das bemerkenswerteste Ergebnis des Gipfels war die Gemeinsame Erklärung, die sich bereits seit einem Jahr in Vorbereitung befand.[16] Sie ließ erkennen, wie weit das sowjetische Umdenken in bezug auf Osteuropa und die Außenpolitik insgesamt gediehen war. Als Fortsetzung des Moskauer Vertrages von 1970 gedacht, kamen in der »Bonner Erklärung«, als die sie bekannt wurde, Grundprinzipien der europäischen Politik und der sowjetisch-westdeutschen Beziehungen zum Ausdruck. Von großer Bedeutung waren die Implikationen für die sowjetische Politik in Osteuropa. In dem Dokument hieß es: »Die Bundesrepublik Deutschland und die Sowjetunion betrachten es als vorrangige Aufgabe ihrer Politik, an die geschichtlich gewachsenen europäischen Traditionen anzuknüpfen und so zur Überwindung der Trennung Europas beizutragen. Sie sind entschlossen, gemeinsam an Vorstellungen zu arbeiten, wie dieses Ziel durch den Aufbau eines Europas des Friedens und der Zusammenarbeit – einer europäischen Friedensordnung oder des gemeinsamen Europäischen Hauses –, in dem auch die USA und Kanada ihren Platz haben, erreicht werden kann.« Sollte die Teilung Europas überwunden werden, so mußte dies auch für die Spaltung Deutschlands gelten, zumal die Erklärung die Bedeutung der sowjetisch-westdeutschen Beziehungen für die Gewährleistung einer Friedensordnung in Europa betonte.

Das andere wichtige Signal lautete: »Das Recht aller Völker und Staaten, ihr Schicksal frei zu bestimmen und ihre Beziehungen zueinander auf der Grundlage des Völkerrechts souverän zu gestalten, muß sichergestellt werden.«[17] Gorbatschow hatte schon früher über die »Freiheit der Wahl« gesprochen, darunter in seiner Dezemberrede vor den Vereinten Nationen, aber in einem wichtigen Dokument über die sowjetisch-westdeutschen Beziehungen gewann der Hinweis auf dieses Recht noch größere Bedeutung. Es mußte zweifellos für alle gelten, einschließlich der Bürger der DDR. Unterzieht man die Sprache der Erklärung und ihre Bezüge zum Selbstbestimmungsrecht der Völker einer genaueren Prüfung, so finden sich darin jahrzehntealte Formulierungen westdeutscher Jurisprudenz über das Recht der DDR-Bevölkerung auf freie Wahlen wieder.[18]

Trotz dieser Anzeichen für ein grundlegend neues Denken über Deutschland existierte die alte sowjetische Zwiespältigkeit weiter. Das Thema »DDR« tauchte kaum in Gorbatschows Gesprächen auf, und als er in seiner Pressekonferenz nach der Berliner Mauer gefragt wurde, sprach er ein wenig wie Erich Honecker: »Es gibt nichts Ewiges unter der Sonne … Die Mauer entstand in einer konkreten Situation. Sie war nicht von irgendeiner bösen Absicht diktiert. Die DDR hat von ihrem souveränen Recht Gebrauch gemacht. Die Mauer kann wieder verschwinden, wenn die Voraussetzungen wegfallen, die sie hervorgebracht haben.«[19] Schewardnadse schlug in seinen Gesprächen mit Genscher jedoch einen anderen Ton an. Auf eine Äußerung Präsident Bushs reagierend, der gefordert hatte, die Mauer niederzureißen, sagte Schewardnadse, sie werde fallen, wenn die Zeit dafür reif sei, aber dazu sei eine Atmosphäre des gegenseitigen Vertrauens und Respekts nötig. Genscher hatte in diesem Moment den Eindruck, daß Moskau sich über die wirkliche Lage in der DDR völlig im klaren war. Schewardnadse räumte ein, daß die DDR im Gegensatz zu Moskau »keinen frischen Wind ins Land« ließ.[20] Die von den sowjetischen Besuchern ausgehenden Signale erschienen stark, aber auch widersprüchlich. Gorbatschow jedoch betrachtete seinen Besuch, ebenso wie die deutschen Medien, als vollen Erfolg. »Alles ist sehr gut verlaufen«, sagte er zu Botschafter Kwizinski. »Vielleicht zu gut. Lassen Sie uns darüber nachdenken, wie wir weiter vorgehen.«[21]

Kurz nach Gorbatschows Abreise wurde die deutsche Öffentlichkeit jedoch mit der ernüchternden Tatsache konfrontiert, daß sich der Sowjetführer trotz seiner außenpolitischen Erfolge wachsenden inneren Schwierigkeiten gegenübersah. In einer westdeutschen Fernsehdiskussion sagten Vertreter des Kongresses der Volksdeputierten, die sowjetische Öffentlichkeit sei von Gorbatschows Erfolg in Deutschland nicht sonderlich beeindruckt. Die Situation in der UdSSR verschlechtere sich immer mehr, und Gorbatschow verspreche Dinge, die er nicht halten könne. Die sich verschärfende innere Krise war einer der Hauptgründe für Gorbatschows Wunsch, im Interesse seines Wirtschaftsprogramms die Beziehungen zum Westen zu verbessern. Sie veranlaßte ihn schließlich, viel radikalere Entscheidungen in bezug auf Osteuropa zu treffen, als er anfangs gewollt hatte.

War Gorbatschows Reise nach Westdeutschland das Vorspiel für ein Umdenken hinsichtlich der Beziehungen zur DDR? Die

Indizien sind widersprüchlich. Wie Anatoli Tschernjajew, Gorbatschows wichtigster außenpolitischer Berater, und Gorbatschow selber äußerten, übte der Besuch in der Bundesrepublik im Juni 1989 einen großen Einfluß auf sein Verständnis der Unterschiede zwischen der sowjetischen Propaganda und der westdeutschen Realität einerseits sowie zwischen Ost- und Westdeutschland andererseits aus. Generell hat der Besuch vielleicht seinen Eindruck verstärkt, daß die Teilung Deutschlands nicht von ewiger Dauer sein würde. In einer privaten Unterhaltung mit Kohl sprach er in allgemeinen Formulierungen über die Zukunft Europas, aber es gibt kaum einen Beleg für das Gerücht, wonach damals eine Vereinbarung über die Vereinigung getroffen worden sei, bei der es auch um wirtschaftliche Zugeständnisse und große Geldsummen ging.[22] In seinen Erinnerungen schreibt Kohl, er habe, während er und Gorbatschow vom Park des Kanzleramts auf den Rhein hinunterblickten, zu seinem sowjetischen Gast gesagt: »Schauen Sie sich den Fluß an, der an uns vorbeiströmt. Er symbolisiert die Geschichte; sie ist nichts Statisches. Sie können diesen Fluß stauen, technisch ist das möglich. Doch dann wird er über die Ufer treten und sich auf andere Weise den Weg zum Meer bahnen. So ist es auch mit der deutschen Einheit.«[23] Kohl glaubt, daß seine Worte Gorbatschows Überlegungen in bezug auf Deutschland entscheidend beeinflußt haben. Der herzliche Empfang, der dem Sowjetführer in der Bundesrepublik zuteil wurde, habe es ihm ermöglicht, einige Monate später auf der Grundlage der freundschaftlichen Beziehungen, die während des Gipfeltreffens im Juni geschaffen worden waren, Verhandlungen mit Bonn über die Vereinigung aufzunehmen. Von daher sollte man nicht die Bedeutung der Verlautbarungen mancher sowjetischer Politiker übertreiben, die Anfang 1989 gesagt hatten, die deutsche Frage sei »offen«. Zu diesem Zeitpunkt hatte Gorbatschow, was immer er auf längere Sicht gedacht haben mag, nicht mit der Möglichkeit eines unmittelbar bevorstehenden Dahinscheidens der DDR oder mit einer kurzfristigen Vereinigung Deutschlands gerechnet. Er und seine

Berater wußten, daß sich die Lage in der DDR ändern mußte, aber keiner von ihnen sprach einer raschen Vereinigung das Wort.

»Aber Erich, wer wird denn hierbleiben, um das Licht auszumachen?«

Inzwischen entwickelten sich die Dinge in Osteuropa in einem schwindelerregenden Tempo. Die ostdeutsche Revolution war Teil eines größeren Dramas, das im Januar 1989 friedlich in Polen begann und im Dezember gewaltsam in Rumänien endete. Innerhalb eines Jahres wurde die vierzigjährige kommunistische Herrschaft in allen mittel- und osteuropäischen Ländern beseitigt. Der Dominoeffekt – nachdem ein kommunistisches Regime gefallen war, geriet das nächste ins Wanken – war bemerkenswert. In jedem neuen Land kollabierte der Kommunismus rascher als im vorangegangenen; genauso war zwischen 1945 und 1949 jedes neue kommunistische Regime rascher an die Macht gelangt als im vorhergehenden Fall. Dadurch, daß Gorbatschow sich beim Umfallen des ersten Dominosteins, Polens, kaum einmischte, setzte er eine Kettenreaktion in Gang, die ihre Eigendynamik entwickelte, den Sturz des Kommunismus von Land zu Land beschleunigte und schließlich am Weihnachtstag 1989 zur Explosion (und Implosion) auf den Straßen von Bukarest führte. Der Sturz Honeckers und der Zusammenbruch der DDR können nur in diesem Kontext richtig verstanden werden.

Gorbatschows Initiativen zur Reduzierung der konventionellen Streitkräfte in Mitteleuropa hatten die innere Entwicklung in den Staaten des Warschauer Pakts beeinflußt. Im Sommer 1987 hatte Alexander Jakowlew, einer der Berater Gorbatschows, die DDR »zu Urlaubszwecken« besucht. Seine wahre Mission bestand darin, die Situation im Lande einzuschätzen. »Was denkst du, ist die Gruppe der Sowjettruppen in Deutschland nicht zu groß? Was geschieht, wenn wir sogar auf ihre einseitige Reduzierung eingehen würden?« fragte er Botschafter Kotschemassow.[24] In der Rede, die Gorbatschow im Dezember 1988 vor den Vereinten Nationen hielt, kündigte er den Beginn eines bedeutenden einseitigen Abzugs sowjetischer Streitkräfte aus Osteuropa an. Zusätzlich zur Reduzierung der Streitkräfte um 500 000 Offiziere und Mannschaften versprach er, aus der DDR, der Tschechoslowakei und aus Ungarn sechs Panzerdivisionen – 5000 Panzer und 50 000 Soldaten – abzuziehen, die anschließend aufgelöst werden sollten. Gorbatschow gab diese Kürzungen zum Teil aus wirtschaftlichen Gründen bekannt, aber auch, um der Botschaft Nachdruck zu verleihen, daß er es mit dem Neuen Denken und mit der Änderung der sowjetischen Rolle in Osteuropa wirklich ernst meinte. Seine Ankündigung bedeutete eine viel stärkere Reduzierung der sowjetischen Streitkräfte in Europa, als im INF-Abkommen vorgesehen. Außerdem waren diese Streitkräfte nicht nur gegen den Westen gerichtet, sei es in ihrer offiziellen Rolle der Verteidigung des Warschauer Pakts gegen eine Aggression der NATO oder in ihrer tatsächlichen Rolle der Einschüchterung des Westens durch offensive Bedrohung; ihre Funktion hatte auch darin bestanden, der sowjetischen Vorherrschaft in Osteuropa Nachdruck zu verleihen. Die Reduzierung der Streitkräfte signalisierte – in Verbindung mit einer Reihe von Erklärungen, in denen zu verstehen gegeben wurde, daß die Breschnew-Doktrin ein für allemal der Vergangenheit angehörte –, daß sich eine neue Politik anbahnte: Es war kaum noch damit zu rechnen, daß sowjetische Truppen und Panzer unpopuläre Führer an der Macht halten würden. Gorbatschow sandte eine beunruhigende Botschaft an die Führer Osteuropas, die seine Politik ablehnten, und eine hoffnungsvolle Botschaft an deren Völker. Darüber hinaus hatte Schewardnadse Genscher im Januar 1989 anvertraut, die UdSSR beabsichtige endgültig, »alle ihre militärischen Kräfte von den Territorien anderer Länder abzuziehen«. Die Mehrheit dieser Kräfte war in Ostdeutschland stationiert. Weiter hatte der sowjetische Außenminister gesagt, daß es weniger um die Beseitigung von Waffen als vielmehr um die Überwindung der Teilung Europas ging – eine Bemerkung, die Genscher als ein »revolutionäres Signal« ansah.[25]

Polen hatte seine Revolution seit August 1980 vorbereitet. Damals hatte die unabhängige Gewerkschaft Solidarność ihren ersten Sieg – die offizielle Anerkennung ihrer Existenzberechtigung – errungen. Als der polnische Staatschef Wojciech Jaruzelski im Dezember 1981 das Kriegsrecht verhängte, konnte Solidarność im Untergrund (mit ein wenig Hilfe vom Westen) überleben. Jaruzelski, der von allen osteuropäischen Führern das beste Verhältnis zu Gorbatschow hatte, hob das Verbot der Solidarność schließlich im Januar 1989 auf und gestattete ihr, an Round-table-Gesprächen mit der Polnischen Vereinigten Arbeiterpartei (PVAP), mit Oppositionsparteien und der katholischen Kirche über einen konstruktiven politischen Wandel in Polen teilzunehmen.

Anfangs spielte Gorbatschow eine fördernde – aber nicht aktive – Rolle bei der polnischen Revolution. Er stellte Jaruzelskis Entscheidung nicht in Frage, sondern gestattete Polen, seine Freiheit der Wahl auszuüben. Sechs Monate später aber unternahm er einen entscheidenden Schritt zur Beendigung der kommunistischen Herrschaft in Polen. Bei den ersten freien Nachkriegswahlen, die im Juni 1989 abgehalten wurden, errang Solidarność erstaunliche 99 von 100 Sitzen im neuen Senat. In der Volksvertretung, im Sejm, verloren bis auf zwei alle 35 Spitzenfunktionäre von Partei und Regierung, die sich ohne Gegenkandidat beworben hatten, ihre Sitze, weil über die Hälfte der Wähler ihre Namen auf den Wahlzetteln durchgestrichen hatte. Bis August 1989 mußte Jaruzelski einen Ministerpräsidenten vorschlagen, und trotz des eindeutigen Wahlergebnisses zögerte er, einen Nichtkommunisten zu ernennen. Außerdem waren einige seiner Amtskollegen in den »Bruderstaaten« wegen des Verzichts der polnischen KP auf ihr Machtmonopol sehr nervös. Wütend ließ Nicolae Ceaușescu, der rumänische Diktator, Schewardnadse ans Telefon holen, während dieser Urlaub am Schwarzen Meer machte, und verlangte, der Warschauer Pakt solle »entschiedene militärische Maßnahmen« gegen Polen treffen. Es mutet fast wie eine Ironie an, daß Ceauşescu fünf Minuten vor zwölf versuchte, die Breschnew-Doktrin wiederzubeleben, der er sich 1968 energisch widersetzt hatte. Schewardnadse und seine Berater erörterten die Lage und entschieden sich gegen eine Intervention, wobei sie sich völlig darüber im klaren waren, daß dies das Ende der Sowjetmacht in Osteuropa bedeuten konnte.[26] Kurz danach führte Gorbatschow ein heikles Telefongespräch mit Mieczysław Rakowski, dem Führer der PVAP, und teilte ihm mit, die Sowjetunion würde eine Regierung mit einer kommunistischen Minderheit und einem nichtkommunistischen Ministerpräsidenten akzeptieren. Dies war in der Tat das Ende der Breschnew-Doktrin. Im entscheidenden Moment griff Gorbatschow ein, um sicherzustellen, daß die polnischen Kommunisten die Ergebnisse der freien Wahlen akzeptierten. Tadeusz Mazowiecki, ein der Solidarność verbundener prominenter katholischer Intellektueller, wurde Ministerpräsident.[27]

Der nächste Dominostein war Ungarn, wo ebenfalls im Januar Reformen zur Liberalisierung des Landes begonnen hatten. Aber der entscheidende außenpolitische Beschluß wurde am 2. Mai gefaßt. An diesem Tag begann die Regierung, den Eisernen Vorhang zu demontieren – durch die Beseitigung des Stacheldrahtes und die Entfernung der elektronischen Geräte entlang der Grenze zu Österreich. Von da an konnte jedermann ungehindert Ungarn verlassen. Die UdSSR erhob keine Einwände. Diejenigen Ungarn, die an dieser Entscheidung beteiligt waren, räumten später ein, daß ihnen sehr wohl bewußt war, welche Folgen dieser Schritt haben konnte. Was sollte Ostdeutsche, die noch immer ohne Visum nach Ungarn reisen konnten, angesichts des Fehlens strenger Grenzkontrollen daran hindern, in den Westen zu flüchten? Eigentlich begann die Berliner Mauer bereits zu bröckeln, als die österreichisch-ungarische Grenze geöffnet wurde; dies war der eigentliche Anfang vom Ende der DDR. Der Schritt der Ungarn rief einen alten ostdeutschen Witz über die Genehmigung der freien Ausreise in Erinnerung: Honecker diskutiert mit seinen Genossen im Politbüro, ob man den Bürgern der DDR erlauben solle, in den Westen zu reisen. Seine Genossen wehmütig: »Aber Erich, wer wird denn dann das Licht ausmachen?«

Im Sommer 1989 spitzte sich die Lage in der DDR immer mehr zu, und die sowjetisch-ostdeutschen Beziehungen wurden frostiger. Die sowjetische Führung war sich der wachsenden Unzufriedenheit der Bevölkerung bewußt, aber sie war nicht in der Lage, die Honecker-Riege von der Notwendigkeit von Reformen zu überzeugen. Honecker und seine immer stärker isolierten Genossen fühlten sich jedesmal bedroht, wenn einer ihrer Verbündeten Schritte in Richtung Liberalisierung unternahm, und sie verdoppelten ihre Anstrengungen, die aufsässige Bevölkerung unter Kontrolle zu halten. Als Gorbatschow Bonn besuchte, berichtete das *Neue Deutschland* sehr zurückhaltend und ließ alle Bemerkungen, die er zum Thema Selbstbestimmung machte, weg.[28] Als Honecker Ende Juni in Moskau weilte, um sich von Gorbatschow über die Reise nach Westdeutschland informieren zu lassen, berichtete die *Prawda*, die Gesprächspartner hätten, »vereint durch die traditionelle Freundschaft und auf der Grundlage gemeinsamer Anschauungen über den sozialistischen Aufbau«, herzliche, freundschaftliche Gespräche geführt. Sie hätten auch über die Vorbereitungen zum XXII. Parteitag der SED gesprochen, der im Mai 1990 stattfinden sollte.[29] Das sowjetische Außenministerium sprach von einer Atmosphäre »gegenseitigen Verständnisses und gegenseitiger Herzlichkeit«, aber die Einzelheiten der Gespräche ließen darauf schließen, daß es ein Dialog von Gehörlosen gewesen war, bei dem Gorbatschow die Bedeutung der Perestroika betonte und Honecker die Errungenschaften der DDR pries.[30] Der SED-Chef gab sich bei seinem letzten offiziellen Besuch in der UdSSR in der Tat alle Mühe, seine Treue gegenüber der sowjetischen Vergangenheit zu betonen. Er besuchte Magnitogorsk, wo er als junger Mann in einer Brigade gearbeitet hatte, die die Stahlwerke der Stadt aus dem gefrorenen Erdboden stampfte.[31] Aber diese »heroischen« Tage des sowjetischen Kommunismus waren für immer vorbei.

Laut Kotschemassow war Honecker über die Auswirkungen der Entwicklung in Ungarn und Polen auf die DDR sehr besorgt und entschlossen, die Beziehungen zu Moskau wieder zu verbessern. In diesem späten Stadium versicherte er Gorbatschow sogar, die DDR unterstütze die Perestroika und werde eigene Reformen durchführen. Besonders über den Einfluß Bonns auf die Ereignisse in Polen und Ungarn zeigte er sich besorgt und äußerte die Befürchtung, daß die Bundesrepublik die DDR zu destabilisieren versuche. Gorbatschow versicherte Honecker, er habe darüber mit Kohl gesprochen, und dieser habe kategorisch geleugnet, daß die Bundesrepublik versuchen würde, die Probleme auszunutzen. Honecker kehrte in aufgeräumter Stimmung nach Ostberlin zurück. »Wir haben in allen Fragen Klarheit geschaffen«, berichtete er Kotschemassow über seine Gespräche. »Nun werden wir uns überlegen, was aus all dem für die Entwicklung bei uns und für unser Zusammenwirken in der Zukunft folgt.«[32]

Aber es war in der Tat bereits »fünf Minuten vor zwölf«. Die Zeit für Reformen in der DDR war verpaßt. Angesichts der Veränderungen in Polen, Ungarn und der UdSSR begannen die Ostdeutschen, die bisher ziemlich passiv geblieben waren, ihre eigene Perestroika immer nachdrücklicher einzufordern. Demonstrationen und Märsche, die von Versammlungen in protestantischen Kirchen ausgingen, nahmen zu. In Leipzig fanden jeden Montag Demonstrationen statt. Angesichts der Tatsache, daß die Ergebnisse der Kommunalwahlen im Mai gefälscht worden waren,[33] begannen sich oppositionelle Parteien zu formieren. In den höchsten Rängen der SED wuchs die Besorgnis über Honeckers Unnachgiebigkeit und Realitätsferne. Seine Erkrankung im Juli (er war aus Bukarest, wo er an einer Tagung des Warschauer Paktes teilgenommen hatte, auf schnellstem Wege zurückgebracht worden, da er operiert werden mußte) ersparte ihm viele der tagtäglichen Diskussionen. Sowjetische Beobachter wurden immer unruhiger. Im Juli bezeichnete Daschitschew, von dem sich offizielle Vertreter der Sowjetunion distanziert hatten, die Teilung Deutschlands als »anomal«, und im September warnte er diejenigen, die sich in der UdSSR und der DDR einer Änderung widersetzten: »Es ist gefährlich und unvernünftig, die Vergangenheit zu vergessen. Aber genauso unvernünftig und ... gefährlich ist es, nur in der Vergangenheit zu leben, sich von dem leiten zu lassen, was vor einem halben Jahrhundert eine historische Grundlage hatte, heute jedoch sinnlos ist.«[34]

Valentin Falin, kein Freund von Daschitschew, erkannte, daß die Situation in der DDR fast ausweglos war. In einem Memorandum an die sowjetische Führung wies er warnend darauf hin, daß die Unzufriedenheit mit dem Regime zu »schwer kontrollierbaren Massendemonstrationen« führen könne, daß Honecker nicht mehr die volle Unterstützung der Partei genieße, aber seine Ämter wahrscheinlich nicht abtreten werde, und daß Moskau angesichts der gespannten Beziehungen zwischen KPdSU und SED wenig Einfluß auf Ostberlin besitze, das einen Reformkurs abgelehnt habe.[35] Das Hauptziel Falins und des größten Teils der sowjetischen Führung bestand jedoch darin, daß Reformkommunisten die Macht in der DDR übernehmen und eine humanere sozialistische Regierung bilden sollten, deren Bestand nicht von der Präsenz sowjetischer Truppen abhing. Zu diesem Zeitpunkt war es für die meisten Mitglieder der sowjetischen Führung undenkbar, daß die Bevölkerung der DDR nicht einen reformierten Sozialismus begrüßen würde, zumal dieser von vielen neuen oppositionellen Gruppen, vor allem vom Neuen Forum, gefordert wurde.

Während sich sowohl die sowjetische als auch die ostdeutsche Regierung bemühten, eine brauchbare Strategie zu entwickeln, um die Lage in der DDR in den Griff zu bekommen, traf die ungarische Regierung eine überraschende Entscheidung, die »als Katalysator beim Verfall der SED-Macht wirkte«.[36] Während des ganzen Sommers waren Tausende von enttäuschten Ostdeutschen nach Ungarn gereist; viele hatten Zuflucht in der westdeutschen Botschaft in Budapest gesucht.

Da die Bundesregierung DDR-Bürger automatisch als Bürger der Bundesrepublik anerkannte, hegten sie die Hoffnung, daß sie die Erlaubnis zur Ausreise nach Westdeutschland erhalten würden. Als die Bedingungen in der Botschaft unerträglich wurden und zehntausend Ostdeutsche, die in den Westen wollten, zeitweilig in Lagern untergebracht werden mußten, kam der ungarische Außenminister Gyula Horn zu dem Schluß, daß dies nicht so weitergehen konnte. Ungarn und die DDR hatten einen Vertrag geschlossen, der Ungarn verpflichtete, jeden ostdeutschen Bürger, der in den Westen zu fliehen versuchte, an die DDR auszuliefern. Nach Horns Auffassung konnte Ungarn diesen Vertrag nicht länger einhalten. Die Bundesrepublik war Ungarns wichtigster westlicher Handelspartner geworden, hatte beträchtliche Kredite gewährt und der reformwilligen ungarischen Regierung Mut gemacht. In mehreren intensiven Gesprächen, die zwischen offiziellen Vertretern Ungarns und der Bundesrepublik, vor allem zwischen Horn und Genscher, stattfanden, arbeiteten beide Seiten eine Regelung aus, die vorsah, daß die Ungarn durch einen in der Geschichte des Warschauer Pakts beispiellosen Schritt ihren mit der DDR geschlossenen Vertrag aufkündigen und den Ostdeutschen gestatten würden, in die Bundesrepublik auszureisen, mit finanzieller und Transporthilfe von Bonn.[37]

Bevor sie ihre endgültige Entscheidung trafen, hatten die Ungarn vorgefühlt, wie die sowjetische Reaktion ausfallen würde, und waren auf keine klare Ablehnung gestoßen. Schewardnadse hatte Horn gefragt, wie viele Ostdeutsche seiner Meinung nach die DDR verlassen wollten. Als Horn erwiderte »vielleicht ein bis zwei Millionen«, hatte Schewardnadse erklärt, er glaube, man solle sie ausreisen lassen, weil sie sogar mit Gewalt nicht daran gehindert werden könnten.[38] Die Sowjets wurden einen Tag, bevor der Beschluß gefaßt wurde, offiziell informiert. Auch Kohl bemühte sich, Gorbatschows Meinung zu erfahren, und fragte ihn, ob er den ungarischen Schritt billigen würde. Der Sowjetführer antwortete: »Die Ungarn sind gute Leute.«[39] Obwohl die Sowjets vor vollendete

Tatsachen gestellt wurden, hätten sie noch versuchen können, ihr Veto gegen die Abmachung einzulegen. Gorbatschow unterließ es, weil der Preis, eine Verschlechterung seiner Beziehungen zum Westen, viel zu hoch gewesen wäre. Die Öffnung der Grenze konnte jedoch, wie er gewußt haben muß, viel mehr bedeuten als eine neue Flut ostdeutscher Flüchtlinge. Wenn Ostdeutsche ungehindert über Ungarn ausreisen konnten, welchen Sinn hatte dann die Berliner Mauer?

Obwohl die offizielle sowjetische Reaktion auf die Öffnung der Grenze am 11. September anfangs neutral war und die Proteste der DDR-Regierung gegen diese Maßnahme unerwähnt ließ, verurteilte die Nachrichtenagentur TASS am nächsten Tag die »illegale Ausreise« von DDR-Bürgern in die Bundesrepublik und verteidigte die DDR-Regierung. Gennadi Gerassimow kritisierte die Westdeutschen auch dafür, daß sie diese illegalen Ostdeutschen aufnahmen, unterließ es aber, Kritik an Ungarn zu üben.[40] Offenbar gab es innerhalb der sowjetischen Führung starke Meinungsverschiedenheiten darüber, wie man sich den Ungarn gegenüber verhalten sollte. Die DDR-Führung kannte selbstverständlich keine solchen Hemmungen. Nach seiner Absetzung machte Honecker das Ende der sozialistischen Solidarität für seinen Sturz verantwortlich und sagte, der Warschauer Pakt hätte Ungarn disziplinieren sollen. In der Tat versuchte Honecker, eine Außenministerkonferenz des Warschauer Pakts einzuberufen, um Ungarn zu tadeln, aber die Sowjetführung winkte ab.[41]

Den letzten Anstoß zur Revolte gab die bis dahin nicht reformierte tschechoslowakische Regierung. Sie hatte jedoch andere Gründe als die ungarische Regierung. Als immer mehr DDR-Bürger in die westdeutsche Botschaft in Prag drängten, befürchtete die tschechoslowakische Regierung, ihre Bevölkerung könnte vom ostdeutschen Virus der Unzufriedenheit angesteckt werden. Sie beschwor ihre ostdeutschen Genossen, etwas zu tun und die Bürger zur Rückkehr zu bewegen, doch waren ihre Bemühungen vergeblich. Die DDR-Regierung, die den Feierlichkeiten zum 40. Jahrestag der Gründung der DDR entgegensah, wollte um jeden Preis Schwierigkeiten vermeiden. Als Genscher und seine Berater mit den Tschechen über eine Regelung verhandelten, griff Schewardnadse ein, weil er wollte, daß die Ostdeutschen ihr zustimmten.[42] Gleichzeitig warnten die Sowjets die Bundesrepublik davor, die Flüchtlingssituation auszunutzen.

Dies war Honeckers letzter Strohhalm. Der verbitterte SED-Chef kochte vor Wut, als er im Fernsehen sah, wie Genscher auf dem Balkon der westdeutschen Botschaft in Prag stand, den Ostdeutschen ihre bevorstehende Ausreise ankündigte und stürmischen Beifall erntete. Aber Honeckers verknöcherte Reaktion beschleunigte nur seinen Sturz. In seiner typischen bürokratischen Art bestand er darauf, daß alle Flüchtlinge mit dem Zug durch Ostdeutschland in den Westen reisten, was geographisch keinen Sinn machte. Sie sollten ihre Personalausweise abgeben, damit sie die DDR als »verantwortungslose asoziale Verräter und Kriminelle« statt als Flüchtlinge verließen. Aber die kommunistische Pedanterie hatte unerwartete Folgen. Als die »Freiheitszüge« mit Zehntausenden von Flüchtlingen durch die DDR fuhren, drängten sich auf den Bahnhöfen entlang der Route Tausende, die auch weg wollten; sie hofften, die Züge würden anhalten, und versuchten verzweifelt, aufzuspringen. Die Verantwortlichen vor Ort waren kaum in der Lage, die Massen unter Kontrolle zu halten. Selbst Bauern, die keineswegs ausreisen wollten, winkten den vorbeifahrenden Zügen begeistert zu. Es war das erste Mal, daß Menschen in den entlegenen Teilen der DDR zum Protest mobilisiert wurden. Die Flüchtlinge aus der Tschechoslowakei ermutigten so ihre Mitbürger, ein Verlassen der DDR in Erwägung zu ziehen, wodurch das ganze Land in Aufruhr geriet.

Honeckers letztes Hurra

Was konnte die UdSSR tun, um den weiteren Verfall der DDR zu verhindern? Während sich immer mehr Flüchtlinge auf den

Weg nach Westdeutschland machten und die Frustration der DDR-Nomenklatura wuchs, wurde der nahende 40. Jahrestag der DDR-Gründung zu einem großen Problem für die Sowjets. Die DDR-Führung war unnachgiebig, die Stimmung im Land turbulent, Tausende von Menschen demonstrierten in jeder größeren Stadt, und weiterhin flüchteten Tausende in die Bundesrepublik. Unter diesen Umständen wollte Gorbatschow am Jubiläum nicht teilnehmen.[43] Doch die Sowjetführung entschied, daß er an den Feierlichkeiten teilnehmen müsse, um die gesamte DDR-Führung, nicht nur Honecker und dessen wenige noch verbliebene Getreue, zu treffen und sich selbst ein Bild zu machen, welche Zukunftschancen die DDR noch hatte.[44] Die Sowjetunion und die DDR hatten sich inzwischen so entfremdet, daß die Sowjetführung schon keine klare Vorstellung mehr davon hatte, inwieweit Reformen noch möglich waren. Obwohl einige Ostdeutsche später behaupteten, es habe eine Zeitlang geheime Kontakte zwischen ostdeutschen und sowjetischen Reformern mit dem Ziel der Ablösung Honeckers gegeben, liegen keinerlei Belege dafür vor, daß eine konzertierte Aktion in dieser Frage geplant war. Die Sowjets waren mit ihren eigenen wirtschaftlichen und politischen Problemen zu sehr beschäftigt und hatten ihren osteuropäischen Verbündeten bereits zugestanden, unabhängige Regierungen zu wählen. Im Politbüro der SED hatte eine Gruppe jüngerer Mitglieder – vor allem »Kronprinz« Egon Krenz und der Ostberliner SED-Chef Günter Schabowski – begonnen, sich heimlich zu treffen, um zu besprechen, wie man Honecker loswerden konnte.

Gorbatschow erhielt, wie nicht anders zu erwarten, einen Heldenempfang, als er am 6. Oktober in Ostberlin eintraf, um den ruhmreichen 40. Gründungstag des »ersten deutschen Arbeiter-und-Bauern-Staates« mitzufeiern. Die Ostdeutschen begrüßten ebenso wie zuvor die Westdeutschen »Gorbi« voller Begeisterung, aber im Gegensatz zu letzteren war es für sie beinahe eine Sache von Leben und Tod, da sie sich einer immer bedrohlicher werdenden Parteiführung gegenübersahen.

»Gorbatschow, hilf uns, rette uns!« riefen sie, als er sich erhob, um von der Ehrentribüne herab zu ihnen zu sprechen.[45] Als Mieczysław Rakowski, der polnische Parteichef, ihm dies übersetzte, sagte er: »Das ist doch das Aktiv der Partei! Das ist das Ende!«[46] Gorbatschows Rede war staatsmännisch zurückhaltend, aber seine Botschaft war eindeutig: Er zitierte Präsident Reagans Appell von 1987, die Berliner Mauer niederzureißen, ohne ihn ausdrücklich zurückzuweisen; er sprach über die »Souveränität« des Volkes und betonte (offensichtlich zum Ärger des Mannes, der neben ihm auf der Tribüne stand), wie interessiert die Menschen in der DDR an der Perestroika seien.[47] In seiner Unterredung mit Honecker in kleinem Kreise sprach Gorbatschow hauptsächlich über die Lage in der Sowjetunion und die Schwierigkeiten bei der Verwirklichung der Perestroika. Seine berühmte Warnung »Wer zu spät kommt, den bestraft das Leben« war eigentlich auf diese Schwierigkeiten gemünzt,[48] aber ihre Bedeutung für die DDR war unmißverständlich.

Honecker zeichnete im Gegensatz zu Gorbatschow ein völlig unrealistisches Bild von der Lage in der DDR und unterließ es, die Demonstranten, die Flüchtlinge oder die Wirtschaftsmisere zu erwähnen. Gorbatschow war – wie die meisten Genossen Honeckers – über dessen mangelnden Realitätssinn offensichtlich fassungslos. Nachdem der DDR-Führer seine schöngefärbten Ausführungen beendet hatte, blickte der Kreml-Chef auf und gab einen kurzen Schnalzlaut von sich, mit dem er seinen Unwillen andeutete. Schabowski erklärt, Gorbatschow habe ihn und Krenz nicht ausdrücklich aufgefordert, Honecker zu entmachten; Krenz behauptet, daß er das tat, indem er beim Abschied sagte: »Dejstwuitje!« (Handelt!)[49] Zu diesem entscheidenden Zeitpunkt mischte sich also die sowjetische Führung zumindest indirekt ein, um den Ausgang der DDR-Krise zu beeinflussen. Laut Falin hatten Gorbatschow und Georgi Schachnasarow irrtümlich angenommen, daß die SED im Unterschied zur polnischen oder ungarischen Partei eine effiziente Gruppe jüngerer Parteifunktionäre besäße, die in der Lage sei, die Perestroika in der DDR durchzuführen und den Sozialismus zu retten. Sie alle wußten, daß Honeckers Tage gezählt waren. Die Abschiedsworte von Krenz an Falin lauteten (mit Bezug auf ihre jeweiligen Chefs): »Ihrer hat alles gesagt, was gesagt werden mußte. Unserer hat nichts begriffen.«[50]

Honeckers politische Existenz sollte nur noch elf Tage dauern. Während Krenz, Schabowski und andere sich heimlich über die Einzelheiten seiner Absetzung verständigten, erwog Honecker die Anwendung der chinesischen Methode gegen die immer lauter protestierenden Demonstranten. Die Botschaft des Tiananmen-Massakers hing vom Standpunkt des Betrachters ab, und nach Honeckers kurzsichtiger Auffassung war Gewalt das einzig wirksame Mittel, mit einer illoyalen Bevölkerung fertig zu werden. Tatsächlich traf er am Montag, dem 9. Oktober, an dem eine riesige Demonstration in Leipzig stattfinden sollte, mit dem stellvertretenden Ministerpräsidenten Chinas zusammen – ein deutliches Signal, welche anderen Saiten aufgezogen werden konnten. Es war bekannt, daß etwa 100 000 Demonstranten an dem Montagsmarsch teilnehmen würden, und Gerüchte liefen um, daß etwas Ähnliches wie auf dem Tiananmen-Platz passieren könnte. Die Leipziger hatten mit eigenen Augen Polizeieinheiten in Schutzausrüstung gesehen, wie sie sie vorher noch nie erblickt hatten, und befürchteten, daß es zu einem Blutbad kommen könnte. Trotzdem waren sie entschlossen, sich nicht einschüchtern zu lassen.[51]

Es gibt unterschiedliche Versionen darüber, was auf der Demonstration geschah. Egon Krenz behauptet, Honecker sei so realitätsfern gewesen, daß er keinerlei Pläne gehabt habe, um mit einer größeren Krise fertig zu werden; es sei das einfache Volk gewesen, das die Anwendung von Gewalt verhindert habe. Er streitet energisch ab, daß die sowjetische Regierung ihren Truppen befohlen habe, in den Kasernen zu bleiben, denn dies hätte ja bedeutet, daß jemand ernsthaft erwog, die Sowjetarmee gegen die Demonstranten einzusetzen, was aber, wie Krenz behauptet, nicht der Fall war.[52] Wjatscheslaw Kotschemassow berichtet, Krenz habe ihn am Abend vor der Demonstration angerufen, und sie seien sich einig gewesen, daß kein Blut fließen dürfe. Kotschemassow behauptet, er habe den Oberbefehlshaber der (in der DDR stationierten) Westgruppe der sowjetischen Streitkräfte, Boris Snetkow, angewiesen, sicherzustellen, daß die Truppen in ihren Kasernen blieben.[53] Anderen Berichten zufolge sollen sowjetische Panzer sogar die Zugänge deutscher Militäranlagen in der Nähe von Leipzig blockiert haben, um zu verhindern, daß die Nationale Volksarmee ausrückte.[54] Was sich wirklich zutrug, war wahrscheinlich weniger dramatisch. Die sowjetischen Streitkräfte unternahmen jedenfalls nichts, um die Leipziger Demonstration zu verhindern, und ermöglichten damit den Beginn der ostdeutschen Revolution. Aber darüber hinaus ist es weder klar, ob Honecker tatsächlich je geplant hatte, ein Blutbad anzurichten, noch, ob Krenz dies verhinderte.[55] Leipzig war am 9. Oktober zweifellos ein Heerlager, und zusätzliche Polizeieinheiten mit Schutzausrüstung wurden aufgeboten, um die Bevölkerung einzuschüchtern. Alles deutet darauf hin, daß die DDR-Bevölkerung durch ihre Zurückhaltung ein Blutbad vermied. Ihr, und nicht den sowjetischen oder ostdeutschen Behörden, ist letztlich der friedliche Ausgang der Demonstration zu verdanken.[56]

In Leipzig gewährleisteten die Entschlossenheit und Disziplin der Demonstranten, unterstützt von einer Gruppe bekannter Leipziger Persönlichkeiten aus Kultur und Politik, daß die Bereitschaftspolizei ihre Waffen nicht einzusetzen brauchte. Die Demonstranten marschierten friedlich und waren überrascht, daß sie nicht mit Kugeln begrüßt wurden. Aus ihrer Mitte erschallte der Ruf, der das erste Mantra der Revolution werden sollte: »Wir sind das Volk!« Später wurde daraus: »Wir sind *ein* Volk!« Die Revolution hatte begonnen. Am 16. Oktober waren sich die meisten Teilnehmer einer Diskussion in der sowjetischen Botschaft in Ostberlin darüber einig, daß die Vereinigung unvermeidlich sei, weil die DDR ein »künstlicher« Staat war. Die Aufgabe der Sowjets bestehe nun darin, sicherzustellen, daß ein vereinigtes Deutschland neutral blieb. Aber von dieser Diskussion wurde nichts nach Moskau berichtet.[57]

In jener Woche waren die Gegner Honeckers im Politbüro endlich bereit, etwas zu unternehmen. Krenz und Schabowski entsandten den FDGB-Vorsitzenden Harry Tisch nach Moskau, um Gorbatschow über ihre Pläne zu unterrichten. »Wir wollten von Gorbatschow keine Botschaft und kein Plazet, das er ohnehin nicht geben konnte«, erklärte Schabowski später. »Er sollte lediglich wissen, daß wir nun die historische Verspätung aufholen wollten.« Gorbatschow nahm die Kunde zur Kenntnis, ohne viel Worte zu verlieren, und wünschte Tisch und seinen Genossen für ihre Bemühungen viel Glück. Schabowski gewann den sowjetischen Botschafter Kotschemassow, die Sache zu unterstützen, indem er seinen Einfluß auf Ministerpräsident Willi Stoph geltend machte.[58]

Die eigentliche Politbürositzung, auf der Honecker abgesetzt wurde, lief wie jeder Vorgang, der eine lange Entwicklung voller Intrigen und Spannungen durchlaufen hat, enttäuschend einfach ab. Willi Stoph stellte den Antrag, den Genossen Erich Honecker von seiner Funktion als Generalsekretär zu entbinden; nachdem eine Weile diskutiert worden war, beugte sich Honecker und stimmte sogar selbst für seine Absetzung. Nach der Sitzung berichtete er Kotschemassow: »Ja. Ich habe so gestimmt wie alle anderen. Einen anderen Ausweg gab es nicht. Diese Entscheidung diktierte die Situation selbst. Sie wissen darüber Bescheid.«[59] Honeckers Absetzung war also nicht von der Sowjetunion geplant. Wenn er später den Sowjets vorwarf, ihn verraten zu haben, so ist dies wohl damit zu erklären, daß er nicht akzeptieren konnte, daß seine eigenen Genossen aus freien Stücken gegen ihn konspiriert hatten. Er mußte aber der unangenehmen Wahrheit ins Auge blicken: Er war, wie Breschnew ihm zwanzig Jahre zuvor warnend gesagt hatte, ohne die Hilfe sowjetischer Truppen letztlich machtlos.

Im weiteren Sinne hatten Gorbatschow und seine Mitstreiter dennoch zum Erfolg der Verschwörung gegen Honecker beigetragen, weil sie ausdrücklich erklärt hatten, Osteuropa solle seine politischen und wirtschaftlichen Entscheidungen eigenständig treffen, und weil sie sich verpflichtet hatten, nicht militärisch zu intervenieren. Mit anderen Worten, sie beeinflußten den Gang der Dinge dadurch, daß sie sich nicht einmischten und es ablehnten, die Beibehaltung des Status quo zu unterstützen. Im entscheidenden Augenblick tat Gorbatschow nichts, um Honeckers Sturz zu verhindern (wobei es unklar ist, was er hätte tun können, außer Truppen einzusetzen). Wenn es wirklich in der Macht der Sowjets gelegen hätte, die Führer der osteuropäischen Staaten auszuwählen, wie es sicherlich der Fall gewesen war, als Ulbricht seinen Platz für Honecker räumen mußte, so hätten sie ihn einige Jahre früher durch einen Reformer ersetzen können, als klar wurde, daß er sich zum Schaden der Stabilität in der DDR und des Ansehens der UdSSR im Ausland Reformen nach sowjetischem Vorbild widersetzte. Im Oktober 1989 blieb der UdSSR nichts anderes übrig, als zu hoffen – wenn Gorbatschow und Schewardnadse vielleicht auch nicht mehr daran glaubten –, daß der neue Parteichef, Egon Krenz, in der Lage sein würde, den Sozialismus in der DDR zu retten.

Der Fall der Berliner Mauer

Einiges deutet darauf hin, daß Gorbatschow zu dem Zeitpunkt, als Krenz an die Macht kam, die vage Hoffnung hegte, die DDR noch retten zu können. Aber die wenigen Wochen, in denen Krenz im Amt war, überzeugten den Kreml, daß die SED rasch die Kontrolle über das Land verlor. »Durch die Ablösung des Generalsekretärs ließ sich«, wie Schachnasarow schreibt, »kaum etwas ändern.«[60] Moskaus bevorzugter Kandidat war aller Wahrscheinlichkeit nach der Dresdner Parteichef Hans Modrow, der als Anhänger von Reformen im Stile Gorbatschows bekannt war. Der Kreml konnte jedoch nur untätig zusehen, wie sowohl die Zahl der Menschen, die in der DDR demonstrierten, als auch die Zahl der Ostdeutschen, die in den Westen flohen, rasant wuchs. Krenz war ein typisches Beispiel für »zu wenig, zu spät«. Er war sowohl für diejenigen inakzeptabel, die einen Reformsozialismus in der DDR wollten, als auch für die wachsende Zahl derer, die das Ende des Sozialismus forderten. Schließlich war er lange Zeit der »Kronprinz« Honeckers gewesen, dessen handverlesener Nachfolger, zuständig für Sicherheitsfragen, den man für genauso schuldig an der Aufrechterhaltung des repressiven Systems ansah wie seinen Mentor.

Krenz' erster und letzter Moskau-Besuch als SED-Chef am 31. Oktober 1989 hatte eine aktivere sowjetische Politik zur Folge. Eine Vereinbarung wurde getroffen, der zufolge die DDR alle erforderlichen Maßnahmen zur Einleitung von Reformen ergreifen und dafür sorgen sollte, daß die Vereinigung nicht zu einer realen Option würde. Gorbatschow wies Krenz darauf hin, daß seine Schwierigkeiten gerade erst begännen. Krenz versicherte ihm, daß er für Reformen und für enge Beziehungen zwischen der DDR und der Sowjetunion eintreten werde, und war erleichtert, als Gorbatschow versprach, daß die UdSSR ihre wirtschaftlichen Verpflichtungen gegenüber der DDR weiterhin erfüllen werde. Gorbatschow zeigte sich schockiert, als Krenz ihm offenbarte, wie prekär die wirtschaftliche Lage der DDR war. Er zählte alle Gründe auf, weshalb eine Vereinigung sowohl den Interessen der DDR als auch denen der Bundesrepublik widerspräche, und schlug Krenz einen dreifachen Aktionsplan vor: engere Koordinierung der Politik der Sowjetunion und der DDR gegenüber der Bundesrepublik, engere sowjetisch-westdeutsche Beziehungen, um den Zusammenhalt zwischen den USA und der Bundesrepublik zu schwächen, sowie eine Ausweitung der Kontakte zwischen der DDR und anderen westlichen Ländern. Dies war im wesentlichen eine Wiederholung der alten Agenda, allerdings schien die sowjetische Politik gegenüber den beiden deutschen Staaten endlich besser koordiniert zu sein. Krenz versprach seinerseits, gegen Demonstrationen keine Gewalt anzuwenden, und schwor – was angesichts dessen, was zehn Tage später geschah, nicht einer gewissen Ironie entbehrt –, daß keine Großdemonstration mit einem Massensturm auf die Mauer enden würde.[61] Krenz zufolge glaubte Gorbatschow daran, daß der Reformsozialismus in der DDR Erfolg haben könne, wobei dies allerdings die Zusammenarbeit nicht nur mit Moskau, sondern auch mit Bonn erfordern würde. Krenz reiste mit dem Gefühl ab, die Unterstützung des Kreml zurückgewonnen zu haben.[62] Die Sowjetunion konnte jedoch nur wenig tun, um der DDR zu helfen. Sie hatte zu viele eigene Probleme.

Zehn Tage nach der Begegnung, auf der Gorbatschow und Krenz übereinstimmend der Meinung gewesen waren, die Vereinigung stünde nicht auf der Tagesordnung, fiel die Berliner Mauer.[63] Sowohl die Sowjets als auch die Ostdeutschen haben sich die Öffnung der Mauer zugute gehalten. Zu verschiedenen Zeitpunkten trafen verschiedene Akteure in diesem Drama Entscheidungen, aber während der spannungsgeladenen und chaotischen Nacht vom 9. zum 10. November hatte niemand vollständige Informationen oder einen vollständigen Überblick. Klar ist jedoch eines: Die Mauer fiel, weil es wegen eines in aller Eile verfaßten Reisegesetzes zu einem gravierenden Mißverständnis zwischen der ostdeutschen Regierung und den einfachen Bürgern kam und weil weder die Sowjets noch die DDR-Führung am Ende bereit waren, Gewalt anzuwenden.

Fünf Monate zuvor hatte Jakowlew Botschafter Kwizinski in Bonn gefragt, ob die Berliner Mauer wirklich noch nötig sei. Dieser hatte geantwortet, daß, wenn die Mauer fiele, auch die DDR fiele. Der Kreml solle entscheiden, ob er die DDR noch benötige oder nicht.[64] Markus Wolf, der ehemalige Chef der Hauptverwaltung Aufklärung der Staatssicherheit und spätere Kritiker von Honecker und Krenz, behauptet, seine Freunde im KGB hätten sich im Juli 1989 nach dem westdeutschen Standpunkt zur Vereinigung und zur Beseitigung der Berliner Mauer erkundigt.[65] Aber in einem mit Kotschemassow geführten Telefongespräch sagte Gorbatschow am 7. November unmißverständlich: »Das sowjetische Volk würde uns nie vergeben, wenn wir die DDR verlieren würden.«[66] In den Diskussionen, die in der Sowjetunion immer intensiver über die Zukunft Deutschlands geführt wurden, war man sich über eines einig: Wenn die DDR etwas gegen den Massenexodus unternehmen wollte, so mußte sie die Reisebestimmungen liberalisieren, wie dies die Sowjetunion und andere sozialistische Länder getan hatten. Immerhin meinten viele Ostdeutsche, sie würden wieder in die DDR zurückkehren, wenn sie nur einmal die Chance erhielten, die Bundesrepublik zu besuchen. Außerdem stellte die tschechoslowakische Regierung, die durch die wachsende Unruhe in ihrem Land selbst unter Druck stand, der DDR ein Ultimatum: Sie solle etwas unternehmen, um die steigende Flut ihrer Bürger zu stoppen, die in der westdeutschen Botschaft in Prag Zuflucht suchten. Die meisten maßgeblich Beteiligten – auf alle Fälle jene, die den Hauptakteuren nahestanden – äußern übereinstimmend, die Sowjets seien grundsätzlich damit einverstanden gewesen, daß die DDR ihren Bürgern die ungehinderte Ausreise ins Ausland gestattete.[67] Wenig deutet jedoch darauf hin, daß der Kreml damit rechnete, daß die Berliner Mauer binnen Stunden nach Verkündung der neuen Reiseregelung buchstäblich durchbrochen würde.

Die Art und Weise, wie die neue Reiseregelung diskutiert wurde, war typisch für die Konfusion, die im SED-Politbüro – einst als hocheffiziente, preußisch-bürokratische Institution gefürchtet – Anfang November herrschte. In allen Diskussionen, von denen einige publik geworden sind, wurde kaum ein Unterschied zwischen zeitweiliger Ausreise und dem Recht auf die sogenannte ständige Ausreise, das Verlassen der DDR, gemacht. Für eine kommunistische Regierung, die sich geradezu paranoid zur Frage der Illoyalität und zu den Verlockungen des Westens verhalten hatte, war diese fehlende Differenzierung zwischen dem Wunsch, eine Woche lang die Bundesrepublik zu besuchen, und demjenigen, das »sozialistische Vaterland« zu verlassen, nicht weiter verwunderlich. Aber diese Konfusion half, die Berliner Mauer zu öffnen. Am 6. November wurde bekanntgegeben, daß der Entwurf eines neuen Reisegesetzes in Vorbereitung sei. Bis zu diesem Zeitpunkt hatten seit der Öffnung der ungarischen Grenze im September 100000 Menschen die DDR verlassen. Gregor Gysi, ein prominenter SED-Reformer, forderte im Fernsehen, jeder Bürger müsse einen Reisepaß erhalten und reisen dürfen, ohne ein Ausreisevisum zu beantragen. Inzwischen waren Krenz und seine Genossen von einer dreitägigen Tagung des Zentralkomitees stark in Anspruch genommen, auf der das halbe Politbüro zum Rücktritt veranlaßt und Hans Modrow sowie andere neue Gesichter aufgenommen wurden. Ihre Aufmerksamkeit galt nicht Reiseregelungen, sondern war von politischen Manövern in Anspruch genommen.

Der Ministerrat wurde beauftragt, das neue Reisegesetz zu überarbeiten. Er unterbreitete Krenz verschiedene Entwürfe, die dieser nur flüchtig durchlas, da er von dem aktuellen politischen Geschehen voll beansprucht war. Am 7. November telefonierte der Außenminister der DDR, Oskar Fischer, mit Kotschemassow, um ihn über das tschechoslowakische Ultimatum und die Notwendigkeit der Verabschiedung eines neuen Reisegesetzes der DDR zu informieren. Krenz hatte Kotschemassow nichts davon gesagt, was dessen großen Unwillen erregte, denn es ging offenbar um Fragen, welche die Viermächtekontrolle über Berlin betrafen.[68] Igor Maximytschew, Gesandter an der sowjetischen Botschaft, berichtet, Schewardnadse habe Kotschemassow am 7. November über eine abhörsichere Telefonleitung angerufen, um ihm mitzuteilen, daß, wenn »unsere Freunde« dieses Gesetz wünschten, kein Einspruch erhoben werden sollte. Am 8. November gelangte man bei einer Diskussion in der Sowjetbotschaft zu der Auffassung, daß die UdSSR hinnehmen müsse, was immer geschehen mochte, selbst wenn einige Teilnehmer der Ansicht waren, daß Krenz im Begriff stand, die Grenze zu öffnen, und kritisierten, daß er es anscheinend nicht für nötig hielt, zuvor die vier Besatzungsmächte zu konsultieren. Laut Maximytschew blieb der sowjetischen Seite trotz aller Bedenken nichts anderes übrig, als zu billigen, was immer Krenz und seine Genossen beschlossen, und so wurde Krenz mitgeteilt, daß man sich nicht einmischen werde. Mithin wurde der »Beschluß, die Berliner Mauer unter Bedingungen abzuschaffen, die das rasche Ende der DDR praktisch unausweichlich machten, ... da keine Einwände erhoben wurden, von den 213 Mitgliedern und Kandidaten des Zentralkomitees [der SED] fast nebenbei, ohne daß irgend jemand dies sonderlich zur Kenntnis nahm, gefaßt.«[69]

Als Krenz am Abend des 9. November in aller Eile Günter Schabowski zwei Blätter in die Hand drückte, bei denen es sich um den Entwurf des neuen Reisegesetzes handelte, das vom Ministerrat noch nicht verabschiedet worden war, hatten weder er noch Schabowski ganz verstanden, was dieses Gesetz wirklich bedeutete. Schabowski, der sich die meiste Zeit außerhalb des Sitzungssaales befand, als das Gesetz diskutiert wurde, hielt dann eine im Fernsehen live übertragene Pressekonferenz über die neue Zusammensetzung des Politbüros ab; wie TASS bemerkte, war es das erste Mal, daß die SED ihrer Bevölkerung sagte, wer welche Funktionen im neuen Sekretariat und Politbüro innehatte.[70] Sodann verlas er ein Papier, auf dem der Inhalt des neuen Reisegesetzes dargelegt war, und erklärte, er werde keine Fragen hierzu beantworten. Aber fünf Minuten vor dem Ende der Pressekonferenz zog Schabowski auf die Frage eines italienischen Journalisten hin ein zweites, zerknittertes Blatt Papier aus seiner Tasche, das zusätzliche Instruktionen enthielt, und verkündete, es sei ein Beschluß gefaßt worden, »der es jedem Bürger der DDR ermöglicht, über die Grenzübergangsstellen der DDR auszureisen«. Trotz der nachlässigen Verkündung des neuen Gesetzes hakten die Journalisten sofort nach und fingen an, nach Einzelheiten zu fragen. Schabowski wurde nervös, da er selber mit dem Gesetz nicht vertraut war. Als jemand fragte, ob die Leute einen Reisepaß benötigen würden, verneinte er, und auf die Frage, ob wann das neue Gesetz gelten würde, antwortete er: »Ab sofort.« Diese bedeutsame Nachricht war das Ergebnis eines Mißverständnisses. In Wirklichkeit sollte das Gesetz am nächsten Morgen um vier Uhr in Kraft treten, aber laut Schabowski stand das nicht auf den Blättern, die Krenz ihm gegeben hatte. Der Regierende Bürgermeister von Berlin, Walter Momper, erkannte dagegen die volle Tragweite dessen, was Schabowski gesagt hatte. Er trat sofort vor die Fernsehkameras und verkündete: »Der Tag, auf den wir achtundzwanzig Jahre lang gewartet haben, ist da.«[71]

Während Schabowski nach Wandlitz, der abgeschotteten Wohnsiedlung der DDR-Politprominenz, heimfuhr, begannen die verblüfften Ostberliner zu verarbeiten, was sie soeben im Fernsehen erfahren hatten. Langsam und friedlich versammelten sich Tausende an den Grenzübergangsstellen von Ost- nach Westberlin. Es war der 51. Jahrestag der Reichskristallnacht, in der die Nazis jüdische Geschäfte und Synagogen geplündert und Tausende von Juden deportiert hatten. Die Geschichte war wieder an einem Wendepunkt angelangt. Die Ostberliner, manche von ihnen im Schlafanzug, standen an der Grenze, und ihr Ruf wurde immer lauter: »Macht die Mauer auf! Macht die Mauer auf!« Inzwischen begriffen die Westberliner, die bisher wie gebannt vor ihren Fernsehern gesessen hatten, daß etwas sehr Wichtiges im Gange war, und auch sie gingen auf die Straße. Zum größten Erstaunen der Ostberliner und im Gegensatz zu dem, was Krenz Gorbatschow versprochen hatte, öffneten die Grenzwachen plötzlich die Schlagbäume. Die Ostberliner spazierten über die Grenze. Sie wurden von den Westberlinern mit Freudentränen begrüßt, tranken Sekt und begannen auf der Mauer zu tanzen. Die Feier dauerte die ganze Nacht. Als sie vorüber war, hatte die DDR – das einzige Land, das eine Mauer errichtet hatte, um die eigenen Bürger nicht hinauszulassen, statt ausländischen Feinden den Zugang zu verwehren – praktisch aufgehört zu existieren. Als der Bundestag, der noch am späten Abend eine Sitzung abhielt, die Nachricht vernahm, daß die Mauer offen war, erhoben sich die Abgeordneten spontan von den Sitzen, um die Nationalhymne zu singen. Die nationale Frage war nun wahrhaft wieder offen.

Wer war für die Öffnung der Mauer verantwortlich? Schabowski berichtet, er habe, als er an jenem Abend durch einen Anruf erfuhr, was geschah, mit Krenz telefoniert, der nicht beunruhigt zu sein schien. Krenz berichtet in seinen Erinnerungen, Stasi-Chef Erich Mielke habe ihn angerufen, um zu fragen, was unternommen werden solle, worauf er in dem Bestreben, Gewalt zu verhindern, erwidert habe, man solle die Leute passieren lassen.[72] Aber schon vor diesem Gespräch hatten manche Grenzwachen begonnen, die Grenzübergänge zu öffnen, nachdem sie die Zustimmung ihrer Stasi-Kollegen eingeholt hatten.

Die meisten Personen, die in der Nacht des 9. November an den Entscheidungen beteiligt waren, sind sich darüber einig, daß die unmittelbare Entscheidung zur Öffnung der Mauer nicht von der ostdeutschen oder sowjetischen Führungsspitze getroffen wurde, sondern von den frustrierten DDR-Grenzwachen, die keine klaren Anweisungen erhalten hatten. Harald Jäger, der ehemalige stellvertretende Kommandant am Grenzübergang Bornholmer Straße, berichtet, daß er und seine Kollegen ungläubig lachten, als sie Schabowskis Pressekonferenz verfolgten. Doch im Laufe des Abends versammelten sich Tausende Ostberliner am Grenzübergang und forderten, nach Westberlin durchgelassen zu werden. Die Lage wurde kritisch. Jäger rief seinen Stasi-Vorgesetzten an, um Anweisungen einzuholen, bekam aber keine. Er und seine Genossen waren bewaffnet, aber ihnen war der Befehl erteilt worden, ihre Waffen nicht zu gebrauchen. Erfolglos versuchten sie, ihre Mitbürger zur Umkehr zu bewegen. Die Haltung der Stasi zur DDR-Bevölkerung hatte paradoxerweise zur Folge, daß die Grenzwachen zwar Instruktionen für den Fall besaßen, daß Personen gewaltsam versuchten, die Grenze zu durchbrechen, nicht aber für den Fall eines friedlichen Versuchs, über die Grenze zu gelangen. Nachdem sich inzwischen 20000 Menschen vor dem

Schlagbaum versammelt hatten, rief Jäger um 22.30 Uhr seinen Vorgesetzten an und sagte: »Es ist nicht mehr zu halten, wir müssen die Grenzübergangsstelle aufmachen. Ich stelle die Kontrollen ein und lasse die Leute raus.« Sein Stasi-Vorgesetzter sagte nur: »Na, ist gut!« Danach schrieb Jäger in sein Dienstbuch: »Kontrollen eingestellt – nicht mehr in der Lage – Punkt.«[73]

Einige Tage später erklärte Gennadi Gerassimow, die Entscheidung, die Berliner Mauer zu öffnen, sei einzig und allein von der DDR getroffen worden, und die Ostdeutschen hätten Gorbatschow nicht gebeten, grünes Licht zu geben; doch habe der Kreml die Entscheidung gutgeheißen.[74] Gerassimow betonte, weder in Berlin noch in Moskau seien die sowjetischen Behörden vorher informiert worden. Wie Falin behauptet, hatte sich Kotschemassow mit Moskau über das neue Reisegesetz beraten und es sei ihm gesagt worden, die Grenz- und Reiseregelungen seien »die innere Angelegenheit der DDR«.[75] Als Kotschemassow jedoch am 9. November versuchte, Schewardnadse und Schachnasarow zu erreichen, war keiner von ihnen zu sprechen. Maximytschew erinnert sich, daß er beschloß, seinen Chef in der Nacht des 9. November nicht zu wecken, da er bezweifelte, daß Kotschemassow Moskau über das, was geschehen war, informieren wollte, solange er nicht die Gewißheit hatte, daß seine Vorgesetzten es wirklich wissen wollten.[76] Als am Vormittag des 10. November der Anruf aus Moskau endlich kam, fragte der Leiter der DDR-Abteilung im Außenministerium: »War das denn alles mit uns abgestimmt?« Die Antwort der sowjetischen Botschaft in Ostberlin lautete, man möge dies im Kreml nachprüfen, es habe jedoch keine Möglichkeit gegeben, den Fall der Berliner Mauer zu verhindern. Am Abend des 10. November ließ Gorbatschow Krenz die mündliche Mitteilung zukommen: »Alles wurde völlig richtig gemacht.«[77]

Nach seinem Rücktritt behauptete Schewardnadse, die Gegner der neuen sowjetischen Politik gegenüber Deutschland hätten »die Stationierung von Interventions- und Blockadetruppen entlang der Grenzen« gefordert, was er selbstverständlich abgelehnt hätte.[78] Am 10. November versuchten einige Hardliner in der SED-Führung einige Stunden lang, die Ereignisse der vergangenen Nacht rückgängig zu machen, und erwogen, Militär einzusetzen, um die Grenzen zu schließen. Aber die Nationale Volksarmee, deren Moral stark gesunken war, seit sich das Regime immer repressiver gebärdete, war nicht geneigt, zu gehorchen. Außerdem teilte Schewardnadse Kotschemassow mit, die sowjetischen Truppen dürften »keinerlei Schritte unternehmen«. Es gab also ausdrückliche Anweisungen von sowjetischer Seite, sich nicht auf irgendwelche repressiven Maßnahmen gegen die Bevölkerung einzulassen.[79]

So war denn die Sowjetunion nicht direkt an der Entscheidung beteiligt, die Berliner Mauer in der Nacht vom 9. zum 10. November zu öffnen.[80] Diese Entscheidung wurde von den Grenzwachen getroffen und nachträglich von ihren Vorgesetzten abgesegnet. Die Sowjets waren wahrscheinlich genauso vom Fall der Mauer überrascht wie die Ostdeutschen. Bis zu diesem Zeitpunkt hatten der KGB und die GRU Moskau keine zuverlässigen Informationen geliefert, weil die Dinge im Fluß waren. Doch im weiteren Sinn hatte die Sowjetunion ihren Anteil an der Öffnung der Mauer, da sie bereits beschlossen hatte, ihre Streitkräfte nicht gegen die ostdeutsche Bevölkerung einzusetzen.

Sowjetische und ostdeutsche Teilnehmer des Dramas, deren Meinungen über viele Fragen auseinandergehen, sind sich über diese entscheidenden Punkte einig.[81] Krenz betont, das gemeinsame Hauptziel der sowjetischen und ostdeutschen Führung habe darin bestanden, die Anwendung von Gewalt unter allen Umständen zu vermeiden. Gorbatschow hatte ihm in Moskau gesagt: »Ihr dürft das Volk nicht als Feind ansehen. Wenn sich die Menschen gegen die Politik erheben, müßt ihr darüber nachdenken, wie die Politik geändert werden muß.« Krenz deutet an, es habe vielleicht ein Mißverständnis zwischen ihm und den Sowjets über die entscheidende Frage Berlins gegeben, da Berlin die Rechte der Vier Mächte berührte, doch wäre es verwunderlich gewesen, wenn Gorbatschow und seine Mitstreiter der Meinung gewesen wären, daß die Reiseerleichterungen nicht für Berlin hätten gelten sollen.[82] »Der Fall der Berliner Mauer war«, wie Schachnasarow schreibt, »ein Meilenstein, mit dem eine neue Ära der internationalen Beziehungen begann. Er ist eine der bedeutsamsten Auswirkungen der Reformpolitik Gorbatschows gewesen.«[83] Gorbatschow selber sagt, alles sei aufgrund sowjetischer Initiativen geschehen.[84]

Die entscheidenden drei Monate: Gorbatschow akzeptiert die Vereinigung Deutschlands

Obwohl die Sowjets zugelassen hatten, daß die Mauer fiel, waren sie keineswegs bereit, zu akzeptieren, daß die Vereinigung der nächste Schritt sein sollte. Gorbatschow sah sich nun einer dreifachen Herausforderung gegenüber: den Schaden für die Aussichten auf eine sozialistische Erneuerung der DDR zu begrenzen; mit den anderen drei Besatzungsmächten Berlins zu verhandeln; und seine verbesserten Beziehungen zur Bundesrepublik zu nutzen, um die in Richtung Vereinigung laufende Entwicklung zu verlangsamen. Sein Einfluß auf die DDR war begrenzt, und er war hin und her gerissen, ob er mit dem schwachen DDR-Regime oder mit der starken Bundesregierung verhandeln sollte. Was die Rechte der Vier Mächte in bezug auf Berlin und Deutschland betraf, so waren weder die britische Premierministerin Margaret Thatcher noch der französische Präsident François Mitterrand von einer Vereinigung Deutschlands begeistert, und es war schwer zu sagen, wie die wirkliche amerikanische Position zur deutschen Einheit – verglichen mit ihrer Rhetorik – aussah. In der Zeit von November bis Januar versuchte daher Gorbatschow, diese widersprüchlichen Aspekte seiner Deutschlandpolitik auszubalancieren und miteinander in Einklang zu bringen.

Als die Welt nach dem Mauertanz der Deutschen ihre Fassung wiedergewonnen hatte, ergaben sich am Morgen danach eine Reihe neuer, bisher undenkbarer Fragen. Die Reaktion im Westen war vorsichtig optimistisch. Präsident Bush kommentierte die vom Fernsehen übertragenen Szenen an der Berliner Mauer hellseherisch: »Wenn die Sowjets die Kommunisten in Ostdeutschland fallen lassen, meinen sie es wirklich ernst ... ernster, als ich geglaubt hatte.«[85] Aber eine ganze Weile gab das niemand im Kreml offen zu. Einen Tag nach dem Mauerfall bat Gorbatschow Kohl, der gerade einen Besuch in Polen abgebrochen hatte, um auf einer Massenkundgebung in Berlin zu sprechen, dringend darum, die Bevölkerung zu beruhigen und alles zu vermeiden, was die Existenz der DDR gefährden könnte. Er betonte, daß Veränderungen Instabilität bedeuten würden und daß es darauf ankäme, die Stabilität zu bewahren. Dies sei schließlich der Kern der sowjetischen West- und der deutschen Ostpolitik. Kohl versicherte Gorbatschow, er wisse das Verhältnis zu ihm hoch zu schätzen, und gemeinsam würden sie die jetzigen Probleme anpacken.[86] Damals sannen Kohl und seine Berater über die tiefere Bedeutung dieser Bitte nach: Bereits einen Tag nach Öffnung der Mauer appellierte die UdSSR an die Bundesrepublik, die DDR nicht noch mehr zu destabilisieren. Wie sich das Blatt doch gewendet hatte![87] Währenddessen sandte Gorbatschow schwarzseherische Botschaften nach Washington, London und Paris, in denen von der Gefahr westdeutscher Pläne in bezug auf die DDR die Rede war.[88]

Die Westdeutschen waren von der Wende der Ereignisse selbst überrascht. Horst Teltschik, Kohls außenpolitischer Berater und von Hause aus Sowjetologe, berichtet, wie verblüfft man über den Fall der Mauer und die Dimensionen des Freiheitsdrangs war. Kohl, der ein Jahr zuvor in einem Interview prophezeit hatte, die Vereinigung werde nicht zu seinen Lebzeiten kommen, sah sich nun mit einem unwiderlegbaren Beweis des Gegenteils konfrontiert. Politiker der etablierten Parteien der Bundesrepublik hatten sich inzwischen an die Teilung Deutschlands gewöhnt und verspürten keinen Drang, mehr zu tun, als über die Vereinigung zu reden. So bestand

Kohls unmittelbare Reaktion in dem Versuch, eine Zuspitzung der Situation zu vermeiden und mit Krenz sowie später mit dessen Nachfolger Hans Modrow zusammenzuarbeiten. Kohl äußerte Bush gegenüber: »Es wäre ein wirtschaftliches Abenteuer, wenn die Wiedervereinigung schon in zwei Jahren erfolgen würde.«[89] Allein die Tatsache, daß Tausende Ostdeutsche nach Westdeutschland strömten, zwang ihn zum Handeln. Kohl betrieb jedoch eine zweigleisige Politik. Es ist sein großes Verdienst, daß er die Realität erkannte, als er sich ihr gegenübersah, und als scharfsinniger Politiker begriff, daß sich die Vereinigung nun nicht mehr vermeiden ließ, selbst wenn die Möglichkeit bestand, sie noch hinauszuzögern. Aber wie konnte man sich in Richtung Vereinigung bewegen und gleichzeitig die nervösen Russen besänftigen?

Im Gegensatz zu den Sowjets begannen die Westdeutschen nach dem Fall der Mauer einen Aktionsplan auszuarbeiten. Im Verlauf des November entfalteten sie hektische diplomatische Aktivitäten, während Kohl versuchte, eine Strategie für die neue Realität zu entwickeln. Anfangs richtete er sein Augenmerk auf die Selbstbestimmung für die DDR, eine Position, die Gorbatschow akzeptieren mußte. Aber die ost- und die westdeutsche sowie die sowjetische Definition der Selbstbestimmung unterschieden sich beträchtlich voneinander. Unterdessen verhärtete sich die Haltung Mitterrands und Margaret Thatchers zur Selbstbestimmung der Deutschen, indem sie den Standpunkt vertraten, die Vereinigung Deutschlands würde weitere Fortschritte in Richtung europäische Einheit behindern.[90] Ende November erkannte Kohl, daß er die Initiative ergreifen mußte. Am 28. November unterbreitete er dem Bundestag einen Zehn-Punkte-Plan, der die Schaffung eines Netzes engerer Beziehungen zwischen den beiden deutschen Staaten vorsah. In dem Plan wurde die Bildung gemeinsamer Ausschüsse der DDR und der Bundesrepublik für Umweltschutz, Kultur sowie für wirtschaftliche und politische Fragen vorgesehen. Nach einer nicht näher benannten Zeit sollten die Ausschüsse zu vage definierten konföderalen Strukturen führen. Mit anderen Worten, Kohl hatte die gegenseitige Annäherung der beiden deutschen Staaten im Visier, aber nicht die Vereinigung in einem Staat; sein Plan sah vielmehr für die nähere Zukunft noch immer zwei deutsche Staaten vor.[91]

Kohl hatte einen triftigen Grund dafür, den Plan gerade zu diesem Zeitpunkt zu präsentieren. Nun, da es keine Reisebeschränkungen zwischen den beiden deutschen Staaten mehr gab, reisten Ostdeutsche in zunehmender Zahl in die Bundesrepublik aus – im November allein 130000 –, und es regten sich ernsthafte Sorgen, wie Westdeutschland diesen Zustrom verkraften sollte. Die Wirtschaft der DDR befand sich im freien Fall, und das Vertrauen der Bevölkerung zu ihrer »reformierten« Regierung war sehr gering.[92] Kohl versuchte die Ostdeutschen zum Verbleib in der DDR zu bewegen, indem er die Herstellung konföderativer Beziehungen versprach. Bevor er diese Rede hielt, hatte er sich weder mit seinen Verbündeten noch mit seinem Koalitionspartner, der FDP, beraten, wodurch er in den Hauptstädten einiger NATO-Länder Besorgnis erregte und seinen eigenen Außenminister düpierte.[93] Kohls Gründe waren das Ergebnis einer folgerichtigen Politik: Er wollte vor der SPD, die sich traditionell am meisten um die deutsche Einheit bemüht hatte, die Initiative ergreifen. »Wir haben unser Ziel erreicht«, schrieb Teltschik später. »Der Bundeskanzler hat die Meinungsführerschaft in der deutschen Frage übernommen.«[94]

Gorbatschow reagierte wütend auf Kohls Zehn-Punkte-Plan. Als er am 5. Dezember in Moskau mit Genscher zusammentraf, beschwerte er sich darüber, daß Kohl, der bei einem Telefonat am 11. November versprochen hatte, sich mit ihm über alle Schritte zu beraten, sein Vertrauen mißbraucht habe, indem er die Vereinigung forciere. Eine Konföderation, so fuhr Gorbatschow fort, würde eine gemeinsame Außenpolitik betreiben. Wo befände sich dann die Bundesrepublik? In der NATO? Im Warschauer Pakt? Oder wäre sie neutral? Genscher war bei diesem Gespräch denkbar unwohl zumute, aber Gorbatschow selbst machte auch keine neuen Vorschläge.[95] Genscher beschreibt diese Begegnung als die schwierigste, die er je mit Gorbatschow hatte, und erklärt dessen Zorn folgendermaßen: »Zum einen wollte Gorbatschow offensichtlich nicht den Eindruck entstehen lassen, er werde von den Ereignissen überrollt. Er wollte Akteur und Gestalter bleiben, die Entwicklung im Griff behalten, nicht in die Defensive geraten. Zum anderen war er sich darüber im klaren, daß die deutsche Frage nach den Ereignissen in der DDR eine Antwort verlangte.«[96]

Gorbatschow hatte jedoch die Gelegenheit verpaßt, auf dem Malta-Gipfel, der wenige Tage vor dem Moskauer Besuch Genschers stattgefunden hatte, in bezug auf Deutschland die Initiative zu ergreifen. Er äußerte lediglich seinen Ärger über Kohls Plan und bemerkte zur deutschen Frage: »Dieses Problem ist durch die Geschichte entstanden, und die Geschichte wird es auch lösen.« Als er sich nach dem Gipfel den Fragen von Reportern stellte, sagte er: »Jede künstliche Beschleunigung des Prozesses würde die Lage nur zuspitzen und eine Änderung erschweren.«[97] Beiläufig sagte er aber auch, daß ein vereinigtes Deutschland neutral bleiben sollte, und gab damit zu verstehen, daß er einen solchen Status eventuell akzeptieren würde.[98] In der Tat gewann die amerikanische Seite in Malta den Eindruck, daß Gorbatschow in der deutschen Frage mit sich reden ließ.[99]

Im Dezember waren die Signale des Kreml zu Deutschland widersprüchlich. Obwohl Portugalow in einem Gespräch Teltschik gegenüber angedeutet hatte, die sowjetische Führung denke in der deutschen Frage alternativ über eine ganze Reihe von Optionen nach, lehnten die Sowjets in der Öffentlichkeit den Gedanken ab, daß die Vereinigung Deutschlands ein aktuelles Thema sei. Die Dinge entwickelten sich in Osteuropa jedoch viel rascher, als sie sich vorgestellt hatten, und als dort eine kommunistische Regierung nach der anderen stürzte, beeinflußte dies auch ihre Politik gegenüber der DDR. Der tschechische Dominostein fiel mit bemerkenswerter Geschwindigkeit. Am 24. November trat Generalsekretär Miloš Jakeš zurück. Bereits am 10. Dezember war Václav Havel, der

Schriftsteller und Dissident, der den größten Teil des Jahres 1989 inhaftiert gewesen war, der neue Präsident der Tschechoslowakei. Ein Witz lautete, in Polen habe es zehn Jahre, in Ungarn zehn Monate, in der Tschechoslowakei zehn Wochen und in Rumänien zehn Stunden gedauert, die kommunistische Regierung zu stürzen. Ende Dezember waren die DDR und die UdSSR die einzigen Staaten des Warschauer Vertrages, die noch kommunistische Regierungen hatten. Gorbatschow konnte annehmen, daß die Tage des Kommunismus in der DDR gezählt waren, aber er konnte die Tatsache noch nicht verdauen, daß die DDR selbst kurz vor dem Zusammenbruch stand. Egon Krenz trat am 6. Dezember zurück, und Ministerpräsident Modrow übernahm die Führung, aber es war zu spät und machte schon keinen Unterschied mehr. Die Demonstrationen dauerten an, nur daß jetzt auf den Transparenten stand: »Ein deutsches Volk, ein deutsches Land.« Das Volk hatte sich klar geäußert.

Im Laufe des Dezember wurden die Sowjets immer kritischer gegenüber der westlichen Deutschlandpolitik, und sowohl Gorbatschow als auch Schewardnadse äußerten sich immer kompromißloser. Trotzdem dachte auch Schewardnadse voraus. Pawel Palaschtschenko, der für Gorbatschow und Schewardnadse dolmetschte, erinnert sich an ein Gespräch, das er mit dem sowjetischen Außenminister führte, als sie im Dezember zu Schewardnadses entscheidendem Besuch beim NATO-Hauptquartier nach Brüssel flogen. Es war das erste Mal, daß ein hoher sowjetischer Funktionär das Territorium des »Feindes« betrat. Laut Palaschtschenko erkannte Schewardnadse, daß die Vereinigung Deutschlands unausweichlich war, zumal er als Georgier, eingebunden in das sowjetische System, für Fragen der nationalen Selbstbestimmung und Identität besonders empfänglich war. Das Tempo der deutschen Wiedervereinigung beunruhigte ihn jedoch, und er befürchtete, daß Gorbatschows ehrgeiziges Programm für das eigene Land in Gefahr geriete, wenn sie zu früh käme. »Wir könnten sie vielleicht verlangsamen, aber wir können sie nicht aufhalten. Könnte sie der Strohhalm werden, der Gorbatschows Perestroika das Rückgrat zerbricht?«[100] Schewardnadses Rede vor dem Politischen Ausschuß des Europäischen Parlaments in Straßburg am 19. Dezember war bezeichnend für den Widerspruch zwischen der Erkenntnis, daß die Vereinigung auf Dauer unausweichlich war, und der Befürchtung, daß sie, wenn sie zu früh käme, Gorbatschows Revolution gefährden würde. Er betonte, die Welt müsse die Opfer respektieren, die im Zweiten Weltkrieg gebracht wurden, und Europa müsse erst seine Teilung überwinden, bevor man über die deutsche Einheit sprechen könne. Er äußerte sich aber auch zu den möglichen internationalen Weiterungen der Vereinigung und warf Fragen auf, die in den ersten sechs Monaten des Jahres 1990 an die Spitze der politischen Agenda rückten.[101]

Gorbatschows Kritiker sowohl im linken als auch im rechten Lager haben ihm vorgeworfen, er habe keine Strategien für verschiedene Optionen entwickelt, als der Verfall der DDR begann. »Nach dem 9. November 1989 herrschte ein absoluter Mangel an Konzepten für die sowjetische Deutschlandpolitik«, schreibt Daschitschew. »Es gab keine Klarheit über die deutsche Wiedervereinigung, den politischen und militärischen Status Deutschlands oder die Rechte der früheren Alliierten.«[102] Kotschemassow glaubt, Gorbatschow hätte viel mehr tun können, um nicht nur die Lage in der DDR, sondern auch Kohls Politik zu beeinflussen. Er tat es aber nicht. »Die Gründe für eine solche Passivität sind schwer zu verstehen.«[103] Gorbatschow sandte ständig unterschiedliche Signale aus. Nachdem der Rechtsanwalt Gregor Gysi Mitte Dezember zum Vorsitzenden der frisch aus der Taufe gehobenen SED-Nachfolgerin SED/PDS gewählt worden war, rief Gorbatschow ihn zu sich und versprach ihm, alles in seiner Macht Stehende zu tun, um die DDR zu stabilisieren und eine aktivere Politik zu betreiben. Er beendete das Gespräch mit den Worten: »Seien Sie versichert, Genosse Gysi: Die Sowjetunion kann die DDR schon aus eigenem Interesse nicht im Stich lassen.«[104] Es ist bemerkenswert, daß das deutsche Problem, das so lange Moskaus

Außenpolitik beherrscht hatte, beim Kreml nur Reaktionen und keine aktive Politik auslöste. In der Zeit vom 9. November 1989 bis zum 16. Juli 1990, als Gorbatschow den äußeren Aspekten der Vereinigung Deutschlands zustimmte, scheint es weder einen einheitlichen sowjetischen Aktionsplan noch eine konzeptionelle Basis für Diskussionen mit dem Westen gegeben zu haben.

Für diejenigen, die von der Annahme ausgehen, Staaten würden ihre nationalen Interessen einigermaßen zielgerichtet verfolgen, ist es nicht leicht, eine vernünftige Antwort auf die Frage zu finden, warum Gorbatschow und seine Mitstreiter keine Strategie besaßen. Was den Kreml-Chef und die deutsche Einheit betrifft, so sprechen mehrere Faktoren dagegen, daß eine kohärente Strategie entwickelt wurde. Erstens war Gorbatschow von ständigen inneren Krisen und Herausforderungen seiner Macht überbeansprucht; die drängenden innersowjetischen Probleme verhinderten, daß er sich voll auf die Außenpolitik konzentrieren konnte. Zweitens lehnte die Gruppe, die sich tatsächlich auf Deutschland konzentrierte und unverrückbar ihre Auffassungen vertrat – die *germanisty* –, zum größten Teil die flexible Politik Gorbatschows und Schewardnadses ab, weshalb ihre Ideen von der sowjetischen Führung mit beträchtlicher Skepsis bedacht wurden. Drittens befand sich Gorbatschow in einem Dilemma: Die Dinge entwickelten sich in Deutschland rasch auf eine Lösung zu, die er nicht wollte – die Vereinigung –, die er aber auch nicht mehr verhindern zu können glaubte. Das sowjetische Zögern, die Vereinigung Deutschlands öffentlich zu akzeptieren, wurzelte tief in der politischen Kultur der Sowjetunion. Die UdSSR hatte 27 Millionen Menschenleben im Zweiten Weltkrieg verloren, und die Teilung Deutschlands war der Preis, den die Deutschen dafür zu zahlen hatten. Die Wiedervereinigung würde die Rechtfertigung dafür in Frage stellen, warum so viele Sowjetbürger ihr Leben im Großen Vaterländischen Krieg geopfert hatten. Und zugleich war es sehr schwierig, eine Strategie zu entwickeln, um das Tempo des Vereinigungsprozesses zu verlangsamen, ohne daß dies zu einem Blutvergießen geführt oder den Westen gegen die Sowjetunion aufgebracht hätte. Mit anderen Worten, es gab kaum andere Möglichkeiten, als die Vereinigung zu akzeptieren oder sie gewaltsam zu verhindern.

Auf einem Gebiet suchten Gorbatschow und Schewardnadse tatsächlich die Initiative wiederzugewinnen und den Vereinigungsschwung abzubremsen, und zwar, als sie die Berlin-Rechte der Vier Mächte zu revitalisieren versuchten. Schließlich unterstand Berlin noch immer der Oberhoheit der vier Besatzungsmächte, und manche Sowjets vertraten die Meinung, die DDR hätte formal nicht das Recht gehabt, am 9. November die Grenzen zu öffnen. Aber der eigentliche Zweck des Versuchs, die Viermächtefrage aufzuwerfen, bestand darin, die Deutschen in beiden Teilen des Landes daran zu erinnern, daß sie nicht Herr ihres Schicksals waren, und den französischen und britischen Widerstand gegen die Vereinigung zu verstärken. Die Sowjetunion berief ein Viermächtetreffen der Botschafter im Kontrollratsgebäude in Berlin – die erste derartige Zusammenkunft nach achtzehn Jahren – ein, um über »die von den ehemaligen Verbündeten der Anti-Hitler-Koalition geschaffenen Kontrollmechanismen« zu beraten.[105] Während die Vereinigten Staaten aus Sorge darüber, wie Deutschland darauf reagieren würde, daß fünfundvierzig Jahre nach dem Krieg plötzlich auf die Privilegien der Sieger gepocht werden sollte, zögerten, an dieser Zusammenkunft teilzunehmen, zeigten sich die Briten und Franzosen aufgeschlossener. Die westliche Seite bestand jedoch darauf, daß nur Fragen diskutiert werden sollten, die mit den von Reagan vorgeschlagenen und von Bush erneuerten Alliierten Berlin-Initiativen zusammenhingen. Hierbei ging es darum, das internationale Ansehen Berlins zu stärken, nicht aber um die deutsche Frage an sich.

Das Treffen zeitigte kaum Ergebnisse; aber allein die Tatsache, daß es abgehalten worden war und Gelegenheit für ein Foto geboten hatte, auf dem die vier Botschafter als Vertreter der Besatzungsmächte vor dem alten Kontrollratsgebäude posierten, ärgerte die Deutschen maßlos. »Was sollte diese Demonstration? Eine Mahnung an die Deutschen?« schrieb Genscher in seinen *Erinnerungen.*[106] Sowjetische Kritiker, vor allem aus der sowjetischen Botschaft in Ostberlin, vertraten jedoch die Meinung, die Sowjetunion hätte viel mehr tun können, um die Geschehnisse zu beeinflussen, wenn sie die Rechte der Vier Mächte konsequenter ins Spiel gebracht hätte.[107] Tatsächlich versuchte Moskau einige Male, den Vier-Mächte-Mechanismus wiederzubeleben, aber die drei Westmächte reagierten ablehnend. Die Vier-Mächte-Frage liefert einen weiteren Schlüssel dazu, wie die Vereinigung Deutschlands zustande kam: Selbst als Moskau einen kohärenten Plan hatte, scheiterten sowjetische Vorschläge, die der westlichen Agenda widersprachen, an der festen, geschlossenen westdeutschen und amerikanischen Haltung.

Ende Dezember gab der Kreml zu verstehen, daß er einer Änderung des Status der beiden deutschen Staaten prinzipiell zustimmen würde, daß er aber eine Verlangsamung dieses Prozesses wünsche. In diesen Wochen bemerkten Gorbatschow und Schewardnadse deutlich den Widerstand, der sich in der UdSSR gegen den Zusammenbruch des Kommunismus in Osteuropa und besonders in der DDR formierte. Dieser Widerstand kam von seiten des Militärs und vieler Parteifunktionäre.[108] Es schien, als ob das gesamte nach dem Zweiten Weltkrieg gelegte Fundament von Macht und Einfluß der Sowjets zerbrach. Unter diesen Umständen verhielt sich die sowjetische Diplomatie nach außen hin sehr vorsichtig zur Vereinigung Deutschlands. Ohnehin konnte Moskau nur noch wenig tun, um den Vereinigungsprozeß zu stoppen, da immer mehr Ostdeutsche mit den Füßen abstimmten. Die, die zurückblieben, hatten ihre Furcht verloren und wollten sich nicht einer Regierung fügen, die sie für illegitim ansahen. Trotzdem gab es in der DDR noch genügend Rebellen, die für einen »dritten Weg« zwischen dem Kommunismus alten Stils und dem Kapitalismus waren, um denjenigen, die in der Sowjetunion ähnlich dachten, die Hoffnung zu vermitteln, die DDR werde in irgendeiner verbesserten Form weiterbestehen.

Den ganzen Dezember und Januar über kam ein sowjetisches Verhaltensmuster zum Vorschein, das allzu deutlich an die Zeit vor dem Neuen Denken erinnerte. Einerseits machten verschiedene Berater und altgediente Deutschlandexperten Bemerkungen, die auf sowjetische Flexibilität hindeuteten. Andererseits gaben sowohl Schewardnadse als auch Gorbatschow kämpferische Erklärungen ab, um die Welt daran zu erinnern, daß die Ergebnisse des Zweiten Weltkrieges nicht rückgängig gemacht werden konnten. Natürlich hegten nicht nur sie allein Befürchtungen gegenüber Deutschland. Der französische Staatspräsident François Mitterrand verblüffte seine Verbündeten damit, daß er einen beispiellosen (und im Rückblick unklugen) Schritt unternahm, indem er der ins Wanken geratenen DDR am 20. Dezember einen Staatsbesuch abstattete, um offenbar deren Existenzberechtigung zu bekunden und seinem Freund Helmut Kohl zu verstehen zu geben, daß Deutschlands Nachbarn über den raschen Verlauf der Ereignisse besorgt seien und eine eventuelle Vereinigung nicht begrüßen würden.

Obwohl die Sowjets nicht in der Lage waren, eine klare Verhandlungsstrategie zu entwickeln, hatten sie begonnen, auf Mittel und Wege zu sinnen, wie sie in dieser chaotischen Situation ihre begrenzten Einflußmöglichkeiten verbessern könnten. Mitte Dezember berichtete der deutsche Botschafter in Moskau Kanzlerberater Teltschik, die sowjetische Führung beklage sich darüber, daß sich die versprochene sowjetisch-westdeutsche Wirtschaftskooperation nicht wie erhofft entwickelt habe. Drei Wochen später rief Botschafter Kwizinski Teltschik an und sagte ihm, die Lage auf dem landwirtschaftlichen Sektor verschlechtere sich, und Moskau brauche dringend Hilfe in Form von Lebensmittellieferungen. Damit wurde im Vorfeld von Kohls Besuch in Moskau zu verstehen gegeben, daß es in Bonns politischem Interesse liege, Moskau etwas mehr wirtschaftliche Anreize zu bieten. Geld war im Tanz um die Vereinigung Deutschlands nicht ohne Bedeutung. Als Kohl im

Februar nach Moskau reiste, versprach er dann auch Lebensmittelhilfe im Wert von 220 Millionen DM. Zu dieser Zeit waren die westdeutschen Politiker über die widersprüchlichen Signale aus Moskau frustriert und fragten sich, welche sie ernst nehmen sollten. Doch in erster Linie ging es ihnen darum, sicherzustellen, daß ihre westlichen Verbündeten hinter ihnen standen, da die Vereinigung unausweichlich wurde.

Während die sowjetische Seite Ausflüchte machte, erkannten Kohl und seine Berater, daß die Währungsunion rasch kommen mußte, um den völligen wirtschaftlichen Zusammenbruch Ostdeutschlands zu verhindern. Ende Dezember begannen sie als weitere Maßnahme zur Stabilisierung der DDR-Wirtschaft, die Einzelheiten einer Währungsunion zwischen beiden Teilen Deutschlands auszuarbeiten, um die Ostdeutschen zum Bleiben in ihrer Heimat zu veranlassen.[109] Die SED lebte unterdessen weiterhin in einer Märchenwelt. Auf ihrem letzten Parteitag, auf dem sie sich in SED/PDS (Partei des Demokratischen Sozialismus) umbenannt hatte, war über die Vereinigung kaum diskutiert worden, da die Parteiführung über eine Revitalisierung des Reformsozialismus und den Dialog mit anderen Parteien sprach. »Eine Vereinigung von DDR und BRD ist keine Frage der aktuellen Politik«, erklärte Hans Modrow, »und niemand, dem eine gesunde und friedliche Entwicklung am Herzen liegt, sollte sie künstlich beschleunigen oder gar zur Wahlkampfmunition machen.«[110] Doch trotz dieser sowjetischen und ostdeutschen Versuche, die Augen vor dem, was wirklich geschah, zu verschließen, begann Moskau langsam zu begreifen, daß es die Realität akzeptieren mußte, um eine glaubwürdige Antwort geben zu können. Am 19. Dezember hatten sich Kohl und Modrow näher über Kohls Vorschlag einer »Vertragsgemeinschaft« geäußert, wobei sich ihre Interpretationen sehr deutlich unterschieden.

Als die Bundesregierung dazu überging, den Plan für die Währungsunion im einzelnen auszuarbeiten, sah sich die sowjetische Führung endlich mit der Realität der deutschen Vereinigung konfrontiert – obwohl sie weiterhin mit gespaltener

Zunge redete, nachdem sie der Vereinigung im Prinzip zugestimmt hatte, was die enorme innenpolitische Kontroverse in dieser Frage widerspiegelte.

Am 26. Januar hielt Gorbatschow mit seinen engsten Beratern eine vierstündige Sitzung über Deutschland ab. Es war die erste Sitzung, die sich seit dem Fall der Berliner Mauer mit der deutschen Frage beschäftigte. Es nahmen Ministerpräsident Nikolai Ryschkow, Alexander Jakowlew, Schewardnadse, KGB-Chef Wladimir Krjutschkow, Falin, Tschernjajew, Rafael Fjodorow von der Internationalen Abteilung des Zentralkomitees, der ehemalige Chef des Generalstabs Sergej Achromejew, der Gorbatschow-Berater Sergej Tarassenko und Schachnasarow teil. Die versammelten sowjetischen Deutschlandexperten waren sich nicht darüber einig, ob sich die Konzeption der CDU/CSU oder die der SPD (die einen viel längeren Weg zur Vereinigung vorsah) durchsetzen würde. Dagegen herrschte allgemeine Übereinstimmung darüber, daß sich die sowjetische Deutschlandpolitik nicht auf Ost-, sondern auf Westdeutschland konzentrieren sollte, und alle Teilnehmer erkannten, wenn auch zögernd, daß die Vereinigung Deutschlands unvermeidlich war. Gorbatschow betonte jedoch, die UdSSR müsse ihre Interessen wahren; die Bundesrepublik solle aus der NATO austreten, und ein vereinigtes Deutschland müsse entmilitarisiert werden. Die Teilnehmer einigten sich darauf, die sowjetische Politik enger mit der Frankreichs und Großbritanniens zu koordinieren, da keines dieser beiden Länder von der Vereinigung begeistert sei. Gorbatschow und seine Berater hatten also Ende Januar die Unausweichlichkeit der Vereinigung Deutschlands erkannt, auch wenn Jegor Ligatschow, inzwischen Gorbatschows Nemesis, Anfang Februar auf einer Plenartagung des Zentralkomitees der KPdSU gegen den Versuch wetterte, »die Wiedervereinigung Deutschlands zu erzwingen«.[111] Die äußeren Bedingungen mußten allerdings noch diskutiert werden.[112]

Am 28. Januar beschlossen Modrow und die anderen Parteiführer der ostdeutschen Koalition, den Termin der ersten demokratischen Wahlen angesichts der Instabilität der DDR von Juni auf März vorzuverlegen. Am nächsten Tag, an dem sich Modrow in Moskau befand, um Gorbatschow seine Gedanken über konföderale Strukturen anstelle einer Vereinigung vorzutragen, sagte Gorbatschow vor Journalisten: »Niemand stellt prinzipiell die Wiedervereinigung der Deutschen in Frage«,[113] wobei er allerdings betonte, daß die deutsche Neutralität die Voraussetzung für Verhandlungen sein müsse. Damit »zog er seinem Verbündeten den Boden unter den Füßen weg«.[114] Es war zu spät für konföderale Strukturen. Kohl stellte im nachhinein folgende Überlegung an: Hätte Gorbatschow zu diesem Zeitpunkt das Angebot einer raschen Vereinigung gegen NATO-Austritt und Neutralität der Bundesrepublik unterbreitet, so wäre sein Plan in der Öffentlichkeit beider deutscher Staaten auf breite Zustimmung gestoßen und die Geschichte hätte eventuell einen ganz anderen Verlauf genommen als den, der sich dann im Juli ergab.[115] Gorbatschow wurde am 9. Februar in einem Gespräch, das er mit dem amerikanischen Außenminister James Baker führte, zugesichert, daß die Vereinigten Staaten die Situation nicht zur Unterminierung der sowjetischen Sicherheit ausnutzen, sondern alles tun würden, um einen glatten Verlauf der Vereinigung zu gewährleisten. Baker und Gorbatschow stimmten darin überein, daß die Vereinigung eine Sache sei, über die die Deutschen selbst entscheiden müßten.[116]

Die sowjetische Zustimmung zur Vereinigung Deutschlands wurde offiziell, als Kohl am 10. Februar Moskau besuchte. Der Kanzler betonte, die inneren und äußeren Aspekte der Vereinigung Deutschlands müßten zusammen behandelt werden. Das vereinigte Deutschland könne nicht neutral sein, aber er sei sicher, daß eine Regelung gefunden werden könne, durch die sich der Geltungsbereich der NATO nicht auf das Gebiet der DDR erstrecke. Gorbatschow hörte zu und sprach dann die entscheidenden Sätze, die seine Gäste freudig überraschten: Es gebe zwischen der Sowjetunion, der Bundesrepublik und der DDR keine Meinungsverschiedenheiten über das Recht der Deutschen, ihren eigenen Weg zur Vereinigung zu finden. »Ich habe schon vor langer Zeit gesagt, die Lösung der deutschen Frage sei eine Sache, die die Geschichte entscheiden müsse. Die Geschichte hat sich mit erstaunlicher Geschwindigkeit ans Werk gemacht. Wir müssen unser Vorgehen sorgsam, unter Berücksichtigung wahrhaft geschichtlicher Kriterien erwägen.«[117]

Kohl und seine Berater frohlockten innerlich, reagierten aber beherrscht. Sie wußten, daß der entscheidende Durchbruch erzielt worden war. Gorbatschow hatte die Oberhand über die Gegner der Vereinigung gewonnen. Außerdem hatten die Deutschen die Übernahme aller wirtschaftlichen und finanziellen Verpflichtungen der DDR gegenüber der UdSSR zugesagt, was für die Sowjets von erheblicher Bedeutung war. Während des Gesprächs äußerte Gorbatschow einen weiteren sensationellen Satz: Es sei ihm klar, daß die deutsche Neutralität für viele Länder ebenso inakzeptabel sei wie für die Deutschen. Er wisse nicht, wie der endgültige Status Deutschlands aussehen solle, aber darüber müsse weiter nachgedacht werden. Falin wandte sich an einen anderen altgedienten Apparatschik des Zentralkomitees, Wadim Sagladin, und sagte in beißendem Tonfall zu ihm, da die deutsche Frage nun gelöst sei, könnten sie beide jetzt in Pension gehen.[118] Das offizielle Kommuniqué ging nicht auf den internationalen Status des neuen Deutschland ein, sondern betonte, daß über die deutsche Einheit prinzipielle Einigkeit herrschte.[119] Die sowjetische Zustimmung zur Vereinigung war gerade noch rechtzeitig gekommen. Fünf Wochen später, am 18. März, stimmte die überwältigende Mehrheit der ostdeutschen Wähler bei ihrer ersten freien Wahl entgegen den meisten Voraussagen für die CDU sowie die mit ihr verbündeten Parteien und damit für die rasche Vereinigung. Die konservative Koalition errang 49,8 Prozent der Stimmen, während die SPD, die einem langsameren Weg zur Vereinigung den Vorzug gab und im östlichen Teil Deutschlands traditionell stark gewesen war, nur 21,2 Prozent der Stimmen gewann.[120]

Innerhalb von nur drei Monaten schwenkte Gorbatschow von vagen Erklärungen darüber, daß die Geschichte über

Deutschlands Schicksal entscheiden werde, zur vollen, direkten Zustimmung zur Vereinigung Deutschlands um. Trotz der bisweilen scharfen Äußerungen Schewardnadses und anderer sowjetischer Politiker vermochten Gorbatschow und seine engsten Berater schließlich die Realität zu akzeptieren. Die alten Deutschlandexperten, die *germanisty*, waren dazu nicht in der Lage. Für sie war die Ablehnung der deutschen Einheit geradezu eine Existenzfrage. Schließlich hatte der Sinn ihrer gesamten Karriere darin bestanden, dafür zu sorgen, daß die beiden deutschen Staaten getrennt blieben und sowjetische Interessen nicht gefährdeten.[121]

Was letzten Endes bei Gorbatschow den Ausschlag gab, das war die nationale Frage. Er erkannte, daß die Modrow-Regierung nach den Märzwahlen nicht mehr an der Macht sein würde, und wenn Ostdeutschland nicht mehr sozialistisch war, wie konnte es dann noch einen ostdeutschen Staat geben? Die Polen, Ungarn, Tschechen und Slowaken hatten sich immerhin ein starkes, vom Kommunismus getrenntes Nationalbewußtsein bewahrt; als der Kommunismus scheiterte, blieben die polnische, die ungarische, die tschechische und die slowakische Nation erhalten. Die DDR dagegen hatte nie eine gesonderte nationale Identität entwickelt. Ihre einzige Existenzberechtigung hatte darin bestanden, daß sie ein besseres, sozialistisches Deutschland sein wollte. Mit der Ablehnung des Sozialismus blieb nichts davon übrig. Sie wurde, wie der Schriftsteller und Dissident Stefan Heym formulierte, zu einer »Fußnote der Geschichte«.[122]

Sobald sich die Sowjets ins Unvermeidliche schickten, bemühten sie sich, in den Verhandlungen mit der Bundesrepublik so viel wie möglich herauszuholen. Anfang 1990 bedeutete dies eine größere Unterstützung der UdSSR durch die Bundesrepublik – am 9. Februar ein Gesamtpaket von 220 Millionen DM für humanitäre Hilfe – und die Zusage, daß Deutschland die wirtschaftliche Kooperation mit der UdSSR verstärken würde. Es bedeutete auch die westdeutsche Zusicherung, daß sich ein künftiges vereinigtes Deutschland nicht gegen sowjetische Interessen stellen werde. Das war indes eine wirklich bescheidene Gegenleistung dafür, daß Moskau das verlor, was einmal als Perle in der Krone des sowjetischen Imperiums gegolten hatte.

Nachdem Moskau den inneren Aspekten der Vereinigung zugestimmt hatte, blieb Gorbatschow nur noch eine Trumpfkarte – Deutschlands internationaler Status. In Wirklichkeit hatte er kaum eine Wahl. Die Frage Neutralität oder NATO-Mitgliedschaft war, im nachhinein betrachtet, weniger offen, als damals viele dachten. Am Ende der intensiven, sechsmonatigen Verhandlungen über die äußeren Aspekte der deutschen Einheit hat sich Gorbatschow vielleicht an den Ratschlag erinnert, den er während seines DDR-Besuchs im Oktober 1989 Schülern im Treptower Park gab (wo sich ein großes Denkmal für gefallene sowjetische Soldaten befindet): »Fürchtet euch nicht vor dem Leben. Selbst wenn es euch Überraschungen bringen mag, fürchtet euch nicht.«[123]

Resümee

Die Art und Weise, wie die sowjetische Zustimmung zur deutschen Einheit erlangt wurde – fast mit mehr Glück als Verstand, mit nur wenigen klaren Orientierungspunkten für die politischen Entscheidungen, wobei die Sowjetunion vor der entschlossenen westlichen Politik kapitulierte –, beeinflußt das Bild, das Russen und Deutsche heute voneinander haben. Die UdSSR verfolgte den Sturz Honeckers fast gleichgültig. Sie spielte auch beim Fall der Berliner Mauer und bei den Ereignissen, die zum Kollaps des ostdeutschen Sozialismus und der DDR führten, nur eine Nebenrolle. Sogar der sowjetische Botschafter in Ostberlin und der sowjetische Geheimdienstapparat waren über die wirkliche Lage in der DDR schlecht informiert und erfuhren von den Entwicklungen erst im nachhinein.

Moskau behielt jedoch einen gewissen Einfluß auf die ostdeutsche Politik und wurde nach dem Sturz Honeckers von der ostdeutschen Führung um Rat gefragt. Doch die Antworten des Kreml waren fragmentarisch, unkonzentriert und im wesentlichen nur reaktiv. Von seinen internen Problemen voll in Anspruch genommen, befaßte sich Gorbatschow nur am Rande mit den Vorgängen in der DDR. Nach dem Fall der Mauer hatte er kein Konzept für das, was in Ostdeutschland geschehen sollte, außer daß er die Vereinigung verhindern wollte. Als er im Januar 1990 sein Expertenteam für Deutschlandfragen einberief, hatte die UdSSR trotz ihrer Proteste gegen Kohls Zehn-Punkte-Plan und die Antwort der Alliierten darauf bereits *de facto* die Vereinigung hingenommen.

Auch die Spitzenfunktionäre von Partei und Regierung der DDR waren nicht zu einem konzertierten Vorgehen fähig. Nach Honeckers Sturz und unter dem Druck der zunehmenden Demonstrationen war die Nomenklatura hauptsächlich damit beschäftigt, sich an der Macht zu halten, und hatte keinen systematischen Reformansatz. Als Modrow schließlich im Dezember die Macht übernahm, hatte die ostdeutsche Bevölkerung bereits den Glauben an den Erfolg eines reformierten Sozialismus verloren.

Von allen äußeren Mächten spielte die Bundesrepublik bei der Förderung der deutschen Einheit dadurch die wichtigste Rolle, daß sie mit der ungarischen und tschechoslowakischen Regierung über die Ausreise ostdeutscher Flüchtlinge in den Westen verhandelte. Bonn war jedoch ebensowenig wie Moskau an einer raschen Vereinigung interessiert. Kohls Zehn-Punkte-Plan war sowohl eine Reaktion auf den Druck, den der Flüchtlingsstrom nach Westdeutschland erzeugte, als auch das Resultat seines Wunsches, seinen politischen Konkurrenten zuvorzukommen. Bonn ergriff jedoch im Unterschied zu Moskau die Initiative und versuchte in Abstimmung mit seinen Verbündeten auf die Entwicklung in der DDR Einfluß zu nehmen. Kohl spielte bei der Festlegung der Agenda eine größere Rolle als sein sowjetischer Partner. Die Vereinigten Staaten leisteten ebenfalls einen entscheidenden Beitrag, indem sie die politischen Schritte der Bundesrepublik unterstützten und Gorbatschow dazu brachten, sie zu akzeptieren.

Hätte die Sowjetunion die Vereinigung Deutschlands verhindern können? Theoretisch ja. Aber hätten die Sowjets Gewalt angewendet, so wäre es mit der Ost-West-Zusammenarbeit – eine wesentliche Komponente der Revolution Gorbatschows – vorbei gewesen. Auch die Perestroika in der UdSSR wäre untergegangen, da Gorbatschow seine Glaubwürdigkeit als Reformer verloren hätte. Obwohl Gewaltanwendung eine theoretische Möglichkeit war, kam sie also praktisch nicht in Frage, zumal die Sowjetunion auf einer Tagung des Warschauer Pakts im Dezember 1989 offiziell auf die Breschnew-Doktrin verzichtet hatte. Gorbatschow hatte mit seiner Politik unfreiwillig den Untergang der DDR beschleunigt. Die Geschichte hatte entschieden, daß die deutsche Nation nicht in hundert Jahren wiedervereinigt würde, wie Gorbatschow 1987 vorausgesagt hatte, sondern bereits fünf Jahre nach seinem Machtantritt.

Welche Lehren zog der Westen aus diesen drei stürmischen Monaten? Er erkannte, daß der Kreml zwar gegen die Vereinigung war, aber nur reden und nicht handeln würde, um der innerdeutschen Entwicklung zu begegnen. Angesichts der geschlossenen Front des Westens gab Gorbatschow nach. Außer sporadischen Versuchen, die Vier-Mächte-Verantwortung wiederzubeleben, gab es keine sowjetischen Initiativen. Trotz allem, was Gorbatschow, Schewardnadse und ihre Mitstreiter *ex post facto* geschrieben haben, gibt es keinerlei Beweise dafür, daß sie 1989 ernsthaft eine bald bevorstehende Vereinigung Deutschlands in Betracht zogen. Sie kam für sie völlig überraschend. Daher stießen Westdeutschland und seine Verbündeten nur auf sporadischen Widerstand seitens der Sowjetunion, als die zweite – schwierigere – Phase der Verhandlungen über die deutsche Einheit begann. Trotzdem gab es in der ersten Hälfte des Jahres 1990 bohrende Zweifel. Würden Gorbatschow und Schewardnadse plötzlich ihren Modus operandi ändern und den Westen mit einer harten, einheitlichen Strategie konfrontieren?

Das geeinte Deutschland und die NATO: Der Kreml entscheidet

»Die Geschichte hat uns gelehrt, daß wir gegenüber den Deutschen immer auf der Hut sein müssen.«

Schewardnadse zu Baker, 1990[1]

»Wir hatten großes Glück, daß die Sowjets untereinander nie einig wurden.«

Ein westlicher Teilnehmer an den Zwei-plus-Vier-Gesprächen[2]

Nachdem Gorbatschow der Vereinigung Deutschlands prinzipiell zugestimmt hatte, lautete die zentrale Frage, welche Rolle ein geeintes Deutschland in Europa spielen würde. Die sowjetischen Ansichten zu diesem Problem waren von den vierzigjährigen Realitäten des Kalten Krieges und von der kommunistischen Propaganda geprägt. Diese hatte die NATO als eine imperialistische Allianz par excellence dämonisiert, als ein Bündnis, das sich die Vernichtung der sozialistischen Länder zum Ziel gesetzt hatte. Gorbatschow hatte die Entideologisierung der sowjetischen Außenpolitik angekündigt, aber die Geister der Außenpolitik vergangener Tage beeinflußten weiterhin die Visionen des Kreml von der Zukunft Europas. Die sowjetische Führung blieb eine Gefangene ihrer früheren offiziellen Erklärungen, und die außenpolitische Elite empfand eine tief verwurzelte Abneigung gegen die NATO. Hinzu kam die wachsende Besorgnis Gorbatschows und seiner Mitstreiter, es könne beim Zusammenbruch des kommunistischen Imperiums der Eindruck entstehen, sie würden vom Westen gedemütigt, und ihre Gegner im eigenen Land könnten diesen Eindruck gegen sie verwenden. Der Westen befand sich ebenfalls in einer unbehaglichen Lage. Er war entschlossen, den Sowjets Zugeständnisse abzuringen, wollte aber nicht, daß diese zu Gorbatschows Sturz führten.[3] Die Verhandlungen erforderten daher eine delikate Mischung aus Entschlossenheit und Flexibilität.

Moskau spielte bei den Verhandlungen, in denen zwischen Februar und September 1990 die äußeren Existenzbedingungen des wiedervereinigten Deutschland entschieden wurden, eine bedeutendere Rolle als in der Frage der inneren Einigung Deutschlands. Aber wie 1989 erschöpften sich seine Einflußmöglichkeiten darin, nein zu sagen. Es besaß ein Vetorecht, war aber letztlich nicht in der Lage oder gewillt, eine eigene konsequente, einheitliche Agenda vorzuschlagen, die vielleicht zu einem anderen Ergebnis geführt hätte als zur vollen Integration des wiedervereinigten Deutschland in die NATO. Drei miteinander verknüpfte Fragen waren zu entscheiden: erstens, ob ein vereinigtes Deutschland ein Teil der NATO bleiben oder alle Bündnisse aufkündigen und neutral werden sollte; zweitens, ob ausländische Truppen auf deutschem Boden stationiert bleiben sollten; und drittens, wie und wann Deutschland eine völlig souveräne Nation werden sollte.

In diesem Kapitel werden drei Aspekte des äußeren Einigungsprozesses behandelt:

- Welche Hauptfaktoren beeinflußten die sowjetische Entscheidungsfindung? Wie und warum änderte der Kreml seine Haltung zur Eingliederung Deutschlands in die NATO?
- Welche Agenda verfolgte die Bundesregierung während dieses Prozesses? Wie ging sie vor, um Moskau zur Änderung seiner Politik zu veranlassen?
- Welche Rolle spielten die Vereinigten Staaten bei der Unterstützung der Agenda Deutschlands und beim Zustandebringen der Vereinigung?

Mit Gorbatschows Bemerkung gegenüber Kohl, die Sowjetunion werde der Vereinigung nicht im Weg stehen, hatte die UdSSR auf jegliche Einflußnahme auf die inneren Aspekte dieses Prozesses verzichtet, obwohl sie sich weiterhin periodisch zu dessen Weiterungen äußerte. Schließlich hatte Gorbatschow erklärt, daß dies eine Frage sei, die die beiden deutschen Staaten selbst klären sollten. Trotzdem berührten die rechtlichen Aspekte der inneren Vereinigung die äußeren Aspekte. Die westdeutsche Verfassung sah zwei verschiedene Wege zur deutschen Einheit vor. Der erste bestand darin, die Einheit aufgrund des Artikels 23 des Grundgesetzes herzustellen. Dies bedeutete im wesentlichen einen »Anschluß«, wobei die DDR am Tag der Vereinigung der Bundesrepublik beitreten und die Bonner Verfassung übernehmen würde, wie dies 1957 das Saarland getan hatte. Artikel 23 bedeutete im Grunde die Übernahme Ostdeutschlands durch die Bundesrepublik und nicht ein Verschmelzen beider Teile Deutschlands. Die zweite Möglichkeit war in Artikel 146 GG vorgesehen. Sie hätte bedeutet, daß Ostdeutschland die westdeutsche Verfassung nicht in Bausch und Bogen übernommen hätte, sondern daß von beiden deutschen Staaten ein völlig neues Grundgesetz für das wiedervereinigte Deutschland ausgearbeitet worden wäre. In Ostdeutschland waren diejenigen, die die Revolution gemacht hatten – jene, die noch immer glaubten, ein reformierter Sozialismus könne einen Beitrag zum neuen Deutschland leisten, und die dieses letzte Stück der DDR-Souveränität nicht aufgeben wollten –, für den Artikel 146. Die Linke in Westdeutschland war der gleichen Meinung. In der Sowjetunion waren die *germanisty*, die in dieser letzten Phase der Verhandlungen über die Vereinigung Deutschlands ihr wahres Gesicht als Hardliner zeigten, gleichfalls gegen den Artikel 23,[4] und zwar zum Teil deswegen, weil dieser es einem vereinigten Deutschland erleichterte, in der NATO zu bleiben, wohingegen der Artikel 146 die gesamte Frage des internationalen Status Deutschlands neu aufgeworfen hätte.[5]

Bis zur Volkskammerwahl am 18. März übte die UdSSR

durch das freundschaftliche Verhältnis zwischen Modrow und Gorbatschow weiterhin einen gewissen Einfluß auf die DDR aus. Die Wahl bedeutete indes das Ende dieser Zusammenarbeit. Die CDU/CSU, die im Wahlkampf die rasche Vereinigung nach Artikel 23 propagiert hatte, wurde mit 49 Prozent der Wählerstimmen die vorherrschende Macht in der Noch-DDR. Die SPD, deren Wahlsieg prophezeit worden war, errang nur 21 Prozent der Stimmen, während die PDS (nunmehr ohne den SED-Vorspann) 17 Prozent erhielt. Nach der Volkskammerwahl verhandelte Gorbatschow fast nur noch mit West- und nicht mehr mit Ostdeutschland. Moskau und Bonn schlossen die neue, nichtkommunistische DDR-Regierung unter dem CDU-Ministerpräsidenten Lothar de Maizière größtenteils von wichtigen außenpolitischen Entscheidungen aus.

In der Zeit von Februar bis September 1990 – innerhalb von nur sieben Monaten – wurde die gesamte Landkarte Europas neu gezeichnet, wurden die Ergebnisse des Zweiten Weltkrieges revidiert. Es war eine Periode hektischer Verhandlungen auf den verschiedensten Ebenen, aber die Westmächte erkannten, daß das »Fenster der Möglichkeiten« nur für eine begrenzte Zeit offenstand. Gorbatschow war in seinem eigenen Land einem wachsenden Druck ausgesetzt: Er wurde sowohl von Hardlinern angegriffen, die ihn beschuldigten, den Sozialismus zu demontieren, als auch von Reformern, die ihm vorwarfen, zu langsam vorzugehen. Boris Jelzin war Rußlands aufsteigender Stern, und nach seiner Wahl zum Präsidenten der Russischen Föderation durch den neu gewählten russischen Kongreß der Volksdeputierten sagten er und seine Anhänger Gorbatschow als Generalsekretär der KPdSU und Präsident der UdSSR den Kampf an. Zur gleichen Zeit hatten auch die baltischen Staaten und die Ukraine ihre Parlamente gewählt und forderten ihre Unabhängigkeit.

Während der siebenmonatigen Verhandlungen über die Einheit Deutschlands wurde Gorbatschow sowohl von den Kommunisten als auch von den Reformern bedrängt. Doch die Flucht der Ostdeutschen in den Westen hielt an und erhöhte den Druck auf Bonn, das sich dadurch genötigt sah, den Einigungsprozeß zu vollenden und die nervösen Ostdeutschen zu bewegen, zu Hause zu bleiben. Die Vereinigten Staaten und die Bundesrepublik hofften, daß sie mit ihrem Drängen auf eine rasche Vollendung der deutschen Einheit Moskau vor eine Reihe unliebsamer Entscheidungen stellen, aber letztlich dazu bringen konnten, die westlichen Bedingungen zu akzeptieren.[6] Da die Sowjets keinen besonderen Grund hatten, den Prozeß der deutschen Einigung zu beschleunigen, ließen sie sich auf eine westliche Agenda ein, wobei ihre Verhandlungspartner sich der Notwendigkeit bewußt waren, den Eindruck zu vermeiden, daß der Westen Moskau Zugeständnisse abgepreßt habe. Vor allem die Deutschen waren bemüht, keine Schritte zu unternehmen, die die Machtposition Gorbatschows unterminieren und seine Absetzung nach sich ziehen konnten. Es sei daran erinnert, daß 1990 die Hauptsorge vieler Nachbarn Deutschlands, insbesondere Frankreichs und Großbritanniens, darin bestand, daß Deutschland nach Vollendung der Vereinigung erneut im Begriff wäre, eine Großmacht zu werden. Premierministerin Thatcher berichtet von einem Gespräch, das sie mit Präsident Mitterrand geführt hatte: »Seit der Einigung unter Bismarck hat Deutschland stets auf unberechenbare Weise zwischen Aggression und Selbstzweifeln geschwankt. Er [Mitterrand] war noch besorgter als ich. Deutschland, bemerkte er, habe in der Geschichte noch nie seine wahren Grenzen gefunden, denn die Deutschen seien ein Volk, das ständig in Bewegung und im Wandel sei. Daraufhin holte ich aus meiner Handtasche eine Landkarte, auf der Deutschland in seinen verschiedenen Konfigurationen der Vergangenheit abgebildet war. Diese Veränderungen waren im Hinblick auf die Zukunft nicht sonderlich beruhigend.«[7]

In Anbetracht der Tragweite der deutschen Vereinigung ist es kaum verwunderlich, daß es in der Sowjetunion Meinungsverschiedenheiten darüber gab. So ist es in der Tat bemerkenswert, wie rasch der gesamte Prozeß der Verhandlungen abgeschlossen wurde. Doch flossen die internen sowjetischen Diskussionen darüber, ob und unter welchen Bedingungen Deutschland in der NATO verbleiben könne, unweigerlich in die Verhandlungen ein. In der Regel äußerte sich Schewardnadse in dieser Frage schroffer als Gorbatschow. Der Außenminister vertraute seinen westlichen Verhandlungspartnern an, er müsse harte Positionen vertreten, da er sich konservativer Kritik im eigenen Lande gegenüber besonders verwundbar fühle.[8] Sowohl dieser Umstand als auch die Tatsache, daß einige westliche Länder, besonders Frankreich und Großbritannien, nach Gorbatschows Überzeugung die deutsche Einheit nicht wollten, erklärt die verwirrende Vielfalt von Vorschlägen, die Moskau im Laufe dieser fünf Monate machte. Außerdem waren sich die Deutschen keineswegs sicher, daß sie ihr Endziel – ein voll in die NATO integriertes geeintes Deutschland – erreichen würden. Einige Vertreter der Bundesregierung hätten sich auch mit weniger als der Vollmitgliedschaft in der NATO zufriedengegeben und waren manchmal sowohl über die Zugeständnisse der Sowjets als auch über die Leichtigkeit erstaunt, mit der sie ihre Ziele erreichten.[9] In Anbetracht der unterschiedlichen sowjetischen Auffassungen und der Tatsache, daß die Mitgliedschaft Deutschlands in der NATO bis zum Tag der Unterzeichnung des endgültigen Vertrages und darüber hinaus ständig aus Moskau kritisiert wurde, ist es um so erstaunlicher, daß die westliche Seite alle ihre Positionen durchsetzen konnte, ohne größere Konzessionen zu machen. Entscheidend für das erfolgreiche Ergebnis dieser Verhandlungen waren die Uneinigkeit und Desorganisation sowie die Ablenkung durch innere Probleme auf sowjetischer Seite und – trotz bedeutender Differenzen zwischen den Verbündeten – die Koordination und Entschlossenheit auf westlicher Seite. Der Erfolg der Verhandlungen war jedoch nicht vorherbestimmt. Er war sowohl auf Glück als auch auf staatsmännisches Geschick zurückzuführen.

Nachdem Deutschland 1949 in zwei Staaten geteilt worden war, enthielten alle sowjetischen Vorschläge in bezug auf

Deutschland stets eine Bedingung: Ein künftiges vereinigtes Deutschland mußte neutral sein. Auch Stalins Vorschlag von 1952 forderte dies, wenngleich Deutschland eigene Streitkräfte zugestanden wurden. Außerdem gab es in der Bundesrepublik immer eine Minderheit, welche die Idee einer deutschen Neutralität befürwortete.[10] Zudem fand die sowjetische Kritik an der NATO ein Echo in den Friedensbewegungen beider deutscher Staaten, was zur Folge hatte, daß 1990 viele Ostdeutsche – zum Beispiel die postkommunistischen Minister Rainer Eppelmann (Verteidigung) und Markus Meckel (Äußeres), beide von Hause aus Pastoren – anfangs gegen ein vereintes Deutschland innerhalb der NATO waren.

Mit der Neutralitätsfrage eng verbunden war die weiterreichende Frage nach der künftigen Rolle der NATO. Zwar glaubten viele westliche Beobachter, eines der Hauptziele des Kreml während des Kalten Krieges habe darin bestanden, die NATO zu spalten und der militärischen Präsenz der USA in Europa ein Ende zu bereiten, doch eigentlich war die sowjetische Politik gegenüber der NATO immer ambivalent gewesen. In einigen entscheidenden Augenblicken deuteten Sowjetführer an, sie wollten die amerikanisch-deutschen Beziehungen zwar schwächen, aber die amerikanische Präsenz in Europa nicht ganz beseitigen, weil Amerika als stabilisierende Kraft wirkte, die in der Lage sei, Westdeutschland in Schach zu halten. In einem Europa ohne Amerika und ohne totale sowjetische Kontrolle bestand in den Augen der Russen die Gefahr, daß Deutschland zu mächtig wurde.[11]

Mit ebendiesen Problemen waren Gorbatschow und Schewardnadse 1990 konfrontiert. Welche Möglichkeiten gab es, wenn Deutschlands Neutralität für den Westen inakzeptabel war? Eine davon bestand in der Forderung nach Einberufung einer Friedenskonferenz aller Länder, die am Zweiten Weltkrieg teilgenommen hatten. Da nach Kriegsende nie ein Friedensvertrag geschlossen worden war, hatte dieser Vorschlag eine gewisse Berechtigung. Die Deutschen wollten eine solche Konferenz jedoch um jeden Preis vermeiden, weil sie die Gefahr in sich barg, daß viele Länder von Deutschland Reparationen verlangen konnten. Stalin hatte von den Westzonen nie die in Jalta versprochenen Reparationen erhalten, und diese Frage wäre unweigerlich aufgetaucht.[12]

Wie konnte man den möglichen Verbleib des vereinigten Deutschland in der NATO vor dem sowjetischen Volk rechtfertigen, das ja kaum den raschen Zerfall Osteuropas verdauen konnte? Der amerikanische Außenminister James Baker hatte Gorbatschow eine Antwort darauf gegeben, als er im Februar, zwei Tage bevor dieser Kohl grünes Licht für die Vereinigung gab, mit dem Sowjetführer zusammentraf. Er fragte ihn, was ihm lieber sei: ein unabhängiges Deutschland außerhalb der NATO, ohne US-Truppen auf seinem Boden, das sich vielleicht eigene Kernwaffen zulegt, oder ein vereinigtes Deutschland, das in die NATO eingebunden sei, mit der verbindlichen Zusage, daß der gegenwärtige NATO-Bereich nicht um einen Zoll nach Osten ausgedehnt werde. Gorbatschow stimmte zu: »Jede Erweiterung des NATO-Bereichs ist unannehmbar.«[13] Baker meinte die Ausdehnung der NATO-Jurisdiktion auf das Territorium der DDR und nicht etwa die künftige NATO-Erweiterung. Schließlich existierte der Warschauer Pakt noch, und die Diskussion drehte sich einzig und allein um Deutschland.

Die Sowjets standen jedoch vor einem alten Dilemma. Die NATO war immerhin geschaffen worden, um sowohl die Sowjetunion als auch Deutschland einzudämmen. Der zweite Aspekt wurde normalerweise nur in wissenschaftlichen sowjetischen Veröffentlichungen erörtert und blieb in der öffentlichen Debatte unerwähnt. Obwohl die Sowjets den Gedanken verabscheuten, einem geeinten Deutschland zuzustimmen, das der NATO angehörte, war die andere Aussicht – ein großes, mächtiges, ungebundenes Deutschland, das sich zu einer künftigen Atommacht entwickeln konnte – vielleicht sogar noch besorgniserregender. Die NATO war der Teufel, den sie kannten; ein geeintes neutrales Deutschland war der Teufel, den sie nicht kannten und nicht einschätzen konnten.[14]

Sobald die Sowjets beschlossen hatten, die volle Eingliederung Deutschlands in die NATO zu akzeptieren, konzentrierten sie sich auf die künftige Stärke der gesamtdeutschen Streitkräfte und auf die wirtschaftliche Kompensation für ihre wichtigsten Konzessionen – eine verspätete Form von Reparationen. Untersucht man den Verlauf der Verhandlungen, so war die Entscheidung, welche die NATO betraf, gewiß die wichtigste, doch beeinflußten noch andere Diskussionen die sowjetische Kompromißbereitschaft. Gorbatschow hätte selbstverständlich die NATO-Lösung ablehnen oder die Verhandlungen länger hinziehen können; doch wurde immer klarer, daß es keinen Grund gab, die Verhandlungen zu bremsen, jedoch alle möglichen Anreize, sie zu beschleunigen, wenn Gorbatschow an einer weiteren westlichen Unterstützung seiner Reformen interessiert war, um seine Position im eigenen Land zu stärken.[15] Die Sowjetunion besaß rein theoretisch verschiedene Optionen, praktisch aber verkleinerte sich ihr Spielraum 1990 fortwährend.

Der Ursprung der Zwei-plus-Vier-Gespräche

Es gibt Meinungsverschiedenheiten darüber, von wem die Idee der Zwei-plus-Vier-Gespräche – der Verhandlungen zwischen den beiden deutschen Staaten und den vier Besatzungsmächten in Deutschland – über die äußeren Aspekte der deutschen Vereinigung stammt. Nach dem 10. Februar mußte als erstes entschieden werden, wie diese Gespräche geführt werden sollten. Zwar hatte der Kreml anfangs auf einer Friedenskonferenz unter Teilnahme aller am Zweiten Weltkrieg beteiligten Staaten oder auf dem Viermächte-Mechanismus bestanden, doch wurde bald klar, daß die Deutschen zu diesen Diskussionen hinzugezogen werden mußten. Einige Deutsche vertraten sogar den Standpunkt, die beiden deutschen Staaten sollten allein über ihren internationalen Status verhandeln, doch damit waren die Vier Mächte nicht einverstanden. Es herrschte eine beispiellose Situation, die ungewöhnliche Kompromisse erforderte. Welcher Mechanismus konnte die Sowjets, die Deutschen und die anderen Westmächte zufriedenstellen?

Tschernjajew behauptet, er habe die Idee von Gesprächen, an denen die vier Besatzungsmächte und die beiden deutschen Staaten teilnehmen sollten und die er als »Vier plus Zwei« bezeichnete, bei der Beratung am 26. Januar in Moskau vorgeschlagen. Gorbatschow habe ihn sofort unterstützt, und Achromejew habe sich bereit erklärt, die oberste Leitung beim Abzug der sowjetischen Truppen aus Ostdeutschland zu übernehmen. Die Teilnehmer seien sich auch darüber einig gewesen, daß die UdSSR engere Kontakte zu Großbritannien und Frankreich unterhalten sollte, da sie der Vereinigung skeptischer gegenüberstanden als die USA oder die beiden deutschen Staaten.[16]

Gorbatschow vermerkt zu Recht, daß »die Idee eines solchen Verfahrens [Zwei plus Vier] in Moskau und in westlichen Hauptstädten gleichzeitig und unabhängig voneinander entstanden« sei.[17] Im Januar war der Planungsstab des US-Außenministeriums übereingekommen, daß Viermächteverhandlungen nicht geeignet seien, um über Deutschlands Zukunft zu entscheiden. Das Zwei-plus-Vier-Forum wurde als effektivster Mechanismus angesehen. Genscher hatte Bush klargemacht, daß die Deutschen bei diesen Verhandlungen nicht an den »Katzentisch« verwiesen werden wollten, wie dies in den fünfziger und sechziger Jahren bei den Viermächteverhandlungen über Deutschland geschehen war.[18] Die Amerikaner unterbreiteten den Briten und Franzosen diesen Vorschlag und baten dann Genscher um seine Zustimmung. Genscher bestand jedoch darauf, daß das Forum »Zwei plus Vier« und nicht, wie von den Sowjets vorgeschlagen, »Vier plus Zwei« heißen solle. Er wollte damit hervorheben, daß die beiden deutschen Staaten und nicht die vier Siegermächte die Hauptakteure bei diesen Verhandlungen waren.[19]

Die Zwei-plus-Vier-Gespräche gingen also auf westliche

und sowjetische Ideen gleichermaßen zurück. Ende Januar hatte Genscher in einer Rede in Tutzing damit begonnen, eine diplomatische Strategie zu entwickeln, die unter dem Namen »Genscher-Plan« bekannt wurde; sie sollte Deutschlands weitere NATO-Zugehörigkeit gewährleisten, aber auch der Sowjetunion ein Gefühl der Sicherheit geben. Er betonte die Bedeutung der Konferenz für Sicherheit und Zusammenarbeit in Europa (KSZE) und anderer europäischer Strukturen und versprach dann den Sowjets: »Sache der NATO ist es, eindeutig zu erklären: Was immer im Warschauer Pakt geschieht, eine Ausdehnung des NATO-Territoriums nach Osten, das heißt näher an die Grenzen der Sowjetunion heran, wird es nicht geben.«[20] Zu diesem Zeitpunkt befürchtete Genscher, daß die Sowjets die Vereinigung blockieren könnten, wenn nicht ein besonderer NATO-Status für die DDR angeboten würde.

Von allen vier Siegermächten hatten nur die Vereinigten Staaten keine ernsthaften Vorbehalte gegen die deutsche Einheit, und sie taten mehr als die drei anderen Mächte, um sie zu fördern. Amerika war von den Nazis weder überfallen noch besetzt worden wie Frankreich und die UdSSR, noch hatte es unter ihren Bombardierungen gelitten wie die Briten. Außerdem hatte es in Anbetracht seiner Rolle als Supermacht, die Westdeutschlands Sicherheit garantierte, mehr Einfluß auf Bonn als seine Verbündeten als Mitglieder der Europäischen Gemeinschaft. Aus diesem Grund übernahmen die Vereinigten Staaten die Führung im Zwei-plus-Vier-Prozeß. Das US-Außenministerium erkannte, daß die KSZE mit ihren fünfunddreißig Mitgliedern ein viel zu schwerfälliger Rahmen für Verhandlungen über die deutsche Einheit sein würde. Aber eine Konferenz der vier Siegermächte allein würde Deutschlands Recht auf Selbstbestimmung ignorieren. Also bestand die beste Lösung darin, die vier Siegermächte und die beiden deutschen Staaten miteinander verhandeln zu lassen. Dieses Forum hatte den Vorteil, eine große Friedenskonferenz zu vermeiden und Deutschland bei den Verhandlungen über seine Zukunft volles Mitspracherecht zu gewähren, ohne die Russen zu verprellen. Es gab aber auch potentielle Nachteile. Das Forum würde aufgrund der Viermächterechte das Vetorecht der Sowjetunion aktivieren und so eine Struktur schaffen, mit deren Hilfe die UdSSR Deutschlands NATO-Mitgliedschaft verhindern konnte. Die Sowjets würden diese Arena auch nutzen können, um Zugeständnisse hinsichtlich der Größe der künftigen deutschen Armee und hinsichtlich der Präsenz und Rolle der alliierten Streitkräfte in Deutschland zu fordern.[21] Dennoch gelangten die Vereinigten Staaten und Deutschland zu dem Schluß, daß dies das beste Forum für die Verhandlungen über die äußeren Aspekte der deutschen Vereinigung sei.

Danach flog Baker nach Moskau, um dort das Problem zu erörtern. Gorbatschow antwortete: »›Vier plus Zwei‹ oder ›Zwei plus Vier‹ ist für die Situation geeignet, vorausgesetzt, das Ganze beruht auf einer völkerrechtlichen Grundlage.« Er stellte klar, daß der Kreml noch immer »Vier plus Null« oder »Vier plus Zwei« bevorzugen würde; Deutschland sollte also nicht die gleichen Rechte wie die vier Besatzungsmächte haben. Doch er lehnte den Prozeß nicht grundsätzlich ab. Baker war über Gorbatschows Bereitschaft, die Formel zu akzeptieren, überrascht, bemerkte aber, daß dieser die Augen vor der Realität des Abstiegs der UdSSR als Supermacht verschloß.[22] Indem Moskau dem Zwei-plus-Vier-Mechanismus zustimmte, hatte es eingeräumt, daß die beiden deutschen Staaten das gleiche Recht hatten wie die Vier Mächte, über die äußeren Aspekte der deutschen Einheit zu entscheiden. Die Formel bedeutete in Wirklichkeit, daß die deutschen Interessen Vorrang vor denen der Vier Mächte hatten. Dies ist der Grund, weshalb sie in Moskau auf beträchtlichen Widerstand stieß.

In seinen Memoiren beschuldigte ein verbitterter Valentin Falin – nachdem er die sowjetische Führung dafür gescholten hatte, daß sie kein Konzept für das besaß, was sie von einem vereinigten Deutschland erwartete – Schewardnadse, Gorbatschow überfahren zu haben. Laut Falin mißachtete er Gorbatschows strikte Weisung, auf der Version »Vier plus Zwei« zu bestehen, und sprach von »Zwei plus Vier«.[23] Zwar sollte man Falins Bemerkungen mit einer gewissen Skepsis betrachten, doch hat er recht mit seiner Feststellung, daß die sowjetische Seite ständig unterschiedliche Signale von sich gab.

Der Zwei-plus-Vier-Mechanismus wurde am 12. Februar 1990 auf der »Open-Skies«-Konferenz der Außenminister im kanadischen Ottawa offiziell aus der Taufe gehoben. Die Verhandlungen waren schwierig. »Es entspräche nicht der Wahrheit«, schreibt Schewardnadse, »wenn ich sagen würde, den ›Sechs‹ wäre von ihren ersten Schritten an ein glatter Weg beschieden gewesen.«[24] Genscher und Schewardnadse diskutierten lange und intensiv über Form und Inhalt der Verhandlungen.[25] Nicht nur gab es Bedenken auf sowjetischer Seite, auch war es den Beratern von Kanzler Kohl ein Dorn im Auge, daß das Auswärtige Amt beim Prozeß der Vereinigung zu selbständig agierte.[26] Aus diesem Grund hatte der Chef des Bundeskanzleramtes, Rudolf Seiters, Ende Januar eine Arbeitsgruppe Deutschlandpolitik gebildet, die von nun an regelmäßig tagen sollte.[27] Trotzdem gab es während der nächsten Monate ständig bürokratische Streitigkeiten zwischen dem Bundeskanzleramt und dem Auswärtigen Amt, die nicht untypisch für Deutschland waren, aber bei den anderen Verhandlungspartnern Besorgnis erregten. Zuweilen übergingen die Unterhändler der Vereinigten Staaten das Auswärtige Amt und wandten sich direkt an das Bundeskanzleramt, das ihrer Meinung nach Positionen vertrat, die denen der Vereinigten Staaten eher entsprachen als die Auffassungen Genschers und seiner Kollegen. Es sei jedoch daran erinnert, daß sich alle Teilnehmer tastend auf ein unerkundetes Gebiet begaben. Die westliche Seite hatte keine Ahnung, wie weit die Sowjets ihr entgegenkommen würden, und die Sowjets waren sich untereinander uneinig. Schließlich kam der Zwei-plus-Vier-Prozeß in Gang und nahm eine Dynamik an, die weder die westliche noch die sowjetische Seite je erwartet hatte.

Es gab vier Zwei-plus-Vier-Gespräche – am 5. Mai in Bonn, am 22. Juni in Berlin, am 17. Juli in Paris und am 12. September in Moskau. Zwischen diesen Vollsitzungen, die auf Ministerebene stattfanden, kamen politische, militärische und juristische Sachverständige zusammen, um die komplizierten Details auszuarbeiten. Die zentrale Frage war, ob das vereinigte Deutschland in der NATO bleiben konnte, und wenn ja, in was für einer NATO. Sie wurde schließlich bilateral von Gorbatschow und Kohl entschieden. Die militärische Frage – die Größe der künftigen deutschen Armee – wurde offiziell bei den Wiener Verhandlungen über die konventionellen Streitkräfte in Europa (VKSE) gelöst. Doch wurden alle diese Vereinbarungen in den Zwei-plus-Vier-Vertrag aufgenommen.

Gleichzeitig verhandelten West- und Ostdeutsche über die inneren Aspekte der Vereinigung, besonders über die Währungsunion, die am 1. Juli in Kraft trat. Sie war wegen des aus politischen Gründen beschlossenen günstigen Kurses für den Umtausch von Ostmark in D-Mark Gegenstand heftiger Kontroversen. Bei einigen Transaktionen betrug der Umtauschkurs 1:1. Das widersprach dem realen Verhältnis zwischen der starken D-Mark und der immer schwächer werdenden ostdeutschen Währung. Kohl setzte sich jedoch über die Einwände des Bundesbankpräsidenten hinweg und erklärte, die günstige Umtauschrate sei das einzige Mittel, um zu verhindern, daß immer mehr Ostdeutsche in die Bundesrepublik übersiedelten.[28]

Kohls Gipfeltreffen mit Bush, das kurz nach der Ottawa-Konferenz stattfand, war sowohl wegen der Übereinstimmungen als auch wegen der Uneinigkeiten zwischen Bonn und Washington wichtig. In Camp David kamen die beiden Staatsmänner überein, daß ein vereinigtes Deutschland »Vollmitglied der NATO, einschließlich ihrer militärischen Struktur« bleiben müsse. Das damalige Gebiet der DDR sollte einen »besonderen militärischen Status« haben, der die Sicherheitsinteressen der Nachbarstaaten, einschließlich der Sowjetunion, berücksichtigen würde. Dies stellte einen Kompromiß zwischen verschiedenen Standpunkten auf deutscher Seite dar. Verteidigungsminister Gerhard Stoltenberg hatte die Formulierung des Genscher-Plans abgelehnt, wonach es keine Ausdehnung der NATO-Zuständigkeit auf das Gebiet der ehemaligen DDR geben sollte. Stoltenberg fragte, wie die NATO den östlichen Teil Deutschlands verteidigen solle, sobald Deutschland wiedervereinigt wäre. Öffentlich erklärte er, die Bundeswehr könne nach der Vereinigung im Bedarfsfall im Osten stationiert werden. Genscher hingegen war zu dem Zugeständnis bereit, daß weder NATO-Truppen noch Verbände der Bundeswehr nach der Vereinigung dort zugelassen sein sollten. Dieser Standpunkt beunruhigte die Westmächte, doch aus Sorge, daß Deutschland die Sowjets gegen sich aufbringen könnte, intervenierte Kohl zugunsten Genschers.[29] James Baker machte ihm jedoch klar, daß die Vereinigten Staaten ihre Truppen aus Europa abziehen würden, wenn ein vereintes Deutschland nicht NATO-Vollmitglied bliebe. Schließlich wurde vereinbart, daß Bundeswehrverbände, die nicht der NATO unterstellt waren, auf ostdeutschem Territorium stationiert werden durften.[30]

Während die Zwei-plus-Vier-Verhandlungen gute Fortschritte machten, entstand plötzlich eine größere Krise um die polnische Westgrenze, obwohl es sich dabei in Wirklichkeit nicht um ein aktuelles Problem handelte. Die Krise spiegelte jedoch die wachsende Unruhe der Nachbarn Deutschlands über die Geschwindigkeit des Einigungsprozesses wider, welche die Verhandlungspartner daran hinderte, über alle Konsequenzen ihres Tuns gründlich nachzudenken. Die Bundesrepublik hatte die Oder-Neiße-Grenze zwischen Polen und der DDR im Dezember 1970 anerkannt und 1975 ihre Zustimmung durch Unterzeichnung der Schlußakte der KSZE bekräftigt. Nur einige nationalistische Gruppierungen in Westdeutschland forderten die Rückkehr zu den Grenzen Deutschlands im Jahre 1937, das heißt die Rückgabe Pommerns, Schlesiens und des größten Teils von Ostpreußen – jener Gebiete, die 1945 an Polen gefallen waren. Die Vertriebenen waren gut organisiert, aber nur wenige glaubten ernsthaft, sie würden je wieder in die Gebiete zurückkehren können, aus denen sie nach dem Zweiten Weltkrieg geflüchtet oder ausgewiesen worden waren. Aus innenpolitischen Gründen brauchte Kohl jedoch die Unterstützung der Vertriebenenverbände und wollte sich ihre Gunst nicht verscherzen. Außerdem hatte die rechtsextremistische Partei der Republikaner in jenem Jahr bei Landtagswahlen sehr gut abgeschnitten, und die CDU/CSU war über die Fähigkeit der Nationalisten besorgt, Wählerstimmen der Vertriebenen zu gewinnen.

Es erhob sich nun die Frage, ob ein vereinigtes Deutschland in Anbetracht der Tatsache, daß die Konferenzen von Jalta und Potsdam sich nicht über einen endgültigen Friedensvertrag geeinigt, sondern nur provisorisch die Grenzen Polens festgelegt hatten, diese anerkennen würde. Kohl weigerte sich, für ein vereinigtes Deutschland die Verpflichtung zur Anerkennung der Grenzen Polens einzugehen, und erklärte, dies könne erst nach der Vereinigung Deutschlands geschehen, sobald ein frei gewähltes gesamtdeutsches Parlament über diese Frage abstimmen könne. Zwar verstand die US-Regierung größtenteils die innenpolitischen Gründe für Kohls Weigerung, sich zu diesem Zeitpunkt festzulegen, doch bemühte sich Präsident Bush, Kohl davon zu überzeugen, daß es für die internationale Glaubwürdigkeit Deutschlands wichtig sei, Polen gerade in der jetzigen Phase eine feste Zusage zu machen. Nachdem Kohl anfangs jedes Einlenken abgelehnt hatte, änderte er Mitte März seine Meinung. Nach der Volkskammerwahl am 18. März faßten Bundestag und neu gewählte Volkskammer getrennt Beschlüsse, die Polens Westgrenze als endgültig anerkannten. Darauf unterzeichneten die Polen auf der Zwei-plus-Vier-Konferenz am 17. Juli ein Abkommen mit beiden deutschen Staaten, das ein geeintes Deutschland verpflichtete, alle in seinen Gesetzen enthaltenen Formulierungen zu streichen, in denen die polnisch-deutsche Grenze als provisorisch bezeichnet war. Das Problem wurde also zur beiderseitigen Zufriedenheit gelöst, aber erst nachdem die Bundesregierung es geschafft hatte, das Mißtrauen der Nachbarn zu erregen, die sich ohnehin fragten, ob ein wiedervereinigtes Deutschland künftig nicht wieder einen »Drang nach Osten« verspüren würde.

Uneinigkeit bei den Sowjets

Während sich die Westmächte trotz interner bürokratischer Streitigkeiten hinsichtlich Strategie und Taktik über ihre Ziele mehr oder weniger einig waren, gab es innerhalb der Sowjetführung keinen Konsens darüber, was sie sich von den Zwei-plus-Vier-Gesprächen erwartete. In der Tat trat die sowjetische Seite in die Verhandlungen ein, ohne daß sie sich zuvor auf eine Agenda geeinigt hatte. Eine deutschlandpolitische Arbeitsgruppe, die vom stellvertretenden Außenminister Anatoli Adamischin und vom Chef der Europaabteilung Alexander Bondarenko geleitet wurde, war zwar im Außenministerium ins Leben gerufen worden, doch war ihr Einfluß begrenzt, da sich Gorbatschow persönlich eine aktive Rolle im Entscheidungsprozeß vorbehielt. Generell waren Gorbatschow und Schewardnadse bestrebt, aus den Verhandlungen unter keinesfalls optimalen Bedingungen das Bestmögliche herauszuholen, das heißt, soviel wie möglich von dem zu retten, was von der Bedeutung der UdSSR als Weltmacht übriggeblieben war. Wichtiger als die Einzelheiten der Zwei-plus-Vier-Verhandlungen war letztlich, daß sie nicht noch mehr Macht und Ansehen einbüßten und daß ihre Position im eigenen Land nicht noch weiter unterminiert wurde. Woche für Woche verringerte sich ihr Einfluß, während sich der Prozeß der inneren Vereinigung Deutschlands beschleunigte. Obwohl einige sowjetische Sprecher weiterhin von einem neutralen Deutschland redeten, ist es fraglich, ob Gorbatschow oder Schewardnadse dies im Februar noch als eine realistische Möglichkeit ansahen. Bis zur Volkskammerwahl am 18. März mögen sie noch gehofft haben, daß die Vereinigung in Form von konföderalen Strukturen und nicht als »Anschluß« nach Artikel 23 des Grundgesetzes erfolgen würde. Sie konnten sich nicht mit dem Gedanken anfreunden, daß ein geeintes Deutschland Vollmitglied der NATO sein sollte. So äußerte Schewardnadse Anfang März: »Die Vorhersage der Mitgliedschaft eines vereinigten Deutschland in der NATO entspricht nicht unseren

Vorstellungen von eigenen nationalen Interessen.«[31] Gorbatschow berichtet, daß Schewardnadse auf einer Sitzung des Politbüros am 3. Mai, unmittelbar vor dem ersten Zwei-plus-Vier-Gespräch, »beauftragt wurde, auf militärischer Neutralität des vereinigten Deutschland oder im äußersten Fall auf seiner Mitgliedschaft in den beiden Blöcken – der NATO und des Warschauer Pakts – zu bestehen«.[32] Zumindest bis Ende Mai waren weder Gorbatschow noch Schewardnadse bereit, der deutschen Vollmitgliedschaft in der NATO zuzustimmen.

Bei den Sowjets herrschte allgemeine Übereinstimmung darüber, daß die Streitkräfte des vereinigten Deutschland reduziert werden und viel geringer sein müßten als die Kräfte von Bundeswehr und NVA zusammengenommen und daß Deutschland keine Kernwaffen besitzen dürfe. Die Sowjets schlugen anfangs eine Obergrenze von 200 000 Mann vor und waren ihrerseits zum Abzug aller sowjetischen Truppen von deutschem Boden bereit. Auch wirtschaftliche Fragen wurden in den Verhandlungen aufgeworfen. Die Sowjetunion wollte sichergehen, daß das geeinte Deutschland alle wirtschaftlichen Verpflichtungen der DDR übernahm und seine wirtschaftlichen Kontakte mit der UdSSR, vor allem im technologischen Bereich, verstärkte, was eine drastische Kürzung der COCOM-Listen erforderte.

Wie entwickelten sich die sowjetischen Vorstellungen über die NATO-Mitgliedschaft? In der Zeit von Februar bis Juni machten hohe Vertreter des Außenministeriums, des Kreml und anderer Institutionen konfuse und manchmal gegensätzliche Vorschläge. Dies zeigte, welchen ernsten innersowjetischen Herausforderungen Gorbatschow gegenüberstand. Die Vorschläge sahen unter anderem folgendes vor: Unterstützung der vollen Zugehörigkeit Deutschlands zur NATO (nur Daschitschew sagte das öffentlich); Zugehörigkeit Deutschlands sowohl zur NATO als auch zum Warschauer Pakt; Neutralisierung und Entmilitarisierung Deutschlands; ein militärisch-politischer Status Deutschlands in der NATO, wie ihn Frankreich besaß, das heißt, Deutschland sollte aus dem vereinigten militärischen Oberkommando der NATO ausscheiden, aber in ihren politischen Strukturen bleiben; Zugehörigkeit des westlichen Teils Deutschlands zur NATO, während der östliche Teil den Status eines »assoziierten Mitglieds« haben sollte, sowie verschiedene Kombinationen dieser Varianten. Wer glaubt, daß die Sowjetunion mit eiserner Hand vom Kreml aus regiert wurde, der absichtlich eine Kakophonie gut koordinierter Vorschläge produzierte, um den Westen zu verwirren und den nach links tendierenden Teil seiner Bevölkerung zu verführen, der könnte meinen, daß diese unterschiedlichen Signale mit Vorbedacht ausgesandt wurden. Es ist jedoch viel eher wahrscheinlich, daß diese widersprüchlichen Signale die großen Meinungsverschiedenheiten im Kreml, im Außenministerium und im Verteidigungsministerium sowie die Notwendigkeit widerspiegelten, die Opposition im eigenen Land zu beschwichtigen.

Pawel Palaschtschenko, der sowohl für Gorbatschow als auch für Schewardnadse dolmetschte, vertritt folgenden Standpunkt: »Der Zwei-plus-Vier-Prozeß war im Grunde genommen eine Front, und beide Seiten operierten ziemlich geschickt – sowohl Gorbatschow als auch Schewardnadse begriffen sehr wohl, daß jede Art von Verlangsamung [der Vereinigung] zu unseren Lasten gehen würde. *Wir* wären es, die den Prozeß verlangsamen würden, und *sie* würden im Grunde zuschauen, und es würde das Tempo des Zuges nicht verringern.« Alexander Bessmertnych, der nach Schewardnadses Rücktritt im Dezember 1990 Außenminister wurde, bestätigt die im Außenministerium und Zentralkomitee verbreitete Auffassung, daß »eine Sache dieser Größe [die Vereinigung Deutschlands] ohne Strategie, ohne gemeinsame Anstrengungen einiger Leute und ohne Planung … ablief. Es gab keine Strategie, nur Taktik.« Sergej Tarassenko, Schewardnadses wichtigster Berater, erinnert sich, daß der Außenminister Leute wie Alexander Bondarenko, einen Hardliner und Veteranen des Zweiten Weltkriegs, in dem Bemühen, seine Gegner mit einzubeziehen, in die Gruppe aufnahm, die über die

Bedingungen der Vereinigung Deutschlands diskutierte. Diese Bemühungen führten jedoch eher zu einer Verschärfung der Polemik. Diejenigen, die in Rußland an diesem Prozeß beteiligt waren, sind geteilter Meinung, ob es einen Plan oder eine Strategie gab. Ihre Ansichten hängen oftmals von ihrem Platz im bürokratischen Prozeß und von ihrer persönlichen Meinung über Gorbatschow und Schewardnadse ab.[33]

Obwohl Gorbatschow und Schewardnadse schließlich erkannten, daß die Vollmitgliedschaft Deutschlands in der NATO unvermeidlich war, gibt es zahlreiche Belege dafür, daß sie ständig improvisierten und den Westen auf die Probe zu stellen versuchten. So hielt Schewardnadse zum Beispiel eine »harte« Rede auf einem Außenministertreffen des Warschauer Pakts. Doch nachdem der tschechoslowakische, der ungarische und der polnische Außenminister die NATO-Zugehörigkeit Deutschlands befürwortet hatten, dankte Schewardnadse ihnen privat für ihre Diskussionsbeiträge, wobei er erklärte, daß er und Gorbatschow zu Hause einem wachsenden Druck der Militärs ausgesetzt seien und es begrüßen würden, wenn die Kollegen im Warschauer Pakt die NATO-Mitgliedschaft Deutschlands unterstützten.[34]

In Anbetracht der zwiespältigen Haltung des Kreml ist es bemerkenswert, daß Moskau es unterließ, den Deutschen »ein Angebot zu machen, das sie nicht hätten ablehnen können« und das weniger als die Vollmitgliedschaft in der NATO vorsah, ein Szenario, das manche im Westen anfangs gefürchtet hatten. Der Kreml spielte auch nicht konsequent seine britische und französische Karte aus. Viele Deutsche waren in der Tat überrascht, daß die Sowjets sich nicht hartnäckig bemühten, sie zum Verzicht auf die volle Zugehörigkeit zur NATO zu bewegen, zumal es manche im außenpolitischen Establishment der Bundesrepublik gab, die für solche Vorschläge empfänglich waren. Außerdem unternahm Moskau keine systematischen Versuche, Keile zwischen die westlichen Verhandlungspartner zu treiben, von einzelnen Episoden abgesehen. Die Sowjets schlugen die französische Option (politische, nicht aber militärische Integration in die NATO) als eine Variante vor, aber sie vertraten diesen Standpunkt niemals konsequent.[35] Manche ihrer Verhandlungspartner sind sich einig, daß Moskau, wenn es sich für diese Option entschieden hätte, die Deutschen durchaus hätte überzeugen können, daß eine französische Lösung in ihrem Interesse lag und das Maximum war, das der Kreml tolerieren konnte. Statt dessen verspielten die Sowjets ihren Trumpf, indem sie es unterließen, sich auf einen Plan zu konzentrieren, und eine ganze Reihe unkoordinierter Vorschläge machten.[36]

Auf den ersten Blick erscheint es merkwürdig, daß die UdSSR nicht in der Lage war, eine klare Strategie für das zu entwickeln, was immerhin die wichtigste Serie von Verhandlungen über ihre künftige Sicherheit seit 1945 war. Die Antwort ist in den großen Gegensätzen innerhalb der sowjetischen Elite zu suchen, die es ihr unmöglich machten, den Konsens zu finden, der Voraussetzung für eine abgestimmte Verhandlungsstrategie ist. Gorbatschow und Schewardnadse manövrierten ständig, um ihre Gegner, einschließlich der *germanisty*, in Schach zu halten. Sie führten einen Zweifrontenkrieg gegen die Gegner in den eigenen Reihen und gegen den Westen. Der ehemalige CIA-Chef Robert Gates erinnert sich, daß sich bei seinem Moskau-Besuch im Februar der KGB-Vorsitzende Krjutschkow beklagte, dem Volk sei ganz »schwindlig von den Veränderungen«. Er sei zu dem Schluß gekommen, daß die Perestroika ein schrecklicher Fehler gewesen sei. Es sei an der Zeit, das Tempo zu verlangsamen.[37] Falin behauptet, die Internationale Abteilung des ZK der KPdSU habe drei Vorbedingungen für die Änderung des deutschen Status quo vorgeschlagen: Vereinigung dürfe nicht Annexion bedeuten (Artikel 146 statt Artikel 23); eine NATO-Mitgliedschaft mit der Stationierung von Kernwaffen müsse ausgeschlossen sein; der endgültige Vertrag müsse Fragen regeln, die mit der Rückführung und Unterbringung der sowjetischen Truppen zusammenhingen. Gorbatschow akzeptierte schließlich nur die dritte Vorbedingung. Den von Falin und anderen vorbereiteten Informationen und Unterlagen schenkte er nur wenig Beachtung, wohl weil diese Berater seine Ansichten nicht teilten.[38]

Der damalige deutsche Verteidigungsminister Stoltenberg berichtet, die Deutschen hätten das Gefühl gehabt, daß die sowjetische Seite ständig improvisiert und gehofft habe, Deutschland werde ihr die politischen Zugeständnisse wirtschaftlich reich entgelten.[39] Der ehemalige sowjetische Botschafter in Washington und Leiter der Internationalen Abteilung des Zentralkomitees Anatoli Dobrynin hat eine andere Erklärung: Gorbatschow »begann sich regelrecht zum Alleinherrscher zu entwickeln ..., indem er wichtige Entscheidungen immer häufiger allein traf. In jener kritischen Endphase des Kalten Krieges hatten Gorbatschow und Schewardnadse keine klare, ausgewogene und entschlossene Außenpolitik, um ihn auf angemessene und würdige Weise auf der Basis der Gleichheit zu beenden.«[40] Unterdessen waren Gorbatschow und Schewardnadse nicht mehr in der Lage, ihre Gegner im eigenen Land zu besänftigen oder einen Konsens zu erreichen. Wichtige Beschlüsse faßten sie mit nur einigen wenigen loyalen Mitstreitern, weil die Verhandlungen über die deutsche Einheit sonst völlig zum Erliegen gekommen wären.

In der Tat liegt der Schlüssel zum Verständnis der Tatsache, daß die sowjetische Seite in den ersten sieben Monaten des Jahres 1990 keine klare Verhandlungsstrategie besaß, in der sich verschärfenden inneren Krise der Sowjetunion. Gorbatschow hatte inzwischen das Vertrauen vieler Reformer verloren, die sein Programm unterstützt hatten. In ihren Augen hatte er seine Versprechen gebrochen und blieb zu sehr der Vorherrschaft der Kommunistischen Partei und dem »alten« Denken verbunden. Viele dieser Kritiker hatten sich für eine politische Karriere in der Russischen Föderation entschieden, deren neugewählter Volksdeputiertenkongreß im März Gorbatschows früheren Mitstreiter und jetzigen Widerpart Boris Jelzin zum Präsidenten gewählt hatte. Sie konzentrierten sich nun auf die nationale Frage – den Wunsch der russischen und nichtrussischen Unionsrepubliken nach Unabhängigkeit –, um ihre Interessen gegen den Sowjetführer zu verfechten. Schließlich verließen Jelzin und seine Verbündeten auf dem XXVIII. Parteitag im Juli die Kommunistische Partei und erklärten Gorbatschow offen den Krieg.

Noch beunruhigender war jedoch die Kritik, die von den Hardlinern kam. Sie warfen Gorbatschow vor, daß er bei seinen Reformen zu weit gegangen sei und sowohl das Sowjetreich als auch das Machtmonopol der Kommunistischen Partei aufgegeben habe, ohne die wirtschaftliche Leistungsfähigkeit der UdSSR verbessert zu haben.[41] Diese Hardliner kamen im Unterschied zu den Reformern aus Institutionen wie der KPdSU, dem KGB und dem Militär, die über Machtmittel verfügten, welche den Reformern nicht zur Verfügung standen; sie waren daher für Gorbatschow noch gefährlicher. Während er noch versuchte, die Kritiker von links und rechts zu beschwichtigen, forderten die baltischen Staaten immer nachdrücklicher ihr Recht auf Unabhängigkeit ein, womit sie Gorbatschow vor neue Probleme stellten und sein Dilemma vergrößerten: Würde er mit Gewalt reagieren, so würde er seine konservativen Kritiker besänftigen, aber sowohl die Reformer als auch den Westen vor den Kopf stoßen. Würde er den baltischen Staaten gestatten, unabhängig zu werden, so riskierte er einen Staatsstreich der Hardliner. Gorbatschow erlebte jetzt die Anfangsstadien der Krise, die schließlich zum Putsch von 1991 und zu seiner nachfolgenden Amtsenthebung führte. Er war also ständig abgelenkt und nicht in der Lage, sich voll auf die Verhandlungen über Deutschland zu konzentrieren. Die Geschwindigkeit, mit der diese geführt wurden, verhinderte auch die Entwicklung einer klareren Politik.

Kohls Berater Horst Teltschik schrieb in sein Tagebuch: »Gelegentlich fragen wir uns, ob nicht ein Teil unserer Probleme darin liegt, daß mit Bondarenko, Falin, Sagladin, Portugalow und Kwizinski eine ›deutsche Mafia‹ Gorbatschow und Schewardnadse berät, die schon zu Gromykos Zeiten in wichtigen Funktionen tätig war, wobei manche heute deutlich flexibler und offener sind als früher.«[42] Die Ironie liegt darin, daß die Zugehörigkeit eines vereinigten Deutschland zur NATO den endgültigen Sieg Gorbatschows, Schewardnadses und ihrer Anhänger über die *germanisty* bedeutete, die mit der Erhaltung des deutschen Status quo Karriere gemacht hatten und daran ein besonderes Interesse hatten.

Unabhängig von der innenpolitischen Krise bestand jedoch die Frage, welche Druckmittel die UdSSR bei den Verhandlungen besaß, hätte sie die deutsche NATO-Mitgliedschaft verhindern wollen. Auf den ersten Blick war ihr Verhandlungspotential ganz beträchtlich: 380000 sowjetische Soldaten und ihre Angehörigen auf dem Boden der DDR, die Viermächterechte über Berlin und Deutschland sowie die Möglichkeit, die Rüstungskontrollverhandlungen sowohl im konventionellen als auch im nuklearen Bereich, deren Abschluß dem Westen sehr wichtig war, hinauszuzögern. Druckmittel sind in Verhandlungen jedoch nur glaubwürdig, wenn alle beteiligten Seiten der Meinung sind, daß sie im Ernstfall auch tatsächlich angewendet werden. In Anbetracht dessen, was Gorbatschow und Schewardnadse alles gesagt und getan hatten, war es sehr unwahrscheinlich, daß die Sowjets jetzt ihre Truppen einsetzen würden, um politischen Druck auszuüben, nachdem sie dies im November 1989 unterlassen hatten. Außerdem hing die Durchsetzung der Viermächterechte von der Zustimmung der drei anderen Mächte ab, wollten sie nicht ihr Veto einlegen und damit bei ihren Partnern Befremden auslösen. Wenn sie die Verhandlungen über Rüstungskontrolle hinauszögerten, so würden sie andere Vorteile einbüßen, die ihnen der Westen zugesagt hatte, und ihr neu erworbenes Ansehen wäre im Westen ernsthaft in Frage gestellt. Kurz gesagt, auf dem Papier war ihr Verhandlungspotential beachtlich, doch in Wirklichkeit war es von zweifelhafter Wirksamkeit. Auch die Frage, welche Anreize sie den Deutschen bieten konnten, damit sie auf die Vollmitgliedschaft in der NATO verzichteten, war kompliziert. Als Alternative zum Gebrauch seines Vetorechts besaß Gorbatschow aufgrund der schlechten wirtschaftlichen und politischen Situation der UdSSR nur wenige positive Verhandlungsansätze, um die Deutschen in Versuchung zu führen.

Die Strategie der Deutschen

Trotz der Differenzen zwischen dem Bundeskanzleramt und dem Auswärtigen Amt herrschte ab Februar allgemeine Übereinstimmung über Deutschlands Ziele im bevorstehenden komplizierten Verhandlungsprozeß.[43] Obwohl einige Spitzenbeamte kaum glaubten, daß die UdSSR einem vereinigten Deutschland gestatten würde, Vollmitglied der NATO zu bleiben, war dies der offizielle deutsche Standpunkt.[44] Außerdem drängte Deutschland auch auf ein Ende des Viermächtestatus und die Herstellung seiner vollen Souveränität, sobald die Einheit hergestellt wäre, was den Abzug sämtlicher sowjetischer Truppen vom deutschen Boden innerhalb einer angemessenen Frist einschloß. Anfang 1990 glaubte die Bundesregierung jedoch nicht, daß die Einheit so rasch kommen würde, wie es dann geschah. Nachdem Deutschland verhindert hatte, daß eine multilaterale Friedenskonferenz abgehalten wurde, um über sein Schicksal zu befinden, bestand es auch darauf, daß nicht noch weitere Länder bei den Zwei-plus-Vier-Verhandlungen ein gewichtiges Wort mitzureden hatten.[45] Genscher wollte diese Fragen mit dem Konzept eines neuen europäischen Sicherheitssystems verknüpfen, während das Bundeskanzleramt sich mehr darauf konzentrierte, die Herstellung der inneren und äußeren Einheit mit der NATO-Frage zu verbinden. Kohl und Genscher erkannten jedoch, daß es sehr wichtig war, die Sowjets weiterhin einzubinden und ihnen alle nur verfügbaren Anreize zu bieten.

Deutschland hatte in der Tat beträchtliche politische und wirtschaftliche Anreize zu bieten, um den Entscheidungsprozeß der Sowjets zu beeinflussen. Zu seinen wichtigsten Aktivposten gehörten seine wirtschaftliche Stärke und seine Fähigkeit, Moskau nach der Vereinigung eine besondere Beziehung in Aussicht zu stellen, um die Struktur für eine langfristige politische Partnerschaft zu schaffen und damit das Ansehen der UdSSR nach dem Verlust Osteuropas zu heben. Boris Meissner, ein verdienter und hochgeachteter Sowjetologe, der die Regierung Kohl beriet, empfahl Teltschik, die Bundesregierung solle zum Versüßen der Pille einen bei der deutschen Vereinigung zu unterzeichnenden umfassenden bilateralen Vertrag vorschlagen, der das geeinte Deutschland zum Gewaltverzicht und zur langfristigen Zusammenarbeit mit der UdSSR verpflichten würde. Die entsprechenden Verhandlungen sollten bereits vor der Vereinigung beginnen. Kohl griff diese Idee rasch auf, und als er Kwizinski informierte, erwiderte der scheidende sowjetische Botschafter Teltschik zufolge, es sei schon immer sein Traum gewesen, »zwischen Deutschland und der Sowjetunion etwas im Bismarckschen Sinne zu schaffen«.[46] Kwizinski erinnert sich, daß Gorbatschow ebenfalls positiv auf die Idee eines umfassenden bilateralen Vertrages reagierte.[47]

Kohl und seine Berater gingen genauso vor wie Brandt und Bahr 1969/70, indem sie wirtschaftliche Anreize boten, um sowjetische Entscheidungen zu beeinflussen.[48] Dabei ging es um zwei große Themenkomplexe: erstens die Schulden, die die DDR bei der UdSSR hatte, sowie andere wirtschaftliche Verpflichtungen der DDR gegenüber der UdSSR, die in nicht weniger als 360 verschiedenen Verträgen fixiert waren; zweitens die Tatsache, daß die UdSSR dringend Lebensmittelhilfe, aber auch längerfristige Unterstützung sowie Kredite benötigte. Kohl hatte Gorbatschow bereits zugesichert, daß das vereinigte Deutschland alle wirtschaftlichen Verpflichtungen der DDR übernehmen würde, eine Zusage, die die Beamten des Bundeswirtschaftsministeriums sehr beunruhigte. Sie fragten sich, wie (und um welchen Preis) eine Marktwirtschaft die vertraglichen Verpflichtungen einer zentral geplanten Wirtschaft übernehmen könne. Die Aufgabe war tatsächlich gewaltig: Die DDR war immerhin der größte Handelspartner der Sowjetunion. 35 Prozent des Arbeitskräftepotentials der DDR waren in Betrieben beschäftigt, deren Erzeugnisse exportiert wurden, und die Lieferungen in die UdSSR bildeten vierzig Prozent der DDR-Exporte, für die rund 500 000 Menschen tätig waren und die zehn Prozent der sowjetischen Importe ausmachten. Die Sowjets lieferten der DDR nach dem gleichen Muster wie beim Handel mit der Bundesrepublik hauptsächlich Rohstoffe im Austausch für Fertigerzeugnisse. Die Bundesrepublik lieferte etwa sechs Prozent der sowjetischen Importe, und es wurde erwartet, daß der Anteil des vereinigten Deutschland an den sowjetischen Importen aufgrund neuer Bankkredite und wegen der Ungewißheit in bezug auf die künftigen Lieferanten in Osteuropa mehr als ein Viertel ausmachen würde. Den Sowjets drohte nach der deutschen Vereinigung ein Verlust an Handelserträgen in Höhe von sieben Milliarden DDR-Mark, da der Ostteil Deutschlands seinen Handel nach dem Westen umlenken würde. Außerdem war die DDR für die UdSSR der Hauptlieferant von Hightech-Produkten, unter anderem für die Rüstung. Sollte das vereinigte Deutschland weiterhin militärische Güter und Ersatzteile an die Sowjetunion liefern?

Als Bundeswirtschaftsminister Manfred Haussmann Ende Mai Moskau besuchte, sagte ihm Ministerpräsident Ryschkow, die UdSSR erwarte, daß Deutschland alle wirtschaftlichen Nachteile kompensiere, die sie durch die Vereinigung erleiden werde. Der stellvertretende Ministerpräsident Iwan Silajew ging noch weiter: Bonn solle garantieren, daß der Handel zwischen einem vereinigten Deutschland und der UdSSR zunehmen werde. Er übergab Haussmann ein Schreiben, in dem alle am Handel zwischen der Sowjetunion und der DDR beteiligten Industrien und Produkte sowie andere Wirtschaftsfaktoren, von der Lieferung von Brennstäben für Kernkraftwerke bis zu den beträchtlichen sowjetischen Eigentumsrechten in der DDR, aufgelistet waren.[49] Die deutsche Seite sagte also zu, eine große (und zu diesem Zeitpunkt noch unbekannte) wirtschaftliche Bürde zu übernehmen, einschließlich der Verpflichtung, von der UdSSR weiterhin Produkte zu kaufen, die diese an die DDR geliefert hatte und die auf dem kapitalistischen deutschen Markt kaum absetzbar waren. Dazu gehörten auch Fertigerzeugnisse und Rüstungsgüter.

Die Hilfe für die Sowjetunion war auch deswegen problematisch, weil ihre wirtschaftlichen Bedürfnisse riesig und nicht kalkulierbar waren. Kohl und seine Berater erkannten aber, wie wichtig es war, der UdSSR in einer Weise unter die Arme zu greifen, daß es nicht wie ein »Hilfsprogramm für Äthiopien« aussah, wie sich ein hoher Regierungsbeamter ausdrückte. Am 4. Mai warf Schewardnadse in einem Gespräch mit Kohl die Frage einer Finanzhilfe auf und versicherte ihm, die UdSSR biete in Anbetracht ihrer riesigen Bodenschätze gute Sicherheiten. Einige Tage später richtete Kwizinski, der inzwischen wieder in Moskau im Außenministerium tätig war, an die deutsche Seite die Bitte, der UdSSR einen Kredit in Höhe von zwanzig Milliarden DM mit einer fünf- bis siebenjährigen Laufzeit zu gewähren. Kohl entschloß sich sofort, eine positive Antwort zu geben, und bat die Chefs der Deutschen und der Dresdner Bank, Hilmar Kopper und Wolfgang Röller, die Details auszuarbeiten.

Am 13. Mai flog Teltschik mit den beiden Bankchefs in einer Mission nach Moskau, die so geheim war, daß er sich sogar weigerte, dem Piloten der Regierungsmaschine die Namen seiner Begleiter zu verraten. Diese wiederholten nach eingehender Diskussion mit ihren sowjetischen Partnern über den Zustand der sowjetischen Wirtschaft die Bereitschaft der Bundesregierung, die wirtschaftlichen Verpflichtungen der DDR gegenüber der Sowjetunion zu übernehmen und neue Kredite zu gewähren, die Gorbatschow als »Sauerstoff« für die Perestroika bezeichnete. Einige Tage später sagte Kohl in einem Gespräch mit Präsident Bush, Deutschland sei bereit, den Sowjets einen Kredit in Höhe von fünf Milliarden DM als Bestandteil der gesamtdeutschen Regelung zu geben.[50] Am 22. Mai unterbreitete Kohl Gorbatschow sein Angebot und versprach, mit seinen Partnern in der G7 und G24 über weitere Kredite zu reden. Der Fünf-Milliarden-Kredit war das größte Darlehen, das den Sowjets je gewährt wurde, und die Bedingungen waren viel besser als bei einem Land mit erwiesenen Rückzahlungsschwierigkeiten üblich. Die Deutsche Bank sollte den Kredit verwalten, der bei marktüblichen Zinsen durch Hermes-Garantien abgesichert war und eine Laufzeit von mehr als fünfzehn Jahren hatte.

Die Koppelung wirtschaftlicher Anreize der Deutschen mit politischen Konzessionen der Sowjets wirft ähnliche Fragen auf wie hinsichtlich der allgemeinen Haltung der UdSSR und Deutschlands in den beiderseitigen Verhandlungen. Trotz zahlreicher Versuche, wirtschaftliche mit politischen Problemen zu verknüpfen, gab es zu Beginn der Verhandlungen, bei denen die wirtschaftlichen Zugeständnisse Deutschlands als Voraussetzung für die sowjetische Zustimmung zur NATO-Frage detailliert erörtert wurden, keine einheitliche sowjetische Strategie. Zwar erhob der Kreml bei verschiedenen Gelegenheiten eine Reihe wirtschaftlicher Forderungen, verfolgte dabei jedoch keinen klaren Plan. Als Kohl im Juni 1989 auf dem Bonner Gipfel die Frage der deutschen Einheit aufwarf, fragte ihn Gorbatschow, ob er sich auf westdeutsche Wirtschaftshilfe verlassen könne, falls sie dringend benötigt würde.[51] Der Kremlchef mag durchaus auf der Basis einer stillschweigenden Verknüpfung operiert haben – unter der Annahme, daß sich die Bundesrepublik im klaren darüber war, daß die deutsche Einheit ihren Preis hatte. Es ist aber auch denkbar, daß die gleichen inneren Zwänge, welche die UdSSR daran hinderten, eine glaubwürdige Alternative für die deutsche Mitgliedschaft in der NATO vorzuschlagen, es unmöglich machten, eine klare Strategie der Verknüpfung von politischen Zugeständnissen und wirtschaftlichen Forderungen statt einer Ad-hoc-Strategie zu verfolgen.[52]

Während der Verhandlungen benutzte die sowjetische Seite gelegentlich ihre schlechte Wirtschaftslage und den Verlust der Handelsbeziehungen zur DDR als Argument, um Druck auf die Deutschen auszuüben. Gorbatschow und Schewardnadse verhandelten von einer Position der Schwäche aus, hielten aber noch immer die Trumpfkarte der Zwei-plus-Vier-Verhandlungen – die NATO-Mitgliedschaft – in der Hand. Die deutsche Seite war sich sehr wohl der potentiellen Verknüpfung bewußt, und obwohl die wirtschaftlichen Belastungen für Deutschland beträchtlich waren, war der politische Gewinn hinsichtlich seiner künftigen Sicherheit und Souveränität so hoch, daß es bereit war, positiv und prompt zu reagieren. Überdies machte Deutschland bei der Verfolgung seiner Ziele am Ende nur wenige politische Zugeständnisse. Die Anerkennung der polnischen Westgrenze war ihm früher aufgezwungen worden, als der Kohl-Regierung lieb war, aber das Prinzip der Anerkennung stand niemals in Zweifel. Das Hauptproblem bestand, wie ein führender deutscher Kenner der UdSSR es formulierte, darin, daß »ein immer größer werdender Widerspruch zwischen dem wachsenden politischen Interesse an einer Zusammenarbeit mit den Sowjets und den eskalierenden wirtschaftlichen Schwierigkeiten bei der Realisierung dieser Zusammenarbeit« existierte.[53]

Die Strategie der Vereinigten Staaten

Die langfristigen Ziele der Vereinigten Staaten waren nach Januar 1990 mit denen Deutschlands fast identisch, obwohl beide Staaten sich über die Taktik nicht immer einig waren: Ein geeintes Deutschland sollte Vollmitglied der NATO bleiben und deren Geltungsbereich sofort auf die ehemalige DDR ausgedehnt werden.[54] Washington spielte auch als Vermittler zwischen Deutschland und der Sowjetunion eine wichtige Rolle. Außerdem nutzten die Vereinigten Staaten ihre beträchtlichen politischen Einflußmöglichkeiten – vor allem behandelten sie Gorbatschow weiterhin als Führer einer Weltmacht –, um den Sowjets Anreize zu geben, der NATO-Mitgliedschaft Deutschlands zuzustimmen.[55] Die Vereinigten Staaten hatten jedoch stets eine ganz andere Haltung zu den Wirtschaftsbeziehungen zwischen Ost und West und zur Anwendung wirtschaftlicher Anreize und Sanktionen eingenommen als ihre NATO-Partner.[56] Sie sahen den Handel als ein Privileg an und waren nicht bereit, ihn als Köder zu benutzen, auch wenn sie ihn als politischen Knüppel gebrauchten. Anfang 1990 befanden sie sich in einem Dilemma. Sie waren bereit, der UdSSR Wirtschaftshilfe zu leisten, doch war das Angebot an die Bedingung weitergehender Wirtschaftsreformen geknüpft. Die zunehmenden Probleme im Baltikum, die darauf zurückgingen, daß die Sowjets Sanktionen gegen Litauen verhängten, nachdem dieses seine Unabhängigkeit erklärt hatte, machten es jedoch aus innenpolitischen Gründen – vor allem wegen der Verurteilung der sowjetischen Aktionen im amerikanischen Kongreß – schwierig, namhafte wirtschaftliche Anreize zu bieten. Ende Mai schlossen die USA auf dem Washingtoner Gipfel ein Handelsabkommen mit der UdSSR, aber erst nachdem Schewardnadse, der große Zugeständnisse in bezug auf die NATO-Mitgliedschaft Deutschlands gemacht hatte, deutlich erklärt hatte, er könne nicht mit leeren Händen nach Moskau zurückkehren.[57]

Zum anderen nutzte Washington seine politische Macht, um sich über die NATO mehrmals sowohl bilateral als auch multilateral in die Verhandlungen einzumischen und so die sowjetischen Entscheidungen zu beeinflussen. Immerhin waren die Vereinigten Staaten vom sowjetischen Standpunkt aus noch immer das Land, von dem die Sowjetunion – besonders als sie durch den Verlust ihres osteuropäischen Imperiums sichtbar geschwächt war – als gleichrangig angesehen werden wollte. Für Gorbatschow und Schewardnadse war es sehr wichtig, daß die Welt sah, wie sehr sie von Washington ernst genommen wurden. Außerdem spielte Amerika eine wichtige Rolle, um sowjetische Bedenken über den Aufstieg eines geeinten Deutschland zu zerstreuen. Da die DDR im Begriff war, von der historischen Bühne zu verschwinden, konnte nur Amerika Garantien für die Strukturen bieten, in die das künftige Deutschland eingebettet wäre.

Die Vereinigten Staaten mußten auch die unterschwellige Sorge Bonns berücksichtigen, Washington könnte über die Köpfe der Deutschen hinweg mit Moskau eine separate Vereinbarung treffen. Daher mußte die kleine Gruppe in Washington, die über die Einzelheiten der deutschen Einheit verhandelte, eine delikate Balance zwischen der Zerstreuung sowjetischer und deutscher Befürchtungen und der Verfolgung der Interessen der westlichen Allianz erreichen. Im Wissen um die Risse in der sowjetischen Führung und die Notwendigkeit, Gorbatschow zu unterstützen, mußte Bush auch auf seine eigene Wählerschaft hören, insbesondere baltische Interessengruppen, die im Kongreß ziemlich mächtig waren.

Die Vereinigten Staaten spielten an zwei kritischen Punkten eine entscheidende Rolle bei der Beeinflussung der sowjetischen Politik. Der erste war Gorbatschows Zusammenkunft mit Bush Ende Mai. Der Sowjetführer kam zu einer Zeit nach Washington, als er innenpolitisch geschwächt war. Boris Jelzin war gerade zum Präsidenten des Obersten Sowjets der RSFSR gewählt worden. Das Verhältnis zwischen Gorbatschow und Jelzin war frostig, nachdem Gorbatschow ihn Ende 1987 praktisch aus dem Politbüro gejagt und öffentlich gedemütigt hatte. Die wirtschaftliche Lage verbesserte sich nicht, und die Kritik an Gorbatschows Außenpolitik wuchs. Bush und seine Berater ergriffen die Initiative und boten der Sowjetunion offiziell an, was vorher in Moskau inoffiziell diskutiert worden war. Es handelte sich um »neun Zusicherungen« zur deutschen Vereinigung, und zwar:

1. Verzicht des vereinigten Deutschland auf nukleare, biologische und chemische Waffen.
2. Fortsetzung der Verhandlungen über die konventionellen Streitkräfte in Europa (VKSE) und wesentliche Reduzierungen der Bundeswehr.
3. Bereitschaft der NATO, über die nuklearen Kurzstreckenwaffen (SNF) zu verhandeln.
4. Überprüfung der NATO-Strategie in Anbetracht der Beendigung des Kalten Krieges.
5. Verzicht auf deutsche Ansprüche auf polnisches und sowjetisches Gebiet. Das Territorium des vereinten Deutschland würde die Bundesrepublik, die DDR und Berlin umfassen.

6. Während einer Übergangsperiode keine Stationierung von NATO-Truppen in der ehemaligen DDR.
7. Verbleib sowjetischer Truppen während einer Übergangsperiode auf deutsche Kosten in Ostdeutschland.
8. Vorschlag, die KSZE zu institutionalisieren und zu einer gesamteuropäischen Organisation zu machen, in der die UdSSR eine gewichtige Rolle spielen soll.
9. Eine umfangreiche deutsche Wirtschaftshilfe für die UdSSR.[58]

Als Gorbatschow von diesen Zusicherungen erfuhr, war seine erste Reaktion widersprüchlich. Er sagte, ein geeintes Deutschland in der NATO würde »das Ende der Perestroika« bedeuten. Er sprach vage über ein »nichtpaktgebundenes« Deutschland, deutete aber auch an, daß die UdSSR eventuell selbst der NATO beitreten könne. Bush fragte ihn daraufhin scherzhaft, ob er sich vorstellen könne, daß Marschall Achromejew unter NATO-General Galvin diene.[59] Der Washingtoner Gipfel war, wenn auch entscheidend in bezug auf das NATO-Problem, spannungsgeladen und schwierig. Gorbatschow wiederholte eine der sowjetischen Forderungen jener Zeit, und zwar, daß Deutschland sowohl der NATO als auch dem Warschauer Pakt oder keinem der beiden Bündnisse angehören solle. »Sie sind doch Seemann«, sagte er zu Bush (unter Anspielung auf die Weltkriegserfahrung des amerikanischen Präsidenten als Bomberpilot bei der US Navy). »Da werden Sie sicher verstehen, was ich meine, wenn ich sage: ein Anker ist gut, zwei sind besser.« Bush erwiderte, er wisse nicht, »wie zwei Anker funktionieren sollen«.[60]

»Der Zug hat uns schon überholt«, sagte Gorbatschow im Hinblick auf die Vereinigung. Bush stimmte ihm zu, wies aber darauf hin, daß es grundlegende Unterschiede zwischen der amerikanischen und der sowjetischen Auffassung über dieses Problem gab. Der Sowjetführer betonte, wie sehr sein Volk noch immer unter den Folgen des Zweiten Weltkrieges litt. Bush antwortete, er habe Verständnis für die Befürchtungen, die das sowjetische Volk aufgrund seiner Kriegserfahrungen

Deutschland gegenüber hege, aber man solle nicht die vierzig Jahre Demokratie in Deutschland ignorieren. Nach Gorbatschows Überzeugung befürchtete Washington, daß die NATO, wenn Deutschland ihr nicht mehr angehören würde, zerbrechen könnte und die USA sich aus Europa zurückziehen würden. Er versicherte Bush, die UdSSR sei an einem Rückzug der Amerikaner aus Europa nicht interessiert.[61]

Als Bush später jedoch sagte, den KSZE-Prinzipien entsprechend habe jeder souveräne Staat das Recht, sich für ein Bündnis zu entscheiden, antwortete Gorbatschow zum Erstaunen seiner Berater (und zumindest zum Entsetzen Falins): »Ich akzeptiere Ihre Formulierung.«[62] Bush fuhr fort: »Die USA sind eindeutig für die NATO-Mitgliedschaft des vereinten Deutschland, doch wenn es sich anders entscheidet, werden wir keine Einwände erheben, sondern seine Wahl respektieren.« Gorbatschow erwiderte: »Die Vereinigten Staaten und die UdSSR sind dafür, daß das vereinte Deutschland selbst entscheidet, welchem Bündnis es angehören wird.« Gorbatschow machte auf dem Treffen also gleich zwei wichtige Bemerkungen zur NATO: Er war dagegen, daß ein geeintes Deutschland nur der NATO angehört, doch er respektierte das Recht der Deutschen auf Selbstbestimmung. In dieser Frage war er auf dem Gipfel offensichtlich anderer Meinung als Schewardnadse. Und als Margaret Thatcher etwa um die gleiche Zeit Moskau besuchte, war es nicht Gorbatschow, der sagte, der Verbleib eines vereinigten Deutschland in der NATO sei inakzeptabel, sondern sein Verteidigungsminister Jasow.[63] Hier zeigte sich die innere Zerrissenheit der sowjetischen Führung. Gorbatschows Einlenken in der Bündnisfrage spiegelte sich in der Presseerklärung des Washingtoner Gipfels, in der es hieß, die beiden Führer seien sich einig, daß die Bündniszugehörigkeit eine Frage sei, die Deutschland selbst entscheiden solle.[64] Die Vereinigten Staaten hatten einen wichtigen Schritt getan, den Sowjets ihren guten Willen zu zeigen und ihnen zu verstehen zu geben, daß sie die sowjetischen Besorgnisse über Deutschland ernst nähmen und bereit seien, zu garantieren, daß sie sich nie materialisieren würden. Diese bilateralen Verhandlungen sollten Gorbatschow auch zeigen, daß er in einer Zeit, in der er sich zu Hause in großer Bedrängnis befand, im Weißen Haus hoch geschätzt wurde.

Trotzdem wurde der Westen nach diesem Gipfel wiederum an die Instabilität sowjetischer Positionen erinnert. Auf einem Zwei-plus-Vier-Treffen stellte Schewardnadse fast alles in Frage, worüber in Washington Einigung erzielt worden war, als er forderte, die Rechte der vier Mächte müßten nach der deutschen Vereinigung weiterhin in Kraft bleiben, das vereinigte Deutschland solle während einer fünfjährigen Übergangsperiode sowohl der NATO als auch dem Warschauer Pakt angehören, und für die Truppenstärke der Bundeswehr seien Obergrenzen festzulegen.[65] Dieser verhärtete Standpunkt spiegelte die innersowjetischen Differenzen wider – in diesem Fall handelte es sich um ein Dokument des Politbüros, das nicht ignoriert werden konnte –, aber er verdeutlichte auch ein anderes Problem, das sich bei diesen Verhandlungen ergab: Selbst wenn Moskau irgendeiner Sache prinzipiell zustimmte, war damit immer die Frage des zeitlichen Rahmens verbunden. Der Westen erwartete, daß Abkommen innerhalb einer angemessenen Zeit verwirklicht würden, die Sowjets aber mußten ihre innere Uneinigkeit berücksichtigen, machten Rückzieher und rechtfertigten sie, indem sie behaupteten, sie hätten nicht einen Zeitraum von einem Jahr im Sinn gehabt, sondern von fünf oder zehn Jahren.

Der zweite wichtige amerikanische Beitrag betraf den Auftrag der NATO. Die Amerikaner, die sich mit der deutschen Einheit befaßten, hatten begriffen, daß man die NATO in den Augen der Russen »entdämonisieren« mußte. Die Vereinigten Staaten hatten eine Zeitlang daran gearbeitet, Ziele und Strategien der NATO den neuen Gegebenheiten anzupassen, um so eine freundlichere NATO zu präsentieren, die nicht mehr auf Konfrontation aus war, nachdem der Kommunismus in Osteuropa zusammengebrochen war, sondern sich der Kooperation verschrieben hatte. Präsident Bush glaubte, daß Moskau sich kompromißbereiter zeigen würde, wenn die NATO sich neu definierte. Damit stieß er jedoch auf den Widerstand der Franzosen, die sich vom Entscheidungsprozeß weitgehend ausgeschlossen fühlten. Sie waren dagegen, daß die nukleare Komponente der NATO herabgestuft werden sollte, und sie waren über das Tempo der deutschen Vereinigung besorgt – besonders nachdem Kohl Mitte Mai erklärt hatte, daß die ersten gesamtdeutschen Wahlen im Dezember stattfinden sollten. Trotzdem gelang es den USA und ihren anderen Verbündeten in der NATO, Einigung zu erzielen und ihren Standpunkt durchzusetzen.[66]

Auf dem Londoner Gipfel im Juli veröffentlichte die NATO eine Erklärung, die ihren neuen Auftrag umriß. Baker hatte Schewardnadse ein Vorausexemplar gesandt, um die Zustimmung der sowjetischen Seite zu erhalten. In dem Dokument hieß es, daß die Hauptaktivitäten der NATO von nun an ebenso im politischen wie im militärischen Bereich liegen würden. Es wurde betont, daß man die Sowjets nicht länger als Feinde betrachte, und eine enge Zusammenarbeit zwischen NATO und Warschauer Pakt vorgeschlagen. Kernwaffen wurden zu Waffen erklärt, die nur im äußersten Fall eingesetzt würden, und schließlich wurde zugesichert, den Charakter der konventionellen Verteidigung der NATO zu ändern und das Offensivpotential der NATO-Streitkräfte zu begrenzen.[67] Der Sprecher des sowjetischen Außenministeriums, Gennadi Gerassimow, sagte daraufhin, die Erklärung werde Gorbatschow helfen, den Sieg über die Gegner der deutschen Vereinigung zu erringen: »Jetzt können wir ihnen beweisen, daß sie falsch liegen.« Später bestätigte Gorbatschow diese Meinung, als er bekannte: »Wir haben von der Konferenz in London einen sehr wichtigen Impuls erhalten ... Wäre dieser Schritt von London nicht getan worden, so wäre es sehr schwierig geworden, bei unserem Treffen [mit Kohl im Kaukasus] weiter voranzukommen.«[68]

Archys oder »Stawrapallo«?
Gorbatschow gibt nach

Anfang Juli hatten sowohl Deutschland als auch die Vereinigten Staaten der UdSSR politische und wirtschaftliche Anreize geboten, um die Mitgliedschaft Deutschlands in der NATO für sie annehmbarer zu machen. Die Sowjets erklärten jedoch weiterhin nachdrücklich, sie könnten die NATO-Option nicht akzeptieren. Die amerikanischen Unterhändler befürchteten noch immer, daß die Sowjetunion den Deutschen eine partielle Mitgliedschaft in der NATO oder eine andere Kombination aus Neutralität, Entmilitarisierung und Verzicht auf Kernwaffen auf deutschem Boden vorschlagen könnte, was zwar für die Deutschen, nicht aber für die Amerikaner, Briten oder Franzosen annehmbar gewesen wäre. Die multilateralen und bilateralen Aspekte der Vereinigungsdiplomatie wurden nun von westlicher Seite intensiviert und enger koordiniert. Die Hauptfrage aber blieb: Wann und wie würden die Sowjets in der NATO-Frage zu einer abschließenden Haltung kommen?

Auf den ersten beiden Zwei-plus-Vier-Außenministertreffen war eine Menge erreicht worden. Doch bereits das erste, das am 5. Mai – drei Monate nach Schaffung des Mechanismus – in Bonn stattfand, zeigte, wie schwierig es war, sich auf eine für beide Seiten annehmbare Agenda zu einigen und einen Konsens zwischen den westlichen Teilnehmern zu erreichen. Zwischen den vier Westmächten einerseits und der UdSSR und der DDR andererseits bestand eine tiefe Kluft. Es gab vier Hauptfragen, die zu diskutieren waren: die Grenzfrage, das Berlin-Problem, das Erlöschen der Rechte der Vier Mächte und die zukünftigen Sicherheitsstrukturen in Europa.[69] Schewardnadse machte seine Verhandlungspartner nervös, als er davon sprach, »die Vorgänge in Deutschland, in Europa und bei der Abrüstung müßten synchronisiert werden«, was bedeute, »daß nichts als vereinbart gilt, solange nicht über alle Aspekte eine Übereinkunft erzielt und eine völlige Interessenbalance erreicht ist«. Obwohl seine Gesprächspartner begriffen, daß einiges davon »für den Hausgebrauch« bestimmt war, entsprach die Idee eines einzigen großen Vertrags, der alles regelte, nicht ihrem Geschmack. Schewardnadse erklärte außerdem: »Wir bekräftigen unsere ablehnende Haltung zur Mitgliedschaft Deutschlands in der NATO, da eine solche Entscheidung unsere Sicherheitsinteressen substantiell berühren, eine jähe Verschiebung des Kräfteverhältnisses in Europa bedeuten und für uns eine gefährliche militärstrategische Situation schaffen würde.«[70]

Beim zweiten Zwei-plus-Vier-Außenministertreffen, das am 22. Juni in Berlin stattfand, wurden keine Fortschritte in der NATO-Frage erzielt. Baker machte seinen sowjetischen und ostdeutschen Gesprächspartnern klar, daß Deutschland mit dem Tag der Vereinigung uneingeschränkt souverän sein müsse und nicht durch irgendwelche Sonderregelungen, wie sie von der sowjetischen und ostdeutschen Seite vorgeschlagen wurden, »singularisiert« werden dürfe.[71]

Die Debatte über die NATO war eng mit der Frage der Zukunft des Warschauer Pakts verbunden. Im Rahmen der anhaltenden Diskussion innerhalb der sowjetischen Elite wies General Batenin, ein Militärreformer, in einem Artikel darauf hin, daß es für Deutschland keinen Sinn mache, sowohl der NATO als auch dem Warschauer Pakt anzugehören, da dieser bereits zerfalle.[72] Diese Diagnose wurde besonders deutlich, als der Politische Beratende Ausschuß des Warschauer Pakts am 7. Juni tagte. Es war die erste Zusammenkunft des höchsten Organs dieser Militärorganisation seit dem Zusammenbruch des Kommunismus. Der DDR-Delegation gehörten westdeutsche Berater an, während Polen, die Tschechoslowakei, Ungarn, Rumänien und Bulgarien hauptsächlich daran interessiert waren, westliche Unterstützung zu erhalten und einen Weg zum Verlassen des ungeliebten Bündnisses zu finden. Die sowjetische Seite war bereit, Reformen innerhalb der Organisation zu erörtern, nicht jedoch, sie gänzlich abzuschaffen. Kwizinski ist die Tagung »als die wohl unangenehmste Verhandlungsrunde im Gedächtnis geblieben, die ich jemals zu überstehen hatte. Über der Gesprächsrunde lag ein Hauch von Unaufrichtigkeit; man fürchtete, die Dinge beim Namen zu nennen, und flüchtete sich bei der Abfassung der Dokumente in zweideutige Formulierungen, die mir immer das Gefühl gaben, an einem Essen teilzunehmen, wo die Gäste silberne Löffel stehlen, wenn der Hausherr nicht hinschaut.«[73]

Inzwischen erkannten Gorbatschow und Schewardnadse, daß sie ihre innenpolitischen Gegner besiegen mußten, wenn sie mit dem Westen in der NATO-Frage einen gemeinsamen Nenner finden wollten. Die Gelegenheit dazu bot sich während des XXVIII. – und letzten – Parteitages der KPdSU. Schewardnadse war gerade von mehreren Treffen mit Genscher zurückgekehrt, unter anderem in Brest-Litowsk und Münster. Diese beiden Orte waren für ihn in vieler Hinsicht symbolträchtig. Sein Bruder war gleich zu Beginn des Zweiten Weltkrieges in Brest gefallen, Münster war die Stadt, in der 1648 der Westfälische Frieden geschlossen worden war, und mit dem Vertrag von Brest-Litowsk war Rußland im Ersten Weltkrieg aus den Reihen der kriegführenden Mächte ausgeschieden. Die Treffen hatten seinen Wunsch verstärkt, die deutsche Frage zu lösen, aber er mußte seinen Gegnern gegenüber Vorsicht walten lassen. Bei diesen Treffen hatte er sich, was die äußeren Bindungen Deutschlands betraf, Genscher gegenüber versöhnlicher gezeigt als zuvor gegenüber den Vereinigten Staaten.[74] Bilaterale Gespräche mit Deutschland waren das einzige, was an sowjetischer Strategie übriggeblieben war.[75]

Gorbatschow und Schewardnadse wurden auf dem Parteikongreß von ihren Gegnern an allen Fronten, besonders jedoch an der außenpolitischen, heftig attackiert. Und sie wurden nicht nur von rechts kritisiert: Jelzin, der Moskauer Oberbürgermeister Gawriil Popow und der Leningrader Oberbürgermeister Anatoli Sobtschak, die theatralisch ihren Austritt aus der Kommunistischen Partei erklärten, griffen Gorbatschow von links an. Die Rechten warfen ihm vor, mit seinen Reformen und dem Verzicht auf das Sowjetreich den Kommunismus zu verraten, die Linken erklärten, er habe bei seinen Reformen einen Rückzieher gemacht und wäre den Kommunisten zu sehr verbunden.

Nachdem Gorbatschow die Angriffe auf seine Innenpolitik abgewehrt hatte, ging er dazu über, seine Außenpolitik zu verteidigen, wobei er betonte, welche Bedeutung die »Freiheit der Wahl« für Osteuropa habe. Es war jedoch Schewardnadse, der, ohne das NATO-Problem zu erwähnen, vehement die sowjetische Außenpolitik verteidigte, nachdem Falin eine deutsche Mitgliedschaft in der NATO abgelehnt und andere Gorbatschow vorgeworfen hatten, die Gebietsgewinne des Großen Vaterländischen Krieges zu verspielen. Schewardnadse schrieb später, daß es auch um sein persönliches Schicksal gegangen sei und er daher froh war, als die Meldungen über die Beschlüsse der Londoner NATO-Tagung eintrafen, die zeigten, daß der Westen auf die Besorgnisse der Sowjetunion reagiert hatte. Dies sei ihm bei den Auseinandersetzungen auf dem Parteitag zustatten gekommen.[76] In seiner Rede leugnete er, daß »der Zusammenbruch des Sozialismus … eine schwere Niederlage der sowjetischen Diplomatie« sei. Das wäre der Fall, so fuhr er fort, »wenn unsere Diplomatie bestrebt gewesen wäre, Veränderungen in den Nachbarstaaten zu verhindern, und wenn dies zu einer Verschlechterung oder Zuspitzung der Beziehungen zu diesen Ländern geführt hätte«. Er betonte, daß ein vereinigtes Deutschland keine Gefahr für die Sowjetunion darstellen würde: »Im künftigen ›Großdeutschland‹ wird die Armee kleiner sein als die Armee der heutigen Bundesrepublik. Was könnte besser für uns sein? … Ich bin überzeugt, daß im Fall der deutschen Vereinigung die Sowjetunion politisch, wirtschaftlich und auf allen anderen Gebieten intensiv [mit Deutschland] zusammenarbeiten wird. Ich sage euch offen, Genossen, es dient nicht unseren Interessen, die Entscheidung über die äußeren Aspekte der deutschen Einheit hinauszuzögern …«[77] In einem nachfolgenden Interview verriet Schewardnadse, daß von den Hunderten von Anfragen, die er von Delegierten des Parteitages erhalten hatte, mehr als die Hälfte die deutsche Einheit betrafen und zumeist sehr kritisch waren.[78] Aus dem erbitterten Kampf gingen Gorbatschow und Schewardnadse als Sieger hervor. Gorbatschows großer Widersacher Ligatschow war geschlagen. Ein neues Zentralkomitee wurde gewählt, dem viele engagierte Reformer angehörten. Gorbatschow war nun stärker als je zuvor oder danach. Das »Fenster der Möglichkeiten« hatte sich geöffnet. Es war an der Zeit, im Sinne der deutschen Einheit zu handeln.

Als sich Kohl, Genscher und ihre Berater auf die Reise zu einem Gipfeltreffen in Moskau vorbereiteten, erhielten sie die Nachricht, daß die UdSSR den Fünf-Milliarden-Kredit, den sie erst zwei Monate zuvor erhalten hatte, rasch aufbrauchte. Dies zeugte davon, daß ihre wirtschaftlichen Schwierigkeiten andauerten. Gorbatschow hatte Kohl zum Besuch seiner Heimatstadt Stawropol im Kaukasus eingeladen, und dies war ein gutes Omen für den bevorstehenden Gipfel. In den vorangegangenen Wochen hatte es sowohl innerhalb Deutschlands als auch zwischen Genscher und Schewardnadse viele Diskussionen über die Stärke der zukünftigen Bundeswehr gegeben. Alle Seiten waren sich darüber einig, daß die Summe aus NVA und Bundeswehr, die sich auf 667000 Mann belaufen hatte, nicht als Größenordnung in Frage kam, sondern daß die Zahl viel niedriger angesetzt werden mußte. Die Frage war, wie niedrig. Ursprünglich hatte die CDU eine Obergrenze von 400000 Mann und die SPD (aber auch die Sowjets) eine solche von 240000 Mann vorgeschlagen. Der Westen hatte sich darauf verständigt, daß diese Frage bei der zweiten Runde der KSE-Verhandlungen in Wien entschieden werden sollte, um den Eindruck zu vermeiden, daß Deutschland »singularisiert« würde, indem man allein ihm eine Höchstgrenze vorschrieb. Genscher war für eine Begrenzung der Bundeswehr auf 350000 Mann und für die Auflösung der NVA. Kohl und Stoltenberg befürworteten 400000 Mann. Zu diesem Zeitpunkt hatten die Sowjets noch keinen genauen Vorschlag gemacht, und diese Frage war offen, als Kohl und Genscher nach Moskau flogen. Sie feilschten weiter um die letzten 50000 Soldaten.[79]

Aus deutscher Sicht gab es zwei Hürden, die noch genommen werden mußten: die völlige Aufhebung der Rechte und Verantwortlichkeiten der Vier Mächte in bezug auf Deutschland und die Vollmitgliedschaft des vereinigten Deutschland in der NATO. Die Bonner wußten, daß dies der wichtigste Gipfel überhaupt sein würde; doch waren sie sich nicht sicher, wie Gorbatschow nach dem Parteitag reagieren würde. Als Kohl in Moskau eintraf, begannen er und sein Gastgeber sogleich ihre bilateralen Gespräche. Nach dem Austausch von Artigkeiten kam der Sowjetführer zur Sache: Er gehe davon aus, daß das geeinte Deutschland in den Grenzen der DDR, der Bundesrepublik und Berlins gebildet werde und daß die militärischen Strukturen der NATO nicht auf das Territorium der DDR ausgedehnt werden dürften. Als er von Kohl gefragt wurde, ob das geeinte Deutschland seine volle Souveränität erhalten werde, erwiderte Gorbatschow, daß dies selbstverständlich sei. Dann erklärte der Sowjetführer, die Frage der Mitgliedschaft Deutschlands in der NATO sei klar: Selbstverständlich werde Deutschland der NATO angehören, es müsse jedoch eine Übergangsperiode geben, in der der Geltungsbereich der NATO nicht auf Ostdeutschland ausgedehnt werde. Das war's. Gorbatschow hatte zur vollen Souveränität und zur Mitgliedschaft Deutschlands in der NATO ja gesagt. Kohl zeigte äußerlich kaum eine Regung, als Gorbatschow hinzufügte, daß die Viermächteverantwortung ohne Übergangszeit sofort nach der Vereinigung enden würde. Teltschik erinnert sich, daß die Deutschen so klare Zusagen nicht erwartet hatten, vor allem nicht zu einem so frühen Zeitpunkt der Verhandlungen, und daß er und Kohl Mühe hatten, ihr Erstaunen und ihre Freude zu verbergen.

Nach dieser ersten Gesprächsrunde flogen sie alle zusammen in Gorbatschows Heimatstadt Stawropol, wohin bisher kein ausländischer Regierungschef eingeladen worden war; von dort brachte sie ein Hubschrauber nach Archys, einem malerischen Ort im Nordkaukasus. Hier wurde über die noch offenen Fragen beraten, vor allem über die Truppenstärke. Schewardnadse bestand auf 350000; Genscher konterte mit

370000. Gorbatschow bat Kohl um weniger als 370000, aber Kohl stimmte ihn um. Nach der Diskussion über die Wirtschaftshilfe und die Lage der Rußlanddeutschen ließ Gorbatschow die letzte Bombe platzen: Er war damit einverstanden, daß nach der Vereinigung sofort Verbände der Bundeswehr in der ehemaligen DDR stationiert und nach dem Abzug der letzten sowjetischen Truppen in die NATO eingegliedert würden. Vom Tag der Einheit an könne sich auch die Schutzgarantie der NATO auf ganz Deutschland erstrecken. Teltschik zufolge handelte es sich dabei um Positionen, die vor Monaten von den Deutschen aufgegeben worden waren, weil sie nie damit gerechnet hatten, daß die Sowjets ihnen zustimmen würden. Gorbatschow hatte ihre kühnsten Erwartungen übertroffen. Alle Teile des Puzzles »Deutsche Einheit« lagen jetzt an der richtigen Stelle: Es gab keine Zweifel mehr an der deutschen Souveränität und am künftigen militärischen Status des vereinigten Deutschland.[80] Gorbatschow hatte, wie Falin verbittert schreibt, seinen Zauberstab geschwenkt.

In seinen Memoiren sinniert Schewardnadse: »Wir sind außerstande, Deutschlands Vereinigung zu stoppen, es sei denn mit Gewalt. Doch das käme einer Katastrophe gleich.«[81] Gorbatschow betont, daß die Vereinigung keine isolierte Erscheinung, »sondern Bestandteil unserer gemeinsamen Orientierung auf ein neues Europa war«.[82] Die *germanisty* waren über das Treffen in Archys empört und wütend darüber, daß sie von der Teilnahme ausgeschlossen waren. Falin charakterisiert die im Kaukasus erzielte Einigung als einen Akt von »politischem Masochismus« und behauptet, Kohl und Genscher hätten Gorbatschow völlig entgeistert angeblickt, als dieser der NATO-Option zustimmte. Kurz vor dem Gipfel habe er ein ausführliches Memorandum an Gorbatschow verfaßt, in dem er ihn warnend darauf hingewiesen habe, daß die amerikanischen Intentionen nicht »altruistisch« seien und daß dies seine letzte Chance wäre, die sowjetischen Interessen wahrzunehmen. Er habe sich energisch gegen den »Anschluß« der DDR an die Bundesrepublik ausgesprochen, darauf beharrt, daß das vereinte Deutschland nicht Mitglied der NATO werde oder zumindest nicht dessen integriertem Militärkommando angehöre, und Gorbatschow beschworen, keinerlei Abkommen über Fragen zu akzeptieren, die die Eigentumsrechte der UdSSR in der DDR oder die von den sowjetischen Truppen in der DDR angerichteten Umweltschäden betreffen, solange sowjetische Experten dies nicht genauso gründlich geprüft hätten wie die Amerikaner. Nachdem Gorbatschow am Abend vor seinem Treffen mit Kohl Falins Memorandum gelesen hatte, habe er zu ihm gesagt: »Ich werde tun, was ich kann. Nur fürchte ich, daß der Zug schon abgefahren ist.« Falin bemerkte dazu später: »Auf seiten der Sowjetunion waren keine Staatsmänner, sondern Kleinbürger in höchsten Positionen, die alles vergaßen, was in der Vergangenheit existiert hatte.«[83]

Falin berichtet, daß Willy Brandt ihm folgendes erzählt habe: Als Kohl Gorbatschow in Archys bat, ihm eine Liste prominenter Ostdeutscher zu geben, die nach der Vereinigung nicht strafrechtlich verfolgt werden sollten, habe Gorbatschow dies abgelehnt und gesagt, damit müßten die Deutschen selber fertig werden. Mit seiner Behauptung, Gorbatschow habe kein »reines Gewissen«, war Falin also nahe daran, Gorbatschow ebenso wie Schewardnadse des Verrats am Kommunismus zu bezichtigen, weil sie die Genossen in der DDR im Stich gelassen hätten. Er deutet an, Schewardnadse habe »irgendeine finanzielle Gegenleistung« von westdeutschen Industriellen bekommen. Dieser Vorwurf erinnert an jene Männer, die Berija 1953 beschuldigten, er habe die DDR »verkaufen« wollen, und an die Attacken des Chefideologen Suslow, der Chruschtschow bei seiner Absetzung 1964 erklärte, die DDR sei nicht »für alles Gold in der Welt« verkäuflich.[84] Auf jeden Fall ist klar, daß die Uneinigkeit in der sowjetischen Führung bis zu Gorbatschows Kompromiß andauerte und daß die Entscheidung, die westlichen Bedingungen anzunehmen, von einem sehr kleinen Personenkreis getroffen wurde, und zwar von Gorbatschow, Schewardnadse und einigen wenigen engen Vertrauten.

Tschernjajew, der zu diesem kleinen Kreis gehörte, weist

Falins Beschuldigungen zurück. »Angenommen, Gorbatschow hätte weiterhin versucht, seine ursprüngliche Position durchzusetzen. Dann hätte er selbstverständlich beim Politbüro und bei solchen Experten wie Falin volle Unterstützung gefunden. Was wäre das Ergebnis gewesen? Alles wäre hinausgezögert worden, und die Vereinigung Deutschlands hätte sich trotzdem vollzogen – ohne uns und gegen uns. Und wir hätten nicht die – materielle und politische – Entschädigung erhalten, die uns seitens der Deutschen zuteil wurde.« Er schildert die intensiven Verhandlungen im Kaukasus, die bereits über die NATO-Frage hinausgegangen waren: »Die Diskussion drehte sich schon nicht mehr darum, wie die Vereinigung verlaufen solle, sondern wie die Beziehungen zwischen unseren beiden Ländern danach aussehen und welches ihre [Deutschlands und Rußlands] Rolle getrennt und gemeinsam in Europa und in der Welt sein sollte.«[85] Anatoli Dobrynin hält es dagegen mit den Hardlinern: »Gorbatschow verpaßte seine große Chance, und zwar ganz gewaltig. Der Zauberstab funktionierte nicht. Seine westlichen Partner zogen ihre eigene Realpolitik durch.«[86]

Für die Außenwelt war die Pressekonferenz, die nach dem Treffen von Archys im nahe gelegenen Schelesnowodsk abgehalten wurde, geradezu eine Sensation. Kohl, der das Treffen als »einen neuen Höhepunkt in der Geschichte der deutsch-sowjetischen Beziehungen« bezeichnete, gab acht Hauptpunkte bekannt:

> »Erstens: Die Einigung Deutschlands umfaßt die Bundesrepublik, die DDR und Berlin.
> Zweitens: Wenn die Vereinigung vollzogen wird, werden die Vier-Mächte-Rechte und -verantwortlichkeiten vollständig abgelöst. …
> Drittens: Das vereinte Deutschland kann in Ausübung seiner uneingeschränkten Souveränität frei und selbst entscheiden, ob und welchem Bündnis es angehören will. …
> Viertens: Das geeinte Deutschland schließt mit der Sowjet-

union einen zweiseitigen Vertrag zur Abwicklung des Truppenabzugs aus der DDR, der innerhalb von drei bis vier Jahren vollendet sein soll. …

Fünftens: Solange sowjetische Truppen noch auf dem ehemaligen DDR-Territorium stationiert bleiben, werden die NATO-Strukturen nicht auf diesen Teil Deutschlands ausgedehnt. … Nicht integrierte Verbände der Bundeswehr, das heißt Verbände der territorialen Verteidigung, können ab sofort nach der Einigung Deutschlands auf dem Gebiet der heutigen DDR und in Berlin stationiert werden.

Sechstens: Für die Dauer der Präsenz sowjetischer Truppen auf dem ehemaligen DDR-Territorium sollen … die Truppen der drei Westmächte in Berlin verbleiben.

Siebtens: Die Bundesrepublik erklärt sich bereit, noch in den laufenden Wiener Verhandlungen eine Verpflichtungserklärung abzugeben, die Streitkräfte eines geeinten Deutschlands innerhalb von drei bis vier Jahren auf eine Personalstärke von 370000 Mann zu reduzieren. …

Achtens: Ein geeintes Deutschland wird auf Herstellung, Besitz und Verfügung über ABC-Waffen verzichten und Mitglied des Nichtverbreitungsvertrages bleiben.«[87]

Kohl sprach auch über die künftige wirtschaftliche und finanzielle Zusammenarbeit. Als die Journalisten entsprechende Fragen stellten, bestritten sowohl Kohl als auch Gorbatschow, daß es irgendwelche Analogien zu Rapallo gebe.[88]

Die Reaktion der internationalen Medien auf die Pressekonferenz in Schelesnowodsk war je nach der Haltung des entsprechenden Landes unterschiedlich. Die *Prawda* sprach von »Realismus und Vertrauen«, der Londoner *Economist* von einem »Stawrapallo« und beschwor damit den allgegenwärtigen Geist von Rapallo. Manche beklagten sich, das Ganze sei ein bilateraler deutsch-sowjetischer Handel, der durch Ausschluß der anderen an den Verhandlungen beteiligten Mächte zustande gekommen sei. Und dennoch war dieser Handel das Ergebnis von fünf Monaten intensiver Gespräche und Verhandlungen, bei denen die Vereinigten Staaten eine wichtige Rolle gespielt hatten.[89] »In der ersten Hälfte des Jahres [1990]«, schreibt Teltschik, »waren die Energien der Weltmächte praktisch ausschließlich auf Deutschland konzentriert. Unser Glück war, daß kein anderes entscheidendes Ereignis die Aufmerksamkeit unseres amerikanischen Partners ablenkte.«[90]

Die neun Zusicherungen, die Gorbatschow im Mai in Washington gegeben wurden, waren ein wichtiger Meilenstein auf dem Weg zur deutschen Einheit, da sie die sowjetischen Befürchtungen über die künftige Rolle eines geeinten Deutschland zerstreuten. Auch die Einigung über die Truppenstärke der Bundeswehr war das Ergebnis multilateraler wie bilateraler Diplomatie. Mit anderen Worten, die Vorarbeit für diesen Gipfel war von den vier Westmächten geleistet worden, die an den Verhandlungen beteiligt waren. Gorbatschow entschloß sich, seine Entscheidung auf einem bilateralen Treffen zu verkünden, weil er tatsächlich ein »besonderes Verhältnis« zu Deutschland entwickeln wollte, von dem er sich wesentliche wirtschaftliche und politische Vorteile erhoffte. Die Deutschen selbst hingegen verhandelten nur, was vorher abgestimmte westliche Positionen waren. Die Bedeutung des Treffens von Archys bestand darin, daß es das persönliche Verhältnis zwischen Gorbatschow und Kohl sowie zwischen Genscher und Schewardnadse festigte und beide Seiten zur Partnerschaft nach der Vereinigung verpflichtete. Es war jedoch nicht der Beginn einer finsteren bilateralen Achse gegen die Interessen Europas oder der Vereinigten Staaten.

Der große Durchbruch war im Kaukasus erzielt worden, aber es folgten zwei Monate intensiver Verhandlungen, bei denen die Abkommen detailliert ausgearbeitet wurden. Obwohl Gorbatschow allem zugestimmt hatte, was vom Westen vorgeschlagen worden war, versuchten die Sowjets an verschiedenen Punkten der Verhandlungen, mehr Geld von den Deutschen zu bekommen, wobei sie sowohl auf ihre wirtschaftliche Not als auch auf den anhaltenden Dissens zwischen den führenden Entscheidungsträgern hinwiesen. Sofort nach dem Treffen im

Kaukasus fand das dritte Außenministertreffen im Rahmen der Zwei-plus-Vier-Gespräche in Paris statt. Dort informierten Schewardnadse und Genscher ihre überraschten, doch im allgemeinen wohlwollenden Amtskollegen über den Ausgang der Verhandlungen im Kaukasus. Das Hauptergebnis von Paris war die Ratifizierung des polnischen Grenzabkommens in Anwesenheit des polnischen Außenministers. Es schrieb die Oder-Neiße-Linie als Polens Westgrenze fest.

Die künftige deutsch-sowjetische Wirtschaftskooperation nahm weiterhin einen hohen Rang auf der Agenda des Kreml ein, der während der folgenden beiden Monate versuchte, hier bestmögliche Ergebnisse zu erzielen. Inzwischen begann die Bundesregierung zu erkennen, wie teuer die deutsche Einheit werden konnte, und obwohl sie sich über die Notwendigkeit im klaren war, der UdSSR weiterhin wirtschaftliche Anreize zu bieten, wurde sie sich ihrer eigenen begrenzten finanziellen Möglichkeiten bewußt. Darüber hinaus litt die Bundesrepublik als der wichtigste westliche Handelspartner der UdSSR besonders darunter, daß die Sowjets nicht in der Lage waren, ihre Kredite zurückzuzahlen. So war ein Teil des Fünf-Milliarden-Kredits dafür verwendet worden, Altschulden zu begleichen. Ende 1990 war die UdSSR bei der Rückzahlung von Krediten mit zwei Milliarden DM im Rückstand, wovon vor allem mittelständische Unternehmen betroffen waren.[91] Dem Chef der Deutschen Bank, Wilhelm Christians, zufolge bestand der Hauptgrund für das Zögern deutscher Unternehmen, die Geschäftsbeziehungen zu erweitern, darin, daß »die Sowjetunion aufgehört hat, ihre Rechnungen zu bezahlen ... Die Sowjetunion muß den Ruf erwerben, ein zuverlässiger Schuldner zu sein.«[92] Da dies ein Mann sagte, der schon lange die deutsch-sowjetischen Wirtschaftsbeziehungen unterstützt hatte, kam hier die allgemeine Zurückhaltung bei der Gewährung von Krediten zum Ausdruck. In Bonn wand man sich bei Bemerkungen wie der folgenden von Portugalow: »Von der Partnerschaft, ja der Freundschaft mit dem vereinten Deutschland, von der deutschen Wirtschaft und deutschen Privatinvestitionen erhoffen wir die Errettung aus der drohenden Katastrophe.«[93]

Während die Sowjets um den Zeitplan und das Prozedere für den Abzug ihrer Truppen feilschten, begann der stellvertretende Ministerpräsident Stepan Sitarjan mit Bundesfinanzminister Theo Waigel über die Höhe der Entschädigung für den Truppenabzug zu verhandeln. Gleichzeitig bemühte sich Kwizinski, im vorgesehenen deutsch-sowjetischen Vertrag Klauseln unterzubringen, die umfassender und detaillierter waren, als die deutschen Partner zubilligen wollten.[94] Am 5. September präsentierte der sowjetische Botschafter in Bonn, Wladislaw Terechow, der Bundesregierung eine neue Rechnung in Höhe von 36 Milliarden DM, die einzig und allein die Kosten der Stationierung der sowjetischen Truppen in Ostdeutschland und ihres Abzugs betraf. Das war das Fünffache der Summe, die die Deutschen zu zahlen bereit waren, und so ging das Feilschen weiter. Am 7. September, fünf Tage vor dem letzten Zwei-plus-Vier-Treffen, führten Gorbatschow und Kohl das erste Telefongespräch seit Archys miteinander – das teuerste während des Vereinigungsprozesses. Kohl bot eine Pauschale in Höhe von acht Milliarden DM an, wovon der größte Teil auf den Bau von Wohnungen und auf Umschulungsmaßnahmen für die aus der DDR zurückkehrenden sowjetischen Soldaten entfallen sollte. Die Deutschen wollten nicht die Kosten für die weitere Stationierung der sowjetischen Truppen übernehmen, wie der Kreml verlangt hatte. Gorbatschow, der den Eindruck machte, als stünde er unter starkem Druck, reagierte frostig: Nach sowjetischen Schätzungen seien mindestens elf Milliarden DM für den Bau von Wohnungen erforderlich. Rechne man die Transport- und Stationierungskosten hinzu, so wäre die Summe noch viel höher. Bei diesem im letzten Moment unternommenen Versuch eines Kopplungsgeschäfts gab er zu verstehen, daß der Erfolg der Zwei-plus-Vier-Gespräche gefährdet sei, wenn Bonn sich nicht großzügiger zeige.

Kohl und seine Berater waren vom harten Ton Gorbatschows überrascht. Zwei Tage später teilte Kohl dem Sowjetführer mit, daß er nicht die Summe zusagen könne, die Sitarjan vor kurzem verlangt hatte, nämlich 16–18 Milliarden DM, doch sei Deutschland bereit, zwölf Milliarden zu zahlen. Gorbatschow feilschte weiter und deutete an, daß die Vereinigung noch immer in Frage gestellt wäre, wenn nicht mehr Hilfe geleistet würde. »Das war eine deutliche Sprache«, schreibt Kohl. »Ich sah mich daher genötigt, der Sowjetunion zusätzlich zu unserem Angebot einen zinslosen Drei-Milliarden-Kredit anzubieten.« (Er hatte diese Möglichkeit vor dem Telefonat mit seinen Beratern besprochen.) So kam Deutschland nach außerordentlich schwierigen Verhandlungen den sowjetischen Forderungen weit entgegen, da Bonn entschlossen war, in der darauffolgenden Woche seine Souveränität zu erlangen und die Einheit zu vollenden.[95]

Die Frage, ob die Zwei-plus-Vier-Verhandlungen erfolgreich zum Abschluß gebracht werden könnten, war tatsächlich bis kurz vor der Vertragsunterzeichnung nicht klar. Diese Unsicherheit war größtenteils auf das Tempo zurückzuführen, mit dem die Verhandlungen geführt worden waren. Im August hatte Schewardnadse noch die Meinung vertreten, daß die Viermächterechte erst erlöschen könnten, wenn die Verträge über die deutsche Einheit von den jeweiligen Parlamenten ratifiziert worden seien. Ein anderer Streitpunkt waren die Einzelheiten des sowjetischen Truppenabzugs und die Rolle der Bundeswehr im Ostteil Deutschlands. Schewardnadse bemühte sich, die Frist für den Abzug der Truppen zu verlängern. Umstritten war auch die Frage, welche Waffen im einzelnen auf dem Territorium der ehemaligen DDR stationiert und welche Arten von NATO-Manövern dort durchgeführt werden durften. Buchstäblich in letzter Minute wurden Kompromisse in allen diesen Fragen erzielt, aber in einem besonders heiklen Moment erwiderte Bondarenko auf die Frage, welche Optionen Moskau erwägen könnte: »Keine einzige.« Er hatte keine Instruktionen aus Moskau. Manche, die die hektische Schlußphase des letzten Zwei-plus-Vier-Treffens miterlebten, wunderten sich darüber, wie die erste Garde der sowjetischen Unterhändler offensichtlich improvisierte.[96] Sie hatten keine kompetenten Rechtsexperten mitgebracht, und im letzten Augenblick konnte Deutschland bei einigen juristischen Formulierungen Konzessionen erwirken, weil die Sowjets ungenügend vorbereitet waren.

Darüber hinaus verhinderten die Briten beinahe die Unterzeichnung des Zwei-plus-Vier-Vertrages, weil sie mit Deutschland in der Frage der Abhaltung von NATO-Manövern in Ostdeutschland nicht einig waren. Außenminister Douglas Hurd war der Auffassung, es sei zu früh, den Zwei-plus-Vier-Vertrag zu unterzeichnen, da niemand wisse, wie lange Gorbatschow noch an der Macht sein würde. Daher sei es wichtig, NATO-Manöver in Ostdeutschland abhalten zu können, wann immer die NATO das wolle. Hurds unerwartete Erklärung veranlaßte Genscher, Baker um Mitternacht wütend aus dem Schlaf zu klingeln, um das letzte Hemmnis zu beseitigen.[97] Bis zum 12. September hatte es der Westen endlich geschafft, die sowjetische Zustimmung zur gänzlichen Aufhebung der Viermächterechte, zur uneingeschränkten Stationierung deutscher konventioneller Streitkräfte im ganzen Land sowie zu dem Recht Deutschlands zu erlangen, souverän darüber zu entscheiden, wie oder wann die im Vertrag enthaltene Klausel gegen die Stationierung alliierter Streitkräfte in der ehemaligen DDR anzuwenden sei.

Am 12. September wurde der »Vertrag über die abschließende Regelung in bezug auf Deutschland« unterzeichnet, in dem vieles von dem ratifiziert wurde, was vorher bereits zwischen Deutschland und der Sowjetunion sowie zwischen den Vereinigten Staaten, ihren Verbündeten und der UdSSR vereinbart worden war: etwa hinsichtlich der Grenzen Deutschlands, des Verzichts der Bundesrepublik auf atomare, biologische und chemische Waffen, der Verringerung der Truppenstärke, des Abzugs der sowjetischen Streitkräfte bis Ende 1994 sowie des bis zum Abzug aller sowjetischen Truppen geltenden Verbots, in die NATO integrierte Bundeswehrverbände in Ostdeutschland zu stationieren. Die Rechte der Vier Mächte in bezug auf Berlin und Deutschland als Ganzes endeten, und Deutschland konnte selbst entscheiden, welchem Bündnis es angehören wollte.[98] Am 13. September wurde der sowjetisch-deutsche Vertrag über gute Nachbarschaft von den beiden Außenministern paraphiert. Am 3. Oktober wurde Deutschland vereint und erlangte seine volle Souveränität.

Als nach dem Untergang der Sowjetunion das Thema der NATO-Erweiterung aktuell wurde, erklärten Gorbatschow und viele seiner früheren Mitstreiter – darunter auch jene, die mit ihm gebrochen hatten –, während der Verhandlungen über die deutsche Einheit seien Versprechungen gemacht worden, daß die NATO nicht erweitert werde. In seinen Memoiren und in privaten Gesprächen beharrt Gorbatschow darauf, daß der Westen ihm solche Zusagen gegeben habe. Es war schon schwer genug für Moskau, einem vereinten Deutschland zu gestatten, in der NATO zu bleiben; es wurde als sicher angenommen, daß im Gegenzug die NATO nicht bis an die Grenzen Rußlands ausgedehnt würde. Die westlichen Verbündeten haben immer bestritten, daß eine solche Zusage gegeben worden sei. Was ist wahr? Was wurde versprochen? Hat der Westen sein Wort gebrochen? Da so viele Dinge bei der deutschen Vereinigung eine Rolle spielten, gibt es viele Zweideutigkeiten und Mißverständnisse. Die Unterlagen zeigen, daß keine ausdrücklichen Versprechungen in bezug auf die NATO-Erweiterung gemacht wurden. Was aber während der Verhandlungen impliziert wurde, hängt letzten Endes von der Sicht des Betrachters ab. Trotzdem muß der größere Zusammenhang berücksichtigt werden. 1990 existierte noch der Warschauer Pakt. Kaum jemand blickte weiter als bis zur deutschen Vereinigung oder stellte sich vor, wie Europa nach dem Kollaps der UdSSR und dem Ende des Warschauer Pakts aussehen würde; denn im September 1990 schien sich Gorbatschow noch an der Macht zu halten.

Im Februar 1990 diskutierte Baker bei seinem Besuch in Moskau mit Gorbatschow den Tutzinger Vorschlag Genschers, die »Jurisdiktion« der NATO nicht auf das Gebiet der DDR auszudehnen. Zu diesem Zeitpunkt sprach Baker nur über dieses Territorium, nicht über eine weitere Ausdehnung der NATO. Das Weiße Haus, das die rechtliche Bedeutung dieser Formel nicht in ihrer ganzen Tragweite erfaßt hatte, revidierte sie in dem Sinne, daß Ostdeutschland einen »besonderen militärischen Status« innerhalb der NATO haben müsse. Teilnehmer der Verhandlungen, die die entsprechenden Dokumente gesehen haben, bestreiten, daß Gorbatschow irgendeine Zusage in bezug auf eine Nichterweiterung der NATO gemacht worden sei, da zu diesem Zeitpunkt niemand überhaupt an so etwas gedacht habe.[99] Dennoch ist nicht zu bestreiten, daß Genschers langfristige Vision ein gesamteuropäisches Sicherheitssystem war, das bereits über die Existenz militärischer Blöcke hinaussah. Darüber hinaus ließe sich argumentieren, daß der Zwei-plus-Vier-Vertrag im Geiste einer Ost-West-Verständigung verhandelt wurde – im Vorgriff auf eine künftige Kooperation zwischen der UdSSR und dem Westen. Für die Russen verletzt die NATO-Erweiterung daher wenn nicht den Buchstaben, so doch den Geist des Zwei-plus-Vier-Vertrages, eines Vertrages, der eine neue Ära der Ost-West-Verständigung symbolisierte, nachdem die Sowjets so viele Zugeständnisse gemacht hatten.

Der letzte Akt im deutsch-sowjetischen Drama kam am 9. November, dem ersten Jahrestag des Mauerfalls in Berlin. Während des Besuchs von Gorbatschow in Bonn schloß das geeinte Deutschland seinen ersten ausländischen Vertrag, den »Vertrag über gute Nachbarschaft, Partnerschaft und Zusammenarbeit zwischen der Bundesrepublik Deutschland und der Union der Sozialistischen Sowjetrepubliken«. Er ist ein durchaus bemerkenswertes Dokument, wenn man bedenkt, wie es vor 1988 um die sowjetisch-westdeutschen Beziehungen bestellt gewesen war. Der Vertrag, der auf eine Dauer von zwanzig Jahren ausgelegt war, sah eine enge Partnerschaft zwischen beiden Staaten und die Schaffung eines friedfertigen Europa vor, in dem beide Länder eine wichtige Rolle spielen sollten.

Geplant waren eine Zusammenarbeit auf vielen staatlichen und nichtstaatlichen Ebenen, unter besonderer Betonung der zwischenmenschlichen Begegnungen, sowie Konsultationen bei allen internationalen Krisen. Liest man diesen Vertrag, so kann man sich schwer vorstellen, daß sich die Vertragspartner noch ein Jahr zuvor im Kalten Krieg feindlich gegenübergestanden hatten.[100] Ein zweiter Vertrag wurde über eine umfassende Zusammenarbeit auf den Gebieten der Wirtschaft, Industrie, Wissenschaft und Technik geschlossen. Er verpflichtete beide Seiten, den bilateralen Handel zu verstärken.[101] In ihren Reden priesen Kohl und Gorbatschow einander überschwenglich und wiesen auf den Beitrag beider Seiten zur friedlichen Vollendung der deutschen Einheit hin.

Nachwirkungen

Selbst nach der Unterzeichnung der Verträge hielt der Widerstand gegen die deutsche Einheit und die Zwei-plus-Vier-Verträge in der Sowjetunion an. Ihrer Ratifizierung ging ein harter Kampf im Obersten Sowjet und besonders in dessen Außenpolitischem Ausschuß voraus. Hier war eine neue gesetzgebende Körperschaft begierig darauf, mit den sowjetischen Traditionen zu brechen, ihre Muskeln gegenüber der verknöcherten Bürokratie spielen zu lassen und sich dem Druck der Exekutive nicht zu beugen. Der Kampf wegen der Verträge war aber auch ein persönlicher Rachefeldzug der alten kommunistischen Nomenklatura gegen Schewardnadse, dessen Politik von vielen als Verrat sowjetischer Interessen angesehen wurde.

Die beiden Hauptgegner im Kampf um die Ratifizierung, Kwizinski und Falin, waren kommunistische Apparatschiks mit einem persönlichen Interesse an der Erhaltung des Status quo. Kwizinski war jedoch trotz seiner bisherigen Ablehnung der Vereinigung Deutschlands und der NATO-Lösung ein loyaler Bürokrat, der es als seine Pflicht ansah, seinen Außenminister zu verteidigen. Falin dagegen war der Leiter einer Institution, die inzwischen ihre Macht an das Außenministerium verloren hatte. Schewardnadse hatte seit 1985 beträchtlich an Statur und Einfluß gewonnen, und sein Ministerium hatte die Internationale Abteilung des Zentralkomitees beiseite gedrängt.[102] Die wichtigsten Entscheidungen zur deutschen Einheit hatte eine kleine Ad-hoc-Gruppe getroffen, die aus engen Beratern Gorbatschows und Schewardnadses bestand. Beim Kampf um die Ratifizierung ging es deshalb nicht nur um die wichtigste Einzelentscheidung in der Außenpolitik Gorbatschows, es war auch ein Kampf zwischen dem Alten und dem Neuen, zwischen Legislative und Exekutive, zwischen der Kommunistischen Partei und einem pluralistischeren Rußland, zwischen jenen, die von der Geschichte überholt worden waren, und jenen, die noch Geschichte machen wollten.

Sobald die Zwei-plus-Vier-Verträge unterzeichnet waren, wurden die Stimmen gegen sie im Obersten Sowjet lauter, ebenso die Kritik des Militärs und anderer Institutionen. Die Gegner fanden ein ziemlich triviales Thema, auf dem sie herumreiten konnten: Wie sollte die DDR ihren 1975 geschlossenen Vertrag über Freundschaft und Zusammenarbeit mit der Sowjetunion beenden? Da der Vertrag ursprünglich vom Obersten Sowjet ratifiziert worden war, müsse er, wie sowjetische Staatsrechtler meinten, auf die gleiche Weise außer Kraft gesetzt werden. Obwohl dies juristisch anfechtbar war, wurde eine Sitzung des Außenpolitischen Ausschusses des Obersten Sowjet einberufen. Falin, inzwischen Mitglied des Kongresses der Volksdeputierten, verglich die Übereinkunft von Archys mit dem angeblichen Plan Berijas, die DDR aufzugeben. Laut Kwizinski, der über die Diskussion entsetzt war, kritisierte Falin das Außenministerium, weil es die vertraglichen Verpflichtungen der UdSSR gegenüber der DDR völlig mißachtet habe. Nach der stürmischen Sitzung rief Gorbatschow Falin zu sich und schalt ihn wegen seines Verhaltens. Doch Falin behauptete, er habe das absichtlich getan, um den Weg zur Ratifizierung der

Zwei-plus-Vier-Verträge dadurch zu ebnen, daß er gleich am Anfang eine harte Linie vertrat.[103] Die Frage des Vertrages zwischen der UdSSR und der DDR wurde danach fallengelassen.

Als dem Obersten Sowjet am 4. März 1991 die Verträge zur Ratifizierung vorgelegt wurden, war Schewardnadse nicht mehr Außenminister. Er war entgegen dem Wunsch Gorbatschows im Dezember zurückgetreten, wobei er vor einem unmittelbar bevorstehenden Putsch gegen die Reform gewarnt hatte (tatsächlich fand dieser erst acht Monate später statt). An Schewardnadses Stelle trat Alexander Bessmertnych, ein Karrierediplomat und Amerika-Experte, der nie das gleiche Format wie sein Vorgänger gewann. Vor der Ratifizierung versuchten die Gegner eine weitere Trumpfkarte auszuspielen. Sie erklärten, die UdSSR habe, wenn sie die Verträge nicht ratifiziere, die Möglichkeit, 1900 Milliarden DM an Reparationen von Deutschland zu fordern, da sie noch immer ihre Rechte als Siegermacht ausüben könne. Obwohl dieser Vorschlag – übrigens das Ergebnis von Berechnungen eines deutschen Professors – nichts als wilde Spekulation war, lenkte er die Aufmerksamkeit auf die Frage der deutschen Entschädigungen für sowjetische Opfer des Naziregimes. Die Bundesrepublik hatte sowohl Juden und anderen Verfolgten des Naziregimes als auch Israel Entschädigungen gezahlt, und deshalb gab es eine gewisse rechtliche Grundlage dafür, das gleiche für sowjetische Bürger zu fordern, zumal die DDR nie etwas gezahlt hatte. Ende Februar erklärte daher Deutschland seine grundsätzliche Bereitschaft, sowjetische Naziopfer zu entschädigen. Dies beeinflußte die Ratifizierungsdebatte und zeigte, daß die Sowjets noch immer versuchten, um den Preis der deutschen Vereinigung zu feilschen, nachdem sie bereits vollzogen war.[104]

Als die Verträge schließlich ratifiziert wurden, hielt Kwizinski eine Verteidigungsrede, wobei er betonte, daß sie im Interesse der UdSSR lägen, da der Prozeß, der im Herbst 1989 in der DDR begonnen habe, nicht mehr aufgehalten werden könne. Die Sowjetunion dürfe die historischen Fehler ihrer Deutschlandpolitik nicht wiederholen. Er hob die wirtschaftlichen Vorteile hervor, etwa die zwölf Milliarden DM für den Bau von Wohnungen für sowjetische Soldaten. Nun sei es an der Zeit, ein neues Kapitel in den deutsch-sowjetischen Beziehungen aufzuschlagen. Wie Kwizinski berichtet, beschlossen die Deputierten, keine öffentliche Debatte abzuhalten, da einige Ratifizierungsgegner anonym bleiben wollten, damit sie später nach Deutschland gehen und dort Geschäfte tätigen konnten.[105] Eine Woche später wurde Erich Honecker nachts mit einer Militärmaschine vom sowjetischen Militärhospital in Beelitz nach Moskau ausgeflogen. Das hatte geharnischte Proteste aus Bonn zur Folge, wo man nicht konsultiert worden war. Es war der letzte Akt der Solidarität zwischen der Sowjetunion und der DDR und das letzte Mal, daß die UdSSR ihre Macht in Deutschland ausübte, obwohl die Verträge schon geschlossen waren und die UdSSR keine Rechte mehr in Deutschland besaß.

Die Verträge über die Stationierung und den Abzug der sowjetischen Streitkräfte mußten noch ratifiziert werden. Dabei versuchten die Sowjets erneut, mehr Geld von den Deutschen zu bekommen, und sie bekamen es. Einen Tag nach der Ratifizierung des Zwei-plus-Vier-Vertrages forderte General Burlakow, der Befehlshaber der sowjetischen Streitkräfte in Deutschland, eine zusätzliche Entschädigung in Höhe von 10,5 Milliarden DM für sowjetische Immobilien, die in Deutschland hinterlassen wurden, sowie weitere 4,2 Milliarden DM für den Bau von Wohnungen für heimkehrende sowjetische Soldaten. Die Bundesregierung versprach, die Sache zu prüfen, und legte nach Ratifizierung des Abkommens tatsächlich noch etwas dazu.[106]

Das sowjetische Dilemma

Nach all den Memoiren und Analysen, die über die Vereinigung geschrieben wurden, bleibt noch die große Frage zu beantworten: Weshalb war Gorbatschow nach nur 392 Tagen bereit, auf das meiste dessen zu verzichten, was die Sowjetunion durch den Sieg im Zweiten Weltkrieg gewonnen hatte, in dem immerhin 27 Millionen Sowjetbürger ihr Leben verloren? Wie wir gesehen haben, besaß Gorbatschow 1989 noch Wahlmöglichkeiten, die ihm später versperrt waren, als seine Reformen und seine Außenpolitik im eigenen Land blockiert wurden. Abgesehen von der Möglichkeit, das beträchtliche militärische Potential der Sowjetunion einzusetzen, hätten Gorbatschow und Schewardnadse zu Verzögerungstaktiken greifen, oder sie hätten viel zielgerichteter vorgehen können, um Deutschland zur Annahme einer Lösung zu zwingen, die nicht in der NATO-Vollmitgliedschaft bestanden hätte.

Die Antwort auf diese Fragen ist zum Teil in der ambivalenten Haltung Gorbatschows und Schewardnadses gegenüber dem Gesamtproblem zu suchen. Einerseits war die Schaffung des Sowjetreiches in Osteuropa die Grundvoraussetzung für den globalen sowjetischen Einfluß, eine Quelle von Stolz und Prestige sowie eine Legitimation für die große internationale sozialistische Gemeinschaft. Andererseits waren sich Gorbatschow und Schewardnadse der wachsenden Kosten für die Erhaltung des Imperiums und der nachhaltigen Auswirkungen, die diese Kosten auf ihre Bemühungen um eine Reform des Sowjetsystems hatten, nur allzu bewußt geworden. In ihnen wuchs die Erkenntnis, daß der Sozialismus in Osteuropa wenig Rückhalt genoß und daß es eine immer größere Last für Moskau wurde, unpopuläre Führer an der Macht zu halten. Ohne den Verzicht auf die Vorherrschaft in dieser Region konnte die Sowjetunion niemals sich selbst reformieren und der internationalen Kritik entrinnen, der sie als Führungsmacht ausgesetzt war. Überdies mußte Gorbatschow, nachdem er sich dem Neuen Denken und dem Recht jeder Nation auf »Freiheit der Wahl« verpflichtet hatte, seinen Worten Taten folgen lassen, um seine Glaubwürdigkeit als Führer einer Weltmacht zu bewahren. Auf jeden Fall hatten sein Wunsch, die Sowjetunion in die Weltgemeinschaft einzugliedern, und seine Überzeugung, daß das Land ohne wesentliche Mitwirkung des Westens seine wirtschaftlichen Probleme niemals würde lösen können, bis zum Herbst 1989 einen Meinungswandel hinsichtlich der Notwendigkeit herbeigeführt, an Osteuropa oder der DDR festzuhalten. Bestand das einzige Mittel zur Sicherung des osteuropäischen Imperiums im Einsatz von Gewalt – was es der UdSSR unmöglich gemacht hätte, die Wirtschaftsbeziehungen zum Westen auszuweiten und als Teil der »zivilisierten« internationalen Gemeinschaft anerkannt zu werden –, dann lohnte es sich nicht, dieses Imperium zu erhalten.

Dies bedeutet jedoch nicht, daß Gorbatschow eine kohärente Strategie besaß. Weder er noch Schewardnadse brachten zu den Diskussionen über die deutsche Einheit klare Prioritäten mit, die einen Konsens der verschiedenen Gruppierungen im Lande repräsentiert hätten. Im Unterschied zu ihren westlichen Verhandlungspartnern, die sich trotz der Differenzen im eigenen Lager bemühten, aufeinander abgestimmte Pläne und Strategien auszuarbeiten, besaß die Sowjetunion keine einheitliche Strategie, und zwar zum einen wegen der enormen internen Differenzen in der Sache und zum anderen aufgrund des Niedergangs der Kommunistischen Partei, die in früheren Zeiten diesen Prozeß mit mehr Effizienz koordiniert hätte. Schewardnadse schien gegenüber einer deutschen Vereinigung innerhalb der NATO aufgeschlossen zu sein, schwankte dann aber zwischen einer konzilianten und einer harten Linie, um seine Kritiker zu beschwichtigen. Gorbatschow hingegen schien von der Richtigkeit dieses Kurses weniger überzeugt, war aber geneigt, einer Wende zuzustimmen, wenn auch viel später, als es der westlichen Seite vorgeschwebt hatte. Gegen beide machten die *germanisty* im Parteiapparat und im Außenministerium Front, die erbittert um den Erhalt des Status quo beziehungsweise, als die Vereinigung schon beschlossene Sache war, für eine Neutralisierung des vereinten Deutschland kämpften. Wenn die sowjetische Diplomatie den Eindruck erweckte, daß sie improvisierte oder herumexperimentierte, dann war dies darauf zurückzuführen, daß Moskau auf die sich rasch entwickelnden Ereignisse in Deutschland zu einer Zeit reagieren mußte, als die Lage in der Sowjetunion immer kritischer wurde.

Die deutsche Vereinigung wurde während der kurzen günstigen Phase erreicht, in der Gorbatschow seine Gegner im rechten und linken Lager vorübergehend in Schach zu halten vermochte und die Vereinigten Staaten gleichzeitig in der Lage waren, sich voll auf die Verhandlungen zu konzentrieren. Wäre die DDR sechs Monate später untergegangen und hätten die Verhandlungen erst im Herbst 1990 begonnen, so wäre Gorbatschow viel mehr auf die Gunst der Hardliner unter seinen Kritikern angewiesen und Amerika mitsamt seinen Verbündeten durch den Golfkrieg abgelenkt gewesen. Der Zeitpunkt war in diesem Fall entscheidend.

Die Entschlossenheit des Westens war ein weiterer wichtiger Faktor, der die sowjetische Verhandlungsstrategie beeinflußte. Es wäre schwierig, aber nicht unmöglich gewesen, den einen oder anderen Keil zwischen die Westmächte zu treiben, aber das wurde nie konsequent versucht. Auch die persönliche Diplomatie war wichtig.[107] Die direkten Kontakte zwischen Schewardnadse, Genscher und Baker sowie zwischen Kohl, Gorbatschow und Bush spielten eine wesentliche Rolle. Eben weil es keine sowjetische Gesamtstrategie und keine klare institutionelle Arbeitsteilung gab, waren persönliche Kontakte sehr wichtig, um der UdSSR die Gewißheit zu geben, daß ihren Interessen nicht geschadet wurde. Überdies verhandelten die Vereinigten Staaten und die Bundesrepublik sehr professionell. Die anderen Akteure, Frankreich und Großbritannien, waren zwar wichtig, spielten jedoch eine weniger zentrale Rolle. Die DDR war nur am Rande beteiligt; es wurde ihr zu keinem Zeitpunkt gestattet, ihre eigenen Pläne zu unterbreiten. Der Hauptberater des ostdeutschen Außenministers erklärte: »Die DDR, die am meisten an der Vereinigung interessiert war, verlor das meiste in dem Prozeß. Das ist der Geburtsfehler der Wiedervereinigung.« Das Gefühl, daß die Interessen der DDR ignoriert wurden (so waren zum Beispiel 65 Prozent der DDR-Bevölkerung im Juni 1990 gegen die Zugehörigkeit zur NATO), war eine der vielen psychologischen Lasten, die das neue Deutschland erbte.[108]

Sicherlich beeinflußten wirtschaftliche Faktoren die Überlegungen Gorbatschows und Schewardnadses, wenn auch nicht in entscheidendem Maße. Der traditionelle Glaube an die Priorität der russisch-deutschen Wirtschaftsbeziehungen wirkte auf das Denken der Sowjetführer ein. Die Bundesrepublik agierte mit wirtschaftspolitischer Staatskunst und öffnete jedes Mal die Taschen, wenn die Sowjets bei den Verhandlungen um neue Hilfe und Kredite baten. Man hatte erkannt, daß dies der wichtigste konkrete Anreiz war, den man den Sowjets als Gegenleistung für den Verzicht auf die DDR in Aussicht stellen konnte. Der andere Hauptfaktor, der die sowjetischen Entscheidungen beeinflußte, war die Bereitschaft Bonns, die Armee des vereinten Deutschland zu verkleinern, das heißt, die Gesamtstärke der deutschen Streitkräfte auf 45 Prozent der Summe aus NVA und Bundeswehr zu reduzieren. Dies half, die Sowjets davon zu überzeugen, daß fünfundvierzig Jahre nach dem Ende des Zweiten Weltkriegs ein neues Deutschland entstanden war, das keine aggressiven militärischen Absichten hegte.[109] Das war jedoch nur glaubhaft im Kontext des Londoner NATO-Gipfels und der Zusage, Auftrag und Ziele der NATO im Sinne einer Entschärfung der Ost-West-Konfrontation neu zu definieren.

Außerdem hat es den Anschein, daß Gorbatschow im Juli, wenn nicht schon früher, zu der Einsicht gelangt war, daß ein fest in die NATO eingebettetes Deutschland, dessen künftiger friedlicher Kurs von den Vereinigten Staaten und anderen Ländern garantiert würde, der sowjetischen Sicherheit viel dienlicher wäre als ein neutrales Deutschland, das, wenn es keiner Kontrolle unterläge, in Versuchung geraten könnte, Atomwaffen zu erwerben oder Gebietsansprüche zu stellen. Dazu Gorbatschow in seinen Memoiren:

»Folgende Überlegung gab für die Sowjetunion und ihre ehemaligen Verbündeten in der Antihitlerkoalition den Ausschlag, sich der deutschen Einheit nicht in den Weg zu stellen: Ein demokratisches, politisch stabiles und wirtschaftlich gesundes Deutschland, das seine Grenzen anerkennt und mit seiner politischen Gesellschaftsordnung sowie seiner Rolle in Europa und in der Welt zufrieden ist, wird zu einem der wichtigsten positiven Faktoren der europäischen und internationalen Entwicklung werden ... Das wäre die eine Seite des Problems. Die zweite besteht jedoch in der Überwindung der Diskrepanz in der Lebensqualität zwischen West- und Osteuropa. Der Lösung dieser Aufgabe wird sich Deutschland – und der Westen als solcher – nicht entziehen können.«[110]

Da Deutschland die Bedeutung multilateraler Hilfe betonte, sah Gorbatschow in Kohl denjenigen Mann, der ihn in der Gruppe der G7-Staaten am ehesten unterstützen und den Eintritt der UdSSR in den internationalen Wirtschaftsklub erleichtern würde. Außerdem hoffte er, Deutschland würde nach der Vereinigung beim Entwurf einer neuen europäischen Sicherheitsstruktur, in der die sowjetisch-deutsche Partnerschaft eine Schlüsselrolle spielen würde, die Führung übernehmen.[111] Dies scheint zumindest die beste Erklärung für die umfassenden sowjetischen Zugeständnisse zu sein.[112]

Am 3. Oktober 1990, dem Tag der deutschen Einheit, waren die Verhandlungspartner euphorisch gestimmt und erschöpft. Inzwischen war Gorbatschow aufgrund innenpolitischer Schwierigkeiten stärker seinen Kritikern auf der Rechten verpflichtet, die Vereinigten Staaten waren von den Vorbereitungen auf den Golfkrieg in Anspruch genommen, und die politische Großwetterlage hatte sich verändert. Es ist jedoch wichtig, zu verstehen, welche Erwartungen sowohl die Sowjets als auch die Deutschen nach der Vereinigung hatten. Keiner von beiden hatte zu diesem Zeitpunkt darüber nachzudenken begonnen, welche außenpolitischen Konsequenzen die deutsche Einheit für sein Land hatte. Die UdSSR hatte ihr Imperium verloren, und Deutschland war eine völlig souveräne europäische Großmacht geworden. Bonn hatte so viel Zeit darauf verwendet, den Franzosen, Briten, Polen, Israelis und anderen zu versichern, daß ein vereintes Deutschland nicht das Vierte Reich werden würde, daß es weder begonnen hatte, sich mit der Frage auseinanderzusetzen, welche neue außenpolitische Rolle es spielen sollte, noch sich zu fragen, was andere Länder von ihm erwarten mochten.

Die intensiven Verhandlungen über die inneren und äußeren Aspekte der deutschen Vereinigung resultierten in einer tiefgreifenden Veränderung des europäischen Sicherheitssystems. Der Warschauer Pakt und der RGW waren tot; statt dessen entstand eine Gruppe neuer postkommunistischer Staaten, die sich mühten, den Übergang zu einem wirtschaftlich erfolgreicheren, demokratischeren System zu vollziehen. Die sowjetische Europapolitik war nicht mehr zweigleisig. Moskau schaute immer mehr nach Westeuropa und nach Deutschland, während seine Beziehungen zu Osteuropa rasch verkümmerten. Die Vereinigung wäre ohne die Veränderungen, die ihr in Osteuropa vorausgegangen waren, unmöglich gewesen, und sowohl die Sowjets als auch die Deutschen mußten auf Ereignisse in der DDR reagieren, auf die sie immer weniger Einfluß hatten. Nun mußten sie die Konsequenzen ihres Handelns akzeptieren. Die Verhandlungen hatten sich auf Details konzentriert, aber die Summe aller Teile hatte Folgen, die niemand hätte voraussehen können.

Die Erwartungen, die die Sowjets an die Auswirkungen der deutschen Vereinigung auf das bilaterale Verhältnis knüpften, waren anfangs höher als die der Deutschen. Weil sie so viele Zugeständnisse gemacht hatten, erwarteten sie wohl, daß der Lohn höher ausfallen würde. Dobrynin gab die Meinung anderer sowjetischer Kritiker wieder, als er schrieb: »Gorbatschows Traum von einem neuen Europa mit einem neuen Sicherheitssystem, das alle Staaten, einschließlich Rußland, umfaßt, erfüllte sich nicht. ... Für die großzügigen Zugeständnisse, die er und sein getreuer Leutnant Schewardnadse dem Westen machten, hätten sie eine wichtigere Rolle für die Sowjetunion in den europäischen Angelegenheiten durchsetzen sollen und müssen, aber sie taten es nicht.« Maximytschew teilte diese Meinung und fügte hinzu: »Gorbatschow erkannte die historische Chance nicht, die sich ihm bot. Infolgedessen droht uns eine neue Teilung unseres Kontinents.«[113]

Die Hinterlassenschaft von 1989/1990

Eine wichtige Folge der deutschen Vereinigung war, daß das geeinte Deutschland einen genauso hohen Stellenwert in der sowjetischen Außenpolitik besaß wie vorher das geteilte, und zwar weitgehend aus den gleichen Gründen. Das vereinigte Deutschland war der wirtschaftliche Hauptpartner der UdSSR, der Schlüssel zu ihrer gesunden wirtschaftlichen Entwicklung. Während die DDR die sowjetische Militärmacht gestärkt hatte und Westdeutschland als potentielle militärische Gefahr angesehen worden war, bedrohte das geeinte Deutschland die sowjetische Sicherheit nicht mehr, denn mit der Vereinigung war der Kalte Krieg beendet. Deutschland konnte weiterhin der wichtigste europäische Partner der UdSSR sein, und zwischen dem neuen Deutschland und der Sowjetunion konnte sich ein viel besseres Verhältnis entwickeln, als es zwischen der Sowjetunion und den beiden deutschen Teilstaaten bestanden hatte.

Die Art und Weise, wie Gorbatschow und Schewardnadse die Verhandlungen über die Vereinigung führten, übte sowohl auf die innersowjetische Politik als auch auf die sowjetisch-deutschen Beziehungen eine Wirkung aus, die das Ende der Sowjetunion überdauerte. Diese Verhandlungen liefen nicht über die normalen sowjetischen Kanäle – das Politbüro, das Zentralkomitee und die sonstige Staatsbürokratie. Die Partei wurde vielmehr immer bedeutungsloser, und die Entscheidungen wurden von einer kleinen Ad-hoc-Gruppe getroffen, die häufig improvisierte und keine klaren Richtlinien hatte. Die Macht der Partei schwand 1990 schnell dahin, und die totale Umkehr der sowjetischen Nachkriegspolitik gegenüber

Deutschland wurde unter Umgehung der Internationalen Abteilung des ZK erreicht.

Indessen schufen Gorbatschows Schwanken und die widersprüchlichen Äußerungen der sowjetischen Hauptbeteiligten die Basis dafür, daß diejenigen, in deren Augen die DDR zu billig verkauft worden war, zum Gegenschlag gegen Gorbatschow und seine Berater ausholen konnten. Auch wurde bald nach dem Zusammenbruch der UdSSR erneut Kritik daran geübt, daß Gorbatschow nicht auf konkreten Zusagen in bezug auf die künftige Rolle der UdSSR in Europa bestanden hatte. Dies wiederum hat die postsowjetische Debatte darüber beeinflußt, ob Moskau nicht ein zu nachgiebiger Verhandlungspartner des Westens gewesen war, und die Position derjenigen gestärkt, die für eine härtere russische Politik eintraten. Anfangs waren sich Gorbatschow und seine Berater darin einig, daß die Vereinigung der letzte Akt in einem langsam fortschreitenden Prozeß der Überwindung der Teilung Europas sein sollte, bei dem sowohl die NATO als auch der Warschauer Pakt aufgelöst würden. »Aber dann«, so Anatoli Dobrynin, »fand eine Metamorphose in Gorbatschows Verhalten statt. Unter westlichem Druck, der über vertrauliche Kanäle ausgeübt wurde, begann er die Wiedervereinigung vom allgemeinen Problem der europäischen Sicherheit abzukoppeln.«[114] Das Versäumnis, das Problem der künftigen Sicherheitsstrukturen Europas zu lösen, ließ Fragen hinsichtlich der künftigen Rolle und Größe der NATO sowie des Platzes Rußlands in Europa offen.

Die Vereinigung Deutschlands schuf eine neue Agenda in den sowjetisch-deutschen Beziehungen. Es ließ Deutschland nicht gleichgültig, daß die UdSSR am Ende die meisten Forderungen Bonns akzeptierte. Dies hat auf lange Sicht den Charakter der bilateralen Beziehungen insofern grundlegend geändert, als Deutschland künftig die Agenda bestimmen sollte. Für den Augenblick jedoch wurde der Abzug der 380 000 Sowjetsoldaten mit ihren Angehörigen zum vordringlichen bilateralen Thema. Hierbei oblag den Deutschen die Last, ihre wirtschaftlichen und politischen Verpflichtungen zu erfüllen, was sich als teure Angelegenheit erwies, zumal die Kosten des Zusammenschlusses der beiden deutschen Staaten ins Unermeßliche wuchsen. Die neue Agenda hatte für die Sowjets und später die Russen einen großen Nachteil. Abgesehen von den Verpflichtungen zu Hilfeleistung und Handelserweiterung und abgesehen von den vagen Versprechungen in bezug auf die Schaffung eines neuen europäischen Sicherheitssystems gab es nichts, was ein weiteres deutsches Engagement nach dem Abzug der sowjetischen Truppen gewährleistet hätte. Die Sowjets besaßen noch gewisse Druckmittel gegenüber Deutschland, solange sich ihre Truppen dort befanden; nach deren Rückkehr in die UdSSR mußte Deutschland schließlich sein Interesse an Rußland neu definieren.

Während der Verhandlungen über die deutsche Einheit spielten die Vereinigten Staaten als Initiator politischer Verfahrensweisen wie als Vermittler zwischen den Parteien eine Sonderrolle. Auch Frankreich und Großbritannien waren wichtige Akteure. Es war jedoch das letzte Mal, daß die USA als Besatzungsmacht einen solchen Einfluß ausübten. Sobald die Viermächterechte erloschen waren und Deutschland volle Souveränität erlangt hatte, änderten sich die Beziehungen der Vereinigten Staaten zu Deutschland und zur Sowjetunion. Amerikas Fähigkeit, die deutsche Politik zu beeinflussen, verminderte sich ebenso wie die der UdSSR. Der Charakter der Beziehungen der Westmächte untereinander sowie zwischen diesen und der UdSSR hatte sich unwiderruflich geändert.

Der Vereinigungsprozeß warf sowohl für die UdSSR als auch für die Bundesrepublik Fragen der nationalen Identität auf. Gewiß hatten die Ostdeutschen mit überwältigender Mehrheit die Idee bejaht, daß die Deutschen eine einheitliche Nation seien, aber die Tatsache, daß sie bei den Verhandlungen so gut wie ausgeschlossen worden waren, hinterließ Verbitterung. Der Zwei-plus-Vier-Prozeß gewährte den führenden Vertretern der postkommunistischen DDR-Regierung lediglich ein nominelles Mitspracherecht bei den Fragen, die die

Truppenstärke und die NATO-Zugehörigkeit betrafen. Die Tatsache, daß die Ostdeutschen bei den Verhandlungen über die Vereinigung – die sie durch ihr mutiges Handeln erst ermöglicht hatten – größtenteils nur eine Nebenrolle spielten, trug zu den Schwierigkeiten bei, die die Ost- und Westdeutschen beim Schmieden einer neuen nationalen Identität miteinander hatten.

Die Vereinigung Deutschlands hatte in Verbindung mit dem langsamen Verfall der KPdSU und der UdSSR auch tiefgreifenden Einfluß auf die nationale Identität der Sowjetbürger und regte zusammen mit der Unabhängigkeit Osteuropas nichtrussische Gruppen innerhalb der Sowjetunion an, ihre eigene Unabhängigkeit anzustreben. Die Vollendung der deutschen Einheit führte zum Ausbruch der Identitätskrise: Was war die Sowjetunion eigentlich ohne ihre Verbündeten in Osteuropa? Der Verlust der DDR und Osteuropas warf unbequeme Fragen danach auf, was mit dem Kommunismus und all den mit ihm verbundenen Opfern überhaupt erreicht worden war. Die Ablehnung des Kommunismus im Stile Breschnews und auch Gorbatschows in Osteuropa führte dazu, daß letzterer im eigenen Land noch mehr an Autorität einbüßte. Georgi Schachnasarow räumte ein, daß die Dinge sich nicht so entwickelten, wie Gorbatschow und seine Berater es im Prozeß der deutschen Vereinigung gewollt hatten, fügte jedoch hinzu, daß Gorbatschow so viel erreicht habe, wie es unter den gegebenen Umständen möglich war.[115] Die Unfähigkeit, die Entwicklungen in Osteuropa zu beeinflussen, war für Gorbatschows Team eines der Dinge, die im Prozeß der deutschen Einigung am schwersten zu verkraften waren. Dies erklärt, warum der Kremlchef so häufig Metaphern aus der Eisenbahnsphäre gebrauchte und die Vereinigung Deutschlands mit einem immer rascher fahrenden Zug verglich, über den der sowjetische Lokomotivführer die Kontrolle verloren hatte.

Vollendung der Einheit: Russland und Deutschland am Ausgang des Jahrhunderts

»Russen und Deutsche sind die beiden größten Völker Europas. Wie sie zueinander stehen, hat eine entscheidende Bedeutung für das Schicksal des ganzen Kontinents.«

Boris Jelzin[1]

»Moskau stellt sich auch für Bonn janusköpfig dar. Blick nach vorn? Blick zurück im Zorn? Es geht in beide Richtungen zuleich.«

Süddeutsche Zeitung, März 1994[2]

Obwohl die Vereinigung Deutschlands das dramatischste Ereignis beim Zusammenbruch des internationalen kommunistischen Systems darstellte, bildete sie keineswegs den Schlußakt. Ein Jahr später kamen der Kollaps der UdSSR, der Zerfall Jugoslawiens und der Ausbruch des Krieges auf dem Balkan. Nach den intensiven, berauschenden Tagen der sowjetisch-deutschen Verhandlungen sollte es kein *da capo* geben, und die anfänglichen Erwartungen beider Seiten gingen nie in Erfüllung. Moskau und Bonn sollten nicht den Luxus genießen dürfen, nach dem Durcheinander, das der Niedergang des Kommunismus hervorgerufen hatte, in einer ruhigen Periode ihre Beziehungen neu zu regeln. Als das postsowjetische Rußland seinen langen und steinigen Marsch in Richtung Demokratie und Kapitalismus begann, hatten weder Moskau noch Bonn eine klare Vorstellung davon, wie sich die russisch-deutschen Beziehungen gestalten konnten oder sollten. Rußland war nicht mehr Deutschlands Feind, aber ein wirklicher Partner war es deshalb noch lange nicht.

Nach dem Kollaps der Sowjetunion waren Deutschland und Rußland noch mit der »alten« Agenda des Kalten Krieges – der Verwirklichung der Verträge über die deutsche Einheit – befaßt. Im letzten Jahr der Sowjetunion rückten die dramatischen Ereignisse, die Deutschland geeint hatten, in den Hintergrund, und an die Stelle der aufregenden Veränderung der Landkarte Europas trat für beide Seiten die prosaische, zeitraubende Aufgabe der Realisierung der ausgehandelten Verträge. Die erstrangigen Ziele der Deutschen waren der möglichst baldige Abzug der sowjetischen Truppen vom Territorium der ehemaligen DDR und die Förderung von Stabilität in der chaotischen, potentiell gefährlichen postsowjetischen Situation. Rußland hingegen verfolgte das Ziel, soviel wirtschaftliche Hilfe wie möglich von Deutschland zu erhalten und dessen politische Unterstützung für die sich schwertuende neue Jelzin-Regierung zu erringen. In der Zeit, die unmittelbar auf den Zerfall der Sowjetunion folgte, hing für Deutschland wegen des Problems des Truppenabzugs mehr vom Ausgang des Wandels in Rußland ab als für jedes andere Land. Nachdem die Sowjettruppen Ostdeutschland verlassen hatten, gestalteten sich die bilateralen Beziehungen entsprechend den unsicheren Verhältnissen der postsowjetischen Übergangszeit eher dürftig. Neue Probleme zeichneten sich ab, die mit den klassischen diplomatischen Mitteln nicht mehr so leicht zu lösen waren wie zu Zeiten des Kalten Krieges.

Nach 1991 standen sich zwei neue Staaten gegenüber – Deutschland und Rußland hatten nie zuvor in den Grenzen existiert, die sie 1990 und 1991 erhielten –, und die Beschäftigung mit ihren jeweiligen inneren Herausforderungen sorgte dafür, daß sich ihre Fähigkeit und Begeisterung, sich mit der Entwicklung einer aktiven neuen Außenpolitik zu befassen, in Grenzen hielt. Die früheren Bemühungen beider Staaten, innerhalb unbeständiger Grenzen zu einer dauerhaften nationalen Identität zu finden, hatten zu Instabilität und Krieg in Europa geführt. Zwei Staaten, die in politischer und geographischer Hinsicht neu waren, sich aber auf der Suche nach ihren besseren, das heißt nicht aggressiven historischen Wurzeln befanden, mußten also das Erbe der sowjetisch-westdeutschen und der sowjetisch-ostdeutschen Beziehungen in einen praktikablen postkommunistischen Modus vivendi umwandeln, ohne die neu entstehenden Demokratien Osteuropas oder die sich auf dem Weg zu einer engeren Integration befindliche Europäische Gemeinschaft zu beunruhigen.

Obwohl sich die Schwierigkeiten, denen sich beide Staaten gegenübersahen, äußerlich ähnelten, waren die Herausforderungen und das, was auf dem Spiel stand, in Wirklichkeit sehr verschieden. Zwar brachte der Aufbau in Ostdeutschland riesige Probleme mit sich, doch ging aus dem Jahr 1991 eine gestärkte neue Bundesrepublik hervor, der bewußt war, daß sich ihre Probleme in angemessener Zeit lösen ließen, wenngleich die Regierung Kohl nicht nur die wirtschaftlichen, sondern auch die politischen und psychologischen Kosten der Vereinigung gewaltig unterschätzt hatte. Die Lage in Rußland war viel prekärer. Eine jahrhundertealte Autokratie und vierundsiebzig Jahre Kommunismus hatten ein Erbe hinterlassen, das durch wirtschaftlichen und politischen Verfall und große Angst vor einer unbekannten Zukunft gekennzeichnet war. Rußland mußte faktisch Demokratie und Marktwirtschaft gleichzeitig aus dem Boden stampfen – was vorher nie versucht worden war – und zugleich mit dem doppelten Schock fertig werden, sein äußeres Imperium in Osteuropa und sein inneres Imperium – die vierzehn anderen Republiken der Sowjetunion – verloren zu haben. Innerhalb und außerhalb Rußlands kursierten düstere Prognosen über Gewaltorgien, Instabilität und Zusammenbruch. Andererseits blieb Rußland eine nukleare Supermacht mit riesigen Streitkräften, selbst nachdem es auf seinen ideologischen Kampf gegen den Westen verzichtet hatte.

Eine wichtige Aufgabe Rußlands bestand nach dem Dezember 1991 darin, eine neue Außenpolitik zu formulieren und festzulegen, wie es seine Prioritäten zwischen dem »nahen Ausland« – den Staaten der ehemaligen Sowjetunion – und der übrigen Welt verteilen sollte. Da die Beziehungen zu den einstigen Sowjetrepubliken Vorrang hatten, wurden diejenigen zum übrigen Ausland auf den zweiten Platz verbannt. Darüber hinaus stand das postkommunistische Rußland vor der gleichen Aufgabe wie das bolschewistische Rußland nach 1917 – nämlich neue Kader für den außenpolitischen Entscheidungsprozeß zu rekrutieren, die genügend Bildung und Fachwissen besaßen, um eine effektive Politik zu formulieren, aber nicht allzu tief im früheren System verwurzelt waren.

Deutschland mußte sich gleichfalls auf die Suche nach einer neuen außenpolitischen Identität begeben, vor allem weil seine Nachbarn und Verbündeten von ihm erwarteten, daß es entsprechend seinem Machtzuwachs neue Verpflichtungen übernahm. Die größte Herausforderung war die Neufestlegung der Prioritäten in den Beziehungen zu Osteuropa einerseits und zu Rußland sowie zu den postsowjetischen Nachfolgestaaten andererseits. Mit der Änderung der deutschen Prioritäten erlangte das östliche Mitteleuropa – Deutschlands »nahes Ausland« – eine neue Bedeutung. Ein weiteres Problem bestand darin, die wirtschaftlichen und politischen Interessen im Osten sowie die bilaterale – im Unterschied zur multilateralen – Politik richtig auszubalancieren. Zwar wurde in Deutschland die Diskussion über außenpolitische Optionen offener geführt als in Rußland, doch ging sie kaum über allgemeine Erklärungen zur Bedeutung der gesamteuropäischen Sicherheit hinaus. Die meisten schwarzseherischen Prophezeiungen über eine mögliche neue Achse Berlin–Moskau – angefangen von Andeutungen darüber, daß ein »neues Rapallo« bevorstünde, bis zu Vorhersagen, Deutschland würde Rußland nach dem Truppenabzug im Stich lassen – spiegelten die Meinung einer Minderheit. Doch der Grundtenor dieser Debatten war Ungewißheit. Deutschland wie Rußland waren im Begriff, Neuland zu betreten, wobei es im Gegensatz zu der bequemen Kalkulierbarkeit der Zeit des Kalten Krieges keine akzeptierten Spielregeln gab.

Der Putsch

Die Hauptaufgabe für Bonn und Moskau nach der Vereinigung Deutschlands bestand darin, die sowjetisch-deutschen Beziehungen von den unruhigen Zuständen in der UdSSR abzukoppeln und sicherzustellen, daß die Abkommen, die 1990 zwischen beiden Seiten geschlossen worden waren, die Umwälzungen in der Sowjetunion überstanden. Die Deutschen beschäftigte besonders die Frage, welche Auswirkungen der Zerfall der Sowjetunion auf ihre Beziehungen zur UdSSR haben konnten, da Bonn mehr zu verlieren hatte als Moskau. Es war für Bonn viel wichtiger als für Moskau, daß die sowjetischen Truppen die ehemalige DDR so rasch wie möglich verließen.

Bis Ende 1991 konnten beide Seiten die Umsetzung der Abkommen über die deutsche Einheit vor dem politischen Durcheinander in der UdSSR bewahren, aber die Möglichkeiten, die bilaterale Agenda zu erweitern, waren durch Gorbatschows schwache Position im eigenen Land begrenzt. Der erste große Schock – für die Deutschen ebenso wie für Gorbatschow – war der unerwartete Rücktritt von Eduard Schewardnadse. Er war eine unangenehme Überraschung nicht nur für den Kremlchef, der einen seiner immer rarer werdenden Verbündeten unter den Reformern verlor, sondern auch für die westlichen Partner der UdSSR, die befürchteten, daß Gorbatschows innenpolitischer Rechtsschwenk seine außenpolitische Entsprechung in der Rückkehr zu einer härteren diplomatischen Gangart finden würde. Schewardnadses Politik wurde zwar von seinem Nachfolger Alexander Bessmertnych fortgesetzt. Aber weder die Deutschen noch die Amerikaner entwikkelten zu ihm ein Vertrauensverhältnis, das demjenigen zu seinem Vorgänger vergleichbar war.

1991 war Gorbatschow mit jenem Problem konfrontiert, das letztlich den Untergang der Sowjetunion besiegelte: dem Wunsch der nichtrussischen Sowjetrepubliken, dem Beispiel Osteuropas zu folgen und sich von Moskau zu lösen. Die Vereinigung Deutschlands hatte den nichtrussischen Republiken Mut gemacht. Wenn Moskau die DDR aufgeben konnte, warum sollte es nicht auch Estland in die Unabhängigkeit entlassen? Gorbatschow kehrte zu den Verhaltensmustern früherer Sowjetführer zurück und nutzte die Zeit, in der die Aufmerksamkeit der Welt von der Golfkrise in Anspruch genommen war, um scharf gegen die baltischen Republiken vorzugehen, deren Parlamente die Unabhängigkeit forderten. Sowjetische Truppen töteten Litauer und Letten, was nicht nur im Westen, sondern auch bei den Reformern in der Sowjetunion lauten Protest hervorrief. Während der Kampf zwischen Reformern und Reformgegnern andauerte, ging Boris Jelzins Stern auf. Im Juni 1991 wurde er durch Volksabstimmung in das neu geschaffene Amt des russischen Präsidenten gewählt und erhielt dadurch eine Basis, von der aus er seinen Kampf gegen Gorbatschow führen konnte. Das künftige Verhältnis der Sowjetrepubliken untereinander und die Ausarbeitung eines neuen Unionsvertrages, der den Republiken mehr Selbständigkeit geben sollte, wurden zur Schlüsselfrage.

Während die Reformer einen solchen Vertrag befürworteten, lehnten die Gegner Gorbatschows allein die Idee, mit den Republiken zu verhandeln, ab. Als sich das Datum der Vertragsunterzeichnung näherte, die im September vorgesehen war, beschloß die konservative Opposition zu handeln. Schewardnadses düstere Vorhersage erfüllte sich beinahe, als im August eine Gruppe von Gorbatschow-Gegnern einen Putsch inszenierte, Gorbatschow unter Hausarrest stellte und versuchte, die Uhr auf die Zeit vor der Perestroika zurückzudrehen. Die ungeschickten Versuche der unter Alkoholeinfluß stehenden, schlecht organisierten Verschwörer, den Kommunismus wiederzuerrichten, zeigten, wie weit die Sowjetunion seit 1985 gekommen war. Die Generäle und Parteifunktionäre waren angesichts des Widerstandes im Volk und der weltweiten Berichterstattung in den Medien nicht in der Lage, einen erfolgreichen Staatsstreich durchzuführen.

Während der spannungsgeladenen drei Tage des Putsches blieb Genscher ständig in Kontakt mit Schewardnadse (der nicht mehr im Amt, aber noch immer politisch aktiv war), desgleichen Kohl mit Gorbatschow und Jelzin.[3] Angesichts der Ungewißheit, was in den ersten vierundzwanzig Stunden tatsächlich geschah, und der vermeintlichen Notwendigkeit, es sich mit dem Notstandskomitee, das das Land zu regieren vorgab, nicht völlig zu verderben, falls es an der Macht blieb, unterstützte Deutschland Gorbatschow nicht mehr und nicht weniger als alle anderen Regierungen des Westens.[4] Jelzins Widerstand gegen die Putschisten stärkte seine Popularität im Lande und zwang Deutschland und andere Staaten, ihn ernster zu nehmen, als sie es zuvor getan hatten. Es war nicht mehr möglich, die bisherige, auf Gorbatschow zentrierte Haltung des Westens beizubehalten, wonach Jelzin ein unberechenbarer Provinzfürst sei, der dem mutigen Sowjetführer gern das Leben schwermache.

Als die Sowjetunion zerbrach, trübten einige Vorfälle, besonders Honeckers mitternächtliche Flucht nach Moskau, die deutsch-russischen Beziehungen. Außenminister Bessmertnych behauptete, die Bundesregierung über Honeckers Abflug unterrichtet zu haben. Trotz der deutschen Proteste war die Flucht des einstigen SED-Chefs insofern eine bequeme Lösung, als sie die schwierige Frage aus der Welt schaffte, ob und wie er strafrechtlich verfolgt werden sollte. Manches im Zusammenhang mit der »Honecker-Affäre« war paradox, nicht zuletzt die Tatsache, daß Gorbatschow, der Mann, der Honeckers Absetzung unterstützt hatte, ihm am Ende zu Hilfe kam. Boris Pankin, von August bis November 1991 Außenminister, berichtete über eines seiner ersten Gespräche mit dem Sowjetführer: »Gorbatschow sagte mir offen, er wisse nicht, was er mit Honecker machen soll.« Pankin erhielt den Auftrag, sowohl mit Gorbatschow als auch mit Jelzin über Honeckers Schicksal zu verhandeln, gelangte aber zu dem Schluß: »Honecker war eine heiße Kartoffel, die [die Deutschen] nicht anfassen wollten.«[5] Als die Sowjetunion zusammenbrach, suchte Honecker im Haus des chilenischen Botschafters in Moskau Asyl und bat darum, nach Chile gebracht zu werden, wo seine

Tochter lebte. Jelzin erklärte daraufhin, daß der russische Staat ihn nicht schützen werde, und ließ Honecker nach Deutschland ausliefern, wo das Verfahren gegen ihn wegen seines schlechten Gesundheitszustandes eingestellt wurde. Er starb 1994 in Chile.

Nach dem Putsch und der Anerkennung der Unabhängigkeit der baltischen Staaten durch die UdSSR im September begann die Bundesregierung allmählich die unangenehme Wahrheit zu verdauen, daß die Tage Gorbatschows im Amt gezählt waren; trotzdem gab sie wie andere Regierungen die Hoffnung nicht auf, daß er es irgendwie schaffen würde, das, was von der Sowjetunion übriggeblieben war, intakt zu halten. Alle westlichen Führer bewunderten ihn für das, was er auf sich genommen hatte, um den Zusammenbruch des Kommunismus in Osteuropa zuzulassen, die Ost-West-Beziehungen zu verbessern und die von der Sowjetunion ausgehende militärische Gefahr zu vermindern. Sie befürchteten, ein Zerfall der UdSSR würde militärische und politische Kräfte entfesseln und Flüchtlingsströme erzeugen, die Europa destabilisieren würden. Genscher zufolge unternahm Deutschland alles, was in seinen Kräften stand, um Gorbatschow in seinem Bemühen um einen neuen Unionsvertrag zu unterstützen: »Dies war nicht nur Ausdruck einer persönlichen Verbundenheit, dahinter stand auch die Sorge, welche politischen, militärischen und wirtschaftlichen Folgen ein Zerfall der Sowjetunion nach sich ziehen mochte. Besonders interessierte uns in diesem Zusammenhang natürlich die Frage der Atomwaffen; es durfte nicht zu einer Proliferation kommen.«[6]

Der Westen war gegen den sowjetischen Kommunismus, er verstand aber auch die sowjetische Mentalität und hatte einen Modus vivendi mit der UdSSR entwickelt. Gorbatschow entsprach einem von den Deutschen gern benutzten Begriff: Er war *berechenbar*, mit anderen Worten, man wußte, was man von ihm zu erwarten hatte. Sein Ende bedeutete das Wiedererwachen starker nationalistischer Kräfte in manchen Teilen der Sowjetunion, die dem Westen kaum bekannt waren, geschweige denn von ihm verstanden wurden. Durch das Auseinanderbrechen der UdSSR wurde, was immer nach Gorbatschow kam, »unberechenbar«. Deutschland, das vier Jahrzehnte lang seine eigenen nationalistischen Dämonen bekämpft und die Relevanz des Nationalismus zurückgeschraubt hatte, war über den Zerfall der Sowjetunion besonders beunruhigt. War nicht das 20. Jahrhundert der ultimative Beweis für die Übel des Nationalismus? Was kündigte sein Wiederaufleben im Osten für das nächste Jahrtausend an?

Nach dem Untergang: Jelzins Rußland

Nach Gorbatschows Rücktritt entwickelte sich das deutsch-russische Verhältnis behutsam und nahm sowohl Elemente der Kontinuität als auch der Veränderung in sich auf. Für Kontinuität sorgte die Durchführung der Abkommen über die deutsche Einheit. Die Veränderung war ein Produkt verschiedener Faktoren: des politischen Standorts, den Jelzin einnahm, der Schwierigkeiten, die Kohl mit der Eingliederung der neuen Länder in die Bundesrepublik hatte, sowie der Entwicklung in Osteuropa und auf dem Balkan. Auch wenn die Agenda von 1990 nach wie vor galt, garantierte das nicht, daß ein neues Verhältnis leicht aufgebaut werden konnte; es bedurfte vielmehr einer sorgfältigen Pflege. Verliehen die Nachbarländer ihrer Besorgnis über die Entstehung einer »neuen Achse« oder über eine Neuauflage von Rapallo lauthals Ausdruck, so waren Bonn und Moskau mehr damit beschäftigt, ihre Beziehungen weiterzuentwickeln, als die Geister vergangener Jahrzehnte zu bannen. Deutschlands Hauptsorge galt den destabilisierenden Folgen der Schwäche Rußlands. Außerdem strebte es eine Verteilung der Lasten des russischen Neuaufbaus an. Bonn hütete sich aus wirtschaftlichen wie aus politischen Gründen, diese Aufgabe allein anzugehen. Es war den Kosten nicht gewachsen, und es wollte nicht das historische

Mißtrauen seiner Nachbarn hinsichtlich seiner Ziele in Osteuropa wecken.

Die russische Haltung zu Deutschland nach dem Zerfall der Sowjetunion spiegelte umfassendere Debatten über die Rolle Rußlands in der Welt wider. Viele Neokommunisten warfen Schewardnadse und Gorbatschow weiterhin vor, die deutsche Einheit zu billig verkauft zu haben, entgegen den Interessen des Sowjetvolks. Die Mehrheit der Russen sah in Deutschland jedoch ein Vorbild und eine Hilfsquelle für Rußlands Übergang. Sie erkannten, daß die Deutschen endlich ihr Nachkriegsziel, die Einheit, erreicht hatten, daß aber auch Deutschland ein Land im Übergang war, das einen kommunistischen Staat in einen demokratischen integrierte. Daher glaubten manche russische Politiker, daß Deutschland mehr Verständnis für Rußlands Probleme haben würde als jedes andere westliche Land.

Andererseits ernüchterte die Russen die Erkenntnis, daß es selbst dann noch ernste wirtschaftliche und politische Probleme im Osten Deutschlands gab, als die Bundesregierung jährlich 180 Milliarden DM in die neuen Länder pumpte, und dies bei nur sechzehn Millionen Einwohnern in jenen Gebieten. Wie konnten 150 Millionen Russen ohne einen reichen Verwandten erwarten, daß ihr Übergang glatt vonstatten ginge? Die Russen bemühten sich, Mut aus dem Beispiel der Bundesrepublik zu schöpfen, die die Trostlosigkeit der »Stunde Null« im Jahre 1945 überwunden hatte, um ein demokratisches, wohlhabendes kapitalistisches Land zu werden. Sie waren sich aber auch bewußt, daß Deutschland als besiegtes Land besetzt gewesen war und massive institutionelle und finanzielle Hilfe von den Vereinigten Staaten und deren Verbündeten erhalten hatte, weil diese die Ausbreitung des Kommunismus fürchteten. Die UdSSR wurde im Frieden, nicht im Krieg geschlagen. Sie war an Wunden zugrunde gegangen, die sie sich selbst zugefügt hatte, und konnte keine Marshallplan-Hilfe erwarten, da es keinen kommunistischen Feind mehr gab, den es abzuwehren galt.

Am meisten fürchteten die Russen nicht ein anmaßendes Verhalten der Deutschen, sondern ihr Desinteresse. Ein Beobachter schrieb:

> »Wir dürfen die Chancen für eine rasche Annäherung zwischen Rußland und Deutschland nicht überschätzen. Es ist ganz klar, daß die BRD viel weniger bereit ist, mit dem heutigen Rußland zu kooperieren, als sie es mit der ehemaligen Sowjetunion tat. Das Ziel der deutschen Einheit ... ist erreicht worden. Seine politische Anziehungskraft, die ein besonderes wirtschaftliches und politisches Interesse an der Kooperation mit der ehemaligen UdSSR gewährleistet hatte, gehört der Vergangenheit an. Den negativsten Einfluß auf die Entwicklung unserer bilateralen Beziehungen üben die politische Instabilität und die schwere, andauernde Wirtschaftskrise in Rußland aus.«[7]

Das sich entwickelnde Rußlandbild der Deutschen war von zwei sich widersprechenden Imperativen bestimmt: einerseits dem Wunsch, alle Mittel auf die Integration Ostdeutschlands zu konzentrieren und sicherzustellen, daß das östliche Mitteleuropa auf dem Weg zu demokratischen, marktwirtschaftlich orientierten Gesellschaften vorankam, andererseits der Erkenntnis, daß Deutschland mehr Mittel, als ursprünglich vorgesehen, für die Stabilisierung Rußlands aufzuwenden haben würde. Obwohl Bonn erkannte, daß es wegen der Vereinigung eine besondere Verantwortung gegenüber Moskau besaß und deshalb verpflichtet war, Rußland mehr Geld aus der Staatskasse zur Verfügung zu stellen als jedes andere westliche Land, schreckte es dennoch davor zurück, zu Rußland neue bilaterale Beziehungen zu entwickeln. Vor allem befürchtete man, daß in Moskau eine autoritäre Regierung an die Macht kommen könnte, die vor dem vereinbarten Termin im August 1994 den Truppenabzug noch einmal in Frage stellen könnte, oder daß der Ausbruch ethnischer Konflikte sowohl innerhalb Rußlands als auch in der GUS sich auf Mitteleuropa auswirken und Deutschlands Stabilität gefährden könnte. Flüchtlingsscharen, die den Umwälzungen zu entkommen suchten, würden das gerade erst geeinte deutsche Staatswesen, dem ausländerfeindliche Gewalttaten schon genügend zu schaffen machten, unerträglichen Belastungen aussetzen.

Das aus den Ruinen des Kommunismus auferstehende Rußland wurde von einem Mann geführt, der den Westen beeindruckte, aber auch beunruhigte. Anfangs hatte Bonn dazu geneigt, Jelzin keine Beachtung zu schenken. Es sah ihn als einen ungebildeten *Muschik* an, der darauf aus war, die Stellung des gebildeten, kultivierten Gorbatschow zu unterminieren. Nachdem Jelzin als Gegner Gorbatschows und als Held des Augustputsches die Aufmerksamkeit der Weltöffentlichkeit auf sich gelenkt hatte, verunsicherte er westliche Gesprächspartner, die fest auf seiten Gorbatschows standen, bei dem, wie es ein französischer Politiker ausdrückte, »wir uns besser aufgehoben fühlen«.[8]

Im September 1991 erkannte die Bundesregierung jedoch, daß sie mit Jelzin verhandeln mußte, wenn sich ihre Beziehungen zu Rußland weiterhin vorteilhaft entwickeln sollten. Ende November stattete er Deutschland seinen ersten Staatsbesuch als Präsident Rußlands ab. Obwohl Kohls Unbehagen bei der Begrüßungszeremonie deutlich zu erkennen war, wurde am Schluß des Treffens eine gemeinsame Erklärung veröffentlicht, in der politische, wirtschaftliche und militärische Fragen behandelt wurden. Jelzin erhielt eine positive Presse, wobei einige Kommentatoren zitierten, was die britische Premierministerin Margaret Thatcher im Dezember 1984 über den damals noch unbekannten Gorbatschow geäußert hatte. Jelzin, so hieß es, sei ein »Politiker, mit dem man Geschäfte machen kann«.[9]

Die deutsche Rußlandpolitik führte rasch zur wirtschaftlichen und politischen Unterstützung Jelzins, der nun als derjenige Politiker angesehen wurde, der am ehesten demokratische Reformen durchsetzen und das Land stabilisieren würde. Während der heftigen Auseinandersetzungen im Dezember

1992 zwischen Jelzin und dem Kongreß der Volksdeputierten um die Wirtschaftsreform erklärte Bundeskanzler Kohl am Rande eines schon vorher geplanten Treffens mit Jelzin demonstrativ: »Wir in Deutschland unterstützen aufrichtig den von Präsident Jelzin eingeschlagenen Reformkurs zu Demokratie und zu einer marktwirtschaftlichen Ordnung.«[10] Ähnliche Erklärungen wurden vor dem Referendum vom April 1993 abgegeben, in dem Jelzin um Zustimmung zu seinen Reformen bat und sie auch erhielt.[11] Als sich der Konflikt zwischen Jelzin und dem Kongreß der Volksdeputierten zuspitzte, wies Kohl in seinen Gesprächen mit Präsident Clinton und anderen westlichen Führern darauf hin, daß der russische Präsident unter Umständen zu undemokratischen Mitteln greifen müsse, um den Erfolg seines Programms zu sichern. Deutschland billigte genauso wie die Vereinigten Staaten Jelzins Angriff auf den Kongreß der Volksdeputierten im Oktober 1993 und sah sich als eine der treibenden Kräfte bei der Koordinierung der Unterstützung für Jelzin.[12]

Die Ergebnisse der im Dezember abgehaltenen Dumawahlen, bei denen extreme Nationalisten und neokommunistische Parteien besser abschnitten als erwartet, erhöhten die Entschlossenheit Bonns, eine umfassende multilaterale Hilfe für Rußland zu orchestrieren. Deutschland und andere westliche Staaten unterstützten Jelzin auch während der Präsidentenwahlen von 1996 – trotz der militärischen Intervention der Russen in Tschetschenien und ungeachtet der immer deutlicher zutage tretenden autoritären Tendenzen einiger Mitglieder der Regierung Jelzins.[13] Es entwickelte sich ein enges persönliches Verhältnis zwischen Kohl und Jelzin, und der Bundeskanzler unterstützte, getrieben von dem Wunsch nach Kontinuität und Stabilität sowie von der Furcht vor dem Unbekannten, deutlicher als jeder andere westliche Staatsmann den russischen Präsidenten.[14] Bonn lobte Jelzins Entscheidung, sein Kabinett drastisch umzubilden und die Wirtschaftsreformer Anatoli Tschubais und Boris Nemzow zu Stellvertretenden Ministerpräsidenten zu ernennen. Als Jelzin im April 1997 Baden-Baden besuchte, um den deutschen Medienpreis entgegenzunehmen, brachte er Mikrofilme des SED-Archivs und des Walther-Rathenau-Archivs mit. Rathenau hatte als deutscher Außenminister den Rapallovertrag ausgehandelt, und seine Akten waren erst von den Nazis und dann von den Sowjets beschlagnahmt worden. Die deutschen Medien empfanden diesen Akt historischer Symbolik als eher peinlich.[15]

Es herrschte zweifellos eine erhebliche Asymmetrie in den bilateralen Beziehungen beider Länder. Deutschland konnte, da es Rußland die mit Abstand umfangreichste Hilfe leistete, mehr Einfluß ausüben als jedes andere Land, ausgenommen die Vereinigten Staaten. Rußland hingegen hatte keinen vergleichbaren Einfluß auf Deutschland. Rußlands Haupttrümpfe waren der Dank, den ihm die Deutschen für die Vereinigung schuldeten, und ihre Schwäche: Es war durchaus in der Lage, die europäische Sicherheit und das deutsche Gemeinwesen ernsthaft zu gefährden, wenn es sein Versprechen des Truppenabzugs nicht einhielt. Deutschland brauchte Rußland jedoch nicht in dem Maße für die Übergangsphase nach der Vereinigung, wie Rußland Deutschland für den postkommunistischen Übergang benötigte. Die asymmetrische Interdependenz der Zeit des Kalten Krieges – die deutsche Abhängigkeit von der UdSSR aus Gründen der Aufrechterhaltung der innerdeutschen Beziehungen und die geringere Abhängigkeit der Sowjetunion von Deutschland aus wirtschaftlichen Gründen – war durch eine noch asymmetrischere Interdependenz abgelöst worden, wobei Deutschland jetzt in der günstigeren Position war.

Unmittelbar nach dem Zusammenbruch der Sowjetunion beherrschten vier bilaterale Probleme vorrangig die russisch-deutschen Beziehungen: der Truppenabzug, die Rußlanddeutschen, die Zukunft Kaliningrads und die Wirtschaftsbeziehungen. Ende der neunziger Jahre, nachdem alle sowjetischen Truppen abgezogen waren, rückten neue Fragen in den Vordergrund, die viel schwieriger zu lösen waren als die der alten

Agenda. Außerdem bemühte sich Deutschland in dieser Periode ständig, seine Beziehungen zu Rußland auf eine multilaterale Grundlage zu stellen, um seine eigenen Belastungen zu vermindern und Befürchtungen zu zerstreuen, daß es den Geist von Rapallo wiederbeleben wolle.

Der Truppenabzug

Der Abzug der sowjetischen Truppen hatte in den ersten vier Jahren nach der Vereinigung absolute Priorität für die Deutschen. Er war die größte Leistung Rußlands in der postsowjetischen Periode, eine enorme, in der sowjetischen Geschichte beispiellose Aufgabe und ein logistischer Alptraum. Aber Bonn war sich darüber im klaren, daß Deutschland sich nicht völlig souverän fühlen konnte, solange sich sowjetische Truppen auf deutschem Territorium befanden. Die Sowjets hatten im Rahmen der Zwei-plus-Vier-Verhandlungen zugestimmt, die Truppen innerhalb von vier Jahren abzuziehen, aber wie in anderen Fragen hatten sie aus einer Position der Schwäche heraus verhandelt, ohne die Implikationen eines so raschen Abzugs vollständig zu durchdenken. Als alles vorüber war, bezeichnete Verteidigungsminister Pawel Gratschow die Entscheidung Gorbatschows und Schewardnadses, die Westgruppe der Streitkräfte innerhalb von nur vier Jahren zu repatriieren, als »den gröbsten politischen Fehler«. Die Rückkehr habe »außergewöhnliche Schwierigkeiten« verursacht, die hauptsächlich mit der Bereitstellung von Wohnraum für die zurückkehrenden Berufssoldaten verbunden waren. »Es ist einfach kompliziert, eine derart gewaltige Maschinerie innerhalb von vier Jahren heimzuholen.« Aber nachdem der Befehl einmal gegeben war, »rannten [wir] nicht aus Deutschland weg, sondern verließen es in der geplanten Zeit mit stolz erhobenem Haupt«.[16] Die Gründe für den bemerkenswert reibungslosen Abzug waren effiziente deutsche Organisation, die russische Erkenntnis, daß durch die Unterbrechung des Prozesses wenig gewonnen, aber viel verloren werden konnte, und die deutsche Bereitschaft, »einige Probleme unter den Teppich zu kehren«.[17]

Unter dem Schirm des 1957 mit der DDR geschlossenen Stationierungsabkommens genossen die sowjetischen Streitkräfte weitgehende Rechte, die von ihrem Status als Besatzungstruppen herrührten. 1990 gab es 380000 sowjetische Soldaten und Familienangehörige in der DDR, und die Gefechtsbereitschaft war noch immer hoch. Trotz unzähliger sowjetisch-ostdeutscher »Freundschaftstreffen« und jährlich stattfindender »Wochen der Waffenbrüderschaft« hatte es immer nur sehr eingeschränkte Kontakte zwischen sowjetischen und ostdeutschen Soldaten gegeben. Die Sowjetsoldaten blieben überwiegend in ihren Kasernen und hatten mit den Bewohnern des von ihnen besetzten Landes kaum Kontakt. Damit wurde zum Teil bezweckt, die Tatsache vor ihnen zu verbergen, daß die Ostdeutschen viel besser lebten als die Sowjets, eine Realität, der sich die Soldaten trotz der Isolierung immer deutlicher bewußt wurden. Das Verhältnis zwischen den Ostdeutschen und den sowjetischen Streitkräften war daher niemals besonders herzlich.[18]

Bonn wurde im Zusammenhang mit dem Truppenabzug von zwei Hauptsorgen geplagt. Als die Situation in der UdSSR immer chaotischer wurde, tat Bonn sein Bestes, um den Zeitplan des Truppenabzugs nicht von den Unwägbarkeiten der internen Machtkämpfe des Kreml gefährden zu lassen, denn es befürchtete, daß ein Regierungswechsel in Moskau eine Neubewertung des Truppenabzugs, möglicherweise gar dessen Widerruf zur Folge haben könnte. Die andere Sorge war, daß sowjetische Soldaten in großem Umfang desertieren und in Deutschland politisches Asyl beantragen könnten, weil ihnen zu Hause Arbeits- und Obdachlosigkeit drohten.

Der Truppenabzug stand unter dem Befehl von Generaloberst Matwej Burlakow und seinem Verbindungsoffizier auf deutscher Seite, Generalmajor Hartmut Foertsch, die gut miteinander zurechtkamen.[19] Aufgrund des Abkommens, das am

9. Oktober 1990 zwischen Deutschland und der UdSSR geschlossen worden war, sollten die Deutschen 7 Milliarden DM für die Stationierungs- und Rückzugskosten sowie 7,8 Milliarden DM für den Bau von Wohnungen zur Verfügung stellen. Die Immobilien, die von den sowjetischen Truppen zurückgelassen wurden, sollten zu den marktüblichen Preisen abzüglich einer Kompensation für entstandene Schäden verkauft werden.

Der Truppenabzug verlief mehr oder weniger nach Plan, obwohl die Sowjets verschiedentlich damit drohten, ihre vertraglichen Verpflichtungen nicht einzuhalten, indem sie nachträglich entstandene Schwierigkeiten ins Feld führten. Burlakow war ein zäher Verhandlungspartner und ein guter Vertreter sowjetischer – und später russischer – Interessen. Die Sowjets beklagten sich unter anderem darüber, daß die Wohnungen, für die die Deutschen zahlten, in der Sowjetunion nicht rasch genug gebaut würden; dadurch würde sich der Truppenabzug verzögern. Die deutsche Antwort lautete, daß das Geld überwiesen worden sei und daß lokale Bürokraten in der UdSSR die Realisierung der Bauprojekte verzögerten. Das Wohnungsproblem war während des gesamten Prozesses ein ständiger Anlaß zu Querelen.

Bedenkt man die verworrene politische Lage im letzten Jahr der UdSSR, so ist nicht die Tatsache am erstaunlichsten, daß die Sowjets einige Male versuchten, aus dem Truppenabzug mehr Geld herauszuschlagen, sondern daß alles so glatt ging. Die Deutschen wandten viel Zeit und Kraft auf, um dies zu gewährleisten, aber die Sowjets hätten noch immer den Abzug unterbrechen können, um weitere deutsche Zugeständnisse zu erzwingen. Was sie davon abhielt, war vielleicht die Sorge, daß die Deutschen sich auf wirtschaftlichem Gebiet zurückhalten würden, falls Moskau seine vertraglichen Verpflichtungen nicht erfüllte. Denkbar ist aber auch, daß das allgemeine Durcheinander in der sowjetischen Politik und die unklaren Weisungsverhältnisse ein zielstrebiges Vorgehen erschwerten.

Gerhard Stoltenberg, Verteidigungsminister von 1989 bis

1992, erinnert sich an zwei Treffen mit sowjetischen Offizieren, die ihm den raschen Verfall der sowjetischen Befehlsverhältnisse anschaulich vor Augen führten. Das erste Treffen, das im März 1991 im sowjetischen Hauptquartier in Wünsdorf stattfand, verlief steif und geordnet, mit vorbereiteten Fragen an den deutschen Verteidigungsminister, wenig wirklicher Diskussion und einem hohen Maß an Zurückhaltung in den sowjetischen Meinungsäußerungen. Beim zweiten Treffen, das nach dem Putsch in Anwesenheit offizieller Vertreter des sowjetischen Verteidigungsministeriums stattfand, gab es keine vorbereiteten Fragen, die Versammlung war sehr lebhaft, und die ganze Diskussion konzentrierte sich auf die Abgesandten Moskaus, gegenüber denen die sowjetischen Offiziere kein Blatt vor den Mund nahmen. Ein Offizier aus Moldawien fragte, wohin er zurückkehren werde, wenn die UdSSR zerfiele. »Welches ist meine Heimat?« verlangte er von den Abgesandten zu wissen. Die Frau eines Offiziers fragte, ob es in der Sowjetunion überhaupt etwas zu essen gebe, wenn sie zurückkehrten. Die Offiziere äußerten offen ihre Skepsis, verhielten sich gegenüber den sowjetischen Regierungsvertretern feindselig und waren mit deren Antworten unzufrieden. Welch ein Unterschied nach nur sechs Monaten![20]

Durch den Zerfall der Sowjetunion wurde das Abkommen über den Truppenabzug teilweise in Frage gestellt. Würden die nichtrussischen Soldaten noch Befehle einer russischen – anstelle einer sowjetischen – Armee befolgen? Die »Westgruppe der Streitkräfte der Russischen Föderation« war ethnisch ebenso gemischt wie die übrigen sowjetischen Streitkräfte, und zwar stammte ein großer Teil der Unteroffiziere und Mannschaften aus Mittelasien, während bis zu dreißig Prozent des Offizierskorps Ukrainer waren. Deutsche (und russische) Befürchtungen, daß Nichtrussen zu dem Schluß kommen könnten, sie seien nicht länger zu Treue und Gehorsam gegenüber der russischen Armee verpflichtet, erwiesen sich zum größten Teil als grundlos. Problematischer war die Frage, wohin die Offiziere heimkehren würden und wo Wohnungen gebaut werden sollten. Wie sich herausstellte, wirkten die strenge Disziplin und der relativ hohe Ausbildungsstand stabilisierend innerhalb der Westgruppe der Streitkräfte, die den Zerfall der UdSSR gut überstand.

Kaum war die UdSSR auseinandergebrochen, da bat die russische Regierung um eine Sonderzahlung von sieben Milliarden DM als Ausgleich für weitere Unterbringungskosten, höhere Transportausgaben und den Wert der Liegenschaften, die in Deutschland zurückgelassen wurden.[21] Als Bundeskanzler Kohl im Dezember 1992 Rußland besuchte, versprach er Jelzin für den Bau zusätzlicher Unterkünfte eine Extrasumme von 550 Millionen DM als Gegenleistung für die russische Zusage, alle Truppen bis zum 31. August 1994 statt, wie ursprünglich vereinbart, bis zum 31. Dezember abzuziehen. Kohl und Jelzin lösten viele Probleme, die gegenseitige Ansprüche auf Liegenschaften betrafen, indem sie alle Ansprüche kurzerhand für null und nichtig erklärten. Deutschland verzichtete darauf, Ausgleichszahlungen für von den Russen angerichtete Schäden zu verlangen, und Rußland erklärte sich bereit, nicht auf einer Bezahlung für zurückgelassene Immobilien zu bestehen.[22]

Deutschlands Befürchtung, daß die Instabilität in Rußland den Truppenabzug beeinträchtigen könnte, stand vor allem in Zusammenhang mit dem Zustand des russischen Militärs, das sich durch seine Statusminderung und die zunehmende Verarmung gedemütigt fühlte, durch den Verlust seiner ideologischen Mission verunsichert war und nach einer neuen Rolle in einem chaotischen Staat suchte. Während der Auseinandersetzung, die 1993 zwischen Jelzin und dem Parlament entbrannte, attackierte Jelzins Gegenspieler Ruslan Chasbulatow die russische Zustimmung zum beschleunigten Abzug der Truppen aus Deutschland und benutzte als Argument den Mangel an Unterkünften.[23] Burlakow selbst war zwar weniger kritisch, meinte aber ebenfalls, daß das Hauptproblem der Mangel an Quartieren für die zurückkehrenden Soldaten sei; doch schob er die Schuld auf Gorbatschow und Schewardnadse.[24] Der Angriff auf das Parlament im Oktober 1993 hatte keine sichtbaren Auswirkungen auf den Truppenabzug, ebensowenig der unerwartete Erfolg der ultranationalistischen Liberaldemokratischen Partei Wladimir Schirinowskis bei den Dumawahlen vom Dezember 1993. Schirinowski appellierte an das verärgerte Militär und versprach ihm die Wiederherstellung seines Status und seiner Mission, und Burlakow verkündete, daß Schirinowski 24 Prozent der Wählerstimmen der Westgruppe der Streitkräfte erhalten hätte.[25]

Die Deutschen waren immer mehr über das Verhalten der abrückenden Soldaten – aber auch derjenigen, die dablieben – beunruhigt. Es kursierten unzählige Geschichten über Soldaten, die alles, was nicht niet- und nagelfest war, mitnahmen. Ernster zu nehmen war die Tatsache, daß das organisierte Verbrechen von Rußland auf Deutschland übergriff und daß sich Soldaten an den verschiedensten Ungesetzlichkeiten beteiligten. Russische Offiziere gaben zu, daß der Schwarzmarkt auf den noch verbliebenen Stützpunkten blühte.[26] Die Bundesregierung beklagte, daß dieses illegale Treiben sie in der Zeit von 1992 bis 1994 Millionen gekostet habe, und behauptete, daß russische Waffen an deutsche Kriminelle und Neonazigruppen verkauft worden seien.[27] Nachdem Burlakow nach Moskau zurückgekehrt war, wurde er im Oktober 1994 als stellvertretender Verteidigungsminister abgesetzt und massiver Korruption bezichtigt. Seine Gegner behaupteten, er sei in Waffenschiebereien, Bestechungen und andere kriminelle Machenschaften verstrickt. Ein russischer Reporter, der sich auf die Aufdekkung der Korruption bei den Truppen in Deutschland spezialisiert hatte, wurde im Oktober durch eine Bombe getötet, die in seinem Aktenkoffer explodierte. Daraufhin behaupteten manche, Gratschow persönlich stecke hinter dem Attentat.

Der Zerfall der UdSSR sowie die Probleme, die es mit Baufirmen und lokalen Behörden gab, machten die Ausarbeitung neuer Baupläne erforderlich und führten zu Verzögerungen. Als die letzten Truppen Deutschland verlassen hatten, waren vierzig Prozent der zurückkehrenden Offiziere und Feldwebel ohne Unterkunft.[28] Dies hatte große innenpolitische Auswirkungen. Die wohnungs- und arbeitslosen Offiziere symbolisierten die dramatische Erniedrigung der einstmals hoch angesehenen sowjetischen Streitkräfte und stellten ein Wählerpotential für rechtsgerichtete Gruppierungen dar. Jelzin versuchte, sie damit zu beschwichtigen, daß er ihren Sold erhöhte und versprach, ihnen in naher Zukunft Wohnungen zur Verfügung zu stellen. General Alexander Lebed, Befehlshaber der in Moldawien stationierten Vierzehnten Armee, der sich 1994 gegen Jelzin politisch zu profilieren trachtete, erklärte, es würde eine »Rebellion der Unzufriedenen« geben, wenn die zurückkehrenden Truppen nicht besser behandelt würden, machte aber nicht die Deutschen für diese Situation verantwortlich. Kohl sei, so sagte er, »eine kluger Mensch, sowohl als Theoretiker wie auch als Mann der Tat: In unserem Land war nur Lenin so fähig wie Kohl.«[29]Als Lebed 1996 für das Amt des Präsidenten kandidierte, wandte er sich in seiner Wahlkampagne vor allem an die enttäuschten Offiziere, die aus Osteuropa und dem Baltikum zurückgekehrt waren.

Als die letzten Brigaden abzurücken begannen, beschäftigten sich Deutsche und Russen mit der Frage einer angemessenen Verabschiedung der Truppen. Geplant war, daß die letzten amerikanischen Soldaten Ende August 1994 Berlin verlassen sollten, während 100 000 Mann in anderen Teilen Deutschlands stationiert blieben. Unvermeidlich erhob sich die Frage der Gleichbehandlung. Auch galt es zu entscheiden, ob man bei den Feierlichkeiten aus Anlaß des Truppenabzugs in die Vergangenheit oder in die Zukunft blicken sollte. Burlakow hatte ebenso wie das Berliner Abgeordnetenhaus eine gemeinsame militärische Zeremonie zum Abzug der russischen und alliierten Truppen vorgeschlagen. Diejenigen, die eine gemeinsame Zeremonie befürworteten, wiesen darauf hin, daß die russischen Soldaten in der DDR zwar Besatzer gewesen seien, ursprünglich aber als Befreier vom Faschismus nach Deutschland gekommen seien. Außerdem sei es wichtig, in diesem symbolisch bedeutenden Augenblick die Russen nicht vor den Kopf zu stoßen.[30] Andere wiesen auf eine grundlegende Asymmetrie hin: Sobald die russischen Truppen abgezogen seien, würde nur ein Freundschaftsvertrag die beiden Staaten binden, wenn aber die alliierten Truppen abzögen, würde Deutschland in der NATO eng mit ihnen verbunden bleiben. Dies sei um so mehr Veranlassung, sich großzügig den abziehenden Russen gegenüber zu zeigen.[31] Die Gegner einer gemeinsamen Zeremonie hielten es für nicht gerechtfertigt, eine in ihren Augen falsche Symmetrie zu schaffen: Die westlichen Truppen hätten Berlin und Westdeutschland mit aufgebaut und der Bundesrepublik geholfen, ein wohlhabender demokratischer Staat zu werden, während die sowjetischen Truppen die DDR besetzt gehalten und unterdrückt hätten.

Als Jelzin im Mai 1994 in Bonn weilte, wurde vereinbart, Ende August eine Zeremonie in Berlin abzuhalten, um die russischen Truppen zu verabschieden. Die letzte russische Militärparade, die im Juni in Berlin stattfand, lockte eine unerwartet große Zuschauerzahl an: Es kamen rund 40000 Menschen. Bis zum Stichtag, dem 31. August, hatte Rußland innerhalb von drei Jahren und acht Monaten 22 Divisionen, 49 Brigaden und 42 selbständige Regimenter, insgesamt 546200 Soldaten und deren Angehörige, aus Deutschland abgezogen.[32] Während der Zeremonie ergriff Jelzin in einem seiner unberechenbaren Momente zur Verblüffung seiner Gastgeber und Landsleute den Stab des Dirigenten der Militärkapelle, dirigierte diese selbst und sang dazu. Deutsche wie russische Regierungsvertreter bemühten sich, den Truppenabzug möglichst positiv darzustellen. Bismarck zitierend, erinnerte Jelzin die Deutschen daran, daß ein starkes Rußland Deutschland mehr Freundschaft entgegenbringe und die Freundschaft mit Rußland für Deutschland unentbehrlich sei.[33]

Die Bundesregierung bemühte sich, den Russen den Truppenabzug schmackhafter zu machen, indem sie ihnen verschiedene Formen militärischer Partnerschaft anbot. Bei einem Besuch in Moskau im April 1993 unterzeichneten die Verteidigungsminister Rühe und Gratschow ein Abkommen über militärische Zusammenarbeit ähnlich den Verträgen, die Deutschland mit Polen und Ungarn geschlossen hatte. Es sah einen Informationsaustausch auf verschiedenen Gebieten und gemeinsame Ausbildungsmaßnahmen vor. Später schlug Rühe gemeinsame Manöver vor, und dem Generalinspekteur der Bundeswehr, General Klaus Naumann, wurde gestattet, nach Wolgograd zu reisen und dort in einer russisch-deutschen Zeremonie zum Gedenken an die Schlacht von Stalingrad die deutschen Gefallenen zu ehren – das erste Mal, daß eine solche Feier stattfand. Wie sehr sich die militärischen Beziehungen zwischen Deutschland und Rußland geändert hatten, wurde ersichtlich, als sich der stellvertretende Verteidigungsminister Andrej Kokoschin besorgt über Kürzungen im deutschen Verteidigungsetat äußerte, da Rußland daran interessiert sei, Hightech-Waffen an Deutschland zu verkaufen. Er übergab Naumann einen Katalog mit allen Waffen, die die Deutschen bei den Russen kaufen konnten.[34] Die Entschädigung für den Truppenabzug bestand also hauptsächlich in finanzieller Hilfe und in dem Versprechen zukünftiger Kooperation. Im September 1994 war der wichtigste Teil des Vereinigungsvertrages erfüllt.

Die Rußlanddeutschen

Ein weiteres Erbe des Kalten Krieges mit innenpolitischen und internationalen Auswirkungen für beide Staaten war die Lage der Deutschstämmigen in der Sowjetunion. Sie waren Nachkommen der Siedler, die im 18. Jahrhundert unter Katharina II.II., die Große" mit dem Versprechen grenzenloser kultivierbarer Ackerflächen nach Rußland gelockt worden waren. 1764 gab die Zarin ein Dekret heraus, das ein Historiker später als ein »Meisterstück der Einwanderungspropaganda« bezeichnete. Um Deutsche dazu zu bewegen, Teile Südrußlands zu kolonisieren, stellte es beeindruckende Privilegien in Aussicht, darunter den freien Transport nach Rußland, die Freiheit, jedwedes Gewerbe auszuüben, zinsfreie Darlehen und die Befreiung vom Militärdienst. Von 1764 bis 1768 kamen 30000 Deutsche nach Rußland. Die nächste größere Einwanderungswelle folgte 1853 bis 1874, als Mennoniten vor religiöser Intoleranz aus Preußen flohen. Die Siedler wurden, zumeist im Wolgagebiet, später auch in der Ukraine, zu wohlhabenden Bauern. Nachdem sie zwei Jahrhunderte in Rußland gelebt hatten, war ihre deutsche Sprache archaisch geworden und mit russischen Wörtern angereichert, sie selbst waren russifiziert und hatten die Verbindung zu Deutschland und den Deutschen verloren. Zwar betrachteten sie sich weiterhin als Deutsche und gingen nicht in der russischen Gesellschaft auf, doch war ihr »Deutschtum« seit zweihundert Jahren überholt. Nach der Revolution schuf Stalin 1924 die Autonome Sozialistische Sowjetrepublik der Wolgadeutschen, in der diese die »Errungenschaften« seiner Nationalitätenpolitik genossen, darunter Schulunterricht in deutscher Sprache und Beseitigung des Analphabetentums – bis zum Überfall Hitlers auf die UdSSR. In einem Erlaß vom August 1941 wurden die Deutschen in der Wolgarepublik beschuldigt, sie seien »Diversanten und Spione, die nur auf ein Zeichen aus Deutschland warten, um Sabotageakte in den von den Deutschen bewohnten Gebieten durchzuführen«. Rund 800000 Wolgadeutsche wurden 1941, ebenso wie Tschetschenen, Inguschen und Krimtataren, nach Sibirien und Mittelasien, vor allem nach Kasachstan, deportiert. Obwohl sie 1964 offiziell rehabilitiert wurden, wurde ihnen nicht gestattet, in ihre frühere Heimat an der Wolga zurückzukehren, da Stalin die Wolgadeutsche ASSR aufgelöst hatte.[35]

Vor 1990 hatte die Bundesregierung den Sowjets finanzielle Anreize geboten, damit sie Rußlanddeutsche ausreisen ließen. 1987 begann unter Gorbatschow ein Massenexodus. Im darauffolgenden Jahr verließen 47000 und 1989 150000 Aussiedler die Sowjetunion. Ermutigt durch die Politik der Perestroika, gründeten rußlanddeutsche Interessenverbände, deren Führer verschiedene Forderungen stellten – Wiederherstellung der Wolgarepublik, Ausreise nach Deutschland, eventuelle Ansiedlung im Gebiet von Kaliningrad –, wobei sie sich allerdings nicht einig waren, ob sie auf besseren Existenzbedingungen in der UdSSR bestehen oder emigrieren sollten. 1991 revidierte die Bundesregierung ihre Haltung zur Aussiedlung und begann finanzielle Anreize zu bieten, damit die Deutschen in Rußland blieben. Angesichts der finanziellen und sozialen Last der Vereinigung und angesichts der zunehmenden Ausländerfeindlichkeit in beiden Teilen Deutschlands kam man zu dem Schluß, daß das Land bis zu zwei Millionen neue Aussiedler nicht mehr verkraften könne. Der Staatssekretär im Innenministerium, Horst Waffenschmidt, wurde beauftragt, nach einer Lösung des Problems zu suchen. Er schlug die Wiederherstellung der Wolgarepublik mit deutscher Hilfe vor, aber Gorbatschow war nur mäßig von dieser Idee begeistert, da er befürchtete, sie könne in einer Zeit, da er ohnehin mit Nationalitätenproblemen zu kämpfen hatte, ethnische Spannungen hervorrufen.

Nach dem Untergang der UdSSR verfolgten die deutsche und die russische Regierung das gleiche Ziel: Die Außenminister Klaus Kinkel und Andrej Kosyrew stellten in einer gemeinsamen Erklärung fest, daß beide Regierungen über die Ausreise von Rußlanddeutschen besorgt seien und wünschten, daß sie in Rußland blieben.[36] Nach all dem, was den Rußlanddeutschen seit 1941 durch Entwurzelung und Diskriminierung widerfahren war, nimmt es nicht wunder, daß sie diesem Wunsch mit Ambivalenz begegneten. Zusätzlich zu dem Leid, das sie in der Vergangenheit in Kasachstan erduldet hatten, sahen sich die dort lebenden Deutschen, deren Zahl inzwischen auf eine Million angewachsen war, kasachischem Nationalismus und einem anmaßenden Islam gegenüber, und diejenigen, die nach Rußland zogen, stießen dort bei Russen und anderen Volksgruppen auf Mißtrauen und Vorurteile. Die Bundesregierung wollte den Strom der Aussiedler stoppen, und die russische Regierung wollte eine Volksgruppe, die sie als produktiv ansah und für deren Wiederansiedlung man beträchtliche Summen versprochen hatte, zum Bleiben bewegen.

Als Jelzin im November 1991 Deutschland besuchte, vereinbarten beide Seiten die Gründung einer gemeinsamen deutsch-russischen Regierungskommission, die sich mit dem Problem der Rußlanddeutschen befassen sollte. Im März 1992 wurde ein Erlaß des russischen Präsidenten über ihre Rehabilitierung veröffentlicht. Im April 1992 hielt die Kommission ihre erste Sitzung ab. Der für Nationalitätenfragen zuständige russische Minister Waleri Tischkow und Staatssekretär Waffenschmidt unterzeichneten ein Abkommen über die allmähliche Wiedererrichtung der Wolgarepublik, die mit der Schaffung sich selbst verwaltender deutscher Distrikte *(raiony)* in den Gebieten von Saratow und Wolgograd beginnen sollte. Dieses Abkommen mußte jedoch vom Obersten Sowjet ratifiziert werden und wurde zum Zankapfel in der Auseinandersetzung zwischen Jelzin und dem Parlament. Anfang 1993 gab Waffenschmidt zu, daß bei realistischer Betrachtung nicht mit einer baldigen Wiedererrichtung der Wolgarepublik gerechnet werden könne; die beste Lösung bestehe darin, sowohl im Wolgagebiet als auch in der Omsker Region und im Altai in Westsibirien Distrikte zu schaffen, in denen die Rußlanddeutschen über ihre eigene Volksvertretung und ein gewisses Maß an Selbstverwaltung verfügen würden.[37]

Sergej Schachrai, der damalige Minister für Nationalitätenfragen, versprach, den 500000 Deutschen in Westsibirien weitergehende Autonomie zu gewähren, brachte die Hoffnung zum Ausdruck, daß dies die Deutschen im benachbarten Kasachstan anlocken werde, und sprach sich ganz allgemein für die »national-kulturelle Wiedergeburt« der in Rußland lebenden Deutschen aus, wobei er jedoch auf die Wiedererrichtung der Wolgarepublik nicht weiter einging.[38] 1994 versprach die Bundesregierung weitere 65 Millionen DM, und Schachrai wiederholte, Rußland »sei daran interessiert, daß alle Deutschen in Rußland bleiben«. Bei einem Besuch in Bonn räumte er jedoch ein, daß die Wiederherstellung der deutschen Autonomie in Rußland eine »Bewegung von unten« sein müsse und daß die Rußlanddeutschen sie nur erlangen könnten, wenn sie in genügend großer Anzahl in bestimmte Gebiete zögen. Er hatte in der Staatsduma bereits darauf hingewiesen, daß die einzige Möglichkeit, die Staatlichkeit der Rußlanddeutschen wiederherzustellen, darin bestehe, ein neues Föderationsgesetz zur Schaffung territorialer Einheiten auf der Basis der Volkszugehörigkeit zu verabschieden. Dies würde jedoch nicht nur mehrere Jahre dauern, sondern widerspreche auch der jetzigen russischen Politik, die gerade im Begriff sei, solche Einheiten abzuschaffen.[39]

Aufgrund des russischen Widerstands erwies es sich für Rußlanddeutsche als sehr schwierig, in großer Zahl ins Wolgagebiet zu ziehen, für das sich die meisten entschieden hatten. Die Saratower Bevölkerung brachte ihre ablehnende Haltung in einem Referendum klar zum Ausdruck. Aus Furcht davor, daß ein Zustrom von Rußlanddeutschen sowie die Geldmittel aus Deutschland die Position der Russen gefährden könnten und diese womöglich ihre Häuser an die zurückkehrenden Deutschen abtreten müßten, stimmte der Gebietssowjet im Juni 1992 gegen die Schaffung einer autonomen deutschen Verwaltung in Saratow. »Wir werden keine Restauration des Dritten Reiches an den Ufern der Wolga zulassen«, sagte ein wütender Deputierter.[40] Der Sowjet beschloß aber, »Bedingungen für die Wiederansiedlung von Bürgern deutscher Herkunft und anderer Nationalitäten im Rayon zu schaffen, ohne die Interessen der einheimischen Bevölkerung zu beeinträchtigen«.[41]

1996 erkannte Bonn, daß der Versuch, die Rußlanddeutschen zum Verbleib in Rußland zu bewegen, wohl scheitern würde.[42] Auch mit der Ukraine gelang es nicht, ein Abkommen über die Wiederansiedlung von Deutschen in jenen Gebieten, aus denen sie 1941 vertrieben worden waren, zustande zu bringen. Das Grundgesetz gewährt automatisch jedem, der die deutsche Volkszugehörigkeit nachweisen kann, die Staatsbürgerschaft. Das Kriegsfolgenbereinigungsgesetz, das am 1. Januar 1993 in Kraft trat, gestattet jährlich 225 000 deutschen Volksangehörigen aus der früheren Sowjetunion und aus Osteuropa die Aussiedlung nach Deutschland. Es gab auch Spannungen zwischen dem Auswärtigen Amt, das dagegen war, in Sachen Wolgarepublik mehr Druck auf Jelzin auszuüben, und dem Bundesinnenministerium, das letztlich für die Rußlanddeutschen zuständig ist und eine härtere Politik befürwortete.[43] Bei seinem Rußlandbesuch im September 1997 appellierte Bundespräsident Roman Herzog an die Rußlanddeutschen, in Rußland zu bleiben, erklärte aber: »Das Tor zu Deutschland bleibt für Sie offen.«[44]

Zwar ist die Frage der Rußlanddeutschen im Vergleich zu den Hauptsorgen Deutschlands hinsichtlich der russischen Stabilität und der europäischen Sicherheit von geringerer Bedeutung, doch bleibt sie einer der Hauptgründe für das weitere deutsche Engagement in Rußland. Es zeigt sich auch, daß sich die deutsche und die russische Regierung in dieser Frage zwar einig sind, daß das Endergebnis aber beiden Seiten kaum gefallen wird, weil die meisten Deutschen Rußland verlassen werden. Der Widerstand der einheimischen Bevölkerung gegen die Wiederherstellung der Wolgarepublik ist nicht nur ein anschauliches Beispiel dafür, welchen Einfluß der Zweite Weltkrieg noch immer auf die Einstellung der Völker zu den Deutschen hat, er zeigt auch, daß Jelzins Regierung nicht in der Lage war, den Regionen ihren Willen aufzuzwingen. Außerdem wird Moskaus Unschlüssigkeit in der Frage ersichtlich, wie es sich zum Selbstbewußtsein seiner verschiedenen Volksgruppen stellen soll, während es sich bemüht, die Russische Föderation zusammenzuhalten. Die Bundesregierung hat der russischen Regierung wirtschaftliche Anreize für die Wiederherstellung der Wolgarepublik geboten, aber in der postkommunistischen Ära kann eine nunmehr demokratischere russische Regierung ihre Versprechen nicht einhalten, weil sie die Gefühle der Bevölkerung in den entsprechenden Regionen berücksichtigen und auf ihre Wählerschaft hören muß. Während die Bundesregierung noch ihre eigene Politik in Fragen der Nationalität und Staatsbürgerschaft überdenkt, stellen die Rußlanddeutschen, die sich sprachlich und kulturell von den

Deutschen in Deutschland sehr unterscheiden, ein Problem mit größeren politischen und sozialen Implikationen dar. Sie sind in Rußland nicht wohlgelitten, weil sie Deutsche sind. Aber auch in manchen Teilen Deutschlands herrscht eine gewisse Feindseligkeit ihnen gegenüber, da sie als »zu russisch« angesehen werden. Der Einwanderungscoup Katharinas II. hat eine Minderheit geschaffen, die weder von den Russen geduldet noch von den Deutschen voll akzeptiert wird.

Kaliningrad

Die Frage der Rußlanddeutschen ist eng mit derjenigen des Gebiets Kaliningrad verbunden, das aus zwei Gründen ein brisantes Sicherheitsproblem darstellt: erstens wegen des besonderen Interesses und der künftigen Aktivitäten Deutschlands in dieser Region und zweitens wegen deren Bedeutung für die europäische Sicherheit, zumal durch den NATO-Beitritt Polens das Territorium des Bündnisses bis an die Grenzen dieser russischen Exklave heranreichen wird. Die Region um das ehemalige Königsberg, das 1302 gegründet wurde und die Heimat des Philosophen Immanuel Kant war, ist ein anschauliches Beispiel dafür, welchen Schaden das Sowjetsystem den von ihm beherrschten Ländern und Völkern zugefügt hat. Vor dem Zweiten Weltkrieg versorgte das damalige Ostpreußen, das nach dem Krieg zwischen der UdSSR und Polen aufgeteilt wurde, das übrige Deutschland mit Getreide, Fleisch und Milchprodukten. Nach der sowjetischen Machtübernahme im Jahre 1945 wurden die dort lebenden 1,2 Millionen Deutschen vertrieben, soweit sie nicht bereits umgekommen oder vor der anrückenden Roten Armee geflüchtet waren, und die Region diente fortan als Stationierungsgebiet, Manöverterrain und Raketendepot der sowjetischen Streitkräfte. Sie wurde auch ein Zentrum der fischverarbeitenden Industrie und lieferte neunzig Prozent des in der Welt gewonnenen Bernsteins, aber mit dem Ackerbau und der Viehzucht ging es bergab, wodurch

Lebensmitteleinfuhren in großem Umfang notwendig wurden. Kaliningrad, wahrscheinlich das am stärksten militarisierte Gebiet der UdSSR, wurde eine ihrer Umweltkatastrophenregionen.

Infolge der allgemeinen Schwächung der russische Position im Ostseeraum nach dem sowjetischen Zusammenbruch ist die strategische Bedeutung von Kaliningrad gewachsen, und zwar zum einen, weil dieses Gebiet nicht mehr an das übrige Rußland grenzt, und zum anderen, weil Kaliningrad jetzt der einzige eisfreie Ostseehafen des Landes ist.[45] Gleichzeitig hat das Gebiet inzwischen erheblich an Interesse für deutsche Geschäftsleute gewonnen, zumal für jene, die aus der Gegend von Königsberg stammen. Ostpreußen war die Heimat vieler deutscher Junkerfamilien; ihre Nachkommen, die sich freuten, nach fünfundvierzig Jahren Exil die Güter ihrer Vorfahren besuchen zu können, sprechen offen darüber, daß sie das heruntergekommene Gebiet wieder in Schuß bringen wollen.[46]

Sowohl die Bundesregierung als auch private Gruppen hatten Verständnis für die russischen Besorgnisse wegen möglicher deutscher Ambitionen hinsichtlich Kaliningrads. Gruppierungen von Rußlanddeutschen schlugen Anfang 1992 vor, Bonn solle Kaliningrad als Umsiedlungsgebiet in Betracht ziehen. Die Bundesregierung, die ständig wiederholte, Deutschland habe – wie in den Zwei-plus-Vier-Verträgen eindeutig festgelegt – keinerlei territoriale Forderungen, reagierte sehr zurückhaltend. Sie bezeichnete die Region nicht als Umsiedlungsgebiet, kündigte aber mehrere Hilfspakete für deren Bevölkerung an. Trotz dieser vorsichtigen Haltung ist im Gebiet Kaliningrad seit 1990 ein stetiger Strom deutschstämmiger Zuwanderer aus anderen Teilen Rußlands zu verzeichnen. Offiziell leben dort 5000 Rußlanddeutsche, aber allein in der Stadt Kaliningrad mit insgesamt 500000 Einwohnern könnten es heute bereits 15000 sein, verglichen mit 200 im Jahr 1989.[47] Angesichts der zugespitzten innenpolitischen Situation in Rußland stellt jedes Problem, das die russische Souveränität berührt oder eine Einmischung äußerer Mächte vermuten läßt, eine politische Belastung für die Reformer dar. Als die Deutschen ihren Wunsch wiederholten, in Kaliningrad als Gegenleistung für ein russisches Konsulat in Frankfurt am Main ein deutsches Konsulat zu eröffnen, reagierte Kosyrew im März 1994 im Einklang mit Jelzins Sicherheitsrat scharf. Diese Frage, so betonte er, müsse auf unbestimmte Zeit zurückgestellt werden, weil die Sache nach »einem Rückfall in den deutschen Drang nach Osten« rieche. Rein rechtlich gesehen hätte die Eröffnung eines Konsulats in Kaliningrad die stillschweigende Anerkennung der Grenzen dieses *oblast* durch Deutschland bedeutet, aber der Gebietsgouverneur von Kaliningrad, Juri Matotschkin, folgte dieser Logik nicht.[48] Er bezeichnete den Vorschlag aus dem Europaparlament, die EU solle eine »besondere Beziehung« zum Gebiet Kaliningrad herstellen, als »glatte Unverschämtheit«.[49]

Aber das eigentliche Problem in Kaliningrad ist die starke Truppenkonzentration in diesem Gebiet, und hier hat die Bundesregierung ihre Haltung deutlich kundgetan. Im Januar 1994 wurde in einer Erklärung der CDU/CSU festgestellt: »Es muß der russischen Seite klargemacht werden, daß ihr Verhalten in der Region als Testfall für die russische Politik im allgemeinen angesehen wird.« Zugleich wurde Rußland davor gewarnt, die Region in einen »militärischen Brückenkopf« zu verwandeln.[50] Die Deutschen waren nicht die einzigen, die sich über die Truppenkonzentration Sorgen machten, als aus Deutschland, Polen und dem Baltikum zurückkehrende sowjetische Truppen nach Kaliningrad verlegt wurden – und dort blieben. Im April 1994 nannte der polnische Präsident Lech Wałęsa die Präsenz von 100000 russischen Soldaten in Kaliningrad ein »alarmierendes Phänomen«. Die Polen verfolgen die dortigen russischen und deutschen Aktivitäten argwöhnisch und betrachten Kaliningrad als polnische Stadt. Auch Litauen hat historische Ansprüche angemeldet, und die litauische Regierung hat ähnliche Befürchtungen geäußert, wobei sie darauf hingewiesen hat, daß eine starke Konzentration russischer Truppen möglicherweise gegen den Vertrag über die konventionellen Streitkräfte in Europa (KSE) verstoße.[51] Im Herbst 1994 gab es in Kaliningrad die größte Truppenkonzentration Europas.

Verteidigungsminister Pawel Gratschow schürte die europäischen Sorgen, als er im März 1994 Kaliningrad einen Besuch abstattete. Seine erklärte Absicht bestand darin, nach dem Abzug der Sowjetmarine aus Polen und den baltischen Staaten die Zukunftsperspektiven der baltischen Flotte zu prüfen. Kürzungen des Militäretats hatten eine Debatte darüber ausgelöst, ob Rußland es sich noch leisten könne, seine Ostseeflotte zu behalten. Zwischen 1991 und 1994 waren Schiffe und Besatzungen bereits um vierzig Prozent reduziert worden, und bis 1997 hatten sich 3770 entlassene Offiziere auf der Warteliste für Wohnungssuchende eintragen lassen.[52] Während seines Besuchs kritisierte Gratschow die Mittelkürzungen, versicherte, daß die Ostseeflotte weiterbestehen werde, und kündigte ein Sonderverteidigungsgebiet Kaliningrad an, in dem Bodentruppen, Luftstreitkräfte, Luftabwehrkräfte und Marineeinheiten stationiert werden sollten, die dem Verteidigungsministerium und dem Generalstab unterstellt würden. Aufgrund der an diesem Plan geübten Kritik erklärte Matotschkin, nach Errichtung des Verteidigungsgebiets würden dort nur 26000 Mann stationiert.[53] Trotzdem besteht die berechtigte Frage, ob Rußland den KSE-Vertrag nicht durch die hohe Truppenkonzentration verletzt.

Aufgrund der Sicherheitsbedenken hat sich Deutschland bemüht, die Lage zu entspannen, indem es sich auf die wirtschaftliche Entwicklung konzentrierte. Bonn reagierte positiv auf Matotschkins Forderung, eine freie Wirtschaftszone mit Zoll- und Steuererleichterungen einzurichten, an der mehrere Länder beteiligt sein sollen. Aber die für die Förderung der Investitionstätigkeit erforderlichen rechtlichen Bedingungen wurden nie geschaffen. Die Hauptaufgabe bestand nach deutscher Ansicht darin, eine brauchbare Verwaltungs- und Wirtschaftsstruktur zu schaffen, die es der Region ermöglichen würde, in der postsowjetischen Ära zu überleben. Die Deutschen wurden zu Hauptbefürwortern einer multilateralen Lösung der Aufgaben in Kaliningrad. Sie nutzten ihren Einfluß bei den G24-Staaten und der EU und hofften, durch den wirtschaftlichen Aufbau Rußland dahingehend beeinflussen zu können, das Schwergewicht auf das wirtschaftliche statt auf das militärische Potential der Region zu legen.

Trotz der vorsichtigen Haltung der Bundesrepublik zu Kaliningrad unterstellen russische Regierungskreise und Medien angesichts der strategischen Verwundbarkeit der gesamten Region der deutschen Politik weiterhin unlautere Motive. Vor allem setzen sie Äußerungen von Bundestagsabgeordneten oder Journalisten mit der Regierungspolitik gleich.[54] Deutscherseits wurden eine ganze Reihe von Vorschlägen gemacht: die Eingliederung Kaliningrads in die baltische Region, seine Umwandlung in ein »Luxemburg der Ostsee«, die Schaffung einer »russisch-deutschen Republik Königsberg« sowie die Entmilitarisierung Kaliningrads und seine Integration in die Europäische Union.[55]

Es ist zu bezweifeln, daß man auch nur einen dieser Vorschläge ernsthaft in Erwägung ziehen wird, solange Rußland Kaliningrad als lebenswichtig für seine strategische Stellung ansieht. Als Jelzin während des Wahlkampfes 1996 Kaliningrad besuchte, erklärte er nach der Entgegennahme eines Marinedolches von den Matrosen: »Das Gebiet von Kaliningrad ist russischer Boden. Niemand sollte irgendwelchen Zweifel daran haben.« Im Oktober 1996 verlangte der neue Gebietsgouverneur, Leonid Gorbenko, wegen der strategischen Lage der Region in Kaliningrad eine Dienststelle des russischen Sicherheitsrates zu eröffnen. Dabei bemerkte er doppelsinnig, er könne »leicht verstehen, weshalb der deutsche Bundeskanzler Kohl Japans Ansprüche auf die Kurilen unterstützt«.[56]

Der künftige Status Kaliningrads bleibt also im ungewissen. In Anbetracht des militärischen Rückzugs Rußlands aus Mitteleuropa, seiner Besorgnisse wegen der NATO-Erweiterung und des ständigen Einflusses nationalistischer Kräfte auf die Innenpolitik ist es unwahrscheinlich, daß der militärische Status der Region geändert wird, zumal wenn damit eine Verminderung der militärischen Präsenz verbunden sein sollte. Polen und Litauer weisen auf diese Ungewißheiten hin und verlangen vom Westen größere Sicherheitsgarantien; dies war einer der Gründe, der Polen bewog, Vollmitglied der NATO werden zu wollen, und der Litauen veranlaßte, im Januar 1998 die amerikanisch-baltische Partnerschaftscharta zu unterzeichnen. Während Rußland seine Interessen nach dem Scheitern des Kommunismus neu bestimmt, bleibt der Status von Kaliningrad auf Gedeih und Verderb mit den umfassenderen Problemen des russischen Übergangs zu einer demokratischen, marktwirtschaftlich orientierten Gesellschaft verbunden.[57] Längerfristig wird die Lage des Gebiets komplizierter werden, nachdem Polen der NATO bereits als Vollmitglied angehört und die baltischen Staaten möglicherweise bald folgen werden. Letzten Endes wird die Lösung des Problems von multilateralen, nicht von den bilateralen russisch-deutschen Beziehungen abhängen.

Wirtschaftsbeziehungen

Die wirtschaftlichen Beziehungen zwischen Deutschland und Rußland sind weniger problematisch als die Fragen von Politik und Sicherheit, aber die Durchführung der Abkommen über die deutsche Einheit und die wirtschaftlichen Schwierigkeiten in Rußland stellen die Bundesregierung trotzdem vor große Herausforderungen bei dem Bemühen, die wirtschaftliche Seite der Vereinigungsabsprachen zu erfüllen.

Historische Erinnerungen und die Realität der sowjetisch-deutschen Wirtschaftsbeziehungen nach dem Krieg trugen zu Moskaus Erwartung bei, daß Deutschland nicht nur Rußlands Wirtschaftspartner Nummer eins sein, sondern auch seine Verbündeten ermutigen werde, sich entgegenkommend zu zeigen. So wurde Deutschland über die beträchtlichen Kosten der Vereinigung hinaus um zusätzliche Beiträge zur Schaffung neuer, marktwirtschaftlich orientierter Strukturen in Rußland gebeten. Bonn erkannte, daß es mit seinen Finanz- und Handelsressourcen die politische und wirtschaftliche Lage in Rußland in erheblichem Maße beeinflussen konnte. Es war sich jedoch auch des Risikos einer zu engen Beziehung zu einer krisengeschüttelten Volkswirtschaft bewußt und erkannte, daß es die höchst unrealistischen russischen Erwartungen niemals erfüllen konnte.

Das ganze Ausmaß des wirtschaftlichen Aufbaus in Rußland wird klar, wenn man sich vor Augen hält, daß die Russen nicht nur eine *Marktwirtschaft*, sondern überhaupt erst einmal von Grund auf eine *Wirtschaft* schaffen mußten. Die UdSSR besaß keine Wirtschaft im westlichen Sinn. Ihr System war eine politische Maschine zur Verteilung von Ressourcen mit bürokratischen Mitteln, wobei die Zuteilung auf den von der Kommunistischen Partei festgelegten Prioritäten beruhte. Das System richtete sich nicht nach Angebot und Nachfrage, sondern nach den Wünschen der Nomenklatura. Das ursprüngliche Ziel der Erfinder der Kommandowirtschaft in den dreißiger Jahren bestand darin, den Markt durch ein System staatlicher Stellen zu ersetzen, die Produktionsmittel, Arbeitskräfte und Kapital zuteilten, die Produktionsziffern festlegten und die Preise bestimmten: Dies war die höchste Errungenschaft des sowjetischen Wirtschaftssystems.[58] Unter dem Dach dieses offiziellen Systems erblühte jedoch eine inoffizielle Wirtschaft, die bis zu dreißig Prozent der Produktion ausmachte. Der Schwarzmarkt stellte die einzige Quelle marktwirtschaftlicher Erfahrungen der Russen dar, und dies ist einer der Gründe, weshalb es so schwierig gewesen ist, rechtmäßige (und Steuern zahlende) private Unternehmen ins Leben zu rufen.

Bis zum Zusammenbruch der Sowjetunion hatte Deutschland Hilfe in Höhe von rund 95 Milliarden DM geleistet, die größtenteils nach Rußland gingen. Diese Summe setzte sich folgendermaßen zusammen: 42 Milliarden DM in Form von Krediten und Exportgarantien; 20,7 Milliarden DM in Form von Unterstützungen, einschließlich humanitärer und technischer Hilfe; 8,2 Milliarden DM als Deutschlands Anteil an der G7-Hilfe in Höhe von 24 Milliarden US-Dollar für russische Reformen; 4,4 Milliarden DM für Investitionen in die Energieerzeugung; und 19,5 Milliarden DM zur Sicherung des Transferrubel-Ausgleichs der DDR.[59] Dies war viel mehr, als jedes andere Land zur Verfügung gestellt hatte. Als der Zusammenbruch der UdSSR erfolgte und befürchtet wurde, daß die Russen den darauffolgenden harten Winter nicht durchstehen würden, setzte sich Deutschland an die Spitze derer, die humanitäre Hilfe leisteten. Es trug mit dazu bei, daß die Europäische Gemeinschaft Ende 1991 der UdSSR Lebensmittel im Wert von zwanzig Millionen ECU zur Verfügung stellte, und es beteiligte sich an den nachfolgenden TACIS-Programmen der EU. Russische Kommentatoren begegneten diesen Bemühungen mit einer Mischung aus Dank und Kritik: Was gebraucht werde, seien nicht Almosen, sondern Hilfe beim Aufbau der Wirtschaft.[60]

Nach dem Untergang der UdSSR bildeten die 550 Millionen DM, die Jelzin im Dezember 1992 für die Zusage versprochen wurden, die russischen Truppen vier Monate früher als geplant abzuziehen, die einzige neue substantielle Hilfe. Im April 1993 stand Deutschland mit achtzig Milliarden DM, die es den Ländern der GUS zur Verfügung stellte, an der Spitze der Geberländer. Es folgten die Vereinigten Staaten mit 13,5 Milliarden DM, Japan und Frankreich mit je vier Milliarden DM sowie Großbritannien mit einer Milliarde DM.[61] Deutschland hatte sich im Dezember 1992 auch bereit erklärt, die Frist für die Rückzahlung der elf Milliarden Dollar, welche die UdSSR der DDR schuldete, um acht Jahre zu verlängern; weitere finanzielle Zugeständnisse folgten. Trotz all dieser Großzügigkeit waren die Russen enttäuscht. Kritiker der deutschen Politik, darunter eine russische Arbeitsgruppe, die vom Präsidentenberater und stellvertretenden Direktor des Europainstituts, Sergej Karaganow, geleitet wurde, behaupteten, die deutschen Kredite und andere Formen der finanziellen Unterstützung während und nach der Ära Gorbatschow hätten die Sowjetunion nur noch näher an den Rand des finanziellen Abgrunds geführt. Sie warfen Deutschland vor, die Hauptrichtung der künftigen westlichen Hilfe zu bestimmen, obwohl sie erkannten, daß Deutschland nicht die Schuld für diese Politik gegeben werden konnte: »Moskau war allzusehr darauf aus, Kredite aufzunehmen, ja es bat regelrecht darum.«[62] 1994 wiederholte ein russischer Kommentator die Kritik: Wenn Deutschland bereit war, in der Zeit der *Gorbimanie* hohe Summen zu bewilligen, so sollte es jetzt, da Rußland tatsächlich Reformen in Angriff genommen habe, bereit sein, viel mehr zu geben.[63]

Zwischen 1992 und 1996 bildete die Erfüllung der Abkommen, die im Zusammenhang mit der deutschen Einheit geschlossen worden waren, den Schwerpunkt der bilateralen Wirtschaftsbeziehungen. Doch die Bundesregierung förderte den Übergang zu einem neuen Rußland auch auf andere Weise. Sie spielte eine führende Rolle, als es darum ging, ein Zentrum für die Beschäftigung russischer Kernphysiker zu schaffen, um sie davon abzuhalten, in den Dienst von Ländern der Dritten Welt zu treten, die den Besitz von Kernwaffen anstrebten. Sie bot auch ihre Hilfe bei der Verschrottung von Kernwaffen an. Zusammen mit Frankreich eröffnete sie ein Büro für Fragen der Reaktorsicherheit in Moskau, um bei der Umrüstung russischer Reaktoren zu helfen. Die nukleare Frage erfüllte Deutschland mit großer Sorge, zumal es nahe genug an Rußland lag, um unter den Folgen eines weiteren Tschernobyl zu leiden. Zusätzlich zur Ausbildung russischer Manager in Deutschland entsandte die Bundesregierung Experten, um Rußland beim Aufbau eines neuen Rechtssystems und bei der Formulierung eines neuen Handelsgesetzes zu beraten. Auch die Treuhandanstalt, die für die Privatisierung der ostdeutschen Industrie zuständig war, schickte Berater.

Eine weitere Hilfe war die Entsendung von Wolfgang Kartte, der sechzehn Jahre lang das Bundeskartellamt geleitet hatte und Deutschlands führender Experte für Fragen des wirtschaftlichen Wettbewerbs war. Er beriet die Russen bei der Privatisierung und der Schaffung einer Marktwirtschaft und bereiste nicht nur regelmäßig Rußland, sondern auch andere Staaten der GUS.[64] Die staatlich geförderten parteinahen Stiftungen – die Konrad-Adenauer-Stiftung der CDU, die Friedrich-Ebert-Stiftung der SPD und die Friedrich-Naumann-Stiftung der FDP – organisierten Programme zur fachlichen und politischen Hilfestellung. Auch unterhalb der Bundesebene gab es Kontakte. Einzelne Bundesländer richteten in verschiedenen Regionen Büros zur Förderung des Handels und der Demokratisierung ein. Die deutsch-russischen Städtepartnerschaften ermöglichten Austauschprogramme für Erwachsene und Jugendliche. Deutschland setzte sich außerdem dafür ein, daß die COCOM-Beschränkungen gelockert und nicht nur Rußland, sondern auch andere ehemals kommunistische Staaten in diesen Ausschuß aufgenommen wurden. Rußland wurde zu COCOM-Tagungen eingeladen. Dies war, wie ein russischer Kommentator freudig bemerkte, »eine der größten Sensationen der letzten Tage«, nachdem Rußland jahrelang auf der Abschußliste des COCOM gestanden hatte.[65]

Multilaterale Beziehungen

Deutschland war bestrebt, auf keinen Fall den Eindruck zu erwecken, es wolle in Rußland die Hauptrolle spielen, sondern bemühte sich immer mehr, seine Beziehungen zu Rußland zu europäisieren und es sowohl in europäische wie auch in internationale Strukturen einzubinden. Multilaterale Beziehungen konnten Deutschland von dem befreien, was es als eine schwere wirtschaftliche Last ohne absehbare Erleichterung empfand, und möglicherweise eine Renaissance imperialer Bestrebungen dadurch verhindern, daß Rußland in der »Gemeinschaft zivilisierter Nationen«, wie die russische Führung es nannte, fest verankert wurde.

Kohl setzte sich mit Nachdruck dafür ein, die UdSSR zur Jahrestagung der G7-Länder im Jahre 1991 einzuladen. Bis zu einem gewissen Grad tat er dies aus eigenem Interesse. Es hatte sich herausgestellt, daß die Vereinigung viel teurer wurde, als von den meisten vorausgesagt oder von Kohl während seiner erfolgreichen Kampagne zur Bundestagswahl 1990 versprochen worden war. Aufgrund der Belastungen, denen Wirtschaft und Gemeinwesen ausgesetzt waren, befand Bonn, daß seine Partner sich stärker an den Lasten der Stabilisierung der UdSSR beteiligen sollten. Die Betonung eines multilateralen Vorgehens hing auch damit zusammen, daß Deutschland nicht als alleiniger Zahlmeister für den Wiederaufbau der postkommunistischen Länder dastehen wollte.

Kohl und seine Berater hielten es auch für wichtig, Gorbatschow einzuladen, Mitglied des exklusiven Klubs der G7 zu werden oder zumindest als Gast an dessen Dinner teilzunehmen. Auf den ersten Blick erschien der Gedanke, die UdSSR in die Organisation der reichsten Länder der Welt aufzunehmen, höchst abwegig. Die Sowjetunion war potentiell eine bedeutende Wirtschaftsmacht, aber wegen des Zustands ihrer Wirtschaft kam sie für eine Mitgliedschaft in der G7 kaum in Frage. Da aber die G7 auch ein politischer Klub mit unverhältnismäßig großem internationalem Gewicht war, wollte Moskau Mitglied werden, und eine Einladung würde nach Kohls Kalkül Gorbatschow zur Fortsetzung seiner Reformpolitik anspornen.

Schließlich erhielt Gorbatschow eine Einladung zum Londoner Gipfel von 1991. Es war das erste Mal überhaupt, daß ein Sowjetführer an einer G7-Tagung teilnahm. Es gelang ihm jedoch nicht, neue Kredite oder eine Zusage für massive westliche Hilfe zu erhalten.[66] Der Westen sicherte ihm zu, die Sowjetunion mit fachlichem Rat in der Übergangsphase zu unterstützen und ihr den Status eines assoziierten Mitglieds des IWF und der Weltbank zu gewähren. Dies zeugte weniger als einen Monat vor dem Putsch von dem Wunsch der Industrieländer, Gorbatschow unter die Arme zu greifen. Im November beschloß die G7 – zum Leidwesen der deutschen Banken und der Hauptgläubiger der UdSSR, denen sie insgesamt 60 Milliarden DM schuldete –, die Kredite, die die UdSSR in harter Währung zurückzuzahlen hatte, umzuschulden und ihr den Zinsendienst zu erleichtern. Trotz dieser Unterstützung seitens der G7 war es für Gorbatschow zu spät, politisch Kapital daraus zu schlagen. Weder die wirtschaftliche Hilfe noch die politischen Zusagen des Westens verschafften ihm Rückhalt im eigenen Land. Einige Parteigänger Gorbatschows, die sich wahrscheinlich von Wunschdenken leiten ließen, gingen sogar noch weiter: Hätte die G7 Gorbatschow die 15 Milliarden Dollar gewährt, um die er auf dem Londoner Gipfel gebeten hatte, so hätte möglicherweise der Staatsstreich nie stattgefunden und die Sowjetunion wäre nicht zerfallen. Denn wenn die Hauptrechtfertigung für Gorbatschows Außenpolitik und den Verlust des Sowjetreichs letztlich die Aussicht auf Hilfe des Westens war, wo blieb dann diese westliche Gegenleistung? Ähnliche Vorwürfe wurden später auch von Parteigängern Jelzins erhoben.

Nach dem Zusammenbruch der Sowjetunion bemühte sich Deutschland, seine Verbündeten dazu zu bewegen, sich in größerem Umfang an der Unterstützung Rußlands zu beteiligen und das Land in den exklusiven Klub der reichsten Industrieländer der Welt aufzunehmen. Die Bundesrepublik begriff besser als ihre Partner, daß Rußland erwartete, dafür belohnt zu werden, daß es dem Kommunismus und der Sowjetunion abgeschworen und geholfen hatte, den Kalten Krieg zu beenden. Im Januar 1992 sponserten die Vereinigten Staaten eine Konferenz zur Koordinierung der Hilfe für die neuen unabhängigen Staaten in Washington, an der die Bundesrepublik aktiv teilnahm. Die Weltbank wurde beauftragt, die Koordination der Geberländer zu übernehmen. Im April 1992 schnürte die G7 – wieder auf Drängen Deutschlands – ein 24-Milliarden-Dollar-Paket für Rußland. Ein Jahr später, kurz vor Jelzins Referendum über seine Wirtschaftsreformen, unterbreitete die G7 einen Plan, der eine Unterstützung Rußlands in Höhe von 43,4 Milliarden US-Dollar vorsah, einschließlich 14,2 Milliarden US-Dollar für Maßnahmen zur Währungsstabilisierung.

Dieses Paket sah auch die Umschuldung von Krediten der im Pariser Club zusammengeschlossenen Gläubigerländer in Höhe von fünfzehn Milliarden US-Dollar vor, wodurch Rußland die Möglichkeit erhielt, seine 1992 und 1993 fälligen Schulden erst im Laufe der nächsten zehn Jahre zurückzuzahlen. Dies war wichtig für Deutschland, bei dem Rußland mit der Hälfte seiner gesamten Auslandsschulden, etwa vierzig Milliarden US-Dollar, in der Kreide stand. Im Juni 1994 wurde eine weitere Umschuldung der von Rußland zurückzuzahlenden Kredite in Höhe von achtzig Milliarden US-Dollar angekündigt, des weiteren die Zusage der G7, Rußland in das Allgemeine Zoll- und Handelsabkommen (GATT) aufzunehmen. Dadurch, daß der Westen Rußland mit der G7 in Verbindung gebracht hatte, sandte er Jelzin ein wichtiges politisches Signal, nämlich die Bereitschaft, Rußland als assoziiertes Mitglied des Klubs willkommen zu heißen.

Der G7-Gipfel von 1992 fand in München statt, und Kohl und Waigel hatten bei der Festlegung der Tagesordnung ein gewichtiges Wort mitzureden. Der im April gefaßte Beschluß, 24 Milliarden US-Dollar zur Unterstützung der Reformen zu bewilligen, war an die Bedingung geknüpft, daß sich Rußland bei der Durchführung seiner Reformen strikt an die IWF-Konditionen hielt, sich also zu weitreichenden Bemühungen zur Stabilisierung seiner Währung verpflichtete. Unmittelbar vor dem Gipfel hatte der IWF beschlossen, seine erste Eine-Milliarde-Dollar-Kreditrate an Rußland zu zahlen. Die G7 beschloß außerdem, Bemühungen der GUS zur Verbesserung der Reaktorsicherheit zu unterstützen. Auf einer Pressekonferenz im Anschluß an die Gipfelkonferenz verkündete Kohl ein Zehn-Punkte-Programm »Hilfe zur Selbsthilfe«, das die G7 bei ihren Diskussionen mit Jelzin beschlossen hatte, darunter Umschuldung, Exportkredite und Zusammenarbeit im Bereich der Hochtechnologie. Die russischen Kommentare zum Gipfel waren im allgemeinen positiv.

Zur Zeit des Tokioter G7-Gipfels von 1993 hatten Rußlands wirtschaftliche Probleme, insbesondere seine hohe Inflationsrate (etwa 17 Prozent im Monat April) und die Nichterfüllung der IWF-Bedingungen, Fragen in bezug auf die Realisierbarkeit multilateraler Hilfsprogramme aufgeworfen. Der Tokioter Gipfel, zu dem Rußland erneut eingeladen war (nachdem Kinkel und andere Vertreter der Bundesregierung Druck auf das zögernde Japan ausgeübt hatten), bekräftigte erneut seine Unterstützung für Rußlands Reformen und seine Versuche, die Inflation unter Kontrolle zu bringen. Er betonte auch die Notwendigkeit, ein Rechtssystem in Rußland zu schaffen und die politischen Reformen zu konsolidieren, und versprach weitere Hilfe.[67] Auf dem G7-Gipfel 1994 in Neapel wurde beschlossen, die Rußland-Kredite erneut umzuschulden, es wurde Geld für die Umrüstung von Kernreaktoren versprochen, und die G7 stimmte zu, daß Rußland Mitglied des GATT werden sollte. Bundesfinanzminister Waigel betonte, Rußland könne noch nicht in die G7 aufgenommen werden, nehme aber am politischen Dialog teil, wie es seiner »Bedeutung und Rolle in der Welt« entspreche.[68] 1995 trat ein Umschwung in der Politik des IWF ein, der nun befand, daß Rußland das Risiko eines viel höheren Kredits wert sei; er bewilligte einen Beistandskredit in Höhe von sechs Milliarden US-Dollar, an den die Bedingung monatlicher IWF-Kontrollen geknüpft war. Als der IWF 1996 befürchtete, daß die Kommunisten die Präsidentenwahlen gewinnen könnten, gewährte er noch einmal beispiellose 10,1 Milliarden Dollar, ebenfalls unter der Bedingung monatlicher Kontrollen. Obwohl sich also Deutschlands Wünsche nach einer größeren Hilfe des IWF anfänglich nicht erfüllt hatten, war dessen Interesse am Erfolg des russischen Übergangs zur Marktwirtschaft bis 1996 ein gutes Stück gewachsen.

Der Gipfel, der 1997 in Denver abgehalten wurde, verlieh Rußland einen neuen Status. Inzwischen war Jelzin von seiner Herzoperation genesen, hatte Tschubais und Nemzow, die weitere Wirtschaftsreformen versprachen, befördert und die »Gründungsakte über gegenseitige Beziehungen, Zusammenarbeit und Sicherheit« des NATO-Rußland-Rats unterzeichnet. Als Lohn wurde Rußland die Mitgliedschaft in der künftigen G8, in der Welthandelsorganisation, im Pariser Club und in anderen internationalen Wirtschaftsorganisationen in Aussicht gestellt, von denen es bisher ausgeschlossen war. Nachdem es sieben Jahre lang nur als Zaungast an den Tagungen dieser Organisationen teilgenommen hatte, wurde es im Mai 1998 auf dem G8-Gipfel in Birmingham als vollwertiges Mitglied aufgenommen.

Deutschland setzte sich auch dafür ein, engere Beziehungen zwischen der EG und Rußland zu fördern. Die EG war schon in humanitären und fachlichen Hilfeleistungen für Rußland engagiert, aber Jelzin strebte ein neues Abkommen zwischen der Gemeinschaft und Rußland an, das umfassender sein sollte als der 1989 zwischen der UdSSR und der EG geschlossene Vertrag. Die Verhandlungen begannen im November 1992 unter deutscher Leitung. Die Schlüsselfrage war, bis zu welchem Grad die EG bereit war, Rußland ihre Märkte zu öffnen und ihm statt des bisherigen Status eines Staatshandelslandes den vorteilhafteren eines Marktwirtschaftslandes zuzubilligen. Russen und Osteuropäer betonten immer wieder, daß eines der wichtigsten Mittel, ihnen beim Übergang zur Marktwirtschaft zu helfen, darin bestand, die europäischen Märkte ihren Waren zu öffnen. Die Marktfrage war für die EG wegen ihrer restriktiven Landwirtschaftspolitik und ihrer Furcht vor dem Verlust von Arbeitsplätzen als Folge der Konkurrenz aus früheren kommunistischen Ländern sehr problematisch.[69] Das Abkommen über Partnerschaft und Zusammenarbeit zwischen Rußland und der Europäischen Union, wie die EG inzwischen hieß, wurde schließlich auf dem EU-Gipfel im Juni 1994 auf Korfu unterzeichnet. Die EU versprach, nach 1998 zu einem freieren Handel mit Rußland überzugehen, aber die Bedingungen, unter denen dies geschehen sollte, wurden nie klar definiert. Außerdem hatte das Abkommen viel bescheidenere Dimensionen als die Assoziierungsverträge – eine Vorstufe zur EU-Vollmitgliedschaft –, welche die EU mit den mittel- und osteuropäischen sowie den baltischen Staaten geschlossen hatte.

Die Hauptlehre, die Deutschland – wie seine westlichen

Partner – aus den Erfahrungen mit Hilfeleistungen zog, war die, daß sie in Anbetracht der enormen Probleme des Übergangs zur Marktwirtschaft nur eine geringe Wirkung erzielten. Bestimmte Arten der Unterstützung, vor allem die humanitäre Hilfe, waren recht wirksam, zumal wenn Regierungsvertreter den gesamten Vorgang von Deutschland bis zum eigentlichen Empfänger der Hilfe kontrollieren konnten. Gezielte fachliche Hilfe war ebenfalls effektiv. Aber ein viel zu großer Teil der Hilfeleistungen geriet in falsche Hände und fiel in ein »schwarzes Loch«. Es war meist unmöglich, ihren Verbleib zu klären, aber ein nicht geringer Teil landete auf Bankkonten in Zypern, der Schweiz oder in der Karibik. Die Haltung der Russen zu dieser Hilfeleistung war ambivalent: Sie haßten die Demütigung, um Hilfe bitten zu müssen, sahen jedoch ein, daß sie sie brauchten; und sie argwöhnten weiterhin, daß das meiste Geld in den Taschen der alten Nomenklatura verschwand. Hätte Deutschland nicht so viel Hilfe geleistet und hätte es seine westlichen Partner nicht dazu gebracht, einen Teil der Lasten mitzutragen, so wäre es Rußland in den ersten Jahren der postkommunistischen Ära zweifellos noch schlechter ergangen. Trotzdem konnte die westliche Hilfe, so großzügig sie auch sein mochte, Rußlands wirtschaftliche Probleme nicht lösen. Der Privatsektor war auf die Dauer viel wichtiger.[70]

Der Privatsektor

Anlaß zur Enttäuschung für die Russen boten nicht das Engagement der deutschen Regierung oder das multilaterale Engagement, das vor allem aus politischen Gründen weiterhin groß war, sondern der Privatsektor. Obwohl der deutsch-sowjetische Handel in der Ära Gorbatschow zurückgegangen war, hoffte man russischerseits, daß der Handel zwischen Ostdeutschland und Rußland nach der Wiedervereinigung die Hauptstütze der deutsch-russischen Handelsbeziehungen sein würde.[71] Diese Erwartung erfüllte sich nicht. Mit dem Verschwinden der DDR, der Umstrukturierung ihrer Wirtschaft und dem Zusammenbruch der UdSSR ging der Handel zwischen Rußland und Ostdeutschland rasch zurück. Nach 1992 war das geeinte Deutschland mit 17 Prozent des gesamten Außenhandelsumsatzes Rußlands wichtigster Handelspartner. Der komplementäre Charakter des deutsch-russischen Handels hatte sich nicht geändert: Den Hauptteil der deutschen Einfuhren bildeten Rohstoffe, vor allem Erdöl und Erdgas, und den Hauptteil der deutschen Ausfuhren bildeten Fertigerzeugnisse. Die Situation war für Rußland besonders schwierig, da die Förderung seines Hauptprodukts, mit dem es die dringend benötigten Devisen erzielte, nämlich Erdöl, während und nach dem Zusammenbruch der Sowjetunion gewaltig gesunken war. Rußland erbte von der Sowjetunion auch eine sich enorm verschlechternde Außenhandelssituation.[72]

In der Sowjetära war der größte Teil des sowjetisch-westdeutschen Handels durch sogenannte Hermes-Bürgschaften, staatlich gestützte Exportkreditgarantien, gefördert worden, und es hatte kaum Probleme mit der Rückzahlung der Schulden gegeben. Nach dem Zusammenbruch der Sowjetunion war Rußland nicht mehr in der Lage, seine Schulden zu tilgen, und die Hermes-Garantien wurden zunehmend in Frage gestellt. Im Januar 1992 einigten sich die Wirtschafts- und Finanzminister darauf, daß die GUS-Staaten neue Kreditgarantien in Höhe von fünf Milliarden DM erhalten sollten. Sogar diese Summe genügte den ostdeutschen Textilfirmen nicht, die den Beschluß ein »Todesurteil« nannten.[73] Die Gewährung von Hermes-Bürgschaften blieb angesichts der wirtschaftlichen Schwäche Rußlands weiterhin ein Problem, und das veranlaßte manche deutsche Unternehmer, sich für »Waren gegen Waren«, das heißt für den Tauschhandel anstelle der Bezahlung zu entscheiden.

Zu Sowjetzeiten war der Handel mit Energieträgern der wichtigste Aspekt der deutsch-sowjetischen Wirtschaftsbeziehungen gewesen, und dies blieb auch in der postsowjetischen Ära der Fall. Ostdeutschland war ganz besonders von den sowjetischen Erdöllieferungen abhängig, und es wurde befürchtet, daß Rußland angesichts des Rückgangs seiner Erdölförderung nicht in der Lage sein würde, seine Verpflichtungen zu erfüllen. Rußland setzte seine Erdöllieferungen fort, kürzte aber die Exporte in die GUS, der es schwerfiel, das Erdöl in harter Währung zu bezahlen. Die Ausfuhr von Erdgas bereitete ebenfalls Sorgen. 1990 bezog Deutschland vierzig Prozent seines Erdgases aus Rußland. Nach dem Zusammenbruch der UdSSR verlangte Gasprom unter seinem damaligen Leiter Viktor Tschernomyrdin mehr Geld für das an Ostdeutschland gelieferte Erdgas. Die Situation wurde dadurch erschwert, daß die Ruhrgas AG, die bislang das Monopol auf das sowjetisch-westdeutsche Gasgeschäft hatte, mit ihrem Rivalen Wintershall einen harten Konkurrenzkampf um den ostdeutschen Markt und um neue Verträge mit Rußland führte. Die russischen Behörden drohten, die Gaslieferungen nach Deutschland zu stoppen, und die Jelzin wohlgesinnte Zeitung *Rossiskaja gaseta* schrieb über den »ersten Schritt zur Befreiung von unserer sklavischen Abhängigkeit von der Ruhrgas AG«. Nach einem Besuch des deutschen Wirtschaftsministers in Moskau wurde schließlich ein Kompromiß erreicht. Wintershall und der ostdeutsche Versorger einigten sich auf einen für ihre russischen Partner akzeptablen Gaspreis.[74] Deutsche Unternehmen investierten weiterhin in den Energiesektor, wenn auch vorsichtiger als ihre amerikanischen Kollegen. Ein Hauptgrund war die Unklarheit darüber, wer für welche Geschäfte in welchen Regionen Rußlands verantwortlich war.

Die Verträge über Energielieferungen warfen ein Schlaglicht sowohl auf die Kontinuität mit der sowjetischen Vergangenheit als auch auf den Grad der Veränderung in der postkommunistischen Ära. 1997 schlossen Gasprom und Mannesmann nach Art der in den siebziger Jahren getroffenen Abmachungen einen Vertrag über ein Volumen von 25 Milliarden DM zum Bau von drei Erdgasleitungen von der Halbinsel Jamal bis nach Frankfurt an der Oder mit einer Kapazität von 51 Milliarden Kubikmetern Gas. Dies war ein klassisches Röhren-für-Gas-Geschäft. Nun jedoch investierte Gasprom selbst – in

Umkehr der Situation, wie sie vor 1989 bestanden hatte – aktiv in die Infrastruktur der deutschen Energiewirtschaft. Das Unternehmen ging mit Wintershall eine Reihe von Joint ventures ein, und diese deutsch-russische Partnerschaft auf dem Energiesektor soll in Zukunft noch ausgebaut werden. 1997 hatten alle privaten deutschen Investitionen in Rußland zusammen einen geringeren Umfang als die Investitionen von Gasprom in Deutschland.

Deutsche Firmen wurden im Telekommunikationsbereich aktiv und nutzten dabei die Erfahrungen, die sie bei der Modernisierung des veralteten Fernmeldenetzes der DDR, dem Bau von Satelliten, der Errichtung von Telefonnetzen und der Entwicklung neuartiger Fernmelde-Infrastrukturen gesammelt hatten.[75] Mercedes-Benz stieg in ein Joint venture ein, um in Rußland Busse zu produzieren und zu verkaufen, und seine Limousinen erfreuten sich bald bei den russischen Neureichen größter Beliebtheit.[76] Viele deutsche Firmen beschäftigten Ostdeutsche für ihre Unternehmungen in Rußland, da sie Russisch sprachen und den Markt kannten. Aber es gab einen hohen Grad an Frustration. Endlose Verzögerungen und Unklarheit über die Zuständigkeiten schreckten potentielle Investoren ab. Die politischen Unwägbarkeiten kamen hinzu, desgleichen Rußlands Liquiditätsprobleme und das Fehlen eines einklagbaren Handelsrechts. Russische Kommentatoren hatten Verständnis für die Zweifel der Deutschen an der Art und Weise, wie die Wirtschaft organisiert war, und erkannten, daß es Aufgabe Rußlands war, sein Haus in Ordnung zu bringen, wenn es deutsche Investoren anlocken wollte.[77]

Der Übergang von der Vergangenheit zur Zukunft

Die Themen, die Deutschland und Rußland in der Mitte der neunziger Jahre beschäftigten, waren zum großen Teil Hinterlassenschaften des Kalten Krieges. Neben Fragen der Sicherheit ging es vor allem um die Weigerung Rußlands, Kulturgüter zurückzugeben, die von den Sowjets bei Kriegsende aus Deutschland mitgenommen worden waren. Im Deutsch-Sowjetischen Vertrag von 1990 hatten sich beide Seiten geeinigt, daß »verschollene oder unrechtmäßig verbrachte Kunstschätze, die sich auf ihrem Territorium befinden, an den Eigentümer oder seinen Rechtsnachfolger zurückgegeben werden«.[78] Wegen der historischen Symbolträchtigkeit und der Frage, wer den Krieg denn letzten Endes gewonnen hatte, wurden die »gestohlenen Kunstwerke« zu einem besonders heiklen Thema. Wenn nicht einmal die Kulturgüter behalten werden können, die in einem Krieg erbeutet wurden, der 27 Millionen Sowjetbürger das Leben gekostet hat, was ist dann vom Sieg über die Nazis übriggeblieben? Ein hoher deutscher Beamter bekannte: »Rußland wurde im Krieg [1918] und im Frieden [1991] besiegt. Den Zweiten Weltkrieg gewonnen zu haben ist eine Sache, die den Russen ein Gefühl von Selbstachtung und Stolz vermittelt. Nimmt man ihnen dieses Gefühl, so könnte das für sie unerträglich sein.«[79] Anfang 1997 verabschiedeten beide Parlamentskammern in Moskau ein Gesetz, dem zufolge die Kulturgüter russisches Eigentum sind und Deutschland nicht zurückgegeben werden können. Jelzin, der sich mit der Bundesregierung gütlich einigen wollte, legte sein Veto ein. Aber sowohl Duma als auch Föderationsrat überstimmten sein Veto, was zu einer Pattsituation führte.[80] Zur gleichen Zeit gab die Bundesregierung Rußland ein Mosaik zurück, das zu dem berühmten Bernsteinzimmer im Palast von Zarskoje Selo bei St. Petersburg gehörte hatte und während des Zweiten Weltkriegs verschwunden war. Es war Anfang der neunziger Jahre in Deutschland wiederaufgetaucht.[81] Die Duma weigerte sich, ähnlich großzügig zu verfahren.

Im Juli 1999 bestätigte das russische Verfassungsgericht die Weigerung der Duma, Deutschland mehr als 300000 Kunstwerke und zwei Millionen Bücher, darunter impressionistische Kunstwerke und 260 Teile des von Heinrich Schliemann entdeckten Goldschatzes von Troja, zurückzugeben. Das Verfassungsgericht kippte jedoch das Gesetz der Duma teilweise, indem es Opfern des Nationalsozialismus und des Holocaust das Recht zusprach, die Rückerstattung ihrer Kunstobjekte zu beantragen. Auf Deutschland hingegen war der Satz gemünzt: »Die Aggressorstaaten haben keinen Anspruch auf die Rückgabe ihrer Kulturgüter.« Der Kulturbeauftragte der Regierung Schröder, Michael Naumann, räumte ein, er verstehe die russischen Gefühle, hoffe jedoch, daß eine Lösung gefunden werden könne, mittels deren ein Teil der Kunstwerke zurückgegeben werden könnte.[82] Trotzdem ist es fraglich, ob sich Rußland in der zunehmend nationalistischen und antiwestlichen Atmosphäre des Wahlkampfjahres 1999/2000 nachgiebiger zeigt.

Abgesehen von der Frage der Kulturgüter, die den Nationalstolz berührt, existiert auch eine Agenda neuer Themen, die sich erst nach der Ära des Kalten Krieges ergeben haben. Wirtschaftliche und soziale Probleme, auf die die Regierungen größtenteils keinen Einfluß haben, werden zunehmend die deutsch-russischen Beziehungen beeinflussen. Da die russische Außenpolitik immer mehr »privatisiert« wird, wobei eine Vielzahl von Akteuren, die außerhalb der Regierung stehen, eigene Ziele verfolgen, ist es für Deutschland immer schwieriger geworden, einen zusammenhängenden Dialog mit Rußland zu führen.

Ein neues großes Problem in den bilateralen Beziehungen war potentiell mit einer tödlichen Gefahr verbunden – ein Produkt des Zusammenbruchs der Zentralgewalt in Rußland. Russen begannen dubiosen internationalen Interessenten nukleares Material zu verkaufen, und ein Teil davon gelangte auch nach Deutschland. 1992 beschlagnahmte die deutsche Polizei angereichertes Uran, das aus Rußland stammte. Der deutsche und der russische Geheimdienst begannen zusammenzuarbeiten, um nicht nur den illegalen Export nuklearen Materials, sondern auch den illegalen Handel mit konventionellen Waffen und den Drogenschmuggel zu unterbinden. Auch ein Abkommen über die Zusammenarbeit bei der Bekämpfung des Terrorismus wurde unterzeichnet.[83] Geheimdienstkoordinator Bernd Schmidbauer und sein russischer Kollege Jewgeni Primakow besuchten einander in ihren Behörden und vereinbarten, Koordinierungsbüros zu eröffnen. So etwas wäre drei Jahre zuvor, als der KGB noch existierte, undenkbar gewesen.[84] Im August 1994 löste die Beschlagnahme großer Mengen nuklearen Materials durch die deutschen Behörden eine lebhafte Diskussion zwischen beiden Seiten aus, an der auch die jeweiligen Inlandsgeheimdienste beteiligt waren. Das Problem des Atomschmuggels rief beträchtliche Spannungen im bilateralen Verhältnis hervor und war symptomatisch für weitergehende Besorgnisse auf deutscher Seite, inwieweit Rußlands Nöte, einschließlich des rasanten Anstiegs des organisierten Verbrechens, nach Deutschland exportiert wurden und die Stabilität Deutschlands zu untergraben drohten.

Die Tatsache, daß das organisierte Verbrechen aus Rußland eine immer größere Rolle in Deutschland spielt, ist wahrscheinlich das anschaulichste Beispiel für »privatisierte« ausländische Aktivitäten. Selbst wenn man überzogene Medienberichte mit Vorsicht genießt, ist nicht zu leugnen, daß in Großstädten wie Berlin und Frankfurt russische Kriminelle aktiv sind und auf viele Aspekte des täglichen Lebens Einfluß nehmen. »Neue« russische Geschäftsleute, Saisonarbeiter, Kriminelle, aber auch Studenten sind in den letzten sieben Jahren in beträchtlicher Zahl nach Deutschland gekommen. Manche gehen einer legalen Tätigkeit nach, andere aber haben ihre Netzwerke und Praktiken des organisierten Verbrechens mitgebracht. Zudem ist ein beachtlicher Teil des russischen Fluchtkapitals, bei dem es sich zum Teil um »gewaschenes« Geld – Erlöse aus dem Drogenhandel und aus anderen kriminellen Tätigkeiten – handelt, auf deutschen Banken geparkt. Diese enormen Geldsummen und die Leute, die sie kontrollieren, bergen das Potential in sich, auf verschiedene Weise Einfluß auf die deutsche Gesellschaft und die Geldstabilität zu nehmen. Aus diesem Grund werden gesellschaftliche Interaktionen – die von den Regierungen nur partiell kontrolliert werden können – in der postkommunistischen Ära die deutsch-russischen Beziehungen in einer Weise beeinflussen, die mit traditionellen diplomatischen Lösungen nicht mehr erfaßbar ist.

Das größte Fragezeichen, das an der Wende zum 21. Jahrhundert und nach Abschluß der Vereinigung über den russisch-deutschen Beziehungen hängt, dürfte wohl der anstehende Generationswechsel sein. Diejenigen, die den Kalten Krieg ausfochten und Deutschland einten, waren vor dem Zweiten Weltkrieg geboren, und ihr politisches Bewußtsein war von diesem entscheidend geprägt. Aber Gorbatschow, Jelzin und Kohl waren die letzten ihrer Generation. Die Deutschen, die in den sechziger und siebziger Jahren die ersten Schritte zur deutsch-sowjetischen Annäherung unternahmen, wandten sich mit einer Mischung aus Schuldgefühlen wegen der Verwüstungen des Krieges, Verantwortung für die Wiedergutmachung und dem Wunsch nach Wiederbelebung der traditionellen Beziehungen an Moskau. Auch empfanden Kohl und seine Generation tiefe Dankbarkeit gegenüber Gorbatschow und dem russischen Volk dafür, daß sie die Vereinigung Deutschlands ermöglichten. Die ältere Generation in Rußland hat die Deutschen gefürchtet und ist auch heute noch stolz darauf, Deutschland 1945 besiegt zu haben.

Wenn diese Generation abgetreten ist, wird diese besondere Beziehung nicht mehr existieren. Jüngere Deutsche werden nicht das gleiche Verantwortungsgefühl haben und sich nicht in der gleichen Weise Rußland gegenüber verpflichtet fühlen. Es könnte zu einem Land wie jedes beliebige andere werden, das ziemlich weit entfernt liegt und ein potentieller Unruheherd ist. Auch jüngere Russen werden ein distanzierteres Verhältnis zu Deutschland haben. So sehr sich die *germanisty* 1989/90 gegen die Vereinigung Deutschlands sperrten, so wußten sie doch über dieses Land hervorragend Bescheid, und bisher ist noch keine jüngere Generation von Deutschlandexperten im außenpolitischen Establishment an ihre Stelle getreten.

Ohne das Engagement und die gegenseitige Haßliebe, die bei ihren Vorgängern eine enge Symbiose bildeten, könnte die nächste Generation russischer und deutscher Politiker zugleich desinteressierter und eher bereit sein, die gesamte Grundlage ihrer Beziehungen neu zu überdenken.

Rußland und Deutschland nach der Ära Kohl

Das deutsch-russische Verhältnis der postkommunistischen Ära wurde bei den Bundestagswahlen 1998 einer ersten Prüfung unterzogen. Helmut Kohl, der am längsten amtierende Kanzler der Bundesrepublik, wurde abgewählt, was bei den meisten Regierungen, die mit ihm zu tun gehabt hatten, einschließlich der Russen, mit Besorgnis registriert wurde. Obwohl Rußland während des Wahlkampfes kein Hauptthema gewesen war, hatte Gerhard Schröder, der Herausforderer Kohls, die CDU/CSU-FDP-Regierung kritisiert, weil sie sich zu sehr auf den immer gebrechlicher und unberechenbarer werdenden Boris Jelzin konzentriere. Als der Wahlkampf sich dem Ende näherte, betonten russische Kommentatoren, daß sie, wer immer die Wahl gewinne, Kontinuität in der deutschen Politik erwarteten. Ein Sprecher des russischen Außenministeriums sagte: »Es ist von entscheidender Bedeutung, daß Deutschland die Politik der umfassenden Zusammenarbeit mit Rußland fortsetzt, die die deutsche Führung in den letzten Jahren verfolgt hat.«[85]

Besorgt nahm man zur Kenntnis, daß die Grünen als Koalitionspartner der SPD zum ersten Mal in die Regierung einzogen und daß Joschka Fischer, bekannt als Aktivist der Umwelt- und Friedensbewegung, Außenminister wurde. Während die SPD als Initiatorin der neuen Ostpolitik von 1969 Verdienste erworben und lange Zeit enge Kontakte zu führenden Repräsentanten der sowjetischen wie der postsowjetischen Ära unterhalten hatte, waren die Grünen in Rußland eine weniger bekannte Größe. Kommunistenführer Gennadi Sjuganow begrüßte die Ergebnisse wegen des »linken« Charakters der neuen Bundesregierung, die sich, wie er hoffte, kritischer gegenüber dem russischen Kapitalismus verhalten werde. Die demokratische Jabloko-Partei begrüßte die neue Regierung in der Erwartung, daß die deutsch-russischen Kontakte umfassender sein würden als unter Kohl.[86] Der Kreml jedoch wartete erst einmal ab, wie sich die Ostpolitik der neuen Regierung entwickeln würde.

Für die Deutschen stellte Rußland eine neue Herausforderung dar. Am 18. August 1998 kollabierte der Rubel als Folge sowohl äußerer Faktoren – der asiatischen Wirtschaftskrise und fallender Erdölpreise – als auch innerrussischer fiskalischer Probleme. Da der Rubel abgewertet wurde und Rußland einige Schulden nicht zurückzahlen konnte, brach das Bankensystem in seiner damaligen Form zusammen, und Rußland stürzte in eine schwere Wirtschaftskrise. Die politische Lage verschlechterte sich. Innerhalb von siebzehn Monaten – von März 1998 bis August 1999 – erzielte Jelzin einen bemerkenswerten Rekord, indem er fünf Ministerpräsidenten ernannte und wieder feuerte.[87] Unter Bundeskanzler Kohl hatte es trotz aller politischer und wirtschaftlicher Probleme eine gewisse Kontinuität sowohl im Verhältnis zu Jelzin als auch zu Ministerpräsident Viktor Tschernomyrdin gegeben. Nun herrschte eine beträchtliche Instabilität, und die kleine Gruppe um Jelzin, dessen Gesundheit sich verschlechterte, schien hauptsächlich mit ihrem eigenen Überleben beschäftigt. Unter diesen Umständen hielt es die neue Bundesregierung für angebracht, Vorsicht walten zu lassen. Weder Schröder noch Fischer fühlten sich Rußland persönlich so verpflichtet wie Kohl. Schließlich waren sie während des Vereinigungsprozesses nicht an der Macht gewesen und besaßen kein persönliches Verhältnis zu Jelzin und dessen nächster Umgebung.

Schröder und Fischer repräsentierten eine neue Generation in der deutschen Außenpolitik; sie waren das erste Führungsgespann, das weder vom Erbe des Zweiten Weltkrieges noch von dem des Kalten Krieges belastet war. Sie konnten sich daher ohne das Gefühl, am Krieg mitschuldig oder für die Jahre der schärfsten Konfrontation nach 1949 mit verantwortlich zu sein, der Ostpolitik zuwenden. Aber sie wandten sich Rußland auch ohne das Geflecht persönlicher und institutioneller Beziehungen zu, dessen sich die frühere Regierung bedient hatte. Um den Beziehungen zu den postkommunistischen Staaten ihr eigenes Gepräge zu geben, mußten sie einerseits Kontinuität wahren und sich andererseits deutlich von ihren Vorgängern absetzen.

Nach seiner Wahl erklärte Schröder unmißverständlich, daß er nicht an dem interessiert sei, was er abschätzig als »Saunapolitik« der Ära Kohl/Jelzin bezeichnete. Fischer sprach von der dringenden Notwendigkeit, eine »Zivilgesellschaft« in Rußland zu entwickeln. Es gab auch Andeutungen, daß es zehn Jahre nach dem Fall der Mauer an der Zeit sei, Deutschlands wirtschaftliches Engagement in Rußland zu überdenken. Die Bundesrepublik war nicht nur derjenige Staat, der Rußland die größte Hilfe zukommen ließ, sondern auch sein größter Gläubiger und fühlte sich durch Rußlands Unfähigkeit, seine Schulden zu bedienen, besonders verwundbar. Bei einem Schuldenberg von über 75 Milliarden DM, davon 30,5 Milliarden DM bei Handelsbanken, ließen Schröder und Fischer keinen Zweifel daran, daß keine neuen Kredite zu erwarten waren. Trotzdem setzten sie genauso wie Kohl, der Brandts Ostpolitik öffentlich abgelehnt, aber schließlich fortgesetzt hatte, das Engagement in Rußland fort, behielten sich aber das Recht vor, einige Aspekte des Verhältnisses neu zu bewerten.

Zum ersten Mal gelangte das neue Verhältnis auf den Prüfstand, als Schröder und Fischer im November 1998 Moskau besuchten. Beide betonten die Notwendigkeit der Kontinuität sowohl in den bilateralen als auch in den multilateralen Beziehungen. Fischer beschrieb das Ziel der Regierungspolitik dahingehend, Rußland umfassend in die internationalen Strukturen integrieren sowie strukturelle, demokratische und marktorientierte Reformen unterstützen zu wollen.[88] Doch die

Art und Weise des Herangehens unterschied sich deutlich von dem, was in der Ära Kohl üblich gewesen war. Schröder traf nicht nur mit Jelzin zusammen, sondern auch mit dessen potentiellen Nachfolgern, von denen sich viele kritisch über ihren Präsidenten äußerten. Er sprach mit General Alexander Lebed, mit dem Führer der oppositionellen demokratischen Jabloko-Partei, Grigori Jawlinski, mit KP-Chef Gennadi Sjuganow und dem ehemaligen Ministerpräsidenten Viktor Tschernomyrdin sowie mit regionalen Gouverneuren.

Schröders wirtschaftliche Botschaft war ernüchternd: Rußland müsse die Bedingungen des IWF erfüllen, um weitere Kredite zu erhalten, und Deutschland werde keine zusätzliche Hilfe mehr leisten. Die Schuldenproblematik bildete einen wesentlichen Teil der Gespräche, aber es wurde wenig entschieden. Schröder betonte, daß er und Ministerpräsident Primakow sich auf ein Programm »intensiver und regelmäßiger« Konsultationen geeinigt hätten und gemeinsam mit der EU und der G8 daran arbeiten würden, Rußlands wirtschaftliche Lage zu verbessern. Deutschland werde Rußland weiterhin Ratschläge erteilen, aber die Unterstützung werde sich auf das Verbale beschränken und nicht mehr materiell sein.

In russischen Kommentaren wurden die »pragmatischen« Ansichten der neuen deutschen Regierung und die Tatsache hervorgehoben, daß sie sich verpflichtet fühle, umfassendere Beziehungen zwischen den beiden Ländern und ihren föderalen Komponenten herzustellen. Sie betonten auch die deutsche Unterstützung für ein »stabiles« Rußland.[89] Trotzdem ließ die deutsche Seite keinen Zweifel daran, daß Rußland seine Probleme zum größten Teil aus eigener Kraft lösen müsse.

Die Regierung Schröder/Fischer entschied sich statt dessen, die multilateralen Aspekte der deutsch-russischen Beziehungen, besonders die Rolle der EU, zu betonen, als Deutschland in der ersten Hälfte des Jahres 1999 die EU-Präsidentschaft innehatte. Der Beginn der Kampfhandlungen im Kosovo hatte zur Folge, daß in der ersten Jahreshälfte 1999 die NATO-Rußland-Dimension der deutsch-russischen Beziehungen dominierte. Auf diese Fragen wird in einem späteren Kapitel eingegangen, aber die Bilanz des ersten Jahres der Regierung Schröder/Fischer läßt für die Zukunft eine deutsche Politik erkennen, der durch die eigenen wirtschaftlichen Probleme, aber noch viel mehr durch die Instabilität Rußlands Grenzen gesetzt sind. Die meisten Russen begreifen, daß ihr Wunsch nach engeren deutsch-russischen Beziehungen sich nicht erfüllen wird, wenn und solange ihre eigene politische und wirtschaftliche Lage nicht transparenter und stabiler wird.

Die Lehren der deutschen Vereinigung

Die Art und Weise, wie die deutsche Einheit ausgehandelt wurde, wird die russisch-deutschen Beziehungen weiterhin beeinflussen. Die Schwierigkeit, den Truppenabzug rechtzeitig abzuschließen, sowie der Mangel an Wohnraum veranlaßten Vertreter Rußlands, sowohl Gorbatschow als auch Schewardnadse hart zu kritisieren und zu versuchen, Kompensationen für diese Probleme durchzusetzen. Gratschow behauptete, daß fünfzehn Jahre statt vier ein angemessener Zeitraum für den Truppenabzug gewesen wären. Weil Deutschland den Truppenabzug beschleunigen wollte, wandte Jelzin Gorbatschows Taktik an und verlangte mehr Geld von Bonn. Sogar nachdem die Truppen Deutschland bereits verlassen hatten, nutzten die Russen die noch unvollendete Agenda, um deutsche Zugeständnisse zu erwirken. Deutschland zögerte, noch mehr Geld bereitzustellen, sagte aber selten glattweg nein. Trotz der enormen Aufgabe, die Folgen von fünfundvierzig Jahren sowjetischer Vorherrschaft in Ostdeutschland zu beseitigen, hatten die Deutschen 1994 das meiste von dem erreicht, was sie sich vorgenommen hatten. Die ungelösten Fragen gefährdeten ihre Sicherheit nicht. Es handelte sich um sekundäre Probleme, die Teil der größeren Aufgabe waren, die zerfallenden politischen Strukturen des postkommunistischen Europa neu zusammenzufügen. Den Russen fiel es weniger leicht, die Beziehungen nach der Vereinigung zu definieren, da sich der Kollaps des Kommunismus in Europa und in der UdSSR nur schwer von den Geburtswehen des neuen Rußland trennen ließ. Es war fast unmöglich, in einer Übergangssituation mit unkalkulierbarem Ausgang Kriterien für den Erfolg zu definieren.

Während sich Deutschland um eine Neudefinition seiner Ostpolitik bemühte, wurde ihm bewußt, daß es zum östlichsten Außenposten der Stabilität in Europa geworden war. Es versuchte, seine einzigartige Last zu mindern, indem es den europäischen Charakter seiner neuen Identität und seines Verhältnisses zu Rußland betonte. Bundespräsident Roman Herzog betonte bei der Abschiedszeremonie für die russischen Truppen: »Wir können nun gemeinsam, in enger Partnerschaft mit unseren Partnern und Nachbarn, in eine neue Ära der europäischen Politik, des europäischen Miteinanders treten.«[90] Deutschland bemühte sich, seine neue, östlichere Identität gesamteuropäisch zu definieren. Rußland war am gesamteuropäischen Aspekt des deutsch-russischen Verhältnisses weniger interessiert, weil es noch nicht Mitglied irgendeines multilateralen europäischen Klubs außer der OSZE war. Auf der Suche nach einer Neudefinition seiner Identität als Großmacht in Europa zog es traditionelle bilaterale Beziehungen vor, bei denen es größeren Einfluß ausüben konnte. »Die russisch-deutsche Partnerschaft«, so schrieb ein ehemaliger Diplomat, »ist die Garantie für die Sicherheit und das Aufblühen Europas in naher Zukunft.«[91]

Bis 1997 waren die wichtigsten Punkte der Agenda der Vereinigung erfüllt. Vom deutschen Standpunkt aus betrachtet, war der Abzug der russischen Truppen der größte Erfolg. Doch eine neue Agenda, die vom Atomschmuggel bis zum internationalen organisierten Verbrechen und zum Drogenhandel reichte, beeinflußte zunehmend das Verhältnis. Vom russischen Standpunkt aus war die Realisierung der Agenda der deutschen Vereinigung ein komplexeres Geschäft. Der massive Truppenabzug verschärfte die politischen, wirtschaftlichen und sozialen Probleme im Land und verstärkte das Gefühl der Demütigung und Verwundbarkeit. Die deutsche Wirtschaftshilfe trug in gewisser Weise dazu bei, die wirtschaftlichen Probleme Rußlands zu lindern, aber sie genügte nicht, um die durch die Vereinigung verursachten strategischen Verluste wettzumachen.

In den späten neunziger Jahren hoben russische Beobachter unter Betonung der positiven Aspekte des russisch-deutschen Verhältnisses hervor, daß sich die Beziehungen zu Deutschland nun, da alle vereinigungsbedingten Fragen gelöst seien, normalisiert hätten. Wenn man die deutsch-russischen Beziehungen mit den russisch-amerikanischen vergleicht, so sind die erstgenannten sicherlich weniger kompliziert und spannungsgeladen. Die Vereinigten Staaten und Rußland stehen vor ernsthaften Schwierigkeiten im Zusammenhang mit der Rüstungskontrolle im konventionellen und strategischen Bereich, mit der NATO-Erweiterung, mit der Rolle Rußlands in der GUS und am Kaspischen Meer, mit Bosnien und der Enttäuschung der Russen darüber, daß sich die Hoffnungen auf eine strategische Partnerschaft mit Amerika nicht erfüllt haben. Das Verhältnis zu Deutschland ist weniger konfliktgeladen. Es gibt weder Probleme, die den Spannungen im Zusammenhang mit der Rüstungskontrolle vergleichbar wären, noch Gefühle der Erniedrigung wegen der Art und Weise, wie Deutschland Rußland behandelt hat. Weil Rußland seinen Blick nicht so sehr auf Deutschland richtet, um eine Bestätigung seines Großmachtstatus zu erlangen, sondern auf die Vereinigten Staaten, sind seine Erwartungen gegenüber Deutschland nicht so hoch geschraubt.

Wie ein Sicherheitsberater Jelzins schrieb, könnte Deutschland als Alternative zu den Vereinigten Staaten eine strategische Partnerschaft mit Rußland eingehen. Angesichts der Schlüsselrolle Deutschlands in Europa und in der NATO könnten Deutschland und Rußland ein neues bilaterales Verhältnis herstellen, das sich von Rapallo unterscheiden würde und Deutschland helfen könnte, seine politischen Ziele in Europa zu erreichen. »In Deutschland«, so schloß er, »versteht man besser als anderswo das Risiko, das entsteht, wenn Rußland von Europa ausgeschlossen wird.«[92]

Obwohl diese Gedanken in manchen Kreisen Deutschlands ein positives Echo fanden, spiegelten sie zu einem gewissen Grad russisches Wunschdenken wider.[93] Die meisten Russen begreifen noch nicht, in welchem Maße Deutschland eine europäische Macht ist, die sich der weiteren europäischen Integration und einem prosperierenden, demokratischen östlichen Mitteleuropa verpflichtet fühlt – Ziele, die die Attraktivität einer deutsch-russischen strategischen Partnerschaft verringern.

Sowohl Deutschland als auch Rußland stehen daher vor der Aufgabe, das neue deutsch-russische Verhältnis so zu gestalten, daß es Rußlands Selbstbewußtsein stärkt und zu einer für beide Seiten annehmbaren Neubestimmung der postimperialen Identität Rußlands beiträgt. Die Antwort ist Rußlands Einbeziehung in multilaterale europäische Strukturen. Aber bevor Rußland als Mitglied des Klubs akzeptiert werden kann, muß es bereit sein, sich nach den Klubregeln zu richten. Das erfordert beträchtliche innenpolitische Veränderungen. Das Übergangsstadium wird viel länger dauern, als ursprünglich gedacht, weil die 1992 gehegten Erwartungen unrealistisch waren. Und die Rolle der Vereinigten Staaten bei der Neubestimmung der europäischen Sicherheitsarchitektur zwingt ein geschwächtes Rußland, einer von Washington festgelegten Agenda zu folgen, bei der Deutschland nur eine begrenzte Rolle spielt.

Nationale Identität und Aussenpolitik nach dem Kommunismus

»Die friedliche Entwicklung Rußlands ist der entscheidende Faktor für dauerhafte Stabilität in Europa. Es gibt kein anderes Land, dessen Entwicklung mehr Einfluß auf die Gestaltung der internationalen Beziehungen, auf die Zukunft Europas oder auf die Welt haben wird ...«

Karl Lamers, außenpolitischer Sprecher der CDU/CSU, Juni 1995[1]

»Man sagt von Rußland, daß es weder zu Europa noch zu Asien gehört, daß es eine besondere Welt ist. Das mag so sein. Wir müssen aber auch beweisen, daß die Menschheit außer ihren zwei Seiten, die durch die Worte ›Ost‹ und ›West‹ bestimmt sind, noch eine dritte Seite besitzt.«

Pjotr Tschaadajew[2]

Seit dem Untergang des Kommunismus mußten sich Rußland und Deutschland mit zentralen existentiellen Fragen auseinandersetzen und ihre nationale Identität, ihre nationalen Interessen, ihre Rolle in Europa und ihr Konzept der Staatsbürgerschaft neu bestimmen. Dies ist für Rußland, das ein Imperium verloren und bisher nie eine nationale – im Gegensatz zur imperialen – Identität entwickelt hat, viel schwieriger als für Deutschland, das bereits nach der Niederlage von 1945 seine nationale Identität neu definiert hat. Deutschland wie Rußland waren dem Druck ihrer Nachbarn und Partner ausgesetzt, der sie zur Neuorientierung ihrer Außenpolitik zwang. Aber während Deutschland sich auf ein festes Bündnissystem verlassen kann und in alle wichtigen internationalen demokratischen Strukturen eingebunden ist, genießt Rußland keinen dieser Vorteile. Es hat seine ehemaligen Verbündeten und die Sicherheit seiner früheren multilateralen Strukturen verloren und mußte gegen das Gespenst der Isolierung von der »zivilisierten« Welt ankämpfen. Wie sollen beide Länder unter diesen Umständen neue Konzepte für ihre Rolle in Europa entwickeln, und bis zu welchem Grad werden sie in neue Strukturen integriert werden? Diese Fragen werden langfristig viel wichtiger für die Zukunft Europas sein als die bilateralen deutsch-russischen Beziehungen für sich genommen. Wir können die Rolle, die beide Länder spielen werden, nicht verstehen, wenn wir nicht zuerst untersuchen, wie sie ihre nationale Identität und Außenpolitik seit 1991 neu bewertet haben. In diesem Kapitel wird gezeigt, wie sich die deutsche und die russische Außenpolitik seit der deutschen Vereinigung und dem sowjetischen Zusammenbruch konzeptionell und praktisch entwickelt haben.

Russische Nöte

1996 gründete Boris Jelzin eine Kommission, die Vorschläge erarbeiten sollte, worin die neue Nationalidee Rußlands besteht. Dies mag jemandem, der aus einem Land mit einer wohlfundierten Außenpolitik stammt, vielleicht merkwürdig erscheinen, aber es spiegelte die gegenwärtige Realität. Rußland besaß keine nationale Idee. Nach dem Zerfall der Sowjetunion steckte es in einer tiefen Krise, als es entscheiden mußte, wie seine Außenpolitik künftig aussehen sollte. Einerseits wurde es der internationale Erbfolger der Sowjetunion, Erbe des ständigen Sitzes der UdSSR im UN-Sicherheitsrat, des größten Teils ihrer Streitkräfte, ihrer außenpolitischen Institutionen – und ihrer Schulden. Andererseits unterschieden sich Rußlands Position und Interessen sehr von denen der Sowjetunion, und seine außenpolitischen Ziele machten einen grundlegenden Wandel durch. Das neue Rußland hatte auf

Ideologie und Mission der UdSSR verzichtet und besaß nicht mehr deren globales Potential. Die dramatischste Veränderung war, daß Rußlands wichtigste und kompliziertestе Beziehungen jene waren, die es zu den 1991 neu entstandenen Staaten unterhielt. Es handelte sich um die Staaten der früheren Sowjetunion, das »nahe Ausland« *(blischneje sarubeschje)*.[3] Angesichts der wirtschaftlichen Schwäche Rußlands, seiner verminderten Fähigkeit, seine Macht zur Geltung zu bringen, und des Endes der Ost-West-Konfrontation haben sich seine Beziehungen zum »fernen Ausland« weniger drastisch geändert als beispielsweise die zur Ukraine, deren bloße Existenz ein Schlag gegen die russische Identität war und einen Verlust des im Zweiten Weltkrieg Errungenen bedeutete.[4]

Rußlands gleichzeitiger vierfacher Übergang – vom Totalitarismus zur Demokratie, von der zentralen Planungs- zur Marktwirtschaft, vom imperialen zum postimperialen Staat, vom Einheits- zum Bundesstaat – stellte eine beängstigende, beispiellose Herausforderung dar. Der Bereich, in dem die Wahrnehmung der Realität am meisten hinterherhinkte, war die Außenpolitik. Viele Russen haben den Kommunismus, die bankrotte, staatsgelenkte Wirtschaft und Rußlands messianische globale Rolle mit ihrer expansionistischen Ideologie abgelehnt. Aber viele haben auch das Auseinanderbrechen der Sowjetunion nicht akzeptiert. Sie fühlen sich dadurch gedemütigt und herabgesetzt. Mehr als vierhundert Jahre lang beherrschte Rußland seine Nachbarn. Seine heutigen Grenzen sind die, die es Mitte des 17. Jahrhunderts besaß, bevor Rußland die Ukraine eroberte und die Expansion begann, die schließlich zur Bildung des riesigen Zarenreichs und seines Nachfolgers, der Sowjetunion, führte. Die imperialen Jahrhunderte haben tiefe psychologische Spuren hinterlassen, die nicht über Nacht beseitigt werden können. Die größte Herausforderung besteht für Rußland darin, eine neue Identität als nichtimperiale, große Regionalmacht finden zu müssen, deren Interessen nicht durch ideologische Faktoren bestimmt sind. Rußland muß sich dieser Aufgabe in einer Ära unterziehen, in der die Wiedergeburt des Nationalismus und des ethnischen Separatismus der zentrale und oft destabilisierende Faktor in allen ehemals kommunistischen Ländern ist. Den Verlust an Territorium, Prestige und Einfluß im Ausland zu akzeptieren ist ein schmerzhafter Prozeß.

In ihrem Bemühen, mit diesen Realitäten fertig zu werden, wandte sich die russische Elite zuerst der Geschichte zu, um nach früheren Beispielen für eine nichtkommunistische außenpolitische Identität zu suchen. Aber das Zarenreich lieferte dafür wenig Anhaltspunkte. Schließlich hatte es sich durch ständige Expansion, wachsende militärische Macht und die Beherrschung nicht nur seiner Nachbarn, sondern ganz Ostmitteleuropas ausgezeichnet. Die imperiale Identität Rußlands und der Begriff des Russentums entwickelten sich als Folge der Eroberung benachbarter Territorien. Es hat in der Tat nie eine nationale Identität Rußlands gegeben, die von der einer Besatzungsmacht gegenüber ihren Untertanen zu trennen gewesen wäre. Das Sowjetreich mit seiner manichäischen, dialektischen Weltanschauung, seinen »internationalistischen« und imperialistischen Zielen bot noch weniger Anhaltspunkte für die Entwicklung einer postimperialen russischen Identität, die Rußland nicht als einen seinen Nachbarn überlegenen Staat ansieht.[5] Viele Russen wissen nicht, was es bedeutet, ein Russe zu sein, ohne die Rolle des »großen Bruders« gegenüber benachbarten Nationen zu spielen.

Ein Element historischer Kontinuität, das die Entwicklung der russischen Außenpolitik beeinflußt und direkte Folgen für Deutschland hat, ist der Meinungsstreit über Rußlands geohistorischen Ort. Jahrhundertelang haben Russen darüber debattiert, ob sie ein Teil Europas seien und an der europäischen Kultur teilhaben sollten, oder ob sie als Slawen, mit Wurzeln in Asien *und* Europa, etwas Besonderes seien, weshalb sie ihren eigenen Weg verfolgen sollten, um ihr historisches Schicksal zu erfüllen. Im 19. Jahrhundert kamen diese beiden Standpunkte im Kampf zwischen den »Westlern« und den »Slawophilen« zum Ausdruck. Die Westler wollten Rußland in einen industrialisierten, demokratischen Staat umwandeln, der die Rechtsstaatlichkeit respektierte. Die Slawophilen hingegen glaubten, die russische Kultur und Religion der Zeit vor der Aufklärung seien denen des dekadenten Westens überlegen, und idealisierten das ländliche Leben sowie den organischen Zusammenhalt von Zar, orthodoxer Kirche und Bauernschaft.

In der postsowjetischen Ära war die Intelligenz hinsichtlich der Interessen und der Richtung der künftigen russischen Außenpolitik zunächst wiederum in zwei Lager gespalten: in das der »Atlantizisten« und das der »Eurasier«. Die Atlantizisten drängten darauf, daß Rußland alles Erdenkliche tun müsse, um sich an den Westen zu binden und eine westliche Demokratie zu werden, wobei es die jahrhundertealte »Einzigartigkeit« abwerfen müsse, mit der das Land arm und autoritär geblieben war. Die Eurasier entgegneten, es sei müßig, zu versuchen, sich an den Westen zu binden, der Rußland nicht als gleichberechtigt akzeptieren werde, und sprachen sich nachdrücklich dafür aus, daß Rußland eine neue Rolle in Asien und in den südlichen ehemaligen Sowjetrepubliken spielen solle. Statt eine marktorientierte Demokratie anzustreben, solle es eine Politik des Staatskapitalismus verfolgen.

Rußlands erster Außenminister, Andrej Kosyrew, ein ehemaliger sowjetischer Diplomat, verkörperte diese russische Zwiespältigkeit. Als er im Dezember 1995 zurücktrat, wurde er sowohl von den Westlern als auch von den Eurasiern kritisiert. Von 1992 bis 1995 vertrat er eine »atlantizistische«, prowestliche Orientierung. Zum ersten Mal seit Jahrhunderten trat Rußland nicht mehr für ein alternatives internationales System ein, sondern hatte die westlich dominierte internationale Ordnung mit ihren Spielregeln akzeptiert. Doch dann pochte Kosyrew immer nachdrücklicher auf Rußlands Recht auf eine Einflußsphäre in den ehemaligen Sowjetrepubliken.

In den ersten acht Monaten des Jahres 1992 gab es eine kurze Periode der Harmonie mit dem Westen; in dieser Zeit machte sich Rußland Illusionen darüber, inwieweit der Westen ihm helfen würde, und der Westen wiegte sich in Illusionen darüber, wie rasch Rußland ein demokratisches Land werden würde. Danach fing Rußland an, sein Recht auf einen Großmachtstatus geltend zu machen – was immer dies bedeuten mochte für ein instabiles, wirtschaftlich schwaches Land mit einem riesigen nuklearen Arsenal und einem Militär, das in Auflösung begriffen war und sich in einer Identitätskrise befand.[6] In einem frühen Interview stellte Kosyrew fest: »Unser Ziel ist es, Mitglied der zivilisierten Nationen der nördlichen Hemisphäre zu werden.«[7] Er begründete seine Überzeugungen auf pragmatische Weise: »Unsere Wahl ist es, ... entsprechend den allgemein anerkannten Regeln voranzuschreiten. Sie wurden vom Westen erfunden, und ich bin in dieser Hinsicht ein Westler ... Der Westen ist reich, wir müssen ihn uns zum Freund machen ... Es ist der Klub der Staaten erster Klasse, dem Rußland rechtmäßig angehören muß.«[8] Kritikern, die es für eine Demütigung hielten, die Regeln des Westens zu akzeptieren, erwiderte Kosyrew, Rußland habe, indem es »als normale demokratische Macht« zu Europa komme, viel eher die Möglichkeit, den Lauf der europäischen Belange zu beeinflussen, als seine sowjetische Vorgängerin, weil es nun Zusammenarbeit statt militärischer Vorherrschaft anstrebe.[9]

Neben einer allgemeinen Bindung an den Westen genießen die Beziehungen zu den ehemaligen Sowjetrepubliken Priorität in der Außenpolitik Rußlands. Als die Präsidenten Rußlands (Boris Jelzin), der Ukraine (Leonid Krawtschuk) und Weißrußlands (Stanislaw Schuschkewitsch) am 8. Dezember 1991 auf einem eilig einberufenen und schlecht geplanten Treffen in einer Jagdhütte im Naturschutzpark Beloweschskaja Puschtscha bei Brest die Gemeinschaft Slawischer Staaten gründeten, die zwei Wochen später zur Gemeinschaft Unabhängiger Staaten (GUS) erweitert wurde, hatte keiner von ihnen eine klare Vorstellung davon, wie diese funktionieren und wie ihre Agenda aussehen sollte. Jelzin und Kosyrew glaubten anfangs nicht, daß die Sowjetunion in fünfzehn getrennte Staaten zerfallen würde, sondern erhofften sich eine neue Konföderation der Sowjetrepubliken. Aber das entsprach nicht den Absichten der Ukraine. Diese sah das Beloweschsker Gründungsabkommen von Anfang an als Mittel an, von Rußland völlig unabhängig zu werden, und hatte kein Interesse an künftigen integrativen Strukturen. Am Ende umfaßte die GUS alle ehemaligen Sowjetrepubliken ohne die baltischen Staaten und Georgien, das ihr erst 1994 beitrat. Doch bald wurde klar, daß die GUS zwar weiterbestehen mochte, aber Rußlands bilaterale Beziehungen zu den einzelnen GUS-Staaten eine viel wichtigere Rolle spielten als die multilaterale Organisation, die weder eine Verfassung noch einen vertraglichen Rahmen besaß. Kosyrew betonte von Anfang an die Notwendigkeit, »eine Zone guter Nachbarschaft entlang der Grenzen Rußlands« zu schaffen. Er hatte dabei stets das abschreckende jugoslawische Beispiel vor Augen, als der Krieg zwischen den dortigen Völkerschaften auf Bosnien übergriff. Zugleich hob er die Notwendigkeit hervor, »die Rechte, das Leben und die Würde der russischen Volksangehörigen in den Staaten der ehemaligen UdSSR« zu schützen, wobei er versicherte, dies mit Hilfe der Diplomatie statt mit militärischer Gewalt tun zu wollen.[10]

Da sich die Russen größtenteils im Kontrast zu den von ihnen okkupierten Nachbarn definiert hatten, schuf der Zerfall der UdSSR ein neues großes Problem – das der russischen Diaspora in den ehemaligen Sowjetrepubliken. In die alten sowjetischen Pässe war die jeweilige Nationalität des Besitzers eingestempelt worden, doch die meisten Sowjetbürger mit gemischtem ethnischem Hintergrund hatten versucht, die russische Nationalität bestätigt zu bekommen, da dies gewöhnlich eine Voraussetzung für das berufliche Fortkommen war. Doch nun bedeutete die Tatsache, ein Russe zu sein, auf einmal nichts mehr. Russen besaßen – im Unterschied etwa zur armenischen oder jüdischen Diaspora – keine Erfahrungen damit, als Nation ohne Staat zu überleben, und es gab wenig Solidarität und keine organisatorischen Verbindungen zwischen den großen russischen Minderheiten in der Ukraine, in Kasachstan, Lettland oder Estland.

Das Problem der fünfundzwanzig Millionen Russen in den

nun unabhängigen ehemaligen Sowjetrepubliken wurde zum Brennpunkt bei der Suche Rußlands nach einer neuen Identität. Es gab zwei entscheidende Fragen: Wie sollten die neuen Regierungen ihre russischen Minderheiten behandeln, und welcher Art sollte das Verhältnis dieser Minderheiten zu Moskau sein? Jeder Staat hatte seine eigene Antwort auf die erste Frage. Estland zum Beispiel, wo Russen fast vierzig Prozent der Bevölkerung ausmachten, entzog ihnen die Bürgerrechte und gewährte nur jenen die estnische Staatsbürgerschaft, die ihren Wohnsitz in Estland hatten und die Landessprache beherrschten. Die Ukraine dagegen funktionierte weiterhin mit einer gut integrierten russischen Bevölkerung. Innerhalb Rußlands gingen auch die Antworten auf die zweite Frage auseinander. Anfangs machten sich sogar die prowestlichen Kommentatoren eine extraterritoriale Definition der Nationalität zu eigen und meinten, daß in der Ukraine lebende Russen in erster Linie Moskau und nicht Kiew zu staatsbürgerlicher Treue verpflichtet seien. Auch bestand die russische Regierung auf der Einführung einer doppelten Staatsbürgerschaft für die russische Diaspora. Schließlich wurde diese Forderung fallengelassen, und die russische Bevölkerung in den neuen unabhängigen Staaten sah ein, daß sie entweder die Staatsbürgerschaft des Landes, in dem sie lebte, annehmen oder nach Rußland zurückkehren müsse.

Neben dem Problem der russischen Diaspora erhob sich die Frage, welche Rolle Rußland in der GUS spielen sollte. Als in einigen postsowjetischen Staaten – in Moldawien, Georgien, Armenien, Aserbaidschan, Tadschikistan – die gewaltsamen Auseinandersetzungen zunahmen, betonte Kosyrew immer nachdrücklicher das Recht Rußlands auf eine friedenssichernde Rolle in der GUS. »Rußland trägt eine besondere Verantwortung dafür, Frieden und Stabilität in diesem riesigen Gebiet zu bewahren.«[11] Da der Westen nicht in die Konflikte in den ehemaligen Sowjetrepubliken hineingezogen werden wollte, erkannte er de facto Rußlands Rolle als Friedenshüter in der Region an. Der halboffizielle Rat für Außen- und Verteidigungspolitik veröffentlichte 1992, am Jahrestag des fehlgeschlagenen Putsches, zum ersten Mal seine Auffassung über die russische Außenpolitik. Er verkündete, Rußland sei eine »mittlere Macht«, und stellte fest, es werde genauso wie Deutschland in den nächsten Jahren mit sich selbst beschäftigt sein, doch sei eine rein eurozentristische Orientierung ungenügend. Rußlands Sicherheit werde weitgehend vom Erfolg oder Mißerfolg der inneren Reformen abhängen. Unter Hinweis darauf, daß Rußland sein »deutsches Erbe« verloren habe und seine Beziehungen zu Deutschland keinen »besonderen« Charakter mehr hätten, erklärte er, die Zukunft der russisch-deutschen Beziehungen werde weitgehend von Rußlands Fähigkeit abhängen, seine Beziehungen zu den europäischen Nachfolgestaaten zu regeln.[12]

In dem Dokument von 1992 wurde die russische Politik gegenüber dem Westen als zu einseitig und entgegenkommend angegriffen. Als aber 1994 das zweite, umfassendere programmatische Dokument des Rates veröffentlicht wurde, hatte sich der Ton geändert. Als Rußlands außenpolitisches Hauptproblem wurde nun nicht mehr der Westen, sondern die Vernachlässigung der GUS angesehen. Um seine rechtmäßige Stellung als globale Macht, die ihre Interessen zu vertreten imstande sei, wiederzuerlangen, müsse Rußland sich darauf konzentrieren, in der ehemaligen Sowjetunion wieder einen integrierten Wirtschaftsraum zu schaffen.[13] Mit anderen Worten, Rußland sollte sich mit einer geringeren Rolle und dem Verlust des Imperiums abfinden und mehr Verantwortung an die GUS abtreten. Die neue russische Identität sollte sich durch eine Reform seiner Beziehungen zu den ehemaligen Sowjetrepubliken definieren.

Der größte Widerstand gegen die offizielle Außenpolitik kam von denjenigen, die sich weigerten, das Ende der Sowjetunion zu akzeptieren. Ihre Hauptkritik richtete sich gegen die Beziehungen zum sogenannten nahen – im Gegensatz zum übrigen, dem »fernen« – Ausland. Jewgeni Ambarzumow, ein prominenter Intellektueller, äußerte anfangs, Rußland solle seine eigene »Monroe-Doktrin« verkünden und den gesamten geopolitischen Raum der ehemaligen Sowjetunion zur Sphäre seiner vitalen Interessen erklären.[14] Auf dem extremen rechten Flügel feuerte die Zeitung *Sowetskaja Rossija* 1992 eine typische Breitseite ab: »Demokratie ist unserer Nationalkultur zutiefst abträglich, sie trampelt im Namen der einen oder anderen Weltordnung alles, was mit ihr in Berührung kommt, nieder. Und generell sind alle diese Phänomene – Demokratie, Globalismus, Zionismus und Kosmopolitismus – miteinander identisch.«[15] Diese Gedanken wurden im Wahlkampf im Dezember 1993 unter anderem von Wladimir Schirinowski, dem Führer der völlig irreführend benannten Liberaldemokratischen Partei, aufgegriffen. Der Widerstand gegen eine prowestliche Politik und die Befürwortung einer Wiederbelebung des Sowjetreichs bestanden fort, während sich Rußland langsam auf seinem politischen und wirtschaftlichen Reformkurs voranbewegte. Kosyrews Politik geriet immer mehr unter Beschuß, da keine echte Partnerschaft mit dem Westen zustande kam. Ihm wurde vorgeworfen, Rußlands Interessen in der GUS und in Asien zu vernachlässigen. Ende 1995 schied er unter Druck aus seinem Amt, nachdem er Jelzins Unterstützung verloren hatte.

Kosyrew wurde im Januar 1996 durch Jewgeni Primakow ersetzt, der viel mehr Rückhalt im außenpolitischen Establishment besaß als sein Vorgänger. Primakow, ein aus dem Kaukasus stammender Nahostexperte, war Journalist, Direktor des Instituts für Weltwirtschaft und Internationale Beziehungen der Akademie der Wissenschaften, Berater Gorbatschows und Chef des postsowjetischen Auslandsgeheimdienstes FSB gewesen und verfügte über gute Verbindungen zu Geheimdienst- und Sicherheitskreisen. Er repräsentierte den neuen außenpolitischen Konsens in Rußland, eine Synthese aus »atlantizistischen« und eurasischen Positionen. Diesem neuen Konsens zufolge bleibt Rußland eine Großmacht. Der Primat der Westbindung wurde mit der Auffassung, daß Rußlands Interessen im eurasischen Raum liegen, dergestalt in Einklang gebracht, daß Rußland dort, wo es angebracht ist, mit dem Westen kooperieren und eine selektive, pragmatische und »gleichberechtigte« Partnerschaft und Integration in die Weltwirtschaft anstreben soll. Gleichzeitig soll es jedoch seine Interessen in der GUS verfolgen, wobei es sich als rechtmäßige Hegemonialmacht im ehemaligen sowjetischen Raum betrachtet. Letztlich soll es sowohl die Mitgliedschaft im Klub des Westens als auch eine privilegierte Rolle in Eurasien anstreben.[16]

Im nunmehr demokratischeren Rußland spielte auch die öffentliche Meinung in der Diskussion über die nationale Identität eine Rolle. Umfragen zeigen, daß die Meinungen der russischen Bevölkerung über Rußlands Identität und außenpolitische Rolle weiterhin auseinandergehen, wobei die Jüngeren und Gebildeteren eher bereit sind, den Untergang der UdSSR und die Notwendigkeit, eine Demokratie westlichen Stils zu schaffen, zu akzeptieren. In einer großen Umfrage des Instituts für Soziologische Studien, bei der bis zu drei Aussagen angekreuzt werden konnten, stimmten über 52 Prozent der Befragten der Aussage zu, »Rußland sollte ein Staat werden, dessen Stärke und Macht sich auf den Wohlstand seiner Bürger gründet«, 41 Prozent meinten, »Rußland sollte ein Staat mit Marktwirtschaft, demokratischen Freiheiten und der Achtung der Menschenwürde werden«, 35 Prozent sahen Rußlands Zukunft als »multinationaler Staat gleichberechtigter Menschen«, 21 Prozent waren der Auffassung, »Rußland sollte eine starke Militärmacht sein«, 19 Prozent meinten, Rußland solle die Sowjetunion wiedererrichten, 16 Prozent vertraten die Ansicht, Rußland solle »ein Staat des russischen Volkes« sein, 13 Prozent waren dafür, daß Rußland ein christlich-orthodoxer Staat werden solle, 12 Prozent wollten das sozialistische System wiederherstellen, und nur 7 Prozent stimmten der Aussage zu, Rußland müsse »als starkes militärisches Imperium in den Grenzen der ehemaligen UdSSR wiedererstehen«. Eine der ersten großen Erhebungen zu diesen Fragen zeigte also, daß die Mehrheit der Russen die sowjetischen und imperialen Hinterlassenschaften als Richtschnur für die Zukunft ablehnt.[17] Außerdem ist sich der größte Teil der außenpolitischen Elite einig, daß Rußland seine nationalen Interessen im Sinne einer erfolgreichen innenpolitischen und wirtschaftlichen Entwicklung definieren sollte, woraus dann die außenpolitischen Zielsetzungen hervorgehen würden.[18]

Außenpolitische Entscheidungsfindung im neuen Rußland

Eine weitere Herausforderung der neuen Außenpolitik war institutioneller Art und betraf die Schaffung von Strukturen für die Definition und Durchführung der außenpolitischen Ziele. Aufgrund eines Dekrets vom 18. Dezember 1991 übernahm die Russische Föderation die Kontrolle über alle Tätigkeiten ihrer sowjetischen Vorgängerin, über deren Personal, Vermögen, Strukturen und Auslandsvertretungen.[19] Nach Auflösung der Internationalen Abteilung des Zentralkomitees der KPdSU schien das Außenministerium als alleinige Quelle außenpolitischer Entscheidungen übrigzubleiben. Aber da Jelzin ein starkes Präsidialsystem anstrebte, war es unvermeidlich, daß er seinen eigenen außenpolitischen Apparat schaffen würde. Im Juni 1992 gab er die Gründung eines Sicherheitsrates bekannt, der vorgeblich nach dem Vorbild des Nationalen Sicherheitsrates der Vereinigten Staaten geschaffen wurde, aber, wie manche befürchteten, in Wirklichkeit ein neues, übermächtiges Politbüro werden konnte – was allerdings bisher nicht geschehen ist.[20] Die Personalfrage war ein weiterer kritischer Punkt. Wie viele sowjetische Diplomaten – die ihre diplomatischen Erfahrungen unter dem kommunistischen System gesammelt hatten – sollten weiterbeschäftigt, wie viele unerfahrene Jüngere, unverdorben vom jahrelangen Dienst in der Nomenklatura und offener für einen gleichberechtigten Umgang mit den GUS-Staaten, sollten neu eingestellt werden?

Mit einem Problem mußte sich das Außenministerium vorrangig auseinandersetzen: der Verarmung. Zur Zeit des Kommunismus waren die Regierungsbürokratien überbesetzt gewesen, und es war ihnen relativ gut gegangen. Nun mußten alle mit weniger Geld auskommen, denn niemand wußte, wo das riesige KPdSU-Vermögen geblieben war. Hohe Beamte berichteten, daß sich das russische Außenministerium, das sich in dem vom Stalinschen Zuckerbäckerstil geprägten Gebäude des vormaligen sowjetischen Außenministeriums befand, einem ernsten Finanzierungsproblem gegenübersah, denn es fehlten dreißig Prozent der für die Arbeit im In- und Ausland erforderlichen Mittel.[21] In den ersten beiden Jahren nach dem Zusammenbruch der UdSSR verließen doppelt so viele Angestellte das Ministerium, wie Stellen neu besetzt wurden.[22] Die Arbeitsmoral sank, da Mitarbeiter entlassen und Experten der alten Schule nicht mehr konsultiert wurden. Dies traf besonders auf die ehemaligen Deutschlandexperten zu, von denen die meisten im Partei- und nicht im Staatsapparat gedient hatten. Außerdem sahen intelligente, ehrgeizige junge Leute den diplomatischen Dienst im geschwächten Rußland nicht als eine Tätigkeit an, bei der sie Karriere machen und internationale Erfahrungen sammeln konnten, sondern gingen statt dessen in den aufblühenden Privatsektor.

Von 1992 bis zum Angriff auf das russische Parlament im Oktober 1993 wurden die außenpolitischen Entscheidungen diffuser und umstrittener. Präsident Jelzin vertrat mitunter gegensätzliche Standpunkte. Zum Beispiel soll er dem polnischen Präsidenten Lech Wałęsa im September 1993 versprochen haben, Polen könne der NATO beitreten, änderte aber seine Meinung, nachdem er aus Warschau zurückgekehrt war und mit seinen Beratern gesprochen hatte. Zwar waren der Sicherheitsrat, das Außen- und Verteidigungsministerium, die Geheimdienste und das Parlament an der Formulierung der Außenpolitik beteiligt, doch gab es keine allgemeinen Spielregeln, weil der gesamte Entscheidungsprozeß erst neu entwikkelt werden mußte. Jelzin baute auch einen persönlichen Mitarbeiterstab unter Leitung von Juri Baturin im Kreml auf, der ihn in außenpolitischen Fragen beriet und die meisten seiner

Reden schrieb. Aber die Weisungsstruktur war nicht klar festgelegt. In den Vereinigten Staaten gibt es in der »Kakophonie« der verschiedenen Einflüsse auf die Außenpolitik doch gewisse berechenbare Elemente, und die Diskussionen zwischen den beteiligten Behörden verlaufen innerhalb bestimmter Bahnen. In Rußland hingegen läßt sich viel schwerer voraussagen, welche staatliche Behörde oder welche Person welchen Einfluß auf eine bestimmte Entscheidung hat. Bis Ende der neunziger Jahre gab es kein geregeltes Zusammenwirken der einzelnen Behörden. Der schwächste Bereich war derjenige der Beziehungen zur GUS, in dem sich die Beamten sehr bemühten, ein Konzept zu entwickeln, zumal die ehemaligen Sowjetrepubliken viel weniger als Rußland darauf vorbereitet waren, eine effektive Außenpolitik mit funktionsfähigen Institutionen zu betreiben.

Nach dem Angriff auf den Kongreß der Volksdeputierten im Oktober 1993 und nach den Wahlen vom Dezember 1993, durch die viele Gegner Jelzins in die neue Duma zurückkehrten, blieb der außenpolitische Entscheidungsprozeß uneinheitlich. 1994 wurde der Sicherheitsrat erweitert, aber seine Vollmachten blieben beschränkt, weil Jelzin lieber auf eine kleine Gruppe persönlicher Berater hörte. Bis Ende 1994 hatte General Alexander Korschakow, der den Sicherheitsdienst des Präsidenten leitete und Jelzin sehr nahestand, aber von den Liberalen stark kritisiert wurde, wahrscheinlich einen größeren Einfluß auf innen- wie außenpolitische Entscheidungen gewonnen als der Kremlstab. Korschakows Aufstieg und Fall (1996 wurde er plötzlich entlassen und machte sich sofort daran, eine boshafte Biographie seines ehemaligen Chefs zu verfassen) zeigt deutlich, daß es an klaren Weisungsbefugnissen in außen- und sicherheitspolitischen Fragen mangelte und daß informelle Kommunikationskanäle weiterhin von Bedeutung waren.[23] Nach der Invasion in Tschetschenien im Dezember 1994 nahm das Gerangel um die russische Außenpolitik weiter zu.

Vor den Dumawahlen im Dezember 1995 und der Präsidentenwahl im Juni 1996 wurden Rußlands Beziehungen zum Westen und zur GUS zum Wahlkampfthema. Jelzin und seiner Mannschaft wurde vorgeworfen, die GUS zu vernachlässigen und vor dem Westen zu kriechen. Dennoch zeigten Umfragen, daß die Mehrheit der Wähler, deren Hauptsorgen wirtschaftlicher und sozialer Art waren, außenpolitischen Fragen nur geringe Bedeutung beimaß. Nach Jelzins Wiederwahl im Juli 1996 wurde General Lebed für kurze Zeit mit der Leitung des Sicherheitsrates betraut, doch gab es viele andere Personen und Institutionen, die Einfluß auf die Außenpolitik nahmen. Der Verteidigungsrat, dem Vertreter aus Politik, Militär und Wirtschaft angehörten, wurde 1998 ins Leben gerufen und noch im selben Jahr wieder abgeschafft. Als Teil des Präsidialapparats war er als entscheidende Instanz für die Koordinierung der Verteidigungspolitik, vor allem der Militärreform, gedacht. Die Duma besaß weiterhin ein Vetorecht bei einigen außenpolitischen Entscheidungen, wie zum Beispiel über die START-Verträge, war aber kaum in der Lage, eigene außenpolitische Vorschläge zu formulieren. Bis 1998 hatten sich der Kreml und das Außenministerium als die wichtigsten außenpolitischen Institutionen durchgesetzt, doch mangelte es weiterhin an einer klaren Linie. Die von Jelzin im Frühjahr 1997 geförderten Wirtschaftsreformer bezogen eine pragmatischere Haltung zu vielen außenpolitischen Fragen als ihre eher geopolitisch denkenden Kollegen im Außen- und Verteidigungsministerium, und die Spannungen zwischen Präsidialapparat und Ministerien nahmen zu. Rußland blieb ein schwacher Staat, der vorwiegend mit seinen inneren Umwälzungen, besonders mit dem Niedergang der Wirtschaft und dem Konflikt zwischen Legislative und Exekutive, beschäftigt war. Es versuchte seine Schwäche wie seine Macht, die europäische Sicherheit zu beeinträchtigen, als Druckmittel gegen den Westen einzusetzen, um Zugeständnisse zu erlangen, und hatte damit manchmal Erfolg. Es erkannte jedoch auch, daß die Außenwelt nur eine begrenzte Wirkung auf seine inneren wirtschaftlichen und politischen Probleme ausüben konnte.

Wenn die Russen selbst im Widerstreit standen, wer sie waren und wie ihre Außenpolitik beschaffen sein sollte, so war auch die Meinung des Westens darüber geteilt, wie er auf Rußland reagieren sollte. Westliche Regierungen waren für eine Zusammenarbeit mit der Regierung Jelzin und ermunterten sie ständig, ihre Reformen fortzusetzen. Aber als Rußland stärker auf seine Rechte in der GUS pochte und sich weigerte, in Fragen, die den Westen beunruhigten – zum Beispiel die Lieferung von Kernreaktoren und Waffen an die Dritte Welt, insbesondere an verbrecherische Regime –, Entgegenkommen zu zeigen, wurden kritische Stimmen laut und malten das Gespenst eines wiedererstandenen aggressiven Rußland ohne kommunistische Ideologie an die Wand. Der Leiter einer bedeutenden deutschen »Denkfabrik« wies auf zwei Lehren der deutsch-russischen Geschichte hin: Man müsse mit den Russen so eng wie möglich zusammenarbeiten und sie gleichzeitig so weit wie möglich auf Abstand halten.[24] Trotz der allgemeinen Erkenntnis des Westens, daß Rußland eine nachhaltigere und konstruktivere internationale Rolle spielen wollte, begegnete man ihm wegen der nicht voraussagbaren personellen und politischen Veränderungen weiterhin mit Vorsicht.

Deutschland: Vom Rhein an die Spree

Deutschland war 1990 ein Land mit neuen Grenzen. Als Ergebnis der Wiedervereinigung hatte es seinen zentralen Nachkriegsauftrag verloren, nämlich auf die deutsche Einheit hinzuwirken. Seit 1949 hatte die Bundesrepublik ihre nationale Identität und ihre nationalen Interessen als fest in westlichen Strukturen verankertes Land neu bestimmt. Vierzig Jahre lang hatte sie sich darauf konzentriert, ein demokratisches Staatswesen zu entwickeln. Sie hatte es dabei vermieden, eine bedeutende internationale Rolle zu spielen, und sich bemüht, ihre nationalsozialistische Vergangenheit zu bewältigen. Bonn hatte eine eingeschränkte, durch die Besatzungsrechte der Vier Mächte begrenzte Außenpolitik betrieben und sich dabei auf die NATO, die Europäische Gemeinschaft und die Ostpolitik konzentriert. Mit der Wiedervereinigung tauchten neue Fragen in bezug auf die deutsche Außenpolitik auf, die auch alte Fragen waren. Welcher Platz stand Deutschland in Europa zu? Welche Rolle sollte es in Europa spielen?

Die zweite deutsche Einigung im Jahr 1990 unterschied sich in zwei entscheidenden Punkten von der ersten im Jahr 1871: Sie wurde auf friedlichem Wege erreicht, und Deutschland war eine Demokratie. Zum ersten Mal seit 1871 hatten Deutschland und seine Nachbarn keine gegenseitigen territorialen Ansprüche. Außerdem war die russische Macht nun weiter von Deutschland entfernt als je zuvor. Während des Kalten Krieges hatten sowjetische Truppen an den Grenzen der Bundesrepublik gestanden. Nach dem August 1994 war Deutschland durch Polen, die baltischen Staaten, die Republik Weißrußland und die Ukraine – ein beruhigender Puffer von mindestens tausend Kilometern – von den russischen Truppen getrennt.

Bei dem Bemühen, die deutsche Identität neu zu definieren, stellte die noch nicht so ferne Vergangenheit des Dritten Reiches ein machtvolles Antimodell dar. Aber auch die Hinterlassenschaft der vorangegangenen Kaiserzeit bot keine Orientierungspunkte. Vor und nach der Reichsgründung von 1871 war Deutschlands Mittellage in Europa eine ständige Quelle von Zwist und Unsicherheit, sowohl für Deutschland selbst als auch für seine Nachbarn. Ob es schwach oder stark war, Deutschland hatte Europa stets destabilisiert. Nach 1945 waren das kaiserliche und das nationalsozialistische Konzept von Lebensraum und Prosperität durch Eroberung gründlich diskreditiert; in der Tat ist in Deutschland sehr wenig vom preußischen Autoritarismus und Militarismus übriggeblieben.[25] Nach dem Zweiten Weltkrieg lebte die Bundesrepublik in der Pattsituation des Kalten Krieges, in der es keine Kriege in Europa gab, sehr bequem, und die Erfahrung, daß nach dem Ende des Kalten Krieges erneut Kriege in Europa ausbrechen, ist für die Deutschen besonders besorgniserregend. Ihre Geschichte nach dem Zweiten Weltkrieg mag als Richtlinie dienen, wie Deutschland sein sollte, doch seine Vorkriegsgeschichte zeigt nachdrücklich, was für ein Deutschland es nie wieder geben darf.

Es ist daher nicht verwunderlich, daß ein Land, das Europa durch Krieg und Holocaust zweimal fast zerstört hat und danach als eine friedliche Nation – »wirtschaftlich ein Riese und politisch ein Zwerg« – so erfolgreich war, davor zurückschreckt, seine Außenpolitik oder seine Haltung zur Anwendung militärischer Gewalt zu ändern. Der Gedanke, nun eine neue nationale Identität zu schaffen, war problematisch. Ein Politiker hat es so formuliert: »Die deutsche Politik kann nicht an einen nationalen Traum appellieren. Es gibt keinen deutschen Traum. Es gibt nur einen deutschen Alptraum. Die Leute reden jetzt, da die Mauer niedergerissen ist, von der Rückkehr zur Normalität. Was bedeutet ›Normalität‹ in der deutschen Geschichte? Und was bedeutet ›Rückkehr‹?«[26]

Das offizielle Nachkriegsziel der Bundesrepublik war die Wiedervereinigung. Sie hat dieses Ziel erreicht, aber es hat sich als sehr teuer erwiesen. Deutschland war jetzt der zentrale Staat in Europa und lag an der Grenze zwischen zwei Welten, einer wohlhabenden und stabilen und einer instabilen, von politischen und wirtschaftlichen Erschütterungen heimgesuchten. Trotz ihrer Nachkriegserfolge hielt bei vielen Deutschen die Sorge an, wie dauerhaft diese seien. Konnte der instabile Osten das gefährden, was Deutschland durch seine Anbindung an den stabilen Westen erreicht hatte? Konnte der Untergang des Kommunismus das im Kalten Krieg Erreichte wieder rückgängig machen?

Am liebsten hätte Deutschland seine vor der Wiedervereinigung betriebene Politik einfach fortgesetzt. Dadurch, daß es 1990 seine volle Souveränität erlangt hatte und sechzehn Millionen Deutsche hinzugekommen waren, sollte sich, so die eindeutige Aussage der führenden Politiker, in keiner Weise die Richtung oder Definition seiner Außenpolitik ändern.

Deutschland war auf dem internationalen Parkett traditionell ein zögerlicher Akteur, dessen Öffentlichkeit die Werte einer zivilen, gewaltlosen Gesellschaft verinnerlicht hatte. Von 1949 bis 1990 besaß die Bundesrepublik nur eine eingeschränkte Souveränität, war eng in die NATO integriert und hatte zu keiner Zeit systematisch ein autonomes Konzept nationaler Sicherheit oder nationaler Interessen entwickelt. Die Europäische Gemeinschaft war nicht zuletzt zu dem Zweck gegründet worden, Deutschland eine europäische Identität in einem demokratischen Rahmen zu geben. Nach 1990 hatte Deutschland angesichts der enormen Lasten der Wiedervereinigung mehr mit sich selbst zu tun und hütete sich, eine große Debatte über seine außenpolitische Rolle zu führen, um nicht unwillkommene Geister vergangener Abenteuer zu wecken. Das Leitmotiv der deutschen Diplomatie – das auf die deutsche Führung eine beruhigende Wirkung hatte – war Kontinuität, ein Begriff, den Politiker aller großen Parteien ständig im Munde führten. War nicht das Versprechen, Kontinuität zu wahren, letztlich gleichbedeutend mit der Zusage, berechenbar zu bleiben – der höchsten Tugend in den Augen der Deutschen?

Deutschlands Nachbarn und Partner aber wollten ihm den Luxus der Kontinuität nicht zugestehen. Während niemand Patentrezepte dafür hatte, wie die postkommunistische russische Außenpolitik aussehen sollte, besaßen Deutschlands Partner und Verbündete festumrissene Vorstellungen davon, wie sich die deutsche Außenpolitik entwickeln sollte. Sie forderten Deutschland auf, internationale Pflichten zu übernehmen, die seinem neuen Status angemessen waren, sei es in Westeuropa, in Ostmitteleuropa, in Rußland oder außerhalb Europas. Anfangs teilte Deutschland nicht die Meinung seiner Partner, daß die Wiedervereinigung seinen internationalen Status radikal geändert habe. Aber da die Integration in die westliche Allianz die Säule der deutschen Außenpolitik war, sah man sich verpflichtet, die Forderung der Verbündeten, über eine neue Außenpolitik nachzudenken, ernst zu nehmen.

Die erste große Frage, mit der sich das neue Deutschland

auseinandersetzen mußte, betraf den Charakter seiner nationalen Interessen. In Deutschland war einst eine ähnliche Debatte geführt worden (allerdings in bescheidenerem Umfang) wie in Rußland zwischen Slawophilen und Westlern: War Deutschland uneingeschränkt ein Teil der westeuropäischen Welt, oder war es durch seine geographische Mittellage zu einer politischen Mittellage zwischen Ost und West prädestiniert, zu einem besonderen Verhältnis gegenüber den Slawen und den anderen Völkern Osteuropas sowie zu einer besonderen Rolle im Osten? Während der neunziger Jahre vertraten nur wenige Angehörige der älteren Generation, sowohl im rechten Lager als auch unter den Resten der SED, die letztgenannte Auffassung. Jüngere Deutsche fühlten sich in keiner Weise mit dem Osten organisch verbunden. Die meisten lehnten den Nationalismus zugunsten einer verschwommenen europäischen Identität ab, die Ostdeutschen, denen der Ausdruck eines nationalen Selbstbewußtseins verwehrt worden war, fühlten sich weniger als Europäer denn als Deutsche.

Seit Berlin Deutschlands Hauptstadt geworden ist, liegt das politische Zentrum nur achtzig Kilometer von Polen entfernt, aber weit weg von Frankreich, dem Bonn so nah war. Die geographische Realität der Verlegung der Hauptstadt von West- nach Mitteleuropa wird langfristig politische Rückwirkungen haben. Die Symbolik des Umzugs vom Rhein an die Spree wird erheblichen Einfluß auf Deutschlands Auffassung von seinem Platz in Europa ausüben. Nachdem der Eiserne Vorhang gefallen ist, wird Deutschland wieder eine mitteleuropäische Macht sein. Nur wenige Westdeutsche ziehen das Engagement der Regierung in Zweifel, Europas Einheit zu festigen, Ostmitteleuropa und Rußland stabilisieren zu helfen und eine größere Rolle in der Nordatlantischen Allianz zu spielen. Komplizierter ist die Frage, welche Rolle Deutschland – wenn überhaupt – außerhalb Europas spielen und wie es sich zum Einsatz militärischer Mittel in der Außenpolitik stellen sollte. Wird die Berliner Republik eine andere Haltung zur Gewaltanwendung einnehmen als die Bonner Republik?

Diese Debatten fanden vor dem Hintergrund der steigenden Vereinigungskosten statt. Wie in Rußland spielte die Innenpolitik bei der Festlegung der Außenpolitik in den neunziger Jahren eine immer größere Rolle, und die Beschäftigung mit inneren Problemen hielt die Regierenden davon ab, sich auf außenpolitische Fragen zu konzentrieren. Am 3. Oktober 1990 hatten die Deutschen in beiden Teilen des Landes die Wiedervereinigung mit großem Jubel gefeiert. Am zweiten Jahrestag der deutschen Einheit waren die Gedenkfeiern im Osten bereits von Enttäuschung und Verzweiflung und im Westen durch Gleichgültigkeit gegenüber den neuen Ländern sowie Unmut über den Milliardentransfer dorthin gekennzeichnet. In den neunziger Jahren herrschte »Politikverdrossenheit«, ein allgemeines zynisches Unbehagen an der Politik, begleitet von einer Schwächung des alten Parteiensystems. Im Oktober 1994 errang die neokommunistische PDS – größtenteils aufgrund der Unzufriedenheit in Ostdeutschland über die Ergebnisse der Wiedervereinigung – dreißig Sitze im Bundestag und eine klare Mehrheit in drei Berliner Wahlbezirken. Die Versprechungen, die Kohl im Wahlkampf 1990 hinsichtlich eines raschen und relativ schmerzlosen Weges zur deutschen Einheit gemacht hatte, erwiesen sich als ziemlich unrealistisch. Die psychologische Mauer zwischen Ost- und Westdeutschland könnte den Fall der Mauer um Jahrzehnte überdauern. Der ostdeutsche Dichter Rainer Kunze schrieb im Gedicht »Die Mauer«:

> »Als wir sie schleiften,
> Ahnten wir nicht,
> Wie hoch sie ist,
> In uns.«[27]

Der Preis der Wiedervereinigung hatte direkte Auswirkungen auf die deutsche Außenpolitik, da er die Mittel verringerte, die Bonn für Ausgaben im Ausland zur Verfügung standen. Entgegen den eigenen Voraussagen der Regierung führte der Umbau der ostdeutschen Wirtschaft – die sich in einem viel schlechteren Zustand befand, als die meisten Außenstehenden angenommen hatten – zu einer erheblichen Belastung des Bundeshaushalts. Trotz des relativen Erfolgs der wirtschaftlichen Generalüberholung stieg die Arbeitslosigkeit in manchen Gegenden des Ostens auf bis zu vierzig Prozent. Die Lasten der Wiedervereinigung waren aber nicht nur im Osten zu spüren. Alle Deutschen mußten – wieder im Gegensatz zu dem, was ihnen ursprünglich versprochen worden war – einen »Solidaritätszuschlag« zur Einkommensteuer zahlen, um die dortigen Ausgaben auszugleichen. Die astronomischen Kosten der Wiedervereinigung trafen mit dem nicht unbedingt durch sie verursachten Umstand zusammen, daß sich der einstmals reiche deutsche Wohlfahrtsstaat mit seinen großzügigen Urlaubsregelungen, seiner kurzen Arbeitszeit und seiner arbeitnehmerfreundlichen Politik verschliß. Obwohl dieses Wohlfahrtsmodell inzwischen in vielen europäischen Ländern in die Krise geriet, neigten die Deutschen besonders in den westlichen Bundesländern dazu, ihre sozialen und politischen Probleme der Wiedervereinigung anzulasten. Doch herrschte allgemeine Übereinstimmung darüber, daß Deutschlands ökonomische Schwierigkeiten ein vorübergehendes Phänomen seien und sich die wirtschaftliche Leistung bedeutend verbessern werde, sobald die ostdeutsche Wirtschaft erneuert sei. Trotzdem war es das erste Mal seit dem Wirtschaftswunder der Nachkriegszeit, daß Deutschland seine wirtschaftliche Leistungsfähigkeit ernsthaft in Zweifel ziehen mußte. Die Beschäftigung mit den Problemen der östlichen Bundesländer dominierte die Politik in Deutschland, und dies verstärkte die Abneigung, sich mit neuen außenpolitischen Problemen zu belasten.

Aufgrund der internationalen Ereignisse war es den Deutschen jedoch nicht vergönnt, sich auf die inneren Probleme zu konzentrieren. Zuerst kam die Golfkrise. Als der Golfkrieg ausbrach, baten die Verbündeten Deutschland um Unterstützung, und Bonn reagierte wie früher mit der Scheckbuchdiplomatie, anstatt selbst Truppen zu entsenden. Es beteiligte sich mit insgesamt achtzehn Milliarden DM an den Kriegskosten, wurde aber von seinen Verbündeten kritisiert, weil es sich aus der Verantwortung gestohlen und trotz seiner Abhängigkeit vom Erdöl des Nahen Ostens nicht mehr Engagement gezeigt habe.[28] Es gab indessen eine vernehmliche Opposition gegen den Krieg. Darin spiegelte sich das Unbehagen, das die Deutschen empfanden, als ihnen bewußt wurde, daß das Ende des Kalten Krieges gewaltsame Auseinandersetzungen mit sich brachte, die im Gegensatz zu den »friedlichen« Tagen der nuklearen Abschrekkung und der Ost-West-Spannungen standen.

Das nächste große außenpolitische Thema war der Krieg im ehemaligen Jugoslawien. In diesem Fall wurde Deutschland kritisiert, weil es zuviel tat und ungeschickt und einseitig seine Macht wieder zur Geltung brachte. Im Dezember 1991 bewog die Bundesregierung ihre widerstrebenden Partner in der Europäischen Gemeinschaft, Slowenien und Kroatien als selbständige Staaten anzuerkennen. Deutschland wurde kritisiert, Schritte unternommen zu haben, die die Ausweitung des Krieges auf Bosnien erleichterten, aber es verteidigte sein Handeln angesichts der serbischen Aggression als das einzig richtige.[29] Zu diesem Zeitpunkt sahen die Nachbarn Deutschlands die Anerkennung Kroatiens und Sloweniens als Beginn einer neuen Tendenz zu Anmaßung und Hegemoniestreben seitens der Deutschen an; im Rückblick scheint es aber eher eine Ausnahme denn der Beginn eines neuen internationalen Verhaltensmusters gewesen zu sein. Der Gegensatz zwischen der deutschen Untätigkeit im Golfkrieg und dem Aktionismus in Jugoslawien zeigte deutlich die zwiespältigen Gefühle, die sowohl die Deutschen als auch ihre Partner hinsichtlich der Übernahme größerer internationaler Verantwortung durch die neue, wiedervereinte Bundesrepublik hegten.

Trotz der Anmaßung in der jugoslawischen Frage weigerte sich Bonn bis 1995, sich mit deutschen Verbänden an der Mission der internationalen Friedenstruppen in Bosnien zu beteiligen. Der Einsatz von Truppen außerhalb Deutschlands wurde zum wichtigsten Symbol für das außenpolitische Dilemma der Deutschen. Ein Politiker erklärte: »Wir waren vor fünfzig

Jahren dort [in Jugoslawien], das genügt.« Immerhin hatten – nachdem die Siegermächte darauf gedrängt hatten, daß Deutschland ein friedlicher, entmilitarisierter Staat werden solle, in dem das Dritte Reich nie wieder auferstehen könne – die amerikanischen und europäischen Proteste gegen Deutschlands mangelnde Bereitschaft, Verbände zu den multinationalen Streitkräften abzustellen, einen ironischen Beigeschmack.

Dennoch war sich Bundeskanzler Kohl wohl bewußt, daß von Deutschland mehr erwartet wurde. Seine Regierung begann die vorherrschende Auffassung zu bezweifeln, daß das Grundgesetz den Einsatz der Bundeswehr außerhalb Deutschlands verbiete. Nach langen, heftigen internen Debatten gab das Bundesverfassungsgericht im Juli 1994 sein Urteil in dieser umstrittenen Frage bekannt: Die Bundeswehr darf an multilateralen militärischen Operationen, die im Rahmen der Vereinten Nationen außerhalb des NATO-Gebiets stattfinden, teilnehmen, doch verpflichtet das Grundgesetz die Bundesregierung, »für einen Einsatz bewaffneter Streitkräfte die – grundsätzlich vorherige – konstitutive Zustimmung des Deutschen Bundestages einzuholen«. Bundesaußenminister Kinkel begrüßte dieses Urteil mit den Worten: »Endlich haben wir Klarheit erlangt … Aber es wird auch in Zukunft bei der ›Kultur der Zurückhaltung‹ bleiben. Wir werden keine militarisierte Außenpolitik bekommen.«[30]

Die Frage, was die Soldaten der Bundeswehr tun dürfen und sollen, mag juristisch gelöst worden sein, politisch aber bleibt sie kontrovers. Deutschland ist das erfolgreiche Beispiel einer Zivilmacht, in der der Einsatz militärischer Gewalt kein bestimmendes Element seiner Staatlichkeit ist – ein Beispiel, das als Modell für das postkommunistische Rußland dienen könnte. Die meisten Deutschen sind der Meinung, die Bundesrepublik solle sich aus internationalen Konflikten heraushalten. Das Land, dem sie am liebsten nacheifern würden, ist die neutrale, wohlhabende, friedliche Schweiz. Eine kleine Minderheit, hauptsächlich außerhalb Deutschlands, hat argumentiert, Deutschland solle, um nach dem Ende des Kalten Krieges das internationale Gleichgewicht zu halten, eine Atommacht werden – ein Thema, das noch einmal aktuell werden könnte, solange Deutschland seine nationalen Interessen neu zu definieren sucht. Die nukleare Option ist den meisten Deutschen jedoch ein Greuel.[31] Die Mehrheit hält es für wünschenswert, daß Deutschland eine Zivilmacht bleibt und sich darauf konzentriert, international eine politisch-wirtschaftliche Rolle zu spielen.[32]

Deutschlands wichtigster außenpolitischer Schwerpunkt, der zugleich die größte Kontinuität aufweist, ist Europa geblieben. Um eine erneute Nationalisierung der deutschen Politik zu verhindern, so hatte Helmut Kohl wiederholt erklärt, müsse das geeinte Deutschland in ein geeintes Europa eingebettet bleiben und sich der weiteren europäischen Integration verpflichten. Deutschland sah seine vorrangige Rolle als Anker der Europäischen Gemeinschaft. Es gehörte zu den Hauptinitiatoren der Einheitlichen Europäischen Akte von 1986, der Grundlage des Maastrichter Vertrages vom Dezember 1991, der die Europäische Gemeinschaft verpflichtete, die Integration weiter voranzutreiben, unter anderem durch eine gemeinsame Währung. Im Gegensatz zu den meisten Partnern der Europäischen Union trat Deutschland dafür ein, sowohl die Gemeinschaft zu erweitern – durch Aufnahme neuer Mitglieder, auch der Länder Ostmitteleuropas – und sie durch neue Machtbefugnisse gegenüber den Nationalstaaten zu stärken, als auch eine tragfähige Gemeinsame Außen- und Sicherheitspolitik (GASP) zu entwickeln. Einige Länder äußerten Bedenken gegenüber Maastricht, vor allem gegenüber einer einheitlichen europäischen Währung. Nach der Konferenz der Staats- und Regierungschefs der EU-Staaten im Juni 1997 in Amsterdam (Maastricht II) war die deutsche Öffentlichkeit skeptischer hinsichtlich einer gemeinsamen Währung geworden, aber Kohl selbst blieb ein eifriger Verfechter der weiteren Integration. Das Hauptproblem für Deutschland war das Bröckeln der französisch-deutschen Partnerschaft und die Sorge, daß Frankreich die Reorganisation und Erweiterung der

EU nicht unterstützen würde. Die Probleme der Wiedervereinigung und die allgemeinen wirtschaftlichen Schwierigkeiten Europas haben den Zeitplan für eine stärkere europäische Integration und die rasche Aufnahme der Višegrád-Länder verlängert. Deutschland aber bleibt aus historischen wie pragmatischen Gründen der Hauptbefürworter – und -zahlmeister – der EU.

Der Niedergang des Kommunismus und die deutsche Vereinigung haben auch Deutschlands Ostpolitik verändert. Vor 1989 bestand deren Hauptziel darin, die Folgen der Teilung Deutschlands zu lindern, aber nun hatten sich die Interessen völlig verändert. Deutschland war in vieler Hinsicht der große Gewinner des Kalten Krieges. Es war endlich wieder vereinigt und hatte neue Möglichkeiten für die Erweiterung seiner Präsenz in Ostmitteleuropa gewonnen. Aber es war auch unmittelbarer mit Gefahren aus dem Osten konfrontiert als seine europäischen Partner, da die Instabilität an seinen östlichen Grenzen seine eigene Stabilität gefährden konnte.[33] Nicht irgendein vermeintlicher *Drang nach dem Osten* (der Wunsch, den Osten zu beherrschen), sondern eher ein *Zwang nach dem Osten* (die Notwendigkeit, dem Osten zu helfen) bestimmte die Überlegungen. Deutschland fürchtete keine Feinde im Osten mehr, es sah sich vielmehr notleidenden Freunden gegenüber, die alle um seine Großzügigkeit buhlten. Nach 1990 bestand das Ziel der deutschen Ostpolitik darin, sowohl seine Nachbarn in Mittel- und Osteuropa als auch die ehemaligen Sowjetrepubliken zu stabilisieren, damit sie nicht zum Sicherheitsrisiko für Europa – und Deutschland – wurden. Was man am meisten fürchtete, waren Massen unerwünschter Flüchtlinge, die alle in den Genuß des Wohlstands in Deutschland kommen wollten. Rußland blieb das entscheidende Land, denn ohne eine erfolgreiche Transformation der russischen Gesellschaft würde es Ostmitteleuropa schwerfallen, sich erfolgreich zu entwickeln. Der Feind war nicht mehr das sowjetische Militär beziehungsweise dessen Macht, durch Androhung von Gewalt Furcht zu verbreiten. Nun waren der Feind

Armut, Zusammenbruch der gesellschaftlichen Strukturen und Unruhen. Deutschland war sich aufgrund der eigenen Erfahrungen, die es bei der Wiedervereinigung gesammelt hatte, mehr als andere darüber im klaren, vor welchen Herausforderungen diese im Umbruch befindlichen Länder standen.

Das andere große Problem, das die Neudefinition der Außenpolitik beeinflußte, waren die fremdenfeindlichen Ausschreitungen, vorwiegend gegen Asylbewerber. Deutschland war und ist der große Magnet für Flüchtlinge aus ehemals kommunistischen Ländern und aus der Dritten Welt, die entweder fliehen, weil sie politisch verfolgt werden, oder weil sie ein besseres Auskommen suchen. In dieser Beziehung wurde Deutschland nach dem Ende des Kommunismus rasch zum Frontstaat: wegen seiner geographischen Lage, seines Wohlstands und seines liberalen Asylgesetzes. Während des Kalten Krieges waren Gastarbeiter aus Jugoslawien oder der Türkei willkommen. Aber nach der Wiedervereinigung änderte sich die Haltung der Deutschen wegen der hohen Arbeitslosigkeit im Osten und wegen der allgemeinen Erbitterung über die Kosten der Wiedervereinigung dramatisch, und sowohl in Ost- als auch in Westdeutschland kam es zu Ausschreitungen gegen Ausländer.

Nach heftigen Debatten änderte die Bundesregierung das liberale Asylgesetz, das ursprünglich eine Reaktion auf die nationalsozialistische Vergangenheit gewesen war. Im Juli 1993 schlossen Regierung und Opposition den »Asylkompromiß«, und der Bundestag beschloß die Änderung des Artikels 16a des Grundgesetzes. Hinfort nahm Deutschland keine Asylsuchenden mehr auf, die aus »sicheren Drittländern«, darunter auch die unmittelbaren Nachbarn Polen und die Tschechische Republik, nach Deutschland gekommen waren. Weiterhin ermöglicht die Grundgesetzänderung dem Gesetzgeber, sichere Herkunftsländer zu bestimmen, in denen keine politische Verfolgung stattfindet. Das neue Gesetz belastete Polen und die Tschechische Republik, über die viele Flüchtlinge aus entfernteren Gebieten des Ostens nach Deutschland zu gelangen versuchten.[34] Aufgrund der neuen Regelungen verstärkten diese Länder die Kontrollen an ihren östlichen Grenzen, verlangten Visa für die Einreise aus den östlichen und südlichen Nachbarländern und schickten viele potentielle Asylbewerber zurück.

Laut Umfragen erkannten zwar die meisten Deutschen, daß sich durch die Wiedervereinigung ihre Stellung in der Welt geändert hatte, aber die von ihnen befürwortete Politik war in vieler Hinsicht ein Produkt des Kalten Krieges. Objektive Bedingungen und subjektive Wahrnehmungen stimmten nicht miteinander überein, wie dies auch in Rußland der Fall war. Nach der Wiedervereinigung bestand die außenpolitische Elite Deutschlands weiterhin fast ausschließlich aus Westdeutschen. Anders als Rußland, das neue außenpolitische Institutionen zu schaffen hatte, blieb in der neuen, größeren Bundesrepublik institutionell und personell alles beim alten. Doch nachdem Klaus Kinkel Außenminister geworden war, artikulierte Deutschland seine außenpolitischen Visionen nicht mehr so deutlich wie unter dessen Vorgänger Genscher, der sein Ziel engerer Beziehungen zur UdSSR und zum östlichen Mitteleuropa bis zu dem Punkt verfolgt hatte, daß er sich Kritik vom Westen einhandelte. Zu Kinkels Hauptaufgaben gehörten die Umorientierung der multinationalen Politik Deutschlands in der NATO und in Bosnien, einschließlich der deutschen Teilnahme an den dortigen Bemühungen zur Friedenssicherung, sowie die Vorbereitung Deutschlands auf einen ständigen Sitz im Sicherheitsrat der Vereinten Nationen. Aber Kinkel hütete sich davor, eine anmaßende Außenpolitik zu betreiben. »Ein natürliches und normales Nationalbewußtsein«, so erklärte er, »ist gesund und wichtig, weil es Voraussetzung dafür ist, daß man multinationale Politik machen kann. Es ist jedoch immer zu berücksichtigen, daß Deutschland in der Zeit nach dem Zweiten Weltkrieg mit der Politik der klugen Zurückhaltung gut gefahren ist.«[35]

Die Ostdeutschen, die so lange in einem hochmilitarisierten Staatswesen gelebt hatten, standen der Idee der Anwendung von Gewalt oder der Mitgliedschaft in Militärbündnissen wie der NATO viel ablehnender gegenüber als die Westdeutschen. Sie waren auch in geringerem Maße proamerikanisch und proeuropäisch. Insgesamt aber blieben die Deutschen nach der Wiedervereinigung in der überwältigenden Mehrheit dem Westen, Amerika und der europäischen Integration zugeneigt und sahen die Sicherung von Stabilität im Osten weiterhin als ein lebenswichtiges Interesse an. Die »Kultur der Zurückhaltung« – die Aversion gegen die Anwendung von Gewalt – blieb im politischen Leben Deutschlands fest verankert. Zwar stand die jüngere Generation der Idee aufgeschlossener gegenüber, die gleichen Lasten wie andere NATO-Mitglieder zu übernehmen, doch lehnten die meisten Deutschen eine offene Diskussion über die nationalen Interessen Deutschlands weiterhin ab.[36] Dennoch spiegelt das Streben nach einem ständigen Sitz im UN-Sicherheitsrat, der Deutschlands Rolle als ein internationaler Hauptakteur institutionalisieren würde, einen neuen Konsens im politischen Establishment darüber wider, daß Deutschland ein dynamischeres außenpolitisches Profil entwickeln muß, das über die Grenzen Europas hinausreicht.

In einem Gespräch mit der Verfasserin ließen einige junge Diplomaten, die 1997 ihre Ausbildung im Auswärtigen Amt beendet hatten (nur einer von 23 stammte aus dem Osten Deutschlands), eine unverändert ambivalente Haltung zur außenpolitischen Identität und Rolle Deutschlands erkennen. »Wir sind Gefangene der Gegenwart«, erklärte einer von ihnen, »wir können uns nicht vorstellen, wie sich unsere Politik ändern wird, aber wir wissen, daß sie sich ändern muß.« Sie äußerten sich zurückhaltend, als es darum ging, die nationalen Interessen zu definieren, aber sie waren sich darüber einig, daß Deutschland keine nationale Idee, Ideologie oder Mission besitzt. Vielleicht bestehe, so spekulierten sie, Deutschlands derzeitige Mission darin, als demokratisierende Kraft in Ostmitteleuropa zu wirken. Sie bekannten sich zur europäischen Identität, brachten aber ihren Ärger über die Versuche Frankreichs, Deutschland seinen Willen aufzuzwingen, und über den amerikanischen Paternalismus zum Ausdruck. Als sie nach Deutschlands außenpolitischen Prioritäten gefragt wurden, nannten einige Rußland, andere Europa und wieder andere globale ökologische Probleme. Was in der Diskussion deutlich wurde, war ein vages Gefühl, daß es Deutschland an voller Handlungsfähigkeit mangele – daß es eine größere internationale Rolle spielen könnte –, aber auch die fehlende Bereitschaft, spezifische Schritte zu unternehmen, um mehr Einfluß zu erlangen. Allgemein war man sich einig, daß Deutschland, historisch gesehen, zwar demokratische Wurzeln habe, doch immer die Gefahr bestehe, daß sich eine Form des nationalistischen Romantizismus, wie er im 19. Jahrhundert vorherrschend war, nach innen und außen eines Tages wieder durchsetzen könnte.

Auf der Suche nach neuen Aufgaben und Identitäten hat Deutschland viele Vorteile gegenüber Rußland. Seine Bevölkerungszahl und seine Ressourcen sind zwar größer geworden, aber seine Mitgliedschaft in der EU und in der NATO bildet weiterhin den Rahmen, innerhalb dessen es außenpolitische Entscheidungen trifft. Frühere Feinde in der Sowjetunion und in Osteuropa hat es sich zu Verbündeten gemacht. Es ist zu einem erfolgreichen demokratischen, kapitalistischen Staat geworden, zu einer der blühenden Volkswirtschaften im neuen globalen System. Es kann heute selbstbewußter seine Interessen vertreten, nachdem der sowjetische Feind verschwunden und es in bezug auf seine Sicherheit nicht mehr auf die Vereinigten Staaten angewiesen ist. Es bleibt jedoch in europäischen und transatlantischen Strukturen fest verankert.

Das gleiche kann von Rußland nicht behauptet werden. Rußland hat sowohl alle seine Verbündeten und multilateralen Strukturen als auch Territorien, Ressourcen und Prestige verloren. Seine Einbindung in umfassendere europäische und transatlantische Strukturen würde ihm helfen, sich über seine zukünftige Orientierung und Zielstellung klar zu werden. Aber da für Rußland eine nichthegemoniale Rolle ungewohnt und es noch nicht bereit oder in der Lage ist, an europäischen Sicherheitsstrukturen in vollem Ausmaß teilzunehmen, bestehen weiterhin Zweifel an seiner Rolle bei der postkommunistischen Gestaltung Europas. Doch sein Verhältnis zu diesen im Entstehen begriffenen Strukturen wird einen großen Einfluß darauf haben, wie sich Europa in den nächsten Jahrzehnten entwickelt.

Russland und Deutschland im neuen Europa

> »Wir haben Deutschlands Einigung unterstützt und der Auflösung des Warschauer Pakts zugestimmt, da wir glaubten, daß ein neues Zeitalter angebrochen sei, ein Zeitalter der Partnerschaft. Die alte NATO ist ein Anachronismus. Sie wurde für Konfrontationen geschaffen. Ihre Erweiterung in östlicher Richtung wird nichts weiter schaffen als ein System von Staaten erster, zweiter und dritter Klasse.«
>
> *General Walerian Manilow, Stellvertretender Stabschef der Russischen Föderation, 1997*[1]

> »Der Prozeß der europäischen Integration sollte nicht bei der Wiedervereinigung Deutschlands haltmachen; er sollte weitergehen. Erst dann wird Europa ein sicherer Ort für Deutschland sein. Nur dann wird Deutschland ein sicherer Ort für Europa sein.«
>
> *Václav Havel, 1990*[2]

Die Neustrukturierung der europäischen Sicherheit in der postkommunistischen Ära – inmitten von Unruhen, wirtschaftlichen Erschütterungen und ethnischen Konflikten – ist eine enorme Herausforderung. Im Rückblick scheint die Gründung der NATO und des Warschauer Pakts, die sich an der innerdeutschen Grenze feindlich gegenüberstanden, unkompliziert im Vergleich zu der Aufgabe, Organisationen zu schaffen beziehungsweise zu reorganisieren, die Sicherheit nicht gegen einen bekannten, vorhersehbaren Feind, sondern gegen eine Vielzahl ethnischer und religiöser Gruppierungen bieten können. Diese Gruppen, die Kriege im Namen historischer Rechte führen, bedrohen keine Großstädte mit Atomwaffen, sind aber in der Lage, die Sicherheit durch das Auslösen von Flüchtlingsströmen, durch Terrorismus und nicht vorhersehbare Gewaltakte zu unterminieren. Deutschland und Rußland müssen daher ihre Blicke über ihr bilaterales Verhältnis hinweg auf die zwischen ihnen liegenden Länder richten, von der Ukraine bis zur Tschechischen Republik. Beide müssen ihre Beziehungen zu den Staaten Ostmitteleuropas überprüfen. Jedes Land hat seinen eigenen Alptraum. Im Falle Deutschlands besteht er darin, daß es unter dem Einfluß einer instabilen Umgebung destabilisiert werden könnte, im Falle Rußlands darin, daß es von einem europäischen Sicherheitssystem ausgeschlossen wird, das sich dereinst gegen Rußland richten könnte.

Während Deutschland der Hauptinitiator der Bemühungen um ein sichereres Europa gewesen ist und Rußland auf eine vom Westen festgelegte Agenda reagiert hat, verlangen die Staaten Ostmitteleuropas weiterhin, so schnell wie möglich in westliche Organisationen, in erster Linie die NATO und die Europäische Union, aufgenommen zu werden. Ostmitteleuropa erkennt, daß Rußland und Deutschland die beiden Hauptmächte sind, die seine politische und wirtschaftliche Entwicklung im 21. Jahrhundert ebenso beeinflussen werden wie bereits im 20. Jahrhundert. Die Länder, die zwischen Deutschland und Rußland liegen, sehen im Beitritt zu den westlichen Organisationen den schnellsten Weg zur Stabilität. Nach anfänglichen Spekulationen über die Reorganisierung der europäischen Sicherheit in der postkommunistischen Ära ebbte die Diskussion angesichts der zahlreichen Hindernisse wieder ab, und in den letzten Jahren hat es kaum Diskussionen über die Schaffung neuer Institutionen gegeben. In einer chaotischen Situation können nur wenige Staatsmänner oder Vordenker den Phantasiesprung vollziehen, der nötig wäre, um völlig neue Strukturen der europäischen Sicherheit ins Auge zu fassen, bei deren Schaffung die einst kommunistischen Staaten ebensoviel zu sagen hätten wie der Westen. Die grundlegende Asymmetrie, die darin besteht, daß der Westen die Kriterien für den Eintritt in seine Klubs festlegt, hat auf beiden Seiten des ehemaligen Eisernen Vorhangs das Mißtrauen erhöht und Rußlands Versuche erschwert, eine demokratische, nichtimperiale Außenpolitik zu konzipieren.

Bei Diskussionen über die Zukunft der russisch-deutschen Beziehungen und ihren Einfluß auf die europäische Sicherheit wird unweigerlich die Frage aufgeworfen, ob die Geister der Vergangenheit zurückkehren werden. Wird Europa von Deutschland oder von Rußland oder von einer Partnerschaft beider Länder beherrscht werden? Wird eine neue russisch-deutsche Rivalität entstehen, die Europas Fähigkeit gefährden könnte, bei der demokratischen Umgestaltung und Integration weitere Fortschritte zu erzielen? Deutschland fehlt es heute am Willen und Rußland an den Mitteln, Zentraleuropa in der gleichen Weise zu beherrschen wie früher. Die Westdeutschen haben sich dem Prozeß der Vergangenheitsbewältigung unterzogen. Die Ostdeutschen haben erst vor kurzem damit begonnen, und sie müssen sich zweifach mit der Geschichte auseinandersetzen – mit der nationalsozialistischen und mit der kommunistischen Vergangenheit. Den meisten Deutschen ist heute bewußt, daß ihr Streben nach Hegemonie über ihre östlichen Nachbarn dazu beigetragen hat, im 20. Jahrhundert zwei Weltkriege mit verheerenden Folgen zu entfesseln, und daß Deutschland 1945 besetzt und international geächtet wurde, weil es an den Völkern Europas unsägliche Greueltaten begangen hatte. Daher betrachten sie heute das östliche Europa als Partner im Prozeß der europäischen Integration und nicht als ein Gebiet, das sie besetzen und beherrschen könnten.

Die Russen stehen jedoch vor einer viel schwierigeren intellektuellen Herausforderung: Sie haben bisher kaum begonnen, sich mit ihrer Geschichte auseinanderzusetzen, geschweige denn sie zu bewältigen. Erst in jüngster Zeit haben sie sich auf die Suche nach brauchbaren Vorbildern in ihrer Vergangenheit begeben, in der die zugegebenermaßen kurzen und seltenen Perioden, in denen sie ein pluralistisches System schufen und expansionistische Bestrebungen vermieden, Anhaltspunkte für die Schaffung eines künftigen demokratischen Rußland bieten könnten. Der mangelnde Konsens darüber, was die Niederlage des Kommunismus verursacht hat und wie die Völker der ehemaligen Sowjetunion mit ihrer Vergangenheit umgehen sollten, bedeutet, daß nur wenige Angehörige der russischen Eliten – in der Hauptsache solche, die im Privatsektor engagiert sind – voll begriffen haben, wie sehr die Beherrschung Ostmitteleuropas den nationalen Interessen Rußlands geschadet hat. Obwohl um die Mitte der achtziger Jahre die Aufrechterhaltung des Sowjetimperiums immer kostspieliger wurde, das östliche Mitteleuropa für sowjetische Ressourcen ein Faß ohne Boden war und die dortigen Regierungen kaum Legitimation besaßen, wurden die Warschauer-Pakt-Staaten als Teil des sowjetischen Schutzwalls und als Basis des sowjetischen Weltreichs angesehen. Ohne Ostmitteleuropa ist Rußland kaum als Großmacht anzusehen. Aus diesem Grund wird es auf absehbare Zeit in seinen Möglichkeiten sehr beschränkt sein, seinen Einfluß dort wieder geltend zu machen – wenn nicht aus Überzeugung, so doch aus Mangel an Ressourcen. Dies ist zwar kein Rezept für längerfristige Stabilität, aber ebenso wie der Wunsch nach einem Imperium wächst, wenn die Eroberungen erfolgreich verlaufen (»Der Appetit kommt beim Essen«, wie es im Sprichwort heißt), kann man auch am Verlust eines Imperiums Geschmack gewinnen, wenn man die Erfahrung macht, daß er zum materiellen wie politischen Wohl des Landes beiträgt.

Rußland und Ostmitteleuropa

Seit dem Untergang der Sowjetunion hat die russische Europapolitik mehrere Phasen durchlaufen. Sogar noch im letzten Jahr der UdSSR fand eine große Diskussion darüber statt, wie wichtig und wertvoll das östliche Mitteleuropa für die Sowjetunion sei. Fachleute des Außenministeriums und andere außenpolitische Kreise vertraten den Standpunkt, daß sich die sowjetische Sicherheit durch den Sturz der unpopulären osteuropäischen Regime erhöht habe, da Moskau sie nicht mehr zu stützen brauchte. Man solle danach streben, neue, gleichberechtigtere Beziehungen zu den Staaten Ostmitteleuropas herzustellen, deren neugeknüpfte Verbindungen zum Westen der Sowjetunion nicht schaden würden. Gegner dieser Auffassung in der (von Falin geleiteten) Internationalen Abteilung des Zentralkomitees und im Militär vertraten die Meinung, die UdSSR solle mit allen ihr zu Gebote stehenden Mitteln versuchen, die sowjetischen Interessen in dieser Region zu wahren, sie als Pufferzone zwischen dem Westen und der UdSSR zu erhalten und die Entstehung engerer sicherheitspolitischer Beziehungen zwischen dem Westen und Ostmitteleuropa zu verhindern.[3] Es kam zu grundlegenden Meinungsverschiedenheiten über die künftigen Beziehungen Osteuropas zum Westen.

Nach 1991 ist sowohl das internationalistische Konzept Gorbatschows vom gemeinsamen europäischen Haus als auch die Weigerung der Hardliner, Ostmitteleuropa als Pufferzone gegen den Westen aufzugeben, verworfen worden. Heute werden die Staatsinteressen Rußlands differenzierter betrachtet, wobei Europa in drei verschiedene Regionen eingeteilt wird – Westeuropa, Ostmitteleuropa und die europäischen GUS-Staaten –, ohne daß man utopischen Träumen von deren Verschmelzung nachhängt.[4] Die politische Klasse Rußlands hat akzeptiert, daß Ostmitteleuropa keine russische Einflußsphäre mehr sein kann, aber sie will nicht konzedieren, daß Rußland keine Interessen in der Region hat. Wladimir Lukin, ehemaliger russischer Botschafter in den Vereinigten Staaten und später Vorsitzender des Außenpolitischen Ausschusses der Staatsduma, hat dies prägnant formuliert: »Rußland bleibt aufgrund seiner Größe und seiner Ressourcen eine Großmacht mit vielen legitimen Interessen in den benachbarten Regionen.«[5]

Aber was sind »legitime Interessen«? Sowohl vom Standpunkt der russisch-deutschen Beziehungen als auch von dem der europäischen Sicherheit betreffen die wichtigsten Fragen

Rußlands Interessen im östlichen Mitteleuropa, zu dem es nur schwer ein postimperiales Verhältnis findet. Nach der Wiedervereinigung Deutschlands und dem Zerfall des Warschauer Pakts und des RGW verkümmerten die sowjetischen Beziehungen zum östlichen Mitteleuropa vor allem deswegen, weil die Länder dieser Region, die sich gerade vom Kommunismus befreit hatten, ihre Wirtschaft neu ausrichteten und viele ihrer Verbindungen zu Moskau voreilig abgebrochen hatten. Sie alle verfolgten ein Ziel: so rasch wie möglich ein Teil der westlichen Strukturen zu werden, um jedweden künftigen Versuchen Rußlands zuvorzukommen, sie wieder zu beherrschen.

Die Sowjetunion und später Rußland wiederum konzentrierten sich darauf, neue Beziehungen zum Westen und zu den GUS-Staaten zu entwickeln, wobei sie das östliche Mitteleuropa weitgehend außer acht ließen. Hier sind Kosyrews Bemühungen anzusiedeln, sich westlichen Organisationen anzuschließen und von der früheren russischen Politik abzuwenden. Das offenkundige Desinteresse am östlichen Mitteleuropa fiel mit der kurzen Zeit der Flitterwochen mit dem Westen im Jahre 1992 zusammen. Der offiziöse Rat für Außenpolitik und Verteidigung spielte in seiner ersten Formulierung der nationalen Interessen Rußlands die Bedeutung Ostmitteleuropas herunter, als er erklärte: »Diese Länder werden in der russischen Politik keinen Vorrang haben, da sie wenig zur Verbesserung der wirtschaftlichen Lage Rußlands beitragen können.« Der Bericht endete mit der Feststellung: »Alle Bemühungen, diese Länder auf die Liste der russischen Prioritäten zu setzen, wären unrealistisch.«[6] Diese Einschätzung änderte sich jedoch, als klar wurde, daß die Staaten Ostmitteleuropas danach trachteten, rasch in westliche Organisationen, vor allem in die NATO, aufgenommen zu werden, von denen Rußland ausgeschlossen war.

Obwohl kein verantwortlicher Politiker oder außenpolitischer Kommentator die Wiederherstellung der sowjetischen Herrschaft in Ostmitteleuropa fordert, hat Rußland betont, daß es berechtigte Sicherheitsinteressen in der Region habe und das Fehlen dynamischerer Beziehungen bedaure. In einem Dokument des Außenministeriums aus dem Jahre 1993 wurde erklärt, mit dem Entstehen einer neuen Gruppe von Staaten, die zwischen Rußland und den ehemaligen Staaten des Warschauer Pakts liegen, habe Rußlands Interesse am östlichen Mitteleuropa zugenommen. Die Region »bleibt als historisch definierte Einflußsphäre für Rußland weiterhin von Interesse«. Die Hauptgefahr bestehe heute darin, daß der Westen versuchen könnte, Rußland von der Region fernzuhalten.[7]

Rußlands Hauptinteresse ist es, zu gewährleisten, daß seine territoriale und wirtschaftliche Sicherheit nicht dadurch bedroht wird, daß Ostmitteleuropa einem potentiell gegen Moskau gerichteten Bündnis beitritt.[8] Der Schwerpunkt liegt auf Schadensbegrenzung, nicht auf einer neuen Politik gegenüber der Region. Rußland will die Beziehungen Ostmitteleuropas zu westeuropäischen oder transatlantischen Strukturen, die Rußland ausschließen, auf ein Mindestmaß reduzieren. Letztlich geht es darum, das politisch-militärische Vordringen des Westens zu begrenzen und starke russische Bindungen zu der Region aufrechtzuerhalten. Rußland nimmt für sich das Recht in Anspruch, an Entscheidungen teilzuhaben, die die Sicherheit Ostmitteleuropas betreffen.[9] Ein Sprecher Jelzins formulierte dies folgendermaßen: »Rußland betrachtet sich als eine Großmacht und als Nachfolger der Sowjetunion und ihrer Macht. Jedermann ist klar, daß Rußland nicht in der Eingangshalle des ›europäischen Hauses‹ warten und um Einlaß bitten kann und will.«[10]

Die Sorgen bezüglich Ostmitteleuropas betreffen eine ganze Reihe von Themen, von der Sicherheit bis zur Wirtschaft. Der überstürzte Abbruch wirtschaftlicher Bindungen schadete Rußlands Volkswirtschaft, wenngleich sich Moskau rasch um Erweiterung der Wirtschaftsbeziehungen zum Westen bemühte. Bis 1999 sank der Anteil der ehemaligen RGW- und der GUS-Staaten am Außenhandel Rußlands drastisch. Die Europäische Union war Rußlands wichtigster Handelspartner geworden und mit vierzig Prozent am russischen Außenhandel beteiligt. Es gab jedoch viele andere Verbindungen zwischen Rußland und seinen ehemaligen Verbündeten, von geheimdienstlichen Kontakten bis hin zur Kultur und Bildung, die nach dem Zusammenbruch der UdSSR nicht völlig abgeschnitten wurden. In dieser Lage, in der das allgemeine Chaos nach dem Ende des Kommunismus die Aufgabe erschwerte, eine klare Rangordnung der russischen Interessen in Mittel- und Ostmitteleuropa zu formulieren, nahmen die Beziehungen zu dieser Region einen zufälligen und widersprüchlichen Charakter an, der zwischen Ausgleich und Konfrontation schwankte.

Rußlands Haltung zum östlichen Mitteleuropa war auch von wahlstrategischen Überlegungen beeinflußt. Sie verhärtete sich etwa zur Zeit der Dumawahlen im Dezember 1993, als Politiker warnend erklärten, Ostmitteleuropa solle nicht versuchen, seine Sicherheitsprobleme auf Kosten Rußlands zu lösen, und betonten, die Region bleibe für Rußland eine Sphäre von »vitalem Interesse«. Vor der Präsidentenwahl 1996 äußerten Kandidaten aller Parteien im Wahlkampf, daß sie gegen die NATO-Erweiterung seien, wobei einige indirekt mit der zusätzlichen Aufstellung von Atomraketen drohten, die auf jene Staaten Ostmitteleuropas gerichtet werden könnten, die der NATO beiträten. Umfragen zeigen jedoch, daß nur wenige Russen für eine erneute Einverleibung der Region sind, schon gar nicht für eine gewaltsame. Allerdings bestehen weiterhin Ressentiments gegen die Staaten Ostmitteleuropas. Viele Russen sind der Meinung, sie seien in der Sowjetzeit von diesen Ländern wirtschaftlich ausgenutzt worden. Sie weisen auf die fünfzigjährige wirtschaftliche, militärische und politische Unterstützung der Region hin und beklagen, daß deren Bevölkerung ihnen nicht nur keinen Dank zollt, sondern sie inzwischen zugunsten des Westens völlig zurückweist. Es besteht jedoch kein politischer Wille, auf das östliche Mitteleuropa Druck auszuüben oder kostspielige außenpolitische Initiativen zu ergreifen, die an Rußlands ohnehin knappen Mitteln, die es für den eigenen Aufbau dringend benötigt, zehren würden.

Rußland und Ostmitteleuropa haben in jüngster Zeit erkannt, daß der Abbruch ihrer politischen und wirtschaftlichen Beziehungen nach 1989 für beide Seiten kontraproduktiv war und es in ihrem Interesse liegt, sie allmählich, auf einer Basis der Gleichberechtigung, wiederherzustellen. Daß ehemalige Kommunisten in Polen und Ungarn an die Macht gelangt und diese Länder Mitglied der NATO geworden sind, hat ebenfalls die Gewichte verlagert. »Polen kann dem Osten nicht den Rücken zukehren«, sagte der ehemalige polnische Außenminister Andrzej Olechowski und forderte engere wirtschaftliche und politische Beziehungen zu Moskau.[11] Ungarn hat unter Ministerpräsident Gyula Horn (der 1989 als Außenminister half, die Berliner Mauer zu stürzen) konzertierte Bemühungen unternommen, um die Beziehungen zu Moskau zu verbessern, und mit dem Kreml ausgiebig Fragen der europäischen Sicherheit diskutiert.[12] Insbesondere mangels eines offeneren EU-Marktes bleibt Rußland ein vielversprechender Markt für viele Produkte aus den Staaten Ostmitteleuropas. Die Wiederbelebung der Wirtschaftsbeziehungen könnte positive Auswirkungen haben. Aber die Ungewißheit über Rußlands künftige Orientierung und Ambitionen hat die Länder Ostmitteleuropas in ihrer Überzeugung bestärkt, daß sie ihre westlichen Optionen aktiv verfolgen und, bei gleichzeitiger Verbesserung ihrer Beziehungen zu Rußland, mit Nachdruck die Anbindung an Europa betreiben müssen. Die Erinnerungen an Rußlands Vorherrschaft sind sehr lebendig geblieben. Aus ebendiesem Grund möchte Rußland nicht von Entscheidungen über die europäische Sicherheit ausgeschlossen sein, die das östliche Mitteleuropa betreffen.

Da es aus der Nachkriegszeit keine nichthegemonialen Vorbilder für eine »Normalisierung« der russischen Beziehungen zu der Region gibt, kann das Streben nach Normalisierung ein Prozeß sein, der – wenn man bedenkt, wie wichtig diese Region für die sowjetische Außenpolitik war – Jahrzehnte dauert. Es erstaunt, wie wenig von russischer Seite über das Thema der Beziehungen zu Ostmitteleuropa geschrieben worden ist.[13] In Jahresberichten des Außenministeriums findet die

Region kaum Erwähnung. Offenbar ist es schwierig, sich ein gleichberechtigtes Verhältnis zu ihr vorzustellen. Da unter normalen Beziehungen Gleichberechtigung zu verstehen ist, könnten es auch die Staaten Ostmitteleuropas sein, die Rußland klare Leitlinien vorgeben, wie sie sich die Zukunft der Beziehungen vorstellen. Diese Länder sind allerdings so sehr damit beschäftigt, in die westlichen Strukturen aufgenommen zu werden, daß sie sich zumindest derzeit nicht auf die Neudefinition ihrer Beziehungen zu Rußland konzentrieren.

Ein russischer Wissenschaftler hat einen neuen Weg vorgeschlagen, der es Rußland ermöglichen würde, produktivere Beziehungen zum östlichen Mitteleuropa zu unterhalten. Es könnte multilaterale Partnerschaften eingehen, von denen eine deutsch-polnisch-russische Dreierbeziehung, in der politische, wirtschaftliche und Sicherheitsinteressen einander ergänzen, am vielversprechendsten wäre. Geht man davon aus, daß Deutschland sowohl an Polen als auch an Rußland interessiert ist und eine Isolierung Rußlands vom übrigen Europa nicht wünscht, könnte dies ein Modell für künftige russisch-deutsche Beziehungen und für die Einbindung Rußlands in die Region sein.[14] Bis jetzt sind solche innovativen Vorschläge von offizieller Seite nicht aufgegriffen worden. Allerdings gelangte eine Arbeitsgruppe des Europainstituts der Russischen Akademie der Wissenschaften, die 1997 die russischen Beziehungen zu Ostmitteleuropa untersuchte, zu dem Schluß, daß diese unbedeutend geworden seien. Die Region sei keine russische Interessensphäre mehr, und Westeuropa habe für Rußland viel größere Bedeutung als Osteuropa.[15] Es gibt noch kein »neues Denken« in bezug auf Ostmitteleuropa, und es herrscht keine allgemeine Übereinstimmung darüber, wie Rußlands künftige Beziehungen zu den Ländern dieser Region aussehen könnten. Das gleiche läßt sich freilich nicht für Deutschland sagen, das Rußland als europäische Vormacht in dieser Region ersetzt hat.

Deutschland und das östliche Mitteleuropa

Während der Verhandlungen über die deutsche Wiedervereinigung bemühte sich Bundesaußenminister Genscher bei zahlreichen Gelegenheiten, Deutschlands Nachbarn zu beruhigen, die darüber besorgt waren, welche Politik Deutschland nach der Vereinigung verfolgen könnte. Einmal zitierte er Thomas Mann, der bereits 1952 gesagt hatte: »Wir wollen ein europäisches Deutschland, nicht ein deutsches Europa.«[16] Bei der Diskussion über die Rolle, die Deutschland im neuen Jahrhundert in Europa spielen soll, standen die europäische Integration und Deutschlands Beziehungen zu seinen östlichen Nachbarn im Mittelpunkt. Nach der Wiedervereinigung und nach dem Untergang des Kommunismus schätzte Bonn seine Beziehungen zu Ostmitteleuropa neu ein. Hatte es im Kalten Krieg Zurückhaltung in bezug auf diese Region geübt und seine Beziehungen zu ihr sorgfältig auf Moskaus Empfindlichkeiten abgestimmt, so brauchte es jetzt nicht mehr zu befürchten, daß ein selbstbewußteres Auftreten in der UdSSR mit Argwohn betrachtet würde. Moskau hatte dort keinerlei Hausrechte mehr.

Deutschland erkannte, daß seine Zukunft längerfristig nicht nur in der EU, sondern auch im Osten lag, und wollte zum ersten Mal seit Jahrzehnten normale Beziehungen zu allen seinen Nachbarn herstellen. Deutschland, so der damalige Bundeskanzler Helmut Kohl, »kann nicht ewig die Ostgrenze der Stabilität bleiben«. Die Bundesregierung hat daher viel dazu beigetragen, die Region zu stabilisieren, und sich besonders auf das Verhältnis zu Polen konzentriert, wo sie aktiv eine Politik der Versöhnung betrieb. Deutschland war auch ein Hauptbefürworter der engeren Westintegration des östlichen Mitteleuropa, da nach seiner Auffassung ein Erfolg des schwierigen Übergangs dieser Region nur durch eine feste Bindung an europäische Strukturen sichergestellt werden könne. Andernfalls sei Deutschlands Sicherheit ernsthaft gefährdet.

Angesichts des Regierungsumzugs vom Westen in den Osten Deutschlands, von Bonn nach Berlin, bildete sich Ende der neunziger Jahre ein neuer Konsens heraus: Deutschlands künftiger Aufschwung hänge von einer konzentrierten Mischung aus Diplomatie und Investitionen im Osten ab. In der Bevölkerung herrschte allgemeine Übereinstimmung darüber, daß Deutschland eine besondere Verantwortung gegenüber dem östlichen Mitteleuropa habe, daß es in der Pflicht stehe, dessen Stabilität zu gewährleisten und sicherzustellen, daß es nie mehr der Frontstaat zwischen zwei feindlichen Blöcken sein werde. Die NATO-Erweiterung war ein Aspekt dieser neuen Strategie, aber es gab auch einleuchtende wirtschaftliche Gründe. Ostmitteleuropa war traditionell Deutschlands wichtigster Handelspartner gewesen. Nach 1945 waren die Wirtschaftsbeziehungen bis zur neuen Ostpolitik der siebziger Jahre verkümmert. Nach dem Untergang des Kommunismus erfuhren sie eine rasche Wiederbelebung. Auf Deutschland entfällt heute ein Drittel des Handels Ostmitteleuropas mit dem Westen. 1996 hatte Deutschlands Handel mit der Region ein Volumen von 89 Milliarden US-Dollar erreicht, eine Steigerung von elf Prozent gegenüber dem Vorjahr.[17] In einem Bericht der Bundesbank hieß es: »Das Wirtschaftsgebiet von Mittel- und Osteuropa ist als Exportmarkt für Deutschland bereits wichtiger als die Vereinigten Staaten.«[18]

Deutschland ist auch ein Hauptinvestor in Ostmitteleuropa und hat dort von 1990 bis 1996 etwa 500000 neue Arbeitsplätze geschaffen. In der Tat hat sich die deutsche Vereinigung positiv auf die Wirtschaft der Region ausgewirkt, indem sie einen neuen Markt für deren Produkte eröffnete und Quelle privater Investitionen war. So hat Deutschland einen signifikanten Beitrag zur Stabilisierung und Umwandlung Ostmitteleuropas geleistet.[19] Die Region ist immer ein natürlicher Markt für deutsche Exporte gewesen. Heute gibt es dort billige, gut ausgebildete und produktive Arbeitskräfte, was eine zusätzliche Anziehungskraft auf deutsche Investoren und Unternehmer ausübt. Darüber hinaus wächst Deutschlands kultureller Einfluß in der Region. Das Goethe-Institut schätzt, daß von zwanzig Millionen Ausländern, die in aller Welt Deutsch lernen, fünfzehn Millionen in Ostmitteleuropa zu finden sind.[20] Diese aktive Rolle ruft in Ostmitteleuropa Zustimmung, aber auch Sorge hervor. Ein offizieller Vertreter Tschechiens formulierte dies folgendermaßen: »Das einzige, was wir mehr fürchten als die wirtschaftliche Dominanz Deutschlands ist das Fehlen der wirtschaftlichen Dominanz Deutschlands.«[21]

Deutschland ist das größte Geberland für Ostmitteleuropa. Von 1989 bis 1993 wandte Bonn für diese Region insgesamt 41,1 Milliarden DM in Form von Hilfeleistungen, Krediten, Exportgarantien, Transferrubel-Krediten (Beträge, die von der ehemaligen DDR geschuldet wurden) sowie Beiträgen an die Europäische Bank für Wiederaufbau und Entwicklung und den Internationalen Währungsfonds auf. Die Öffnung der westlichen Märkte für Waren aus diesen Ländern war laut Helmut Kohl »von strategischer Bedeutung«. »Letztlich«, so bemerkte er, »trägt die Öffnung unserer Märkte mehr zum Erfolg der Wirtschaftsreformen und folglich zur Stabilisierung bei als Wirtschaftshilfe, Know-how und Kredite.«[22]

Zwischen den beiden Weltkriegen wie in anderen Perioden der deutschen Geschichte nutzte Deutschland seine engen Wirtschaftsbeziehungen zu Ostmitteleuropa zur politischen Einflußnahme und Machtausübung aus. Manche in dieser Region fragen heute erneut, wie und ob der wirtschaftliche Einfluß sich auch politisch auswirken wird. Zweifellos besteht ein Zusammenhang, aber da Deutschland Mitglied der EU ist, sieht es seine Rolle im östlichen Mitteleuropa nicht als rein bilateral an, sondern als Teil einer multilateralen EU-Politik, die zur Stabilisierung der Region und zu ihrem wirtschaftlichen Wachstum beitragen will. Während Ostmitteleuropa die deutsche Politik als die eines Nationalstaates betrachtet, sehen die Deutschen das anders. Sie sind überzeugt, daß Deutschland nur innerhalb multilateraler Strukturen eine Rolle spielen dürfe, weil es sonst zu negativen Reaktionen kommen könnte. So sollten Besorgnisse, daß die wirtschaftlichen Aktivitäten

Deutschlands in Ostmitteleuropa politische Implikationen nach sich ziehen könnten, gegen die Erkenntnis aufgewogen werden, daß, solange die EU existiert und gedeiht, Deutschlands Fähigkeit, politisch zu dominieren, eng begrenzt sein wird. Und wenn das östliche Mitteleuropa es schafft, den Übergang zu einer funktionierenden demokratischen, rechtsstaatlichen, marktwirtschaftlich orientierten Region zu vollziehen, wird seine Verwundbarkeit durch äußere Einflüsse beträchtlich vermindert sein.

Trotzdem bleibt eine grundlegende Asymmetrie zwischen der russischen und der deutschen Macht in Ostmitteleuropa bestehen. Rußland übt einen gewissen wirtschaftlichen Einfluß aus, aber seine Hauptmacht besteht darin, daß es einen langen und potentiell bedrohlichen politisch-militärischen Schatten auf die Region wirft. Gleichwohl spielt es bestenfalls eine neutrale Rolle. Deutschland ist in Ostmitteleuropa viel stärker als in Rußland engagiert und hat einen viel größeren wirtschaftlichen Einfluß. Die sich in der Region herausbildenden Demokratien haben akzeptiert, daß Deutschland guten Willens ist und ihnen bei ihrem Übergang hilft; in der Tat erwarten sie von ihm, daß es sie vor künftigen russischen Ränken schützt. Angesichts der Erfahrungen, die sie im 20. Jahrhundert gesammelt haben, läßt die Furcht vor Rußland die Furcht vor Deutschland klein erscheinen.

Die NATO-Erweiterung

Ursprünge und Probleme

Die deutsche Vereinigung und der Kollaps der Sowjetunion hinterließen ein Sicherheitsvakuum im Herzen Europas. Der Warschauer Pakt zerfiel, und jeder seiner ehemaligen Mitgliedsstaaten war auf sich selbst angewiesen; ihren Streitkräften, die unter dem sowjetischem System ausgebildet worden waren, fehlte ein neues Feindbild. Die Länder Ostmitteleuropas, die sich vor einer Wiedergeburt russischer Großmachtallüren fürchteten, wollten so bald wie möglich den westlichen Sicherheitsstrukturen beitreten. Rußland hatte seine Verbündeten verloren und war sich über seine künftige Sicherheitspolitik im unklaren, aber es wußte, daß es nicht von einem neuen System, dem seine ehemaligen Verbündeten angehörten, ausgeschlossen sein wollte. Aus sowjetischer Sicht gab es 1990 eine stillschweigende Übereinkunft darüber, daß Deutschland als Gegenleistung für Moskaus Zustimmung zur Wiedervereinigung dafür sorgen würde, daß Rußland in die europäischen Sicherheitsstrukturen aufgenommen wird, die diejenigen des Kalten Krieges ersetzen sollten. Außerdem gewährleisteten, zumindest nach Ansicht Gorbatschows, die Zwei-plus-Vier-Verträge, daß keine Osterweiterung der NATO stattfinden würde.[23] In der postkommunistischen Welt stellten diese widersprüchlichen Auffassungen Deutschland und seine Verbündeten vor ein großes Problem: War es möglich, Strukturen zu schaffen, die sowohl die Sicherheitsbedürfnisse Ostmitteleuropas als auch diejenigen Rußlands befriedigen konnten? Die alten Sicherheitsbündnisse, deren Hauptzweck die Eindämmung der Sowjetmacht gewesen war, erwiesen sich als ungeeignet für die Lösung der ethnischen Konflikte, die nach dem Ende Jugoslawiens und der Sowjetunion zu einer großen Gefahr für die europäische Sicherheit wurden. Ebenso schwierig war es aber, in dem heterogenen Flickwerk, welches das postkommunistische Europa darstellte, an die Schaffung völlig neuer Strukturen zu denken.

Die NATO war ursprünglich nicht dafür vorgesehen, mit Bürgerkriegen fertig zu werden; ihre Hauptmission war die Eindämmung der Sowjetmacht. Aber die zunehmenden ethnischen Säuberungen in Jugoslawien, die mit einem furchtbaren Gemetzel einhergingen, zwangen die Vereinigten Staaten und ihre Verbündeten, die Aufgabenstellung der NATO neu zu überdenken. Jahrelang hatten jene, die über die Zukunft Jugoslawiens nachdachten, die Frage gestellt: »Was kommt nach Tito?« Die Antwort erwies sich als weit schlimmer, als man sich hatte vorstellen können – in Jugoslawien brach ein blutiger Bürgerkrieg aus. Anfangs hofften die Vereinigten Staaten, daß ihre europäischen Verbündeten intervenieren und den Konflikt in ihrem Hinterhof zu einem raschen Ende bringen würden. Aber diese waren uneins, und es fehlte ihnen der Wille, die notwendigen Maßnahmen zu ergreifen. Frankreich und Deutschland konnten sich nicht darüber einigen, was getan werden müßte, und Bonn zögerte einzugreifen, wenn keine breitere multilaterale Basis vorhanden war. Es wurde immer offensichtlicher, daß sich die Vereinigten Staaten einschalten mußten. Für die Koordinierung der westlichen Intervention schien die NATO die geeignete Organisation zu sein. Gleichzeitig erkannte man im US-Verteidigungsministerium immer deutlicher, daß die neuen Herausforderungen in Europa, im Verein mit den weiter existierenden Gefahren im Nahen Osten, die der Golfkrieg drastisch vor Augen geführt hatte, ein Umdenken hinsichtlich der Aufgaben der NATO erforderten. Es entwickelte sich ein Konsens darüber, daß es das Ende der NATO bedeuten könnte, wenn sie nicht bereit war, *out of area* – in geographischer wie in funktioneller Hinsicht – zu operieren.

Die NATO nahm ihre Operationen im jugoslawischen Bürgerkrieg auf, nachdem ihre Mitgliedsstaaten der Intervention zugestimmt hatten. Rußland wurde mittels der Kontaktgruppe – bestehend aus den Vereinigten Staaten, Rußland, Deutschland, Großbritannien und Frankreich –, die regelmäßig zur Erörterung der Lage zusammenkam, frühzeitig in die Diskussion einbezogen. Trotz häufiger Meinungsverschiedenheiten zwischen Rußland und den anderen Mitgliedern der Gruppe leitete sie nach dem Ende des Kalten Krieges einen wichtigen Prozeß der Zusammenarbeit ein. Das Dayton-Abkommen von 1995, das der stellvertretende US-Außenminister Richard Holbrooke zustande gebracht hatte, unterstrich die neue Mission der NATO, die auch die Einbeziehung Rußlands in die friedenssichernden Maßnahmen vorsah. Es führte zum Waffenstillstand in Bosnien und zur Aufstellung der *Bosnia*

Implementation Force, die für die Durchsetzung des Friedensabkommens zu sorgen hatte, wobei russische Truppen gemeinsam mit denen anderer Nationen unter dem Oberkommando der NATO operierten. Tatsächlich setzten die IFOR-Truppen und ihre Nachfolger, die SFOR-Truppen, viele dadurch in Erstaunen, daß sie sich als ein wirksames Vehikel der Kooperation zwischen Rußland und der NATO erwiesen, auch wenn die Russen sich in regelmäßigen Abständen darüber beschwerten, daß sie bei wichtigen Entscheidungen nicht immer konsultiert wurden, und weiterhin Uneinigkeit darüber bestand, wie die bosnischen Serben behandelt werden sollten. Aber als sich andere ethnische Konflikte in der ehemaligen Sowjetunion – vor allem in Berg-Karabach, in Georgien und Tadschikistan – zuspitzten und Rußland begann, eine herausragende »friedenssichernde« Rolle in der GUS zu spielen, wurde klar, daß die Auffassungen über die Gefahren für die europäische Sicherheit sich so radikal geändert hatten, daß die alten europäischen und transatlantischen Institutionen ihre Rollen und Verfahrensweisen weiteren Revisionen unterziehen mußten.

Der Ausbruch des Bürgerkrieges in Jugoslawien und ethnischer Konflikte in anderen Teilen der postkommunistischen Welt sowie die Unsicherheit des Übergangsprozesses in Rußland rückten das Problem der künftigen europäischen Sicherheitsstrukturen früher in den Vordergrund, als manchen westlichen Ländern lieb war. Die Vereinigten Staaten waren bestürzt darüber, daß ihre europäischen Verbündeten wegen grundlegender Meinungsverschiedenheiten nicht gewillt oder nicht in der Lage waren, frühzeitig in den jugoslawischen Krieg einzugreifen. Die Länder Ostmitteleuropas sorgten sich immer mehr um ihre Verwundbarkeit in einem Europa, in dem sie keinem Militärbündnis mehr angehörten und in dem sie Rußland als eine potentielle Gefahr ansahen. Als darüber hinaus ehemalige Kommunisten in Ungarn und Polen an die Regierung kamen und sich nationalistische Stimmen mehrten, breitete sich Enttäuschung darüber aus, daß der Sieg über den

Kommunismus den Menschen Ostmitteleuropas nicht mehr konkreten Nutzen gebracht hatte. Die NATO-Verbündeten, insbesondere Deutschland, waren entschlossen, den in der Region erzielten Fortschritt zu erhalten und ein Zurückgleiten in Instabilität und autoritäre Herrschaft zu verhindern.

Aus diesem Grund trat im Westen und in Ostmitteleuropa an die Stelle der anfänglichen Debatte, ob die NATO in postkommunistischer Zeit überhaupt noch von Nutzen sei, bald ein allgemeiner Konsens darüber, daß sie das geeignetste Forum zur Reorganisation der europäischen Sicherheit war. Die Allianz hatte erklärt, daß ihr Auftrag ebenso politischer wie militärischer Art sei; sie hatte sich bewährt, und sie war aufgrund des Nordatlantikvertrags berechtigt zu expandieren. Es wurden mehrere Konzepte geprüft, wobei die ersten vorsahen, daß so viele ehemals kommunistische Staaten wie möglich in die NATO aufgenommen werden sollten, ohne ihnen die Möglichkeit zu geben, wesentlichen Einfluß in NATO-Angelegenheiten auszuüben. Zuerst wurde im Dezember 1991 der Nordatlantische Kooperationsrat (*North Atlantic Cooperation Council*, NACC) geschaffen. Alle ehemals sowjetischen Staaten (einschließlich der nichteuropäischen) kamen für die Aufnahme in Frage. Der NACC stellte ein Forum für die Diskussion gemeinsamer Probleme dar. Von viel größerer Bedeutung war die Partnerschaft für den Frieden (*Partnership for Peace*, PfP), die auf dem NATO-Gipfel im Januar 1994 offiziell verkündet wurde. Sie ist ein Programm, das den ehemaligen Ostblockstaaten eine kooperative Partnerschaft auf den Gebieten der Verteidigung und des Militärs anbietet und sich auf die Demokratisierung der postkommunistischen Streitkräfte konzentriert. Es sieht gemeinsame Manöver und für einige Länder die Möglichkeit vor, letztlich Vollmitglied der NATO zu werden.[24] Staaten, deren Ziel die Vollmitgliedschaft in der NATO war, konnten nun damit beginnen, ihre militärische Organisation und Doktrin den NATO-Standards anzupassen. Jedes postkommunistische Land konnte der PfP beitreten, was es ihm nicht nur ermöglichte, an gemeinsamen Manövern und an Planungskonferenzen der NATO teilzunehmen, sondern sich in Krisenzeiten auch mit der NATO zu beraten.[25] Es war ein außerordentlich flexibles Programm, das ständig nachgebessert werden konnte, um die Kooperation enger zu gestalten. Mit anderen Worten, die PfP bot den Teilnehmerstaaten einige Vorteile der NATO-Mitgliedschaft, jedoch ohne die kritischen Sicherheitsgarantien des Artikels 5 des NATO-Vertrags, aufgrund deren die NATO einem Mitgliedsstaat zur Hilfe kommt, wenn er angegriffen wird. Nach Auffassung offizieller amerikanischer Kreise sollte die PfP eine Alternative zur NATO-Erweiterung darstellen und die Ostmitteleuropäer zufriedenstellen, indem sie ihnen eine enge Partnerschaft mit der NATO bot, ohne ihnen gleich die Vollmitgliedschaft gewähren zu müssen. Doch aus der Sicht der Ostmitteleuropäer war die PfP unzureichend, da sie die Vollmitgliedschaft suchten, um Teil der westlichen Sicherheitsstrukturen zu werden, die sie gegen äußere Aggressoren schützen konnten.

Rußland verhielt sich von Anfang an skeptisch gegenüber der PfP, da sie ihm keine privilegierte Rolle zubilligte und den Staaten Ostmitteleuropas die Möglichkeit bot, früher oder später NATO-Mitglied zu werden. Rußland war nicht bereit, zu akzeptieren, daß die NATO weiterbestand und sich sogar noch erweiterte, während es den Warschauer Pakt bereits nicht mehr gab. Sogar in seinem geschwächten Zustand nach dem Untergang der Sowjetunion war es weiterhin bemüht – ja geradezu darauf versessen –, als den Vereinigten Staaten ebenbürtige Großmacht anerkannt zu werden. Auf einer NATO-Tagung im Mai 1994 unterbreitete Verteidigungsminister Pawel Gratschow ganz formell den Vorschlag, Rußland solle, wenn es der PfP beitrete, eine Sonderrolle und besondere Beziehungen zur NATO zugebilligt bekommen. Deutschland war am ehesten bereit, ihm dies zu konzedieren; Rußland dürfe nicht erniedrigt werden, indem es die gleiche Behandlung erfuhr wie etwa Moldawien. Die Vereinigten Staaten lehnten dies jedoch ab, und Gratschow wurde mitgeteilt, daß Rußland das Abkommen auf der gleichen Grundlage zu unterzeichnen hätte wie die anderen zwanzig Staaten, die bereits der PfP angehörten.[26]

Rußland paraphierte das PfP-Abkommen am 22. Juni 1994, unterbreitete aber gleichzeitig ein Dokument, in dem es seine eigene Interpretation der PfP vorbrachte. Die Partnerschaft für den Frieden verlangt eine Verpflichtung zur Demokratisierung der Beziehungen zwischen zivilem und militärischem Sektor sowie der Gesellschaft insgesamt. So ist es nicht verwunderlich, daß Rußlands Haltung zu dem Programm ambivalent blieb. Einige Stimmen sprachen sich gegen Rußlands Beitritt zur PfP aus. Als Kosyrew das Abkommen unterzeichnete, unterschrieb er auch ein bilaterales Protokoll, das eine über das PfP-Programm hinausgehende Kooperation Rußlands und der NATO vorsah und nach seinen Worten »den Status Rußlands als Supermacht« widerspiegelt.[27] Im Dezember 1994 verkündete Kosyrew als Reaktion auf die westliche Kritik an Rußlands Invasion in Tschetschenien den Rückzug aus der PfP und brachte diesen Beschluß mit der geplanten NATO-Erweiterung in Zusammenhang: »Die voreilige Ausdehnung der NATO und die zeitliche Festlegung dieses Prozesses werden eine neue Situation schaffen. Dies bedeutet ein offensichtliches Abgehen von der vereinbarten Partnerschaft.«[28] Rußland trat schließlich im Frühjahr 1995 doch der PfP bei, aber Jelzins Rat für Außenpolitik und Verteidigung erklärte: »Das Programm der ›Partnerschaft für den Frieden‹ wird nur dann eine positive Rolle spielen, wenn es die Erweiterung der NATO verhindert.«[29] Rußlands Teilnahme an der PfP blieb ambivalent, und in den Jahren bis 1998 nahm es weit weniger aktiv am Programm teil wie die Länder Ostmitteleuropas.

Der Weg zur NATO-Erweiterung

Kaum war das Programm der »Partnerschaft für den Frieden« auf den Weg gebracht, als auch schon die Debatte über die NATO-Erweiterung einsetzte. Die Gründe für den Beschluß, die NATO zu erweitern, waren vielfältig und sind sowohl in der amerikanischen und deutschen Innenpolitik als auch in der Bündnispolitik zu suchen. Auf amerikanischer Seite spielte zwar die Rücksicht auf die Wähler ostmitteleuropäischer Abstammung eine Rolle, doch sollte man ihre Bedeutung für die Entscheidung nicht überbewerten. Die Schritte, die zur NATO-Erweiterung führten, wurden von Regierungskreisen geplant und ausgeführt, die für die Außen- und nicht für die Innenpolitik verantwortlich waren. Außerdem war der Prozeß, durch den die anfängliche Debatte über die Zukunft der NATO innerhalb der amerikanischen Bürokratie in einen Konsens zur NATO-Erweiterung mündete, sehr komplex; es waren eine ganze Reihe von Institutionen und Personen beteiligt. Maßgeblich beteiligt an der ursprünglichen Entscheidung zur NATO-Erweiterung waren Strobe Talbott, Anthony Lake und Richard Holbrooke auf amerikanischer sowie Helmut Kohl und Verteidigungsminister Volker Rühe auf deutscher Seite.

Sowohl die deutsche als auch die amerikanische Seite beanspruchen die ursprüngliche Idee für sich. Gewiß spielten Rühe und sein Planungsleiter Ulrich Weise eine wichtige Rolle. Deutschland ist am unmittelbarsten von den Unwägbarkeiten sowohl in Ostmitteleuropa als auch in der ehemaligen Sowjetunion betroffen. Angesichts der Tatsache, daß es das Schwergewicht auf engere Beziehungen zu Ostmitteleuropa verlagerte und bestrebt war, nicht der östliche Außenposten der Stabilität in Europa zu sein, war es logisch, daß Deutschland sein Möglichstes tat, um sicherzustellen, daß seine östlichen Nachbarn den demokratischen, marktorientierten Kurs beibehielten. Wegen der durch die Geschichte belasteten Beziehungen zu Polen fühlten deutsche Politiker eine besondere Verpflichtung, diesem bei seinem Übergang zu helfen. Für Rühe war Polen das wichtigste Land in Ostmitteleuropa, und er war entschlossen, alles in seinen Kräften Stehende zu tun, um es in westliche Strukturen zu integrieren. Aber noch andere Erwägungen spielten bei ihm eine Rolle. In der Ära Genscher hatte das Auswärtige Amt das Verteidigungsministerium bei vielen der wichtigsten außenpolitischen Entscheidungen übergangen; jetzt sah Rühe eine Chance, seinem Ministerium wieder mehr Geltung zu verschaffen. Er hatte auch eigene politische Ambitionen, und wenn er eine neue Initiative startete, konnte ihm dies nur förderlich sein. Im ersten Vortrag eines hochrangigen westlichen Politikers zu diesem Thema, gehalten im März 1993 am International Institute for Strategic Studies, hatte Rühe eine baldige NATO-Erweiterung gefordert. Später erklärte er hierzu:

> »Nachdem sie [die Staaten Osteuropas] sich von der sowjetischen Vorherrschaft befreit haben, ist die Zeit gekommen, ihnen Unterstützung zu gewähren, ihnen zu helfen, nach westlichen Normen zu leben, Freiheit, Demokratie und Rechtsstaatlichkeit zu festigen ... Dies ist der eigentliche Kern des Konzepts, die NATO und die Europäische Union nach Osten zu erweitern. Ohne Demokratie, Stabilität und freie Marktwirtschaft wird dieser geographische Teil Europas für die alten Probleme widerstreitender historischer Ressentiments, Ambitionen und ethnischer Streitigkeiten anfällig bleiben ... Wir können die Reform in Rußland nicht retten, indem wir die Reform in Mittel- und Ostmitteleuropa aufs Spiel setzen.«[30]

Rühe betonte jedoch von Anfang an, daß die NATO-Erweiterung kein Prozeß mit offenem Ende sei und daß Rußland für eine Mitgliedschaft nicht in Frage käme.

Bald nach Rühes Märzrede rückte die NATO-Erweiterung in den Mittelpunkt der Diskussionen in der neuen Clinton-Administration. Als erster US-Präsident nach dem Kalten Krieg trat Clinton sein Amt in der Überzeugung an, daß die aus der Ära des Kalten Krieges stammenden internationalen Organisationen der neuen Zeit angepaßt werden müßten, und die Ernennungen für die Schlüsselpositionen spiegelten diese Auffassung wider. Strobe Talbott, der erste US-Botschafter für die Gesamtheit der ehemaligen Sowjetrepubliken, war nicht nur ein Rußlandexperte, der als Rhodes-Stipendiat in Oxford Chruschtschows Memoiren übersetzt hatte, sondern auch ein renommierter außenpolitischer Korrespondent und Kolumnist für das Nachrichtenmagazin *Time*. Unter anderem hatte er Anfang der siebziger Jahre aus Belgrad berichtet und war in ganz Osteuropa herumgekommen. »Ich war nach den Gdańsker Unruhen von 1970 in Polen und einige Jahre nach der sowjetischen Invasion in der Tschechoslowakei«, erinnert er sich, »und ich verstand die osteuropäischen Bedenken gegenüber der Sowjetunion sehr wohl.« Er erkannte auch die Notwendigkeit, die Demokratie in Rußland zu fördern und es in der postkommunistischen Sicherheitsarchitektur zu verankern. Talbott war maßgeblich an der Durchsetzung einer Politik der Verständigung mit der ehemaligen Sowjetunion beteiligt, wobei er besonderen Wert auf die Förderung der Demokratie und des Übergangs zur Marktwirtschaft legte. Dennoch befürchteten Clinton und Talbott, daß die NATO in der neuen Ära verkümmern könnte, wenn sie nicht neue Verantwortung übernahm und sich neue Ziele steckte: »Wie könnte die NATO überleben, wenn sie keine neuen Mitglieder aufnimmt?«[31]

Mitte 1993 sprachen sich einige Kollegen Talbotts dafür aus, die NATO-Erweiterung »auf der Überholspur« in Angriff zu nehmen. Er selbst aber war der Meinung, daß eine schnelle Erweiterung unter Vernachlässigung der Befürchtungen Rußlands, von der neuen Sicherheitsstruktur ausgeschlossen zu werden, die neue Rußlandpolitik der Regierung gefährden könnte. Die beste Lösung sei, bei der NATO-Erweiterung in einer Weise vorzugehen, die Rußland davon überzeuge, daß die neue Rolle der NATO in seinem Interesse liege. Die Erweiterung sollte ein offener Prozeß bleiben, bei dem auch Rußland irgendwann für eine Mitgliedschaft in Frage käme. Talbott schrieb später: »Die Erweiterung der NATO ist kein neues Thema. Von Anfang an nahm die NATO neue Mitglieder aus Gründen und mit Konsequenzen auf, welche dafür sprechen, weiterhin so zu verfahren … In Ungarn und Polen hat die Aussicht auf die NATO-Mitgliedschaft geholfen, den nationalen

Konsens für demokratische und marktwirtschaftliche Reformen zu stärken.«[32]

Clintons Sicherheitsberater Anthony Lake war eine weitere Schlüsselfigur. Er war unter Präsident Carter Leiter des Planungsstabs im Außenministerium gewesen und hatte danach eine akademische Laufbahn eingeschlagen. Ursprünglich befaßte er sich nicht mit europäischen Fragen, da er sich auf Probleme der Demokratisierung in Afrika und Asien spezialisiert hatte. Dies begann sich jedoch im April 1993 zu ändern, nachdem Clinton aus Anlaß der Feierlichkeiten zur Eröffnung des Holocaust-Museums in Washington in Einzelgesprächen mit den osteuropäischen Staatschefs zusammengetroffen war. Den größten Eindruck machten auf ihn der tschechische Staatspräsident Václav Havel und der polnische Staatspräsident Lech Wałęsa, die beide ein hohes moralisches Gewicht besaßen. Sie vertraten den Standpunkt, daß die einzige Möglichkeit, weitere Katastrophen in Europa zu verhindern, darin bestehe, ihre Länder in demokratische westliche Institutionen, insbesonders die NATO, aufzunehmen. Ihre Einbindung in Strukturen, die Demokratisierung und den Verzicht auf jegliche irredentistischen Gebietsansprüche erforderten, werde die Wahrscheinlichkeit sehr vermindern, daß autoritäre Führer wieder an die Macht kommen. Lake fand diese Argumente überzeugend. Er sah die NATO als eine Institution, die durch Gewährleistung von Sicherheit die Demokratie in der Region fördern konnte. Sicherheit, so argumentierte er, begünstige Demokratie, während Unsicherheit Aufrührern, Nationalisten und autoritären Politikern zugute komme.[33]

Im Herbst 1993 wurde daher die NATO-Erweiterung sowohl im Weißen Haus als auch im amerikanischen Außen- und Verteidigungsministerium diskutiert. Doch zu diesem Zeitpunkt standen das Verteidigungsministerium und einige Vertreter des Außenministeriums der Idee noch skeptisch gegenüber oder lehnten sie ganz ab.[34] Inzwischen waren auch andere politische Kreise auf das Thema aufmerksam geworden. Drei Analytiker der Rand Corporation, die für einen Beitrag über die NATO-Erweiterung recherchierten, der in dem renommierten außenpolitischen Journal *Foreign Affairs* erscheinen sollte,[35] führten Gespräche mit Vertretern des Planungsstabes des deutschen Verteidigungsministeriums und stellten fest, daß sie mit ihnen einer Meinung waren. Schließlich gab Rühe bei der Rand Corporation eine umfangreiche Studie über die Modalitäten der NATO-Erweiterung in Auftrag; es war wohl das erste Mal, daß eine ausländische Regierung die Dienste dieses unabhängigen Instituts in Anspruch nahm.[36]

In der Studie wurde nicht nur dargelegt, wie die NATO erweitert werden sollte, sondern auch die Frage angesprochen, wie man mit Rußland verfahren sollte. Für den Fall, daß es negativ auf die NATO-Erweiterung reagieren sollte, wurden verschiedene Wege zur Überwindung des russischen Widerstands vorgeschlagen: ein NATO-Rußland-Vertrag, ein gemeinsamer NATO-Rußland-Rat, Modifizierungen im KSE-Vertrag und wirtschaftliche Kompensationen wie zum Beispiel die Einladung, eine größere Rolle in der G7 zu spielen. Erörtert wurde auch die Möglichkeit des Abschlusses eines eigenen Vertrages zwischen der Ukraine und der NATO. Die meisten dieser Vorschläge fanden ihren Niederschlag in der Politik des Westens. Als aber die Studie 1993/94 dem Bundesverteidigungsministerium und dem deutschen Auswärtigen Amt vorgelegt wurde, regte sich beträchtlicher Widerstand. Und als die Studie im Weißen Haus diskutiert wurde, meinte ein Berater Clintons: »Bis auf zwei Leute hält einen jeder hier in Washington für verrückt.« Mit diesen beiden waren Clinton und Anthony Lake gemeint.[37]

Im Sommer 1994 drängten das Weiße Haus und das State Department auf einen Konsens über die NATO-Erweiterung, wobei sie diese als einen kontinuierlichen Prozeß ansahen, von dem kein Land, auch Rußland nicht, ausgeschlossen werden dürfe. Talbott half mit, Richard Holbrooke, den damaligen US-Botschafter in Deutschland, als stellvertretenden Außenminister für Europa nach Washington zurückzuholen. Holbrooke, ein Investmentbanker und langjähriger außenpolitischer Fachmann, unter Präsident Carter stellvertretender Außenminister für Asien, war entschlossen, zwei Hauptaufgaben zu lösen: die Beendigung des Blutvergießens in Bosnien und die Erweiterung der NATO. Letztere war für ihn mit einem Konzept verbunden, dessen Verwirklichung er bereits während seines einjährigen Aufenthalts in Bonn in Angriff genommen hatte: Kooperation mittels eines strategischen Dreiecks zwischen Washington, Bonn und Moskau. Dies war in seinen Augen die einzige Möglichkeit, Frieden und Stabilität in Ostmitteleuropa zu gewährleisten, und zu diesem Zweck hatten bereits mehrere Treffen von amerikanischen, deutschen und russischen Experten in Bonn stattgefunden. Bei einem denkwürdigen Essen erklärte der Historiker Fritz Stern, als er den versammelten Regierungsvertretern einen Toast ausbrachte, daß der Erste Weltkrieg vielleicht nie ausgebrochen wäre, wenn 1914 eine solche Konferenz stattgefunden hätte. Holbrooke jedenfalls kam mit der Überzeugung nach Washington, daß die einzige Möglichkeit, mit eventuellen künftigen Konflikten in der explosiven Region Ostmitteleuropa fertig zu werden, darin bestand, die deutsch-russische Zusammenarbeit in einer von den USA geführten Struktur zu verankern.[38]

Demnach kam das Interesse an der Erweiterung der NATO – wenngleich aus unterschiedlichen Gründen – sowohl in Deutschland als auch in Amerika auf. Die Vereinigten Staaten sahen die NATO-Erweiterung einerseits als notwendig für Europa an – im Rahmen der bereits in Gang befindlichen Erweiterung des Auftrags der Allianz – und andererseits auch als Mittel zur Sicherung ihrer eigenen künftigen Rolle in Europa. Deutschland ging es eher um die geographische Notwendigkeit der Erweiterung als Mittel zur Stabilisierung Ostmitteleuropas. In den Vereinigten Staaten zeigte das Außenministerium mehr Interesse als das Verteidigungsministerium, in Deutschland war es umgekehrt. Die Koinzidenz der Interessen des deutschen Verteidigungsministeriums, des US-Außenministeriums und des Weißen Hauses führte jedoch dazu, daß das Projekt letztlich realisiert wurde.

Im Januar 1994 verpflichtete sich die NATO unter dem Druck der USA, Studien darüber anzufertigen, wie und wann die Erweiterung erfolgen sollte. Die Entscheidung war also im Prinzip getroffen, obwohl es in der US-Regierung weiterhin viele Meinungsverschiedenheiten gab und in der breiteren Öffentlichkeit der Vereinigten Staaten und Europas kaum Diskussionen darüber stattgefunden hatten, ob die NATO-Erweiterung wünschenswert oder machbar sei. Die erste Studie, die im Herbst 1995 fertiggestellt war, legte den Hauptzweck der NATO-Erweiterung dar: Sie »wird ein weiterer Schritt zur Verwirklichung des Hauptziels der Allianz sein, Sicherheit und Stabilität in der gesamten euro-atlantischen Region im Kontext einer umfassenden, auf echter Kooperation beruhenden europäischen Sicherheitsarchitektur zu erhöhen; sie wird niemanden bedrohen.«[39]

Die Allianz war anfangs in der Frage gespalten, wie es weitergehen sollte, und es ließen sich grob drei Denkschulen unterscheiden. Die erste befürwortete eine langsame Expansion. Davon ausgehend, daß die Hauptprobleme Ostmitteleuropas auf wirtschaftlichem und politischem Gebiet lagen, plädierten die Anhänger dieser Auffassung für den Vorrang einer EU-Erweiterung, da die EU sich den wichtigsten Aspekten des Übergangsprozesses widmen würde. Außerdem gab es das Problem, wer dabeisein sollte und wer nicht. Ostmitteleuropa einzubeziehen, die baltischen Staaten oder Rumänien und Slowenien hingegen nicht, warf ernste Fragen in bezug auf Gleichbehandlung und neue Teilungen in Europa auf. Die zweite Schule betonte die Fragilität des Übergangsprozesses in Ostmitteleuropa und den Zusammenhang zwischen Sicherheit und Demokratie. Eine rasche NATO-Erweiterung sei nicht nur deshalb dringend erforderlich, um den Erfolg des Übergangs sicherzustellen, sondern auch, um zu garantieren, daß Deutschland nicht neuen Versuchungen ausgesetzt werde, wenn das Sicherheitsvakuum in Ostmitteleuropa weiterbestand. Einige verstiegen sich sogar zu der Meinung, daß die NATO-Erweiterung dazu diene, Deutschland ebenso wie Rußland in Schach zu halten.[40] Die dritte Denkschule befand, man solle zwar Vorbereitungen für die Ausdehnung der NATO treffen, diese aber nur dann in die Tat umsetzen, wenn Rußland eine Bedrohung für Ostmitteleuropa darzustellen beginne. Dies sei dann der Fall, wenn es im Innern autoritäre Tendenzen entwickele, oder wenn es territoriale Ansprüche auf die Region erhebe.[41] Unterdessen solle dem PfP-Programm eine Chance gegeben werden, sich zu bewähren und die Zusammenarbeit zwischen Ostmitteleuropa und der NATO zu fördern.

Es gab verschiedene Argumente gegen eine frühzeitige NATO-Erweiterung zum Zweck der Unterstützung des Übergangsprozesses in Ostmitteleuropa; sie wurden in den Vereinigten Staaten und in Europa erhoben, nachdem die grundlegenden Entscheidungen getroffen worden waren. Wenn, so wurde argumentiert, die Hauptgefahr für das östliche Mitteleuropa in der Fragilität seiner Übergangsprozesse bestehe, so wäre die EU – eine politische und wirtschaftliche Organisation – und nicht die NATO – eine primär militärische Organisation – viel besser geeignet, der Region zu helfen. Zweitens könnte die NATO-Erweiterung zum Erstarken antiwestlicher, nationalistischer Kräfte führen und eine russische Gegenreaktion hervorrufen, da sie Europa erneut teilen würde, und zwar diesmal an der polnisch-russischen Grenze in Kaliningrad statt an der Elbe. Trotz offizieller Erklärungen der NATO war klar, daß der eigentliche Zweck der NATO-Erweiterung der Schutz Ostmitteleuropas vor dem Wiederaufleben imperialer Pläne Rußlands war. »Zu den Eventualitäten, auf die die NATO vorbereitet sein muß«, so hatte Talbott geschrieben, als er die NATO-Erweiterung erläuterte, »gehört, daß Rußland die Demokratie wieder abschafft und zu den internationalen Verhaltensmustern der Bedrohung zurückkehrt, die seine Geschichte besonders in der Sowjetzeit zuweilen charakterisiert haben.«[42]

Die NATO-Erweiterung, so führten deren Gegner an, würde Rußlands Wunsch verstärken, mehr Einfluß auf die GUS und besonders auf die Ukraine auszuüben. Eine Ukraine, an deren

Grenzen die NATO stünde, würde verstärkt russischem Druck ausgesetzt sein. Außerdem würde das Problem der baltischen Staaten ungelöst bleiben, die sehr viel anfälliger für russischen Druck seien als das östliche Mitteleuropa und die nicht als NATO-Vollmitglieder vorgesehen seien. Es war auch höchst zweifelhaft, ob ein wirklich lebensfähiges europäisches Sicherheitssystem existieren könnte, wenn Rußland davon ausgeschlossen wäre, zumal ein Rußland, dessen Regierung seiner sowjetischen Vergangenheit ausdrücklich abgeschworen hatte. Rußland müsse Teil der Lösung sein und dürfe nicht jenseits einer neuen Trennungslinie zwischen Ost und West isoliert werden. Auch könne noch viel getan werden, um die PfP aufzuwerten und zu stärken.

Der ursprüngliche Beschluß über die NATO-Erweiterung wurde ohne ausführliche Diskussion darüber gefaßt, was sie die bisherigen NATO-Verbündeten und die neuen Mitgliedsländer, die sich mühten, ihre wirtschaftliche Leistungsfähigkeit zu verbessern, eigentlich kosten würde. Wie groß war die Wahrscheinlichkeit, daß der deutsche oder der amerikanische Gesetzgeber – zu einer Zeit, da in vielen NATO-Ländern wirtschaftliche Rezession herrschte, die Verteidigungsetats gekürzt wurden und die Abneigung gegen die Entsendung von Truppen ins Ausland wuchs – bereit wäre, Soldaten nach Polen zu entsenden, um es gegen Rußland zu verteidigen, wenn sie nicht einmal in der Lage oder willens waren, sie zur Friedenssicherung nach Jugoslawien zu schicken? Hierzu meinte ein europäischer Skeptiker, indem er die Schwierigkeiten der EU-Erweiterung mit denen der NATO-Erweiterung verglich: »Werden wir, wenn wir nicht einmal Erdbeeren oder Stahl [aus Ostmitteleuropa] kaufen wollen, bereit sein, ihre territoriale Integrität zu verteidigen?«

1997 wurden die Stimmen von Kritikern der NATO-Erweiterung vor allem deswegen immer lauter, weil befürchtet wurde, sie werde sich negativ auf Rußlands Demokratisierungsbemühungen auswirken. George F. Kennan, in den vierziger Jahren der Begründer der »Eindämmungspolitik« gegenüber der Sowjetunion, schrieb in einem Artikel mit der Überschrift »Ein verhängnisvoller Irrtum«: »Man kann damit rechnen, daß eine solche Entscheidung nationalistische, antiwestliche und militaristische Tendenzen in der öffentlichen Meinung Rußlands wecken, eine ungünstige Wirkung auf die Entwicklung der russischen Demokratie ausüben, die Atmosphäre des Kalten Krieges in den Ost-West-Beziehungen wiederbeleben und die russische Außenpolitik in eine Richtung zwingen würde, die gewiß nicht nach unserem Geschmack wäre.«[43] Kennans Meinung schlossen sich altgediente Politiker des linken wie des rechten Lagers an, darunter Paul Nitze, einer der Väter der amerikanischen Nachkriegspolitik gegenüber Rußland, und andere hohe Beamte der Reagan-Administration, die einer NATO-Erweiterung aus verschiedenen Gründen ablehnend gegenüberstanden. Einige hegten den Verdacht, daß der Hauptzweck der Erweiterung eher darin bestehe, die Bürokratie und die Institutionen der NATO zu erhalten, als sich der eigentlichen Frage zu stellen, ob Europa und die Vereinigten Staaten die NATO noch brauchten. Andere Gruppierungen innerhalb des außenpolitischen Establishments vertraten die unterschiedlichsten Meinungen, und ganz sicher herrschte in den Vereinigten Staaten kein Konsens über diese bedeutsamste Änderung der Politik gegenüber Ostmitteleuropa und Rußland seit dem Ende des Kalten Krieges. Auch das Verteidigungsministerium, das sich schon zu Anfang gegen die NATO-Erweiterung gesperrt hatte, blieb skeptisch, da ihm die Kosten und die militärische Logistik, die mit der Aufnahme dieser eben erst flügge gewordenen Demokratien in die NATO verbunden waren, Sorgen bereiteten.[44]

Auch in Deutschland war anfangs kein Konsens über die NATO-Erweiterung vorhanden. Rühe hatte zwar vorgeschlagen, diesen Schritt mit der Verpflichtung zu verbinden, eine strategische Partnerschaft mit Rußland aufzubauen, aber gleichzeitig betont, daß Rußland kein Vetorecht gegen die NATO-Erweiterung eingeräumt werden dürfe. Das Auswärtige Amt und der Bundeskanzler nahmen anfangs eine vorsichtigere Haltung ein und hoben hervor, wie wichtig es sei, keine Schritte zu unternehmen, die Rußland provozieren würden, besonders während der Präsidentenwahlen von 1996. Auf einer Wehrkundetagung im Februar 1996 in München sprach sich Kohl dafür aus, in der Frage der Erweiterung wegen der psychologischen Wirkungen auf Rußland langsam vorzugehen, zumal Jelzin ernste und berechtigte Sorgen darüber hege, was die NATO-Erweiterung für Rußland bedeute.[45] Das Auswärtige Amt war hinsichtlich der NATO-Erweiterung skeptischer als das Verteidigungsministerium. Deutschland, das 1996 offener als die Vereinigten Staaten Jelzins Kandidatur unterstützte, war sich der Notwendigkeit bewußt, sein Interesse an der Stabilisierung Ostmitteleuropas gegen sein Interesse an der Stabilisierung Rußlands abzuwägen, und erkannte, daß sich der inhärente Widerspruch dieser Interessen zuspitzen würde, wenn Rußland von einer neuen europäischen Sicherheitsordnung ausgeschlossen bliebe. Zwar legte sich Kanzler Kohl hinsichtlich des Zeitplans noch nicht fest, doch war die Bundesregierung im Prinzip mit der NATO-Erweiterung einverstanden. Kohl selbst betrachtete sich als einen der wichtigsten Partner Jelzins im Westen und auch als Vermittler zwischen den Vereinigten Staaten und Rußland. Erst nachdem klar war, daß die NATO und Rußland einen eigenen Vertrag miteinander schließen würden – ein Schritt, den Kohl und Kinkel aktiv gefördert hatten –, gab es einen stärkeren deutschen Konsens in der Frage der NATO-Erweiterung.[46]

Bundeskanzler Kohl trug 1996 wesentlich dazu bei, Frankreichs Widerstand gegen die NATO-Erweiterung zu brechen. Durch seine Gespräche mit Staatspräsident Chirac erreichte er, flankiert von einem fortlaufenden französisch-deutschen Dialog, daß die Franzosen den Plan billigten, nachdem sie den Vereinigten Staaten in dieser Frage eine Abfuhr erteilt hatten. Kohl war auch eine Schlüsselfigur, als es 1997 darum ging, Jelzin zu überzeugen, die Grundakte des NATO-Rußland-Rates zu unterzeichnen. Sowohl Kohl als auch Clinton nutzten ihre engen Beziehungen zu Jelzin, um seine Bedenken zu zerstreuen. Beide unterhielten einen regen Telefonkontakt miteinander und mit Jelzin, dem sie wiederholt versicherten, der NATO-Rußland-Rat werde Rußlands Interessen dienlich sein. Dies war in der Tat ein Beispiel für das neue strategische Dreieck.[47]

Der Hauptgrund dafür, weshalb es in Deutschland keine öffentliche Debatte wie in den Vereinigten Staaten gegeben hat – alle großen Parteien, einschließlich vieler Grüner, waren für die NATO-Erweiterung –, bestand darin, daß Ostmitteleuropa in Deutschlands Hinterhof liegt und daß seine Probleme und sein Potential den Deutschen, die von den Geschehnissen in der Region direkt betroffen sind, viel besser bekannt sind als den Amerikanern, die davon nicht berührt sind. Außerdem ging die SPD, die wie andere linke Parteien in Europa die NATO während des Kalten Krieges kritisiert hatte, dazu über, sie geradezu begeistert zu unterstützen, als der Krieg in Bosnien an Schärfe zunahm und kein einziges europäisches Land bereit war zu intervenieren. Der außenpolitische Sprecher der SPD, Karsten Voigt, argumentierte, ohne eine NATO-Erweiterung werde Deutschlands Ostpolitik bilateralisiert werden und sich auf die deutsch-polnischen oder deutsch-tschechischen Beziehungen konzentrieren, was das Risiko in sich berge, daß durch Deutschlands selbstbewußtere Rolle weitere Spannungen in Europa entstünden. Es sei viel besser, die deutsche Ostpolitik in NATO-Strukturen einzubetten.[48] Durch den Fortbestand und die Ausdehnung der NATO werde außerdem gewährleistet, daß die europäische Sicherheitspolitik nicht wieder nationalen Interessen untergeordnet und die NATO schließlich in der Lage sein werde, neue Aufgaben zu übernehmen, die außerhalb ihres traditionellen Operationsgebiets liegen.[49] Tatsächlich ratifizierte der Bundestag den Beschluß über die NATO-Erweiterung, noch bevor dies 1998 der US-Senat tat.

Die russische Haltung zur NATO-Erweiterung war keineswegs ambivalent, sondern im Gegenteil kristallklar. Mit Ausnahme einiger weniger prowestlicher Intellektueller hat sich der Widerstand gegen sie seit Oktober 1993, als Jelzin widerrufen mußte, was er zwei Monate zuvor zum polnischen Staatspräsidenten Wałęsa gesagt hatte, auf das gesamte politische Spektrum ausgedehnt. Damals hatten die beiden Präsidenten in einer gemeinsamen Erklärung über den Entschluß Polens, der NATO beizutreten, gesagt, er sei »von einem souveränen Polen im Interesse der gesamteuropäischen Integration getroffen worden, die sich nicht gegen die Interessen anderer Staaten, einschließlich Rußlands, richtet«.[50] Nachdem Jelzin seine Meinung geändert hatte, faßte Außenminister Kosyrew die neue russische Haltung folgendermaßen zusammen: »Die Zukunft von Ostmitteleuropa liegt in seiner Umwandlung ... nicht in eine Art von Pufferzone, sondern in eine Brücke, die den Osten und den Westen des Kontinents miteinander verbindet.«[51] Kosyrews Nachfolger Jewgeni Primakow hielt mit seiner Kritik an der NATO-Erweiterung ebenfalls nicht hinter dem Berg und nannte sie einen Fehler, »wahrscheinlich den schwersten seit Ende des Kalten Krieges«. Und der Erste stellvertretende Verteidigungsminister Andrej Kokoschin bezeichnete sie als »inakzeptabel«: »Rußlands fester Standpunkt zur Erweiterung der NATO hat bereits Früchte getragen. Er hat in politischen Kreisen Deutschlands, Frankreichs und anderer Länder Kontroversen über diese Frage ausgelöst.«[52]

Der Widerstand gegen die NATO-Erweiterung kam sowohl von den Konservativen als auch von den Reformern in Rußland. Die Konservativen behaupteten, der Westen behandle Rußland wie eine »Neo-Bananenrepublik«. »Die NATO hat sich«, so Portugalow, »seit ihrer Gründung vor achtundvierzig Jahren nicht wesentlich geändert. Sie war, ist und bleibt ein gegen die Sowjetunion und jetzt gegen Rußland gerichtetes Militärbündnis sowie ein effizientes Instrument der amerikanischen Hegemonie in Europa.«[53] Die Staatsduma gründete im Januar 1997 eine Anti-NATO-Vereinigung mit der Begründung, die NATO-Erweiterung gefährde die Sicherheit und die nationalen Interessen Rußlands, da die westliche Militärmacht jetzt an Rußlands Grenzen stehen werde. Ziemlich einsam stand der Duma-Abgeordnete und ehemalige Finanzminister Boris Fjodorow da, der erklärte, Rußland solle seine Aufnahme in die NATO beantragen, statt sich zu beklagen.[54]

Kritik an der NATO-Erweiterung wurde jedoch genauso lautstark von seiten der Demokraten geäußert. Das ständig wiederkehrende Argument reformwilliger Russen lautete, daß sie unerwünschte innenpolitische Auswirkungen haben werde, da sie bei denen, die gewöhnt waren, die NATO als den Hauptgegner der UdSSR zu betrachten – vor allem unter den russischen Militärs und den reformfeindlichen Nationalisten – einen psychologischen Schock auslösen werde. Außerdem behaupteten Militärreformer, die NATO-Erweiterung werde negative Auswirkungen auf ihre Bemühungen haben, das russische Militär zu restrukturieren und personell abzubauen.[55]

Jelzins Rat für Außenpolitik und Verteidigung veröffentlichte im Sommer 1995 einen Bericht über die NATO, in dem betont wurde, daß es Rußlands primäres nationales Anliegen sei, wirtschaftliche, politische und soziale Stabilität zu erreichen, und »gerade von diesem – dem politisch-psychologischen – Gesichtspunkt aus betrachtet, widerspricht die Erweiterung der NATO den nationalen Interessen Rußlands«.[56] Doch während der Wahlkampagnen vor den Dumawahlen vom Dezember 1995 und den Präsidentenwahlen vom Juni 1996 ergaben Meinungsumfragen, daß die NATO-Erweiterung die meisten Russen nicht störte. Was sie wirklich beunruhigte, war ihre wirtschaftliche und soziale Lage und die zunehmende Kriminalität. Eine Umfrage im Februar 1997 zeigte, daß 49 Prozent der Russen der bevorstehenden NATO-Erweiterung gleichgültig gegenüberstanden und daß sich die Jüngeren darüber weniger Sorgen machten als die Älteren.[57] Bei der Empörung über die NATO-Erweiterung handelte es sich nicht um ein nationales Aufbegehren, sondern um eine Polemik innerhalb der Eliten.

Ein weiteres Argument, das in der Kritik sowohl der Konservativen als auch der Reformer immer wieder auftauchte, lautete, daß die NATO-Erweiterung nicht nur gegen den Geist, sondern auch gegen den Buchstaben des Vertrages über die Abschließende Regelung in bezug auf Deutschland verstieß. Alexander Lebed berief sich auf geheime Dokumente des Zentralkomitees der KPdSU, aus denen hervorgehe, daß Kohl Gorbatschow in Stawropol versprochen habe, die NATO »werde nicht absichtlich in Richtung Osten ausgedehnt werden«. Primakow machte geltend, daß Mitterrand, Baker und Hurd versprochen hätten, die NATO werde nicht in östlicher Richtung expandieren. Ein außenpolitischer Berater Jelzins und Leiter des Auslandsressorts eines großen Fernsehsenders zitierte im einzelnen Dokumente aus dem Archiv des Außenministeriums, welche zeigten, daß diesbezügliche Versprechungen nicht nur 1990, sondern auch 1991 gemacht worden waren. Am Ende der ausführlichen Zitate sagte er, die Lehre, die daraus gezogen werden müsse, sei die, »daß man so wichtige Fragen wie die Struktur der gesamteuropäischen Sicherheit nicht auf der Ebene mündlicher Zusagen und Vereinbarungen entscheiden darf, insofern dies die Gefahr politischer Krisen in sich birgt«.[58]

Ein ehemaliger Diplomat behauptete, die NATO-Erweiterung verstoße gegen Artikel 5 des im September 1990 geschlossenen Vertrages über die Abschließende Regelung in bezug auf Deutschland, wonach ausländische Streitkräfte und Atomwaffen nicht im östlichen Teil des Landes stationiert werden dürfen. Dies bedeute, daß NATO-Strukturen nicht in Richtung Osten verlagert werden dürften.[59] Einige westliche Diplomaten, vor allem der ehemalige amerikanische Botschafter in der UdSSR, Jack Matlock, unterstützten diese Behauptung. In dem Vertrag von 1990 war aber nicht ausdrücklich gesagt worden, daß sich die NATO nicht über die DDR hinaus ausdehnen dürfe, und die Sowjets gingen einfach davon aus, daß ihnen dies versprochen worden sei. So blieb die Verknüpfung der NATO-Erweiterung mit gebrochenen Versprechungen, die angeblich zur Zeit der deutschen Vereinigung gemacht worden waren, ein Brennpunkt der russischen Kritik, der mit dem umfassenderen Problem der angeblichen Nichterfüllung von Versprechungen in Verbindung gebracht wurde, die der Westen beim Anbruch der postkommunistischen Ära gemacht habe.

Die NATO-Rußland-Grundakte – eine neue Gelegenheit?

Sowohl die russische Kritik als auch der Widerstand in den Vereinigten Staaten und in anderen NATO-Ländern gegen die NATO-Erweiterung hatten Auswirkungen auf die Politik des Westens. Besorgt über das Wiedererstarken der Kommunisten in Rußland und empfänglich für die Warnung, die Erweiterung der NATO (oder »Anpassung«, wie sie jetzt genannt wurde) könne schädliche Folgen für die Beziehungen zu Rußland haben, konzentrierte sich die Regierung Clinton ab 1996 mit Unterstützung Deutschlands darauf, eine NATO-Rußland-Charta zustande zu bringen, die Rußland eine besondere Beziehung zur NATO – wenn auch in absehbarer Zeit keine Mitgliedschaft – zugestehen sollte. Rußlands Führung war von der Idee anfangs wenig angetan und beharrte auf dem Standpunkt, die NATO sei eine antiquierte Organisation, und eine solche Charta könne kein Trostpflaster für den Ausschluß Rußlands von der Mitgliedschaft in der neuen, erweiterten NATO sein. Im Herbst 1996 kam die russische Regierung widerstrebend zu dem Schluß, sie müsse die NATO-Erweiterung doch akzeptieren (obwohl sie das nicht öffentlich sagte) und versuchen, das Bestmögliche bei den Verhandlungen mit der NATO herauszuholen.

Während der acht Monate, in denen Jelzin nicht im Kreml weilte, nachdem er vor der letzten Runde der Präsidentenwahlen einen Herzanfall erlitten hatte, wurden bei der Ausarbeitung der Bedingungen eines NATO-Rußland-Vertrages praktisch keine Fortschritte erzielt, obwohl die deutsche und die amerikanische Regierung versuchten, den Prozeß voranzubringen. Die Amerikaner lobten Kohl für seine Bemühungen, Jelzin zu überzeugen. Aber in Abwesenheit des Präsidenten wollte niemand in der russischen Regierung das Risiko eingehen, ein Abkommen zu schließen, das erhebliche negative Rückwirkungen im Land haben konnte. Erst nachdem Jelzin in den Kreml zurückgekehrt war und sein neues Reformerteam ernannt hatte, begannen ernsthafte Verhandlungen. Wie der Westen erkannte, war es – um die Gefühle der Russen zu schonen – wichtig, Rußland durch einen Vertrag an die NATO zu binden, der ihm – anders als die PfP – besondere Bedingungen zubilligte. Das Hauptproblem bestand anfangs darin, daß Rußland außerstande war, konkrete Vorschläge für eine solche Charta zu machen. Russische Regierungsbeamte brachten sehr deutlich zum Ausdruck, was sie *nicht* wollten, waren aber meist nicht in der Lage zu sagen, *was* sie wollten. Darin spiegelte sich ein viel grundlegenderes Problem der russischen Außenpolitik – Moskaus Unfähigkeit, eine klare, zusammenhängende Politik zu formulieren.

Im Frühjahr 1997 gab Jelzin unter dem Einfluß von Tschubais und anderen Wirtschaftsreformern – denen mehr daran lag, den wirtschaftlichen Anschluß an den Westen zu finden, als sich über die NATO-Erweiterung zu streiten – seinem Außenminister grünes Licht dafür, mit der NATO die Charta auszuhandeln. Auf dem Helsinki-Gipfel im März 1997 überzeugte Clinton seine skeptischen russischen Gesprächspartner, daß ein Vertrag mit der NATO Rußland bedeutende Vorteile bringen könne. Jelzin und Primakow blieben jedoch weiterhin sehr kritisch gegenüber der NATO-Erweiterung und betonten, die Charta sei eine Frage, die nichts mit der Erweiterung zu tun habe. Während der monatelangen intensiven Verhandlungen reagierte Rußland auf eine zum größten Teil vom Westen festgelegte Agenda und mußte auf einige seiner ursprünglichen Forderungen verzichten, besonders darauf, daß die Charta rechtlich bindend sein sollte. Die Unterhändler der NATO waren erstaunt, wie leicht und rasch sie nach so vielen russischen Winkelzügen die Verhandlungen abschließen konnten. In dieser Hinsicht ähnelten sie denen über die deutsche Wiedervereinigung: Der Westen hatte mit sprunghaften, dann wieder verschlossenen russischen Verhandlungsführern zu tun, die sich am Ende sehr flexibel und pragmatisch verhielten und ihre ursprünglichen Forderungen fallenließen. 1989/90 mußte der Westen jedoch nur zwei Personen – Gorbatschow und Schewardnadse – überzeugen, während 1996/97 mehrere Gegenspieler beteiligt waren. Im Falle der NATO wurde der Zeitplan weitgehend von dem russischen Wunsch bestimmt, den Sieg davonzutragen und an einem NATO-Gipfel teilzunehmen, der demjenigen, zu dem die neuen ostmitteleuropäischen Mitglieder geladen werden sollten, vorausging und auf dem man neben den wichtigsten westlichen Führern Jelzin und Primakow feiern würde.[60]

Die »Grundakte über gegenseitige Beziehungen, Zusammenarbeit und Sicherheit zwischen der Nordatlantikvertrags-Organisation und der Russischen Föderation« wurde am 27. Mai 1997 in Paris unterzeichnet. Der Vertrag enthielt zum großen Teil die gleichen Formulierungen über Kooperation und die Lösung von Konflikten mit friedlichen Mitteln wie andere Abkommen, die nach dem Kalten Krieg geschlossen wurden. Die neuen Klauseln sahen Konsultationen und Zusammenarbeit im neuen Ständigen Gemeinsamen NATO-Rußland-Rat vor, der im NATO-Hauptquartier geschaffen werden sollte, wodurch Rußland ein Mitsprache-, aber kein Stimmrecht in NATO-Angelegenheiten erhielt. Der Gemeinsame Rat tagt monatlich auf Botschafterebene und mehr oder weniger häufig auf höherer oder niedrigerer Ebene. Die Grundakte umriß die Bereiche der künftigen Zusammenarbeit wie Krisenmanagement, präventive Diplomatie, gemeinsame Operationen, friedenssichernde Maßnahmen, Rüstungs- und Atomwaffenkontrolle sowie Katastrophensituationen. Es wurde betont, daß die NATO »keine Absicht, keinen Plan und keinen Grund« habe, Atomwaffen auf dem Territorium neuer Mitglieder zu stationieren oder ihre nukleare Politik zu ändern. Beide Seiten wurden außerdem verpflichtet, bei der Revision des Vertrages über die konventionellen Streitkräfte in Europa zusammenzuarbeiten, und die NATO versicherte, im Verteidigungsfall Verstärkungstruppen zu entsenden, statt umfangreiche Kampfverbände in neuen Mitgliedsstaaten zu stationieren.[61]

Die Grundakte stellte also einen Kompromiß dar zwischen der NATO, die sich anfangs nicht hatte verpflichten wollen, keine Atomwaffen oder Kampfverbände in den neuen Mitgliedsstaaten zu stationieren, und Rußland, das eine rechtlich bindende Erklärung in diesem Sinne angestrebt hatte. Jelzin beschrieb die Übereinkunft als einen »Sieg der Vernunft«, obwohl er auch sagte: »Rußland schätzt die Expansionspläne der NATO noch immer negativ ein.«[62] Bundeskanzler Kohl meinte, das Abkommen eröffne ein neues Kapitel der europäischen Geschichte, und Verteidigungsminister Rühe bezeichnete es als »revolutionäre Veränderung« in Europa. Kurz darauf schloß auch die Ukraine einen Vertrag mit der NATO, der ihre Sicherheit vor möglichen russischen Gegenmaßnahmen nach einer NATO-Erweiterung erhöhen sollte.

Die russischen Kommentare zur Grundakte und zu den Ereignissen, die dazu führten, waren, wie zu erwarten, gemischt und widersprüchlich. Die *Iswestija* gab wieder, was Beamte des Außenministeriums erklärt hatten: »Wir haben alles bekommen, was wir gewollt haben«, und zitierte vertrauliche Dokumente, die zeigten, daß die NATO Rußland »maximale Konzessionen« gemacht habe. Aber Andranik Migranjan, ein Kritiker Jelzins, obwohl er dem Rat für Außenpolitik und Verteidigung angehörte, verglich die Grundakte mit so schicksalhaften Ereignissen wie dem Wiener Kongreß, Versailles und Jalta, weil sie ein bestimmtes Kräfteverhältnis – in diesem Fall das postkommunistische – in einer Zeit einfror, in der Rußland sehr schwach war, und weil sie Rußlands künftige Beziehungen zu seinen GUS-Nachbarn gefährdete. Und der Kommunistenführer Gennadi Sjuganow meinte: »Dies ist eher ein Vertrag über eine vollständige Kapitulation als ein Abkommen.«[63] Die meisten Kritiker nutzten die Gelegenheit, um Jelzin und seiner neuen Mannschaft vorzuwerfen, sie hätten der NATO zu große Zugeständnisse gemacht. Aber der ehemalige Ministerpräsident Jegor Gaidar gratulierte Clinton: »Er hat es geschafft, das scheinbar Unmögliche fertigzubringen: die NATO-Erweiterung durchzusetzen, ohne den demokratischen Elementen im politischen Establishment Rußlands oder den amerikanisch-russischen Beziehungen irreparablen Schaden zuzufügen.«[64]

Wenige Wochen nach Unterzeichnung der Grundakte beschloß die NATO auf ihrem Madrider Gipfeltreffen am 8. Juli 1997, bis 1999 – fünfzig Jahre nach ihrer Gründung – die »erste Tranche« von drei neuen Mitgliedern, Polen, die Tschechische Republik und Ungarn, aufzunehmen. Dadurch rückten die äußeren Grenzen des Bündnisses 700 Kilometer weiter nach Osten. Rußland entsandte eine unbedeutende Delegation zu der Konferenz. Nach all den Auseinandersetzungen und dem Lärm im Vorfeld wirkte die Tagung etwas ernüchternd, zumal in letzter Minute noch darum gestritten wurde, ob nicht auch Slowenien und Rumänien aufgenommen werden sollten. Diese Position wurde von Frankreich vertreten, aber von einigen anderen NATO-Mitgliedern nicht unterstützt. Die Vereinigten Staaten verwarfen den Vorschlag aus mehreren Gründen, unter anderem auch, um Rußland nicht noch mehr zu reizen. Deutschland war über die Zulassung neuer Mitglieder geteilter Meinung. Ein weiteres Quidproquo für Rußland war die Einladung zum G8-Gipfel in Denver, wo ihm eine fast vollwertige Mitgliedschaft im Klub und in anderen westlichen Finanzinstitutionen versprochen wurde. So konnten die russischen Wirtschaftsreformer, die mehr an der G8 als an der NATO interessiert waren, Ende 1997 auf einen gewissen Erfolg verweisen.

Hinsichtlich der Rolle Rußlands in Europa im neuen Jahrhundert lautete die Hauptfrage, in welcher Weise es am neuen NATO-Rußland-Rat beteiligt sein und wieviel es in NATO-Angelegenheiten zu sagen haben würde. Die »zweite Tranche«

der Erweiterung, besonders die Frage, ob die baltischen Staaten Mitglied der NATO werden, wird Rußland ebenfalls beschäftigen. Da in absehbarer Zeit nicht damit zu rechnen war, daß irgendwelche neuen Organisationen für Fragen der europäischen Sicherheit geschaffen würden, führte der nächste Weg zu einer Partnerschaft mit dem Westen über seine Rolle in der neuen NATO. Rußland hatte jetzt Gelegenheit, eine aktivere und positivere Rolle bei europäischen Entwicklungen zu spielen, selbst wenn es kein NATO-Mitglied war; es war zum größten Teil Sache der russischen Regierung, die flexible – aber noch vage – NATO-Rußland-Grundakte voll zu nutzen. Eine aktive Teilnahme erforderte, mehr Personal in NATO-Angelegenheiten zu schulen und innerhalb der Regierung – zwischen den verschiedenen Ministerien und Jelzins Stab für nationale Sicherheit – einen Konsens über Rußlands Ziele im Gemeinsamen Rat herbeizuführen. Rußland könnte dort rein theoretisch eine weitgehend obstruktive Rolle spielen und versuchen, die weitere Expansion der NATO oder die Erweiterung ihrer Rolle in Bosnien oder im Kosovo zu blockieren, oder es könnte weitgehend passiv bleiben und den Rat überhaupt nicht nutzen. Aber wenn es eine aktivere Rolle spielen wollte, so gäbe es eine Reihe von Themen, bei denen es von einer Kooperation profitieren könnte: bei der Durchführung von PfP-Aktivitäten, bei der Verbesserung der Bedingungen für die gegenseitige Zusammenarbeit, bei der gemeinsamen Friedenssicherung in der GUS und anderswo, bei der Standardisierung von Waffensystemen oder bei den künftigen Aktivitäten in Bosnien und im Kosovo.

Rußland könnte das Forum auch nutzen, um umfassendere Fragen der Rüstungskontrolle und die Erweiterung seiner Mitsprache in europäischen Angelegenheiten zu diskutieren. Manche dieser Fragen wurden bereits in den »Sechzehn-plus-Eins«-Tagungen der NATO und Rußlands aufgegriffen, die der Grundakte vorausgingen, und es gibt viele Bereiche, in denen Rußland und die NATO de facto bereits zusammengearbeitet haben. Letzten Endes aber wird Rußlands Bereitschaft und Fähigkeit, die von der NATO gebotene Möglichkeit einer umfassenden Teilnahme an der Regelung europäischer Angelegenheiten zu nutzen, von den innenpolitischen Entwicklungen abhängen, besonders von den Ergebnissen seiner ehrgeizigen Pläne für eine Militärreform, die durch die Frage der Finanzierbarkeit gefährdet ist. Dies ist die erste wirkliche Chance, die Rußland seit der Vereinigung Deutschlands und dem Kollaps des Kommunismus erhalten hat, um eine aktive Rolle in Europa zu spielen. Es kann sie beim Schopfe ergreifen oder ungenutzt verstreichen lassen. Paradoxerweise ist dies die erste Gelegenheit für Rußland, eine Rolle in bezug auf die postkommunistische europäische Sicherheit zu spielen, die dem nahekommt, was Gorbatschow ursprünglich von der deutschen Vereinigung erwartet hatte, obwohl sicherlich nicht in der Form, die er sich vorgestellt hatte.

Längerfristig könnte eine aktive russische Teilnahme Auswirkungen auf Entwicklungen innerhalb der NATO selbst haben, obwohl weder die jetzigen noch die künftigen Mitglieder gewillt sind, Rußland ein Vetorecht einzuräumen. Aber die weitere Vergrößerung der NATO um die baltischen Staaten oder sogar die Ukraine sowie die künftige NATO-Reform sind Fragen, an denen Rußland ein großes Interesse hat. Es ist nicht undenkbar, daß es eines Tages selbst der NATO beitritt, die dann allerdings ganz anders aussehen wird als am Ende des 20. Jahrhunderts.

Rußland, Deutschland und das Kosovo

Durch den Bombenkrieg der NATO gegen Serbien, der der NATO-Erweiterung auf dem Fuße folgte, gerieten die Beziehungen Rußlands zu seinen westlichen Partnern in eine ernste Krise. Obwohl sich der Hauptzorn Moskaus gegen die Vereinigten Staaten richtete, waren die starke deutsche Unterstützung des Luftkriegs und die aktive Teilnahme von Bundeswehreinheiten eine große Enttäuschung für die russische Führung, die geglaubt hatte, die Haltung einer rot-grünen Regierung zur Anwendung von Gewalt würde sich von der Haltung der CDU/CSU-FDP-Regierung unterscheiden. Der Kosovo-Konflikt erhellte zwei unangenehme Tatsachen: Rußlands unbedeutende Rolle bei den Entscheidungen über europäische Fragen hinsichtlich einer Region, die vom Kreml noch als russische Interessensphäre angesehen wurde, sowie die Unterstützung von Moslems gegen orthodoxe Christen durch die NATO. Obwohl der Grad der russischen Empörung weitgehend Ausdruck der allgemeinen Unzufriedenheit innerhalb Rußlands war, veranlaßte sie Deutschland, eine Beteiligung Rußlands an den Bemühungen zur Lösung des Kosovo-Problems aktiv zu fördern. Dennoch war klar, daß Rußland nur einen begrenzten Einfluß auf Milošević besaß. Als die Bombardierungen aufhörten, wurde Rußland an den internationalen Friedenstruppen beteiligt, aber mit einer Ambivalenz, die einerseits Rußlands Unfähigkeit zum Ausdruck brachte, eine hinreichend einsatzfähige Truppe bereitzustellen, und andererseits die Zweifel der NATO daran verdeutlichte, inwieweit die russischen Truppen wirksam zur Schaffung und Sicherung des Friedens beitragen konnten. Der Kosovo-Konflikt erhellte schlaglichtartig sowohl die begrenzte Fähigkeit Rußlands, eine konstruktive Rolle in Europa zu spielen, als auch die begrenzte Fähigkeit der politischen Klasse Rußlands, sich vorzustellen, was es bedeutet, nach dem Untergang des Kommunismus eine europäische Macht zu sein. Dazu George Kennan, der erfahrene Rußlandexperte: »Gerade weil sie jetzt keine militärische Großmacht mehr sind, befürchten sie, daß die übrige Welt vergessen wird, daß sie ein großes Volk sind.«[65]

Das Kosovo-Problem hatte sich entwickelt, seit Jugoslawien 1990 zerfallen war. Unter Tito war das hauptsächlich von Albanern bewohnte Kosovo eine autonome Provinz innerhalb der Teilrepublik Serbien gewesen. Dies hatte es der dortigen Bevölkerung ermöglicht, mit den Serben im jugoslawischen Staatsverband friedlich zusammenzuleben. Nachdem Slobodan Milošević in Belgrad an die Macht gekommen war, appellierte er an die nationalistischen Gefühle der Serben, beendete die Autonomie des Kosovo und betrieb eine diskriminierende Politik gegen die albanische Bevölkerung. 1998 ging er zu einer systematischen ethnischen Säuberung des Kosovo über und begann den albanischen Bevölkerungsteil zu terrorisieren. Unter Berücksichtigung der Erfahrungen, die die NATO mit Milošević gemacht hatte, als sie mit ihm das Dayton-Abkommen aushandelte, das Bosnien Frieden brachte, führte die Allianz in Rambouillet Verhandlungen mit der serbischen Führung mit dem Ziel, die Autonomie des Kosovo wiederherzustellen und den ethnischen Säuberungen ein Ende zu bereiten.

Rußlands Haltung zu den Verhandlungen in Rambouillet war, daß es eine friedliche Lösung der Krise mit Miloševićs Zustimmung befürwortete, aber die Anwendung von Gewalt gegen die Serben ablehnte.[66] Mitte März waren die Verhandlungen gescheitert, und die NATO gab ihre Absicht bekannt, Luftschläge gegen Serbien durchzuführen. Die Luftangriffe, an denen die deutsche Luftwaffe teilnahm, lösten eine Flüchtlingswelle aus und verursachten schwere Schäden in Serbien und im Kosovo. Die Bombardierungen dauerten siebzig Tage; der Ruf nach dem Einsatz von Bodentruppen, der sich in verschiedenen NATO-Ländern erhob, wurde während dieser Zeit stets abgelehnt. Schließlich verhandelte der finnische Staatspräsident Martti Ahtissari, unterstützt vom ehemaligen russischen Ministerpräsidenten Viktor Tschernomyrdin, mit Milošević über eine Friedensregelung, die die Beendigung der ethnischen Säuberungen, den Abzug der serbischen Truppen aus dem Kosovo und die Entsendung internationaler Friedenstruppen der NATO in das Kosovo vorsah. Zwar erhielt Rußland keinen eigenen Sektor zur Friedenssicherung zugewiesen, doch sollten russische Truppen einen Teil des deutschen Sektors übernehmen. Am 3. Juni war der Krieg beendet.

Rußland reagierte anfangs äußerst kritisch auf die Bombardierungen. Es hatte darauf aufmerksam gemacht, daß es sich dem Einsatz von Gewalt durch die NATO widersetzen werde, zumal sie nicht von den Vereinten Nationen sanktioniert sei. Die russische Regierung brach sofort ihre über den Ständigen

Gemeinsamen Rat bestehenden Kontakte zur NATO ab. Die dramatischste – und unerwartete – russische Reaktion war der anschwellende Protest in der Bevölkerung. Zum ersten Mal seit dem Ende des Kommunismus fanden Massendemonstrationen auf den Straßen Moskaus statt, die US-Botschaft wurde durch Steine und sogar Bazookas beschädigt, und keineswegs alle Demonstranten waren ehemalige oder jetzige Kommunisten. Obwohl die Bombardierungen eine Aktion der NATO waren, richtete sich ein großer Teil des Volkszorns gegen die Amerikaner. »Wir werden die nächsten sein«, so lautete die Losung. »Wenn die NATO heute Belgrad bombardiert, warum nicht morgen auch Moskau?« Die Mißbilligung des Krieges erstreckte sich über das gesamte politische Spektrum, von Schirinowski bis Alexander Solschenizyn. Junge Russen meldeten sich als Freiwillige, um auf serbischer Seite zu kämpfen. Präsidentschaftskandidat Alexander Lebed beschwor Rußlands lange Freundschaft mit Serbien und sagte über das Verhältnis zwischen den Vereinigten Staaten und Rußland: »Es ist die Beziehung zwischen Herr und Hund.«[67] Juri Luschkow, ein weiterer Präsidentschaftskandidat, warnte vor einem »dritten Weltkrieg«, der ausbrechen könne, wenn die NATO Bodentruppen entsende.[68]

Den harten Worten folgten jedoch keine Taten. Bald nachdem die NATO erkannt hatte, daß sie die russische Reaktion falsch eingeschätzt hatte, machte sich Deutschland dafür stark, Rußland an der Konfliktlösung zu beteiligen, ein Standpunkt, der von den Vereinigten Staaten unterstützt wurde. Jelzin ernannte Tschernomyrdin zu seinem Chefunterhändler, und fortan reiste der russische Emissär zwischen Moskau, Belgrad, Bonn und Washington hin und her. Trotzdem wurden die Beziehungen Rußlands zum Westen, besonders zu den Vereinigten Staaten, durch den Kosovo-Krieg außerordentlich belastet. Teils galten die Reaktionen der Bevölkerung dem Konflikt selbst, teils gingen sie auf ein Gefühl der Demütigung zurück, weil die russischen Ansichten zum Kosovo ignoriert worden waren. Die Reaktionen waren aber auch zu einem erheblichen

Teil der Kulminationspunkt jahrelangen Ärgers über die Regierung, weil die wirtschaftliche Lage sich nicht verbessert hatte und die Erkenntnis sich ausbreitete, daß Rußland von einer kleinen Gruppe korrupter Leute regiert wurde, die die Bevölkerung in die Armut gestürzt hatte. Die Kritik am Westen richtete sich daher teilweise gegen die eigene Regierung. Diese wiederum kritisierte die NATO-Aktionen, spielte aber auch die Rolle des Vermittlers. Im April 1999 glänzte Rußland durch Abwesenheit beim Washingtoner Gipfel, auf dem die NATO ihr fünfzigjähriges Jubiläum feierte und Polen, Ungarn sowie die Tschechische Republik als Mitglieder aufnahm. Während die GUS-Partner Rußlands eifrig neue PfP-Aufgaben übernahmen, blieb Moskau der Tagung aus Protest fern. Zwar wurden die Beziehungen zur NATO nach dem Ende des Kosovo-Krieges wiederhergestellt, doch war Rußlands Isolierung von den wichtigsten Entscheidungen nicht zu übersehen.

Der Kosovo-Konflikt war der erste außenpolitische Testfall für die neue Bundesregierung. In Anbetracht der pazifistischen Grundeinstellung der Grünen und von Teilen der SPD war sich niemand sicher, welche Haltung die Regierung zur Anwendung von Gewalt einnehmen würde. Obwohl Deutschland unter Helmut Kohl seinen früheren Standpunkt geändert hatte, wonach Soldaten der Bundeswehr nicht in Gebieten eingesetzt werden durften, die von der Wehrmacht besetzt gewesen waren, gingen die Meinungen von SPD und Grünen darüber scharf auseinander, wo die Bundeswehr legitimerweise eingesetzt werden durfte. Die ethnischen Säuberungen, die Milošević durchführen ließ, und die Tatsache, daß er den Kosovaren ihre Bürger- und Menschenrechte verweigerte, wurden dann jedoch in einen moralisch-humanitären Kontext gestellt, was dazu führte, daß die früheren Bedenken, Gewalt anzuwenden, fallengelassen wurden. Man könnte fragen, wie die Grünen und die SPD auf die Kosovo-Krise reagiert hätten, wenn sie in der Opposition und nicht an der Macht gewesen wären. Tatsache aber ist, daß sowohl Joschka Fischer als auch Gerhard Schröder während des gesamten Konflikts eine konsequente, grundsatztreue Haltung einnahmen, was von der Außenwelt mit Erstaunen, Befriedigung (vom Standpunkt der NATO) und Bestürzung (im Falle Rußlands) zur Kenntnis genommen wurde. Wie Bundesverteidigungsminister Rudolf Scharping betonte, hatte Deutschland keine andere Wahl, »eine humanitäre Katastrophe« im Kosovo zu verhindern.[69]

Als der Krieg vorbei war, schrieb Bundeskanzler Schröder in einem Artikel, daß Deutschland gut beraten sei, »sich selbst als eine große Macht in Europa zu sehen – wie es unsere Nachbarn längst tun – und seine Außenpolitik entsprechend auszurichten, um sie im Rahmen der europäisch-atlantischen Strukturen zu verfolgen«.[70] Ein Jahrzehnt nach dem Fall der Berliner Mauer hatte das geeinte Deutschland viele Nachkriegshemmungen gegen Gewaltanwendung überwunden. Der Kosovo-Konflikt zeigte, daß es »eine normale Militärmacht« geworden war.[71] Es bedurfte einer rot-grünen Regierung, um Deutschland von den selbst auferlegten Zwängen des Kalten Krieges zu befreien, auch wenn zur Rechtfertigung humanitäre Gründe angeführt wurden.

Während Deutschland den Bombenkrieg unterstützte, erkannte es auch, wie wichtig es war, Rußland in die Lösung des Konflikts einzubeziehen, zumal nach der anfänglich feindseligen Reaktion der Russen. Als Ministerpräsident Primakow einige Tage nach dem Beginn der Bombardierungen Bonn besuchte, verhielt sich Gerhard Schröder ziemlich abweisend gegenüber dessen Vermittlungsbemühungen bei Milošević.[72] Dennoch teilte er Jelzin mit: »Gerade in schwierigen Zeiten erhalten gute Beziehungen zwischen Moskau, Bonn und Europa eine besondere Bedeutung.«[73] Während des Krieges koordinierte Deutschland seine Bemühungen, Rußland an der Lösung des Konflikts zu beteiligen, mit den Vereinigten Staaten, die ebenfalls umfangreiche Kontakte zu den russischen Vermittlern unterhielten. Als Fischer im April einen Friedensplan präsentierte, der auch eine Feuerpause vorsah, stieß er bei den Amerikanern auf Ablehnung; die Spannungen zwischen den USA und Deutschland wegen dieses EU-Plans waren deutlich zu spüren.[74] Es herrschte jedoch eine allgemeine transatlantische Übereinstimmung darüber, daß Rußland Teil der Lösung sein müsse. Als sich der Konflikt zuspitzte, wurde auch die G8 in die Friedensbemühungen einbezogen. Sie stellte ein multilaterales Forum unter Beteiligung Rußlands dar. Tschernomyrdin pendelte weiterhin zwischen Belgrad, Europa und den Vereinigten Staaten hin und her, und es kursierten Gerüchte über Konflikte zwischen ihm und Außenminister Igor Iwanow. Dieser bekannte sich zu »gewissen Meinungsverschiedenheiten«.[75] Es gab vielfältige Kommunikationskanäle zwischen den Deutschen und ihren beiden wichtigsten russischen Gesprächspartnern, aber die Deutschen waren sich sowohl der Schwierigkeiten, wichtige außenpolitische Fragen mit Moskau zu koordinieren, als auch der Rivalität zwischen den verschiedenen politischen Lagern, die von Iwanow und Tschernomyrdin vertreten wurden, bewußt.

Sobald der Krieg vorbei war, wurde der Mangel an Koordinierung noch offensichtlicher. Den europäischen Hauptmächten wurde im Kosovo jeweils ein Sektor zugewiesen, den sie besetzen und in dem sie den G8-Friedensplan umsetzen sollten. Die Russen bekamen zwar keine eigene Zone, hätten aber ihre Truppen gern in die deutsche Zone entsandt. Da Rußland nicht am Bombenkrieg teilgenommen hatte und der NATO nicht angehörte, fragten sich manche, ob man es überhaupt mit einer Aufgabe betrauen sollte, aber Deutschland blieb dabei, daß dies ein Mittel sei, Moskau in den Friedensprozeß einzubinden. Noch ehe die NATO-Truppen ihre Stellungen bezogen hatten, wurden zweihundert russische Soldaten eiligst von Bosnien aus in Marsch gesetzt, um den Flughafen von Priština zu besetzen, was beinahe einen ernsten internationalen Zwischenfall verursacht hätte. Der russische Verband handelte ohne eine entsprechende Vereinbarung, die ihm dieses Vorgehen erlaubt hätte, und es kam zum Disput zwischen dem amerikanischen NATO-Befehlshaber und seinen europäischen Kollegen darüber, wie streng diese Aktion geahndet werden sollte. Am Ende wurde die Krise beigelegt. Es war nicht klar, inwieweit diese Truppen auf Anweisung des sowjetischen Außenministeriums gehandelt hatten. Schließlich fanden sie einen Modus vivendi mit den NATO-Truppen, allerdings begegneten ihnen die Kosovo-Albaner mit größtem Mißtrauen.

Als Joschka Fischer gefragt wurde, ob Rußland durch den Kosovo-Konflikt in die europäische Politik zurückgekehrt sei, antwortete er: »Rußland ist ebenfalls eine eigene Gewichtsklasse, wenn auch von anderer Art als die USA. Letztlich ist der diplomatische Erfolg aus der Dreieckskonstellation entstanden, dem Zusammenwirken von USA, Rußland und Europa.«[76] Fischer urteilte vielleicht ein wenig großzügig. Obgleich Rußland bei der Friedensstiftung eine Rolle spielte, war sein Gesamtbeitrag zur Lösung des Konflikts bescheiden. Der Fall Kosovo warf ein Schlaglicht sowohl auf die wachsende Stärke Deutschlands als europäische Großmacht als auch auf Rußlands begrenzte Rolle in Europa. Ein Jahrzehnt nach der Wiedervereinigung besaß Deutschland viel mehr Einfluß auf die europäische Sicherheit als Rußland. Es erkennt aber auch die Gefahren einer Marginalisierung Rußlands in Europa. Die Aufgabe Berlins und seiner Verbündeten besteht jetzt darin, kreative Wege zu finden, um ein geschwächtes Rußland so in die europäische Sicherheitsarchitektur einzubeziehen, daß die Stabilität in Europa gestärkt und nicht bedroht wird. Ein Jahrzehnt nach dem Ende des Kalten Krieges, in dem die sowjetische Stärke das ganze politische und militärische Denken beherrschte, geht die Gefahr für Europa nicht von russischer Stärke, sondern von russischer Schwäche aus.

Alternativen

Vom russischen Standpunkt aus betrachtet, ist die OSZE für die Regelung der europäischen Sicherheit viel geeigneter als die NATO, und zwar aus dem einfachen Grund, daß Rußland und die Vereinigten Staaten dort auf gleicher Stufe stehen. Auch Deutschland hat betont, daß die OSZE – eine gesamteuropäische Institution, der Rußland und die anderen postsowjetischen Staaten angehören – eine wichtige Organisation bleibt, die sich mit der europäischen Sicherheit, insbesondere mit ethnischen Konflikten, befassen muß. In der Tat ist man im Auswärtigen Amt zum Teil der Auffassung, daß nach dem Untergang des Kommunismus nicht genug getan wurde, um die OSZE als eine ernstzunehmende Organisation für die Regelung der Fragen der europäischen Sicherheit aufzuwerten. Dies war zum großen Teil auf die amerikanische Skepsis in bezug auf deren Wirksamkeit zurückzuführen. Die Unfähigkeit der OSZE, in Jugoslawien zur Entschärfung der Krise beizutragen, verstärkte diese Skepsis. Im Dezember 1994 beschloß die OSZE, ihren konsultativen Mechanismus zu stärken und ihr operatives Mandat zu klären. Sie strebt nach mehr Macht in bezug auf die Organisation und Kontrolle friedenssichernder Missionen unter Verwendung von Truppen der Mitgliedsstaaten.

Moskau befürwortete lautstark eine Aufwertung der OSZE als Alternative zur NATO-Erweiterung. Was Rußland betraf, so konnte ihm eine aufgewertete OSZE einen gewissen Einfluß auf die Sicherheitsarrangements in Europa zubilligen und gleichzeitig seine Rolle als Hauptakteur in Fragen der GUS-Sicherheit bekräftigen. Doch auf der Tagung vom Dezember 1994 wurde den Plänen Rußlands, der OSZE eine größere Rolle zuzugestehen, eine Abfuhr erteilt. Eine Organisation, die dreiundfünfzig Mitglieder hat, fast eine Milliarde Menschen vertritt und die Definition Europas auch auf mittelasiatische Staaten ausgedehnt hat, wobei jeder Mitgliedsstaat das gleiche Stimmrecht besitzt, kann gewiß nicht genauso effektiv sein wie eine kleinere, integrierte Militärorganisation nach Art der NATO. Rußland hat sich wiederholt dafür ausgesprochen, die OSZE zu reorganisieren und mit einem Direktorat zu versehen, das ähnlich wie der Sicherheitsrat der Vereinten Nationen aus den wichtigsten Mitgliedern besteht und sich um die laufenden Angelegenheiten kümmert. Dies würde es ihr ermöglichen, effizienter zu handeln als in der jetzigen Situation, in der Malta das gleiche zu sagen hat wie die Vereinigten Staaten oder Rußland. Offiziell haben sich die USA und ihre europäischen Verbündeten die Idee eines OSZE-Direktorats nicht zu eigen gemacht, doch Experten auf beiden Seiten des Atlantiks diskutieren noch über ihre Zweckmäßigkeit. Ein Ersatz für die NATO wäre die OSZE aber damit noch nicht.[77]

Die zweite große – und wohl auch wichtigste – Institution, die einen bedeutenden Beitrag zur Stabilisierung Ostmitteleuropas leisten könnte, ist die Europäische Union. Deutschland übernahm hier die Führung, indem es auf die rasche Erweiterung der EU unter Einschluß der Višegrád-Staaten drängte, weil es erkannte, daß die EU einen bedeutenderen Beitrag zur Stabilisierung Ostmitteleuropas leisten könnte als die NATO. Als es in der zweiten Jahreshälfte 1994 die EU-Präsidentschaft innehatte, versprach es, diesem Ziel Vorrang einzuräumen. Mehrere Faktoren hinderten Deutschland jedoch daran, seinen Plan zu verwirklichen. Frankreich und die südlichen EU-Staaten waren gegen eine baldige Aufnahme der Višegrád-Staaten, weil sie befürchteten, ihre eigenen wirtschaftlichen Probleme würden im Fall eines raschen Beitritts dieser Länder vernachlässigt werden. Ein weiterer Stolperstein war die Weigerung der EU, ihre Märkte für Erzeugnisse dieser Region zu öffnen. Auf ihrem Luxemburger Gipfel im Dezember 1997 einigte sich die EU endlich über die Modalitäten ihrer Erweiterung um bis zu elf Mitglieder irgendwann zu Beginn des neuen Jahrhunderts. Polen, die Tschechische Republik, Ungarn, Slowenien, Estland und Zypern sind die Kandidaten der ersten Runde. Oberflächlich betrachtet, sollte sich Rußland wegen der EU-Erweiterung weniger Sorgen machen als im Fall der NATO-Erweiterung, weil die EU keine Militärstrukturen hat. Sollte aber das östliche Mitteleuropa voll in die EU integriert werden, während Rußland weitgehend außen vor bliebe, so könnte es verärgert darauf reagieren, daß ihm die wirtschaftlichen Vorteile, deren sich seine früheren RGW-Partner jetzt erfreuten, vorenthalten bleiben.

Rußlands langsame Integration in europäische Strukturen

beschleunigte sich im Februar 1996, als es trotz der Zweifel, die einige Mitglieder wegen seines Verhaltens in Tschetschenien hegten, Vollmitglied des Europarates wurde. Dies brachte die offizielle Verpflichtung mit sich, Maßnahmen zur Demokratisierung und Wahrung der Menschenrechte zu treffen, um den Normen des Rates zu entsprechen, und dies gab russischen Politikern Gelegenheit, am umfassenden europäischen Dialog über Demokratisierung teilzunehmen.[78] Rußland ist auch näher an die EU herangerückt, obwohl es seinen Vertrag mit ihr noch nicht voll genutzt hat. Während für Moskau die wirtschaftliche Seite der Beziehungen von überragender Bedeutung ist, so ist die EU mehr an der politischen Seite interessiert und verhält sich in der Frage der Wirtschaftsbeziehungen zurückhaltender. Schließlich beträgt der Anteil des Außenhandels der EU mit Rußland nur drei Prozent, wohingegen der Anteil des russischen Außenhandels mit der EU bei annähernd vierzig Prozent liegt. Rußland möchte, daß die EU ihre Märkte rascher öffnet; diese wiederum fürchtet sich vor einem russischen Protektionismus. Bislang hat das Abkommen, das zwischen der EU und Rußland geschlossen wurde, einen Rahmen für verbesserte Beziehungen, aber noch nicht für eine Partnerschaft geschaffen, und Rußland hat im Unterschied zu den Ländern Ostmitteleuropas keine Aussicht, Mitglied der EU zu werden.[79]

Als die neue deutsche Regierung in der ersten Jahreshälfte 1999 die Präsidentschaft der EU übernahm, konzentrierte sie sich entsprechend ihrer Strategie der stärkeren Einbindung Rußlands in europäische Strukturen darauf, die Rußlandpolitik der EU neu zu beleben. Gerhard Schröder hielt im Februar 1999 ein EU-Gipfeltreffen in Moskau ab, auf dem er, EU-Präsident Jacques Santer und Präsident Jelzin eine Reihe von Themen erörterten, darunter die Wiederbelebung des Partnerschafts- und Kooperationsabkommens zwischen der EU und Rußland.[80] Ministerpräsident Primakow räumte ein, daß viele russische Experten vor zwanzig Jahren nicht geglaubt hätten, daß die europäische Integration irreversibel sein würde. Heute würden sie erkennen, wie stark sie wirklich ist.[81]

Deutschland war maßgeblich an der Ausarbeitung der »Gemeinsamen Strategie der Europäischen Union für Rußland« beteiligt, die gegen Ende der deutschen Präsidentschaft verabschiedet wurde. Sie war das Ergebnis komplizierter Verhandlungen zwischen den EU-Mitgliedsstaaten und stellte den ersten Versuch dar, eine gemeinsame Politik zu kodifizieren, die über das Partnerschafts- und Kooperationsabkommen hinausging. Das Verhältnis zwischen beiden Seiten hatte sich seit Unterzeichnung des Abkommens im Jahre 1994 nur sehr langsam entwickelt, da hier wie dort eine ambivalente Haltung vorherrschte. In dem neuen Dokument heißt es eingangs unter der Überschrift »Vorstellungen der Europäischen Union über die zukünftige Gestaltung der Partnerschaft mit Rußland«: »Ein stabiles, demokratisches und prosperierendes Rußland, das fest in einem geeinten Europa ohne neue Trennungslinien verankert ist, ist essentiell für einen dauerhaften Frieden auf dem Kontinent.«[82] Weiterhin hat sich die Europäische Union zwei klare strategische Ziele gesetzt:

- Eine stabile und offene pluralistische Demokratie in Rußland, die rechtsstaatlichen Grundsätzen verpflichtet ist und der Untermauerung einer prosperierenden Marktwirtschaft dient, aus der die Menschen in Rußland und in der Europäischen Union gleichermaßen Nutzen ziehen.
- Wahrung der Stabilität in Europa, Förderung der weltweiten Sicherheit und Antwort auf die sich dem Kontinent stellenden gemeinsamen Herausforderungen durch verstärkte Zusammenarbeit mit Rußland.[83]

Das Dokument sieht die Schaffung einer Freihandelszone zwischen der EU und Rußland als ein wichtiges Ziel an. Dies ist zugleich eines der Hauptziele Rußlands.

Die EU bezeichnet die Festigung der Demokratie, die Einbeziehung Rußlands in einen gemeinsamen Wirtschafts- und Sozialraum und die Stärkung von Stabilität und Sicherheit in Europa durch jene Organisationen, denen Rußland angehört, nämlich die Vereinten Nationen und die OSZE, als ihre Hauptziele. Sie will mit Rußland »bei gemeinsamen Herausforderungen«, etwa in Fragen der Energiepolitik, der nuklearen Sicherheit, des Umweltschutzes, der organisierten Kriminalität, des Menschen- und Drogenhandels sowie der illegalen Einwanderung kooperieren und betont dabei die Bedeutung einer regionalen und grenzüberschreitenden Zusammenarbeit. Das Dokument umreißt verschiedene Pläne und Initiativen, durch die diese Ziele zunächst in einem Zeitraum von vier Jahren verwirklicht werden sollen.

Das EU-Dokument war ein wichtiger Ausgangspunkt für die Entwicklung einer gemeinsamen europäischen Politik gegenüber Rußland, bei der Deutschland die führende Rolle spielen wird. Sollte diese Politik voll realisiert werden, so würde sie einen bedeutenden Beitrag zur Herausbildung und Stärkung einer Zivilgesellschaft in Rußland leisten. Aber in Anbetracht der inneren Probleme Rußlands scheinen die Möglichkeiten für die Durchführung dieser Politik begrenzt zu sein. Außerdem ist die Politik der EU widersprüchlich. Einerseits strebt sie die Förderung einer stärkeren grenzüberschreitenden Zusammenarbeit an. Andererseits könnte Rußland, wenn die EU-Erweiterung beginnt, noch mehr von Europa isoliert werden. Wenn die EU nicht bestimmte Regeln noch einmal überdenkt, kann ihre Erweiterung zur Entstehung neuer Trennungslinien zwischen Rußland und Europa führen, die vielleicht weiterreichende Folgen haben werden als die von der NATO-Erweiterung geschaffenen. Vor allem die Anwendung des Schengener Abkommens auf die Migration in künftige Mitgliedsländer der EU – zum Beispiel nach Polen und Estland – könnte restriktive Auswirkungen auf die grenzüberschreitende und regionale Zusammenarbeit haben, indem sie Barrieren gegen die Freizügigkeit russischer Bürger aufrichtet, die nach Polen oder Estland oder umgekehrt von dort nach Rußland ziehen wollen. Wenn die EU einige ihrer Prinzipien nicht revidiert, könnte die russische Wirtschaft und Gesellschaft durch die Erweiterung langfristig noch stärker isoliert werden, obwohl dies gewiß nicht im Sinne der Politik ist, wie sie aus dem gemeinsamen Strategiepapier ersichtlich wird.[84]

Die Debatte über die NATO, die OSZE, die EU und andere Organisationen wird andauern. Schließlich herrscht, abgesehen von der allgemeinen Besorgnis über die Unberechenbarkeit der russischen Politik und der ethnischen Konflikte, keine generelle Übereinstimmung darüber, was die europäische Sicherheit wirklich bedroht. Angesichts der Ungewißheit über die Entwicklung in Rußland, der GUS und in Ostmitteleuropa ist es vielleicht zu früh, die europäische Sicherheitsarchitektur umzugestalten. Es ist aber offensichtlich, daß West-, Mittel- und Osteuropa nicht sicher sein werden, solange Rußland nicht ein Teil des Kooperationsrahmens ist, in dem Sicherheit gewährleistet und weiter nach Osten ausgedehnt wird. So schwierig es auch sein mag, Rußland muß aktiv an europäischen Sicherheitsstrukturen beteiligt werden. Angesichts des Ausmaßes seiner wirtschaftlichen Probleme war es unrealistisch zu erwarten, daß es so unmittelbar nach dem Ende der ideologischen Ost-West-Konfrontation zum willfährigen Partner des Westens würde. Trotz seiner Schwierigkeiten sieht es sich noch immer als europäische Großmacht mit gewissen Ansprüchen an. Es fürchtet eine neue Trennungslinie in Europa und möchte eine Partnerschaft mit dem Westen, wird aber kein unterwürfiger Verbündeter sein. Es wird weiterhin seine Interessen verfolgen und daher nicht nur Partner, sondern auch Rivale sein. Deutschland hat dies früher erkannt als die Vereinigten Staaten, weil seine an den Untergang des Kommunismus geknüpften Erwartungen realistischer waren als die Amerikas. Aber Deutschlands Interesse an seinen unmittelbaren östlichen Nachbarn erfordert einen schwierigen Balanceakt: Es muß die Nachbarländer beruhigen, um sich mit Rußland einlassen zu können.

Am Beginn des 21. Jahrhunderts verbleibt Rußland in einem europäischen Niemandsland. Es strebt eine engere Bindung an Europa an, hütet sich aber davor, zu viele Kompromisse zu schließen. Es ist in keiner Organisation, mit Ausnahme der OSZE, Vollmitglied. Es steht vor der Tür Europas – mit dem einen Bein ist es drinnen, mit dem anderen draußen. Solange seine innere Lage ungewiß ist, solange der Kampf zwischen Reformern und jenen, die eine Rückkehr zu den alten Verhältnissen anstreben, andauert und solange Rußland sein Militär nicht reformiert, kann es kein vollgültiger Teil Europas werden. Das einzige, was der Westen tun kann, ist, Rußlands Demokratisierungsbemühungen – einschließlich der bislang erfolglosen Versuche, Rechtsstaatlichkeit herzustellen – zu unterstützen und die Tür für seinen künftigen Eintritt offen zu halten. Vom russischen Verhalten wird aber auch abhängen, wie lange diese Tür offen bleibt und ob das neue, größere Europa gewillt und in der Lage ist, Rußland aufzunehmen, wenn es zum Beitritt bereit ist.

Sowohl Rußland als auch Deutschland werden einen großen Einfluß auf die europäischen Entwicklungen im 21. Jahrhundert haben. Der Vorsitzende des Außenpolitischen Ausschusses der Duma, Wladimir Lukin, hat gesagt, die Zukunft der beiderseitigen Beziehungen hänge davon ab, ob Deutschland eine Politik der Integration oder eine Politik der »Germanisierung« Europas betreibe, was zum Teil davon abhänge, wie Rußland sich zu Ostmitteleuropa verhalte: »Unsere Aufgabe ist es, zuverlässige Garantien gegen einen russischen und deutschen Großmachtchauvinismus zu schaffen.«[85] Wird das eine oder andere im nächsten Jahrhundert wahrscheinlich sein? Geschichte, Geographie und technologischer Wandel – vor allem aber innere Entwicklungen – werden die Zukunft der russisch-deutschen Beziehungen und deren Auswirkungen auf ihre europäischen Nachbarn beeinflussen.

Russland und Deutschland im 21. Jahrhundert

»Jede deutsche Grenze ist künstlich und daher nicht permanent; das ist die Permanenz der deutschen Geographie.«
A. J. P. Taylor, 1951[1]

»Wie vor ihnen die Deutschen, sind die Russen das zweite große europäische Volk, das unfähig war, seinem 20. Jahrhundert einen Sinn zu verleihen.«
François Furet, 1991[2]

Bedenkt man, in welch schwindelerregendem Tempo die Verhandlungen über die deutsche Vereinigung geführt wurden und welche Ungewißheiten bei der Bildung der neuen Bundesrepublik Deutschland und beim Zusammenbruch der UdSSR herrschten, so ist es bemerkenswert, wie weit nicht nur Deutschland, sondern auch Rußland in seinen Bemühungen gekommen ist, seine nach dem Kalten Krieg geschaffenen Institutionen zu stabilisieren. Trotz der Erschütterungen und der unerwarteten Kosten, die durch die Vereinigung entstanden sind, hat Deutschland allmählich begonnen, eine aktivere Rolle innerhalb und außerhalb Europas zu spielen. Sein nach dem Zweiten Weltkrieg gewachsenes demokratisches Staatswesen war genügend widerstandsfähig, um die Kosten und Lasten der Vereinigung zu tragen, und es ist bereit, zur nächsten Etappe der europäischen Integration überzugehen, die schließlich auch die Länder Ostmitteleuropas einbeziehen wird. Rußland hat es ebenfalls unter großen Schwierigkeiten geschafft, aus den Trümmern der Sowjetunion hervorzugehen, ohne zur autoritären Herrschaft zurückzukehren oder einen

Bürgerkrieg zu erleben, obwohl die Invasion in Tschetschenien auf die Schwäche des quasiföderalen Systems hindeutet. Trotz der unbeständigen Reformpolitik, des allzu mächtigen Präsidialsystems, der Entstehung konkurrierender wirtschaftspolitischer Gruppierungen und der wachsenden Kriminalität hat Rußland in einigen Sektoren ein Wirtschaftswachstum zu verzeichnen, und das Engagement für Pluralismus und Wettbewerb innerhalb des Systems ist nach wie vor stark. Obwohl Rußland ein schwacher Staat bleibt, der allzusehr von der Herrschaft eines Mannes abhängt, gibt es genügend ermutigende Anzeichen dafür, daß es aufgrund seines geistigen und wirtschaftlichen Potentials schließlich als ein lebensfähiger postkommunistischer Staat in Erscheinung treten kann, der sich der weiteren Demokratisierung verpflichtet fühlt.

So sind die Aussichten auf eine fortgesetzte deutsch-russische Kooperation in einem demokratischeren Europa jetzt besser als jemals zuvor im 20. Jahrhundert. Während Deutschland und Rußland weiterhin mit der Neubestimmung ihrer Rolle und Identität in Europa befaßt sind, ist die Vergangenheit weniger relevant für die Zukunft geworden, als beide Länder anfangs gehofft oder gefürchtet hatten. Das 20. Jahrhundert begann mit der deutsch-russischen Rivalität, die zum Ersten Weltkrieg führte. In der Zeit zwischen den beiden Weltkriegen ermöglichte die deutsch-russische militärische und politische Zusammenarbeit beiden Ländern, sich von den Verwüstungen des Krieges zu erholen. Ihre Zusammenarbeit bedrohte jedoch die Integrität und Unabhängigkeit des östlichen Mitteleuropa; sie führte schließlich zum Überfall auf Polen und zu dessen erneuter Teilung im Jahre 1939 und damit zum Ausbruch des Zweiten Weltkrieges. Nach dem Krieg waren die Beziehungen der UdSSR zur Bundesrepublik Deutschland frostig; ihre Beziehungen zur DDR waren zwar offiziell herzlich und brüderlich, hinter den Kulissen aber spannungsgeladen. Sobald mit der westdeutschen Ostpolitik die Entspannung begann, nahm Moskau kooperative Beziehungen zu beiden deutschen Staaten auf, verhielt sich aber mißtrauisch zur deutsch-deutschen Annäherung, die schließlich zum Untergang der DDR führte. Seit der Wiedervereinigung ist der historische Kreis von Zusammenarbeit, Konflikt und Mißtrauen durchbrochen. Die bilateralen Beziehungen sind so eng wie nie zuvor, und zum ersten Mal bedrohen weder Deutschland noch Rußland die zwischen ihnen liegenden Länder. Das bilaterale Verhältnis ist heute auch deshalb weniger bedenklich für die Nachbarn, weil die deutsch-russischen Beziehungen in verschiedene multilaterale Strukturen – die G8, die internationalen Friedenstruppen in Bosnien und im Kosovo, die NATO, die EU, die OSZE und die Vereinten Nationen – eingebettet sind. Je fester sie in übergreifenden Strukturen verankert sind, um so schwieriger wird es, sie zu zerreißen oder radikal zu verändern.

Wie läßt sich, wenn die Vergangenheit wenig Relevanz für das neue Verhältnis besitzt, voraussehen, was sich im anbrechenden Jahrhundert in Deutschland und in Rußland sowie im Verhältnis beider Länder abspielen wird? Deutsche und Russen haben sich kaum vom Schock des nicht vorhergesehenen Untergangs des Kommunismus und der unerwarteten Vereinigung Deutschlands erholt.

Beim Nachdenken über ihre Zukunft stellen sich Deutsche wie Russen sowohl alte als auch neue Fragen. Die Russen diskutieren noch immer darüber, ob sie zum Westen gehören oder ihren Standort irgendwo zwischen Asien und Europa suchen müssen, obwohl die russische Regierung deutlich erklärt hat, daß der Westen weiterhin ihr wichtigster Partner sein wird. Die Deutschen zerbrechen sich den Kopf darüber, was es bedeutet, Europas Zentralmacht zu sein, ein in ethnischer Hinsicht zunehmend heterogener, in europäische Strukturen integrierter Nationalstaat.[3] Die meisten befürworten eine Kontinuität der früheren Politik und lehnen eine grundlegende Neudefinition der nationalen Interessen ab.[4] Eine Minderheit am linken und rechten Rand des politischen Spektrums stellt in Frage, ob Deutschland künftig in europäische Strukturen und in das transatlantische Bündnis eingebettet sein soll.[5]

Obwohl sich schwer vorhersehen läßt, was in den nächsten Jahrzehnten in Deutschland und Rußland sowie zwischen Berlin und Moskau geschehen wird, gibt es zwingende Gründe, in die Zukunft zu blicken. Beide Länder werden im neuen Jahrhundert den europäischen Kontinent beherrschen, und davon, wie und wo sie ihren Einfluß ausüben, wird abhängen, ob dies bedeutende Auswirkungen nicht nur auf die Entwicklungen in Europa haben wird, sondern auch auf die Beziehungen zwischen Europa und den Vereinigten Staaten sowie auf die multilateralen Strukturen, in denen sie operieren. Ein Europa, in dem sowohl Deutschland als auch Rußland prosperierende demokratische Staaten sind, wird ganz anders aussehen als ein Europa, in dem beide Länder wirtschaftliche Krisenzeiten durchleben und von rechtsgerichteten, nationalistischen Koalitionen regiert werden, die außenpolitische Abenteuer suchen, um von inneren Problemen abzulenken. Von zweierlei Dingen wird entscheidend abhängen, was für ein Europa entstehen wird: davon, was innerhalb Rußlands und bei seinen Nachbarn geschieht, und davon, wie der Prozeß der weiteren europäischen Integration und der EU-Erweiterung verläuft.

In diesem Kapitel werden Szenarien der künftigen inneren Entwicklung Deutschlands und Rußlands dargelegt. Dabei wird untersucht, wie diese Szenarien die bilateralen Beziehungen beider Länder und ihre jeweilige Rolle in Europa beeinflussen können. Sie zeigen verschiedene Möglichkeiten zukünftiger Entwicklungen in Europa auf, je nachdem, ob Deutschland und Rußland politisch und wirtschaftlich prosperieren oder nur Deutschland sich erfolgreich entwickeln wird. Sie basieren auf den Entwicklungen in beiden Ländern seit dem Niedergang des Kommunismus sowie auf den Einflüssen, denen Deutschland und Rußland im europäischen Umfeld ausgesetzt sind. Szenarien sind keine Prognosen. Sie sind Konstrukte, die helfen, die Hauptprobleme zu erkennen, über sie nachzudenken und diese Gedanken zu ordnen.

Deutsche Zukunftsszenarien

»Gefangene der Gegenwart« – Ein europäisches Deutschland

Es gibt viele Anzeichen dafür, daß Deutschland sich von den wirtschaftlichen, sozialen und psychologischen Kosten der Wiedervereinigung erholt und daß seine Nachkriegsidentität als »Zivilmacht« mit einem stabilen, demokratischen politischen System intakt bleibt. Deutschland wird im 21. Jahrhundert eine europäische Großmacht sein, aber sein Einfluß wird eher von seiner wirtschaftlichen und politischen als von seiner militärischen Stärke abhängen. Trotzdem wird es auch in wirtschaftlicher Hinsicht Grenzen für Deutschlands Möglichkeiten geben. Man wird große Anstrengungen unternehmen, um den großzügigen westdeutschen Wohlfahrtsstaat der Nachkriegszeit abzuspecken und Deutschland international konkurrenzfähiger zu machen. Von Einsparungen ist bereits landauf, landab die Rede, und bevor sich Deutschland ganz von der Vereinigung erholt haben wird, dürfte es den Gürtel noch um einige Löcher enger geschnallt haben. Das Wirtschaftswunder der Nachkriegszeit beruhte auf der von Ludwig Erhard konzipierten sozialen Marktwirtschaft. Aber in der Zeit nach der Wiedervereinigung haben eine immer älter werdende Bevölkerung, großzügige Sozialleistungen und die unerwarteten Kosten der Eingliederung Ostdeutschlands den einstigen Wohlfahrtsstaat in Gefahr gebracht. Da die meisten Mitgliedsstaaten der Europäischen Union jedoch ebenfalls gezwungen waren, Einschnitte in ihren Sozialsystemen vorzunehmen und staatliche Subventionen zu kürzen, steht Deutschland nicht allein vor diesem Problem.

Eine Art von Mauer verläuft noch heute quer durch Deutschland, aber nun ist sie eine psychologische und soziale Barriere. Ein bitterer Scherz lautete: Als die Ostdeutschen 1989 riefen »Wir sind ein Volk!«, antworteten die Westdeutschen: »Wir auch!« Trotzdem wird die psychologische Mauer schließlich fallen, und die heutigen Ressentiments gegen die »Besserwessis« und die Minderwertigkeitsgefühle gegenüber dem Westen werden abnehmen. Deutschland wird auch seine Zuwanderer, einschließlich derer aus ehemals kommunistischen Staaten, absorbieren. Es wird eine neue Identität als ethnisch heterogenes Land mit einem beträchtlichen Bevölkerungsanteil an Zuwanderern entwickeln.

Ein einigermaßen prosperierendes, demokratisches Deutschland wird sowohl seine europäischen als auch seine regionalen Identitäten bewahren. Die Bayern und die Sachsen werden sich vielleicht weiterhin eher als Bayern beziehungsweise Sachsen fühlen denn als Deutsche, aber in einem künftigen einheitlichen Europa könnte die lokale und regionale Identität durchaus das Europäertum gegenüber dem Deutschtum stärken. Eine demokratische, stabile deutsche Gesellschaft wird ihre internationale Bedeutung darin sehen, eine Zivilmacht ohne Atomwaffen zu sein, die vorwiegend in Europa agiert. Es wird seine Wirtschaftsmacht weiterhin nach Osten richten, als Teil seiner Hauptaufgabe nach der Vereinigung, eine Pufferzone an seiner Ostgrenze zu schaffen, wobei seine östlichen Nachbarn sowohl in die EU als auch in die NATO integriert sind. Es wird schließlich von einer Gruppe leidlich stabiler, prosperierender Staaten des östlichen Mitteleuropa umgeben sein, obwohl einige postkommunistische Staaten, besonders auf dem Balkan, vielleicht weder prosperieren noch stabil sein werden.

Die Voraussetzung für dieses selbstbewußte, demokratische, europäische Deutschland ist eine Europäische Union, die weiterhin prosperiert und wächst. Deutschlands ursprüngliche Integration in die Europäische Gemeinschaft im Jahre 1957 und seine Aussöhnung mit Frankreich waren entscheidend für die Entwicklung einer europäischen, nichtnationalistischen Identität, die es ihm ermöglichte, eine in multilateralen Strukturen verankerte Zivilmacht zu werden. Seit Helmut Kohl 1982 Bundeskanzler wurde, hat er Europa zu seiner Hauptaufgabe gemacht; dazu gehörten die Integration, die Schaffung einer gemeinsamen Währung und in jüngerer Zeit die Erweiterung und Vertiefung der EU durch die Aufnahme neuer Mitgliedsstaaten im östlichen Mitteleuropa und im Baltikum und die Entwicklung einer gemeinsamen Außen- und Sicherheitspolitik. Dieses Engagement für die europäische Integration und die Verminderung der nationalen Macht der europäischen Mitgliedsstaaten wird Kohls Amtszeit überdauern, weil es von weiten Kreisen der Bevölkerung als beste Gewähr dafür gesehen wird, daß Deutschland sich nie wieder von nationalistischen Gefühlen hinreißen läßt. Eine erweiterte und gestärkte EU wird eine multilaterale Ostpolitik entwickeln, die sowohl die Integration Ostmitteleuropas als auch eine engere Zusammenarbeit mit Rußland ermöglichen wird.

Aber wird die Europäische Union in der Lage sein, sich selbst genügend umzustrukturieren, um ihre Erweiterung erfolgreich abzuschließen? Wird es ihr erfolgreich gelingen, die nationalen Währungen durch den Euro zu ersetzen, und wird die Europäische Zentralbank funktionieren? Die Bevölkerungen der meisten europäischen Staaten, besonders diejenige Deutschlands, sehen der Einführung des Euro skeptisch entgegen. Außerdem hat sich die EU in den letzten Jahren gesträubt, sich institutionell zu reformieren oder ihre überholte gemeinsame Agrarpolitik, die ein Haupthindernis für die Erweiterung darstellt, gründlich zu überdenken.[6] Deutschland hat ein vitales Interesse an einer inneren Reform der EU, aber es ist nur einer von vielen Akteuren bei den komplizierten Verhandlungen. Für die Bundesrepublik steht bei einer EU-Anpassung am meisten auf dem Spiel, aber eine Erfolgsgarantie gibt es nicht.

Ein nationalistisches Deutschland

Es ist sehr schwer vorstellbar, daß Deutschland, das als demokratisches Staatswesen und als Marktwirtschaft in der Nachkriegszeit und in den Jahren nach der Vereinigung so erfolgreich gewesen ist, vom Glück verlassen werden und erwägen könnte, sein bewährtes System aufzugeben. Aber zieht man die

Kosten der Wiedervereinigung sowie die relative Schwäche der politischen Parteien und der wirtschaftlichen Konjunktur in Betracht, besteht eine vage Möglichkeit, daß in Deutschland eine Periode wirtschaftlicher und politischer Stagnation einsetzt. Das könnte geschehen, wenn nicht energischer wirtschaftliche und politische Strukturreformen angepackt werden, wenn Deutschland international nicht konkurrenzfähiger wird und sich dem Prozeß der Globalisierung nicht anzupassen vermag. Eine lang anhaltende Stagnation könnte dazu führen, daß man beginnt, sich über das in der Nachkriegszeit entstandene System Gedanken zu machen.

Wenn nicht große Veränderungen sowohl in der internationalen Wirtschaft als auch innerhalb Europas eintreten, wird sich Deutschland weiterhin der europäischen Integration und der Demokratisierung der ehemals kommunistischen Staaten verpflichtet fühlen. Es besteht nur eine sehr geringe Wahrscheinlichkeit, daß äußere Entwicklungen eine friedliche und erfolgreiche deutsche Zukunft ernsthaft gefährden werden. Aber sollte es zu einer großen weltweiten Rezession kommen, aufgrund deren Ostmitteleuropa bei seiner Transformation steckenbleibt, die Europäische Union ernsthaft geschwächt wird und weitere Konflikte auf dem Balkan ausbrechen, dann könnten in Deutschland dramatische Veränderungen eintreten. Die wirtschaftliche Lage könnte sich drastisch verschlechtern, und bei steigender Arbeitslosigkeit und sinkenden Sozialleistungen würden sich der Osten und Westen Deutschlands gegenseitig für ihre Probleme verantwortlich machen. Die Wut auf Ausländer und Aussiedler würde zunehmen. Aus den Trümmern eines gescheiterten Europa könnte ein überholter Nationalismus emporsteigen. Er würde »Deutsche Arbeitsplätze für Deutsche!« und ähnliches fordern, Deutschlands einzigartige Rolle in Europa und das Recht auf eine Vorrangstellung (zumindest in Osteuropa) betonen und nachdrücklich die vom Westen aufgezwungene Kultur der Zurückhaltung als Zivilmacht verwerfen. Eine jüngere Generation, die nicht mehr vom Zweiten Weltkrieg und vom Kalten Krieg beeinflußt ist, würde unbefangener und forscher auf der internationalen Bühne auftreten.

Sollte ein solches Deutschland eine rechtsgerichtete, nationalistische Regierung wählen, so würde die gesamte Nachkriegspolitik der Westbindung in Frage gestellt, und die Außenpolitik könnte wieder nationalistischen Zielen untergeordnet werden. Die neuen Führer könnten erneut Fragen der Nachkriegsgrenzen und der nuklearen Bewaffnung aufwerfen. Wer wollte behaupten, daß die Gebiete, die 1945 an die UdSSR und an Polen fielen, unwiederbringlich verloren seien? Es könnte sich doch einfach um einen Fehltritt der Geschichte handeln, ähnlich dem Verlust deutscher Gebiete in früheren Jahrhunderten. Und wer wollte behaupten, Deutschland müsse auf ewig ein Staat ohne Atomwaffen bleiben und brauche die NATO, um seine Sicherheit zu garantieren?

Eine nationalistische Regierung könnte aus der NATO austreten oder sie unwirksam machen und versuchen, Kaliningrad, das übrige Ostpreußen, Schlesien und Pommern, vielleicht sogar das Sudetenland zurückzugewinnen. Ein wirtschaftlich geschwächtes Deutschland könnte die militärische Wiederaufrüstung als Mittel ansehen, die Wirtschaft anzukurbeln. Es könnte eine Atommacht werden. Es könnte erneut eine Politik der Ressentiments betreiben. Es wäre dann die Zentralmacht Europas, die nach einer neuen, militärischen Rolle und nach einer nationalen Machtprojektion suchen würde. Ein solches Deutschland wäre jedoch nur denkbar, wenn alle sorgfältig geschaffenen multilateralen europäischen und transatlantischen Nachkriegsstrukturen nicht mehr imstande wären, den europäischen Nationalismus und Irredentismus zu zügeln. Es würde bedeuten, daß fünfzig Jahre Demokratisierung und das gesamte Sicherheitssystem der Nachkriegszeit in Europa versagt hätten. Mit dieser Möglichkeit ist wohl kaum zu rechnen.

Russische Zukunftsszenarien

Rußlands steiniger Weg bergauf

Rußlands Zukunft läßt sich viel schwerer vorhersagen als diejenige Deutschlands, und die Möglichkeiten für düstere Szenarien sind wesentlich größer. Als Anhaltspunkt haben wir lediglich ein Jahrzehnt postkommunistischer Transformation gegenüber Jahrhunderten autoritärer Herrschaft und fehlender Gesetzlichkeit. Gemessen daran ist es erstaunlich, wieviel sich in Rußland geändert hat, seit Michail Gorbatschow Weihnachten 1991 als Präsident zurücktrat. Die Russische Föderation ist ein so facettenreiches, riesiges Gebiet, daß es schwierig ist, darüber angemessen zu urteilen. Aber was in den wenigen Jahren seither geschehen ist, deutet darauf hin, daß sich Rußland weiter abstrampeln und in einigen Jahren wohl auch Erfolge aufweisen wird. Seine wirtschaftliche und soziale Lage wird sich verbessern, solange Jelzins Nachfolger an Reformen und an der Umverteilung der Mittel festhalten werden, so daß diejenigen, an denen die Wirtschaftsrevolution vorbeigegangen ist, zu der Meinung gelangen, daß Demokratie und Kapitalismus tatsächlich ihr Leben verbessern können.

Es sind bereits beträchtliche Fortschritte in bezug auf die Festigung eines postkommunistischen Systems erzielt worden, das inzwischen über funktionierende Machtstrukturen und über Möglichkeiten der Machtkontrolle verfügt. Aus der anhaltenden Unordnung und Instabilität ist ein neues System hervorgegangen, das es Rußland ermöglichen wird, seine Entwicklung für eine gewisse Zeit ohne größere Umbrüche fortzusetzen.[7] Trotz der starken Stellung des Präsidenten, die in der Jelzin-Verfassung von 1993 verankert ist – manche Russen sprechen ihr einen »zaristischen« Charakter zu –, gibt es beträchtliche Hindernisse gegen die Rückkehr zu einer autoritären Herrschaft. Keine Einzelgruppe der russischen politischen Szene ist in der Lage, sich ein Machtmonopol zu sichern. Die verschiedenen »Oligarchen« – die Finanzkonglomerate und die von ihnen unterstützten Politiker und Mediengruppen – werden weiterhin in einem System, das bereits erkennbare Spielregeln entwickelt hat, miteinander um die Macht konkurrieren. Dieses System hat unverkennbar Schlagseite, und es wird noch eine Zeitlang wirksamer juristischer Institutionen und der notwendigen Rechtsstaatlichkeit ermangeln. Außerdem ist seine widerspenstige Legislative schwach, wodurch die Exekutive gestärkt wird. In diesem hybriden System sind noch sowjetische Strukturen vorhanden, was sich sowohl in der fortdauernden Macht der alten Nomenklatura als auch in der Art und Weise manifestiert, wie verschiedene Regionen Rußlands und gewisse Bereiche der Wirtschaft geleitet werden. Hinter der Fassade des Chaos existiert jedoch sowohl innerhalb als auch außerhalb der Exekutive ein Geflecht miteinander konkurrierender Interessengruppen, das den Wettbewerb innerhalb des politischen Systems und die Entwicklung einer Zivilgesellschaft gewährleisten wird. Diese wird allerdings weniger auf Rechtsstaatlichkeit als auf persönlichen Beziehungen beruhen.

Rußlands Marktwirtschaft wird sich weiterhin ungleichmäßig entwickeln; Korruption wird ein Hauptmerkmal dieser Wirtschaft und der Gesellschaft insgesamt bleiben. Ausländisches Engagement wird für Rußlands wirtschaftliche Entwicklung wichtig bleiben, doch werden die Investoren sich weiterhin zögernd verhalten, solange das System an der organisierten Kriminalität krankt. Demokratische Institutionen und zivilgesellschaftliche Strukturen werden mit der Macht der alten und neuen Oligarchien, von denen manche mit dem organisierten Verbrechen verbunden sind, koexistieren und konkurrieren. Da Rußland aber zum ersten Mal in seiner Geschichte eine Mittelklasse hervorbringt, der die Entwicklung lebensfähiger politischer Parteien und die rechtsstaatlicher Instrumente am Herzen liegt, könnte die Macht dieser Konglomerate eines Tages schrumpfen. In einem Rußland, das weiter vor sich hin wurstelt, wird die Macht immer mehr dezentralisiert werden; die regionale und wirtschaftliche Vielfalt wird wachsen, das Zentrum wird schwächer werden, aber die Föderation wird aller Voraussicht nach zusammenbleiben. Es wird in der Nach-Jelzin-Ära weiterhin politische Ränkespiele und Rivalitäten geben, aber die Uhr wird nicht mehr auf die kommunistische Ära zurückgestellt werden können. Rußland wird auf absehbare Zeit ein schwacher, pluralistischer Staat und eine partielle Demokratie bleiben.

In einem derart unsteten Rußland wird die Außenpolitik weiterhin eher auf Schwäche denn auf Stärke beruhen. Die Beziehungen zu den GUS-Staaten werden von Fall zu Fall variieren, doch wird Rußland auf eine stärkere wirtschaftliche Integration mit ausgewählten Staaten hinarbeiten. Inzwischen kennzeichnet ein neuer Pragmatismus und Aktivismus die Beziehungen zu den GUS-Staaten. Rußlands wichtigster Partner bleibt die Ukraine, deren wirtschaftliche und politische Umgestaltung hinter der Rußlands hinterherhinkt und deren Sorge über mögliche russische Ansprüche auf ihr Territorium bis vor kurzem die Beziehungen bestimmt hat. Aber die 1997 geschlossenen Verträge, in denen die Fragen der Schwarzmeerflotte geregelt und die Grenzen der Ukraine anerkannt wurden, signalisieren die Bereitschaft beider Seiten, die Beziehungen zu verbessern.

Auch der 1997 geschlossene Unionsvertrag mit Weißrußland, der nicht so weit ging, wie es sich einige Nationalisten gewünscht hätten, hat eine eher reservierte Haltung gegenüber einer neuerlichen Vereinigung signalisiert. Während sich die Beziehungen zu den unabhängig gewordenen slawischen Ländern verbessern werden, bleiben diejenigen zu den transkaukasischen und mittelasiatischen Staaten durch verschiedene militärische und wirtschaftliche Faktoren belastet. Bei den Beziehungen zu Aserbaidschan und zu Mittelasien werden energiewirtschaftliche Fragen besonders im Zusammenhang mit Projekten am Kaspischen Meer eine entscheidende Rolle spielen, doch wird sich die russische Regierung vorrangig mit ihren privatisierten Energiekonzernen auseinandersetzen müssen, die nicht unbedingt die gleichen geopolitischen Interessen vertreten wie sie. Da in der Tat private Gruppierungen auf die Formulierung der russischen Außenpolitik immer mehr Einfluß ausüben, dürften die russischen Beziehungen zur GUS generell einen pragmatischeren Charakter annehmen.

Rußland wird sich in einigen GUS-Staaten weiterhin militärisch engagieren, und es wird auf seinem Recht bestehen, eine »friedenssichernde« Rolle in Ländern wie Tadschikistan oder beim Konflikt um Berg-Karabach zu spielen. Außerdem ist die Weigerung der internationalen Gemeinschaft, sich an Rußlands friedenssichernden Aktionen in der GUS zu beteiligen, die beste Garantie dafür, daß Rußland diese Rolle noch lange Zeit spielen wird. Dennoch ist es unwahrscheinlich, daß das Problem der russischen Diaspora in der GUS Moskau zu militärischen Interventionen veranlassen wird. Trotz allen anfänglichen Säbelgerassels, was den Schutz der russischen Landsleute im »nahen Ausland« und die Forderung einer doppelten Staatsbürgerschaft für sie betraf, ist über das Verhältnis Rußlands zu seiner Diaspora lediglich zu berichten, daß den vollmundigen Worten keine Taten gefolgt sind, weil derartige Aktionen zu kostspielig wären und die russische Bevölkerung kein Interesse an weiteren politischen Unruhen hat. Die Russen in Rußland und in der GUS mögen nostalgische Gefühle für die Sowjetunion empfinden, aber sie wollen ihr Geld – oder ihr Leben – nicht dafür opfern, daß sie wiedererrichtet wird.

Die russische Außenpolitik wird eine vorsichtige Mischung aus Partnerschaft mit dem Westen und Beharren auf Rußlands Recht bleiben, seine ureigenen Interessen zu vertreten und eine eigenständige Politik zu verfolgen. Sein Verhältnis zu Ostmitteleuropa wird zurückhaltend bleiben, und die Debatte darüber, wie wichtig diese Region für Rußland ist, wird anhalten. Über die Bedeutung der GUS wird dagegen kaum diskutiert. Rußland wird weder die Mittel zur Verfolgung einer energischeren Außenpolitik noch eine klare Strategie haben. Aber es wird weiterhin danach streben, die Rolle einer Großmacht in Europa zu spielen, auch wenn sie nicht deutlich formuliert ist. Im günstigsten Fall wird es sich mit einem schwankenden Verhältnis sowohl zum Westen als auch zu Asien begnügen müssen. Seine inneren Herausforderungen werden Rußland nicht den Luxus gestatten, eine neue, dynamische Rolle in der postkommunistischen Welt ins Auge zu fassen. Es wird eher eine reaktive als eine aktive Politik betreiben.

Während Rußlands Weg aller Wahrscheinlichkeit nach für einige Jahrzehnte steinig bleiben wird, besteht auch die Möglichkeit, daß es sich »durchwursteln« und seine wirtschaftlichen Geschicke so weit verbessern wird, daß sich eine stabilere und demokratischere Gesellschaft entwickelt. 1996 wies Rußland unter den aufstrebenden Märkten die beste Bilanz auf, bis es 1997 von der asiatischen Finanzkrise und im Jahr darauf von dem Beinahezusammenbruch seines Finanzsystems durch die immensen Haushaltsdefizite schwer gebeutelt wurde. Wenn die derzeitige und die künftigen russischen Regierungen in der Lage sind, die sich entwickelnde marktwirtschaftliche Gesellschaft so zu lenken, daß die Wachstumsraten steigen, die Steuern gezahlt werden und der neue Reichtum nicht auf eine winzige Gruppe beschränkt bleibt, dann werden ausländische Investitionen zunehmen, und das russische Fluchtkapital wird zurückkehren. Eine stabilere, prosperierende Wirtschaft wird dann den Rahmen für eine Gesellschaft bilden, die auf der Grundlage von Gesetzen statt persönlichen Beziehungen funktioniert und in der die Menschen beginnen, die Rechte und Verantwortlichkeiten wahrzunehmen, die zu einer lebensfähigen demokratischen Gesellschaft gehören. Die Militärreform könnte vorangetrieben, die Armee könnte in ein Berufsheer umgewandelt und damit effektiver werden. Während die alte Nomenklatura abtritt, werden neue, postkommunistische Strukturen entstehen, die die Gesellschaft verändern. Ein Rußland, das sich derart »durchwurstelt«, wird zwar weiterhin nur eine partielle Demokratie bleiben, aber die Wirtschaft wird über den Berg sein, und die politische und soziale Entwicklung wird einen Punkt erreichen, an dem die Wahrscheinlichkeit einer Rückkehr zum Autoritarismus sehr gering ist.

In einem selbstbewußteren Rußland würde auch die Außenpolitik klarere Züge tragen. Die wirtschaftlichen Interessen würden gegenüber den klassischen Militär- und Sicherheitsinteressen an Bedeutung gewinnen. Die Rolle außenpolitischer Akteure, die nicht der Regierung angehören, wäre geregelter, der Privatsektor deutlicher abgegrenzt. Die Außenpolitik würde sowohl in der GUS und in Asien als auch in West- und Ostmitteleuropa aktiver werden, wenngleich ihre globale Reichweite noch begrenzt bleiben würde. Die alte Asymmetrie zwischen Rußlands militärischer und wirtschaftlicher Stärke würde seine nationale Identität und seine nationalen Interessen nicht mehr in der gleichen Weise bestimmen wie zur Zeit des Kommunismus und nach dem Zusammenbruch der UdSSR. In einigen Jahrzehnten könnte die auf einem traditionellen Minderwertigkeitskomplex beruhende alte Besessenheit von militärischer Macht und Prestige verschwunden sein. Rußland könnte beginnen, sich aus dem jahrhundertealten Teufelskreis von Autoritarismus, Aufruhr und Unterdrückung zu befreien.

Das autoritäre Rußland

Trotz der beeindruckenden Fortschritte, mit denen Rußland den Kommunismus und die staatlich gelenkte Wirtschaft hinter sich gelassen hat, sind die demokratischen Strukturen noch nicht genügend verwurzelt, um die Rückkehr zu einem autoritären Regime zu verhindern. Es ist zwar höchst unwahrscheinlich, daß das kommunistische System wiederkehrt. Aber wenn sich die wirtschaftliche Lage nicht bessert, die Gesellschaft immer mehr von Kriminalität durchdrungen wird und die Menschen weiterhin Not leiden, wenn Korruption in der Führungsspitze als Ursache dafür angesehen wird, daß einem bedeutenden Teil der Bevölkerung keine Löhne ausgezahlt werden, wenn der Machtkampf nach Jelzin das Land erheblich destabilisiert, wenn die Instabilität an der Peripherie auf die Russische Föderation übergreift, wenn die Militärreform nicht vorankommt und die Armee verarmt und gedemütigt bleibt und wenn die ausländischen Investitionen und das Engagement des IWF nachlassen, dann könnte ein Populist, der verspricht, mit der Korruption gründlich aufzuräumen, wieder stabile Verhältnisse zu schaffen, den Menschen die Löhne zu zahlen, die sie verdienen, der Macht der Finanzkonglomerate ein Ende zu bereiten und Rußlands Würde im In- und Ausland wiederherzustellen, durch Wahlen an die Macht kommen.

Ein solcher Führer könnte, wenn er vorgäbe, der Korruption energisch zu Leibe zu rücken und die Probleme der Kriminalität und Unsicherheit anzupacken, die bürgerlichen Freiheiten mit der Zustimmung jener einschränken, die ihn gewählt haben, weil sie zuviel Freiheit gleichsetzen mit Instabilität, Unsicherheit, Gesetzlosigkeit, Kriminalität und wirtschaftlicher Ungleichheit. Ein autoritärer russischer Führer würde die Medien unter seine Kontrolle bringen und manche Wirtschaftsreformen rückgängig machen. Rußland würde zwar das System der Privatwirtschaft überwiegend beibehalten, aber ein autoritäres Regime würde die wirtschaftliche Korruption auf den höchsten Ebenen institutionalisieren. Es würde auch danach streben, den russischen Regionen eine zentralisiertere Herrschaft aufzuzwingen – obwohl das sehr schwierig wäre, sollte die Dezentralisierung schon weit fortgeschritten sein –, und auf die GUS-Staaten Druck ausüben, sich wieder zusammenzuschließen. Es würde von jenem Teil des Militärs unterstützt werden, der bestrebt ist, den früheren sowjetischen Ruhm zurückzugewinnen und über mehr Ressourcen zu verfügen.

Die außenpolitische Rhetorik würde in einem autoritären Rußland nationalistischer, expansionistischer und eurasischer klingen, und Rußland würde sich an weiteren Verhandlungen über Rüstungskontrolle nicht mehr beteiligen. Es würde seine außenpolitischen Interessen energischer vertreten, unabhängig davon, wie seine westlichen Partner darüber denken. Trotzdem bliebe seine Außenpolitik weiterhin durch seine leeren Kassen beeinträchtigt. Versuche, die GUS mit Gewalt wieder zusammenzuschweißen, würden aufgrund seiner begrenzten Möglichkeiten auf Schwierigkeiten stoßen. Trotz seines geschwächten Militärs könnte Rußland international bedrohlicher werden, indem es seine Verpflichtungen gegenüber dem Westen aufkündigt, zunehmend nach Asien blickt und eine aggressivere nukleare Politik betreibt. Auch könnte ein autoritäres Rußland isolationistischer werden, obwohl die Abhängigkeit von der Weltwirtschaft seine Fähigkeit einschränkt, sich von der Welt abzukapseln. Aber solange die EU und die NATO existieren und prosperieren und solange Deutschland in transatlantischen Strukturen fest verankert bleibt, so lange wird sich die Fähigkeit eines autoritären Rußland, europäische Entwicklungen zu beeinflussen, in Grenzen halten.

Deutschland, Rußland und die Zukunft

Europas Zukunft wird weitgehend davon abhängen, ob Deutschland und Rußland ihren jetzigen Weg fortsetzen und wie Rußland seinen Abschied vom Kommunismus bewältigt. Wenn Deutschland aus der Wiedervereinigung als selbstbewußte europäische Macht hervorgeht und sich einem Rußland voller Unwägbarkeiten gegenübersieht, wird es sein Engagement in Rußland fortführen, um dessen Stabilität zu fördern, aber auch Maßnahmen unterstützen, die die Auswirkungen russischer Instabilität oder eines künftigen Zerfalls der Föderation einzudämmen helfen. Hierzu würde ein verstärktes Engagement in Ostmitteleuropa gehören, dessen Mitgliedschaft sowohl in der NATO als auch in der Europäischen Union sicherzustellen wäre. Das deutsche Wirtschaftsengagement würde weiterhin einen wesentlichen Beitrag zu Rußlands Übergang leisten, und das bilaterale Verhältnis bliebe stark.

Ein sich »durchwurstelndes« Rußland wird auf ein stärkeres deutsches Engagement drängen und danach trachten, Rußland ausschließende deutsche Aktionen zur Stärkung der europäischen Sicherheit, insbesondere die weitere Ausdehnung der NATO, zu blockieren. Auf außenpolitischem Gebiet wird es weiterhin unilateral agieren und potentiellen Sicherheitsbedrohungen auf eigene Faust begegnen, da es abgesehen von allgemeinen Absprachen mit dem Westen keine Sicherheitspartner hat.[8] Das deutsch-russische Verhältnis wird für Rußland weiterhin von zentraler, aber für Deutschland von weniger großer Bedeutung sein, wenn die Konsolidierung Ostmitteleuropas und dessen Integration in NATO und EU erfolgreich verläuft. Das deutsch-russische Verhältnis wird die europäische Stabilität oder die Souveränität Ostmitteleuropas nicht gefährden.

Sobald Deutschland sich von der Wiedervereinigung vollständig erholt hat und Rußland auf seinem steinigen Weg vorankommt, werden sich die deutsch-russischen Beziehungen verbessern, wird der wirtschaftliche und politische Austausch zunehmen und das deutsch-russische Verhältnis ausgeglichener werden. Aber solange Rußland nur mit einem Bein in Europa steht, wird sich die deutsche Politik weiterhin darauf konzentrieren, den Aufbau Ostmitteleuropas zu fördern, und sich Rußland gegenüber vorsichtig verhalten. Zumindest für das nächste Jahrzehnt ist damit zu rechnen, daß die deutsch-russische Zusammenarbeit vor dem Hintergrund anhaltender deutscher Besorgnisse über die russische Stabilität fortdauern wird.

Ein stabiles, blühendes Deutschland und ein stabiles, blühendes Rußland würden neue Möglichkeiten eröffnen. Sie könnten mit anderen europäischen Ländern auf vielfältige Weise kooperieren. Diese Kooperation würde sich auf multilaterale Strukturen erstrecken, einschließlich der Europäischen Union, der NATO und der OSZE. Wenn Rußland ein wirklich demokratischer Staat wird, könnte die Teilung Europas – die durch den Untergang des Kommunismus gemildert, aber nicht beseitigt wurde – schließlich überwunden werden. In dieser neuen Weltordnung würden sich die Geister der Vergangenheit in Luft auflösen, und das verhängnisvolle 20. Jahrhundert könnte endgültig zu den Akten gelegt werden.

Ein europäisches Deutschland würde vor einer schwierigen

Wahl stehen, wenn Rußland autoritärer würde. Es wäre weniger geneigt als die Vereinigten Staaten, die Beziehungen abzubrechen, da es ein langfristiges Interesse an einem stabilen Rußland hat. Deutschland würde argumentieren, es müsse in Rußland engagiert bleiben, um die Ambitionen der neuen Herrscher zu zügeln, und es würde weiterhin zu seinen wirtschaftlichen Verpflichtungen stehen, zumal wenn das neue Regime verspräche, ausländische Investitionen abzusichern. Gleichzeitig würde die Erweiterung von NATO und EU beschleunigt werden, da sich Ostmitteleuropa und die baltischen Staaten durch russische Ambitionen bedroht fühlen würden. Rußland könnte zumindest symbolische militärische Aktionen gegen diese Schritte unternehmen. Es könnte auf die NATO-Erweiterung dadurch reagieren, daß es gegenüber der GUS, besonders der Ukraine, militärisch anmaßend auftritt. Die Unabhängigkeit Ostmitteleuropas würde jedoch von der NATO garantiert. Die Ära von Jalta ist vorbei.

In dem äußerst unwahrscheinlichen Fall, daß Deutschland nationalistischer würde, würden die russisch-deutschen Beziehungen einen dunklen Schatten auf Europa werfen. Das östliche Mitteleuropa wäre für deutschen Druck besonders anfällig, obwohl die deutsche Wirtschaft unter diesen Auspizien schwach wäre. Deutschland würde Rußland als Markt für verstärkte Waffenlieferungen im Austausch gegen russische Rohstoffe ansehen und damit traditionelle Muster des Handels wiederbeleben. Ein nationalistisches Deutschland könnte auf zweierlei Weise Auswirkungen auf ein schwächelndes Rußland haben. Aus Furcht davor, Deutschland könnte es auf russisches Territorium abgesehen haben, könnte Rußland sich mit Deutschlands ehemaligen NATO-Partnern gegen Deutschland zu verbünden suchen. Es könnte aber auch Deutschland dadurch zu besänftigen versuchen, daß es mit ihm eine Partnerschaft einginge, bei der wirtschaftliche Zugeständnisse im Austausch gegen territoriale Zurückhaltung gemacht würden. In jedem Fall würde ein nationalistisches Deutschland Rußlands Fähigkeit negativ beeinflussen, zu einer lebensfähigen demokratischen, marktwirtschaftlichen Gesellschaft überzugehen.

Das Schlimmste, was Europa passieren könnte, wäre die Rückkehr sowohl Deutschlands als auch Rußlands zu Nationalismus und Autoritarismus. Würden beide Länder sich – nicht zuletzt wegen einer verfehlten Wirtschaftspolitik – zum Militarismus hin entwickeln, so würde Europa wieder zu jenem Schlachtfeld werden, das es jahrhundertelang gewesen ist, und es gleichzeitig mit einem deutschen und einem russischen Hegemonieanspruch – mit Atomwaffen untermauert – zu tun bekommen. Das historische Modell einer bösartigen Kooperation würde wiederbelebt. Es wäre eine Rückkehr in die finsterste Vergangenheit. Die erste Frage, der sich Deutschland und Rußland dann stellen müßten, wäre, ob sie Ostmitteleuropa unter sich aufteilen oder darum kämpfen wollen. Da beide Länder bemüht wären, ihre wirtschaftliche Lage zu verbessern, könnten sie sich darauf einigen, die Region in Einflußsphären aufzuteilen. Sie wäre dann dem gleichen Druck ausgesetzt wie zuvor schon über Jahrhunderte, es sei denn, eine NATO ohne Deutschland wäre in der Lage, sie zu verteidigen.

Dieses letzte Szenario ist äußerst unwahrscheinlich, weil Deutschland eine saturierte, stabile Demokratie ist und weil Rußland auf lange Zeit kaum den Willen oder die Mittel aufbringen wird, wieder eine aggressive Militärmacht zu werden. Viel eher wahrscheinlich ist, daß ein selbstbewußtes Deutschland in einem integrierten Europa weiterhin mit einem Rußland kooperieren wird, das sich in Richtung Demokratie und Marktwirtschaft bewegt, während die Länder Ostmitteleuropas als Mitglieder der transatlantischen Sicherheitsgemeinschaft und als Partner der westlichen Wertegemeinschaft unbeirrt ihren Demokratisierungskurs verfolgen.

Das Verhältnis zwischen Rußland und Deutschland wird auch von der Rolle der Vereinigten Staaten beeinflußt werden. Immerhin sind die NATO-Erweiterung, die Friedenstruppen in Bosnien und im Kosovo sowie das NATO-Rußland-Verhältnis eine Gewähr dafür, daß Washington sich weiterhin an der

Entwicklung des postkommunistischen Europa beteiligt. Solange die Vereinigten Staaten in Europa eine maßgebliche Rolle spielen, werden sie als stabilisierende Kraft wirken und ein Anker der europäischen Sicherheit sein. Sollten sie sich in den Isolationismus zurückziehen, könnten sich die innere wie die internationale Lage Europas ernsthaft verschlechtern.

Die Ironie der Lage nach dem Kalten Krieg besteht darin, daß die Vereinigten Staaten endlich verwirklicht haben, wovon die US-Präsidenten Wilson im Ersten und Roosevelt im Zweiten Weltkrieg nur hatten träumen können: ein Europa unabhängiger Staaten, die freiwillig das Ziel der Integration verfolgen und nicht mehr von einem Deutschland oder Rußland bedroht sind, die danach trachten, sich Einflußsphären zu sichern; ein offenes Welthandelssystem; eine globale Wirtschaft, die alle Länder Europas umfaßt; friedliche multilaterale Strukturen; wachsender Wohlstand. Es ist jedoch unklar, ob die Vereinigten Staaten gewillt oder in der Lage sein werden, auch im 21. Jahrhundert in diesem neuen, zusammenwachsenden Europa eine Führungsrolle zu spielen. Die öffentliche Meinung ist geteilt, ob Amerika Geld ausgeben und seine jungen Männer und Frauen entsenden soll, um den Frieden in Europa zu erhalten. Aber ohne die Führung Amerikas und seine Partnerschaft mit den europäischen Verbündeten ist die Zukunft dieses Europas, das zu schaffen und auf den Weg der Demokratisierung zu bringen so lange gedauert hat, durchaus ungewiß.

Am Beginn des neuen Jahrtausends gehören Deutschland und Rußland einem internationalen Wirtschaftssystem an, das die Fähigkeit jedes einzelnen Landes einschränkt, allein nach nationalen Gesichtspunkten zu operieren. Auch wird Europa im 21. Jahrhundert nicht mehr das Schicksal der Welt bestimmen wie in der ersten Hälfte des 20. Jahrhunderts, und die Macht der Vereinigten Staaten, die die Welt in der zweiten Hälfte des 20. Jahrhunderts dominierten, könnte durch die wachsende Macht Asiens schon bald an ihre Grenzen stoßen. Wenn im 21. Jahrhundert neue globale Akteure die Bühne betreten, wird das russisch-deutsche Verhältnis und sein Einfluß auf Europa nicht mehr in der Lage sein, das Leben so vieler Millionen von Menschen zu zerstören. Die Beziehungen zwischen Moskau und Berlin werden zwar weiterhin einen zentralen, aber nicht entscheidenden Platz in der Entwicklung der postkommunistischen Welt einnehmen.

Abkürzungen

BIOST	Bundesinstitut für ostwissenschaftliche und internationale Studien
BRD	Bundesrepublik Deutschland
COCOM	Coordinating Committee = Koordinierungsausschuß für den Ost-West-Handel
COMECON	Council for Mutual Economic Assistance (s. RGW), auch: Communist Economies
DIW	Deutsches Institut für Wirtschaftsforschung
d. Verf.	die/der Verfasserin
ebd.	ebenda
EG	Europäische Gemeinschaft
EU	Europäische Union
FAZ	*Frankfurter Allgemeine Zeitung*
FBIS-WEU	Foreign Broadcast Information Service, Western Europe
FBIS-SOV	Foreign Broadcast Information Service, Soviet Union
FSB	Federalnaja sluschba besopasnosti (russischer Geheimdienst)
G7	Group of Seven (Gruppe der sieben führenden Industrieländer)
GRU	Glawnoje raswedotschnoje uprawlenije = Hauptverwaltung Aufklärung des sowjetischen Generalstabs, ehem. Militärgeheimdienst
GUS	Gemeinschaft Unabhängiger Staaten
Ifor	Implementation Force (NATO-Friedenstruppe in Bosnien)
INF	Intermediate-range nuclear forces = Nukleare Mittelstreckenwaffen
IWF	Internationaler Währungsfonds
Kfor	Kosovo Force (NATO)
KPdSU	Kommunistische Partei der Sowjetunion

KSE	Konventionelle Streitkräfte in Europa
KSZE	Konferenz über Sicherheit und Zusammenarbeit in Europa
MEMO	*Mirowaja ekonomika i meschdunarodnyje otnoschenija* (russ. Zeitschrift »Weltwirtschaft und internationale Beziehungen«)
NACC	North Atlantic Cooperation Council (= NAKR)
NAKR	Nordatlantischer Kooperationsrat (= NACC)
NVA	Nationale Volksarmee der DDR
NZZ	*Neue Zürcher Zeitung*
OSZE	Organisation für Sicherheit und Zusammenarbeit in Europa
PDS	Partei des Demokratischen Sozialismus
PfP	Partnership for Peace (Partnerschaft für den Frieden)
RFE/RL	Radio Free Europe / Radio Liberty
RGW	Rat für gegenseitige Wirtschaftshilfe (= COMECON)
s.	siehe
S.	Seite
SAPMO BArch	Stiftung Archiv der Parteien und Massenorganisationen der DDR im Bundesarchiv
SDI	Strategic Defense Initiative = Strategische Verteidigungsinitiative der USA
SED	Sozialistische Einheitspartei Deutschlands
Sfor	Stabilization Force (NATO-Stabilisierungsmacht in Bosnien)
SNF	Short-Range Nuclear Forces (nukleare Kurzstreckenwaffen)
SSchA	Russ. Abk. für USA (russ. Zeitschrift)
START	Strategic Arms Reduction Talks (Verhandlungen über die Reduzierung strategischer Waffen)
SZ	*Süddeutsche Zeitung*
TACIS	Technical Aid to the CIS (Technische Hilfe für die GUS)
TASS	Telegrafnoje agenstwo Sowjetskogo Sojusa (sowjetische Nachrichtenagentur)
UdSSR	Union der Sozialistischen Sowjetrepubliken
VKSE	Verhandlungen über die konventionellen Streitkräfte in Europa
ZK	Zentralkomitee

Anmerkungen

Vorwort

1 Wladimir S. Semjonow, *Von Stalin bis Gorbatschow. Ein halbes Jahrhundert in diplomatischer Mission 1939–1991*, Berlin 1995, S. 205. Semjonow war in der Nazizeit an der sowjetischen Botschaft in Berlin, in der Nachkriegszeit im Alliierten Kontrollrat und vor der Ära Gorbatschow als Botschafter in Bonn tätig.

Schicksalsgefährten

1 W. I. Lenin, Werke, Band 27, Berlin 1960, S. 149 (zit. in Semjonow, *Von Stalin bis Gorbatschow*, S. 204).
2 Zit. in Gromyko, *Erinnerungen*, S. 441.
3 Kliutschewski, *Geschichte Rußlands*, Bd. 4, S. 226.
4 Laqueur, *Deutschland und Rußland*, S. 49.
5 Zit. in Riasanovsky, *Russia and the West in the Teaching of the Slavophiles*, S. 60f.
6 Laqueur, *Deutschland und Rußland*, S. 57.
7 Ulam, *The Bolsheviks*, S. 75.
8 Kuczynski/Wittkowski, *Die deutsch-russischen Handelsbeziehungen*, S. 24, 45, 67.
9 Kennan, *Russia and the West*, S. 201.
10 Sogar nach der Vereinigung Deutschlands und der Eingliederung des geeinten Deutschland in die NATO sind einige russische Deutschlandexperten *(germanisty)* noch immer der Ansicht, im 21. Jahrhundert werde es zu Beziehungen in der Art von Rapallo kommen. Interview d. Verf. mit Nikolai Portugalow, ehemaligem Berater des ZK der KPdSU, in Moskau, Juli 1997.
11 Beitel/Nötzhold, *Deutsch-Sowjetische Wirtschaftsbeziehungen in der Zeit der Weimarer Republik*, S. 57–66.
12 Dmitri Wolkogonow, Militärhistoriker, schildert – gestützt auf

inzwischen geöffnete Archive –, wie genau Stalin Hitlers Werke gelesen hatte. Siehe Dimitri Volkogonov, *Stalin. Triumph and Tragedy*, S. 352.

13 Interview d. Verf. mit Wolfgang Schnurr, von 1937 bis 1941 Wirtschaftsattaché an der deutschen Botschaft in Moskau, Bonn, Oktober 1980.

14 Volkogonov, *Stalin*, S. 387, 499.

15 Wolkogonow zufolge fand kurz vor dem deutschen Überfall eine Diskussion darüber statt, ob die UdSSR Deutschland nicht zuerst angreifen sollte, aber Stalin war dagegen. Er wollte nicht einmal die Truppen an der Westfront in Alarmbereitschaft versetzen, da er fürchtete, Hitler zu »provozieren«. Ebd., S. 398–402.

16 Tony Judt, »The Rediscovery of Central Europe«, *Daedalus* (Winter 1990), Bd. 119, Nr. 1, S. 23–54.

17 Siehe hierzu Brzezinski, *The Soviet Bloc*, und Yergin, *Shattered Peace.*

18 Gromyko, *Erinnerungen*, S. 162. Siehe auch Kremer, *FRG. Etapy »Wostotschnoi politiki«*, S. 9f.

19 Laut Aussagen von Sergej Kondraschow, einem KGB-Offizier, der 1945 in Berlin stationiert war, und Daniil Melnikow, während des Krieges Leiter der Antinazipropaganda, war Stalin für ein vereintes, neutrales Deutschland, das er unter Kontrolle halten konnte. Interview mit Kondraschow in der BBC-Fernsehserie, »Messengers from Moscow«. Interviews d. Verf. mit Daniil Melnikow im Juli 1974 und September 1986. Siehe Gaddis, *We Now Know*, S. 113–121, wo auf neue Dokumente eingegangen wird, die zeigen, daß Stalin eine auf Vereinigung gerichtete Strategie verfolgte, aber offenbar nicht verstand, wie das Verhalten der sowjetischen Truppen in Deutschland seine Pläne unterminierte.

20 Siehe hierzu Wolfe, *Soviet Power and Europe*, und Baras, »Stalin's German Policy after Stalin«, S. 259–267. Gaddis legt in *We Now Know*, S. 127–129 dar, daß neuen Dokumenten zufolge Stalins Note von 1952 ernster gemeint war, als Historiker bisher geglaubt hatten.

21 Gesprächsprotokoll Stalins mit führenden Funktionären der SED, aufgefunden in russischen Archiven und zit. in: Cold War International History Project (Washington), *Bulletin*, Nr. 4 (Herbst 1994), S. 48.

22 Bei der Hallstein-Doktrin handelte es sich um den nach Walter

Hallstein, Staatssekretär im Auswärtigen Amt, benannten und am 29. September 1955 verkündeten Grundsatz der Bundesrepublik Deutschland, ganz Deutschland allein zu vertreten. Danach durfte die Bundesregierung keine völkerrechtlichen Beziehungen zu Ländern (mit Ausnahme der UdSSR) aufnehmen oder unterhalten, welche die DDR offiziell anerkannten. 1957 kam sie erstmals gegen Jugoslawien zur Anwendung, 1967 wurde sie im Fall Rumäniens erstmals gebrochen. Mit ihrer neuen Deutschland- und Ostpolitik gab die Regierung Brandt die Hallstein-Doktrin 1969 endgültig auf.

23 Siehe Angela Stent, *From Embargo to Ostpolitik.*

24 Siehe Wolfe, *Soviet Power and Europe*, Kap. 6.

25 Siehe Weit, *Eyewitness.* Weit war Dolmetscher von Wladyslaw Gomułka, dem Ersten Sekretär der Polnischen Vereinigten Arbeiterpartei, und Zeuge vieler Auseinandersetzungen zwischen Chruschtschow und Ulbricht.

26 Zu den Debatten um Chruschtschows Politik siehe Sodaro, *Moscow, Germany and the West*, Kap. 2. Nach Aussagen von Wladimir Semjonow, seinerzeit stellvertretender Außenminister, waren weder Adenauer noch Chruschtschow an der Vereinigung Deutschlands interessiert. Chruschtschow erklärte Semjonow gegenüber, er wolle seinen Schwiegersohn, Alexej Adschubej, Chefredakteur der *Iswestija*, zum Außenminister ernennen. Semjonow erwiderte, daß dies keine gute Idee sei, woraufhin Chruschtschow Adschubej in die Bundesrepublik entsandte, um Chruschtschows Besuch von 1964 vorzubereiten, ohne sich mit Semjonow zu beraten, der im Außenministerium für deutsche Fragen zuständig war. Siehe Semjonow, *Von Stalin bis Gorbatschow*, S. 305f.

27 Kwizinski, *Vor dem Sturm*, S. 165, 170.

28 Siehe Stent, »Soviet Policy toward the German Democratic Republic«, Kap. 2.

29 »Über Maßnahmen zur Gesundung der politischen Lage in der DDR«, Niederschrift einer Begegnung von Grotewohl, Oelßner und Ulbricht mit Malenkow, Berija, Molotow, Chruschtschow, Bulganin, Mikojan, Kaganowitsch, Semjonow und Gretschkow in Moskau, 3. und 4. Juni 1953, in: SAPMO BArch, DY 30/3526.

30 Ein Augenzeugenbericht über den Aufstand vom 17. Juni 1953 und über Berijas Sturz findet sich bei Semjonow, *Von Stalin bis Gorbatschow*, S. 294–300. Es bleibt jedoch unklar, welches Verhältnis Semjonow zu Berija hatte, den er offenbar fürchtete.

Gaddis, *We Now Know*, S. 129–131, meint, Berija hätte, wenn er Stalins Nachfolger geworden wäre, eine Vereinigung Deutschlands vorgeschlagen, ohne auf einer kommunistischen Regierung zu bestehen.

31 Hope H. Harrison, »New Evidence on Khrushchev's 1958 Berlin Ultimatum«. Wettig, »Die sowjetische Politik während der Berlin-Krise 1958–1962«, gibt einen umfassenden Überblick über neues Archivmaterial zu diesem Thema.

32 Siehe Sodaro, »Ulbricht's Grand Design«.

33 J. L. Gervin, zit. in Robert Legvold, »The Russian Question«, in: Baranovsky (Hg.), *Russia and Europe*. Legvold analysiert anschaulich die Ähnlichkeiten zwischen der traditionellen »deutschen Frage« und der heutigen »russischen Frage«.

Präludium zur Vereinigung Deutschlands

1 Gespräch von Breschnew und Honecker am 28. Juli 1970, in: Staadt (Hg.), *Auf höchster Stufe*, S. 13, 35.

2 Gespräch Honeckers mit Konstantin Russakow am 21. Oktober 1981, ebd., S. 40.

3 Georgi Arbatow, ehemaliges Mitglied des Zentralkomitees der KPdSU und Direktor des USA-Kanada-Instituts, hebt hervor, wie wichtig die deutschen Initiativen waren. Siehe Arbatov, *The System*, S. 171.

4 Siehe Larrabee, »The Politics of Reconciliation«, und Baring, *Machtwechsel*, S. 2.

5 Arbatov, *The System*, S. 71; Kwizinski, *Vor dem Sturm*, S. 221; Falin, *Politische Erinnerungen*, S. 117.

6 Baring, *Machtwechsel*, S. 244. Diese geheimen sowjetisch-westdeutschen Kontakte liefen über Sven Backlund, den schwedischen Generalkonsul in Berlin, und Pjotr Abrassimow, den sowjetischen Botschafter in Ostberlin.

7 Siehe Egon Bahrs Rede vor der Evangelischen Akademie Tutzing, 15. Juli 1963, in: Meissner (Hg.), *Die deutsche Ostpolitik 1961–1970*, S. 45–48.

8 Ash, *Im Namen Europas*, S. 262.

9 Vertrag über Gewaltverzicht zwischen der UdSSR und der Bundesrepublik Deutschland vom 12. August 1970, Art. 3, in: Benno Zündorf, *Die Ostverträge. Die Verträge von Moskau, Warschau, Prag, das Berlin-Abkommen und die Verträge mit der DDR*, München 1979.

10 Baring, *Machtwechsel*, S. 357.

11 Ebd., S. 354.

12 Siehe Stent, *From Embargo to Ostpolitik*, S. 163–168.

13 1972 errang die SPD 271 Sitze im Bundestag, verglichen mit 224 im Jahre 1969.

14 *Kommunist*, Nr. 5 (1969), S. 9, 24; *Neues Deutschland*, 26. März 1969.

15 Siehe Oldenburg, »Eine endliche Geschichte«, S. 164f. Ulbricht war natürlich außer sich, als seine Gegner im Politbüro seine Fehler im Jahre 1969 mit denen Chruschtschows verglichen. In einem wütenden Brief teilte er seinen Kritikern mit, was er über Chruschtschow dachte. Siehe Ulbricht, »An Genossen Hans Rodenberg«, 23. Oktober 1969, S. 165, in: SAPMO BArch, DY 30/3295. Außerdem wurde Ulbricht auf einer Tagung des Zentralkomitees der SED 1970 vorgeworfen, ein frühzeitiger Anhänger Dubčeks gewesen zu sein. Siehe »Zur Korrektur der Wirtschaftspolitik Walter Ulbrichts auf der 14. Tagung des ZK der SED 1970«, in: SAPMO BArch, DY 30/3295. Zdeněk Mlynář, eine Schlüsselfigur des Prager Frühlings, stellte Ulbricht und den polnischen Führer Gomułka wenig schmeichelhaft als »zornige alte Männer in fortgeschrittenen Stadien der Senilität und von entsprechend eitler Gebarung« dar, die von Anfang an eine äußerst kritische Haltung gegenüber Dubček hatten und den Kreml drängten, entschiedene Maßnahmen zu treffen. Siehe Mlynář, *Nachtfrost in Prag*, S. 178.

16 Siehe Ulbrichts langen (viereinhalbstündigen) Gedankenaustausch mit Gromyko, »Stenografische Niederschrift des Gesprächs des Genossen Walter Ulbricht mit dem Genossen Andrej Gromyko«, 24. Februar 1970, in: SAPMO BArch, DY 30/3526, S. 99.

17 Siehe Larrabee, »The Politics of Reconciliation«, Kap. 4.

18 Griffith, *The Ostpolitik of the Federal Republic of Germany*, S. 198.

19 Croan, *East Germany*, S. 26.

20 »Zur Korrektur der Wirtschaftspolitik Walter Ulbrichts auf der 14. Tagung des ZK der SED 1970«.

21 Breschnew zu Honecker, 28. Juli 1970, in: SAPMO BArch, DY 30/3295.

22 »Vermerk über die gemeinsame Besprechung der Delegation des ZK der KPdSU mit der Delegation des ZK der SED am 21. August 1970« (Moskau), in: SAPMO BArch, DY 30/3295.

23 Brief des SED-Politbüros (ohne Ulbricht) an Breschnew und

das sowjetische Politbüro, 21. Januar 1971, in: SAPMO BArch, DY 30/3295.

24 »Rede des Genossen Walter Ulbricht auf der Sitzung der Bezirksleitung der SED in Leipzig, 21. 11. 1970«, in: SAPMO BArch, DY 30/3295.

25 Das Viermächteabkommen über Berlin vom 3. September 1971 war das erste Abkommen zwischen den Westmächten und der UdSSR über Berlin, das seit der Spaltung Berlins geschlossen wurde. Es bestätigte die Verantwortung der Vier Mächte für Berlin und ihre Rechte dort bei Wahrung ihrer unterschiedlichen Rechtsauffassungen.

26 »Zu dem Gen. L. I. Breschnew«, August 1970, in: SAPMO BArch, DY 30/3295.

27 Juli Kwizinski zufolge, der damals im Außenministerium tätig war, wurde das Gesamtpaket der Vereinbarungen der DDR mit der Bundesrepublik ohne Rücksprache mit Moskau ausgehandelt, was in Moskau beträchtlichen Argwohn hervorrief. Siehe Kwizinski, *Vor dem Sturm*, S. 260.

28 Siehe Stent, »Soviet Policy toward the German Democratic Republic«, S. 33–60.

29 Schmidt, *Eine Strategie für den Westen*, S. 74.

30 Zu Einzelheiten siehe Stent, »From Embargo to Ostpolitik«, S. 202–207.

31 Kremer, *FRG*. Etapy *›Wostotschnoi politiki‹, S.* 162.

32 Ebd., S. 134ff. Die Sowjets behaupteten, das Abkommen gelte nur für Westberlin, die Amerikaner, Franzosen und Briten vertraten den Standpunkt, daß es für ganz Berlin gelte.

33 Zu Schmidts Vortrag aus Anlaß einer Gedenkfeier für den 1976 verstorbenen ehemaligen Leiter des Instituts, Alastair Buchan, s. Hanrieder (Hg.), *Helmut Schmidt*, Kap. 2.

34 Siehe Hahn, »West Germany's Ostpolitk«. Siehe auch Bahr, *Was wird aus den Deutschen?*.

35 Stent, »Soviet Policy toward the German Democratic Republic«, S. 44–47.

36 Ebd.

37 Keworkow, *Der geheime Kanal*, S. 151, 179f. Erich Mielke beschwerte sich offenbar sogar darüber, daß Breschnew Brandt ein großzügigeres Geburtstagsgeschenk gemacht hatte (zwei Kilo Kaviar) als Honecker. Egon Bahr schreibt im Nachwort zu Keworkows Buch, eine wichtige Veränderung habe in dieser Zeit darin bestanden, daß Moskau sich inzwischen eher auf west-

deutsche als auf ostdeutsche Quellen stützte, um sich ein Bild von der Bundesrepublik zu machen. Ganz offensichtlich verlor die DDR ihre Bedeutung als Ansprechpartner der Sowjets, wenn es um eine Beschreibung der Lage in der Bundesrepublik ging.

38 Kwizinski, *Vor dem Sturm*, S. 260–266.

39 Asmus, »The Dialectics of Détente and Discord«.

40 McAdams, »Inter-German Détente. A new Balance«, S. 141 ff.

41 Siehe Stent, »Soviet Policy toward the German Democratic Republic«, S. 57.

42 Ebd.

43 Falin, *Politische Erinnerungen*, S. 239.

44 Eine repräsentative Darstellung dieser Themen aus der Sicht eines angesehenen konservativen Wissenschaftlers gibt Meissner, »Die deutsch-sowjetischen Beziehungen seit dem Zweiten Weltkrieg«, S. 644 f., wo er den Vertrag über Gewaltverzicht von 1970 als einen »bemerkenswerten Erfolg für die sowjetische Diplomatie« beschreibt.

45 Mehr zu dieser Debatte siehe Sodaro, *Moscow, Germany and the West*, Kap. 9.

46 Siehe Arbatov, *The System*, S. 203–206. Er zitiert einen »führenden Waffenkonstrukteur«, der auf die Frage, ob das sowjetische Militär wirklich glaube, daß es zu einem Atomkrieg kommen wird, mit Nein antwortete. »Die militärischen Führer sind, wenn überhaupt, davon überzeugt, daß es keinen Atomkrieg geben wird. Und das ist genau der Grund, weshalb sie weiterhin unbekümmert die gefährlichsten neuen Waffensysteme produzieren lassen, die es gibt.«

47 *Krassnaja swesda*, 9. Mai 1984.

48 *Prawda*, 27. Juli 1984.

49 Siehe die Bemerkungen von Wadim Sagladin, Erster stellvertretender Leiter der Internationalen Abteilung des ZK der KPdSU, und von Lew Besymenski, in: *Zukunft Europas. Probleme der politischen und militärischen Entspannung.* UdSSR und Bundesrepublik Deutschland, Bergedorfer Gesprächskreis, Protokoll Nr. 75, Hamburg 1984, S. 25, 83.

50 *Prawda*, 27. Januar 1986.

51 Siehe Oldenburg, »Eine endliche Geschichte«, S. 15 f. Er zitiert dort aus SED-Archivmaterial.

52 Die Autorin nahm kurz nach der Gewährung des Kredits, der in beiden Teilen Deutschlands als kleine Sensation empfunden

wurde, an einer von der CSU-nahen Hanns-Seidel-Stiftung organisierten Konferenz teil. Dort vertraten CSU-Funktionäre eine harte Linie gegenüber den Sowjets und hatten gewisse Schwierigkeiten, die Entscheidung, dem verhaßten Honecker zu helfen, zu rechtfertigen.

53 Genscher, »Grundsätze für die Entwicklung der West-Ost-Beziehungen«.

54 Löwenthal, »The German Question Transformed«, S. 313.

55 Ash, *Im Namen Europas*, zeigt, auf welch vielfältige Weise die jeweiligen Bundesregierungen durch ihre Kontakte mit der DDR dazu beitrugen, deren Legitimität zu stärken. Whitney, *Spy Trader*, zeigt ausführlich, wie sich die Ost- und Westdeutschen insgeheim über Fragen der Spionage verständigten. Manche Autoren meinen, daß das Archiv des Auswärtigen Amtes, das jetzt auch das Archiv des Außenministeriums der DDR beherbergt, deshalb der Öffentlichkeit nicht zugänglich gemacht werde, weil sonst eine Reihe von Kontakten zur DDR publik würden, die Bonn lieber verschweigen möchte.

56 Dokumentarische Belege aus den Archiven bei Oldenburg/Stephan, »Honecker kam nicht bis nach Bonn«.

57 Hobbes, *Leviathan*, S. 96.

Neue Denkansätze zur deutschen Frage

1 Schachnasarow, *Preis der Freiheit*, S. 135.

2 Gorbatschow, *Erinnerungen*, S. 701.

3 Schewardnadse, *Die Zukunft gehört der Freiheit*, S. 233f. Schewardnadse schreibt, er habe schon 1986 gewußt, daß die Vereinigung Deutschlands unausweichlich sei. Es mag sich hier um eine Rückprojektion handeln, doch scheint er klarer als viele andere in der Umgebung Gorbatschows Entwicklungen vorausgesehen zu haben.

4 Kennan (»X«), »The Sources of Soviet Conduct«, nachgedruckt in: Fleron/Hoffmann/Laird (Hg.), *Soviet Foreign Policy. Classic and Contemporary Issues*, S. 316. Dieses Buch enthält auch eine gute Auswahl der vorherrschenden Bewertungen der sowjetische Außenpolitik.

5 Gaddis, der in *We Now Know* die Bedeutung der inzwischen geöffneten sowjetischen Archive erörtert, hebt den Einfluß ideologischer Faktoren auf die sowjetische Außenpolitik hervor.

6 Siehe Legvold, »The Revolution in Soviet Foreign Policy«; Bialer, »New Thinking and Soviet Foreign Policy«.
7 Interview d. Verf. mit Michail Gorbatschow im Juli 1996.
8 Gorbatschow, *Perestroika*, S. 179 f.
9 Ebd., Kap. 3. Medwedew, »Weliki Oktjabr i sowremenny mir«.
10 Schewardnadse, »The 19th All-Union CPSU Conference«. Zu einer kritischen Analyse der Bemühungen, den diplomatischen Dienst zu reformieren, s. Shmagin/Bratchikov, »Perestroika in the USSR Foreign Ministry«.
11 Zu den Ursprüngen dieses Begriffs (er wurde von Breschnew 1989 bei seinem Besuch in Bonn gebraucht) und seiner Bedeutung s. Adomeit, »Gorbatschows Westpolitik«.
12 Zhukov, »What Kind of Dialogue for Europeans?«, S. 93.
13 Amirdzhanov/Cherkasov, »Our Common European Home«, S. 28.
14 Baranowski, »Stroitelstwo ›Obschtschego jewropejskogo doma‹«.
15 Portugalow, »Bonn Goalkeepers«.
16 Zit. bei Malcolm, »The ›Common European Home‹ and Soviet European Policy«.
17 *Prawda*, 28. April 1985.
18 Siehe Dawisha, *Eastern Europe, Gorbachev and Reform*, S. 202–206.
19 *Prawda*, 25. Februar 1986.
20 Alexander Jakowlew in einem Interview in *Die Zeit*, 12. Mai 1989. In den siebziger und achtziger Jahren hatten sich westliche Beobachter um eine »Finnlandisierung« Westeuropas gesorgt, also darum, daß Westeuropa sowjetischen Forderungen zu sehr entgegenkommen könnte. Nun äußerte Jakowlew eine neue Idee – die Finnlandisierung Osteuropas, die eine größere innere Autonomie bedeutet hätte.
21 Schachnasarow, *Preis der Freiheit*, S. 122–125, hebt hervor, wie lange es dauerte, bis sich Gorbatschow der Weiterungen der Vorgänge in Osteuropa voll bewußt wurde. Andere sowjetische Beteiligte an den Ereignissen, die zur Vereinigung Deutschlands führten, nennen ihn einen »Provinzpolitiker«, der die Situation in Osteuropa nicht verstand und ihr nicht genügend Beachtung schenkte.
22 Stent, »Doctrinal Discord«.
23 Gespräch d. Verf. mit Rafael Fjodorow im September 1989 im ZK der KPdSU in Moskau.
24 Gorbatschow, *Perestroika*, S. 230.

25 Gespräch d. Verf. mit Gorbatschow im Juli 1996 in Moskau.

26 Schabowski, *Der Absturz*, S. 197.

27 Zitiert bei Bender, *Deutsche Parallelen*, S. 125.

28 Schabowski, *Der Absturz*, S. 211. Im November 1985 hatte Honecker den Ostberliner SED-Chef Konrad Naumann gefeuert, der gegen sein Engagement für die deutsch-deutsche Entspannung war, und ihn durch Schabowski ersetzt. Siehe Bundesminister für innerdeutsche Beziehungen, *Informationen*, 12. Dezember 1985, S. 12f., 20f.

29 Gorbatschow, *Erinnerungen*, S. 158f.

30 TASS-Meldung, zit. in: Seiffert, »Die Deutschlandpolitik der SED im Spannungsfeld der sowjetischen Interessenlage«, S. 280.

31 Spitmann, »Gorbatschow besucht die SED«, S. 449–451.

32 Schabowski, *Der Absturz*, S. 214.

33 Pond, *Beyond the Wall*, S. 81f.

34 Gorbatschow, *Erinnerungen*, S. 928, 930. Gorbatschows Schilderung des engen Verhältnisses zwischen Breschnew und Honecker steht im Gegensatz zu den Memoiren anderer sowjetischer und ostdeutscher Funktionäre, denen zufolge zwischen beiden ein eher gespanntes Verhältnis bestand.

35 Eine Begebenheit, die Kohl geschildert hat, zeigt anschaulich, wie eng diese Beziehungen waren. Als er Honecker 1984 bei Andropows Begräbnis zum ersten Mal begegnete, schlug er ihm vor, pfälzisch miteinander zu reden, damit der KGB ihrer Unterhaltung nicht folgen konnte. Dieser Dialekt wurde sowohl in Ludwigshafen, Kohls Heimatstadt, als auch im saarländischen Becksbach, Honeckers Geburtsort, gesprochen. Honecker lachte laut über diesen Vorschlag, und sie führten ein intensives Gespräch miteinander, bei dem sie feststellten, daß sie viele gemeinsame Bekannte hatten, da ihre Heimatorte nur achtzig Kilometer voneinander entfernt lagen. Kohl, *Ich wollte Deutschlands Einheit*, S. 54.

36 *Neues Deutschland*, 11. September 1987.

37 Tolpegin, »Realities and Illusions«, S. 4. Kotschemassow erwähnt auch, daß Kohl während des Gipfeltreffens nicht ein einziges Mal die Frage der Menschenrechte in der DDR oder der Berliner Mauer aufwarf. Kotschemassow, *Meine letzte Mission*, S. 271.

38 Siehe z.B. den scharfen Angriff, den Hermann Axen, der für internationale Verbindungen zuständige Sekretär des ZK der SED, am 1. Dezember 1986 in einem Brief an Honecker gegen einen

Artikel des stellvertretenden Leiters der Internationalen Abteilung des ZK der KPdSU, Wadim Sagladin, zuständig für die internationale kommunistische Bewegung, führte, der im theoretischen Organ der DKP, *Marxistische Blätter*, erschienen war. Nachdem er Sagladins undialektische Denkweise angegriffen hatte, beschwerte sich Axen darüber, daß Gorbatschow zwar eine gemeinsame Analyse der SED und KPdSU der internationalen kommunistischen Bewegung versprochen, aber die Internationale Abteilung des ZK der KPdSU nichts zur Förderung dieses Projekts unternommen habe. Hermann Axen, SAPMO BArch, DY 30/3295.

39 Kotschemassow, *Meine letzte Mission*, S. 132.

40 Honecker, zitiert bei Schabowski, *Das Politbüro*, S. 34. Hager in *Neues Deutschland*, 10. April 1987.

41 Gespräch d. Verf. mit Gorbatschow im Juli 1996 in Moskau.

42 Siehe z.B. Cornelsen, »Die Lage der DDR-Wirtschaft zur Jahreswende 1987/1988«, S. 59–67.

43 Schulz, »In der Welt ohne Beispiel«, S. 1249f.

44 Machowski, »Grundzüge der neuen sowjetischen Außenwirtschaftspolitik«, S. 21ff.

45 Kotschemassow, *Meine letzte Mission*, S. 85f.

46 Schachnasarow, *Preis der Freiheit*, S. 144f.

47 Siehe McAdams, *Germany Divided*, S. 180.

48 Küchenmeister, »Wann begann das Zerwürfnis zwischen Gorbatschow und Honecker?«

49 Gespräch d. Verf. mit Igor Maximytschew im Juli 1996 in Moskau.

50 Schabowski, *Der Absturz*, S. 217. Siehe auch Hamilton, »Division, Revolution, Unification«, S. 24, 25, und McAdams, *Germany Divided*, S. 180.

51 »Einschätzung der Rede M. Gorbatschows auf der XIX. Parteikonferenz der KPdSU«, SAPMO BArch, DY 30/3295.

52 Interviews d. Verf. mit Igor Maximytschew und Nikolai Portugalow im Juli 1997 in Moskau. Wolf, *Spionagechef im Geheimen Krieg*, S. 435, behauptet, daß Gorbatschow und seine Berater sogar auf dem XI. Parteitag der SED ihre deutschen Prioritäten überdachten.

53 Siehe Interview mit Gorbatschow in *Der Spiegel*, 24. Oktober 1988. Siehe auch Gorbatschow, *Erinnerungen*, S. 167ff.

54 Schachnasarow, *Preis der Freiheit*, S. 141.

55 Nikolai Portugalow berichtete d. Verf., das Ideal der *germanisty*

sei die Periode der sowjetisch-deutschen militärischen Kollaboration in den zwanziger Jahren gewesen. In seinen unveröffentlichen Memoiren (S. 1) erklärt er, daß sie eine neuerliche geostrategische Allianz mit einem vereinigten Deutschland herstellen wollten und »die einseitige sowjetische Fixierung auf die USA im Guten wie im Bösen als einen fatalen Fehler« ansahen.

56 Kwizinski, *Vor dem Sturm*, S. 427. Siehe auch Gorbatschow, *Erinnerungen*, S. 702, der Strauß als großen »Realisten« lobt.

57 Genscher, *Erinnerungen*, S. 493–502.

58 Portugalow, »Cloudy with Sunny Intervals«. In Gesprächen mit d. Verf. behauptete Portugalow, er selbst glaubte nicht an das, was er über Deutschland schrieb, da er wußte, daß die Realität ganz anders war. Ein anderer Deutschlandexperte, Daniil Melnikow, äußerte sich ähnlich. Es ist jedoch anzunehmen, daß diese Artikel einen gewissen Zweck für die UdSSR erfüllten.

59 Siehe Pond, *Beyond the Wall*, S. 51 f. Siehe auch Genscher, *Erinnerungen*, Kap. 15.

60 McIntyre, »Soviet Attempts to Revamp the Foreign Trade Sector«, in: U.S. Congress, Joint Economic Committee, *Gorbachev's Economic Plans*, Bd. 2, Washington, D.C., 1987, S. 466–499.

61 Wolff von Amerongen, *Der Weg nach Osten*, S. 182 ff.

62 Siehe Borko, »O nekotorych aspektach ...«, im Vergleich zu Schischkow, »Jewropejskoje soobtschestwo ...«.

63 Gustafson, *Gorbachev's Dilemmas*.

64 »Die Perestroika greift noch nicht«, S. 425 ff.; »Ost-West-Handel stagniert«, S. 628–634.

65 Bogomolow, »Perestroika und die Aussichten für die Wirtschaftsbeziehungen zwischen Ost und West«.

66 Wolff von Amerongen, *Der Weg nach Osten*, S. 179.

67 Gorbatschow, *Erinnerungen*, S. 702 f. Gorbatschow schilderte einen auffällig nervösen Späth, der um ein Gipfeltreffen förmlich bettelte und dem Sowjetführer vorwarf, Frankreich und Großbritannien vor der Bundesrepublik besuchen zu wollen.

68 Lavigne, »Prospects for Soviet Trade Reform«, S. 30.

69 Kwizinski, *Vor dem Sturm*, S. 396 f.

70 Ebd., S. 408–411; Genscher, *Erinnerungen*, S. 502–508.

71 *Newsweek*, 27. Oktober 1986, S. 29.

72 In seinen *Erinnerungen* charakterisiert Gorbatschow Kohls Äußerung in dem Sinne, daß Kohl sein Neues Politisches Denken

mit Goebbels' Propaganda verglich. Gorbatschow, *Erinnerungen*, S. 702.

73 »Opasny atavism«, *Prawda*. 27. November 1986.

74 Kwizinski, *Vor dem Sturm*, S. 419ff.; Cramer, »Der Bundespräsident in der Sowjetunion«, S. 792ff. In seinen Memoiren interpretiert Anatoli Tschernjajew, ein wichtiger Berater Gorbatschows, dessen Bemerkungen so: »Die Geschichte hat, wie wir sehen, viel früher als in einhundert Jahren entschieden. Aber etwas anderes ist wichtiger: Gorbatschow schloß die Wiedervereinigung Deutschlands nicht aus. Und sein Signal wurde verstanden.« Tschernjajew, *Schest let s Gorbatschowym*, S. 154.

75 Gorbatschow schätzte den Gipfel sehr positiv ein, wobei er implizierte, daß sich die Westdeutschen die sowjetische Weltsicht nun doch noch zu eigen gemacht hätten. Gorbatschow, *Erinnerungen*, S. 703–705.

76 *Prawda*, 30. Oktober 1988. COCOM war der von der NATO gelenkte, in Paris ansässige Ausschuß, der den Technologietransfer in kommunistische Länder regelte. Ein vollständiger Bericht über den Gipfel in »Dokumente zum Besuch von Bundeskanzler Helmut Kohl in Moskau«.

77 Zholkver, »The Frontier«, S. 21.

78 »UdSSR-Sprecher zum Status von Berlin (West)«, in: Bundesminister für innerdeutsche Beziehungen, *Informationen*, Nr. 20, Oktober 1987, S. 11.

79 *FAZ*, 20. Januar 1988.

80 Einige sowjetische Diplomaten bedauerten im nachhinein, daß der Viermächte-Mechanismus nicht stärker in Berlin genutzt wurde. Siehe Maksimychev, »A Missed Chance of Four-Power Cooperation in Berlin«, S. 108–111.

81 *Prawda*, 24. Oktober 1988.

82 Siehe die Diskussion über das Abkommen in: *Deutschland-Archiv* (September 1985), S. 912–918.

83 Ursprünglicher Wortlaut des Papiers in: *Neues Deutschland*, 28. August 1987.

84 »Das gemeinsame Papier von SED und SPD und die Reaktion der SED« (endgültige Version) in: *Deutschland-Archiv*, (Januar 1988), S. 86–108.

85 Alexandrowa, *Die neuen sozialen Bewegungen im Westen aus der Sicht der sowjetischen Ideologie und Gesellschaftswissenschaft*.

86 Oldenburg, »›Neues Denken‹ in der sowjetischen Deutschlandpolitik?«

87 Daschitschew, *Nekotoryje aspekty ›Germanskoj problemy‹*.

88 Gespräche der Verfasserin mit Daschitschew sowie Juri Dawydow vom USA-Kanada-Institut, dem einzigen Teilnehmer, der Daschitschews Auffassungen unterstützte. Siehe auch Daschitschew, »Soviet Policy and German Unification«.

89 Gorbatschow, *Erinnerungen*, S. 931–935. Er schreibt diesen Ausdruck verärgerten Mitgliedern des SED-Politbüros zu.

»Wir sind ein Volk«

1 Helmut Kohls Pressekonferenz, Moskau 1988, zit. in: *Fincancial Times*, 28. August 1990.

2 *Neues Deutschland*, 20. Januar 1989.

3 Maximytschew/Modrow, *Posledny god GDR*, Moskau 1993, S. 27.

4 Siehe die nachfolgend zitierten Bücher von Baker, Tschernjajew, Falin, Genscher, Gorbatschow, Kießler und Delbe, Kwizinski, Kotschemassow, Schäuble, Teltschik, Waigel sowie Zelikow/Rice.

5 Siehe Rumer, »The German Question in Moscow's ›Common European Home‹«, S. 14f.

6 Baker, *The Politics of Diplomacy*, S. 159.

7 Oberdorfer, *The Turn*, S. 350ff.; Regierungserklärung von Bundeskanzler Kohl zum NATO-Gipfel in Brüssel und zum Besuch von Präsident Bush in der Bundesrepublik am 1. Juni 1989 in Bonn, Plenarprotokoll des Deutschen Bundestages 11/146 1. 6. 1989 S. 10794C-10801A.

8 Gorbatschow, *Erinnerungen*, S. 706, schildert, was er bei diesen westdeutschen Sympathiebekundungen empfand. Eine begeisterte Menge auf dem Bonner Rathausplatz rief ihm zu »Gorbi! Mach Liebe, keine Mauern!« und drängte ihn, seine Politik fortzusetzen.

9 *Der Spiegel*, 5. Juni 1989 und 12. Juni 1989. Als die Autorin junge deutsche Akademiker im Juli 1989 fragte, weshalb ihre Haltung zu Gorbatschow viel positiver und begeisterter sei als zu Kohl oder Bush, erhielt sie zur Antwort: »Wir sind mit ganz anderen Erwartungen und Maßstäben an Gorbatschow herangegangen.«

10 »Obras Nemza i FRG w SSSR«, *Moskowskije nowosti*, 18. Juni 1989.

11 Gorbatschow, *Erinnerungen*, S. 707f.

12 *New York Times*, 14. Juni 1989.

13 Wolff von Amerongen, *Der Weg nach Osten*, S. 181.
14 Gorbatschows Rede vor dem Ostausschuß und andere Dokumente des Gipfeltreffens siehe »Der Besuch des sowjetischen Partei- und Staatschefs Michail Gorbatschow in der Bundesrepublik Deutschland im Juni 1989«, *Europa-Archiv*, 44, Nr. 13 (1989), D371–D419.
15 Einzelheiten zu allen diesen Abkommen und zu der Problematik im Zusammenhang mit Berlin siehe Hatschikjan/Pfeiler, »Deutsch-sowjetische Beziehungen in einer Periode der Ost-West-Annäherung«.
16 Laut Genscher, *Erinnerungen*, S. 628, stellte die Gemeinsame Erklärung für Schewardnadse so etwas wie eine Anerkennung der Tatsache dar, daß sich die DDR in ernsthaften Schwierigkeiten befand.
17 Text der Gemeinsamen Erklärung abgedruckt in: Kaiser, *Deutschlands Vereinigung*, S. 143–148, sowie in: *Bulletin* (Bonn) 15. Juni 1989, S. 542ff.
18 Siehe Adomeit, »Gorbatchev and German Unification«.
19 *Neues Deutschland*, 16. Juni 1989.
20 Genscher, *Erinnerungen*, S. 628.
21 Kwizinski, *Vor dem Sturm*, S. 433.
22 Diese Gerüchte kursierten sowohl unter Russen als auch unter Deutschen. Gorbatschow nährte sie auch insofern, als er später sagte, Kohl habe Versprechungen gemacht, die nie erfüllt wurden.
23 Kohl, *Ich wollte Deutschlands Einheit*, S. 44.
24 Kotschemassow, *Meine letzte Mission*, S. 62f.
25 Genscher, *Erinnerungen*, S. 589.
26 Interview d. Verf. mit Gorbatschow im Juli 1996 in Moskau; Sergej Tarassenko, zit. in Hamilton, »Division, Revolution, Unification«, S. 24.
27 Gati, *The Bloc That Failed*, S. 167f.
28 Sodaro, *Moscow, Germany and the West*, S. 375.
29 *Prawda*, 29. Juni 1989.
30 »Wstretscha M. S. Gorbatschowa s E. Honekerom«, S. 1ff.
31 Greenwald, *Berlin Witness*, S. 52f.
32 Kotschemassow, *Meine letzte Mission*, S. 156.
33 Nur 10–12 Prozent derer, die zur Wahl gingen, stimmten gegen die SED und die mit ihr verbündeten Parteien, aber das Regime empfand den geradezu reflexartigen Drang, zu berichten, daß 98,5 Prozent der Bevölkerung für die SED gestimmt hätten.

34 Daschitschew, »Changing Europe. Soviet and American Approaches«.
35 Adomeit, »Gorbachev and German Unification«, S. 6.
36 Schabowski, *Der Absturz*, S. 222.
37 Genscher, *Erinnerungen*, S. 637–641.
38 Horn, *Freiheit, die ich meine*, S. 327.
39 Kohl, *Ich wollte Deutschlands Einheit*, S. 75, interpretierte dies so, daß Gorbatschow den Ungarn bereits seine Zustimmung gegeben hatte.
40 Kotschemassow schildert die Sorge und das Unbehagen der sowjetischen Seite über die Entscheidung der Ungarn. Kotschemassow, *Meine letzte Mission*, S. 163 f. Er schreibt auch, daß sich sowohl die Westdeutschen als auch die Ungarn der möglichen Folgen dieser Handlungen bewußt waren. Aber Bonn, so Kotschemassow bitter, hatte für diesen »Dienst« 800 Millionen DM gezahlt. Ebd., S. 188.
41 Schabowski, *Der Absturz*, S. 222; Andert/Herzberg, *Der Sturz*, S. 66.
42 Genscher, *Erinnerungen*, S. 648 ff. Laut *Der Spiegel*, 9. Oktober 1989, nutzte Genscher den britischen Verleger Robert Maxwell als Vermittler, um Honecker dafür zu danken, daß der Prager Konflikt friedlich gelöst worden war, und um ihn zu bitten, weiteren potentiellen Ausreisewilligen die gleiche Behandlung zukommen zu lassen. Honecker ließ durch Maxwell entgegnen, er sei sehr daran interessiert, die guten Beziehungen zur Bundesrepublik aufrechtzuerhalten.
43 »Er sagte mehrere Male zu mir: ›Tolja, ich möchte nicht hinfliegen. Ich werde mich in einer dummen, unangenehmen Situation befinden, aber andererseits möchte ich Honecker nicht in eine peinliche Lage bringen, indem ich einfach nicht erscheine.« Anatoli Tschernjajew auf der »Cold War Endgame«-Konferenz.
44 Falin, *Politische Erinnerungen*, S. 484; Schachnasarow, *Preis der Freiheit*, S. 146.
45 Gorbatschow war so beliebt geworden, und die Sowjetunion wurde im Vergleich zur DDR in einem so milden Licht gesehen, daß DDR-Flüchtlinge sogar in der sowjetischen Botschaft in Ostberlin Asyl suchten, um von dort in die Bundesrepublik ausreisen zu können.
46 Gorbatschow, *Erinnerungen*, S. 934.
47 *Prawda*, 7. Oktober 1989.
48 Gorbatschow, *Erinnerungen*, S. 935, bestätigt, daß sich diese

Worte auf die Lage in der Sowjetunion bezogen, er aber anschließend zu Honecker gesagt habe: »Das Leben verlangt von Ihnen mutige Entscheidungen!«

49 Schabowski, *Der Absturz*, S. 241 f.; Krenz, *Wenn Mauern fallen*, Berlin 1990, S. 96. Wortlaut der Diskussionen zwischen Gorbatschow und Honecker in: *Der Spiegel*, 16. September 1991, S. 101–110. Kotschemassow, *Meine letzte Mission*, S. 163–168, kritisiert Gorbatschow, weil er Honecker gegenüber nicht ehrlicher war, was die sowjetischen Ansichten über die Geschehnisse in der DDR betraf.

50 Falin, *Politische Erinnerungen*, S. 487. Maximytschew behauptet, er und andere der über 150 Mitarbeiter der Sowjetbotschaft in Ostberlin (der größten in der Welt) hätten die wirkliche Lage gekannt, aber nie ungeschminkte Telegramme nach Moskau gesandt, »weil der Botschafter Moskau nur mitteilte, was der Kreml hören wollte«. Gespräch d. Verf. mit Maximytschew im Juli 1996 in Moskau.

51 Gespräch d. Verf. mit Teilnehmern an der Leipziger Demonstration vom Oktober 1989 im März 1990 in Leipzig.

52 Krenz, *Wenn Mauern fallen*, S. 134–140. 1992 modifzierte Krenz seine Geschichte etwas. Siehe Krenz, »Anmerkungen zur Öffnung der Berliner Mauer im Herbst 1989«, S. 364–369.

53 Kotschemassow, *Meine letzte Mission*, S. 168 f. Siehe auch den Artikel von Stanislaw Kondraschow in *Iswestija*, 29. April 1990. Brandt (*SZ*, 14. Dezember 1989) und andere behaupteten, daß sowjetische Truppen bereits im August den Befehl erhalten hätten, sich bei Bekundungen von Unzufriedenheit in Osteuropa nicht einzumischen.

54 Gedmin, *The Hidden Hand*, S. 101 f., hält alle diese Berichte für glaubwürdig.

55 Eine erstaunliche Bemerkung machte der ehemalige Chef der CIA, der behauptet, Krenz habe »gemeinsame Sache mit den Marschierenden gemacht und sich der Revolte angeschlossen«. Siehe Gates, *From the Shadows*, S. 468.

56 Pond, *Beyond the Wall*, äußert die überzeugendste und ausgewogenste Meinung zu diesen Themen, Kap. 9.

57 Maximytschew, »Die Maueröffnung«, S. 1141 f.

58 Schabowski, *Der Absturz*, S. 261

59 Kotschemassow, *Meine letzte Mission*, S. 176.

60 Schachnasarow, *Preis der Freiheit*, S. 148.

61 Dieser Bericht ist den Aufzeichnungen von Krenz über dieses

Treffen entnommen, zit. in Zelikow/Rice, *Sternstunde der Diplomatie*, S. 133–140.

62 Krenz, *Wenn Mauern fallen*, S. 149f.; ders., »Anmerkungen zur Öffnung der Berliner Mauer«, S. 366f. Maximytschew, »Die Maueröffnung«, S. 1143, zitiert Mitteilungen Gorbatschows, in denen er betonte, daß die Zusammenkunft zufriedenstellend verlaufen sei.

63 Am selben Tag wurde Todor Schiwkow, der langjährige bulgarische Staats- und Parteichef, in einer von den Sowjets unterstützten Palastrevolte gestürzt, aber der Fall der Berliner Mauer war so dramatisch und symbolisch für das Ende des Kalten Krieges, daß die Welt vom Umfallen des ersten Dominosteins auf dem Balkan kaum Notiz nahm.

64 Kwizinski, *Vor dem Sturm*, S. 13.

65 Wolf, *In eigenem Auftrag*, S. 146, schreibt, daß ihn bei seiner Moskau-Reise im Juli das große Interesse seiner Gesprächspartner an der Frage der deutschen Vereinigung überraschte.

66 Maximytschew, »Die Maueröffnung«, S. 1145.

67 Ebd., S. 239.

68 Kotschemassow, *Meine letzte Mission*, S. 186f.

69 Maximytschew, »Berlinskaja stena« und »Was ist bei euch los?«.

70 TASS-Meldung auf englisch, 9. November 1989, zit. in FBIS-SOV-89–216, 9. November 1989, S. 28.

71 Schabowski, *Der Absturz*, S. 307f. Er schreibt auch, er sei beim Verlesen des Gesetzestextes darüber erstaunt gewesen, daß Westberlin erwähnt wurde, und habe sich gefragt, ob die Sowjets davon wüßten. Krenz, *Wenn Mauern fallen*, behauptet in Kap. 3, Schabowski habe einen Fehler gemacht, als er sagte, das Gesetz würde sofort in Kraft treten. Siehe Wortlaut des Gesetzes ebd., S. 180f.

72 Schabowski, *Der Absturz*, S. 309f.; Krenz, *Wenn Mauern fallen*, S. 183.

73 Hertle, »Kontrollen eingestellt – nicht mehr in der Lage – Punkt«.

74 ADN-Meldung vom 14. November 1989, in: FBIS-SOV-89–218, 14. November 1989, S. 35.

75 Falin, *Politische Erinnerungen*, S. 488f.

76 Maximytschew, »Was ist bei euch los?«, S. 46.

77 Ders., »Berlinskaja stena«.

78 Interview mit Eduard Schewardnadse, »Otstawka bolsche, tschem schisn«, *Literaturnaja gaseta*, 10. April 1991. Einige so-

wjetische Reformer haben ausdrücklich festgestellt, daß Falin und andere alte Deutschlandexperten versucht hätten, die Öffnung der Mauer zu verhindern.

79 Maximytschw, »Berlinskaja stena«; Hertle, »Ein Stein vom Herzen«, S. 40f.

80 Dies wurde später von Krenz in einem Interview bestätigt. Siehe Pryce-Jones, *The Strange Death of the Soviet Empire*, S. 266.

81 Tschernjajew behauptete auf der »Cold War Endgame«-Konferenz, Verteidigungsminister Jasow habe nie die Frage des Einsatzes sowjetischer Truppen in Deutschland aufgeworfen, da er wußte, daß Gorbatschow diesen nicht zugelassen hätte.

82 Krenz, »Anmerkung zur Öffnung der Berliner Mauer«, S. 368f.

83 Schachnasarow, *Preis der Freiheit*, S. 149.

84 Interview d. Verf. mit Gorbatschow im Juli 1996 in Moskau.

85 Beschloss/Talbott, *Auf höchster Ebene*, S. 173.

86 Tschernjajew, *Schest let s Gorbatschowym*, S. 305. Das Buch gibt die Niederschrift eines Telefongesprächs zwischen Gorbatschow und Kohl wieder.

87 Horst Teltschik, *329 Tage*, S. 19–201; Kwizinski, *Vor dem Sturm*, S. 15. Er schreibt über die Kundgebung am 10. November, er habe fast körperlich gespürt, daß die Wiedervereinigung im Gange war und die DDR nicht länger existierte.

88 Laut Kohl, *Ich wollte Deutschlands Einheit*, S. 131f., lieferten Hardliner im KGB und in der Stasi Gorbatschow absichtlich falsche Informationen darüber, daß die Dinge in Berlin völlig aus dem Ruder liefen, weil sie hofften, dies als Rechtfertigung für ein militärisches Eingreifen benutzen zu können.

89 Teltschik, *329 Tage*, S. 63.

90 Thatcher, *Downing Street No. 10*, S. 1084f.

91 Wortlaut des Plans siehe Kaiser, *Deutschlands Vereinigung*, S. 158–168.

92 Siehe das Interview mit dem Präsidenten der Deutschen Bank, Alfred Herrhausen, in: *Der Spiegel*, 20. November 1989.

93 Genscher führt Kohls Schachzüge zum Teil darauf zurück, daß er Genscher den Erfolg bei der Entschärfung der Flüchtlingssituation in Prag neidete, teils darauf, daß er sowohl der FDP als auch der SPD zuvorkommen wollte. Genscher, *Erinnerungen*, S. 669–674. Baker, *The Politics of Diplomacy*, S. 116, bemerkt: »Wir hätten es vorgezogen, wenn wir über den Plan informiert worden wären, bevor er verkündet wurde.«

94 Teltschik, *329 Tage*, S. 52f., 58.

95 Tschernjajew, *Schest let s Gorbatschowym*, S. 305f.; Gorbatschow, *Erinnerungen*, S. 712ff.

96 Genscher, *Erinnerungen*, S. 687.

97 Beschloss/Talbott, *Auf höchster Ebene*, S. 207; Oberdorfer, *The Turn*, S. 383.

98 Tschernjajew, Diskussionsbeitrag auf der »Cold War Endgame«-Konferenz; Dobrynin, *In Confidence*, S. 630, bestätigt, daß die Tatsache, daß Gorbatschow die Vereinigung nicht abgelehnt hatte, ihren Eindruck auf Präsident Bush nicht verfehlte.

99 Zelikow/Rice, *Sternstunde der Diplomatie*, S. 192.

100 Palazchenko, *My Years with Gorbachev and Shevardnadse*, S. 185–191.

101 Zum Wortlaut der Rede Schewardnadses siehe »Jewropa. Wremja peremen«, *Prawda*, 20. Dezember1989.

102 Dashitchew, »Soviet Policy and German Unification«, S. 25.

103 Kotschemassow, *Meine letzte Mission*, S. 212.

104 Gysi, *Das war's noch lange nicht*, S. 110.

105 TASS-Meldung, 12. Dezember 1989, zit. in: *Die Sowjetunion 1990/91*, BIOST, Sonderveröffentlichung, Köln, Februar 1992, S. 102.

106 Genscher, *Erinnerungen*, S. 693.

107 Maksimychev, »A Missed Chance of Four-Power Cooperation in Berlin«, S. 108–115.

108 Während dieser ganzen Zeit hob die Zeitung der Sowjetstreitkräfte, *Krassnaja swesda*, wie zu erwarten, die Bedeutung des Kommunismus in der DDR und die Gefahren des westdeutschen Neofaschismus hervor. Siehe *Krassnaja swesda*, 6. und 30. Dezember 1990.

109 Bundesinnenminister Wolfgang Schäuble, der hauptsächlich dafür verantwortlich war, die inneren Aspekte der Wiedervereinigung auszuhandeln, erinnert sich, daß die Kanzlerrunde anfangs zurückhaltend reagierte, als er Mitte Dezember zum ersten Mal die sofortige Währungs- und Wirtschaftsunion zwischen den beiden deutschen Staaten vorschlug. Schließlich bedeutete eine Wirtschaftsunion »das Undenkbare denken«, und darauf war das Kanzleramt nicht vorbereitet. Siehe Schäuble, *Der Vertrag*, S. 21f.

110 Eberhard Schneider, »Der letzte Parteitag der SED«, BIOST, Bericht Nr. 19 (1990), S. 51.

111 *Prawda*, 7. Februar 1990.

112 Zu Berichten über die Tagung s. Schachnasarow, *Preis der Frei-*

heit, S. 149 f.; Tschernjajew, *Schest let s Gorbatschowym*, S. 346 f.; und Gorbatschow, *Erinnerungen*, S. 714 f. Es ist bemerkenswert, daß diese wichtigen Entscheidungen zur deutschen Einheit von einem Ad-hoc-Komitee und nicht von einer etablierten Institution wie dem Politbüro getroffen wurden. Laut Tschernjajew, Diskussionsbeitrag auf der »Cold War Endgame«-Konferenz, stimmte die Sowjetführung bei dieser Politbürotagung der Wiedervereinigung zu.

113 Zit. in Pond, *Beyond the Wall*, S. 171.

114 Interview d. Verf. mit Maximytschew im Juli 1996 in Moskau.

115 Kohl, *Ich wollte Deutschlands Einheit*, S. 254.

116 Gorbatschow, *Erinnerungen*, S. 714–717. Palazchenko, *My Years with Gorbachev and Shevardnadse*, S. 192. Baker, *The Politics of Diplomacy*, S. 205, erinnert sich, daß Gorbatschow bei diesem Treffen viel entspannter über die Vereinigung sprach als Schewardnadse, der sehr stark von innenpolitischen Problemen in Anspruch genommen schien.

117 Gorbatschow, *Wie es war*, S. 108. TASS, Internationaler Dienst, 12. Februar 1990, zit. in FBIS-SOV-90–029, 12. Februar 1990, S. 44.

118 Teltschik, *329 Tage*, S. 137–143. Kohl, *Ich wollte Deutschlands Einheit*, S. 275, schildert das »blanke Entsetzen« in Falins Gesicht. Er schloß aus der Reaktion einiger Teilnehmer des Treffens, daß das Politbüro wegen dieser Entscheidung nicht konsultiert worden war.

119 Siehe das Kommuniqué in Kaiser, *Deutschlands Vereinigung*, S. 192 f. Genscher erwähnt den Kontrast zwischen dieser herzlichen Begegnung und dem unerquicklichen Empfang, den ihm Gorbatschow am 5. Dezember bereitet hatte. Genscher, *Erinnerungen*, S. 722 ff.

120 *Die Welt*, 19. März 1990.

121 Sogar Schachnasarow räumte in einem Gespräch mit d. Verf. im Juni 1995 ein, daß sich die Dinge in Deutschland nicht so entwickelt hatten, wie es der Kreml gewünscht hätte. Aber wenigstens sei diese Vereinigung, anders als die vorangegangene, friedlich verlaufen.

122 Stefan Heym, zit. in Hamilton, »Division, Revolution, Unification«, S. 87.

123 Zit. in Ganushkin und Kovrigin, »The Colours of Socialism«, *New Times*, Nr. 42, 17.–23. Oktober 1989.

Das geeinte Deutschland und die NATO

1 Beschloss/Talbott, *Auf höchster Ebene*, S. 261f.

2 In einem Gespräch mit d. Verf.

3 Der amerikanische Botschafter in Moskau stellt fest: »Anfang 1990 hatten die meisten westlichen Diplomaten in Moskau, wie auch ich, wenig Hoffnung, daß Gorbatschow einer summarischen Auflösung der DDR und einem vereinigten Deutschland in der NATO zustimmen und politisch überleben konnte, und das auch noch mit genügend Autorität, um die Perestroika am Leben zu erhalten.« Matlock, *Autopsy on an Empire*, S. 383.

4 Falin, *Politische Erinnerungen*, S. 490.

5 Maximytschew/Modrow, *Posledny god GDR*, S. 105f.

6 Zelikow/Rice, *Sternstunde der Diplomatie*, S. 353.

7 Thatcher, *Downing Street No. 10*, S. 1095–1102.

8 Gorbatschows Berater, Sergej Tarassenko, war besonders mitteilsam in bezug auf interne sowjetische Differenzen, vor allem im Gespräch mit dem Leiter des Ministerbüros des Auswärtigen Amtes, Frank Elbe. Gespräche d. Verf. mit Teilnehmern an den Zwei-plus-Vier-Verhandlungen.

9 Gespräche d. Verf. mit amerikanischen und deutschen Teilnehmern am Verhandlungsprozeß.

10 Venohr (Hg.), *Die deutsche Einheit kommt bestimmt.* Diese Sammlung von Essays rechter und linker Autoren sah eine Konföderation beider deutscher Staaten voraus, die sich für die Neutralität entscheiden würden.

11 Siehe Angela Stent, »Western Europe and the USSR«, S. 14f. Im Jahre 1972 intervenierte z.B. Breschnew, um einer möglichen Verabschiedung des von dem demokratischen Senator Michael J. Mansfield eingebrachten Verfassungszusatzes zu begegnen, der den Abzug der US-Streitkräfte aus Europa im Gegenzug für die Aufnahme von Gesprächen über eine beiderseitige symmetrische Reduzierung der Streitkräfte in Europa vorsah. Matlock, *Autopsy on an Empire*, S. 383.

12 Siehe Yergin, *Shattered Peace*, S. 64f., 95ff.

13 Zelikow/Rice, *Sternstunde der Diplomatie*, S. 261.

14 Dies war nicht die Auffassung der *germanisty.* Sie waren der Meinung, daß ein neutrales, vereintes Deutschland selbstverständlich zu einem Bündnis mit Rußland zurückfinden würde. Gespräche d. Verf. mit Falin und Portugalow.

15 Laut Matlock hätte Gorbatschow »bei den Verhandlungen über die deutsche Einheit den Spielverderber machen und dadurch seine politische Stellung zu Hause verbessern können«. Siehe Matlock, *Autopsy on an Empire*, S. 387.

16 Tschernjajew, *Schest let s Gorbatschowym*, S. 346f.; laut Galkin/Tschernjajew, »Prawdu, i tolko prawdu«, S. 25, wollten Mitterrand und Thatcher, daß Gorbatschow eine harte Haltung gegenüber den Deutschen einnähme, um »für sie die Kastanien aus dem Feuer zu holen«.

17 Interview mit Gorbatschow in Radio Moskau, 20. Februar 1990, in: FBIS-SOV-90–035, 21. Februar 1990, S. 50.

18 Innerhalb des State Department und zwischen diesem und dem Nationalen Sicherheitsrat gab es beträchtliche Differenzen darüber, ob der Zwei-plus-Vier-Mechanismus überhaupt angebracht oder wünschenswert sei. Siehe Zelikow/Rice, *Sternstunde der Diplomatie*, S. 238ff., 263f. Siehe auch Hutchings, *American Diplomacy and the End of the Cold War*, S. 112f.

19 Genscher, *Erinnerungen*, S. 714f.

20 Genschers Rede vor der Evangelischen Akademie Tutzing, zit. ebd., S. 714. Später behaupteten die Sowjets, sie hätten den Genscher-Plan so verstanden, daß sich die NATO nicht auf weitere Ländern ausdehnen würde.

21 Robert Blackwill, »German Unification and American Diplomacy«, S. 211–225.

22 Baker, *The Politics of Diplomacy*, S. 204f. Ders., Diskussionsbeitrag auf der »Cold War Endgame«-Konferenz.

23 Falin, *Politische Erinnerungen*, S. 491. Galkin/Tschernjajew, »Prawdu, i tolko prawdu«, S. 26f., bestreiten in ihrer sehr kritischen Besprechung des Buches von Falin die Richtigkeit dieser Feststellungen. Auch Baker betont, daß Gorbatschow empfänglicher als Schewardnadse für die Version »Zwei plus Vier« war.

24 Schewardnadse, *Die Zukunft gehört der Freiheit*, S. 239.

25 Palazchenko, *My Years with Gorbachev and Shevardnadse*, S. 175f.

26 Zu Genschers Version der Geschichte – und seinem Argwohn gegenüber Kohl und dessen Beratern – siehe Genscher, *Erinnerungen*, S. 724–730.

27 Teltschik, *329 Tage*, S. 122.

28 Zu Einzelheiten der inneren Aspekte der Vereinigung siehe Wolfgang Schäuble, *Der Vertrag*.

29 Interview d. Verf. mit Gerhard Stoltenberg am 3. Oktober 1995 in Washington; zur ausführlicheren Erörterung der unter-

schiedlichen Auffassungen Stoltenbergs und Genschers siehe Kießler/Elbe, *Ein runder Tisch mit scharfen Ecken*, S. 82–125.

30 Siehe Szabo, *The Diplomacy of German Unification*, S. 72–76; Pond, *Beyond the Wall*, S. 192–197. Die amerikanischen Unterhändler, die hauptsächlich aus dem Außenministerium kamen, schlossen das Verteidigungsministerium größtenteils von ihren Beratungen aus.

31 Interview mit Schewardnadse in der Ostberliner *Neuen Berliner Illustrierten* vom 7. März 1990, das natürlich auf eine ostdeutsche Leserschaft abzielte.

32 Gorbatschow, *Erinnerungen*, S. 721.

33 Vgl. die Aussagen von Palaschtschenko, Bessmertnych und Tarassenko in ihren Diskussionsbeiträgen auf der »Cold War Endgame«-Konferenz.

34 Teltschik, *329 Tage*, S. 201. An diesem Punkt sprachen sich sogar diejenigen, die ansonsten im Verein mit Gorbatschow gesehen wurden, gegen die volle Einbeziehung eines geeinten Deutschland in die militärischen Strukturen der NATO aus. Siehe Sergej Karaganow, »Schisn bes stracha«, in: *Moskowskije nowosti*, 1. April 1990.

35 Die Autorin fragte mehrere sowjetische Verhandlungsteilnehmer, warum die französische Option nie konsequent verfolgt und nie einer klaren Stellungnahme gewürdigt wurde. Die *germanisty* warfen Gorbatschow, Schewardnadse und Tschernjajew vor, sowohl zu proamerikanisch als auch zu »provinziell« zu sein.

36 Robert Zoellick, Bakers Hauptberater, behauptet, die USA seien erstaunt gewesen, daß die Sowjets nicht die französische Option verfolgten, das heißt, daß das geeinte Deutschland nicht im integrierten Militärkommando der NATO verbleiben konnte, und daß sie nicht darauf bestanden, daß auf dem Boden des geeinten Deutschland keine NATO-Kernwaffen stationiert werden dürften. Diese Vorschläge hätten zu ernsthaften Schwierigkeiten im amerikanisch-deutschen Verhältnis führen können. Diskussionsbeitrag auf der »Cold War Endgame«-Konferenz.

37 Gates, *From the Shadows*, S. 491.

38 Falin-Interview mit Pryce-Jones, *The Strange Death of the Soviet Empire*, S. 277, 292.

39 Gespräch d. Verf. mit Gerhard Stoltenberg.

40 Dobrynin, *In Confidence*, S. 628, 636.

41 Eine ausführliche Diskussion vom Standpunkt eines kommunistischen Kritikers gibt Yegor Ligachev, *Inside Gorbachev's Krem-*

lin. Zwar kritisiert Ligatschow alle Aspekte der Innenpolitik Gorbatschows, doch Deutschland erwähnt er kaum. Für viele Kritiker spielte die Außen- gegenüber der Innenpolitik kaum eine Rolle.

42 Teltschik, *329 Tage*, S. 212f.

43 Bei seinem Treffen mit Bush in Camp David Ende Februar legte Kohl Zuversicht an den Tag: »Keiner außer mir blickt hier mehr durch«, sagte er und bemerkte, daß, selbst wenn Gorbatschow scheiterte, dessen Nachfolger eine ähnliche Politik verfolgen müßte. Baker, *The Politics of Diplomacy*, S. 232ff.

44 Genscher, *Erinnerungen*, S. 728, bestätigt dies, obwohl er sagt, er sei willens gewesen, andere Regeln für NATO-Strukturen auf dem Territorium der DDR in Erwägung zu ziehen. Kohl hatte in Camp David gesagt: »NATO-Einheiten, auch Verbände der Bundeswehr, die der NATO unterstellt sind, können nicht auf dem Gebiet der DDR stationiert werden.« Baker, *The Politics of Diplomacy*, S. 237.

45 Genscher erinnert sich, daß die Niederländer und andere Nachbarn Deutschlands auf der »Open-Skies«-Konferenz erfolglos versuchten, die Frage neu zu eröffnen, indem sie anführten, daß jedes NATO-Mitglied ein Wort bei der Vereinigung Deutschlands mitzureden haben sollte. Dies ging dem Auswärtigen Amt gegen den Strich. Genscher, *Erinnerungen*, S. 729. An einer speziellen Zwei-plus-Vier-Runde, die sich mit der deutsch-polnischen Grenze befaßte, nahm jedoch eine polnische Delegation teil. Siehe Zelikow/Rice, *Sternstunde der Diplomatie*, S. 310.

46 Teltschik, *329 Tage*, S. 192, 206.

47 Kwizinski, *Vor dem Sturm*, S. 31.

48 Stent, *From Embargo to Ostpolitik*, Kap. 7.

49 *Der Spiegel*, 28. Mai 1990.

50 Teltschik, *329 Tage*, S. 204, 221, 226f., 230–237.

51 Ash, *Im Namen Europas*, S. 177.

52 Siehe Hannes Adomeit, »Gorbachev, German Unification and the Collapse of Empire«, S. 222ff. Adomeit stellt auch Spekulationen darüber an, daß Gorbatschow vielleicht ein »verschlagener Taktiker« gewesen sei, der die Verknüpfung der deutschen Einheit mit wirtschaftlichen Forderungen absichtlich bis zum letzten Moment aufschob, als Bonn gezwungen war, mehr Zugeständnisse zu machen. Es gibt jedoch wenig Belege, die eine solche machiavellische Interpretation der konfusen sowjetischen Strategie unterstützen würden.

53 Heinrich Machowski vom DIW, zit. in Frederick Kempe, »Bonn Offers Moscow Huge Credit, Seeking to Ease Unification Jitters«, in: *Wall Street Journal*, 22. Juni 1990.

54 Hutchings, *American Diplomacy and the End of the Cold War*, S. 118, weist darauf hin, daß nur wenige außerhalb der US-Regierung glaubten, daß dies realistische Ziele waren. Manche glaubten, daß ein Bestehen auf der NATO-Mitgliedschaft Deutschlands Hemmnisse gegen die Vereinigung schaffen würde.

55 Zu Einzelheiten der Entwicklung der US-Strategie siehe Zelikow/Rice, *Sternstunde der Diplomatie*, Kap. 4–7.

56 Siehe Angela Stent, »East-West Technology Transfer and the Western Alliance«.

57 Baker, *The Politics of Diplomacy*, S. 254.

58 Szabo, *The Diplomacy of German Unification*, S. 86; Zelikow/Rice, *Sternstunde der Diplomatie*, S. 365.

59 Baker, *The Politics of Diplomacy*, S. 251f.; Kohl, *Ich wollte Deutschlands Einheit*, S. 394.

60 Beschloss/Talbott, *Auf höchster Ebene*, S. 290.

61 Gorbatschow, *Erinnerungen*, S. 722; Tschernjajew, *Schest let s Gorbatschowym*, S. 348f.; Baker, *The Politics of Diplomacy*, S. 253.

62 Gorbatschow, *Erinnerungen*, S. 722f.; Gorbatschow, *Wie es war*, S. 136ff.; Tschernjajew, *Schest let s Gorbatschowym*, S. 348; Baker, *The Politics of Diplomacy*, S. 253.

63 Thatcher, *Downing Street No. 10*, S. 1114f.

64 Blackwill, »German Unification and American Diplomacy«. Beschloss/Talbott, *Auf höchster Ebene*, S. 292; Zelikow/Rice, *Sternstunde der Diplomatie*, S. 390f.

65 Genscher, *Erinnerungen*, S. 256; Teltschik, *329 Tage*, S. 285.

66 Genscher, *Erinnerungen*, S. 801–804.

67 Voller Wortlaut der Londoner Erklärung bei Kaiser, *Deutschlands Vereinigung*, S. 241–246.

68 Beschloss/Talbott, *Auf höchster Ebene*, S. 273; Blackwill, »German Unification and American Diplomacy«.

69 Ebd.; Kießler/Elbe, *Ein runder Tisch mit scharfen Ecken*, S. 131.

70 *Iswestija*, 7. Mai 1990.

71 Teltschik, *329 Tage*, S. 285f. Er war es, der den Eindruck hatte, daß die Deutschlandexperten der alten Schule in Moskau noch immer versuchten, einen Fortschritt in diesem Themenkomplex zu sabotieren.

72 *Berliner Zeitung*, 4. Mai 1990.

73 Kwizinski, *Vor dem Sturm*, S. 34.

74 Genscher, *Erinnerungen*, S. 805–814, 819–823.

75 Einige der amerikanischen Teilnehmer glaubten, daß zwischen dem Leiter der Politischen Abteilung des Auswärtigen Amtes, Dieter Kastrup, und der sowjetischen Seite ein geheimer Verhandlungskanal bestand, der dann aktiviert wurde, wenn besondere Schwierigkeiten auftraten.

76 Schewardnadse, *Die Zukunft gehört der Freiheit*, S. 250f.

77 Schewardnadses Rede abgedruckt in *Iswestija* vom 4. Juli 1990.

78 »Otwety E. A. Schewardnadse na woprossy sapadnogermanskoj gasety ›Welt am Sonntag‹«, in: *Westnik MID*, 31. Juli 1990.

79 Genscher, *Erinnerungen*, S. 831, kritisiert, daß über das Gefeilsche geschrieben wurde, bestätigt aber, daß es stattgefunden hat.

80 Teltschik, *329 Tage*, S. 316–338. Genscher, *Erinnerungen*, S. 830–851. Beamte des Auswärtigen Amtes behaupten, sie hätten im Gegensatz zum Bundeskanzler schon vor dem Treffen gewußt, daß Gorbatschow seine Meinung über die NATO geändert hatte. Kohl, *Ich wollte Deutschlands Einheit*, S. 425–436, betont, daß Gorbatschow hart verhandelte, bis er schließlich einlenkte.

81 Schewardnadse, *Die Zukunft gehört der Freiheit*, S. 251.

82 Gorbatschow, *Erinnerungen*, S. 725. In seinen Memoiren hebt Gorbatschow die Schönheit der Natur als entscheidenden Faktor hervor, der es beiden Seiten ermöglichte, die Vereinigung Deutschlands zu besiegeln.

83 Falin-Interview mit Pryce-Jones, *The Strange Death of the Soviet Empire*, S. 292f. Natürlich war Falin beim Treffen im Kaukasus nicht dabei. Gorbatschow hatte nur Schewardnadse und Tschernjajew mitgenommen. Maximytschew äußerte sich im Gespräch mit d. Verf. ähnlich herablassend und kritisch über Gorbatschow und Schewardnadse.

84 Falin, *Politische Erinnerungen*, S. 493–498. Falin zeigt sich weiterhin erbittert über das, was er als einen Ausverkauf durch die UdSSR ansieht. Er spiegelt die in manchen sowjetischen Kreisen vorherrschende Meinung wider, daß Kohl und Gorbatschow eine Art »geheimen Deal« abgeschlossen hätten und Gorbatschow persönlich davon profitiert habe. Gespräch d. Verf. mit Valentin Falin im August 1992 in Berlin. Falin sieht auch Schewardnadse als »amerikanischen Einflußagenten« an (Beschloss/Talbott, *Auf höchster Ebene*, S. 317). Portugalow hob im Ge-

spräch mit d. Verf. im Juli 1997 in Moskau die Tatsache besonders hervor, daß die *germanisty* weitgehend amerikafeindlich eingestellt waren.

85 Galkin/Tschernjajew, »Prawdu, i tolko prawdu«, S. 28.

86 Dobrynin, *In Confidence*, S. 636.

87 Text der Acht Punkte nach Hans Klein, *Es begann im Kaukasus*, S. 306f.

88 Text der Pressekonferenz siehe *Prawda*, 18. Juli 1990.

89 Die Hauptbeteiligten an den Verhandlungen in Washington waren etwas enttäuscht, als Kohl sie nicht aus der UdSSR anrief, um sie über den Durchbruch im Kaukasus zu unterrichten; aber sie waren gewillt, dies auf mangelnde Kommunikationsmöglichkeiten zurückzuführen. Die Ostdeutschen waren erzürnt darüber, daß weder die Sowjets noch die Westdeutschen sie offiziell über das informiert hatten, was sich inzwischen herumgesprochen hatte.

90 Teltschik, *329 Tage*, S. 346. Man kann wohl davon ausgehen, daß sich die USA, wenn Saddam Hussein vor August 1990 in den Kuwait eingefallen wäre, in der Tat hätten ablenken lassen.

91 Bundesministerium für Wirtschaft, *Der deutsche Osthandel*, Bonn 1991, S. 50f.

92 Interview mit Wilhelm Christians, S. 23.

93 *Der Spiegel*, 15. Oktober 1990.

94 Kwizinski, *Vor dem Sturm*, S. 59.

95 Teltschik, *329 Tage*, S. 359–363; Kohl, *Ich wollte Deutschlands Einheit*, S. 469.

96 Gespräche d. Verf. mit amerikanischen und deutschen Unterhändlern. Die westlichen Verhandlungsteams staunten immer wieder darüber, wie schlecht vorbereitet das sowjetische Team war.

97 Genscher, *Erinnerungen*, S. 865–873. Kohl, *Ich wollte Deutschlands Einheit*, S. 467f.

98 Vertragstext abgedruckt in: Kaiser, *Deutschlands Vereinigung*, S. 260–268; Gorbatschow, *Wie es war*, S. 203–208.

99 Zelikow/Rice, *Sternstunde der Diplomatie*, S. 262; Gespräch Kießlers mit d. Verf., Juni 1997, Bonn.

100 Siehe Vertragstext bei Kaiser, *Deutschlands Vereinigung*, 334–342, und Gorbatschow, *Wie es war*, Anhang, S. 194–202.

101 Zum Wortlaut s. FBIS-WEU-90–212, 13. November 1990, S. 16–20.

102 Dobrynin bestätigt dies mit Verbitterung: »Einen nicht geringen Anteil am Niedergang der [Internationalen] Abteilung

hatte Schewardnadse, der die Außenpolitik monopolisieren und Konkurrenz durch unsere Abteilung vermeiden wollte. Daher war die Abteilung, und ich als ihr Leiter, nicht mehr aktiv in das außenpolitische Tagesgeschäft eingebunden.« Dobrynin, *In Confidence*, S. 628.

103 Falin, *Politische Erinnerungen*, S. 497f.; Kwizinski, *Vor dem Sturm*, S. 66ff.

104 Ebd., S. 82–85.

105 In der Tat ließen sich nach dem Kollaps der Sowjetunion eine Reihe sowjetischer Deutschlandexperten, darunter auch Falin und Fjodorow, in Deutschland nieder, dessen Vereinigung sie einst so hartnäckig zu verhindern suchten. Offenbar erhielten sie von deutscher Seite mehr Unterstützung als von russischer.

106 Fred Oldenburg, »Sowjetische Europa-Politik und die Lösung der deutschen Frage«, S. 770f.

107 Zu nachträglichen Berichten über die Strategie und den großen Erfolg des Westens s. Risse, »The Cold War's Endgame und German Unification«; Szabo, »A Second Look at the Diplomacy of German Unification«.

108 Gespräche d. Verf. mit Hans Misselwitz, ehemaligem Staatssekretär im Außenministerium der DDR, und mit dem letzten Außenminister der DDR, Markus Meckel, 1991 und 1993 in Washington, D.C.

109 Dennoch vertraute Schewardnadse Baker an, er habe zwar nichts gegen ein von Kohl, Genscher oder Brandt geführtes vereinigtes Deutschland in der NATO, fürchte sich aber davor, daß eine neue Generation von Deutschen, möglicherweise die rechtsextremen Republikaner, an die Macht kommen und ein aggressiveres Deutschland führen könnte. Baker, *The Politics of Diplomacy*, S. 230.

110 Gorbatschow, *Erinnerungen*, S. 726.

111 Ebd.

112 Galkin/Tschernjajew, »Prawdu, i tolko prawdu«, S. 29, zählen alles auf, was die sowjetische Seite von den Deutschen bekommen hat: Unterstützung ihrer Truppen, Bau von Wohnungen für ihre Offiziere in der UdSSR, Kredite, humanitäre Hilfe und aktive Unterstützung auf internationalen Foren, besonders in der G7.

113 Dobrynin, *In Confidence*, S. 636; Maximytschew, »Kljutsch k swobode«.

114 Dobrynin, *In Confidence*, S. 630.

115 Gespräch d. Verf. mit Schachnasarow im Juni 1995 in Moskau.

Vollendung der Einheit

1 »Zu jedem Kampf bereit«, Interview mit Boris Jelzin, *Der Spiegel*, 25. April 1994.
2 »Im Dialog mit dem russischen Bären«, *SZ*, 22. März 1994.
3 Genscher, *Erinnerungen*, S. 973 f.
4 Nach dem Putsch und dem nachfolgenden Verbot der Kommunistischen Partei und somit auch ihres Zentralkomitees behauptete Nikolai Portugalow, nunmehr ein arbeitsloser *germanist*, daß von den 150 Mitarbeitern der Internationalen Abteilung des Zentralkomitees ein Drittel für den Putsch, ein Drittel gegen den Putsch und ein Drittel unentschieden war. Falin sprach sich dagegen aus – nachdem der Putsch gescheitert war. *New York Times*, 4. Sepember 1991.
5 Pankin, *The Last Hundred Days of the Soviet Union*, S. 127–132.
6 Genscher, *Erinnerungen*, S. 976.
7 Wjatkin, »Rossija i Germanija«, S. 104.
8 Jelzin zitiert diese und andere abfällige Bemerkungen über ihn in: Jeltsin, *The Struggle for Russia*, S. 25.
9 Juri Schpakow, »Trudny gost'«, in: *Moskowskije nowosti*, 1. Dezember 1991, S. 4. Wortlaut der Abkommen in »Besuch des Präsidenten von Rußland«, *Bulletin*, 25. November 1991, S. 1081–1088.
10 Erklärung des Bundeskanzlers Kohl vor der Moskauer Presse, *Bulletin*, 22. Dezember 1992, S. 1268.
11 Siehe Kohls Erklärung, *Bulletin*, 16. März 1993, S. 192, in der er Jelzin das Verdienst an den »vertrauensvollen und freundschaftlichen« Beziehungen zwischen beiden Staaten zuschreibt; und desgl. *Bulletin*, 29. April 1993, S. 294, wo er die Ergebnisse des Referendums begrüßt.
12 »Kohl: Wir setzen auf Jelzin«, *FAZ*, 23. September 1993.
13 Ausführlicher zu diesem Themenkreis: Stent/Schewzowa, »Russia's Election«.
14 Im Gespräch mit d. Verf. äußerte sich Gorbatschow abfällig über die »Saunafreundschaft von Boris und Helmut«, die seine Meinung über Kohl seit der Wiedervereinigung eindeutig beeinflußt hat.
15 *Die Welt*, 20. April 1997, bezeichnete die Idee eines aktualisierten Rapallo als »gefährlich«, da sie Deutschlands transatlantische Beziehungen zu unterminieren drohe.
16 RFE/RL Daily Report, 5. September 1994; DPD/ADN (auf Deutsch), 28. Juli 1994, in FBIS-SOV-94–146, 29. Juli 1994, S. 7.

17 Gespräch d. Verf. mit Diplomaten, die an den Verhandlungen über den Truppenabzug beteiligt waren, Berlin, Juni 1995.
18 Brandenburg, »The ›Friends‹ Are Leaving«, S. 77–88.
19 Gespräch d. Verf. mit Generalmajor Hartmut Foertsch, Washington, D.C., Dezember 1991.
20 Gespräch d. Verf. mit Gerhard Stoltenberg, Washington, D.C., Oktober 1995.
21 *Frankfurter Rundschau*, 11. Februar 1992.
22 Claus J. Duisberg, »Germany. The Russians Go«, in: *The World Today*, 50, Nr. 10 (Oktober 1994), S. 193.
23 *Die Welt*, 17. April 1993.
24 Interview mit General Burlakow, *Berliner Zeitung*, 1. September 1993.
25 Ebd., 31. Dezember 1993.
26 Ein russischer Regierungsvertreter behauptete, Führungskräfte der Wirtschaftsverwaltung der Westgruppe hätten 17 Millionen DM auf Konten bei überseeischen Banken überwiesen. *Die Welt*, 3. Juni 1994.
27 RFE/RL Daily Report, 4. Januar 1994.
28 *Iswestija*, 28. Januar und 11. März 1994; *Krassnaja swesda*, 1. April 1994; RFE/RL Daily Report, 15. Sept. 1994.
29 *Nesawissimaja gaseta*, 15. September 1994.
30 Falk Bommsdorf, »Befreier und Besatzer«, *Die Zeit*, 25. Februar 1994.
31 Helmut Domke, »Beim Abschied der Alliierten die gemeinsame Ebene suchen«, *Berliner Zeitung*, 4. März 1994.
32 General Burlakows Meldung an Präsident Jelzin am 31. August 1994 im russischen Fernsehen, in: FBIS-SOV-94–169, 31. August 1994, S. 9f.
33 Jelzins Ansprache am 31. August 1995 vor dem Berliner Schauspielhaus, in: FBIS-SOV-94–169, 31. August 1994, S. 3.
34 Gespräch d. Verf. mit General Klaus Naumann, Washington, D.C., Oktober 1994.
35 Siehe al Salem, »Invitation to Interfere«, S. 22ff.; Isakov, »Ethnic Germans in the USSR«, S. 27–31.
36 ITAR-TASS, 6. Oktober 1992, zit. in: FBIS-SOV-92–195, 7. Oktober 1992, S. 4.
37 *Die Welt*, 1. März 1993.
38 *SZ*, 7. April 1993.
39 ITAR-TASS, 15. März 1994, in: FIBIS-SOV-94–051, 16. März 1994, S. 20; RFE/RL Daily Report, 17. März 1994.

40 Pawel Schinkarenko, »Nemzy na Wolge«, *Rossiskije westi*, 4. August 1992.

41 *Rossiskaja gaseta*, 23. Juni 1992.

42 Der Chef der deutschen Abteilung im russischen Außenministerium bestätigte d. Verf., daß die Wolgarepublik nicht wiederhergestellt wird. Er verglich sie mit Birobidschan, das Stalin als Zentrum der Jüdischen Autonomen Republik in einer extrem unwirtlichen Region errichten ließ, wo nur ein kleiner Teil der Juden je gelebt hat. Die Lösung besteht seiner Ansicht nach darin, in mehreren verschiedenen Gegenden autonome deutsche Regionen zu schaffen. Gespräch d. Verf. mit Igor Bratschikow, Moskau, Juli 1996.

43 *Die Welt*, 20. Januar 1992; *SZ*, 3. Juni 1992.

44 German Information Service, New York, *Deutschland-Nachrichten*, 5. September 1997.

45 *Kaliningradskaja oblast: Segodnja, sawtra*, S. 27.

46 Marion Gräfin Dönhoff, Herausgeberin der *Zeit*, stammt z.B. aus Ostpreußen. Sie schlug ein gemeinsames russisch-deutsch-polnisch-litauisches »Kondominium« über das Gebiet von Königsberg vor, um Investoren anzulocken und das Gebiet zu entwickeln. Siehe Marion Gräfin Dönhoff, »Königsberg: Signal der Versöhnung?«, in: *Die Zeit*, 15. November 1991.

47 *Kaliningradskaja oblast*, S. 27.

48 Als d. Verf. das Konsulatsproblem anschnitt, erwiderte ein Angehöriger des russischen Außenministeriums: »Warum sollte Deutschland ein neues Konsulat eröffnen wollen, wenn das Auswärtige Amt auf Sparkurs ist? Warum erhält Kaliningrad mehr deutsche Hilfe als Omsk, wo viel mehr Deutschstämmige leben?«

49 *Der Spiegel*, 21. März 1994, S. 145.

50 *Frankfurter Rundschau*, 12. Januar 1994.

51 *Iswestija*, 9. April 1994.

52 Priit J. Vesilind, »Kaliningrad: Coping with a German Past and a Russian Future«, *National Geographic*, März 1997, S. 120.

53 *Krassnaja swesda*, 19. März 1994; *Komsomolskaja prawda*, 22. März 1994; Radio Majak, 29. März 1994, in: FBIS-SOV-94–061, 30. März 1994, S. 27.

54 Dies ging aus Gesprächen d. Verf. im russischen Außenministerium und in der deutschen Botschaft im Juli 1996 in Moskau deutlich hervor.

55 *Kaliningradskaja oblast*, S. 25. Diese ausführliche wissenschaft-

liche Monographie macht ebenfalls keinen Unterschied zwischen Vorschlägen von privater und von offizieller Seite.

56 NTV Moskau auf russisch, 23. Juni 1996; Interfax Moskau, 31. Oktober 1996 (beides aus dem Internet).

57 Eine umfassendere Darstellung dieser Probleme aus verschiedenen Blickwinkeln findet sich in: *Die Zukunft des Gebiets Kaliningrad (Königsberg)*, Sonderveröffentlichung BIOST, *Bericht*, Köln, Juli 1993.

58 Yergin/Gustafson, *Russia 2010*, Kap. 4.

59 *German Support for the Transition to Democracy and Market Economy in the Former Soviet Union*, New York (German Information Centre), Juni 1992.

60 Siehe z.B. Yuri Popov, »Western Aid: How It Is Distributed«, *Rossiskije westi*, 15. Mai 1993, S. 3.

61 »Deutschland trägt die Hauptlast der westlichen Rußland-Hilfe«, *FAZ*, 8. April 1993.

62 Karaganov, *Whither Western Aid to Russia?*, S. 28.

63 Jewgeni Bowkun, »Nemezkaja pomoschtsch: Dengi, istratschennyje wpustuju«, *Iswestija*, 6. April 1994.

64 Gespräch d. Verf. mit Wolfgang Kittl vom Bundeswirtschaftsministerium, Bonn, Oktober 1993. Zu den Aktivitäten Karttes s. Martina Ohm, »Vom Platz der Luftbrücke ins Weiße Haus«, *Der Tagesspiegel*, 8. April 1993; Boris Lyssenko, »W. Kartte: Opora reform«, *Iswestija*, 28. Juli 1992.

65 Alexander Anitschkin, »Priglaschenije w Klub isbrannych«, *Iswestija*, 16. Juni 1992.

66 Siehe Vogel, »The London Summit and the Soviet Union«.

67 Text der Erklärungen des G7-Gipfels: siehe »Wirtschaftsgipfel Tokio. Politische Erklärung«, *Bulletin*, 16. Juli 1994.

68 *Welt am Sonntag*, 10. Juli 1994.

69 *SZ*, 11. November 1993, S. 23.

70 Ausführlichere Darstellung dieser Themen in: Stent, »Russia's Economic Revolution and the West«, S. 121–143.

71 Interview d. Verf. mit Wolfgang Heitland vom Bundeswirtschaftsministerium, Bonn, Oktober 1993.

72 »Rußland. Schwieriger außenwirtschaftlicher Neubeginn«, DIW, *Wochenbericht*, 23. Juli 1992, S. 378–383.

73 *FAZ*, 23. Januar 1992; *SZ*, 23. Januar 1992.

74 *Handelsblatt*, 5. und 20. Februar 1992; *Die Welt*, 4. Februar 1992. ITAR-TASS berichtete, das Deutschland jetzt höhere Gaspreise bezahle, s. FBIS-SOV-92–049, 12. März 1992, 30.

75 *Die Welt*, 7. Januar 1992; *Iswestija*, 30. Mai 1992; *Iswestija*, 30. Mai 1992; *Kommersant*, 25. Mai–1. Juni 1992.

76 *Iswestija*, 25. Mai 1992; *Frankfurter Rundschau*, 10. April 1993. 1994 befand sich die größte Mercedes-Benz-Vertretung außerhalb Deutschlands in Moskau, und der Hauptdarsteller in der Verkaufsförderung war der ehemalige Botschafter Andreas Meyer-Landrut.

77 Jewgeni Bowkun und Wiktor Tolstow, »Bisnesmen is Germanii primet predloschenije is Rossii«, *Iswestija*, 28. Februar 1992; Wadim Markuschin, »Nam pomogajut, potomu tschto chotjat pomotsch sebe«, *Krassnaja swesda*, 31. März 1993.

78 Michail Gorbatschow, *Wie es war*, S. 200.

79 In einem Gespräch mit d. Verf., Bonn, Juni 1997.

80 Interfax Moskau, 14. Mai 1997, in: FBIS-SOV-97–134, 14. Mai 1997. Bei seinem Treffen mit Jelzin im November 1997 wiederholte Kohl, daß diese Angelegenheit von großer Bedeutung für die Bundesregierung sei. Siehe German Information Centre, *Deutschland-Nachrichten*, 5. Dezember 1997, Nr. 1.

81 König Friedrich Wilhelm I. von Preußen schenkte das 1716 geschaffene Bernsteinzimmer Peter dem Großen, der es in sein Schloß in Zarskoje Selo einbauen ließ.

82 *Financial Times*, 21. Juli 1999.

83 *NZZ*, 3. Oktober 1992.

84 *SZ*, 16. Februar 1993.

85 Interfax Moskau (auf englisch), 27. September 1998, in: FBIS-SOV-98–270, 27. September 1998.

86 Sjuganow in Interfax Moskau, in: FBIS-SOV-98–271, 28. September 1998; Jabloko in ITAR-TASS, in: FBIS-SOV-98–272, 29. September 1998.

87 Es handelt sich um Viktor Tschernomyrdin (Dezember 1992 bis März 1998), Sergej Kirijenko (März bis August 1998), Jewgeni Primakow (September 1998 bis Mai 1999), Sergej Stepaschin (Mai bis August 1999) und Wladimir Putin (seit August 1999). Putin hatte fünfzehn Jahre lang beim KGB in der DDR gedient.

88 *SZ*, 12. November 1998.

89 *Rossiskaja gaseta*, 18. November 1998.

90 »Rede von Bundespräsident Roman Herzog anläßlich der Verabschiedung der russischen Streitkräfte aus Deutschland in Berlin am 31. August 1994«, *Europa-Archiv*, 49, Nr. 19 (1994), S. 561f.

91 Maksimychev, »The German Factor in European Security«, S. 61.

92 S. Kortunow, »Rossija ischtschet sojusnikow«, *Meschdunarodnaja schisn*, Nr. 5 (1996), S. 21.

93 Ein klares Beispiel für dieses »alte« Wunschdenken ist Igor Maximytschew, *Objedinenije Germanii kak faktor jewropejskoi besopasnosti*, Moskau (Institut Jewropy) 1997.

Nationale Identität und Außenpolitik

1 Karl Lamers, »Bonn to Moscow. Our Tolerance Is Limited«, *Wall Street Journal*, 19. Juni 1995.

2 P. Ja. Tschaadajew, *Statji i pisma*, Moskau 1987, S. 161.

3 Das »nahe Ausland« ist eine von den Russen erfundene Bezeichnung, die von den Neuen Unabhängigen Staaten nicht gern gehört wird. Aus ihrer Sicht werden sie dadurch in eine Kategorie eingeordnet, die sie vom »fernen Ausland«, dem Rest der Welt, unterscheidet, denn es legt nahe, daß Rußland in ihnen etwas anderes sieht als gewöhnliche europäische oder asiatische Länder und auf sie eine Art Besitzanspruch erhebt.

4 Eine ausführlichere Diskussion dieser Themen findet sich in Angela Stent/Thane Gustafson/Daniel Yergin, »The Return of a Great Power«, in: Yergin/Gustafson, *Russia 2010*, Kap. 15.

5 Schließlich verkündete Stalin 1928, ein Internationalist sei derjenige, der »uneingeschränkt und von ganzem Herzen« die Sowjetunion unterstütze, weil sie das Mutterland des Sozialismus sei – eine recht eigenartige Definition eines »Internationalisten«.

6 Siehe Adomeit, »Russia as a Great Power«.

7 Interview mit Andrej Kosyrew in der *New Times*, Nr. 3 (1992), S. 20–24.

8 Interview mit Andrej Kosyrew in *Moscow News*, 7.–14. Juni 1992, S. 14; Kosyrew-Zitat in Interfax vom 25. November 1992, in: FBIS-SOV-92–229, S. 16.

9 Kosyrew, *Preobraschenije*, S. 203. Dieses Buch spiegelt seine atlantizistischen Ansichten.

10 Interview mit Kosyrew in *Rossiskije westi*, 3. Dezember 1992.

11 Artikel von Kosyrew in *Rossiskije westi*, 9. Februar 1994.

12 »Strategija dlja Rossii«, in: *Nesawissimaja gaseta*, 19. August 1992.

13 »Strategija dlja Rossii II«, in: *Nesawissimaja gaseta*, 14. Mai 1994.

14 *Iswestija*, 8. August 1992, S. 6.

15 *Sowetskaja Rossija*, 4. Juli 1992.
16 Siehe Stent/Shevtsova, »Russia's Election«, S. 92–109.
17 Siehe Kutkowez/Kljamkin, *Russkije ideji*, Nr. 1–2 (Januar–Februar 1997).
18 Siehe die Round-table-Gespräche über nationales Interesse und Außenpolitik, »Nazionalnyje interessy wo wneschnej politike Rossii«, *Meschdunarodnaja schisn*, 3, (1996), S. 3, und *Rossija. Desjat woprossow o samom waschnom*, Kap. 10.
19 Siehe *Rossiskaja gaseta*, 24. Dezember 1991.
20 Zu einer Erörterung der Entwicklung des Sicherheitsrates – der sich als schwächer erwies, als viele erhofft oder befürchtet hatten – und anderer Institutionen siehe Jan S. Adams, »The Russian National Security Council«, *Problems of Post-Communism*, 43, Nr. 1 (Januar–Februar 1966), S. 35–42; und Larrabee/Karasik, *Foreign and Security Policy Decision-Making under Yeltsin*.
21 Gennadi Tscharodejew, »I u MIDa net deneg«, *Iswestija*, 4. Mai 1992; ebd., 1. Juni 1992.
22 »Foreign Policy of Russia in 1996 and 1997«, *International Affairs* (Moskau), 43, Nr. 2 (1997), S. 62–69.
23 Larrabee/Karasik, *Foreign and Security Policy Decision-Making under Yeltsin*, S. 29. Siehe auch Korschakow, *Boris Jelzin*. Das Buch enthält gespenstische Beispiele für Jelzins persönliche Schwächen.
24 Michael Stürmer, »Deutsche Interessen«, in: Kaiser/Maull (Hg.), *Deutschlands Neue Außenpolitik*, S. 58.
25 Dean, *Ending Europe's Wars*, S. 152.
26 Vertrauliches Gespräch mit d. Verf.
27 Kunze, *Ein Tag auf dieser Erde*, S. 60.
28 Kaiser/Becher, *Deutschland und der Irak-Konflikt*, S. 47.
29 Siehe »Recognition of the Yugoslav Successor States«, Position Paper of the German Foreign Ministry, 10. März 1993, New York, in: *Speeches and Statements*, German Information Center, 16, Nr. 10.
30 Urteil des Bundesverfassungsgerichts über die Auslandseinsätze der Bundeswehr, New York (German Information Center), Juli 1994.
31 Die prononcierteste – und berüchtigtste – Darlegung des Standpunkts, daß Deutschland eine Atommacht werden sollte, gab Mearsheimer, »Back to the Future«. Im gleichen Sinne sprach er sich dafür aus, daß die Ukraine ihr nukleares Arsenal behalten solle. Siehe Ders., »The Case for a Ukrainian Nuclear Deterrent«.

32 Der beredteste Vertreter dieser Theorie ist Hanns Maull, »Zivilmacht Bundesrepublik Deutschland. Vierzehn Thesen für eine neue deutsche Außenpolitik«, *Europa-Archiv* 47, Nr. 10 (1992), S. 69–278; und Ders., »Großmacht Deutschland. Anmerkungen und Thesen«, in: Kaiser/Maull (Hg.), *Die Zukunft der deutschen Außenpolitik*, Bd. 1, *Grundlagen*, S. 53–72, wo er die Meinung vertritt, daß Deutschland auf lange Zeit keine »normale« Macht werden kann.

33 Siehe Larrabee, *East European Security after the Cold War*, S. 124–127.

34 *Foreigners in Germany and the New Asylum Law.*

35 Interview mit Klaus Kinkel, *Welt am Sonntag*, 21. Juli 1996.

36 Siehe Asmus, *German Strategy and Opinion after the Wall. 1900–1993*, mit den vollständigen Ergebnissen dieser umfassenden Meinungsumfrage.

Rußland und Deutschland im neuen Europa

1 Interview in *Die Woche*, 21. März 1997.

2 Václav Havel, »The Chance that Will Not Return«, *U.S. News and World Report*, 26. Februar 1990.

3 Larrabee, *East European Security after the Cold War*, S. 155.

4 Siehe MacFarlane, »Russian Conceptions of Europe«, und Juri Dawydow, »Rossija i Jewropa w nowom ismerenii«.

5 Wladimir Lukin, zitiert im Beitrag von Angela Stent/Thane Gustafson/Daniel Yergin, »Return of a Great Power«, in: Yergin/Gustafson, *Russia 2010*, S. 255. Lukin hat an Gorbatschow auch kritisiert, daß er mit Kohl vor der Vereinigung nicht die Zukunft der sowjetisch-osteuropäischen Beziehungen erörtert hat und es ihm an Visionen zur weiteren Entwicklung dieser Beziehungen mangelte. Siehe Lukin/Utkin, *Rossija i sapad*, S. 29f.

6 *Nesawissimaja gaseta*, 19. August 1992.

7 Außenministerium der Russischen Föderation: »Foreign Policy Concept of the Russian Federation«, in: FBIS-SOV-93–037, 23. März 1993, S. 1f.

8 Siehe Lynch, »After Empire«.

9 MacFarlane, »Russian Conceptions of Europe«, S. 254–260.

10 Zitiert bei Crow, »Russia Reasserts its Strategic Agenda«.

11 *New York Times*, 9. Juni 1994.

12 Gespräch mit dem ungarischen Außenminister László Kovácz im Oktober 1995 in Washington, D.C.

13 Yuriy Davidov, »Russian Security and East-Central Europe«, in: Baranovsky (Hg.), *Russia and Europe*, Kap. 17, zeichnet ein düsteres Bild.

14 Baranowski, »›Mikromodel‹ jewropejskoi besopasnosti?«, S. 40–50.

15 Gespräch d. Verf. mit Igor Maximytschew, einem Mitglied dieser Arbeitsgruppe, Moskau, Juli 1997.

16 Genscher, *Erinnerungen*, S. 725.

17 *The Week in Germany*, New York (German Information Center), 25. April 1997, S. 5.

18 *Washington Post*, 21. Juli 1997.

19 Machowski/Schrettl, »The Economic Impact of Unified Germany on Central and East-Central Europe«.

20 *Washington Post*, 21. Juli 1997.

21 Rita Klímová, erste postkommunistische Botschafterin Tschechiens in den Vereinigten Staaten, in einem Gespräch mit d. Verf., Berlin 1991.

22 *The Stabilization of Central and East-Central Europe*, New York (German Information Center), April 1994, S. 2.

23 Interview d. Verf. mit Gorbatschow, Moskau, Juli 1996. Die Vereinigten Staaten und ihre Verbündeten verwahren sich dagegen, daß eine solche Vereinbarung jemals getroffen wurde. Gorbatschow und andere Angehörige des außenpolitischen Establishments, darunter auch viele Kritiker Gorbatschows, beharren jedoch auf dieser Auffassung, die daher eine wichtige politische Rolle spielt.

24 Dokumente zum Rahmenabkommen über die »Partnerschaft für den Frieden« bei Morrison, *NATO Expansion and Alternative Future Security Alignments*, S. 139 ff.

25 Zu näheren Einzelheiten über das PfP-Programm s. Kelleher, *The Future of European Security*, Kap. 4.

26 *Krassnaja swesda*, 24. Mai 1994; Kelleher, *The Future of European Security*, Kap. 4.

27 *Rossiskaja gaseta*, 22. Juni 1994; ITAR-TASS, 21. Juni 1994, in: FBIS-SOV-94–120, 22. Juni 1994, S. 5.

28 Interfax-Interview mit Kosyrew, 30. November 1994, zit. in: *RFE/RL Daily Report*, Nr. 226, 1. Dezember 1994.

29 »Rossija i NATO«, *Nesamissimaja gaseta*, 2. Juni 1995.

30 Rühe, »America and Europe«, S. 8 f.

31 Gespräch d. Verf. mit Strobe Talbott, Washington, D.C., Januar 1998.

32 Talbott, »Why NATO Should Grow«; Gespräch d. Verf. mit Talbott, Washington, D.C., Januar 1998.

33 Gespräch d. Verf. mit Anthony Lake, Washington, D.C., Januar 1998.

34 Nähere Erläuterungen der Art und Weise, wie letztlich der Konsens innerhalb der Regierung herbeigeführt wurde, s. Goldgeier, »NATO Expansion«.

35 Asmus/Kugler/Larrabee, »Building A New NATO«.

36 Es ist aufschlußreich, daß Rühe die Studie nicht bei der Ebenhausener Stiftung Wissenschaft und Politik, dem deutschen Äquivalent der RAND Corporation, in Auftrag gab. Offenbar hatte er zu den amerikanischen Analytikern mehr Vertrauen.

37 Bruce Clark, »How the East Was Won«, in: *Financial Times*, 5./6. Juli 1997; Gespräche d. Verf. mit Personen, die an der Entscheidung über die NATO-Erweiterung beteiligt waren.

38 Gespräche d. Verf. mit Richard Holbrooke und Fritz Stern, Januar 1998.

39 *Message on the Study of* NATO Enlargement, Brüssel (NATO-Hauptquartier), 20. September 1995, S. 1.

40 Der ehemalige Außenminister Henry Kissinger vertrat diese Auffassung in verschiedenen Veröffentlichungen. Holbrooke teilte seine Ansichten nicht. Einige Russen brachten genau das gegenteilige Argument an: Die NATO-Erweiterung sei ein Deckmantel für deutsche Ambitionen im Osten und ermögliche eine Beherrschung der Region durch Deutschland. Gespräch d. Verf. mit Jelzins Berater Sergej Kortunow, Moskau, Juni 1995. Andererseits äußerte der polnische Außenminister Dariusz Rosati im Gespräch mit d. Verf. (Washington, Oktober 1997): »Deutschland ist heute ein friedliebender, demokratischer Staat – es ist angenehm, mit Deutschland zusammen dem gleichen Bündnis anzugehören.«

41 Eine ausführliche Darstellung dieser verschiedenen Denkschulen und Empfehlungen findet sich bei Asmus/Kugler/Larrabee, »NATO Expansion. The Next Steps«. Die Verfasser waren Analytiker der RAND Corporation, die eng mit dem Bundesverteidigungsministerium zusammengearbeitet hatten. Asmus wurde 1997 für die NATO-Erweiterung zuständiger Ministerialdirektor im State Department.

42 Talbott, »Why NATO Should Grow«, S. 5.

43 *New York Times*, 5. Februar 1997.

44 Siehe z.B. Council on Foreign Relations Task Force, *Should*

NATO Expand?; ders., *Russia, Its Neighbors and an Enlarging NATO*; und United States Institute of Peace, *Managing* NATO Enlargement.

45 Rede Kohls auf der 33. Konferenz für Sicherheitspolitik in München, *Bulletin*, 14. Februar 1996, S. 165–168.

46 Zu einem wortgewandten Plädoyer gegen die NATO-Erweiterung aus deutscher Sicht s. Kamp, »The Folly of Rapid NATO Expansion«.

47 Gespräche d. Verf. mit Teilnehmern an den Verhandlungen über die Erweiterung.

48 Gespräch d. Verf. mit Karsten Voigt, Bonn, Juli 1997.

49 Siehe Kaiser, »Reforming NATO«.

50 ITAR-TASS, 25. August 1993.

51 Zitiert bei Crow, »Russia Reasserts its Strategic Agenda«, S. 2.

52 *Krassnaja swesda*, 7. Februar 1996.

53 *Sowjetskaja Rossija*, 31. Oktober 1996. Gespräch d. Verf. mit Portugalow, Moskau, Juli 1997.

54 *Rossiskije westi*, 26. März 1997.

55 Nikolai Pischtschew, »Dalni prizel NATO«, *Nesawissimaja gaseta*, 4. April 1997.

56 »Rossija i NATO«, in: *Nesawissimaja gaseta*, 21. Juni 1995.

57 *New York Times*, 28. Mai 1997.

58 Alexej Puschkow, »Besopasnost«, in: *Nesawissimaja gaseta*, 19. März 1997.

59 Alexander Lebeds Artikel in der *Iswestjia*, 27. Mai 1997; Primakow-Zitat in: *Die Presse*, 1. September 1996; Rachmaninow, »Nekotoryje soobraschenija o rasschirenii NATO«, S. 57.

60 Gespräch d. Verf. mit deutschen und amerikanischen Verhandlungsteilnehmern sowie mit russischen Analytikern in Washington, Bonn und Moskau, Juni/Juli 1997.

61 *New York* Times, 28. Mai 1997. Wortlaut der NATO-Rußland-Grundakte (engl.) in: FBIS-SOV-97–102, 27. Mai 1997.

62 *Washington Post*, 28. Mai 1997.

63 *Iswestija*, 16. Mai 1997; 19. März 1997; Migranjan in: *Nesawissimaja gaseta*, 27. Mai 1997; Sjuganow-Zitat in FBIS-SOV-97–136, 16. Mai 1997.

64 Yegor T. Gaidar, »A View from Russia«, in: *Foreign Policy*, Nr. 109 (Winter 1997/98), S. 66.

65 Interview in *The New York Review Of Books*, 12. August 1999, S. 4.

66 Spiegel-Gespräch mit dem russischen Außenminister Igor Iwanow in: *Der Spiegel*, 15. Februar 1999, S. 149ff.

67 Interview in: *Der Spiegel*, 5. April 1999, S. 160.
68 Spiegel-Gespräch, *Der Spiegel*, 19. April 1999.
69 *Der Spiegel*, 29. März 1999, S. 218.
70 Gerhard Schröder, »Auf dritten Wegen ins dritte Jahrtausend?«, in: *Gewerkschaftliche Monatshefte*, Juli/August 1999, S. 392f.
71 Ivo H. Daalder und Michael E. O'Hanlon, »Unlearning the Lessons of Kosovo«, *Foreign Policy*, Herbst 1999, S. 137.
72 Erklärung von Bundeskanzler Schröder in der ARD, 30. März 1999, in: FBIS-WEU-1999–0330.
73 ITAR-TASS World Service, 3. April 1999, in: FBIS-SOV-1999–0403.
74 Zu Einzelheiten des »Fischer-Plans« siehe *Der Spiegel*, 19. April 99, S. 22–32.
75 Interfax (auf englisch), 5. Juni 1999, in: FBIS-SOV-1999–0605.
76 *Der Spiegel*, 21. Juni 1999, S. 36.
77 Zu einem russischen Standpunkt zum Verhältnis NATO-OSZE siehe den Beitrag des stellvertretenden russischen Außenministers N. Afanasjewski, »Lissabonski sammit OBSE«, *Meschdunarodnaja schisn*, Nr. 1 (1997), S. 11ff.
78 Lukin, »Wot my i w Sowete Jewropy«; Uschakow, »39-ij tschlen Soweta Jewropy«.
79 Siehe Timmermann, »Die Europäische Union und Rußland; Nötzhold, »Rußland als Partner der Europäischen Union«.
80 Gemeinsame Erklärung von Jelzin, Schröder und Santer, *Rossiskaja gaseta*, 19. Februar 1999.
81 ITAR-TASS, 18. Februar 1999, in: FBIS-SOV-1999–0218.
82 *Amtsblatt der Europäischen Gemeinschaften*, DE, L 157/1.
83 Ebd.
84 Zu einer nüchternen russischen Einschätzung des Für und Wider der EU-Erweiterung hinsichtlich ihrer Auswirkungen auf Rußland s. Iwanow, »Rasschirenije Jewrosojuza«.
85 Rede Lukins in Interfax, 22. August 1994, in: FBIS-SOV-94–163, 23. August 1994, S. 3.

Rußland und Deutschland im 21. Jahrhundert

1 Taylor, *The Course of German History*, S. 13.
2 Furet, »Das Rätsel eines Zerfalls«, S. 117.
3 Schwarz, *Die Zentralmacht Europas*, Kap. 1.
4 Ausführlicheres zu diesen Themen bei Ash, »Germany's Choice«. Siehe auch Baring (Hg.), *Germany's New Position in Europe*.

5 Siehe z.B. Habermas, *Die Normalität einer Berliner Republik*, S. 167–188, sowie die von Zitelmann et al. herausgegebene Essay-Sammlung *Westbindung*.

6 Weiterführendes zu diesem Thema in Weidenfeld, (Hg.), *A New Ostpolitik – Strategies for a United Europe*.

7 Zur Entstehung eines neuen hybriden Systems weiterführend Stent/Shevtsova, »Russia's Elections. No Turning Back«.

8 Weiterführend zu den außenpolitischen Optionen Rußlands in Legvold, »The Russian Question«.

Bibliographie

Archive und offizielle Dokumente

Amtsblatt der Europäischen Gemeinschaften.

Bericht des Bundesinstituts für ostwissenschaftliche und internationale Studien, Nr. 19, Köln 1990.

Bulletin, hg. vom Presse- und Informationsamt der Bundesregierung (Bonn).

Bundesarchiv, Berlin-Lichterfelde, Stiftung Archiv der Parteien und Massenorganisationen der DDR.

Bundesministerium für Wirtschaft, *Der deutsche Osthandel **1990***.

Der Bundesminister für innerdeutsche Beziehungen. *Informationen*.

»Vertrag über Gewaltverzicht zwischen der UdSSR und der Bundesrepublik Deutschland vom 12. August 1970«, in: Benno Zündorf, *Die Ostverträge. Die Verträge von Moskau, Warschau, Prag, das Berlin-Abkommen und die Verträge mit der DDR*, München 1979.

The Week in Germany. The German Information Center, New York.

Zeitungen und Zeitschriften

Berliner Zeitung
Deutschland-Archiv
Europa-Archiv
Europäische Rundschau
Financial Times
Frankfurter Allgemeine Zeitung
Frankfurter Rundschau
Handelsblatt
International Affairs
Iswestija
Kommersant
Komsomolskaja prawda
Krassnaja swesda
Literaturnaja gaseta
Meschdunarodnaja schisn
MEMO
Moscow News
Moskowskije nowosti
Nesawissimaja gaseta
Neue Berliner Illustrierte
Neue Zürcher Zeitung
Neues Deutschland
Newsweek
New Times
New York Times
Orbis

Osteuropa
Post Soviet Affairs
Problems of Communism
Prawda
Rossiskaja gaseta
Rossiskije westi
Schweizer Monatshefte
Segodnja
Slavic Review
Sowjetskaja Rossija
Soviet News
Der Spiegel
SschA. Ekonomika, politika, ideologija
Süddeutsche Zeitung
Wall Street Journal
Washington Post
Die Welt
Welt am Sonntag
Die Zeit

Meldungen von Nachrichtenagenturen

ADN
ddp/ADN
FBIS
Interfax (Moskau)
ITAR-TASS
TASS

Interviews

Die Autorin führte Interviews mit folgenden Persönlichkeiten:

Rudolf Adam
Joachim von Arnim
Robert Blackwill
Igor Bratschikow
Wjatscheslaw Daschitschew
Juri Dawydow
Frank Elbe
Valentin Falin
Hartmut Foertsch
Rafael Fjodorow
Otto von der Gablentz
Jegor Gaidar
Michail Gorbatschow
Wolfgang Heitland
Eberhard Heyken
Richard Holbrooke
Wolfgang Ischinger
Grigori Jawlinski
Sergej Karaganow
Richard Kießler
Wolfgang Kittl
Klaus-Peter Klaiber
Sergej Kortunow
Jewgeni Korschakin
Anthony Lake
Igor Maximytschew
Markus Meckel
Hans Misselwitz
Klaus Neubert
Martin Ney
Hans-Jochen Peters
Nikolai Portugalow
Dariusz Rosati
Reinhard Schäfers
Georgi Schachnasarow
Galina Starowojtowa
Fritz Stern
Gerhard Stoltenberg
Dieter Stüdemann
Ernst von Studnitz

Strobe Talbott
Horst Teltschik
Günther Verheugen
Karsten Voigt
Otto Wolff von Amerongen
Robert Zoellick

Bücher und Artikel

Adomeit, Hannes, »Gorbachev and German Unification«, *Problems of Communism*, 39, Nr. 4 (1990), S. 1–23.
– »Gorbachev, German Unification and the Collapse of Empire«, *Post-Soviet Affairs*, 10, Nr. 3 (Juli–September 1994), S. 97–230.
– »Gorbatschows Westpolitik«, *Osteuropa*, 38, Nr. 6 (1988), S. 418–446.
– »Russia as a Great Power«, *International Affairs*, 71, Nr. 1, (Januar 1995), S. 35–68.
Alexandrova, Olga, »Die neuen sozialen Bewegungen im Westen aus der Sicht der sowjetischen Ideologie und Gesellschaftswissenschaft«, BIOST, Bericht, Nr. 57, Köln 1988.
al Salem, Gabriel, »Invitation to Interfere«, Magisterarbeit, Georgetown University, Washington 1994.
Amirdzhanov, Mikhail, und Mikhail Cherkasov, »Our Common European Home«, in: *International Affairs*, Nr. 1 (1989), S. 28–33.
Andert, Reinhold, und Wolfgang Herzberg (Hg.), *Der Sturz*, Berlin–Weimar 1990.
Arbatov, Georgi, *The System*, New York 1992.
Ash, Timothy Garton, »Germany's Choice«, in: *Foreign Affairs*, 73, Nr. 3 (Juli–August 1994), S. 65–81.
– *Im Namen Europas. Deutschland und der geteilte Kontinent*, München–Wien 1993.
Asmus, Ronald D., »The Dialectics of Détente and Discord. The Moscow / East Berlin / Bonn Triangle«, in: *Orbis*, 28, Nr. 4 (Winter 1995), S. 743–774.
– *German Strategy and Opinion After the Wall. 1990–1993*, Santa Monica, Cal., 1994.
Asmus, Ronald D., Richard Kugler und F. Stephen Larrabee, »Building a New NATO«, *Foreign Affairs*, 72, Nr. 4 (1993), S. 28–40.
– »NATO Expansion. The Next Steps«, *Survival* 37, Nr. 1 (Frühjahr 1995), S. 7–33.
Bahr, Egon, *Was wird aus den Deutschen?* Reinbeck 1992.
Baker, James A., *The Politics of Diplomacy*, New York 1995.
Baranowski, Wladimir, »Mikromodel jewropejskoi besopasnosti«, *MEMO*, Nr. 6 (1996), S. 40–50.

– »Stroitelstwo ›Obschtschego jewropejskogo doma‹. Polititscheskije i ekonomitscheskije aspekty«, Moskau (Institut für Weltwirtschaft und Internationale Beziehungen) 1987 (vervielfältigtes Material).
– [Baranovsky, Vladimir] (Hg.), *Russia and Europe. Emerging Security Agenda*, Oxford 1997.
Baras, Victor, »Stalin's German Policy after Stalin«, *Slavic Review*, 37, Nr. 2 (Juni 1978), S. 259–267.
Baring, Arnulf (Hg.), *Germany's New Position in Europe. Problems and Perspectives*. Oxford 1994.
– *Machtwechsel. Die Ära Brandt–Scheel*, Stuttgart 1982.
Beitel, Werner, und Jürgen Nötzhold, *Deutsch-Sowjetische Wirtschaftsbeziehungen in der Zeit der Weimarer Republik*, Ebenhausen (Stiftung Wissenschaft und Politik), März 1977.
Bender, Peter, *Deutsche Parallelen*, Berlin 1989.
Bergedorfer Gesprächskreis, *Zukunft Europas. Probleme der Politischen und Militärischen Entspannung*. UdSSR und Bundesrepublik Deutschland, Protokoll, Nr. 75, Hamburg (Körber-Stiftung) 1984.
Beschloss, Michael R., und Strobe Talbott, *Auf höchster Ebene. Das Ende des Kalten Krieges und die Geheimdiplomatie der Supermächte. 1989–1991*, Düsseldorf 1993.
Bialer, Seweryn, »New Thinking and Soviet Foreign Policy«, in: *Survival*, 30, Nr. 4 (Juli–August 1988), S. 291–309.
Blackwill, Robert, »German Unification and American Diplomacy«, in: *Außenpolitik*, 45, Nr. 3 (Juli 1994), S. 211–225.
Bogomolow, Oleg, »Perestroika und die Aussichten für die Wirtschaftsbeziehungen zwischen Ost und West«, *Europa-Archiv*, Nr. 16 (1988), S. 449–458.
Borko, Ju., »O nekotorych aspektach isutschenija prozessow sapadnojewropejskoi integrazii«, *MEMO*, Nr. 2 (1988), S. 35–50.
Brandenburg, Ulrich, »The ›Friends‹ Are Leaving. Soviet and Post-Soviet Troops in Germany«, *Außenpolitik* (engl. Ausgabe), 44, Nr. 1 (1993), S. 77–88.
Brzezinski, Zbigniew, *The Soviet Bloc. Unity and Conflict*, Cambridge, Mass., 1967.
Bullock, Alan, *Hitler and Stalin. Parallel Lives*, New York 1992.
»Cold War Endgame«-Konferenz an der Princeton University, 29. März 1996. Unpaginierte Niederschriften der Diskussionsbeiträge.
Cold War International History Project (Washington): *Bulletin*, Nr. 4 (Herbst 1994).
Cornelsen, Doris, »Die Lage der DDR-Wirtschaft zur Jahreswende

1987/1988«, *Wochenbericht*, Berlin, Deutsches Institut für Wirtschaftsforschung, Mai 1988, S. 59–67.

Council on Foreign Relations Task Force, *Russia, Its Neighbors and an Enlarging NATO*, New York (Council on Foreign Relations) 1997.

– *Should* NATO Expand?, New York (Council on Foreign Relations) 1995.

Cramer, Dettmar, »Der Bundespräsident in der Sowjetunion«, *Deutschland-Archiv* (August 1987), S. 792 ff.

Croan, Melvin, *East Germany. The Soviet Connection*, The Washington Papers, Beverly Hills, Cal., 1976.

Crow, Suzanne, »Russia Reasserts its Strategic Agenda«, *RFE/RL Research Reports* 2, Nr. 50 (17. Dez. 1993), S. 1–8.

Daschitschew, Wjatscheslaw, »Nekotorye aspekty ›Germanskoj problemy‹«, unveröffentlichtes Manuskript, 21. November 1987, im Besitz d. Verf.

– [Dashichev, Vyacheslav] »Changing Europe. Soviet and American Approaches« (unveröff., vervielfält. Manuskript), Moskau (Institut des Sozialistischen Weltwirtschaftssystems), September 1989.

– [Dashichev, Vyacheslav] »Soviet Policy and German Unification«, Referat zum 16. Weltkongreß der Internationalen Vereinigung für Politische Wissenschaft (IPSA), Berlin, 21.–25. August 1994.

Dawisha, Karen, *Eastern Europe, Gorbachev, and Reform*, Cambridge 1990.

Dawydow, Juri, »Rossija i Jewropa w nowom ismerenii«, *SSchA. Ekonomija, politika, ideologija*, Nr. 5 (1995), S. 21–32.

Dean, Jonathan, *Ending Europe's Wars*, New York, Twentieth Century Fund, 1994.

Dobrynin, Anatoly, *In Confidence*, New York 1995.

»Dokumente zum Besuch von Bundeskanzler Helmut Kohl in Moskau vom 24. bis zum 27. Oktober 1988«, *Europa-Archiv* 43, Nr. 21 (1988), D615–D634.

Falin, Valentin, *Politische Erinnerungen*, München 1993.

Fleron, Frederic, Erik P. Hoffmann und Robbin F. Laird (Hg.), *Soviet Foreign Policy. Classic and Contemporary issues*, New York 1991

Foreigners in Germany and the New Asylum Law, New York (German Information Center), Juni 1994.

Furet, François, »Das Rätsel eines Zerfalls«, *Schweizer Monatshefte*, 71, Nr. 2 (1991).

Gaddis, John Lewis, *We Now Know*, Oxford 1997.

Galkin, Alexander, und Anatoli Tschernjajew, »Prawdu, i tolko prawdu«, *Swobodnaja mysl*, Nr. 2–3 (1994).

Ganushkin, Vitali, und Anatoli Kovrigin, »The Colours of Socialism«, *New Times*, Nr. 42, 17.–23. Oktober 1989.
Gates, Robert M., *From the Shadows*, New York 1996.
Gati, Charles, *The Bloc that Failed*, Bloomington 1990.
Gedmin, Jeffrey, *The Hidden Hand*, Washington, D.C., 1992.
»Das gemeinsame Papier von SED und SPD und die Reaktion der SED«, *Deutschland Archiv* (Januar 1988), S. 86–108.
Genscher, Hans-Dietrich, *Erinnerungen*, Berlin 1995.
– »Grundsätze für die Entwicklung der West-Ost-Beziehungen – Wie geht es 1984 mit den West-Ost-Beziehungen weiter?«, *Bulletin*, Bonn 1984, S. 381 ff.
German Support for the Transition to Democracy and the Market Economy in the Former Soviet Union, New York (German Information Center), Juni 1992.
Goldgeier, James M., »NATO Expansion. The Anatomy of a Decision«, *Washington Quarterly*, 21, Nr. 1 (Winter 1998) S. 85–102.
Gompert, David C., und F. Stephen Larrabee (Hg.), *America and Europe*, Cambridge 1997.
Gorbatschow, Michail S., *Perestroika – Die zweite russische Revolution. Eine neue Politik für Europa und die Welt*, München 1987.
– *Erinnerungen*, Berlin 1995.
– *Wie es war. Die deutsche Wiedervereinigung*, Berlin 1999.
Greenwald, Jonathan, *Berlin Witness*, University Park, Penn., 1993.
Griffith, William E., *The Ostpolitik of the Federal Republic of Germany*, Cambridge, Mass., 1978.
Gromyko, Andrej, *Erinnerungen*, Düsseldorf–Wien–New York 1989.
Gustafson, Thane, *Gorbachev's Dilemmas*, Cambridge, Mass., (Cambridge Energy Research Associates Private Report) 1989.
Gysi, Gregor, *Das war's noch lange nicht*, Düsseldorf 1995.
Habermas, Jürgen, *Die Normalität einer Berliner Republik*, Frankfurt/M. 1993.
Hahn, Walter F., »West Germany's Ostpolitik. The Grand Design of Egon Bahr«, *Orbis* 16, Nr. 4 (1974), S. 859–180.
Hamilton, Daniel, »Division, Revolution, Unification«, unveröff. Mskr. 1993.
Hanrieder, Wolfram F., *Helmut Schmidt. Perspectives on Politics*, Boulder, Col., 1982.
Harrison, Hope H., »New Evidence on Khrushchev's 1958 Berlin Ultimatum«, in: Cold War International History Project *Bulletin*, Nr. 4 (Herbst 1994), S. 35–39.

Hatschikjan, Magarditsch A., und Wolfgang Pfeiler, »Deutsch-sowjetische Beziehungen in einer Periode der Ost-West-Annäherung«, *Deutschland Archiv*, Nr. 8, August 1989, S. 883–889.
Hertle, Hans-Hermann, »Ein Stein vom Herzen«, *Der Spiegel*, 14. November 1994, S. 40–43.
– »›Kontrollen eingestellt – nicht mehr in der Lage – Punkt‹. Interview mit Harald Jäger«, *Deutschland-Archiv*, Nr. 11 (1995), S. 1126–1134.
Herzog, Roman, *Reden und Interviews. 1. Juli 1994 – 30. Juni 1995*, Bonn (Presse- und Informationsamt der Bundesregierung) 1995.
Hobbes, Thomas, *Leviathan*, Frankfurt/M. 1994.
Horn, Gyula, *Freiheit, die ich meine. Erinnerungen des ungarischen Außenministers, der den Eisernen Vorhang öffnete*, Hamburg 1991.
Hutchings, Robert L., *American Diplomacy and the End of the Cold War*, Baltimore 1997.
Interview mit Klaus Kinkel, *Welt am Sonntag*, 21. Juli 1996.
»Interview with Andrei Kozyrev«, *New Times*, Nr. 3 (1992), S. 20–24.
»Interview with Wilhelm Christians«, *New Times*, Nr. 45 (1990).
Isakov, Konstantin, »Ethnic Germans in the USSR«, *New Times*, Nr. 14 (1989), S. 27–31.
Iwanow, Igor, »Rasschirenije Jewrosojuza. Szenarii, problemy, posledstwija«, *MEMO*, September 1998.
Jeltsin, Boris, *The Struggle for Russia*, New York 1994.
Joffe, Josef, »After Bipolarity. Germany and European Security«, in: *European Security After the Cold War*, London (International Institute for Strategic Studies) 1994.
Kaiser, Karl, *Deutschlands Vereinigung*, Bergisch Gladbach 1991.
– »Reforming NATO«, *Foreign Policy*, Nr. 103 (Sommer 1996), S. 128–143.
– und Klaus Becher, *Deutschland und der Irak-Konflikt*, Bonn 1992.
– und Hanns W. Maull, *Deutschlands neue Außenpolitik*, Bd. 1, München 1994.
– und Hanns W. Maull (Hg.), *Die Zukunft der deutschen Außenpolitik*, Bonn 1993.
Kaliningradskaja oblast. Segodnja, sawtra, Moskau (Carnegie Endowment for International Peace) 1995.
Kamp, Karl-Heinz, »The Folly of Rapid NATO Expansion«, *Foreign Policy*, Nr. 98 (Frühjahr 1995), 116–131.
Karaganov, Sergei, *Whither Western Aid to Russia?*, Gütersloh 1994.
Kelleher, Catherine McArdle, *The Future of European Security*, Washington, D.C., (Brookings Institution) 1995.

Kennan, George, *Russia and the West under Lenin and Stalin*, Boston 1960.
– »The Sources of Soviet Conduct«, in: Fleron/Hoffmann/Laird (Hg.), *Soviet Foreign Policy. Classic and Contemporary issues*, S. 316 (s. dort).
Keworkow, Wjatscheslaw, *Der geheime Kanal*, Berlin 1995.
Kießler, Richard, und Frank Elbe, *Ein runder Tisch mit scharfen Ecken*, Baden-Baden 1993.
Klein, Hans, *Es begann im Kaukasus. Der entscheidende Schritt in die Einheit Deutschlands*, Berlin–Frankfurt/M. 1991.
Kliutschewski, Wassili, *Geschichte Rußlands*, Bd. 4, Stuttgart 1926.
Kohl, Helmut, *Ich wollte Deutschlands Einheit*, Berlin 1996.
Korschakov, Alexander, *Boris Jelzin. Ot rassweta do sakata*, Moskau 1997.
Kortunow, S., »Rossija ischtschet sojusnikow«, *Meschdunarodnaja schisn*, Nr. 5 (1996), S. 11–30.
Kosyrew, Andrej, *Preobraschenije*, Moskau 1995.
Kotschemassow, Wjatscheslaw, *Meine letzte Mission*, Berlin 1994.
Kremer, I. S., *FRG. Etapy »Wostotschnoi politiki«*, Moskau 1986.
Krenz, Egon, *Wenn Mauern fallen*, Berlin *1990*.
– »Anmerkungen zur Öffnung der Berliner Mauer im Herbst 1989«, *Osteuropa*, April 1992, S. 364–369.
Küchenmeister, Daniel, »Wann begann das Zerwürfnis zwischen Gorbatschow und Honecker?«, in: *Deutschland Archiv* (Januar 1993), S. 30–40.
Kuczynski, Jürgen, und Grete Wittkowski, *Die deutsch-russischen Handelsbeziehungen in den letzten 150 Jahren*, Berlin 1947.
Kunze, Rainer, *Ein Tag auf dieser Erde*, Frankfurt/M. 1999.
Kutkowez, T. I., und I. M. Kljamkin, *Russkije idei*, Moskau (Institut für Soziologische Studien) 1997.
Kwizinski, Juli A., *Vor dem Sturm. Erinnerungen eines Diplomaten*, Berlin 1993.
Laqueur, Walter, *Deutschland und Rußland*, 1965.
Larrabee, F. Stephen, *East European Security after the Cold War*. Santa Monica, Cal., (RAND Corporation) 1994.
– »The Politics of Reconciliation. Soviet Policy toward West Germany, 1961–1971«, Dissertation, Columbia University, 1977.
– und Theodore W. Karasik, *Foreign and Security Policy Decision-Making under Yeltsin*. Santa Monica, Cal., (RAND Corporation) 1997.
Lavigne, Marie, »Prospects for Soviet Trade Reform«, Vortrag am Institute for Defense Analysis, Alexandria, Va., 23. Februar 1989.

Legvold, Robert, »The Revolution in Soviet Foreign Policy«, *Foreign Affairs*, 68, Nr. 1 (Winter 1988/89), S. 821–898.
Ligachev, Yegor, *Inside Gorbachev's Kremlin*, New York 1993.
Löwenthal, Richard, »The German Question Transformed«, *Foreign Affairs*, 63, Nr. 2 (Winter 1984/85), S. 303–315.
Lukin, Wladimir, »Wot my i w Sovete Jewropy«, in: *Meschdunarodnaja schisn*, Nr. 3 (1996), S. 24–28.
– und A. I. Utkin, *Rossija i sapad*, Moskau 1995.
Lynch, Allen, »After Empire. Russia and its Neighbors«, in: *RFE/RL Research Report*, 3, Nr. 12 (25. März 1994), S. 10–17.
MacFarlane, S. Neil, »Russian Conceptions of Europe«, *Post-Soviet Affairs*, 10, Nr. 3 (1994), S. 234–269.
Machowski, Heinrich, »Grundzüge der neuen sowjetischen Außenwirtschaftspolitik«, *Aus Politik und Zeitgeschichte*, 7. November 1987.
– und Wolfram Schrettl, »The Economic Impact of Unified Germany on Central and Eastern Europe«, in: U.S. Congress, Joint Economic Committee (Hg.), *East-Central European Economies in Transition*. Washington, D.C., 1994, S. 412–440.
Maier, Charles S., *Dissolution*, Princeton, N.J., 1997.
– *The Unmasterable Past: History, Holocaust, and German National Identity*. Cambridge, Mass., 1988.
Malcolm, Neil, »The ›Common European Home‹ and Soviet European Policy«, *International Affairs* (London), 65, Nr. 4, S. 659–676.
Matlock, Jack F., Jr., *Autopsy on an Empire*, New York 1995.
Maull, Hanns, »Großmacht Deutschland: Anmerkungen und Thesen«, in: Kaiser/Maull (Hg.), *Die Zukunft der deutschen Außenpolitik* (s. dort).
Maximytschew, Igor, »Berlinskaja stena«, *Nesawissimaja gaseta*, 10. November 1993.
– »Die Maueröffnung«, *Deutschland-Archiv*, Nr. 11 (1994), S. 1137–1157.
– »Was ist bei euch los?«, *Der Spiegel*, 31. Oktober 1994.
– [Maksimychev, Igor] »A Missed Chance of Four-Power Cooperation in Berlin«, *International Affairs* (Moskauer Ausgabe), Nr. 4–5 (1995).
– [Maksimychev, Igor] »The German Factor in European Security«, *International Affairs* (Moskauer Ausgabe), Nr. 11 (1997), S. 51–63.
– und Hans Modrow, *Posledny god GDR*, Moskau 1993.
McAdams, A. James, *Germany Divided*, Princeton, New York, 1993.
– »Inter-German Détente. A New Balance«, *Foreign Affairs*, 65, Nr. 2 (Winter 1986), S. 136–153.

McIntyre, Joan F., »Soviet Attempts to Revamp the Foreign Trade Sector«, in: U.S. Congress, Joint Economic Committee (Hg.), *Gorbachev's Economic Plans*, Bd. 2, Washington, D.C., 1987, S. 466–499.

Mearsheimer, John, »Back to the Future. Instability in Europe after the Cold War«, *International, Security*, 15, Nr. 1 (Sommer 1990), S. 5–56.

– »The Case for a Ukrainian Nuclear Deterrent«, *Foreign Affairs*, 72, Nr. 3 (Sommer 1993), S. 50–66.

Medwedew, Wadim, »Weliki Oktjabr i sowremenny mir«, *Kommunist*, Nr. 2 (1988), S. 3–18.

Meissner, Boris, *Die deutsche Ostpolitik. **1961–1970***, Köln 1970.

– »Die deutsch-sowjetischen Beziehungen seit dem Zweiten Weltkrieg«, *Osteuropa*, 35, Nr. 9 (1985), S. 631–651.

Migranjan, Andranik, *Rossija w poiskach identitschnosti*, Moskau 1997.

Mlynář, Zdeněk, *Nachtfrost in Prag*, Köln 1978.

Morrison, James W., *NATO Expansion and Alternative Future Security Alignments*, McNair Paper 40. Washington, D.C., (National Defense University) April 1998.

»Nazionalnyje interessy wo wneschnej politike Rossii«, *Meschdunarodnaja schisn*, Nr. 3 (1996).

Nötzhold, Jürgen, »Rußland als Partner der Europäischen Union«, *Europäische Rundschau*, Nr. 1 (1997), S. 27–37.

Oberdorfer, Don, *The Turn*, New York 1991.

Oldenburg, Fred, »Eine endliche Geschichte«, *Deutschland-Archiv*, 1995.

– »›Neues Denken‹ in der sowjetischen Deutschlandpolitik?« *Europa-Archiv*, 42, Nr. 11 (November 1987), S. 1154–1160.

– »Sowjetische Europa-Politik und die Lösung der deutschen Frage«, *Osteuropa*, 41, Nr. 8 (August 1991), S. 751–773.

– und Gerd-Rüdiger Stephan, »Honecker kam nicht bis nach Bonn«, *Deutschland-Archiv*, Nr. 8 (1995), S. 791–805.

»Ost-West-Handel stagniert«, Deutsches Institut für Wirtschaftsforschung, *Wochenbericht*, Nr. 46 (1987).

»Otwety E. A. Schewardnadze na woprossy sapadnogermanskoj gazety ›Welt am Sonntag‹«, *Westnik* MID, 31. Juli 1990.

Palazchenko, Pavel, *My Years with Gorbachev and Shevardnadze*, University Park, Penn., 1997.

Pankin, Boris, *The Last Hundred Days of the Soviet Union*, New York 1996.

»Die Perestroika greift noch nicht«, DIW, *Wochenbericht*, Nr. 33 (1988).

»Policy statement by Chancellor Helmut Kohl on the NATO Summit in Brussels and on the Visit by President George Bush to the Federal Republic of Germany, Bonn, June 1, 1989«, German Information Center, New York, *Statements and Speeches*, 12, Nr. 13, 5. Juni 1989.

Pond, Elizabeth, *Beyond the Wall*, Washington, D.C., (Brookings Institution) 1993.

Portugalov, Nikolai, »Bonn Goalkeepers«, *New Times*, Nr. 22 (1987), S. 12.

– »Cloudy with Sunny Intervals«, *New Times*, Nr. 31 (1986), S. 14.

Pryce-Jones, David, *The Strange Death of the Soviet Empire*, New York 1995.

Rachmaninow, Ju. O., »Nekotoryje soobraschenija o rasschirenii NATO«, *SSchA. Ekonomika, politika, ideologija*, Nr. 2 (1997), S. 56–60.

Riasanovsky, Nicholas, *Russia and the West in the Teaching of the Slavophiles*, Cambridge, Mass., 1952.

Risse, Thomas, »The Cold War's Endgame and German Unification«, *International Security*, 21, Nr. 4 (Frühjahr 1997), S. 159–185.

Rossija. Desjat woprossow o samom waschnom, Moskau (Carnegie Center) 1997.

Rühe, Volker, »America and Europe. Common Challenges and Common Answers«, Vortrag an der Georgetown University, 2. März 1995.

The Ruling of the Federal Constitutional Court on the Deployment of the German Armed Forces, New York (German Information Center), Juli 1994.

Rumer, Eugene B., »The German Question in Moscow's ›Common European Home‹. A Background to the Revolutions of 1989«, RAND Note N-3220-USDP, Santa Monica/Cal. (RAND Corporation) 1991.

Schabowski, Günter, *Der Absturz*, Berlin 1991.

– *Das Politbüro*, Reinbek 1990.

Schachnasarow, Georgi, *Preis der Freiheit. Eine Bilanz von Gorbatschows Berater*, hg. von Frank Brandenburg, Bonn 1996.

Schäuble, Wolfgang, *Der Vertrag*, Stuttgart 1992.

Schewardnadse, Eduard, *Die Zukunft gehört der Freiheit*. Reinbek 1991.

– (Shevardnadze, Eduard), »The 19th All-Union CPSU Conference. Foreign Policy and Diplomacy«, *International Affairs* (Moskau), Nr. 10 (Oktober 1988), S. 1–34.

Schischkow, Ju., »Jewropejskoje soobtschestwo na perelomnom rubesche«, *MEMO*, Nr. 6 (1986), S. 40–53.
Schmidt, Helmut, *Eine Strategie für den Westen*, Berlin 1987.
Schneider, Eberhard, »Der letzte Parteitag der SED«, in: BIOST, Nr. 19 (1990).
Schröder, Gerhard, »Auf dritten Wegen ins dritte Jahrtausend«, *Gewerkschaftliche Monatshefte*, Juli/August 1999, S. 218.
Schulz, Hans-Dieter, »In der Welt ohne Beispiel. Sowjethandel der DDR. Qualität stärker steigern als Quantität«, *Deutschland-Archiv*, Dezember 1985.
Schwarz, Hans-Peter, *Die Zentralmacht Europas*, Berlin 1994.
Seiffert, Wolfgang, »Die Deutschlandpolitik der SED im Spannungsfeld der sowjetischen Interessenlage«, *Deutschland-Archiv*, Nr. 3 (März 1987).
Semjonow, Wladimir. *Von Stalin bis Gorbatschow: Ein halbes Jahrhundert in diplomatischer Mission. 1939–1991*, Berlin 1995.
Shmagin, Yevgeni, und Igor Bratchikov, »Perestroika in the USSR Foreign Ministry«, *International Affairs* (Moskau), Nr. 3 (März 1989), S. 42–53.
Sodaro, Michael J., *Moscow, Germany and the West From Khrushchev to Gorbachev*, Ithaca, N.Y., 1990.
– »Ulbricht's Grand Design: Economy, Ideology and the GDR's Response to Détente. 1967–1971«, *World Affairs* 142, Nr. 3 (Winter 1980), S. 147–168.
Spitmann, Ilse, »Gorbatschow besucht die SED«, *Deutschland-Archiv*, Mai 1986.
Staadt, Jochen (Hg.), *Auf höchster Stufe. Gespräche mit Erich Honecker*, Berlin 1994.
Stent, Angela, »Doctrinal Discord«, *The New Republic*, 5. und 18. Januar 1990.
– »East-West Technology Transfer and the Western Alliance«, in: Bruce Parrott (Hg.), *Trade, Technology and Soviet-American Relations*, Bloomington 1985, S. 283–323.
– *From Embargo to Ostpolitik. The Political Economy of West German-Soviet Relations. 1955–1980*, Cambridge 1981.
– »Russia's Economic Revolution and the West«, *Survival*, 37, Nr. 5 (Frühjahr 1995), S. 121–143.
– »Soviet Policy toward the German Democratic Republic«, in: Sarah M. Terry (Hg.), *Soviet Policy in Eastern Europe*, New Haven, Conn., 1984, S. 33–60.
– »Western Europe and the USSR«, in: Gerrit W. Gong, Angela E.

Stent und Rebecca V. Strode (Hg.), *Areas of Challenge for Soviet Foreign Policy in the 1980s*, Bloomington 1984, S. 1–52.
– und Lilia Shevtsova, »Russia's Election. No Turning Back«, *Foreign Policy*, Nr. 3 (Sommer 1996), S. 92–109.
Szabo, Stephen F., *The Diplomacy of German Unification*, New York 1992.
– »A Second Look at German Unification«, *German Politics and Society*, 15, Nr. 4 (1997), S. 130–139.
Talbott, Strobe, »Why NATO Should Grow«, *New York Review of Books*, 10. August 1995.
Taylor, A. J. P., *The Course of German History*, New York 1979.
Teltschik, Horst, *329 Tage*, Berlin 1991.
Thatcher, Margaret, *Downing Street No. 10. Erinnerungen*, Düsseldorf–Wien–New York–Moskau [2]1993.
Timmermann, Heinz, »Die Europäische Union und Rußland – Dimensionen und Perspektiven der Partnerschaft«, *Integration*, Nr. 4 (1996), S. 195–207.
Tolpegin, Alexander, »Realities and Illusions«, *New Times*, Nr. 38 (1987), S. 4f.
Tschernjajew, Anatoli, *Schest let s Gorbatschowym*, Moskau 1993.
Ulam, Adam, *The Bolsheviks*, New York 1976.
United States Institute of Peace, *Managing* NATO Enlargement, Washington, D.C., April 1997.
Uschakow, Ju., »39-ij tschlen Soweta Jewropy«, *Meschdunarodnaja schisn*, Nr. 3 (1996), S. 29–35.
Venohr, Wolfgang (Hg.), *Die deutsche Einheit kommt bestimmt*, Bergisch Gladbach 1982.
Vogel, Heinrich, »The London Summit and the Soviet Union«, *Außenpolitik* (engl. Ausg.), 42, Nr. 4 (1991), S. 315–325.
Volkogonov, Dimitri, *Stalin. Triumph and Tragedy*, Rocklin, Cal., 1995.
Weidenfeld, Werner, *A New Ostpolitik – Strategies for a United Europe*, Gütersloh 1997.
Weit, Erwin, *Eyewitness*, London 1973.
Wettig, Gerhard, »Die sowjetische Politik während der Berlin-Krise 1958–1962«, *Deutschland Archiv*, Nr. 3 (1997), S. 383–399.
Whitney, Craig, *Spy Trader*, New York 1993.
Wjatkin, K., »Rossija i Germanija. Potenzial sotrudnitschestwa«, *MEMO*, Nr. 4 (1994).
Wolf, Markus, *In eigenem Auftrag*, München 1991.
– *Spionagechef im Geheimen Krieg*, München 1997.

Wolfe, Thomas E., *Soviet Power and Europe*, Baltimore 1970.
Wolff von Amerongen, Otto, *Der Weg nach Osten*, München 1992.
»Wstretscha M. S. Gorbatschowa s E. Honekerom«, *Westnik MID*, Juli 1989.
Yeltsin, Boris, *The Struggle for Russia*, New York 1994.
Yergin, Daniel, *Shattered Peace*, Boston 1977.
– und Thane Gustafson, *Russia 2010*, New York 1994.
Zelikow, Philip, und Condoleezza Rice, *Sternstunde der Diplomatie. Die deutsche Einheit und das Ende der Spaltung Europas*, Berlin 1997.
Zholkver, Nikita, »The Frontier«, *New Times*, Nr. 32 (1986), S. 21–25.
Zhukov, Yuri, »What Kind of Dialogue for Europeans?«, *International Affairs* (Moskau), Nr. 7 (1987), S. 92–101.
Zitelmann, Rainer, et al., *Westbindung. Chancen und Risiken für Deutschland*, Frankfurt/M.–Berlin 1993.
Die Zukunft des Gebiets Kaliningrad (Königsberg), Sonderveröffentlichung BIOST, *Bericht*, Köln, Juli 1993.

Danksagung

Ich danke zahlreichen Institutionen, die mir behilflich waren, meine Ideen zu entwickeln und mit solchen Persönlichkeiten zusammenzutreffen, die an den in diesem Buch behandelten Entscheidungen beteiligt waren. Das Harvard Russian Research Centre und sein ehemaliger Direktor, Adam Ulam, bewilligten mir ein Mellon-Forschungsstipendium, gaben mir Anregungen und sorgten dafür, daß mir zu Beginn dieses Projekts freundliche Kollegen mit Rat und Tat zur Seite standen. Das Aspen-Institut in Berlin unter Leitung des inzwischen verstorbenen Shephard Stone lud mich ein, Mitglied der American-German Young Leaders Group zu werden. Mehr als ein halbes Jahrzehnt lang kamen wir in Berlin und an anderen Orten zusammen und erörterten eingehend viele Kernprobleme dieses Buches. Ich profitierte besonders von Diskussionen mit Ron Asmus, J. D. Bindenagel, Dan Hamilton, Wolfgang Ischinger, James McAdams und Bruce Scott. Ich danke dem International Research and Exchanges Board dafür, daß ich am ersten (und letzten) amerikanisch-sowjetischen Workshop über Osteuropa teilnehmen konnte. Auf unseren Arbeitssitzungen, die in der entscheidenden Zeit Ende der achtziger Jahre in Washington und Moskau stattfanden, gewann ich unschätzbare Einsichten in die Entwicklung der Politik Gorbatschows. Der German Marshall Fund of the United States entsandte mich als akademische Beobachterin zu den ersten freien Wahlen, die im März 1990 in der DDR abgehalten wurden. Die Erfahrungen, die ich dabei sammelte, ermöglichten es mir, die folgenschweren Veränderungen zu begreifen, die sich dort vollzogen. Die Arbeitsgruppe des Council on Foreign Relations, die sich mit der Frage »Soll die NATO expandieren?« befaßte, beeinflußte meine Auffassungen über die europäische Sicherheit. Das gleiche trifft auf die Konferenzen zu, die von den »Women in International Security« in Prag, Tallinn und Washington über ethnische Konflikte und europäische Sicherheit abgehalten wurden. Der American Council on Germany und die Atlantik-Brücke veranstalteten ebenfalls anregende Diskussionsforen über die transatlantische Ostpolitik.

Mehrere Stiftungen und Forschungsinstitute unterstützten mich bei diesem Projekt. Dank für die mir erwiesene finanzielle Hilfe schulde ich dem German Marshall Fund of the United States, dem National Council for Soviet and East German Research und dem Programm über Frieden und internationale Zusammenarbeit der »John D. and Catherine T. MacArthur Foundation«. Außerdem danke ich dem International Research and Exchanges Board dafür, daß er mich während meines Aufenthalts am Institut für Weltwirtschaft und Internationale Beziehungen der sowjetischen Akademie der Wissenschaften in Moskau unterstützte. Die Georgetown University und ihre Politologische Fakultät ermöglichten es mir, meine Forschungen und das Buch während zweier akademischer Urlaube zu vollenden. Dank gebührt auch den Cambridge Energy Research Associates dafür, daß sie mir Türen in Rußland geöffnet haben.

Ich danke den vielen Menschen, die mir in Bonn, Berlin, London, Moskau und Washington Interviews gewährten. Manche taten es inoffiziell, die meisten aber offiziell. Die Namen der zuletzt Erwähnten sind in der Bibliographie zu finden. Einige sprachen mehrere Male mit mir, als ich das Buch schrieb. Ihre Bereitschaft, offen mit mir über manche dieser komplizierten Ereignisse zu reden und zu diskutieren, trug wesentlich dazu bei, die schriftlichen Quellen richtig zu interpretieren. Dank gebührt auch Beate Lindemann und Lilja Schewzowa für ihre Ratschläge und dafür, daß sie einige dieser Interviews in Bonn und in Moskau für mich organisierten.

Außerdem hatte ich das Glück, von ausgezeichneten Forschungsassistenten unterstützt zu werden. Ich danke Gabriel al-Salem für seine detektivische Arbeit in Berlin; Jennifer Long; Michele Raffino, die mir bei der Vollendung des Buches sehr geholfen hat; Leslie Sherman und Cheri Woodworth.

Mein Dank gebührt Thane Gustafson, Karl Kaiser, Catherine Kelleher, F. Steven Larrabee, Immo Stabreit, R. W. Stent und Steven Szabo für ihre hilfreichen Kommentare zu meinem Manuskript. Ich danke auch dem Lektor für Politik- und Rechtswissenschaft bei der Princeton University Press, Malcolm Litchfield, der mich durch die verschiedenen Stadien meiner Arbeit geleitete, Gavin Lewis für das Lektorat und auch meinem Agenten Georges Borchardt für seine Geduld und Hilfe.

Für die Vorbereitung der vorliegenden deutschen Ausgabe gilt mein Dank Herrn Christian Seeger vom Propyläen Verlag und dem Übersetzer Kurt Baudisch.

Vor allem danke ich meinem Mann, Daniel Yergin, dafür, daß er mich viele Jahre lang unterstützte, aufmunterte und auf Qualität und Klarheit des sprachlichen Ausdrucks bestand. Dank gebührt auch meinen Kindern, Alex und Rebecca, die mir mit ihrem Humor, ihrer Geduld und ihren ungenierten Fragen halfen, immer das Wesentliche zu erkennen.

Personenregister